# जयराम मिश्र

जयराम मिश्र का जन्म सन् 1915 में मुकुन्दपुर, इलाहाबाद, उत्तर प्रदेश में हुआ था। एम.ए., एम.एड., पी-एच.डी., उपाधियाँ प्राप्त करने के उपरान्त हिन्दी, संस्कृत, अंग्रेज़ी के साथ-साथ बांग्ला और पंजाबी भाषा-साहित्य का गहन अध्ययन किया तथा अनेक पुस्तकों का हिन्दी अनुवाद किया।

युवावस्था में स्वाधीनता संग्राम में सक्रिय रहे। सन् 1942 के आन्दोलन में भाग लेने पर राजद्रोह का मुक़दमा चला और छह वर्षों का कारावास भोगा। जेल में रहकर आध्यात्मिक ग्रन्थों–'गीता', 'उपनिषद', 'ब्रह्मसूत्र' आदि का गहन चिन्तन-मनन किया। इलाहाबाद डिग्री कॉलेज में अध्यापन करते हुए अनेक ग्रन्थों का प्रणयन किया। 'श्री गुरुग्रन्थ-दर्शन' तथा 'नानक वाणी' कृतियों ने हिन्दी तथा पंजाबी में स्थायी प्रतिष्ठा प्रदान की। जीवनी-ग्रन्थों जैसे–'गुरु नानक', 'स्वामी रामतीर्थ', 'आदि गुरु शंकराचार्य', 'मर्यादापुरुषोत्तम भगवान राम', 'लीलापुरुषोत्तम भगवान श्रीकृष्ण', 'शक्तिपुंज हनुमान' ने अपनी कथात्मक ललित शैली, सहज भाषा-प्रवाह तथा स्वयं एक सन्त की लेखनी से प्रणीत होने के कारण अत्यधिक लोकप्रियता प्राप्त की।

वे उच्चकोटि के सन्त और धार्मिक विभूति थे।

सन् 1987 में उनका निधन हुआ।

# स्वामी रामतीर्थ

## जीवन और दर्शन

जयराम मिश्र

लोकभारती पेपरबैक्स

लोकभारती पेपरबैक्स में
**पहला पेपरबैक संस्करण :** 2015
**दूसरा संस्करण :** 2024



---

**लोकभारती पेपरबैक्स :** उत्कृष्ट साहित्य के लोकप्रिय संस्करण

---

**लोकभारती प्रकाशन**
पहली मंजिल, दरबारी बिल्डिंग, महात्मा गांधी मार्ग,
प्रयागराज-211 001
द्वारा प्रकाशित

वेबसाइट : www.lokbhartiprakashan.com
ईमेल : info@lokbhartiprakashan.com

**शाखाएँ :** 1-बी, नेताजी सुभाष मार्ग, दरियागंज, नई दिल्ली-110 002
अशोक राजपथ, साइंस कॉलेज के सामने, पटना-800 006
1, अनमोल सोराबजी संतुक लेन, धोबी तलाव, मरीन लाइंस, मुम्बई-400 002

बी.के. ऑफसेट
नवीन शाहदरा, दिल्ली-110 032
द्वारा मुद्रित

**मूल्य :** ₹399

SWAMI RAMTIRATH
JEEVAN AUR DARSHAN
by Jairam Mishra

ISBN : 978-93-5221-029-9

# प्राक्कथन

स्वामी रामतीर्थ जैसी दिव्य आध्यात्मिक विभूतियाँ शताब्दियों में यदा-कदा ही अवतीर्ण हुआ करती हैं, बीसवीं शताब्दी के प्रारम्भिक वर्षों में स्वामी राम ने अपने आध्यात्मिक तेज से समस्त संसार को अभिभूत कर दिया था। वे मंत्रद्रष्टा ऋषि और वेदान्त के मूर्त्तिमान स्वरूप थे। उनकी जीवन-कहानी, भारतीय दर्शन और साधना-प्रणाली की जीवन्त कहानी है। तैंतीस वर्ष की अल्पायु में ही उन्होंने जैसी साधना की, वह बहुत कम जीवनों में देखने को मिलती है। वे निष्काम कर्मयोग, राजयोग, भक्तियोग एवं अद्वैत वेदान्त के साकार विग्रह थे। उनके हृदय में देशभक्ति, राष्ट्रहित एवं मानव-सेवा की त्रिवेणी अजस्र रूप में प्रवाहित होती थी। उन्होंने अपने व्यक्तित्व की अप्रतिम गरिमा से भारत का गौरव समस्त संसार की दृष्टि में बहुत ऊँचा उठाया। इसमें रंचमात्र संदेह नहीं कि उनके जीवन, साधना-प्रणाली और आदर्शों से भारत 'श्रेयस्' और 'प्रेयस्' दोनों प्राप्त कर सकता है। हमारे देश के नवयुवक स्वामी राम के विचारों, उपदेशों एवं शिक्षाओं से बलवती प्रेरणा ग्रहण कर सकते हैं, ऐसी हमारी दृढ़ धारणा है। महात्मा गाँधी एवं महामना मालवीय जी स्वामी राम के इन्हीं गुणों पर उनकी मुक्तकण्ठ से प्रशंसा करते थे। लेखक उनकी जीवन-गाथा, दर्शन एवं आध्यात्मिक साधना-प्रणाली का विवेचन करके अपने को कृतकृत्य समझ रहा है। कुछ इस प्रकार की तृप्ति एवं आत्म-संतुष्टि की अनुभूति हो रही है कि वह इस पुस्तक के प्रणयन द्वारा ऋषि-ऋण से बहुत कुछ मुक्त हो गया।

मेरे अग्रज, श्रद्धेय श्री परमात्मा राम मिश्र, एडवोकेट ने मुझे बलवती प्रेरणा देकर पुस्तक लिखने के लिये उकसाया। मेरे दो भतीजों चिरंजीवि डॉ० विभुराम, प्राध्यापक हिन्दी विभाग, राजकीय स्नातकोत्तर कालेज, ज्ञानपुर (वाराणसी) एवं चिरंजीवि अव्यक्तराम प्राध्यापक, प्राचीन इतिहास विभाग, इलाहाबाद डिग्री कालेज, इलाहाबाद ने पाण्डुलिपि आदि देखने में पूर्ण सहायता की है। अतः ये दोनों ही मेरे आशीर्वाद और स्नेह के पात्र हैं।

जगद्गुरु शंकराचार्य, ज्योतिष्पीठाधीश्वर स्वामी शान्तानन्द जी सरस्वती, राम के अनन्य प्रशंसक हैं। वे मुझे पुस्तक लिखने में निरन्तर प्रेरणा और आशीर्वाद देते रहे। श्रीमद्भगवद्गीता के अप्रतिम भाष्यकार ब्रह्मलीन दण्डीस्वामी श्री भागवतानन्द जी सरस्वती का यह उपदेश 'संयम, नियम एवं दृढ़ संकल्प से बड़े-बड़े काम भी सहज ही सम्पन्न हो जाते हैं'—पुस्तक-लेखन-कार्य में बहुत बड़ा संबल हो गया। मेरे पूज्यतम पिताजी ब्रह्मलीन श्री पं० रामचन्द्र मिश्र ने स्वामी रामतीर्थ के उपदेशों की लोरियाँ बाल्यकाल से ही सुना-सुना कर मुझे पुस्तक लिखने में समर्थ बनाया है। उन्होंने कतिपय अंशों को बड़े मनोयोग से सुनकर बहुमूल्य सुझाव भी दिये हैं। अतः मैं उपर्युक्त तीनों महापुरुषों का रोम-रोम से आभारी और ऋणी हूँ।

स्वामी रामतीर्थ की अंग्रेजी कविताओं का अनुवाद हिन्दी के लब्धप्रतिष्ठ कवि, डॉ० शम्भूनाथ सिंह ने किया है, जिनका लेखक ने स्थान-स्थान पर उपयोग किया है। लेखक उनका आभारी है।

स्वामी रामतीर्थ-सम्बन्धी-साहित्य जुटाने के मेरे मित्र श्री नारायणस्वरूप अग्रवाल, लखनऊ एवं श्री पन्नालाल नायर, इलाहाबाद ने मुझे अत्यधिक सहायता पहुँचायी है। मैं दोनों सज्जनों का बहुत उपकृत हूँ। लोकभारती प्रकाशन, इलाहाबाद, के संचालकों के प्रति मैं अपनी कृतज्ञता प्रकट करता हूँ जिन्होंने पुस्तक इतने सुन्दर ढंग से प्रकाशित की।

हिन्दी-भाषा-भाषियों को 'स्वामी रामतीर्थ' पुस्तक देने में मैं परम आह्लादित हो रहा हूँ, अन्त में मेरी यह शुभकामना है कि हमारे देश के नागरिक इस पुस्तक से प्रेरणा ग्रहण कर अपने जीवन को समुन्नत बनावें तथा राष्ट्र के उत्थान में सहायक हों।

—**जयराम मिश्र**

शंकराचार्य आश्रम
*१५, अलोपीबाग, इलाहाबाद—६*
*मकर-संक्रान्ति, १९७९ ई०*

# अनुक्रम



□□□

# प्रथम अध्याय
# जन्म और प्रारम्भिक शिक्षा
## (१८७३ ई० से १८८८ ई० तक)

भारत की ऋषि-परम्परा निराली रही है। ऋषि मंत्रद्रष्टा होते थे। मंत्रद्रष्टा वह होता है, जिसने परमात्मा सम्बन्धी किसी विशिष्ट मंत्र का अपने जीवन में मनसा, वाचा, कर्मणा साक्षात्कार कर लिया हो। स्वामी रामतीर्थ आधुनिक मंत्रद्रष्ट ऋषि थे। उनके श्वास-प्रश्वास में 'ॐ' महामंत्र बस गया था। यही 'ॐ' उनका सर्वस्व था। इसी की अजस्र संगीत-लहरी उनके मुख से निरन्तर प्रवाहित होती रहती थी। उनके समीप स्थित जो भी व्यक्ति उस संगीत-लहरी को सुनता था, वह भी आत्मविभोर हो आध्यात्मिक राज्य में विचरण करने लगता था। स्वामी रामतीर्थ का जीवन परम आदर्श और अनुकरणीय रहा। उनके दिव्य जीवन से न मालूम कितने व्यक्तियों ने प्रेरणा ग्रहण की है, कितने ग्रहण कर रहे हैं और कितने भविष्य में ग्रहण करेंगे।

व्यक्ति के चरित्र, संस्कार, भाव, विचार आदि के निर्माण में वंश-परम्परा का विशिष्ट महत्त्व होता है। गोस्वामी रामतीर्थ की उत्पत्ति कुलीन गोस्वामी ब्राह्मण वंश में हुई थी। गोस्वामी लोग अपने वंश का सम्बन्ध वशिष्ठ ऋषि से जोड़ते थे। यह वशिष्ठ वही विवेक वैराग्य एवं ब्रह्मज्ञान सम्पन्न, शक्तियुक्त और प्रसिद्ध ऋषि थे, जिन्होंने मर्यादा पुरुषोत्तम श्री रामचन्द्र का अज्ञानान्धकार 'योगवाशिष्ठ' के प्रचण्ड ज्ञान-भास्कर से दूर किया था। इसी गोस्वामी वंश में सन्त तुलसीदास अवतीर्ण हुए, जो पंजाब के अत्यन्त प्रसिद्ध अध्यात्मवादी और रहस्यवादी कवि हुए। उनकी आध्यात्मिकता से प्रभावित होकर पंजाब में बहुत से लोग उनके शिष्य बन गए। पाकिस्तान में चितराल के समीप 'रचात' नामक स्थान में उनकी प्रसिद्धि के कारण एक बड़ी भारी गद्दी स्थापित हो गई। कहना न होगा कि सन्त तुलसीदास के कारण गोस्वामी-वंश की पवित्रता और धार्मिकता में चार चाँद लग गये।

कालान्तर में उन गोस्वामियों के वैभव और समृद्धि में कमी आने लगी और वे छिन्न-भिन्न होकर समस्त भारत में फैल गये। गोस्वामी वंश के कुछ लोग गुजराँवाला जिले में आकर बस गये। उनमें से कुछ व्यक्ति उसी जिले के मुरालीवाला गाँव में आकर रहने लगे। इन्हीं में से एक व्यक्ति थे—हीरानन्द जी। वे बहुत ही निर्धन थे और पुरोहिती वृत्ति से अपनी जीविका अर्जित करते थे। उन्हें अपनी निर्धनता पर कोई ग्लानि नहीं थी, बल्कि इसके विपरीत वे इसे ब्राह्मणों का आभूषण समझते थे।

इन्हीं गोसाईं हीरानन्द जी की धर्मपत्नी के गर्भ से २२ अक्टूबर, बुधवार के दिन एक शिशु जन्मा। उसका नाम तीर्थराम रखा गया। तीर्थराम के पितामह रामचन्द्र (किसी-किसी के अनुसार राममल) अनुभवी ज्योतिषी थे। उन्होंने बालक तीर्थराम की कुण्डली बनाई। कहा जाता है कि कुण्डली की ग्रहदशा पर मनन करके वे पहले तो रो पड़े और कुछ क्षणों के अनन्तर हँसने लगे। समीपस्थ लोगों ने जब इसका कारण पूछा, तो थोड़ी देर मौन रहने

के बाद उन्होंने इस प्रकार कहा, "मैं रोया इसलिए कि या तो यह बालक शीघ्र ही मर जायेगा, अथवा इसकी माता का ही देहान्त हो जायेगा। और हँसा इसलिए हूँ कि यदि जीवित रहा, तो यह परम विद्वान् और महान् धार्मिक नेता होगा। इसका सुयश दिग्-दिगान्तर में व्याप्त होगा।"

बालक तीर्थराम की कुण्डली की ग्रहदशा इस प्रकार थी—

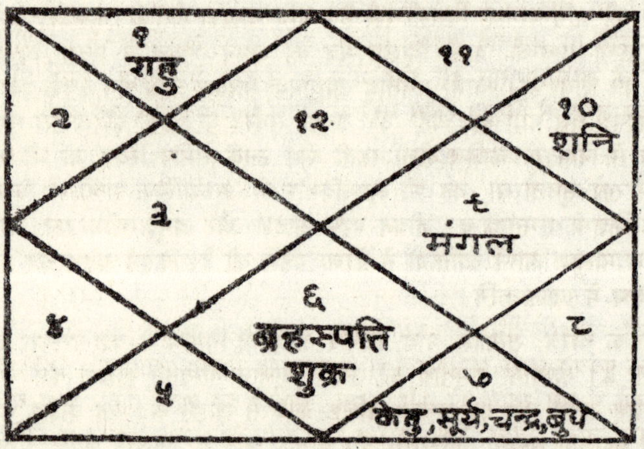


चित्र

विक्रम संवत् १९३०; शालिवाहन शाक १७९५, दक्षिणायन सूर्य, शरद ऋतु, कार्तिक शुक्ल पक्ष १, बुधवार २५ घड़ी, ५५ पल; स्वाति-नक्षत्र, ३१ घड़ी २५ पल; प्रीति योग, २९ घड़ी, ४९ फल; बवकरण २४ घड़ी, ४८ पल, सूर्योदय के अनन्तर; लग्न मीन, हीरानन्द (आत्मज रामचन्द्र) के गृह बालक (तीर्थराम) की उत्पत्ति, राशिनाम ताराचन्द।

तीर्थराम की जन्म कुण्डली देखने के बाद अन्य ज्योतिषियों ने भी कुछ इसी प्रकार का भविष्य बतलाया—"वह बालक अपनी युवावस्था में संसार से वीतराग होकर संन्यास ग्रहण कर लेगा। सत्, चित्, आनन्द के अपार सागर में निमज्जित होकर दिव्य प्रेम स्वरूप हो जायेगा। यह विदेशों की यात्रा करके अपनी मातृभूमि के अतीत गौरव की अभिवृद्धि करेगा। यह विस्तृत और गम्भीर ज्ञान प्राप्त करेगा। अपने वैभव युक्त सांसारिक जीवन को तिलांजलि देकर परमात्म-साक्षात्कार के लिए जंगलों की ओर उन्मुख होगा। संसार के समस्त भागों में इसकी पावन कीर्ति व्याप्त हो जाएगी। तीस और चालीस वर्ष की आयु में इसका देहान्त जल में डूबने से होगा।"

तीर्थराम की अवस्था एक वर्ष से कुछ ही दिन अधिक हुई थी कि (कुछ लोगों के विचार से जन्म के कुछ ही महीनों बाद) उनकी माता का देहान्त हो गया। इनके पिता हीरानन्द बड़ी विषम स्थिति में पड़ गये। तीर्थराम की बड़ी बहिन तीर्थदेवी उनसे केवल एक वर्ष बड़ी थीं। दो-दो बच्चों का भार सँभालना पिता के लिए बहुत कठिन था।

उन्होंने अपनी बहिन धर्मकौर से अनुनय-विनय की कि बच्चों के पालन-पोषण का भार वह अपने ऊपर ले लें। परिणामस्वरूप धर्मकौर अपने पति, गोसाईं ठाकुरदास के साथ जंडियाला को छोड़कर मुरालीवाला आ गईं और दोनों बच्चों को पालने लगीं।

धर्मकौर अत्यन्त धर्मपरायण महिला थीं। वे प्रतिदिन क्षीणकाय शिशु तीर्थराम को लेकर मन्दिरों में भगवद्-दर्शन के निमित्त जाया करती थीं। बालक तीर्थराम पर वहाँ के वातावरण का अत्यधिक प्रभाव पड़ा। तीर्थराम का मन्दिरों में ध्वनित शंख-ध्वनि से अगाध प्रेम हो गया। इस शंख-ध्वनि से उनका इतना दृढ़ अनुराग हो गया कि यदि वे फूट-फूट कर रोते भी होते तो शंखनाद सुनकर एकदम शान्त हो जाते। क्या वह बालयोगी अपने पूर्व संस्कारों के अभ्यासानुसार इस शंख-ध्वनि में 'अनाहत नाद' सुना करता था, जिससे वह इस नश्वर जगत् से विस्मृत होकर उसी के श्रवण में तन्मय हो जाता था?

हीरानन्द ने राम के कथा-श्रवण-प्रेम की एक अत्यन्त मनोरंजक घटना इस प्रकार बतायी थी, "राम का तीसरा वर्ष था। एक दिन सन्ध्या समय मैं उसे लेकर एक कथा में गया। उसके लिए कथा समझना एक प्रकार से असम्भव था, किन्तु वह अत्यन्त शान्त मुद्रा में बैठकर कथावाचक पण्डित की ओर अपलक दृष्टि से देख रहा था। दूसरे दिन जब कथा के प्रारम्भ हेतु शंखध्वनि हुई, तो राम फूट-फूट कर रोने लगा। उसे चुप कराने के लिए मिठाइयाँ और खिलौने दिये गये, परन्तु उसने सारी वस्तुयें फेंक दी और उसका रोना-चिल्लाना पूर्ववत् जारी रहा। अन्त में मैं उसे गोद में लेकर कथावाले स्थान की ओर बढ़ा। ज्यों-ज्यों मैं उस स्थान की ओर बढ़ता, त्यों-त्यों वह शान्त होता जाता था। किन्तु ज्यों ही मैं रुक जाता, उसका रोना-चीखना फिर प्रारम्भ हो जाता। अन्त में निर्दिष्ट स्थान पर पहुँचने पर वह अत्यधिक आह्लादित हो गया और एकदम शान्त हो गया। वह शान्त मात्र ही नहीं हुआ, बल्कि टकटकी लगाकर कथावाचक की ओर देखने भी लगा।"

बालक तीर्थराम का कथा-प्रेम निरन्तर बढ़ता गया। चार वर्ष की आयु में तो वे अकेले ही कथा सुनने चले जाया करते थे। उनकी बुद्धि कुशाग्र थी और धारणाशक्ति भी अपूर्व थी। मन्दिर में निरन्तर पुराणों की, विशेषतः श्रीमद्भागवत, रामायण, महाभारत की अनेक कथायें सुनने के अनन्तर वे हूबहू उसी रूप में दूसरों को सुना सकते थे। श्रीमद्भागवत्गीता का प्रवचन भी जब-तब हुआ करता था। राम उसे भी तन्मयतापूर्वक सुना करते थे और कुछ श्लोक उन्हें कण्ठस्थ भी हो गये थे। इतनी अल्पायु में ही वे कथा-सम्बन्धी जिज्ञासाओं का समाधान ठीक-ठीक कर देते थे। उनकी वृत्ति बचपन से ही अन्तर्मुखी थी। एकान्त से उन्हें परम अनुराग था। जब उनकी अवस्था के अन्य बालक खेल-कूद में व्यस्त रहते थे, तब वे प्रायः एकान्त में बैठकर चिन्तन में निमग्न हो जाते थे।

छः वर्ष की आयु में उन्हें गाँव की प्रारम्भिक पाठशाला में प्रविष्ट कराया गया। वहाँ उन्होंने असाधारण प्रतिभा का परिचय दिया। पाँच वर्ष का पाठ्यक्रम केवल तीन वर्षों में समाप्त कर लिया। वार्षिक परीक्षा में उन्होंने प्रथम स्थान प्राप्त किया और उन्हें छात्रवृत्ति भी मिली। इसके अतिरिक्त इसी समय उन्होंने फारसी के प्रसिद्ध कवि शेख सादी की कविताओं का अध्ययन किया और उनकी कुछ कवितायें तथा उर्दू के अन्य प्रसिद्ध कवियों की भी रचनायें कण्ठस्थ कर लीं। इसी अवस्था में स्वाध्याय के प्रति उनका असीम अनुराग हो गया। प्रातःकाल का समय वे एकान्त अध्ययन में व्यतीत करते थे

और दिन में पाठशाला में पढ़ते थे। विद्यार्थी-जीवन में भी उनका कथा-श्रवण के प्रति अनुराग बना रहा। पास की धर्मशाला में प्रतिदिन अपराह्न दो बजे कथा होती थी। एक बार राम ने अपने अध्यापक से कथा सुनने की आज्ञा माँगी, परन्तु उन्होंने साफ इन्कार कर दिया। इस पर राम अत्यन्त दुखी हुए और उनके नेत्रों में आँसू भर आये। उन्होंने आर्द्र होकर कहा, "साहब, मुझे कथा में जाने की आज्ञा दीजिये, मैं एक घण्टे वाले अवकाश में पाठशाला का सारा कार्य पूरा कर लिया करूँगा।" उनकी इस निष्ठा से अध्यापक महोदय भी द्रवीभूत हो गये और उन्हें सहर्ष जाने की आज्ञा प्रदान कर दी। वे प्रतिदिन निश्चित समय पर नियमित रूप से कथा सुनने लगे। सन्ध्या समय भोजनोपरान्त वे सुनी हुई कथा अपने सगे-सम्बन्धियों को सुनाया करते थे।

अपने अध्यापक, मौलवी मुहम्मद अली में उनकी अपार गुरुभक्ति थी। अध्ययन समाप्त करने के बाद, राम के पिता ने तत्कालीन प्रथानुसार मौलवी साहब को दो रुपये देने का विचार किया। किन्तु मौलवी साहब को एक दुधारू गाय की आवश्यकता थी। अतः राम ने अपने पिता से अनुनय-विनय करके उन्हें अपनी एकमात्र दुधारू गाय दिलवा दी। इस घटना से उनके त्याग और उदारता पर प्रकाश पड़ता है, साथ ही गुरु के प्रति उनकी अपार भक्ति भी दिखलायी पड़ती है। उनकी यह निष्ठा प्राचीन गुरु-कुल-परम्परा का आदर्श हमारे सम्मुख उपस्थित कर देती है। हमारी गुरु-कुल-परम्परा में विद्यादान सदैव 'अक्रेय' माना गया है। इसका जीवन्त उदाहरण राम ने आधुनिक समाज के सामने रखा।

दस वर्ष की अल्पायु में राम का विवाह रामचन्द्र की पुत्री के साथ कर दिया गया। रामचन्द्र, वैराके ग्राम, तहसील वजीराबाद के निवासी थे। सिक्खों के शासनकाल में उनके परिवार की आर्थिक स्थिति सम्पन्न थी। उनका वंश अपनी कुलीनता के लिये भी प्रसिद्ध था। इसी कारण राम की सगाई केवल दो वर्ष की आयु में पक्की कर दी गयी थी। भला दस वर्ष की आयु में वैवाहिक-बन्धन का उत्तरदायित्व तीर्थराम क्या समझ सकते थे? सुस्वादु भोजन, सुन्दर वस्त्राभूषण एवं गाने-बजाने के अतिरिक्त उनकी दृष्टि में विवाह का क्या महत्त्व था? किन्तु जैसे-जैसे उनकी आयु बढ़ती गयी और उनकी साधनात्मक वृत्ति में उत्तरोत्तर विकास होता गया, वैसे-वैसे अपने पिता की इस अदूरदर्शिता पर वे अपना क्षोभ प्रकट करने लगे। वे अपने पिता से प्रायः कहते थे—'आपने बाल-विवाह करके मेरा सत्यानाश कर दिया।' उनके संन्यास ग्रहण करने पर, उनकी स्त्री और बच्चों की क्या दशा हुई होगी, इसका अनुमान सहज ही लगाया जा सकता है।

गाँव की प्रारम्भिक शिक्षा समाप्त करने के बाद तीर्थराम को आगे के अध्ययन के लिए मुरालीवाला छोड़ना आवश्यक हो गया। अपनी पहली स्त्री, अर्थात् तीर्थराम की माता के देहान्त के पश्चात् हीरानन्द ने अपना दूसरा विवाह कर लिया था। उनके नये ससुर का नाम पंडित नानकचन्द था। वे गुजराँवाला के निवासी थे। हीरानन्द ने तीर्थराम का प्रवेश गुजराँवाला के मिशन हाईस्कूल में कराया और उनके रहने एवं खाने-पीने की व्यवस्था पंडित नानकचन्द के यहाँ कर दी। पंडित जी तीर्थराम की पूर्णरूपेण देखभाल करते थे। अतः उन्हें नये स्थान में किसी प्रकार की असुविधा नहीं हुई।

गुजराँवाला में हीरानन्द के परम स्नेही मित्र, भक्त धन्नाराम रहते थे। हीरानन्द ने अपने पुत्र तीर्थराम को निर्देश दिया था कि वे भक्त जी से सम्पर्क बनाये रहें। साथ ही

भक्त जी से प्रार्थना की थी कि वे बालक तीर्थराम पर स्नेहमयी दृष्टि रखकर उसकी रहनुमाई करें। धीरे-धीरे दोनों व्यक्तियों का आध्यात्मिक सम्बन्ध प्रगाढ़ होता गया। बालक तीर्थराम पर भक्त जी का अत्यधिक प्रभाव पड़ा। तीर्थराम (स्वामी रामतीर्थ) के अनन्य शिष्य नारायण स्वामी ने इस सम्बन्ध में अपने विचार इस प्रकार व्यक्त किये हैं, 'भगत जी की अनोखी व निराली प्रकृति और वाणी की सिद्धियों ने भोले-भाले बालक तीर्थराम जी के चित्त पर अजीब प्रभाव डाला। भगत जी से वे ऐसे डरने लगे, जैसे साक्षात् परमेश्वर से कोई आस्तिक व्यक्ति डरता है। प्रतिदिन भगत जी की वाणी की सिद्धि और अन्य गुणों को देखकर बालक तीर्थराम जी के चित्त में यह ख़याल पक्का जम गया कि भगत जी ईश्वर के साक्षात् अवतार हैं।'

भगत धन्नाराम की जीवनी के सम्बन्ध में कुछ और बातें जान लेना अप्रासंगिक न होगा। भक्त धन्नाराम, जवाहरमल के पुत्र थे और उनका जन्म १८४३ ई० में हुआ था। अल्पायु में ही उनकी माता का देहान्त हो गया था। अतः उनका पालन-पोषण उनकी दादी ने किया था। शिक्षा-प्राप्ति के लिए उन्हें एक पाठशाला में प्रविष्ट कराया गया। वहाँ वे अपने विशिष्ट गुणों के कारण अपने अध्यापक के विशेष प्रेम और स्नेहभाजन बन गये। इस बात से उनके अन्य साथी उनसे द्वेष करने लगे। सभी साथियों ने मिलकर धन्नाराम की झूठी शिकायत अध्यापक जी से की। शिकायत की बिना जाँच किये अध्यापक महोदय ने उन लड़कों द्वारा धन्नाराम को तमाचे लगवाये। उन्हें यह अन्याय सहन नहीं हुआ और क्षोभ एवं निराशा से उन्होंने पाठशाला की पढ़ाई को सदैव के लिए तिलांजलि दे दी। कहते हैं कि इस घटना के दो महीने बाद ही अध्यापक जी के परिवार के सभी व्यक्तियों का देहान्त हो गया। दूसरी घटना इस प्रकार है। एक बार रतन नाम के एक धनी व्यक्ति ने निरपराध धन्नाराम को पीटा। उस धनी व्यक्ति के परिवार के लोगों की भी वही दशा हुई, जो दशा अध्यापक के परिवार के व्यक्तियों की हुई थी।

धन्नाराम ठठेरे का कार्य करते थे। अवकाश के समय वे व्यायाम करते थे। कुश्ती लड़ने का उन्हें बहुत शौक था। उन्नीस वर्ष की आयु में वे एक स्थान की तीर्थयात्रा करने गये और वहीं बसकर ठठेरे का कार्य करने लगे। उन्होंने उस स्थान पर एक मल्लशाला की स्थापना की, जहाँ नवयुवक आकर कुश्ती लड़ने का अभ्यास करते थे। धन्नाराम इतनी सुन्दर कुश्ती लड़ते थे कि यदि उन्हें कोई पहलवान कुश्ती लड़ने की चुनौती देता, तो वे उसे मिनटों में ही पछाड़ कर चित कर देते थे।

वे अपनी आय का अधिकांश भाग साधु-सेवा में लगा देते। वे बालब्रह्मचारी थे और हठयोग की कठिन साधना करते थे। शान्त भाव से आत्म चिन्तन में निमग्न रहते थे। जाड़ों में वे नग्न शरीर रहते और गर्मियों में कपड़े लादकर पहन लेते। ऐसी दशा में भी वे प्रसन्न होकर मुक्त हँसी-हँसते थे। वे कथा सुनने और कहने के बड़े प्रेमी थे। कथा कहते अथवा सुनते समय वे भाव-विभोर होकर अश्रुवर्षा करने लगते थे। वे भावप्रवण कवि भी थे। श्रीकृष्ण-भक्ति-सम्बन्धी कवितायें उनके हृदय से सहज भाव से निकलती रहती थीं।

योगवाशिष्ठ के अध्ययन से उन्हें अत्यधिक अनुराग था। योगवाशिष्ठ वही प्रख्यात अद्वैत ग्रंथ है जिसमें वशिष्ठ ऋषि ने श्रीरामचन्द्र जी को ब्रह्मविद्या का उपदेश देकर, उन्हें अद्वैतभाव में स्थित किया था। बाद में स्वामी रामतीर्थ ने इस ग्रंथ की भूरि-भूरि प्रशंसा की

थी। धन्नाराम उस स्थान को भी छोड़कर गुजराँवाला में आकर रहने लगे। एक अद्वैतवादी महात्मा की कृपा से उन्हें आत्मा-परमात्मा की एकता की अनुभूति हुई और वे पूर्ण ब्रह्म में प्रतिष्ठित हो गये। कहते हैं धन्नाराम में अलौकिक सिद्धियाँ भी आ गयी थीं। उनमें वर और शाप देने की भी शक्ति थी। उनकी ऐसी ही स्थिति में तीर्थराम उनके सम्पर्क में आये।

धन्नाराम के प्रति तीर्थराम की अत्यधिक श्रद्धा थी। वे भगत जी को अपना आध्यात्मिक गुरु मानते थे और अपना शरीर तथा मन पूर्णतया उन्हें समर्पित कर दिया था। राम की भगत जी के प्रति इतनी प्रगाढ़ श्रद्धा और भक्ति थी कि बिना उनकी अनुमति लिये वे कोई महत्त्वपूर्ण कार्य नहीं करते थे। उनकी कविता से भी राम बहुत प्रभावित थे। बाद में उन्होंने अपनी डायरी में भगत जी की कविता के सम्बन्ध में इस प्रकार धारणा व्यक्त की थी, 'यद्यपि इन कविताओं के पदों में मधुर स्वर और सुन्दर छन्द इत्यादि अधिक नहीं हैं, तथापि प्रशंसनीय बात यह है कि इनमें परिश्रम का तो नाम तक नहीं खर्च हुआ; जैसा कि अन्य कवियों के विषय में देखा जाता है। दृष्टान्त रूप से फिरदौसी को लीजिये कि तीस वर्ष में केवल ६० हजार कवितायें बनाने पर भी जिनका परिणाम पाँच या छः पद प्रतिदिन होता है, उसमें ये गुण और लक्षण नहीं पाये जाते।'

भक्त धन्नाराम और तीर्थराम का आध्यात्मिक संग उत्तरोत्तर प्रगाढ़तर होता गया। उनके साथ निरन्तर सत्संग करने से तीर्थराम को मनुष्य जीवन का परम लक्ष्य स्पष्ट प्रतीत होने लगा। उनके हृदय की उर्वर भूमि में भक्ति और ब्रह्मज्ञान का अखण्ड और अमर बीज धन्नाराम के सत्संग ने भलीभाँति बो दिया। अब उसे प्रस्फुटित, पुष्पित एवं फलित होने के लिए मात्र समय की आवश्यकता थी। भक्त धन्नाराम ने तीर्थराम से भारतीय आध्यात्मिक ग्रंथों के बहुमूल्य सिद्धान्तों की व्याख्या की और अनेक कथाओं के दृष्टान्तों से उनकी पुष्टि की। इस सत्संग के माध्यम से गुरु और शिष्य में अभेद भावना स्थापित हो गई। तीर्थराम को भगत जी द्वारा संस्कृत, हिन्दी, फारसी, उर्दू और पंजाबी की वेदान्त सम्बन्धी सहस्रों कवितायें सुनने का सौभाग्य प्राप्त हुआ। उनकी प्रगाढ़ भक्ति का उदाहरण उनके एक पत्र से स्पष्ट ज्ञात होता है—

'ग्राम वैरोके

२४ मई, १८८६ ई०

**रहनुमाए सालिकाँ व पेशवाए—आरिफां सलामत**[१]

आपका कृपापत्र मुझे बद्दोकी के मेले के एक दिन पहले मिला था। उसमें लिखा था कि 'हम मेले को आवेंगे।' इस वास्ते मैं भी मेले को गया, मगर मुझे आपके दर्शन न हुए। और लिफ़ाफे यहाँ नहीं मिलते। इस वास्ते खत में देर हुई। आज केवल एक कार्ड निमित्त वजीराबाद आया हूँ। और मैं तो यहाँ से ही आपके चरणों में उपस्थित हो जाता, परन्तु रोज किसी न किसी कारण से रुक गया। और मैं यहाँ बड़ा उदास रहता हूँ। और

---

१. मुक्ति की इच्छा करने वालों के पथ-प्रदर्शक तथा ब्रह्मवेत्ताओं के नेता, प्रणाम।

लाला रामचन्द्र साहब[1] यहाँ नहीं हैं। आशा है कि आजकल में यहाँ आ जावेंगे। जब वे आयेंगे, मैं वहाँ आ जाऊँगा। और अगर कोई अपराध हुआ हो, तो क्षमा करें।

आपका दास तीर्थराम'

इस प्रकार उन्हें अपने गुरु धन्नाराम से एक दिन का भी वियोग असह्य और तड़पाने वाला था। इसीलिये गुजराँवाला से अपनी ससुराल, वैरोके जाने पर उन्हें यह अनुभूति हुई कि पत्र द्वारा ही गुरु-सान्निध्य में पहुँचा जाय। अतः वे कार्ड लेने के लिए वजीराबाद पहुँचे, जो वैरोके से तीन मील पड़ता था। ऐसी उत्कृष्ट गुरुभक्ति का दृष्टान्त बहुत कम मिल पाता है।

धन्नाराम के लिये राम का उपर्युक्त पत्र प्रथम पत्र था। २४ मई, १८८६ ई० और २२ अगस्त १८९८ ई० के बीच तीर्थराम ने भक्त धन्नाराम को ११२४ पत्र लिखे। ये पत्र राम की जीवनी, उनकी आर्थिक दशा, मनोवृत्ति, संयम, नियम, कर्मठता, दृढ़ संकल्प, भावुकता, सहृदयता, प्रेम, सादगी, त्याग आदि पर अत्यधिक प्रकाश डालते हैं। इनमें से कुछ पत्र तो अत्यधिक महत्त्व के हैं।

भक्त धन्नाराम तीर्थराम के आध्यात्मिक पथ-प्रदर्शक मात्र ही नहीं रहे, बल्कि मौके-बेमौके उनकी आर्थिक सहायता भी करते थे। उनकी आर्थिक सहायता करने वालों में से डाक्टर रघुनाथमल का नाम उल्लेखनीय है। डाक्टर साहब हीरानन्द जी के साढ़ू थे। डाक्टर साहब की स्त्री और तीर्थराम की विमाता सगी बहनें थीं। तीर्थराम ने मैट्रिकुलेशन की परीक्षा १८८८ ई० में द्वितीय श्रेणी में उत्तीर्ण की। सारे पंजाब प्रान्त में उनका अड़तीसवाँ स्थान रहा। उस समय उनकी अवस्था लगभग साढ़े चौदह वर्ष की थी। उन्हें सरकारी छात्रवृत्ति न प्राप्त हो सकी। यदि सरकारी छात्रवृत्ति मिल गयी होती, तो उनके अध्ययन में सुविधा हो गयी होती।

❑❑❑

---

१. तीर्थराम के श्वसुर।

# द्वितीय अध्याय
# विश्वविद्यालय की शिक्षा

## (१८८८ ई० से १८९५ ई० तक)

मैट्रिकुलेशन परीक्षा उत्तीर्ण करने के बाद तीर्थराम और उनके पिता, गोसाईं हीरानन्द के बीच संघर्ष उपस्थित हो गया। अपनी निर्धनता के कारण हीरानन्द तीर्थराम को आगे न पढ़ाकर, उनसे नौकरी कराना चाहते थे। उस समय मैट्रिकुलेशन परीक्षा उत्तीर्ण करने के बाद सरकारी नौकरी का दरवाज़ा खुल जाता था। किन्तु इसके विपरीत, तीर्थराम की आकांक्षा आगे अध्ययन करने की थी। पिता ने आगे पढ़ाना स्पष्ट रूप से अस्वीकार कर दिया और इस बात की धमकी भी दी कि अपनी स्त्री के भरण-पोषण का भार अब तीर्थराम अपने ऊपर लें। उनके संकल्प की यह विकट-अग्नि-परीक्षा थी। तीर्थराम अपने संकल्प पर चट्टान की भाँति अडिग रहे। साढ़े चौदह वर्ष के बालक की विद्या-प्राप्ति के निमित्त यह निष्ठा श्लाघनीय रही। उनके मौसा डाक्टर रघुनाथमल और सम्भवतः भक्त धन्नाराम ने आगे पढ़ने की अनुमति भी दे दी थी। नारायण स्वामी के मतानुसार अपने पिता की इच्छा के विरुद्ध तीर्थराम अध्ययन करने के निमित्त लाहौर गये।

लाहौर पहुँचने पर उन्हें भयावह आर्थिक स्थिति का सामना करना पड़ा। यद्यपि वे बड़ी सादगी से रहते थे और उनकी आवश्यकतायें सीमित थीं, तथापि लाहौर ऐसे शहर में उन्हें सामान्य ढंग से रहना भी कठिन प्रतीत हुआ। येन-केन प्रकारेण उन्होंने मई १८८८ ई० में मिशन (फोरमैन क्रिश्चियन) कॉलेज में अपना दाखिला करवाया। इस सम्बन्ध में उन्होंने भक्त धन्नाराम को एक पत्र भी लिखा—

'लाहौर, ८ मई, १८८८

श्रीमान् सद्गुरु महाराज भगत साहब,

मुझ पर खुश रहो।

मैं सोमवार के दिन मिशन कालेज में दाखिल हो गया और एक मकान बच्छोवाली में एक रुपया माहवार किराये पर लिया है। उस मकान का मालिक महताबराय मिश्र है। इसलिए मुझे पत्र उसके पते पर लिखा करो। और मेरा वजीफा नहीं लगा और न मैं अव्वल दर्जे में पास हुआ हूँ। मेरा नम्बर पंजाब में अड़तीसवाँ है। यहाँ मिशन कॉलेज में साढ़े चार रुपये फीस है, इति। ज्यादा आदाब (विशेष सादर प्रणाम)।

आपका दास तीर्थराम'

उन्हें कुछ रुपये भक्त धन्नाराम से मिल गये थे। उनके मौसा डाक्टर रघुनाथमल ने भी कुछ आर्थिक सहायता की थी और प्रति मास कुछ रुपये भेजने का वचन दिया था। परन्तु लाहौर ऐसे बड़े नगर में कॉलेज की पढ़ाई के लिए यह सहायता अपर्याप्त थी। फिर भी

उनका संकल्प अटूट और दृढ़ था। उन्होंने अत्यधिक मितव्ययिता बरती। उनकी डायरी में व्यय का विवरण देखने पर, तीर्थराम के प्रति अत्यधिक करुणा का भाव उत्पन्न होता है। उन्होंने प्राप्त धनराशि में से तीन रुपये में नये कपड़े सिलवाये। आठ आने के कैनवस के जूते खरीदे। एक रुपया मकान का किराया अग्रिम दिया। कुछ रुपये कालेज के दाखिले और शुल्क में लगे। पाँच आने देकर चारपाई बुनवाई। शेष रुपयों का अधिकांश भाग पुस्तकें खरीदने में खर्च हुआ। कुछ पैसे दीपक और तेल पर भी व्यय हुये। सारे खर्च का लेखा-जोखा लगाने पर उन्हें ज्ञात हुआ कि अब केवल तीन-पैसे प्रतिदिन के लिए बचे हैं।

ऐसी अवस्था में भी वे अपने दृढ़संकल्प से रंचमात्र विचलित नहीं हुये। उन्होंने उस समय अपने असाधारण त्याग और अनुपम तितिक्षा का परिचय दिया। उसी समय उन्होंने अपने शरीर को तपाना प्रारम्भ किया। साढ़े चौदह वर्ष की अल्पायु में उन्होंने अपने मनोबल को ऊँचा रखकर यह निश्चय किया कि दो पैसे की रोटी प्रातः खायेंगे। और एक पैसे की शाम को। लेकिन एक दिन ढाबे वाले ने इस सम्बन्ध में आपत्ति कि, 'तुम दाल का तो पैसा देते नहीं। इस तरह नहीं चलेगा।' तब राम ने केवल प्रातःकाल ही भोजन करने का निश्चय किया। शाम का भोजन उन्होंने बन्द कर दिया। शरीर पर असाधारण नियन्त्रण करके वे उत्तरोत्तर अपने लक्ष्य की ओर बढ़ने लगे। अदम्य उत्साह, परमात्मा एवं सद्‌गुरु में दृढ़ विश्वास ही उनका सबसे बड़ा संबल था। गणित में उनकी अपार अभिरुचि थी और वही उनकी अन्तर्मुखता का साधन था। वे अपनी सभी बहिर्मुखी प्रवृत्तियों को केन्द्रीभूत करके गणित के प्रश्नों को सुलझाने में तन्मय हो जाते थे। इस अपरा विद्या में तन्मयता के अतिरिक्त उनकी वृत्ति का दूसरा अंश परा विद्या के अन्वेषण में भी आरूढ़ हो चला था। संसार की समस्त विद्याओं की गणना अपरा विद्या के अन्तर्गत की जाती है और परा विद्या वह है, जिसे जान लेने पर सब कुछ जान लिया जाता है, यही ब्रह्मविद्या है। कृष्ण के प्रति तीर्थराम की अपार भक्ति थी। उनकी भक्ति की विह्वलता में राम को बराबर अश्रुपात होता था। साथ ही गुरु धन्नाराम में उनकी अपार प्रीति थी, जिनसे ब्रह्मविद्या के द्वार की उन्हें कुँजी प्राप्त हो गई थी।

अत्यधिक मितव्ययिता बरतने पर भी राम को खर्च की तंगी पड़ जाती थी और खर्च पूरा करने के लिए उन्हें जब-तब दूसरों से उधार लेना पड़ता था। धन्नाराम को लिखे गये निम्नलिखित पत्र से यह बात स्पष्ट हो जाती है—

'लाहौर, ८ जुलाई, १८८८

श्रीमान् भगत जी महाराज,

आपकी नित्य कृपा बनी रहे।

मत्था टेकने के उपरान्त विनती है कि आपका कृपा पत्र पहुँचा था। बड़ी खुशी हुई और लाला अयोध्या प्रसाद की जबानी मालूम हुआ कि आप किसी दिन आओगे। मैं अब आपसे यह दर्याफ्त करना चाहता हूँ कि आप कृपया मुझे लिखो कि अब मेरा इरादा छुट्टियों से पहले-पहल वहाँ आने का नहीं रहा क्योंकि २७ जुलाई को हमारी छुट्टियाँ हो जाती हैं, और खर्च के लिए मैंने तीन रुपये अयोध्या प्रसाद से उधार ले लिये हैं और जब आप कृपा पत्र भेजें तो कालेज के पते पर लिखना। इति। अनेक प्रणाम।

आपका दास तीर्थराम।'

इस प्रकार तीर्थराम प्रतिकूल एवं विषम परिस्थितियों से जूझते रहे और अध्ययन की दिशा में निरन्तर प्रगति करते रहे। कभी-कभी ऐसे भी अवसर आ जाते थे, जब उनके पास एक पैसा भी नहीं रहता था। यहाँ तक कि पोस्टकार्ड खरीदने के लिए भी एक पैसा उधार लेना पड़ता था। उन दिनों एक पैसे में ही पोस्टकार्ड मिलता था।

बच्छोवाली गली के जिस मकान में तीर्थराम रहते थे, वह लाहौर का बहुत गन्दा और अस्वास्थ्यप्रद स्थान था। भक्त धन्नाराम ने जब उन्हें उस स्थान को छोड़ देने की राय दी, तब राम ने उन्हें १० जून, १८८८ के पत्र में अपनी मनोवृत्ति का इस प्रकार परिचय दिया, "आपने पूछा है कि मैं महाराजा रंजीतसिंह की समाधि के पास वाले मकानों में रहने के लिए क्यों नहीं जाता हूँ? सबसे बड़ा कारण यह है कि मुझे वहाँ न तो उपयुक्त एकान्त ही मिल सकता है और न पठन-पाठन के लिए आवश्यक स्वतंत्रता।"

इससे स्पष्ट हो जाता है कि वे पूर्ण रूप से एकान्त-सेवन के अनुरागी हो चुके थे और उस एकान्त में उनके हृदय की आध्यात्मिक कली धीरे-धीरे प्रस्फुटित होने लगी।

तीर्थराम हिन्दी भी नहीं जानते थे। किन्तु वे इतने परिश्रमी और अध्यवसायी थे कि उन्होंने एफ० ए० (इन्टरमीडिएट) में संस्कृत ली। १८८८ के अक्टूबर तक उन्होंने हिन्दी पढ़ना और लिखना सीख लिया और नवम्बर से अत्यधिक परिश्रम से संस्कृत पढ़ना प्रारम्भ कर दिया।

उनके जीवन में बीच-बीच में ऐसी घटनायें घट जाती थीं जिससे उनका गुरु एवं परमात्मा में अपूर्व विश्वास उमड़ने लगता था। पहले बताया जा चुका है कि उन्हें मैट्रिकुलेशन पास करने के बाद छात्रवृत्ति नहीं मिल पायी थी। इससे वे घनघोर आर्थिक संकट में थे। किन्तु लाहौर में लगभग १० महीने रहने के अनन्तर उनके भाग्य में अकस्मात् परिवर्तन आया। उन दिनों गुजराँवाला, म्युनिसिपिल कमेटी, मैट्रिकुलेशन परीक्षा में सर्वोच्च्य अंक प्राप्त करने वाले छात्र को आठ रुपये मासिक की छात्रवृत्ति प्रदान करती थी। १८८८ ई० वाली छात्रवृत्ति जमीअत राय नामक छात्र को प्राप्त हुई थी! संयोगवश उसने कुछ महीने के बाद अपनी पढ़ाई छोड़ दी। यह बात जब तीर्थराम को ज्ञात हुई, तो उन्होंने इसकी सूचना भक्त धन्नाराम को दी। धन्नाराम तथा कुछ अन्य व्यक्तियों के सत्प्रयास से यह छात्रवृत्ति तीर्थराम को मिल गई। उस समय आठ रुपये का मूल्य बहुत था। उस आर्थिक सहायता से उन्हें बहुत राहत मिली। तीर्थराम ने इस सहायता को अपने सद्‌गुरु एवं परमात्मा की अनुकम्पा ही समझा। उनमें तनिक भी अहंभाव नहीं आया। उनके मन में सात्त्विकता की अलौकिक तरंगें उठने लगीं। एक सामान्य सी घटना भी साधक के अन्तःकरण को आन्दोलित कर देती है।

अत्यधिक परिश्रम, रसविहीन भोजन एवं गन्दे स्थान में रहने के कारण तीर्थराम का स्वास्थ्य एकदम चौपट हो गया। वे एफ० ए० परीक्षा के प्रारम्भ के पूर्व कई बार बीमार भी पड़े। अतएव इन अड़चनों से वे परीक्षा में न बैठने की बात सोचने लगे। किन्तु भक्त धन्नाराम का आतंक उनके सिर पर सवार रहा। साथ ही उनकी अनुकम्पा में भी राम की दृढ़ आस्था बनी रही। उन्होंने भगत जी को अपनी मनोदशा इस भाँति अभिव्यक्त की थी, '३ फरवरी, १८९०, मुझे इण्टरमीडिएट परीक्षा की फीस भेजनी है। अभी तक भगवान-दास से रुपया नहीं मिला है। मुझे अपने परिश्रम का भरोसा नहीं, केवल आपकी दया का

भरोसा है। यदि आज्ञा करें तो परीक्षा में बैठूँ, अन्यथा नहीं। आज्ञा बिना न मैं परीक्षा की फीस दूँगा और न परीक्षा में बैठूँगा।'' राम का यह भाव, भगवान् के अनन्य भक्त का यह आर्त्तभाव, हमारे सम्मुख प्रत्यक्ष उपस्थित कर देता है—'मेरो सब पुरषारथ थाको।'—यह आर्त्तभाव और आत्मसमर्पण पराभक्ति का सर्वोपरि साधन है।

आठ दिनों के अन्दर ही तीर्थराम को किसी अज्ञात दैवी शक्ति के कारण अपने पहले के विचारों को बदलना पड़ा। जो साधक पथ से डगमगा रहा था, उसे सद्गुरु एवं परमात्मा की कृपा ने पुनः सही रास्ते पर लगा दिया। उनके परिवर्तित विचार इस प्रकार है—''११ फरवरी, १८९०, मेरा ख्याल गलत था। मैं अपनी इच्छा से कुछ न कर सका। साहब, कालेज के प्रिंसिपल ने मेरा नाम भेज दिया और आवश्यक कागजों पर हस्ताक्षर करने पड़े। अतः मुझे परीक्षा में बैठना ही होगा। मुझे उसके लिये भगवानदास से रुपया भी मिल गया। दया कीजिये, दया कीजिये, मैं आपका गुलाम हूँ।'' श्रीमद्भगवतद्गीता के अठारहवें अध्याय का साठवाँ श्लोक तीर्थराम के जीवन में चरितार्थ हो गया—

**स्वभावजेन कौन्तेय निबद्धः स्वेन कर्मणा।**
**कर्त्तुन्नेच्छसि यन्मोहात्करिष्यस्यवशोऽपि तत्॥**

अर्थात्, 'हे अर्जुन, जिस कर्म को तू मोह से नहीं करना चाहता है, उसको भी अपने पूर्वकृत स्वाभाविक कर्म से बँधा हुआ परवश होकर करेगा।'

जैसे-जैसे परीक्षा के दिन निकट आते गये, वैसे-वैसे तीर्थराम की गुरुभक्ति और अधिक बढ़ती गयी। वे भक्त धन्नाराम से मिलने के लिए तड़पने लगे। उन दिनों भगत जी को वे नित्य पत्र लिखा करते थे। किसी-किसी दिन तो दो-दो पत्र लिखते थे। उन पत्रों से उनकी तड़पन का सहज अनुमान लगाया जा सकता है। उनका एक पत्र इस प्रकार है—

'लाहौर, ११ मार्च, १८९० ई०

**सत्यं ज्ञानमनन्तं ब्रह्म, आनन्दामृत, शान्तिनिकेतन, मंगलमय,**
**शिवरूपम्, अद्वैतम्, अतुलम्, परमेशम्, शुद्धम् अपापविद्धम्॥**

लोग कहते हैं कि ईश्वर, दया और शान्ति का भण्डार है। फिर आप क्यों क्रुद्ध होते हैं? आप मुझे क्षमा क्यों नहीं करते? सोचता हूँ कि शायद ईश्वर के यहाँ से आपको ज्ञात हुआ हो कि मैं अपने दोषों के कारण भगवान् के दर्शन पा नहीं सकता। यही जानकर आप मेरी अवहेलना कर रहे हैं। अन्यथा लोग हँसेंगे कि तीरथराम तो आपका बड़ा भक्त था, उसे भी ईश्वर के दर्शन न हो सके। परन्तु मेरी विनय है कि मुझे क्षमा कीजिये और मेरे दोषों पर ध्यान न दीजिये।

**यदि तू मुझे भीतर बुलाये, तो मैं केवल एक ही द्वार जानता हूँ।**
**यदि तू मुझे बाहर निकाले, तो मैं केवल एक ही द्वार जानता हूँ॥**
**मुझे किसी और द्वार का पता नहीं,**
**मैं इस सिर को पहचानता हूँ—**
**उसके योग्य स्थान है—तेरी देहरी**

—(फारसी से अनुवाद)

१८९० ई० के मार्च महीने में उनकी इण्टरमीडिएट की परीक्षा समाप्त हो गई। यद्यपि इस वर्ष प्रश्नपत्र कठिन आये थे, फिर भी उन्होंने पर्चे ठीक किये। पंजाब प्रान्त में उनका पचीसवाँ स्थान था और कदाचित् मिशन कालेज (फोरमैन कालेज) में सभी परीक्षार्थियों में उनका प्रथम स्थान रहा। अबकी बार उन्हें विश्वविद्यालय से छात्रवृत्ति भी मिल गई। अतएव उन्होंने आगे अध्ययन करने का निश्चय दृढ़ रखा।

उनके आगे पढ़ने के निश्चय के कारण पिता और पुत्र में फिर संघर्ष उपस्थित हुआ। हीरानन्द जी की इच्छा थी कि तीर्थराम अपना स्वास्थ्य, शक्ति और धन अध्ययन में बरबाद न करे, बल्कि कहीं काम-धन्धे में लगकर परिवार के आर्थिक बोझ को हल्का करे। किन्तु तीर्थराम का दृढ़ संकल्प था कि वे विश्वविद्यालय की पूर्ण शिक्षा प्राप्त करें। वे उसके माध्यम से परम सत्य का साक्षात्कार करना चाहते थे। अध्ययन बीच में छोड़ देना वे अपनी पराजय समझते थे। तीर्थराम ऐसे तन्तुओं से निर्मित थे कि उन्होंने अपने जीवन में कभी भी पराजय स्वीकार नहीं की। उनके विशुद्ध अन्तःकरण ने जो आज्ञा दी, उसी का उहोंने मनसा, वाचा, कर्मणा पालन किया। अतः उन्होंने अपने पिता की आज्ञा की अवहेलना कर दी और अपने निश्चय पर अडिग रहे। उन्होंने उसी कालेज में बी०ए० में अपना दाखिला करा लिया। इसका परिणाम यह हुआ कि उनके पिता आपे से बाहर हो गये। उन्होंने तीर्थराम को सबक सिखाने का निश्चय कर लिया। अतएव यह घोषणा कर दी, "मैं तुम्हारी पढ़ाई का खर्च एक पाई भी नहीं दूँगा। तुम्हें अपनी स्त्री के भरण-पोषण का भी भार ग्रहण करना पड़ेगा।' तीर्थराम के मनोबल और निश्चय की विकट परीक्षा थी।

तीर्थराम इस भयावह स्थिति से तनिक भी विचलित नहीं हुये। उन्होंने अपने भावी जीवन की जो रूपरेखा तैयार कर ली थी, उसी के अनुसार कार्य करना प्रारम्भ कर दिया। उन्होंने परमात्मा की इच्छा मानकर इस परिस्थिति को स्वीकार कर लिया।

१८९० ई० में भक्त धन्नाराम को तीर्थराम की किसी साधारण बात पर कुछ भ्रम हो गया। इससे राम को अत्यधिक आन्तरिक क्लेश हुआ। वे भगत जी को साक्षात् परमेश्वर समझते थे। उन्होंने धन्नाराम से २४ जून, १८९० ई० के पत्र में अपना भाव इस प्रकार अभिव्यक्त किया—"आप मेरे ऊपर नाराज हैं। इसका कारण यह है कि आपने मेरे मन की आन्तरिक दशा न समझकर केवल बाहरी व्यवहारों से मेरे सम्बन्ध में बुरी धारणा बना ली। यदि आप मेरे अन्तःकरण को देखें तो मुझे पूर्ण विश्वास है कि आपकी नाराजगी दूर हो जायेगी। यदि मैं बाह्य रूप से आपकी सेवा करने में समर्थ न हो सका, तो आप कृपया यह न समझें कि आपके प्रति मेरे विश्वास और श्रद्धा में किसी प्रकार की कमी आ गई है। मैं सदैव आपकी सहायता का अभिलाषी हूँ और मेरे मन में आप सदैव विराजमान रहते हैं। मेरे अध्ययन तथा शुभ कर्मों के सम्पादन में आपकी सहायता की नितान्त आवश्यकता है। मेरे सभी प्रयत्नों को सफल करने की आप में अलौकिक शक्ति है। व्यक्तिगत लक्ष्य-सिद्धि के लिए अध्ययन में निरन्तर व्यस्त रहने पर आपको भूल जाना निश्चय ही बुरी बात है। पर मैं आपको पूर्णरूप से विश्वास दिलाता हूँ कि अध्ययन के द्वारा मैं आपकी सैकड़ों, हजारों गुनी और अधिक सेवा कर सकूँगा।"

तीर्थराम ने एक पत्र १९ जुलाई, १८९० को भक्त धन्नाराम को लिखा। उस समय उनकी आयु १७ वर्ष से भी कम थी। परन्तु निष्ठापूर्वक कर्म करते रहने से उनके क्षीण शरीर में अलौकिक तेजस्विता समाविष्ट हो गई थी। उस पत्र में उन्होंने अपनी बात का तर्कयुक्त शैली में, साथ ही विनयपूर्णक शब्दों में प्रतिपादन किया है। यहाँ कुछ भावुक पाठकों को यह भ्रम हो सकता है कि तीर्थराम ने अपने सद्गुरु की अवज्ञा की है। पर विशुद्ध अन्तःकरण की आवाज सर्वव्यापी परमात्मा की आवाज होती है। इस पत्र में उनके भाव पक्ष और बुद्धि पक्ष, हृदय एवं मस्तिष्क, श्रद्धा एवं विवेक का अपूर्व सम्मिश्रण है। पत्र इस प्रकार है—

"हमारी छुट्टियाँ पहली अगस्त से प्रारम्भ होंगी। आज १९ जुलाई है। कृपा करके आप ऐसा कभी न सोचें कि मैं आपसे विमुख हुआ जा रहा हूँ। जब कोई मनुष्य किसी काम को हाथ में ले लेता है, तो कुछ समय तक उसमें लगे रहने के बाद उसे उसके सारे भेद सूझने लगते हैं और पता चलता है कि वह सर्वोत्तम ढंग से कैसे किया जा सकता है। फिर वह बिना अधिक सोच-विचार के ही वैसा काम करने के ढंग और साधन—आदि, भले ही वह उस कार्य-प्रणाली का कारण और हेतु न बतला सके; किन्तु दिल में उसे उन्हें ठीक होने का निश्चय रहता है। मैं आपको कारण नहीं बता सकता, वह काम तो विद्वानों का है। हर एक मनुष्य दार्शनिक नहीं होता और अधिकतर व्यक्ति बिना कारण निर्धारित किये ही अपने ढंग से कार्य सम्पादन करते हैं। जब मैं छोटा बच्चा था, तभी मैं कविता के छन्दों के स्वरों और संगीत के विषय में निर्णय रखता था। उस समय अपनी धारणा के विषय में न मैं तर्क दे सकता था और न उनकी व्याख्या कर सकता था। किन्तु अब दस वर्ष के उपरान्त, जब मैंने छन्दशास्त्र के नियमों का यथेष्ट ज्ञान प्राप्त किया, तब मुझे मालूम हुआ है कि मेरी धारणायें बिल्कुल ठीक थीं। यदि तब मैं ठीक नहीं बता सकता था, तो उसका अर्थ यह नहीं कि मेरा निर्णय भ्रमपूर्ण था। इससे यह स्पष्ट हो जाता है कि यथार्थ बुद्धि वाले व्यक्ति को हर एक बात के लिए आवश्यक कार्य ढूँढ़ना कोई अत्यन्त आवश्यक नहीं। अतः कभी-कभी कारणों पर अधिक जोर दिये बिना ही हमें उसका निर्णय मान लेना चाहिये, यदि हमें यह निश्चय हो कि वह व्यक्ति वास्तव में भला है और अपने शुद्ध अन्तःकरण के अनुसार चलने वाला है।"

"मैं आपकी अवज्ञा करता हूँ, ऐसा विचार ही कभी मेरे मन में नहीं उठता। आप सदा यही सोचें कि मेरे हर एक काम में आपकी आज्ञाकारिता का सच्चा भाव भरा है।"

"आपकी राय में मुझे अपनी छुट्टियाँ गुजराँवाला में आपके साथ बितानी चाहिए। आपकी आज्ञा है तो मुझे आना ही होगा। किन्तु मैं वहाँ सारा समय न बिताऊँ ऐसी मेरी इच्छा है। मैं इसके लिए कुछ कारण उपस्थित कर सकता हूँ। यद्यपि इस तरह की सफाई देने की मेरी रंचमात्र भी इच्छा नहीं होती है। यह तो आपका समय नष्ट करना है। पर आप कहीं मुझे अवज्ञाकारी न समझ बैठें—यही निश्चय कराने के लिए लिखता हूँ। मेरी विनय यही है कि अपने प्रति मेरी भक्ति में कभी संदेह न करें।"

"मेरे कारण ये हैं—मैंने एक ओर लाहौर में ठहरने और दूसरी ओर अपने घर जाकर इष्टमित्रों एवं सम्बन्धियों से मिलने-जुलने का अन्तर समझ लिया है। केवल इतना ही नहीं कि वहाँ लिखने-पढ़ने के लिए आवश्यक एकान्त की सुविधा नहीं होती, वरन् मैंने देखा है

कि वहाँ चित्त की वह गम्भीरता नष्ट हो जाती है, जो गूढ़ और कठिन प्रश्नों के हल के लिये अपेक्षित होती है। घर जाकर हम मोटे से हो जाते हैं और उत्तम विचारों की ग्राहक, चिन्तनशील सूक्ष्मधारा लुप्त-सी हो जाती है। कारण, वहाँ भौतिक सुखों के स्पर्श से बुद्धि विकृत रहती है और मेरा मन बिगड़ जाता है। आप कह सकते हैं—लाहौर कोई जंगल नहीं, वहाँ भी तो मनुष्यों से मिलना-जुलना होता रहता है। यह ठीक है। किन्तु यहाँ केवल अपरिचितों से मिलना होता है। वहाँ उस गहरे प्रेम से लोगों से मिलना नहीं होता है, जैसे घरं के लोगों से मिलता हूँ। लाहौर में मैं लोगों से मिलता हूँ, किन्तु मेरा ध्यान उनमें जमता नहीं। केवल ऊपरी ढंग से मिलना होता है। अपने लोगों से मिलने में हमें अपना मन उनमें लगाना पड़ता है। दूसरे लाहौर में मैं केवल विद्यार्थियों को जानता हूँ और उनका सहवास सदैव स्वास्थ्यवर्धक होता है।''

''आप यह भी पूछ सकते हैं कि क्या अन्य विद्यार्थी भी मेरी तरह लाहौर में रुकने वाले हैं। रुकनदीन जो सारे प्रान्त में प्रथम आया, अपने घर एक दिन को भी नहीं जाता।''

''बिना मेहनत, बिना परिश्रम कोई चमक नहीं सकता। मैं कड़ी मेहनत करना चाहता हूँ। यह सच है कि बहुत से कुशाग्रबुद्धि विद्यार्थी घर जायेंगे; किन्तु मेरा विश्वास है कि सम्भवतः उन्हें अपने घरों में अध्ययन के लिए आवश्यक सुविधायें मिलती हों। इसके सिवा बहुत से मेरी तरह विवाहित नहीं हैं और विवाहित होने पर भी वे प्रबल इच्छाशक्ति वाले हो सकते हैं, जो अपने मन को बाहरी आमोद के साधनों की ओर भटकने से रोक सकते हों। मैं उतना शक्ति सम्पन्न नहीं। मुझे डर है कि वहाँ मेरा मन बिगड़ न जाय।''

''जिसे बुद्धि कहते हैं, वह भी अभ्यास एवं परिश्रम से उन्नति करती है। यदि कोई विद्यार्थी बिना मेहनत अच्छे नम्बरों से पास कर लेता है, तो वह परीक्षा भर पास कर लेता है, उसे कभी पढ़ने का मजा नहीं मिल सकता। क्या आपको याद नहीं है कि उस बार एक व्यक्ति ने अपने नाम पर आपसे एक कविता बना देने की प्रार्थना की थी? दुनिया को वह भले ही यह धोखा दे सके कि वही उस कविता का रचयिता है। वह तो कहने-सुनने को रचयिता बना था, उस कविता के रचने का सच्चा सुख तो आपने ही भोगा था, वह तो उस आदमी की तरह है, जिसे बिना कमाये ही बहुत सा धन मिल जाता है। ऐसे किसी के पास विशाल सम्पत्ति हो, पर उसे उसका स्वाद कभी नहीं मिल सकता। स्वाद तो केवल उसे ही प्राप्त होता है, जो पसीना बहाकर धन कमाता है।''

''दया करके मुझे अपने अध्ययन से वंचित न करें। समझ लीजिये मैं कहीं विदेशों में चला गया हूँ। मुझे दो वर्ष की छुट्टी दे दें। जब पुत्र लौटेगा, तो आपका है ही। जब सैनिक अपनी पूरी आत्मा से बढ़ता है, तो उसे यह पता नहीं रहता कि किसका सैनिक है, उसका स्वामी कहाँ है अथवा स्वामी के साथ उसका क्या सम्बन्ध है। फिर भी सारे समय वह रहता तो है राजा का ही सैनिक, और अपनी सारी शक्ति के साथ राजा के प्रति अपनी स्वामिभक्ति को चरितार्थ करता है। यही हाल मेरा है। यह न सोचें कि मैं गुजराँवाला न जाकर आपकी अवज्ञा करना चाहता हूँ।''

उपर्युक्त पत्र में राम की आन्तरिक साधना की प्रवृत्ति पूर्णतया प्रस्फुटित हो चुकी है। उनके विशुद्धः अन्तःकरण में साधना की जो ज्योति उद्भासित हुई है, वह उन्हें तथा

आसपास के समस्त वातावरण को ज्योतित करना चाहती है। सद्गुरु धन्नाराम में जो अनावश्यक मोह राम के प्रति है, उसे भी दूर करना चाहती है। राम सैनिक के से अदम्य उत्साह से कर्मक्षेत्र में कूदना चाहते हैं। वे सतत कर्म और अनवरत अभ्यास के पुजारी बन गये हैं। वे एकान्त में रहकर सात्विक साधना के अभ्यास से अपनी बहिर्मुखी वृत्ति को अन्तर्मुखी करना चाहते हैं और अपनी भावना वृत्ति एवं तर्कशक्ति से रूठे सद्गुरु को मनाना चाहते हैं। उनकी गुरु भक्ति विवेक से परिपूर्ण है। उनकी एकमात्र आकांक्षा है—एकान्त स्थल में समय का अधिकतम सदुपयोग, कर्म करना, कर्म करना। वे उस अवसर को भावी जीवन की तैयारी का सुनहला अवसर मानते थे। इसीलिए मुरालीवाला अथवा गुजराँवाला नहीं जानना चाहते थे।

तीर्थराम निरन्तर अध्ययन में रत रहते थे, जिसका परिणाम यह हुआ कि उनकी आँखें कमजोर हो गईं। कालेज के प्रिंसिपल ने उन्हें नेत्र विशेषज्ञ डॉक्टर से आँखों की परीक्षा कराकर चश्मा लगाने की सलाह दी। आँखों का परीक्षण कराने पर डॉक्टर ने उन्हें चश्मा लगाने की राय दी। चश्मे के शीशे बम्बई से पाँच रुपये देकर मँगवाये गये, क्योंकि उन दिनों लाहौर में चश्मे के शीशे तैयार नहीं मिलते थे।

अत्यधिक परिश्रम करने के कारण एवं पौष्टिक आहार के अभाव में उनका स्वास्थ्य बहुत गिर गया था। कालेज के प्रिंसिपल राम के क्षीणकाय होने से चिन्तित थे। अतः उन्होंने राम को शारीरिक व्यायाम करने को बाध्य किया। इसका संकेत २० फरवरी, १८९१ ई० के पत्र में किया है, "प्रिंसिपल ने रुकनदीन को आज्ञा दी है कि मैं शारीरिक व्यायाम किये बिना घर न जा सकूँ। वे समझते हैं कि मैं बहुत कमजोर और रोगी हो गया हूँ।"

छात्रवृत्ति मिलने पर भी उन्हें सदैव अर्थाभाव बना रहता था। इसी अर्थाभाव के कारण वे पौष्टिक भोजन नहीं कर सकते थे। किन्तु कालेज के प्रिंसिपल उनके ऊपर कृपालु थे। अतः उनकी फीस माफ कर दी थी। इसका विवरण तीर्थराम के अनुसार—"१८ जनवरी, १८९१, प्रिंसिपल ने मेरी फ़ीस माफ कर दी है। उसके बदले मुझे व्याख्यानों को नकल करने का थोड़ा काम दिया गया है। मैं उसे करूँगा।"

तीर्थराम का गणित के प्रति स्वाभाविक अनुराग था। विश्वविद्यालय द्वारा गणित का पूर्णांक कम करने पर उन्हें अत्यधिक क्षोभ हुआ था। उनकी मानसिक स्थिति का आभास प्रत्यक्ष प्रकट होता है, "१ अप्रैल, १८९१, विश्वविद्यालय के अधिकारी गणित के कुल नम्बरों को घटाकर १५० से १३० करने वाले हैं और अन्य विषयों के नम्बर में बढ़ाने वाले हैं। इसका अर्थ यह है कि वे अन्य विषयों को भी गणित के समान गौरवान्वित करना चाहते हैं। सचमुच यह भयानक बात है, स्पष्ट ही पापरूप। इसका अभिप्राय है कि वे कर्म और अकर्म के बीच का अन्तर धो डालना चाहते हैं। हमारे गणित के प्रोफेसर कह रहे थे कि वे इसके विरुद्ध आन्दोलन करेंगे। क्या परिणाम होगा—ईश्वर जाने।"

आये दिन उन पर आकस्मिक आपदायें आती रहती थीं। पता नहीं भगवान् उनके धैर्य की कितनी कठोर परीक्षा लेना चाहता था। उनकी कोठरी में हुई चोरी का ब्यौरा उन्हीं के शब्दों में पढ़िये—"७ अप्रैल, १८९१ मैं सबेरे घूमने गया था। लौटने पर देखा ताला टूटा हुआ है, किवाड़ खुले हुये हैं और लोटा आदि पीतल के सारे बर्तन—सब

सामान गायब हो गया है। ईश्वर को अनेक धन्यवाद! पूरी पुस्तकें सुरक्षित हैं। चोर अपनी टोपी यहाँ भूल गया है।''

जिस कोठरी में तीर्थराम रहते थे, उसकी परेशानी उन्हें बराबर बनी रहती थी। उनके शुभचिन्तक उन्हें मकान बदलने के लिए निरन्तर सलाह देते थे। पर नया मकान पाने में अनेक कठिनाइयाँ थीं। भक्त धन्नाराम को ९ मई, १८९१ को जो पत्र उन्होंने लिखा था, उनमें कठिनाइयों का उल्लेख इस प्रकार है, ''लाला अयोध्याप्रसाद ने मुझसे कहा है कि उन्होंने मेरे लिये दो मकान ढूँढ़े हैं, एक तो मुझे इसलिये पसन्द नहीं आया कि हाकिमराय जी आर्यसमाजी वहाँ रहते हैं। दूसरा उतना सुविधाजनक नहीं है, जितना कि यह, जिसमें मैं रहता हूँ। और एक बड़ी बुराई यह है कि इस दूसरे मकान के मालिक मुझसे कुछ किराया नहीं लेना चाहते। किन्तु चाहते हैं कि मैं उनके लड़के को प्राइवेट तौर पर पढ़ाया करूँ। इसका अर्थ यह होता है कि वे एक रुपया मासिक किराये का मकान देकर और नहीं तो कम से कम पचीस रुपये मासिक का काम मुझसे लेना चाहते हैं! इतना ही क्यों, मुझे मुफ्त मकान देने का उनका अनुग्रह मेरे सिर पर लदा ही रहेगा। यही कारण है कि मैं इस दूसरे मकान में रहना पसन्द नहीं करता हूँ।'' नये मकानों में न जाने के लिए जो कारण प्रस्तुत किये हैं, वे अत्यधिक व्यावहारिक हैं। संगदोष से बचने के लिए वे कितने जागरूक थे। साथ ही मुफ्त के एहसान से भी बचना चाहते थे।

कभी-कभी तीर्थराम का आचरण और व्यवहार निरीह और भोले बच्चों की भाँति होता था। एक बार उन्होंने पुरानी चारपाई की मरम्मत करायी थी। इस छोटी-सी बात की सूचना अपने गुरु धन्नाराम को देकर अपनी प्रसन्नता अभिव्यक्त की थी, ''११ मई, १८९१, मेरी चारपाई की बिनाई एकदम टूट गई थी। रस्सियाँ पुरानी हो गई थीं। इसलिए मैंने पाँच आने की रस्सियाँ लेकर उसे फिर से कसवा लिया है। मेरी चारपाई अब खूब कसी हुई नयी जैसी हो गई है। मैं बड़ा खुश हूँ।'' वास्तव में भोलापन सात्विक व्यक्ति का उत्कृष्ट लक्षण है।

तीर्थराम की सरलता, निष्कपटता से उनके सहपाठी, प्राध्यापकगण एवं प्रधानाचार्य अत्यधिक प्रभावित थे। वे सब के सब उनकी रहनी पर सहानुभूति प्रदर्शित करते थे। उन्हें राम का तंग और अँधेरी कोठरी में रहना बहुत खलता था। वे चाहते थे कि तीर्थराम होस्टल में आकर रहें। उन्होंने भक्त धन्नाराम को लिखे गये पत्र में इसका सजीव वर्णन किया है,—''१९ मई, १८९१, आज जब मैं कालेज गया, तो सभी सहपाठियों ने मुझे घेर लिया और वे मुझसे कहने लगे कि अब तुम्हें कालेज के बोर्डिंग में आकर रहना होगा, प्रिंसिपल साहब ने ऐसी आज्ञा दे रखी है। दो-तीन घण्टे के बाद कालेज के डॉक्टर से मेरी भेंट हुई। उन्होंने भी मुझसे पूछा—'क्या तुमने अपने बारे में प्रिंसिपल की नयी आज्ञा नहीं सुनी है?' मैंने कहा, 'मुझे अपने माता-पिता से (आपसे अभिप्राय था) परामर्श लेना होगा।' कालेज के डॉक्टर ने उत्तर दिया—'किन्तु हर हालत में प्रिंसिपल का आदेश मानना ही पड़ेगा।'

''कालेज के समय के बाद प्रिंसिपल ने मुझसे कहा—'मैंने यह आज्ञा तुम्हारी भलाई के लिये दी है। तुम कालेज के होस्टल में आकर रहो।' सच्ची बात यह है कि मेरे कुछ साथी एक दिन आये थे और उन्होंने जब मुझे इस अन्धी कोठरी में रहते देखा और मेरे

खाने-पीने तथा अन्य कठिनाइयों का अनुभव किया—उदाहरणार्थ, मुझे प्रतिदिन कालेज आने-जाने में जितना चलना पड़ता है, तो उन्हें दुःख हुआ। उन्हीं लोगों ने सहानुभूति में मेरे विरुद्ध यह षड्यंत्र रचा। वे मुझे होस्टल में घसीट ले जाना चाहते हैं। कहते हैं कि हम तुम्हें यहाँ नहीं रहने देंगे। हिसाब लगाकर मुझे बताया गया कि खाना-पीना, किराया आदि सब मिलाकर मुझे कुल तेरह रुपये, नौ आने देने होंगे। यह तो मैं जानता हूँ कि मनुष्य को चाहे जिस परिस्थिति में रहना पड़े, यदि वह चाहे तब सभी जगह अपने मन को एकाग्र कर सकता है होस्टल पढ़ने-लिखने के लिये बुरी जगह नहीं। प्रान्त के बहुत से विद्यार्थी यहीं रहकर प्रथम आये हैं।''

''मैंने बारह आने की कुछ पुस्तकें मोल ली हैं। अब मेरे पास एक पैसा भी नहीं बचा है। मैं अयोध्याप्रसाद जी के पास जाऊँगा। यदि आपकी यह राय बैठे कि मुझे होस्टल में नहीं जाना चाहिए, तो कृपया यह लिख भेजें कि मुझे प्रिंसिपल को क्या उत्तर देना चाहिये।''

जिस कोठरी में तीर्थराम रहते थे, उसमें एक दिन भीषण रोमांचक घटना घटी। इस घटना का उल्लेख उन्होंने भक्त धन्नाराम को लिखे पत्र में किया है, ''२३ मई, १८९१, कालेज से लौटने पर आज जब मैंने अपनी कोठरी के किवाड़ खोले, तो एक साँप मेरी ओर तेजी से झपटा। वह एकदम काला और विषधर था। मैं सहायता के लिए चिल्लाया और लोगों ने उसे आकर मार डाला। अब कालेज के सभी व्यक्ति मेरे यहाँ रहने के एकदम विरुद्ध हो गये हैं। सबके सब होस्टल में बुलाना चाहते हैं। वे कहते हैं कि यदि मैं जिस किसी स्थान पर अपने अध्ययन में मन एकाग्र करने की क्षमता नहीं प्राप्त करूँगा, तो मेरे लिए ठीक ढंग से मनुष्यों के बीच रहना ही संभव न होगा। जो तैरना सीखना चाहता है और पानी में बैठने से घबराता है, वह तैरने की कला कैसे सीख सकता है?''

''लोग कहते हैं कि बड़े होने पर न मनुष्य को ऐसा एकान्त मिल सकता है और न ऐसा अवकाश ही प्राप्त हो सकता है कि वह अकेले अपने आप में ही निमग्न रहे। इसलिए वे लोग चाहते हैं कि मैं नितान्त एकान्त में रहने के अभ्यास को छोड़कर लोगों के साथ रहने की प्रवृत्ति बनाऊँ। कालेज के डॉक्टर भी मुझे समझा रहे थे कि मैं शीघ्र ही जनसमूह के बीच अपने अध्ययन पर ध्यान लगाने में अभ्यस्त हो जाऊँगा। केवल यही डर है, अन्यथा मेरा होस्टल में रहना अनिवार्य सा है, मुझसे उसका विरोध न हो सकेगा। आप ऐसा आशीर्वाद दें कि मैं वहाँ भी अपने अध्ययन में उसी प्रकार दत्तचित्त हो सकूँ, जैसे यहाँ हूँ।''

साँपवाली घटना से कालेज के लोगों का तीर्थराम को होस्टल में ले आने का आग्रह और भी अधिक बढ़ गया और वे भी अपने मन को इस बात के लिये तैयार करने लगे। २५ मई, १८९१ के पत्र में उन्होंने इस बात का स्पष्टीकरण इस प्रकार किया है—''मैंने हिसाब लगा कर देख लिया है कि यदि मैं होस्टल में जाता हूँ तो—

(१) मुझे छुट्टी के महीनों के लिये किराया कुछ न देना होगा।

(२) भोजन के लिए भी केवल उतने दिनों का व्यय देना होगा, जितने दिन मैं खाना खाऊँगा। यदि कोई अतिथि आ जायेगा, तो उसके लिये उसी हिसाब से व्यय करना होगा।''

"मैंने होस्टल के अध्यक्ष से कहा था कि मेरे अभिभावक इतना सारा व्यय देने में असमर्थ हैं। उन्होंने हिसाब लगाया और बतलाया कि मैं यहाँ जितना व्यय कर रहा हूँ, उससे केवल एक रुपया व्यय अधिक बढ़ेगा और जब होस्टल में मुझे अच्छा भोजन मिलने लगेगा, तो उनके कथनानुसार मैं अपने अन्य व्ययों में एक रुपये की कटौती आसानी से कर सकूँगा। अन्त में उन्होंने मुझे यह भी आश्वासन दिया कि यदि मुझे वहाँ कोई अड़चन प्रतीत हो, तो मैं छुट्टियों के बाद फिर अपना निवास बदल सकता हूँ।"

उन दिनों तीर्थराम अध्ययन में अत्यधिक निमग्न रहा करते थे। गणित के किसी कठिन प्रश्न को हल करने में दिन-दिन भर लगा देते थे। जब प्रश्न हल हो जाता, तभी चैन की साँस लेते थे। दिसम्बर १८९१ के पत्र से उनकी मनःस्थिति पर भलीभाँति प्रकाश पड़ता है, "मैं आपको पत्र लिखने के लिए पोस्टकार्ड अपने साथ लिए रहा। किन्तु मैं इधर गणित का एक बहुत ही जटिल प्रश्न हल करने में लगा हुआ था। इसलिए उस दिन यह पत्र अधूरा ही मेरी जेब में पड़ा रहा। कालेज के अन्य विषयों का काम भी अभी बाकी पड़ा है। पूरे चौबीस घंटों के बाद मैं उस प्रश्न को हल कर सका हूँ। अब मैं कालेज के दूसरे कामों में लगूँगा।"

आये दिन तीर्थराम को बराबर नयी-नयी मुसीबतों का सामना करना पड़ता था। चोरों ने उन्हें तक लिया था। ११ फरवरी, १८९२ के पत्र में उन्होंने इस दूसरी चोरी और होस्टल में प्रवेश का जिक्र किया है, "मैं अभी तक कालेज के होस्टल में नहीं जा सका हूँ। शायद आज चला जाऊँ। मेरे मकान में फिर एक नयी चोरी हुयी। मेरा बिस्तर, तकिया, गद्दा और कुछ बर्तन चोरी चले गये। किन्तु पुस्तकें सुरक्षित हैं। लाला ज्वालाप्रसाद और झण्डूमल कहते थे कि वे मुझे नये कपड़े सिलवा देंगे। उन्होंने मुझे आश्वासन दिया है, "गोस्वामी जी, आप चिन्ता क्यों करते हैं? हम सब तरह से आपकी सहायता के लिए तैयार हैं।"

तीर्थराम का अनेक विषयों का अध्ययन, चिन्तन, अहर्निश चलता रहता था। उन्होंने इस सम्बन्ध में एक अत्यन्त मनोरंजक घटना का उल्लेख किया है, 'उन दिनों राम विद्यार्थी था और बी०ए० परीक्षा की तैयारी में लगा था। मेरे ही कमरे में मेरा एक अन्य साथी रहता था। वह व्यक्ति अत्यन्त विनोदी था। नाचने-गाने, खेलने-कूदने में ही वह अपना अधिकांश समय व्यतीत करता था। एक दिन किसी भद्र पुरुष ने पूछा, 'भाई, तुम कितनी देर पढ़ते हो?' मेरे साथी ने तत्काल मुस्करा कर उत्तर दिया, 'पूरे अठारह घण्टे।' उन भद्र पुरुष ने कहा, 'तुम्हारा क्या अभिप्राय है? चौबीस घंटों में से चार-पाँच घंटे समय तो तुम मेरे सामने ही नष्ट करते हो, आठ-नौ घंटे सोते हो। मुश्किल से दस-बारह घंटे बचे। फिर भी तुम कहते हो कि अठारह घंटे पढ़ते हो।' मेरे साथी ने तत्काल उत्तर दिया, 'कदाचित् आपने गणित नहीं पढ़ा है। मैं इस बात को गणित द्वारा सिद्ध कर सकता हूँ कि मैं अठारह घंटे पढ़ता हूँ।' उन भद्र पुरुष ने उत्साहपूर्वक प्रश्न किया, 'अच्छा, किस प्रकार?' मेरे साथी का उत्तर इस प्रकार था, 'सुनिये, मैं और राम इसी कमरे में साथ-साथ रहते हैं। बात यह है कि मैं बारह घंटे पढ़ता हूँ और यह राम दिन-रात पूरे चौबीस घंटे पढ़ता रहता है। बारह और चौबीस के जोड़ने पर छत्तीस होता है। अनुपात निकालने पर प्रत्येक की पढ़ाई अठारह घंटे हो जाती है। इस प्रकार मैं अठारह घंटे पढ़ता हूँ।' उस

व्यक्ति ने कहा, 'अच्छा यह मान लिया तुम बारह घंटे पढ़ते हो, किन्तु इस बात को किस प्रकार स्वीकार करूँ कि तुम्हारा साथी राम चौबीस घंटे पढ़ता है? यह कैसे सम्भव हो सकता है? मैं यह भलीभाँति जानता हूँ कि राम अत्यधिक परिश्रमी छात्र है। यह भी जानता हूँ कि यह पाठ्यक्रम के अतिरिक्त अन्य विषयों की तैयारी भी कर रहा है। इसके अतिरिक्त उसे और भी अन्य कार्य करने पड़ते हैं। फिर भी प्रकृति के नियम उसे चौबीस घंटे कार्य किसी भी दशा में नहीं करने देंगे।' मेरे विनोदी मित्र ने अपने कथन की सार्थकता की इस प्रकार व्याख्या करनी प्रारम्भ की, 'अच्छा, ध्यान देकर सुनिये, मैं अपनी बात सिद्ध कर रहा हूँ। राम जब भोजन पर बैठता है, तब भी अपने कार्य में रत रहता है, वह अपने मन को एक क्षण भी इधर-उधर बहकने नहीं देता। वह अपने साथ कुछ ऐसे कागज़ रखता है, जिस पर कुछ न कुछ विज्ञान अथवा गणित के प्रश्न अथवा दार्शनिक समस्यायें रहती हैं। उनके हल करने में वह सदैव रत रहता है। कभी-कभी उसके हाथ में कोई पुस्तक अथवा कविता रहती है, जिसके स्मरण करने में उसका मस्तिष्क व्यस्त रहता है अथवा कभी-कभी कोई कविता ही रचता है। इसी प्रकार वह किसी न किसी कार्य के सम्पादन में दत्तचित्त रहता है। कहने का अभिप्राय यह कि भोजन करते समय भी किसी न किसी कार्य में लगा ही रहता है। कपड़ा पहनते समय भी वह चाक से दीवाल पर कोई न कोई आकार बनाता रहता है। शयन करते समय भी किसी न किसी समस्या के निदान में लगा रहता है। जिस प्रकार वह दिन में प्रतिक्षण कार्य में रत रहता है, उसी प्रकार रात में स्वप्न देखने में उसका कार्य सदैव चलता रहता है। इस प्रकार वह चौबीसों घंटे अनवरत कार्य में लगा रहता है।

"उसके उपर्युक्त कथन में कुछ सच्चाई थी। जो व्यक्ति अपने अध्ययन में अठारह घंटे तक रत रहता है, वह स्वप्न में भी उसी प्रकार का कार्य करता है, अन्य किसी प्रकार का कार्य नहीं।"

कहना न होगा कि तीर्थराम ने अपने साथी के उस परिहासयुक्त कथन को अपनी साधना का प्रबल अंग बना लिया था। आगे चलकर उन्होंने अपने व्याख्यानों में वेदान्त-साधन की प्रणाली में इसकी महत्ता पर बहुत अधिक बल दिया। उन्होंने कहा कि चाहे कोई किसी भी धर्म का अनुयायी क्यों न हो, उस धर्म के अनुसार निरन्तर साधना करते-करते वह अपनी इष्ट-साधना में तद्रूप हो जाता है। उदाहरणार्थ ईसा का अनुयायी उनके स्वरूप, उनके क्रास एवं उनके अलौकिक गुणों का अविरल चिन्तन करते-करते ईसा का साक्षात् रूप हो जाता है। इसी प्रकार अन्यान्य धर्म के अनुयायियों की दशा होती है। तीर्थराम ने अहर्निश के इष्ट-चिन्तन से अपनी लक्ष्य प्राप्ति को सहज साध्य बना लिया। ऐतरेयोपनिषद् के शान्ति पाठ के इस अंश को—'अनेनाधीतेनाहोरात्रान् संदधामि', अर्थात् 'इस अध्ययन के द्वारा मैं दिन-रात एक कर दूँ।' उन्होंने अपने पर पूरी तरह चरितार्थ कर दिया था। उनकी सफलता का सबसे बड़ा रहस्य यही है कि वे जिस भी कार्य को करते थे, उसके सम्पादन में मन, वाणी और क्रिया को एक कर देते थे।

इसी परिश्रम के फलस्वरूप तीर्थराम ने गणित विषय में इतना अधिक ज्ञानार्जन कर लिया कि उनके प्रोफेसर की बीमारी के समय उन्हें जून १८९१ में अपने सहपाठियों को पढ़ाने का भार सौंपा गया था और उन्होंने पूर्ण दक्षता से उस उत्तरदायित्व का निर्वाह

किया। यद्यपि गणित के समान उनकी अँग्रेजी उतनी अच्छी नहीं थी, फिर भी कक्षा की परीक्षाओं में वे अँग्रेजी में भी सर्वोच्च अंक पाते थे। कितु जब वे बी०ए० की परीक्षा में अंग्रेजी में अनुत्तीर्ण हुये, तो कालेज के प्रिंसिपल तथा सभी प्रोफेसर उनकी इस असफलता पर आश्चर्य-चकित हो गये। तीर्थराम स्वयं भी स्तब्ध रह गये। हालाँकि, सभी विषयों के प्राप्तांकों का योग विश्वविद्यालय भर में सबसे अधिक था। वे केवल अँग्रेजी विषय में थोड़े अंकों से अनुत्तीर्ण थे। जिस परीक्षार्थी को अँग्रेजी के प्रोफेसर परीक्षा में प्रविष्ट होने से रोकना चाहते थे, उसके अँग्रेजी के प्राप्तांक सर्वोच्च थे। ऐसी स्थिति में कालेज के प्रिंसिपल और अन्य प्रोफेसरों ने तीर्थराम की अँग्रेजी की उत्तर पुस्तकें पुनर्निरीक्षित करवाने का अत्यधिक प्रयास किया, किन्तु वे अपने प्रयत्न में असफल रहे। विश्वविद्यालय के अधिकारीगण इस बात से सहमत नहीं हुये। उन दिनों लाल फीताशाही शासन में इस प्रकार के अन्याय प्रायः होते ही रहते थे और उनकी कुछ भी सुनवाई नहीं होती थी।

तीर्थराम की इस असफलता के कारण विश्वविद्यालय के प्रिंसिपल और प्रोफेसरों ने उसके नियमों के विरुद्ध जोरदार आवाज उठाई। परिणाम यह हुआ कि विश्वविद्यालय के अधिकारियों को परीक्षा-सम्बन्धी नियमों में संशोधन करना पड़ा और उन्होंने ऐसा नियम बनाया कि जो परीक्षार्थी केवल एक विषय में पाँच अंकों तक से अनुत्तीर्ण हो, उसकी उत्तर पुस्तकों का पुनर्मूल्यांकन किया जा सकता है।

इस असफलता से भावुक तीर्थराम को अत्यधिक ठेस पहुँची। उनके अनुत्तीर्ण होने के कारण उन्हें वह सरकारी छात्रवृत्ति न प्राप्त हो सकी, जो बी०ए० परीक्षा में गणित विषय में सर्वोच्च अंक प्राप्त करने पर इक्कीस वर्ष तक की आयु वाले छात्र को दी जाती थी। वह छात्रवृत्ति विदेश में पढ़ने के निमित्त दी जाती थी। यह निश्चित था, कि उत्तीर्ण होने पर वह छात्रवृत्ति उन्हीं को मिलती। यह थी भाग्य की विडम्बना। पर दूसरे दृष्टिकोण से देखें तो परमात्मा के इस विधान में उनकी महती अनुकम्पा अन्तर्निहित थी। संभव है कि छात्रवृत्ति पाकर विदेश जाने पर सांसारिक वैभवों की चकाचौंध में पड़कर, वे अपने जीवन की दूसरी ही दिशा चुनते।

अब तीर्थराम के सामने विकट समस्या उपस्थित हो गई। उन्हें जो छात्रवृत्ति मिलती थी वह समाप्त हो गई। उनका कोई आर्थिक साहाय्य न रहा। किन्तु उन्होंने अपना अध्ययन जारी रखने का दृढ़ संकल्प किया और ऐसा न हो पाने पर उन्होंने अपने जीवन तक को समाप्त कर देना चाहा। कितना भी महान् संकल्प क्यों न हो, उदरपूर्ति का प्रश्न तो साथ-साथ बना ही रहता है। कई दिनों तक उन्हें भूखा ही रहना पड़ा। आखिरकार, पूर्व संस्कारों एवं प्रारब्धानुसार उन्हें नई दिशा खोजनी पड़ी। उस सर्वशक्तिमान् परमात्मा ने उन्हें शाश्वत आनन्द की प्राप्ति हेतु उनके उज्ज्वल सांसारिक ऐश्वर्यमय जीवन में व्यवधान डाला। वह अपने साधकों को किस मार्ग से अपने पास बुलाता है, यह वही जान सकता है। राम का अब उसके अतिरिक्त कोई अन्य सहायक न रहा। भव्य लाहौर नगर की तंग और अँधेरी कोठरी में आर्त्तभाव से उन्होंने उस परम कृपालु की पुकार की—

**त्वमेव माता च पिता त्वमेव,**
**त्वमेव बन्धुश्च सखा त्वमेव।**

**त्वमेव विद्या द्रविणं त्वमेव,**
**त्वमेव सर्वं मम देवदेव॥**

बी०ए० परीक्षा की असफलता ने उनकी जीवन दिशा को नया मोड़ दिया। परमात्मा में आत्मसमर्पण-भाव पूर्ण रूप से जाग उठा। आत्मसमर्पण-भाव साध्य और सिद्धि दोनों है। वह पराभक्ति की प्रथम और अंतिम मंजिल दोनों ही है। वे उन दिनों इसी भाव से एकान्त में प्रार्थना करके अश्रुवर्षा करते थे—

"हे प्रभु, तुम्हीं मेरे रक्षक हो। मैं तुम्हारा हूँ, एकमात्र तुम्हारा हूँ और तुम मेरे हो। तेरी इच्छा मेरे जीवन के श्वास-प्रश्वास में पूरी हो। मैं तेरे ही चिन्तन में अनुरक्त रहूँ। आत्मज्ञान द्वारा तेरी ही उपासना करूँ। तू ही मेरे इस संकल्प की पूर्ति में सहायक बन। मैं पूर्णतया तेरा हूँ, तेरा हूँ, तेरा हूँ। तू मुझे चाहे तो जीवित रख अथवा यदि तेरी इच्छा हो, तो इस संसार से उठा ले। मेरे जीवन में तेरी इच्छा पूर्ण हो।"

वे एकान्त में रोये और बुरी तरह से रोये। उन्होंने अपने अश्रुपात की अविरल धार से अपने इष्टदेव का पद प्रक्षालन किया। आखिर वह सर्वज्ञ कृपालु परमात्मा अपने अनन्य भक्त तीर्थराम पर द्रवीभूत हो गया। उसने भक्तों के प्रति की गयी अपनी इस प्रतिज्ञा को पूर्ण किया—

**अनन्याश्चिंतयन्तो माँ ये जनाः पर्युपासते।**
**तेषां नित्याभियुक्तानां योगक्षमं वहाम्यहम्॥**

—श्रीमद्भगवद्गीता, अध्याय ९, श्लोक २२।

अर्थात्, "जो अनन्य भाव से मेरे में स्थित हुये भक्तजन मुझ परमेश्वर का चिन्तन करते हुए, निष्काम भाव से भजते हैं, उन नित्य एकीभाव से मेरे में स्थिति वाले पुरुषों का योगक्षेम मैं स्वयं प्राप्त कर देता हूँ।"

अन्तर्यामी परमात्मा ने तीर्थराम के किसी प्रकार दुबारा दाखिला लेने पर झंडूमल हलवाई के हृदय में प्रविष्ट होकर उसे उनके पास पहुँचा कर कहलाया, "गोस्वामी जी आप कम से कम एक वर्ष तक मेरी सेवा स्वीकार कीजिये। मेरे ही यहाँ भोजन किया कीजिये। मैं आपकी इस कृपा के लिए अपने को धन्य समझूँगा।"

इसी प्रकार की एक अन्य आर्थिक सहायता उन्हें परमात्मा के अनुग्रह से अप्रत्याशित रूप से प्राप्त हुई। उनके ११ जून, १८९२ के एक पत्र से यह बात भली-भाँति स्पष्ट हो जाती है, "आज कोई सज्जन मुझे देने को प्रिंसिपल साहब को तिरपन रुपये दे गये। प्रिंसिपल महोदय ने मुझे बुलाकर कहा, 'ये रुपये ले जाओ।' मैंने उस दाता का नाम पूछना चाहा, किन्तु प्रिंसिपल ने उन सज्जन का नाम नहीं बतलाया। मेरा ऐसा अनुमान है कि शायद प्रिंसिपल साहब ने स्वयं ही यह रकम मुझे दी है। तब मैंने उनसे प्रार्थना की आप आधी रकम कालेज की फीस आदि के लिये सुरक्षित रख लें और आधी मुझे दे दें। पर उन्हें यह प्रस्ताव पसन्द न आया। इसलिये मैंने वह रकम लेकर लाला अयोध्याप्रसाद जी को दे दी है।"

एक दिन बड़ी मनोरंजक घटना घटी। इस घटना से तीर्थराम के भोले स्वभाव एवं शरीर के प्रति उनकी अनास्था पर प्रकाश पड़ता है। उन्होंने भक्त धन्नाराम के पत्र में उसका जिक्र इस भाँति किया है, "९ जुलाई, १८९२, पिछली रात जब मैं थोड़ा दूध पीने के लिए बाजार गया, तो मेरा एक जूता खो गया। वह अवश्य नाली में बह गया। मैंने उसे ढूँढ़ने की बड़ी कोशिश की, परन्तु वह मिला नहीं। प्रातःकाल मुझे एक अपने जूते को और एक पुराने जनाने जूते को जो संयोगवश घर में पड़ा हुआ था पहन कर कालेज जाना पड़ा। मेरा यह जूता भी बहुत पुराना हो गया था। इसलिये मैंने बाजार से एक नया जोड़ा सवा नौ आने में मोल लिया है।"

उपर्युक्त घटना से उनकी निश्शंकता और निर्भयता का भी पूरा आभास मिल जाता है। उन्हें इस बात की तनिक भी परवाह नहीं थी कि इस विचित्र क्रिया पर उनके सहपाठी कितना अधिक हँसेंगे। इससे उनकी भावी संन्यास वृत्ति और अहंकार-शून्यता का भी अनुमान लगाया जा सकता है।

तीर्थराम का दैनिक खर्च किसी न किसी प्रकार चलता रहा। कालेज के हलवाई झंडूमल के यहाँ वे नित्य भोजन करने लगे। २ अगस्त, १८९२ के पत्र में उन्होंने इस बात का संकेत किया है, "मैं पुनः कालेज में भर्ती हो गया हूँ। कालेज के झंडूमल हलवाई ने बड़े आग्रह से मुझे नित्य अपने घर भोजन करने का निमंत्रण दिया है। उसके आग्रह को मैं टाल न सका। इसलिये उसके आतिथ्य को मैंने स्वीकार कर लिया है। मैं देखूँगा कि इसका मेरे ऊपर कैसा प्रभाव पड़ता है। यदि भली-भाँति ठीक सिद्ध हुआ तो उसके घर पर भोजन करता रहूँगा।"

झंडूमल के आतिथ्य-सत्कार से तीर्थराम को पूर्ण सन्तोष था। उन्होंने अपनी संतुष्टि की अभिव्यक्ति ९ अगस्त, १८९२ के पत्र में इस प्रकार की है, "मैं झंडूमल के यहाँ भोजन कर रहा हूँ। वह प्रेम की रोटी खिलाता है। जब आप यहाँ आयें और मेरे लिये उसका आतिथ्य स्वीकार करना उचित न समझें तो मैं खाना छोड़ दूँगा।"

तीर्थराम अपनी आर्थिक परिस्थिति से नित्य जूझते रहे। वे निरन्तर इस चक्कर में पड़े रहते कि कोई न कोई कार्य करके स्वयं अपने खर्च के लिये धनोपार्जन करें। ८ अक्तूबर के पत्र से उनकी इस मानसिक वृत्ति का बोध होता है, "आज से कालेज का नव वर्ष प्रारम्भ होता है। किसी प्रोफ़ेसर से अपनी ट्यूशन प्राप्ति के सम्बन्ध में बात न कर सका। बहादुरचंद से भेंट हुई थी। उन्होंने मुझे बताया कि लद्धाराम, एक्जीक्यूटिव इंजीनियर अपने लड़के के लिए प्राइवेट ट्यूटर चाहते हैं। उसे दो घंटे पढ़ाने के बदले, मुझे पन्द्रह रुपये मासिक मिल जायेंगे। मुझे पूरी आशा है कि ईश्वर कोई न कोई मार्ग निकाल ही देगा।"

तीर्थराम पर निरन्तर नयी-नयी कठिनाइयाँ आती गईं और वे भी उन्हीं के बीच अपने अप्रतिम व्यक्तित्व का निर्माण करते रहे। ऐसे अवसरों पर बराबर किसी न किसी को माध्यम बनाकर परमात्मा उनकी सहायता करता रहा—"९ अक्टूबर, १८९२, जिस घर में मैं रहता था, घनघोर जलवृष्टि के कारण, वह अकस्मात् गिर पड़ा। झंडूमल ने किसी प्रकार मेरी पुस्तकें व अन्य सामान बचा लिये हैं। अभी मुझे दूसरा मकान नहीं मिल पाया है। मैं पिछली रात झंडूमल के घर सोया और उन्हीं के साथ भोजन किया।"

तीर्थराम अपने प्रोफ़ेसरों के अत्यधिक स्नेहपात्र थे। वे सब उनकी प्रतिभा से पूर्णरूप से परिचित थे। साथ ही उनके भविष्य के सम्बन्ध में भी चिन्तित थे। उन लोगों की यह हार्दिक इच्छा थी कि तीर्थराम डटकर मेहनत करें और परीक्षा में सम्मान सहित उत्तीर्ण हों। अतः जब तीर्थराम ने उनसे ट्यूशन दिलाने की बात कही, तो उन लोगों ने इसका विरोध किया—"मैंने अपने प्रोफेसरों से ट्यूशन के बारे में बात की। उन्होंने मुझे सलाह दी है, इस तरह मेरा बहुत-सा समय नष्ट होगा और विशेषकर तब, जब परीक्षा इतने समीप है। उनका कहना बहुत ठीक मालूम होता है; क्योंकि पन्द्रह रुपये मासिक प्राप्त करने की अपेक्षा, मेरा समय अधिक कीमती है।

"आपको सूचना देते हुये मुझे दुःख होता है कि हाल ही मेरे दो मित्रों की मृत्यु हो गयी है। उनमें से एक हैं खलीलुर्रहमान बी०ए० और दूसरे हैं लाला शिवराम बी०ए। परमात्मा उनके परिवार वालों पर दया करे। ये दोनों ही घटनायें बड़ी दुखद हुई हैं।"

पत्र के दूसरे अंश से उनकी मित्रों के प्रति अपूर्व ममता और स्नेह का आभास प्राप्त होता है।

आखिरकार तीर्थराम ट्यूशन पा गये और अत्यन्त मनोयोग से पढ़ाने लगे—"३१ दिसम्बर, १८९३ मेरी ही कक्षा का एक छात्र मुझसे गणित पढ़ने लगा है। मैंने अपने पारिश्रमिक के विषय में उससे कोई बात नहीं की, किन्तु वह बड़ा सज्जन है। अतः किसी न किसी प्रकार मेरे श्रम की भरपाई कर ही देगा।"

"३ जनवरी, १८९३, सरदार अब कुछ दिनों बाद अपनी परीक्षा समाप्त कर लेगा। जिस परीक्षार्थी को मैंने पढ़ाना प्रारम्भ किया है वह मेरी अध्यापन प्रणाली से बहुत प्रसन्न है। वह कम से कम मुझे इतना तो देगा ही जिससे मैं अपने मकान का किराया और दूध का व्यय चुका सकूँ। इसके अतिरिक्त सरदार मुझसे अपने साथ रहने के लिए कह रहा था। जब आप यहाँ पधारेंगे, तो आपके आदेशानुसार कार्य करूँगा।"

तीर्थराम संयम और सादगी की प्रतिमा थे। वे अपने ऊपर आवश्यकता से अधिक व्यय नहीं करते थे। वे शुद्ध पंजाबी खद्दर के वस्त्र पहनते थे। उन वस्त्रों को उनकी स्त्री सीती थी। वे देशी जूता ही पहनते थे।

जब परीक्षा-शुल्क भेजने का समय आया, तो राम के पास कालेज का दो महीने का अग्रिम शुल्क जमा करने के लिए पैसे न थे। किन्तु अप्रत्याशित और अयाचित सहायता फिर परमात्मा ने दिलायी। इसका उल्लेख राम ने अपने पत्र में इस प्रकार किया—

"२३ जनवरी, १८९३ जब मैं कालेज पहुँचा, तो कालेज के चपरासी ने मुझसे कहा कि प्रोफ़ेसर गिल्बर्टसन ने मुझे बुलाया है। क्लास की घण्टी बज चुकी थी। मैं दौड़ा हुआ प्रोफेसर साहब के पास पहुँचा। उन्होंने मुझे छोटी सी एक पुड़िया दी। उसे लेकर मैं दौड़कर क्लास में पहुँचा। आज मेरे पास एक भी पैसा न था। तीन घंटे बाद जब मैंने वह पुड़िया खोली, तो देखा कि उसमें तीस रुपये लिपटे हुये हैं। मैं पुनः उन कृपालु प्रोफेसर के पास गया और उनसे प्रार्थना की कि मुझे इतने रुपयों की आवश्यकता नहीं है। मैंने चाहा कि बीस रुपये उन्हें लौटा दूँ, किन्तु वे पूरी रकम लेने के लिए आग्रह करने लगे। अब यदि आप आ जायँ तो इन बीस रुपयों का बोझ मेरे सिर से उतार दें। यदि आप

उचित समझें तो इनमें कुछ, जितना आप चाहें, मेरी माँ को दे दें। मैं डाक से रुपये इसलिए नहीं भेजता हूँ कि आपके दर्शन करना चाहता हूँ। मैं दस रुपये इसलिए अपने पास रखना चाहता हूँ कि मुझे दो मास की फ़ीस देनी है। अपने दैनिक व्यय के लिये तो ज्वाला प्रसाद जी का मुझे सहारा है ही।''

उपर्युक्त पत्र से यह भलीभाँति स्पष्ट हो जाता है कि तीर्थराम अपने पास खर्च से अधिक रुपये नहीं रखते थे। उनका विश्वास था कि जैसे निर्झर से प्रतिक्षण नवीन जल प्रवाहित होता रहता है, उसी प्रकार आवश्यकता पड़ने पर पैसा भी आता जाय। ऐसी वृत्ति से कांचन में आसक्ति नहीं होती। कृपालु प्रोफ़ेसर ने जब राम से अतिरिक्त रुपये वापस लेना अस्वीकार कर दिया तो राम ने उन रुपयों को भक्त धन्नाराम को दे दिया।

१२ फरवरी, १८९३ के पत्र में राम ने इस प्रकार लिखा है, "मैं होस्टल में आ गया हूँ। मैं प्रातः का भोजन होस्टल में करूँगा और सायंकालीन झंडूमल के यहाँ। झंडूमल जी ने बड़ी कठिनाई से मुझे प्रातःकाल होस्टल में भोजन करने की अनुमति दी है। मैं अपनी जन्मभूमि 'मुरालीवाला' को अब से 'मुरारीवाला' कहा करूँगा। 'मुरारी' कहने पर कृष्ण की स्मृति आवेगी।''

उपर्युक्त पत्र का अन्तिम वाक्य महत्त्वपूर्ण है। इससे उनकी प्रवृत्ति की सुन्दर झाँकी मिलती है।

कालेज की होम परीक्षा में तीर्थराम ने गणित विषय में १५० अंकों में से १४८ अंक प्राप्त किये। सभी विषयों के प्राप्ताङ्कों का योग प्रथम श्रेणी से ६० अंक अधिक था।

१८९३ ई० की बी०ए० की परीक्षा में उन्हें अप्रतिम सफलता प्राप्त हुई। गणित के परीक्षक ने तेरह प्रश्न दिये थे, जिनमें से केवल नौ प्रश्न करने का निर्देश था। राम ने तेरहों प्रश्न को ठीक-ठीक हल करके, स्वयं भी परीक्षक को यह निर्देश लिख दिया, "तेरहों किये गये प्रश्नों में से किन्हीं नौ को जाँचने की अनुकम्पा कीजिए।'' उन्होंने बी०ए० परीक्षा प्रथम श्रेणी में उत्तीर्ण की और समस्त विश्वविद्यालय में उनका प्रथम स्थान रहा। उन्हें विश्वविद्यालय का 'सुवर्ण पदक' एवं पचास अतिरिक्त पुरस्कार प्राप्त हुए। इसके अतिरिक्त पैंतीस एवं पचीस रुपयों की पृथक्-पृथक् दो छात्रवृत्तियाँ भी मिलीं।

मिशन (फोरमैन क्रिश्चियन) कालेज में केवल बी०ए० तक की पढ़ाई होती थी। अतः मई, १८९३ में उन्होंने अपना अत्यन्त प्रिय विषय गणित लिया। अब उनकी आयु साढ़े उन्नीस वर्ष के लगभग थी। उस समय उन्होंने भक्त धन्नाराम को जो पत्र लिखे, उससे स्पष्ट प्रतीत होता है कि वे अपनी समस्त सत्ता को मनसा, वाचा, कर्मणा परमात्मा में समर्पित करने का अनवरत प्रयास करने का अभ्यास कर रहे थे। उन्होंनें 'समर्पण भाव' का रहस्य भलीभाँति समझ लिया था। जिस प्रकार नदी समुद्र से मिलने के लिए आतुर होती है, उसी प्रकार वे भी पूर्ण ब्रह्म से मिलने के लिए व्याकुल हो रहे थे। जिस प्रकार नदी समुद्र में मिलकर अपने नाम और रूप को मिटाकर समुद्ररूप हो जाती है, उसी प्रकार राम भी अपने नाम और रूप को मिटाकर-जीवनभाव को सर्वथा मिटाकर—पूर्ण ब्रह्म हो जाना चाहते थे। उन्होंने अपनी समस्त बाह्य आवश्यकताओं की पूर्ति के लिये एकमात्र परमात्मा का आश्रय लेने की चेष्टा प्रारम्भ की। उनकी पर्यवेक्षण शक्ति और अभिव्यक्ति

शैली में आकर्षण और चमत्कार आने लगा था। इसी बल पर उन्होंने अपनी वाणी में प्रकृति का भव्य-चित्रण करना भी प्रारम्भ कर दिया। उनकी वाणी में प्रकृति साकार रूप धारण कर अभिव्यक्त होने लगी। प्रसुप्त प्रतिभा परमात्म-चिन्तन से जाग पड़ी। १० जुलाई, १८९३ के पत्र से यह बात पूर्णरूप से सिद्ध हो जाती है—

"कल भीषण वर्षा हुई। कालेज से लौटते समय मैं प्रकृति का अलौकिक आनन्द ले रहा हूँ। यह समय अत्यन्त आह्लादमय एवं आकर्षक है। जहाँ कहीं भी मेरी दृष्टि जाती है, वहाँ या तो जल दिखाई पड़ता है अथवा हरित तृण-भूमि। ठंडी वायु मेरे हृदय को गुदगुदाकर आह्लादित कर रही है। आकाश के बादल सूरज के साथ आँखमिचौली खेल रहे हैं। नाले-नालियों में जल बह रहा है। गोलबाग के वृक्ष फूलों से लदे हैं। फलों से लदी वृक्षों की डालियाँ झुककर पृथ्वी का स्पर्श कर रही हैं। ऐसा प्रतीत हो रहा है मानों वे अनारों, आमों और नाशपातियों की राशि वसुन्धरा को अर्पित कर रही हैं। कबूतर, कौवे, चीलें आकाश में आह्लाद से उड़ रहे हैं। वृक्षों पर बैठे पक्षीगण कलरव गान कर रहे हैं। नाना भाँति के प्रस्फुटित पुष्प मानों आनन्दित नेत्रों से मेरा स्वागत कर रहे हैं। भूमि ने हरी-हरी घास का मखमली गलीचा मेरे चलने के लिए बना दिया है। सरो और सफेदा वृक्ष स्नान करने के अनन्तर अपने एक-एक पाँव पर खड़े होकर सूर्याभिमुख होकर, ध्यान में निमग्न होकर परमात्मा की उपासना कर रहे हैं। श्वेत (बादलों के कारण) और नील गगन परम सुहावना लग रहा है। मानसून आने पर मेढक प्रसन्नता के कारण उछल-कूद रहे हैं, मानों धरती और आसमान का विवाह हो रहा है।.........मैं अब अपने मकान पर पहुँच गया हूँ और आपका पत्र पाकर आनन्दित हुआ हूँ।.........रास्ते में यह पत्र पेंसिल से लिखा गया था। अब मैं पोस्टकार्ड पर इसकी नकल कर रहा हूँ।"

प्रकृति और परमात्मा के असीम अनुराग की अभिव्यक्ति का श्रीगणेश तीर्थराम के उपर्युक्त पत्र से प्रारम्भ हुआ। यही अनुराग निकट भविष्य में राम के व्यक्तित्व का प्रमुख अंग बन गया।

सेवा भाव का प्रारम्भ भी इन्हीं दिनों हुआ। उनके पास-अपनी आवश्यकताओं की पूर्ति के निमित्त अर्थ का अभाव रहता था। किन्तु ऐसी परिस्थिति में भी वे भक्त धन्नाराम की निरन्तर सहायता करते रहते थे। वे अपने अर्जित ज्ञान द्वारा अपने सहपाठियों एवं अन्य छात्रों की सेवा करते थे। जब वे बी०ए० नहीं थे, तभी अपने अध्ययन का त्याग करके, अपने सहपाठियों को गणित पढ़ाते थे। ग्रेजुएट होने के बाद उनका व्यक्तिगत अध्यापन और भी व्यापक हो गया। उन्होंने सोचा अब दैनिक खर्च के लिए कुछ धनोपार्जन करना चाहिए। अतः डी०ए०वी० कालेज में गणित के प्राध्यापक के रिक्त स्थान के लिए आवेदन पत्र दिया। किन्तु उन्हें सफलता नहीं मिली। जब वे रावलपिण्डी आर्ट्स कालेज के गणित के प्राध्यापक पद के लिए प्रयत्नशील थे, उसी समय मिशन (फोरमैन क्रिश्चियन) कालेज के गणित के प्राध्यापक ने एक वर्ष का अवकाश ग्रहण कर लिया था। मातृ शिक्षण-संस्था के प्रति तीव्र अनुराग एवं उसका ऋण चुकाने के लिए उन्होंने अवैतनिक रूप से प्राध्यापक-पद के लिए अपने को अर्पित किया। उनकी सेवा स्वीकार कर ली गई। क्या भूखे राम को रुपयों की आवश्यकता नहीं थी? किन्तु उनके रचयिता परमात्मा ने उनकी आवश्यकताओं को अनुभव किया और उनकी पूर्ति भी की।

परमात्मा की नियति में गत्यवरोध के लिए कोई स्थान नहीं। वह अपने स्वाभाविक ढंग से व्यक्ति का विकास करती है। उसे व्यक्ति की असफलताओं और निराशाओं की कोई परवाह नहीं रहती। परमात्मा की इच्छा प्रत्येक परिस्थिति में अपनी अनवरत लीला करती रहती है। परमात्मा अपनी माया से प्रारब्धानुसार सभी प्राणियों को भ्रमाता रहता है। तीर्थराम का जीवन तो परमात्मा की लीला का अप्रतिम उदाहरण है। उनका जीवन तो आध्यात्मिक उपदेशक के रूप में निर्मित होना था। अतः सर्वशक्तिमान् परमात्मा शनैः-शनैः दृढ़तापूर्वक तीर्थराम को उसी दिशा में ले जा रहा था। इसीलिए सांसारिक सफलता एवं समृद्धियाँ उन तक पहुँचते-पहुँचते उनके हाथों से निकलती गईं। अभी हम देख चुके हैं कि उन्होंने प्रयास तो किया वैतनिक प्राध्यापक होने के लिए, किन्तु स्थान पाया अवैतनिक प्राध्यापक का।

उन दिनों पंजाब सरकार अपने विश्वविद्यालय के सर्वश्रेष्ठ ग्रेजुएट को आई०सी० एस० परीक्षा में प्रविष्ट होने के लिए इंग्लैण्ड जाकर पढ़ने के लिए २०० पौण्ड वार्षिक छात्रवृत्ति प्रदान करती थी। तीर्थराम उस वर्ष के निश्चित रूप से सर्वश्रेष्ठ छात्र थे। श्री बेल महोदय ने, जो मिशन कालेज के प्रिंसिपल थे, विश्वविद्यालय के रजिस्ट्रार की हैसियत से उस छात्रवृत्ति की प्राप्ति के लिए उनकी उत्तम संस्तुति की थी। श्री बेल, राम की प्रतिभा तथा चरित्र से भलीभाँति विज्ञ थे। उनकी प्रबल इच्छा थी कि तीर्थराम पंजाब प्रान्त में असिस्टेंट कमिश्नर के पद पर नियुक्त हों। उच्च गणित का अध्ययन करने के लिए राम स्वतः इंग्लैण्ड जाने को परम उत्सुक थे। इस छात्रवृत्ति के मिलने में किसी प्रकार की अड़चन नहीं दिखाई पड़ती थी। पर भाग्य विधान से वह छात्रवृत्ति किसी अन्य अभ्यर्थी को मिल गई।

इस समय तो तीर्थराम की मनोवृत्ति कुछ ऐसी बन गई थी कि छात्रवृत्ति न प्राप्त होने पर उन्हें तनिक भी निराशा नहीं हुई। उनका मन किसी अन्य धरातल पर विचरण कर रहा था। वे सांसारिक पद, ऐश्वर्य एवं समृद्धि के सीमित वृत्त से बाहर निकल चुके थे। जब श्री बेल महोदय ने राम से पूछा, "तीर्थराम अब क्या करने का इरादा है?" तो उन्होंने उत्तर दिया, "मैं या तो प्राध्यापक या धर्मोपदेश बनना चाहता हूँ।" उनकी वाणी में परमात्मा स्वयं बोल रहा था। उनकी दृष्टि में आई०सी०एस० के पद अथवा किसी भी सांसारिक पद का आकर्षण नहीं रह गया था। सांसारिक पद-प्रतिष्ठा की बाह्य चकाचौंध उनकी दृष्टि में मृग-मरीचिका बन चुकी थी।

इस घटना के पूर्व के एक पत्र में तीर्थराम के उद्देश्य का स्पष्ट बोध होता है। पत्र इस प्रकार है—

"१७ जुलाई, १८९३, आज मैं नदी किनारे घूमने गया था। जब मैं नावों के पुल के पास टहल रहा था, तब भाग्य से मिस्टर बेल, गवर्नमेण्ट कालेज के प्रिंसिपल उधर से निकले। वे बड़े उत्साह और प्रेम के साथ मुझसे मिले। बड़ी देर तक मुझसे बातें करते रहे। पहले मेरे चश्मे के बारे में पूछा था और फिर पूछा कि मैं छाता क्यों नहीं लगाता? इसी तरह की अनेक बातें करते रहे। रिमझिम-रिमझिम बूँदें पड़ रही थीं। इसीलिए उन्होंने छाते के बारे में पूछा था। फिर उन्होंने मुझे अपनी गाड़ी में बैठा लिया और गवर्नमेण्ट कालेज तक ले आये। गाड़ी में मैंने उन्हें अँग्रेजी की अनेक कण्ठाग्र कवितायें सुनायीं। मैंने

उन्हें यह भी बताया कि मैं अपनी पाठ्य-पुस्तकों के अतिरिक्त प्रत्येक विषय की पाँच-छः पुस्तकें और भी पढ़ा करता हूँ। मेरे विषय में ये सारी बातें सुनकर वे बड़े प्रसन्न हुये। उन्होंने मेरे माता-पिता के सम्बन्ध में भी पूछा, 'ये लोग काफ़ी धनी हैं या नहीं?' मैंने कहा वे तो बड़े गरीब हैं। उन्होंने मुझसे पूछा कि मैं परीक्षा के पश्चात् क्या करना चाहता हूँ? मेरा उत्तर था—'भविष्य के सम्बन्ध में मैंने कोई योजना नहीं बनाई है। हाँ, यदि कोई इच्छा है, तो केवल यही कि मेरा समस्त जीवन और उसकी एक-एक श्वास ईश्वर की सेवा तथा मनुष्य की सेवा में लग जाय। मेरी समझ में मनुष्य की सेवा ही ईश्वर की सच्ची भक्ति है और लोगों को गणित की शिक्षा देकर ही, मैं लोगों की सबसे उत्तम सेवा कर सकता हूँ।'

"यही बातें करते-करते हम लोग गवर्नमेण्ट कालेज के अहाते में उनके घर पहुँचे। वहाँ वे मुझे व्यायामशाला में लिवा ले गये। वहाँ बहुत से लड़के तरह-तरह के व्यायाम करते थे। उन्होंने मुझसे पूछा, 'तुम कौन व्यायाम करते हो?' मेरा उत्तर था—'मैं तो चारपाई से व्यायाम करता हूँ, अर्थात् मैं चारपाई ऊपर नीचे उठाकर व्यायाम कर लिया करता हूँ।' उन्होंने तुरन्त एक चारपाई मँगवाई। मैंने अपने ढंग से उसके दो पाये पकड़कर उसे सौ बार ऊपर-नीचे उठाया। तब उन्होंने अन्य लड़कों से भी उसी प्रकार चारपाई उठाने के लिये कहा। वे बीस बार से अधिक न उठा सके। इस प्रकार लड़कों की अनेक प्रकार की कसरतें देखकर अन्त में उन्होंने हर एक से सलाम किया और अपने घर चल दिये। उन्हें जाता हुआ देखकर मैं आगे बढ़ा और कहा, 'श्रीमान् जी, मैं आपके इस सौजन्य के लिये धन्यवाद दे रहा हूँ।' मेरा धन्यवाद और अभिवादन स्वीकार करते हुए, वे हँसते हुए विदा हो गये।"

१८९३ ई० के अगस्त के लगभग तीर्थराम की आध्यात्मिक साधना में एक बात महत्वपूर्ण दिखायी पड़ती है। उन्हें योग-साधना की सहज क्रिया में दिव्यानन्द की प्रतीति होने लगी। 'अनाहत नाद' का सहज भाव से श्रवण उत्कृष्ट योगी का लक्षण है। इसके प्रति अद्वैत वेदान्त के प्रति भी उनकी निष्ठा बढ़ी। 'योगवाशिष्ठ' अद्वैत सिद्धान्त का अपूर्व ग्रंथ है। उस ग्रंथ का अध्ययन तीर्थराम ने प्रारम्भ कर दिया। उनके दो पत्रों से ये बातें स्पष्ट सिद्ध हो जाती हैं—

"४ अगस्त, १८९३, मुझे यहाँ अनहद शब्द बहुत सुनाई पड़ता है। यह स्थान दिव्यानन्द से भरा मालूम होता है।"

"१८ अगस्त, १८९३, मैंने योगवाशिष्ठ पढ़ना प्रारम्भ किया है।"

सांसारिक टीमटाम, प्रदर्शन, सजावट आदि के प्रति उनकी वैराग्यवृत्ति बढ़नी प्रारम्भ हो गई। सांसारिक ऐश्वर्य उनकी दृष्टि में क्षणभंगुर प्रतीत होने लगे। वे भलीभाँति इसकी निस्सारता समझने लगे। एक पत्र से उनकी वैराग्य भावना पर भलीभाँति प्रकाश पड़ता है—

"२५ दिसम्बर, १८९३, आज दादा भाई नौरोजी, मेम्बर ब्रिटिश पार्लियामेण्ट, ३ बजे की गाड़ी से यहाँ आये। शहर ने उनका अत्यन्त भव्य स्वागत किया। लोगों के उत्साह की कोई सीमा नहीं। कांग्रेस वालों ने उन्हें वही गौरवास्पद स्थान दे रखा है, जो हमारे यहाँ

ब्रह्मा और विष्णु का है। शहर में स्थान-स्थान पर अनेक सुनहरी मेहराबें बनायी गई हैं। पत्र लिखने के समय से शहर से उनका जुलूस निकाला जा रहा है। हजारों की भीड़ है। लोगों की प्रसन्नता का ठिकाना नहीं, हृदय उमड़ा पड़ रहा है। किन्तु मेरा हृदय अविचल और शान्त है। आखिर, यह आह्लाद किस लिये? ईश्वर को अनेक धन्यवाद कि मेरा चित्त विचलित नहीं है।''

तीर्थराम की गुरु-निष्ठा अद्वितीय थी। भक्त धन्नाराम के किंचित रोष से काँप उठते थे। सांसारिक महान् व्यक्तियों के प्रति भी उनका कोई आकर्षण नहीं रह गया था। वे यह भलीभाँति समझने लगे थे कि ये लोग माया के आकर्षणों में ही दत्तचित्त हैं। उसी की चमक-दमक में रंगरेलियाँ कर रहे हैं। सत्य वस्तु से दूर हैं, क्योंकि सत्य वस्तु के स्पर्शमात्र से लोकेषणा, वित्तेषणा समाप्त हो जाती है। २९ दिसम्बर, १८९३ के पत्र में उन्होंने इस बात का इस तरह संकेत किया है—'महाराज जी, जब आपका पत्र मुझे मिला, अत्यन्त खुशी हुई। मगर पत्र पढ़कर चित्त अति शोकातुर हुआ, क्योंकि आप दास पर खफा हैं। आप अब क्षमा करियेगा, क्योंकि मेरे जैसे नातजुरुबेकार से भूल-चूक बहुधा हो जाती है। 'मनुष्य गिर-गिर कर सवार होता है' और कई बार बड़े-बड़े सयाने भी चूक जाते हैं। 'तारू (तैराक) डूबते आये हैं।' अब आप यहाँ कब पधारेंगे। जब तक आपका खुशी का पत्र या आप स्वयं यहाँ न आयेंगे, मुझे बड़ी चिन्ता रहेगी। मुझे मालूम है कि इन दिनों आपको तंगी होगी, इसलिये यदि आप आज्ञा दें, तो मैं यहाँ से कुछ अर्ज करूँ,[१] अर्थात् सेवा में कुछ भेजूँ। अपने दास पर किसी प्रकार रुष्ट न होना। इस वर्ष मैंने ऐसी एक भी पुस्तक नहीं खरीदी, जो मेरी वार्षिक परीक्षा में उपयोगी न हो। पहले यह स्वभाव मुझे था, पर अब आपकी दया से दूर हो गया है। खर्च मुझसे निस्सन्देह बहुत अधिक हो जाया करता है और मैं प्रयत्न कर रहा हूँ कि कम हो। वह खर्च दूध आदि में होता है। मैं जब कांग्रेस का उत्सव देखने गया था, तो इस उद्देश्य से गया था कि वहाँ जो बंगाल, मदरास, बम्बई, मध्यप्रान्त, दक्षिण इत्यादि से अव्वल दर्जे के वक्ता आये हुये हैं, उनके व्याख्यान की विधि आदि देखूँ। नौरोजी के आने के दिन मैंने इस बात का धन्यवाद दिया था कि लोगों को जोश-खरोश में देखकर मुझे जोश नहीं आया; सो अब भी मैं आपके चरणों को धन्यवाद देता हूँ कि इन सब बोलने वालों को सुनकर मुझे जोश न आया।''

उस समय तो तीर्थराम की दशा योगियों के समान हो चली थी। भला जो योगी 'अनाहत शब्द' के श्रवण में तन्मय था, उसे महान् से महान् सांसारिक पुरुष की वाणी कैसे आकर्षित कर सकती थी? वे अपने और भी उज्ज्वल आध्यात्मिक भविष्य के प्रति जागरूक हो चले थे।

१८९४ के जनवरी मास के द्वितीय सप्ताह में उन्होंने अपनी बड़ी बहिन, तीर्थदेवी के देहान्त का समाचार पाया। भावुक राम इस भीषण समाचार को सुनकर अत्यधिक दुखी और विचलित हुये। वे एकान्त में फूट-फूट कर रोये और परमात्मा से धैर्य पाने की प्रार्थना की—

---

१. धन्नाराम भक्त को भेंट में जब कुछ रुपये भेजना चाहते थे, तो उसके लिए 'अर्ज करूँ' का संकेत तीर्थराम ने बना रखा था।

"१० जनवरी, १८९४, अपनी बहिन की मृत्यु का संवाद मिला। मुझे बहुत दुःख हुआ। किन्तु अपने दुःखों की चर्चा करना ठीक नहीं मालूम होता। मैं फूट-फूट कर घंटों तक रोता रहा। मैं उसे जितना प्यार करता था, उतना और किसी को नहीं।"

तीर्थराम की चिर-सहचरी दरिद्रता ने उनका पल्ला कभी नहीं छोड़ा। नीचे के दो पत्रों से यह बात पूर्णरूप से सिद्ध हो जाती है—

"१६ नवम्बर, १८९४, मैं आपको नहीं लिख सका, क्योंकि मेरे पास कार्ड लेने को दो-एक पैसा भी न था। आज रात दस बजे मैं लाला जी के दफ्तर से आया हूँ और वहाँ से यह कार्ड लाया हूँ। मैंने सिले-सिलाये कपड़े खरीद लिये हैं। साथ में एक दुकानदार लिवा गया था। कपड़े काफी अच्छे हैं।"

"७ दिसम्बर, १८९४, पत्र में देरी का एकमात्र कारण था कि मेरा हाथ बिल्कुल खाली था। मैंने एक पैसा किसी से भी उधार भी नहीं लिया, यह सोचकर कि मुझे समय पर वजीफा मिल जायेगा। पर जब वजीफा अभी तक नहीं मिला, तब मैंने इस कार्ड के लिए एक पैसा उधार लिया है।"

यद्यपि तीर्थराम की छात्रवृत्ति से मासिक आय साठ रुपये थी, पर वे स्वयं बड़ी कठिनाई से खा-पहन सकते थे। वे पुस्तकें खरीदने के बड़े प्रेमी थे, किन्तु एम० ए० में प्रवेश लेने पर इस 'बुरी आदत' को भी छोड़ दिया। उनकी छात्रवृत्ति की आय उनकी स्त्री, पिता एवं भक्त धन्नाराम के भरण-पोषण में खर्च हो जाती थी। यदा-कदा उसी से निर्धन छात्रों की भी सहायता करते थे। उनका आहार अत्यन्त संतुलित और संयमित था। कभी-कभी तो हफ्तों दूध मात्र पर रहते थे और अन्न का एकदम परित्याग कर देते थे। सात्विक आहार ग्रहण करने से दुर्बल होते हुए भी पूर्ण स्वस्थ थे। बीस से तीस मील तक पैदल चलते थे। वस्त्र पहनने में भी सादगी बरतते थे। इतनी मितव्ययिता करने पर भी परीक्षा-शुल्क जमा करने के लिए उन्हें पर्याप्त कठिनाई का सामना करना पड़ा। धन्नाराम भक्त को लिखे गये पत्र से उनकी कठिनाई का अनुमान लगाया जा सकता है—

"१३ नवम्बर, १८९४, मेरे पिता ने लिखा है कि मैं अपने छोटे वजीफे में से पचीस रुपये बचाऊँ और दूसरे वजीफे में से दो महीने तक पाँच-पाँच रुपये बचाऊँ। इस तरह दस रुपये हो जायेंगे। इन पैंतीस रुपयों के होने पर पन्द्रह रुपये वे भेजेंगे। इस प्रकार मेरी परीक्षा-फीस के पचास रुपये पूरे हो जायेंगे। किन्तु मेरा निवेदन यह है कि पचीस रुपयों में से सवा बारह रुपये तो मासिक फीस के कट जाते हैं और छः रुपये उन दिनों की गैरहाजिरी के कारण देने होंगे जब मैं रोगशय्या पर था। इसके अतिरिक्त मुझे जाड़े के कपड़े बनवाने हैं तथा खाना-पीना है। ओह, ऐसी हालत में मैं पाँच रुपये मासिक कैसे बचा सकूँगा? कल मैंने जाड़े की पोशाक मोल ली—ड्रिल का एक पाजामा, एक बास्कट और कश्मीरे का एक कोट। इन सब में मेरे सात रुपये बारह आने खर्च हुये।"

"किन्तु ये सब बातें मैं पिताजी को नहीं समझाना चाहता। मुझे विश्वास है कि मेरे मौसा और मेरे श्वसुर मेरी सहायता करेंगे। किन्तु परवाह किसी की नहीं। ईश्वर तो मेरी सहायता करेगा ही, जैसा कि अब तक करता आया है।"

सचमुच परमात्मा ने तीर्थराम के प्रबल विश्वास और दृढ़ निष्ठा के अनुरूप ही उनका योगक्षेम वहन किया। भक्त धन्नाराम का पत्रोत्तर पाने के पूर्व उनके मौसा (डॉ० रघुनाथमल) ने बड़े आग्रह और स्नेह से उन्हें परीक्षा-शुल्क के लिए रुपये दिये।

एम० ए० की पढ़ाई में उन्होंने अत्यधिक श्रम किया। उनमें अपूर्व लगन थी। जिस कार्य में जुट जाते थे, उसमें मनसा, वाचा, कर्मणा एक हो जाते थे और अपनी सारी सत्ता उसी में निमज्जित कर देते थे इस प्रकार उनके व्यक्तित्व में कर्मयोग का अद्‌भुत विकास हुआ, जैसा कि नीचे के पत्र में देखा जा सकता है—

"८ फरवरी, १८९४, आपका कृपापत्र इस समय और मिला। अत्यन्त खुशी हुई। मैं आजकल लगभग पाँच बजे प्रातःकाल उठता हूँ। और सात बजे तक पढ़ता रहता हूँ। फिर शौच इत्यादि जाकर स्नान करता हूँ और व्यायाम करता हूँ। तत्पश्चात् पंडित जी की ओर जाता हूँ। मार्ग में पढ़ता रहता हूँ। वहाँ एक घंटे के बाद भोजन करके उनके साथ गाड़ी में कालिज जाता हूँ। कालिज से डेरे आते समय रास्ते में दूध पीता हूँ। डेरे में कुछ मिनट ठहर कर दरिया रावी जाता हूँ। वहाँ जाकर दरिया किनारे कोई आध घंटे के लगभग टहलता रहता हूँ। वहाँ से वापस आते समय सारे नगर के इर्द-गिर्द बाग में फिरता हूँ। वहाँ से डेरे आकर कोठे (छत) पर टहलता रहता हूँ। इतने में अँधेरा हो जाता है। (मगर यह याद रहे कि चलते-फिरते पढ़ता बराबर रहता हूँ) अँधेरा पड़ने पर व्यायाम करता हूँ और लैम्प जलाकर सात बजे तक पढ़ता हूँ। फिर भोजन पाने जाता हूँ और प्रेम (प्रेमनाथ) की तरफ भी जाता हूँ। वहाँ से आकर कोई दस-बारह मिनट अपने मकान के बल्ले के साथ व्यायाम करता हूँ। फिर कोई साढ़े दस बजे तक पढ़ता हूँ और लेट जाता हूँ। मेरे अनुभव में यह आया है कि यदि हमारा मेदा (उदर) ठीक निरोगावस्था में हो, तो हमें अत्यन्त शान्ति, एकाग्रता, ईश्वरस्मरण और अन्तःकरण की शुद्धि प्राप्त होती है। बुद्धि और स्मरण-शक्ति का बल अति तीव्र हो जाता है। प्रथम तो मैं खाता ही बहुत कम हूँ, द्वितीय जो खाता हूँ, पचा लेता हूँ।"

इसी प्रसंग में इस बात का जिक्र कर देना अप्रासंगिक न होगा कि तीर्थराम की साधना-प्रणाली में भारतीय साधना-परम्परा के कर्मयोग, हठयोग, ज्ञानयोग और भक्तियोग का समन्वयात्मक विकास होता गया। चारों साधनाएँ मिली-जुली सी हैं। इनके फलस्वरूप उन्हें निजी अनुभूतियाँ भी प्रायः होने लगीं। बिना अनुभूति और प्रतीति के व्यक्तित्व में आध्यात्मिक तेजस्विता नहीं आ सकती। मनुष्य मात्र में यह अनुभूति अपने-अपने ढंग से होती है। चाहे संसार सम्बन्धी हो अथवा अध्यात्म सम्बन्धी, प्रत्येक अनुभूति का पृथक्-पृथक् महत्त्व है। तीर्थराम की ये अनुभूतियाँ साधकों को बलात् अपनी ओर आकृष्ट कर लेती हैं।

इस सम्बध में अपने भक्त पूर्णसिंह को उन्होंने अपने जीवन की एक आश्चर्यमयी और रोमांचकारी अनुभूति सुनाई थी। उसका यहाँ उल्लेख कर देना अनुपयुक्त न होगा— "एक रात को राम ने उच्च गणित के कुछ बहुत ही कठिन और जटिल प्रश्न हल करने का निश्चय किया और मन में यह प्रतिज्ञा कर ली कि सूर्योदय के पूर्व इन्हें हल कर डालूँगा और यदि हल न कर सका, तो यह सिर इस तन से पृथक् कर दूँगा। इसी अभिप्राय से राम ने अपने आसन के नीचे एक तेज खंजर भी रख लिया। निस्सन्देह यह काम उचित नहीं कहा जा सकता। किन्तु सही हो या गलत, राम तुम्हें बताना चाहता है

कि ऐसे ही कठोर अनुशासन एवं साधना से राम ने उस ज्ञान का अर्जन किया है, जो तुम इस समय उसके पास देखते हो। अच्छा, सुनो, उन चार प्रश्नों में से तीन तो आधी रात तक हल हो गये। किन्तु चौथा—चौथा बड़ा ही जटिल था और वह चक्कर में डाले था। राम उसे किसी प्रकार हल न कर सका और उषा की प्रथम रश्मियाँ वातायन से झाँकने लगीं। अपने प्रण का व्रती राम उठा और तेज खंजर लेकर मकान की छत पर जा चढ़ा। इतना ही नहीं उसने खंजर की बारीक नोक अपने गले पर रख दी। तेज खंजर की धार ने गले पर रखते ही, तुरन्त ही हल्की सी एक खरोंच बना दी और बूँद-बूँद करके लहू टपकने लगा। किन्तु अहा, राम आश्चर्य विभोर हो गया—प्रश्न का हल आकाश में सुनहले अक्षरों से लिखा हुआ चमक रहा था! राम ने उसे देखा और नीचे आकर कागज पर उसे लिख लिया। यह अत्यन्त मौलिक कार्य था, इस प्रकार की मौलिक देन शायद ही कभी मिली हो। गवर्नमेण्ट कालेज के प्रोफेसर मुकर्जी तो इस प्रश्न के हल से आश्चर्य में डूब गये। राम के साथ इस प्रकार की घटनाएँ अनेक बार घटित हुई हैं। ऐसे कठिन श्रम से उसने गणित का अगाध ज्ञान प्राप्त किया है।''

तीर्थराम की प्रतिज्ञा-सम्बन्धी उपर्युक्त घटना अत्यधिक विस्मयकारिणी है। पर विशुद्ध अन्तःकरण वाले साधकों के जीवन में सर्वशक्तिमान और अघटित को घटित कर दिखाने वाला परमात्मा ऐसे प्रसंग उपस्थित करके अपने में दृढ़ अनुराग और विश्वास उत्पन्न करा देता है। तीर्थराम भावुक होने के साथ अत्यन्त मननशील और तार्किक थे। उनके मन में यह धारणा अवश्य बनी होगी कि 'जिस जटिलतम प्रश्न को तीर्थराम की—महान् से महान् गणितज्ञ की बुद्धि हल न कर सकी, उसे सर्वचैतन्य सत्ता ने बिना प्रयास ही आनन-फानन हल कर दिया। उसके सामीप्य से अनसुना सुना हो जाता है और अविज्ञात विज्ञात हो जाता है।' उसी अदृश्य शक्ति एवं साथ ही साथ अपने अदम्य पुरुषार्थ का संबल लेकर, वे तीव्र गति से आत्म-साक्षात्कार की ओर अग्रसर होने लगे।

जैसे-जैसे तीर्थराम की मानसिक प्रगति होती गई, वैसे-वैसे अपने गुरु भक्त धन्नाराम एवं परमात्मा में आत्मसमर्पण की भावना भी बढ़ती गयी। हालाँकि, भक्त धन्नाराम एक प्रकार से अनपढ़ थे, किन्तु राम उनके इतने प्रगाढ़ भक्त और आज्ञाकारी थे कि बिना उनकी आज्ञा के कोई भी कार्य नहीं करते थे। वे अपने समय और रुपयों का लेखा-जोखा उन्हें बराबर देते रहते थे। राम स्वयं आर्थिक विपन्नता सहन करके, उनकी आवश्यकताओं की पूर्ति का ध्यान रखते थे, फिर भी भक्त जी उनके प्रति अपना मानसिक सन्तुलन खो बैठते थे। ऐसी परिस्थिति में भी राम साम्यावस्था में रहते। परमात्मा के प्रति असीम प्रेम और आत्मसमर्पण भाव ने उनके अन्तःकरण को निर्मल बनाना प्रारम्भ कर दिया था। परिणामस्वरूप अपने अन्तःकरण के सात्विक प्रकाश में भक्त धन्नाराम भी उन्हें विचलित होते दिखाई पड़े। ऐसे अवसर पर तीर्थराम ने अपने गुरु को भी सावधान किया। ७ फरवरी, १८९४ के पत्र से यह बात भलीभाँति स्पष्ट हो जाती है—''आप अपने वास्तविक स्वरूप की ओर ध्यान करने का प्रयास करें। सम्बन्धियों की किंचित् मात्र परवाह न करें। सत्संग, उत्तम-पुस्तक, एकान्त-सेवन के द्वारा अपने स्वरूप में निष्ठा होती है। और अपने स्वरूप में निष्ठा होने से सारा संसार दास बन जाता है।''

दस दिनों के पश्चात् पुनः इसी प्रकार की बात भक्त धन्नाराम को लिखी—''१७ फरवरी, १८९४, संसार की कोई वस्तु एतबार (विश्वास) और भरोसा (आश्रय) करने के

योग्य नहीं है। अत्यन्त कृपा परमेश्वर की उन लोगों पर है, जो अपना आश्रय और विश्वास केवल एक परमात्मा पर रखते हैं और चित्त के सच्चे साधु हैं। ऐसे महापुरुषों के चरणों की परमेश्वर की सारी सृष्टि सेवा करती है, अर्थात् आज्ञाधीन रहती है।''

१६ मार्च, १८९४ को फिर संकेत करते हैं, ''सत्संग, उत्तम ग्रंथ और भजन—ये तीनों चीजें तीन लोकों का राजा बना देती हैं और हमारा कुसंग परमेश्वर को हमसे कुपित करवा देता है। जिसके कारण हम पर नाना प्रकार के कष्ट आ जाते हैं। एकान्त सेवन और थोड़ा खाने से परमात्मा आप आकर हमारा संग अंगीकार करते हैं।''

२ जून, १८९४ के पत्र में तीर्थराम लिखते हैं—''वास्तव में जगत् की कोई भी वस्तु स्थायी नहीं है। जो मनुष्य इन वस्तुओं पर आश्रय करता है (और अपने आनन्द का आधार परमात्मा पर नहीं रखता), वह अवश्य हानि उठाता है। संसार के धनाढ्य पुरुष नंगे (खाली) और दराजे-दामन (लम्बे आँचल वाले) पुरुषों के सदृश हैं। अर्थात् ये लोग हैं तो बिल्कुल नंगे और कंगाल, मगर अपने आपको बड़े लम्बे आँचल वाला, अर्थात् वस्त्रों वाला ख्याल करते हैं। ऐसे नंगे व लम्बे आँचल वालों से हमें क्या सुख मिल सकता है, अर्थात् कुछ भी नहीं।''

९ मई, १८९४ का पत्र भी इसी भाव से भरा है—''इस संसार में कोई चीज हमारी नहीं है। अगर हम सुख चाहते हैं तो हमें चाहिए कि संसार के काम-काज करते समय इस शरीर आदि को केवल परमात्मा का समझ कर विचरें और इसमें राग-द्वेष न करें।''

वास्तविक बात तो यह है कि उन दिनों भक्त धन्नाराम का उनके सम्बन्धियों से झगड़ा चल रहा था। धन्नाराम अपने सम्बन्धियों पर बहुत क्षुब्ध थे और उन्होंने उनकी शिकायत तीर्थराम से की थी। उस समय राम परमात्मा के प्रेम में डूबे थे और अपार शान्ति का अनुभव कर रहे थे। अतः अपनी दिव्यानुभूति द्वारा अपने गुरु को भी उपदेश दे रहे थे। यह उनकी संशय विहीन-वृत्ति का प्रत्यक्ष प्रमाण है। उन्होंने ४ जून, १८९४ के पत्र में कीड़ियों (चीटियों) की मनोहर बातचीत के माध्यम से अध्यात्म-रहस्य-मीमांसा विशद रूप में की है—

''महाराज जी! परमेश्वर बड़ा ही चंगा (भला) है, मुझे बड़ा ही प्यारा लगता है। आपके उसके साथ सुलह (मैत्री) रखा करें। आपके साथ जो कभी-कभी कठोरता बरतता है, ये उसके विलास हैं। वह आपके साथ हँसी-मखौल करना, हँसना-खेलना चाहता है। हमें चाहिये कि हँसने वालों से खफा न हो जायें। किसी और पत्र में आपकी सेवा में उसकी कई बातें बताऊँगा। वास्तव में वह ईश्वर बड़ा ही मोतियों वाला है।''

''यह पत्र मैं मेज पर रखकर लिख रहा हूँ। यहाँ प्रातः थोड़ी सी खाँड़ गिर पड़ी थी। उसे खाँड़ के पास मेज पर चार-पाँच कीड़ियाँ (चीटियाँ) एकत्र हो रही हैं, और वे सब मेरी लेखनी की ओर तक (देख) रही हैं और परस्पर बड़ी बातें कर रही हैं। जितनी बातचीत मैंने उनसे सुनी, वह विनयपूर्वक लिखता हूँ।''

''परन्तु पहले मैं यह विनय करना चाहता हूँ कि चाहे मेरे अक्षर बहुत ही बुरे और निषिद्ध तथा कुरूप हों, पर उन कीड़ियों (चीटियों) की दृष्टि में तो चीन देश के

नक्शोनगार (सुन्दर तथा आकर्षक चित्रों) से कम नहीं। जो कीड़ी सबसे पहले बोली, वही बड़ी अनजान और निर्दोष बच्ची थी। अभी बहुत छोटी बच्ची थी।''

''पहली कीड़ी कहती है—''देख, बहन, इसे लेखनी की कारीगरी (चित्रकारी)। कागज पर क्या गोल-गोल घेरे चित्र या वृत्त डाल रही है। इसकी डाली हुई लकीरों अर्थात् अक्षरों को सब लोग बड़ी प्रीति से अपने नेत्रों के पास रखते हैं, अर्थात् पढ़ते हैं, और जिस कागज पर यह लेखनी चिह्न कर दे अर्थात् लिख दे, उस कागज को लोग हाथों में लिये फिरते हैं। कागज पर मानों मोती डाल रही है, क्या रंगामेजियाँ हैं। बाज-बाज अक्षर तो विशेष करके हमारी और हमारी मौसी के पुत्रों (चीटों) के रूपों के समान दिखाई देते हैं। क्या ही सुन्दर है।

क़लम गोयद कि मन शाहे—जहानम।

क़लमकश रा बदौलत मे रसानम॥

अर्थात् लेखनी कहती है कि मैं जगत् की अधिष्ठात्री हूँ और लेखक को कुबेर भंडारी बना देती हूँ। इस लेखनी में जान नहीं है, परन्तु हमारे जैसे जानदारों (प्राणियों) बीसियों बार उत्पन्न कर सकती है।'' इतना कहकर पहली कीड़ी चुप हो गयी।

''अब दूसरी बोली। यह कीड़ी पहली से कुछ बड़ी थी और उससे अधिक दीर्घ दृष्टि रखती थी। उसने कहा, 'मेरी भोली बहन, तू देखती नहीं है कि लेखनी तो बिल्कुल मुरदा शै (वस्तु) है; वह तो बिल्कुल कुछ काम नहीं कर सकती। वे उँगलियाँ उसे चला रही हैं। जितनी प्रशंसा तूने लेखनी की है, वह सब उँगलियों की ही जाननी चाहिये।''

''अब इन दोनों से बड़ी और सयानी तीसरी कीड़ी बोली, 'तुम दोनों अभी अनजान हो। उँगलियाँ तो पतली-पतली रस्सियों की तरह हैं, वे क्या कर सकती हैं। वह मोटी बीनी (बाँह, भुजा) हाथ ही इन सबसे काम ले रही है।''

''अब इन कीड़ियों की माँ बोली, 'ये सब लेखनी, उँगलियाँ, बीनी (भुजा) इत्यादि इस बड़े मोटे धड़ के आश्रय से काम कर रहे हैं। यह सब प्रशंसा उस धड़ के योग्य हैं।''

''इतना कहकर कीड़ियाँ जब जरा-चुपकी हुईं, तो मैंने उनको यह कहा, 'ऐ मेरे दूसरे स्वरूपों, यह धड़ भी जड़ रूप है। इसको एक और वस्तु का आश्रय है, अर्थात् प्राण का। इसलिए यह सब प्रशंसा उस प्राण के ही योग्य है।''

''जब मैंने इतना कहा; तो मेरे दिल में आपकी तरफ से आवाज आई और वह आपके वचन भी मैंने उन कीड़ियों को सुना दिये। उनका सार मैं लिखता हूँ—'मनुष्य के प्राण से परे भी एक वस्तु है, अर्थात् परमात्मा। उस वस्तु के आश्रय से सब भूत चेष्टा करते हैं। संसार में जो कुछ होता है, उसी की मरजी से होता है। पुतलियाँ बिना तार वाले (पुतलीगर) के नहीं नाच सकतीं। बाँसुरी बिना बजाने वाले के नहीं बज सकती। इस प्रकार संसार के लोग बिना उस ईश्वर की आज्ञा के कोई काम नहीं कर सकते। जैसे तलवार का काम यद्यपि मारना है, मगर वह बिना चलाने के नहीं चल सकती। इसी प्रकार चाहे कुछ-कुछ मनुष्यों का स्वभाव बहुत ही खराब क्यों न हो, जब तक उन्हें परमेश्वर न उकसाये, वे हमें कष्ट नहीं पहुँचा सकते। जैसे महाराजा के साथ सुलह करने

से सब अमला (राज्याधिकारी) हमारे मित्र बन जाते हैं, इसी प्रकार परमात्मा को राजी रखने से सारी सृष्टि हमारी अपनी हो जाती है।''

''महाराज जी, आपका कृपापत्र प्राप्त हुआ था, अत्यन्त हर्ष का कारण हुआ था। महाराज जी, अगर आप यहाँ रहना चाहें, तो बड़ी खुशी की बात है। और वहाँ अगर एक आदमी रखना चाहें, तो आप अपनी सेवा के लिए निस्सन्देह रख लें। जहाँ इतना खर्च हो रहा है, वहाँ और एक आदमी का खर्च भी परमात्मा बड़ी अच्छी तरह से दे देंगे। मेरी तरफ से कोई फर्क, कमी या रोक नहीं। जिस प्रकार जी चाहे, आप करें।''

''मुझे किसी पर किंचित् क्रोध नहीं है। मैं बड़ा खुश हूँ। बहुधा क्रोध में आकर मनुष्यों के मुख से कई बातें निकल जाती हैं, हमें सब मुआफ़ कर देनी चाहिये, आप भी क्षमा कर दें। आप उनसे सुलह कर लें। खाना आप उनका चाहे खायें, चाहे न खायें, मगर सुलह अवश्य कर लें, और सब अपराध क्षमा कर दें। साधुओं का क्षमा भूषण होता है।''

''आप इन दिनों कुछ अचाह (इच्छारहित) हुये थे, इसलिए आपके पिताजी आपके पास आये थे। यह पत्र बेइख्तियार इतना लम्बा हो गया। क्षमा करना। परमेश्वर आपको बड़ी खुशी देगा।''

उपर्युक्त पत्र में तीर्थराम ने अत्यन्त सावधानी से अपने गुरु को उपदेश दिया है। इसकी सबसे बड़ी विशेषता यह है कि गुरु के प्रति आदर और विनय भाव ज्यों का त्यों है। राम सभी भाँति से गुरु-सेवा में तत्पर दिखाई पड़ते हैं, किन्तु उन्होंने गुरु की कमियों को बड़ी मृदुता से प्रदर्शित किया है, ताकि उनकी मनोवृत्तियों को किसी प्रकार की ठेस न पहुँचे।

यह विचारणीय है कि इस बीच जितने भी पत्र लिखे गये थे, उनमें से अधिकांश से उनकी अखण्ड भगवद्-वृत्ति का पता चलता है। उनका अध्ययन, मनन, चिन्तन सब कुछ परमात्म-साक्षात्कार के ही निमित्त हो रहा था। नीचे उद्धृत कुछ पत्र इसकी पुष्टि करते हैं—

''६ जून, १८९४, थोड़े दिन हुये मैंने भी गीता का एक भोग पाया था। अत्यन्त ही उत्तम ग्रंथ है। इसको समझकर पढ़ने से परमेश्वर के ऊपर इतना विश्वास हो जाता है, जितना संसारी लोगों का अपने शरीर पर होता है।''

''८ जून, १८९४, मैं बड़े आनन्द में हूँ। मेरी इच्छा है कि उसके चरणों की रज मेरी आँखों का काजल बन जाय।''

''११ जून, १८९४, अपने चारों ओर आकाश के समान मैं घूमता हूँ, अपने से बाहर मैं नहीं टहलता। मैं सदा शोकपरायण हृदय को नखों से छीलता रहता हूँ। अर्थात् शोकों को हृदय से बाहर करता रहता हूँ, ताकि अपने स्वरूप (अथवा प्यारे) के विचार से अतिरिक्त विचारों को हृदय से बाहर निकाल दूँ।''

**'दिल के आईने में है तस्वीरे-यार।**
**जब जरा गरदन झुकाई देख ली॥'**

अर्थात् 'अन्तःकरण के दर्पण में अपने प्रियतम का चित्र है। जब भी किंचित् सर झुकाया, तब उसे देख लिया।'

"३० अगस्त, १८९४, यहाँ मैं एकान्त में हूँ। और जो मुझे एकान्तता में आनन्द है, उसका वर्णन करना अत्यन्त कठिन है। अगर आप जितना भी हो सके कोठे (छत) पर रहने का स्वभाव डालें, तो आपको पूर्ण आनन्द होगा। और मुझे भी इसमें बड़ी खुशी होगी। एक स्वभाव को बदलकर दूसरा स्वभाव डालना कठिन तो है, अगर आप यह स्वभाव कोठे (छत) पर रहने का डाल लेंगे, तो आप बड़े खुश रहा करेंगे। कोठे पर रहकर तत्व-विचार की पुस्तक, वाशिष्ठ आदिक पढ़ने से लाभ होगा। नीचे यह पुस्तक विचारी ही नहीं जा सकती।"

"१९ सितम्बर, १८९४, ईश्वर-भक्त निर्धन तथा अन्य सामग्री-रहित अवस्था में भी बादशाहियाँ करते हैं, अर्थात् आनन्द भोगते हैं। द्रव्य इत्यादि से रहित रहने की प्रीति दोनों लोकों (लोक-परलोक) का अधिकारी बनाती है।"

"प्रारब्ध की उत्तमता से मैं कंथा (गुदड़ी) में भी राज्य करता हूँ। ऐसे आकाश पर सवारी करने वाला मेरा प्रारब्ध न बादशाह जमशेद रखता है और न कैकाऊस, ईरान देश के बादशाह का भी ऐसा उत्तम प्रारब्ध नहीं।"

"बुदबुदा के सदृश हमने अपना काम तमाम कर दिया है। अर्थात् निजानन्द के समुद्र में हमने अपने तुच्छ अहंकार रूपी बुदबुदे को फोड़ दिया है, और इस आनन्द-समुद्र में अपने शरीर रूपी प्याले को अहंकार रूपी बिन्दु (बुदबुदा) से रहित कर दिया है।"

"२६ सितम्बर, १८९४, परमात्मा बड़ा ही कारसाज है और सब पर अत्यन्त कृपालु है। हमारे चित्त की सब बदमाशियाँ (दुर्वृत्तियाँ) हैं कि परमात्मा पर विश्वास न लाकर हमें दुखी पड़ा करती हैं। यह चित्त अभ्यास करने से वश में आता है। अच्छी, उत्तम पुस्तक वासिष्ठ आदिक ऐसे समय पर विचारनी चाहिए। और सबसे जरूरी बात यह है कि आहार अल्प कर देना चाहिए। यह ऋतु बड़ी सत्त्वगुणी है। अब अगर आप योगवासिष्ठ पढ़ें, तो मुझे बड़ी खुशी हो। तुलसीदास लिखते हैं—

**'जब दाँत न थे, तब दूध दियो,**
**अब दाँत भये तब अन्न न दैहै।'**

"२९ सितम्बर, १८९४, कबीर का यह वाक्य क्या ही अच्छी अवस्था को प्रकट करता है—

**'मन ऐसो निर्मल भयो, जैसे गंगा नीर।**
**पीछे पीछे हरि फिरै, कहत कबीर कबीर।' "**

उपर्युक्त पत्रों के उद्धरण से तीर्थराम की ईश्वर भक्ति, गुरु-निष्ठा, त्याग, संयम, स्वाध्याय, कार्यतत्परता, वैराग्य वृत्ति आदि सात्विक गुणों पर पर्याप्त प्रकाश पड़ता है। उनके जीवन का भावी लक्ष्य क्या है, यह भी इन पत्रों से प्रकट है।

ऐसी परिस्थितियों में तीर्थराम ने अप्रैल, १८९५ में एम०ए० (गणित) परीक्षा उत्तीर्ण की। यह बात विचारणीय है कि उन दिनों भारत के विश्वविद्यालय में गणित लेकर

एम०ए० बहुत कम छात्र करते थे। पंजाब विश्वविद्यालय से गणित लेकर एम०ए० करने वालों में तीर्थराम अकेले थे। इसके पूर्व वर्षों में गणित में कोई भी परीक्षार्थी उत्तीर्ण नहीं हुआ था। सन् १८९१ में केवल एक परीक्षार्थी उत्तीर्ण हुआ था। अतएव जब तीर्थराम बहुत अंकों से—सम्मान सहित—प्रथम श्रेणी में उत्तीर्ण हुये, तो स्वयं उन्हें, उनके सम्बन्धियों, उनके गुरु, उनके प्राध्यापकों एवं गवर्नमेण्ट कालेज के प्रिंसिपल, बेल साहब को जो अपार प्रसन्नता—हुयी होगी, उसका केवल अनुमान ही लगाया जा सकता है। पर तीर्थराम का परमात्म-समर्पण भाव इतना अधिक बढ़ गया था, कि उन्होंने इस महती सफलता का समस्त श्रेय ईश्वर की असीम अनुकम्पा को ही दिया। उनमें अपनेपन का भाव रंच मात्र भी नहीं जगा। उनकी सफलता का यह महान् रहस्य माना जा सकता है। इस सम्बन्ध में उन्होंने अपने मौसा (डाक्टर रघुनाथमल) को जो पत्र लिखा उससे उनकी अहंभावशून्यता पूर्णरूप से सिद्ध हो जाती है, "परमात्मा की कृपा से मैं उत्तीर्ण हो गया। परीक्षा अत्यधिक कठिन थी। आज तक हिन्दुस्तान के किसी भी विश्वविद्यालय में गणित के इतने कठिन परचे नहीं आये थे। मेरी सफलता केवल परमात्मा की कृपा और आपके आशीर्वाद से हुई है।"

गणित में एम०ए० सम्मान सहित उत्तीर्ण करने के अनन्तर तीर्थराम के सामने नौकरी की समस्या आ खड़ी हुई। उनके सभी सम्बन्धी हितैषी यह चाहते थे कि उनकी योग्यता के अनुरूप काम मिल जाय। मैकाले द्वारा स्थापित भारतीय शिक्षा-प्रणाली पूरे जोर पर थी। इस शिक्षा प्रणाली से अच्छी से अच्छी प्रतिभाओं का शोषण और दुरुपयोग हो रहा था। उसका उद्देश्य था अँग्रेजी शिक्षा प्राप्त करने वाले भारतीय, 'अभिरुचि-सम्मति, नैतिक आदर्श और बुद्धि आदि सभी दृष्टियों से अँग्रेज बनें, ताकि अँग्रेजी शासन और उसकी महत्ता चिरस्थायी रूप से भारत में कायम रहे।' तीर्थराम की अभिरुचि प्राध्यापक बनने की प्रारम्भ से ही थी। वे शिक्षक-वृत्ति को सम्मान की दृष्टि से देखते थे। इसलिये कार्य खोजने में दत्तचित्त हुये। रात-दिन के अनवरत प्रयास से निराशा ही उनके हाथ लगी। गर्वमेण्ट कालेज के प्रिंसिपल, बेल साहब उनसे बहुत प्रभावित थे और अत्यधिक स्नेह करते थे। एक दिन प्रिंसिपल महोदय ने उन्हें बुलाकर कहा, "तीर्थराम, यदि तुम्हारी इच्छा हो, तो तुम्हारा नाम प्रान्तीय प्रशासकीय सेवा (Provincial Executive Service) के निमित्त नामांकन हेतु भेज दूँ। परन्तु तीर्थराम की अभिरुचि इस प्रकार की नौकरियों में रंच मात्र नहीं थी। अतः उन्होंने सिर नीचा करके आँखों में आँसू भरकर मृदु शब्दों में उत्तर दिया, "साहब आपकी इस कृपा के लिए अनेक धन्यवाद। किन्तु मेरी प्रार्थना यह है कि मैंने ज्ञानार्जन इसलिए नहीं किया कि उसे बेचूँ। मैं तो इसे वितरित करना चाहता हूँ। मैं अफसर होने की अपेक्षा शिक्षक बनना अधिक पसन्द करता हूँ।"

शिक्षक का पद पाने के लिए उनका प्रयत्न प्रारम्भ हो गया। पहले वे मेरठ कालेज में प्रोफेसर के स्थान के लिए आवेदन-पत्र देना चाहते थे। वहाँ का वेतन डेढ़ सौ रुपये मासिक था। किन्तु भक्त धन्नाराम की सम्मति नहीं थी, अतः उन्होंने इस विचार का परित्याग कर दिया। इसी प्रकार एक प्रोफेसर का स्थान बरेली के एक कालेज में रिक्त था। पर राम के मित्रों की यह राय नहीं हुयी कि वे पंजाब प्रान्त छोड़ें। इतने पर भी उन्होंने वहाँ प्रोफेसर की पद-प्राप्ति के निमित्त आवेदन पत्र दिया था, पर वहाँ कार्य करने की कोई सूचना प्राप्त नहीं होती।

पहले यह बताया जा चुका है कि बी०ए० उत्तीर्ण करने के बाद तीर्थराम ने पंजाब सरकार की छात्रवृत्ति पाकर इंग्लैण्ड जाने का प्रयास किया था। पर वे उसमें कृतकार्य न हो सके थे। एम०ए० पास करने के बाद उनके मन में फिर विचार आया और उन्होंने छात्रवृत्ति प्राप्ति के लिए आवेदन पत्र भेज दिया। परन्तु अबकी बार भी वे अपने मनोरथ में असफल ही रहे। वह छात्रवृत्ति किसी अन्य व्यक्ति को मिल गई। यदि वह छात्रवृत्ति उन्हें मिल गई होती, तो कदाचित् उनका जीवन दूसरी ही ओर मुड़ गया होता।

अमृतसर कालेज के गणित के प्रोफेसर ने अवकाश-प्राप्ति के लिए आवेदन-पत्र दिया, वे रिटायर होना चाहते थे। तीर्थराम ने उस पद के लिए चेष्टा की। उनके अध्यापकों ने भी पर्याप्त सहायता की। किन्तु वहाँ के गणित के प्रोफेसर का कार्यकाल एक वर्ष के लिए और बढ़ा दिया गया। अतः वे उस स्थान को भी न पा सके।

पेशावर के एक हाईस्कूल में प्रधानाचार्य का स्थान रिक्त था। वहाँ का वेतन पचास अथवा साठ रुपये मासिक था। तीर्थराम ने वहाँ जाने का विचार किया। किन्तु उनके प्रिंसिपल, बेल साहब ने उन्हें वहाँ जाने से रोक दिया। प्रिंसिपल महोदय ने राम को यह बताया कि डिप्टी कमिश्नर, इन्सपेक्टर ऑफ़ स्कूल्स एवं डाइरेक्टर ऑफ़ पब्लिक इन्स्ट्रक्शन्स सभी उस स्कूल के विरोध में हैं। अतएव उन्होंने वहाँ जाने का विचार छोड़ दिया।

तीर्थराम ने पंजाब प्रान्त के शिक्षा विभाग के डाइरेक्टर के नाम आवेदन पत्र दिया कि वे शिक्षा विभाग में सेवा करना चाहते हैं। उनके आवेदन की प्रबल संस्तुति, बेल साहब ने भी की थी, किन्तु उसका भी कोई फल नहीं निकला।

इस प्रकार चारों ओर से उन्हें असफलता ही मिल रही थी। अब प्रिंसिपल बेल की सलाह से उन्होंने गणित विषय की प्राइवेट कक्षाएँ चलाने की योजना बनाई। प्रिंसिपल महोदय ने अपने खर्च से विज्ञापन निकलवाया। उस विज्ञापन में इण्टरमीडिएट कक्षा के लिए दस तथा बी०ए० के लिए पन्द्रह रुपये मासिक फीस रखी गयी थी। कम से कम दस छात्र होने पर कक्षायें चालू कर दी जातीं। विज्ञापन नगर के प्रमुख स्थानों, चौराहों और बाज़ारों में लगाये गये।

गणित-शास्त्र की महत्ता पर एक दिन जनसभा में तीर्थराम का भाषण भी हुआ। लोगों ने उनके भाषण की बहुत सराहना भी की। दूसरे दिन ही एक प्रोफेसर उनसे गणित पढ़ने आने लगे। उनके अतिरिक्त दो अँग्रेज बालक भी पढ़ने के लिये आने लगे। पर, कक्षाएँ चलाने की योजना, योजना मात्र रह गई, वह कारगर न हो सकी।

इस प्रकार उनके मनोबल और धैर्य की परीक्षा के निमित्त निराशा पर निराशा आती गई। पर वे रंचमात्र भी डिगे नहीं। उनका परमात्मा के प्रति विश्वास और अधिक बढ़ता गया, उनकी समझ में यह भलीभाँति आ गया था कि जगत् रंगमंच है और उस पर सभी प्राणियों को अपने-अपने अभिनय करने हैं। जिस भाग्यशाली पुरुष को यह प्रतीति हो जाती है, वह जगत् के सुख-दुःख के बीच अपनी चित्तवृत्ति की साम्यावस्था बनाये रखता है। इस स्थल पर यह स्पष्ट करना समीचीन प्रतीत होता है कि तीर्थराम ने योगवाशिष्ठ का अध्ययन मननपूर्वक किया था। एकान्त में उसका निदिध्यासन भी किया था। उन्होंने उस विलक्षण ग्रन्थ को आत्मसात् कर लिया था। इस ग्रन्थ में ऐसे-ऐसे विचित्र आख्यान हैं कि

उनका एकान्त में मननपूर्वक अध्ययन करने से हृदय की समस्त ग्रन्थियाँ खुल जाती हैं। संसार के राग-द्वेष, हर्ष-विषाद, आशा-निराशा आदि द्वन्द्व समाप्त हो जाते हैं। उन्होंने अपने सद्गुरु धन्नाराम को पारिवारिक विग्रहों में अनुरक्त और दुखी तथा क्षुब्ध जानकर उन्हें एकान्त में योगवाशिष्ठ पढ़ने की राय दी थी। तीर्थराम की यह सबसे बड़ी विशेषता थी कि वे जो कुछ भी स्वाध्याय करते थे, उसे अपने नित्य के जीवन में व्यवहृत करने की चेष्टा करते थे।

उस समय के लिखे गये पत्रों को देखने से उनकी उपर्युक्त वृत्ति का सुन्दर बोध होता है—

"१३ जून, १८९५, ईश्वर पर भरोसा करने वाले पशुओं के लिये भी परमेश्वर आप रसोइया बना रहता है।"

ईश्वर-कृपा का द्वार खुला हुआ है। कठिनाइयों के भय से यहाँ निराश होकर मत बैठ। बीज के समान प्रत्येक रहस्य की ग्रन्थि यहाँ उत्पन्न हुई है।

"आपकी दया से चित्त बहुत आनन्द में है। आप इसी प्रकार कृपादृष्टि रखा करें—

**भीखा भूखा कोई नहीं, सबकी गठरी लाल।**
**गिरह खोल नहिं जानते, तातें फिरत कँगाल॥**
**सात गाँठ कौपीन में, साध न माने संक।**
**राम अमल माता फिरे, गिने इन्द्र को रंक॥"**

"६ जुलाई, १८९५, किसी कदर कोशिश भी की जाती है। और साहबों से मिलने-जुलने जाता हूँ। मगर दिल ख्वाहिशों (इच्छाओं) से पाबन्द (बद्ध) नहीं।"

"मैं इच्छाओं की स्थिति से ऊपर उठ चुका हूँ; मेरी समस्त इच्छाओं की समाप्ति हो चुकी है। ये इच्छायें ही इच्छित वस्तु की प्राप्ति में बाधायें हैं।"

इस प्रकार तीर्थराम निस्सन्देह पूर्ण मानसिक शान्ति में निमग्न थे और मन पूर्णतया उनके नियंत्रण में था। किन्तु राम अपने प्रारब्ध के द्रष्टा और साक्षी हो चुके थे। प्रकृति के व्यापक नियमों से शरीर संचालित होता है। ये नियम ज्ञानी-अज्ञानी, राजा-रंक, पंडित-मूर्ख, सबके ऊपर समान रूप से शासन करते हैं। उन दिनों राम अत्यधिक शारीरिक और मानसिक श्रम कर रहे थे। अर्थोपार्जन के निमित्त अनेक ट्यूशनों के भार से दबे थे, साथ ही अपने प्रोफेसरों की उनके कार्य में सहायता करते थे। इसके अतिरिक्त पर्याप्त स्वाध्याय भी करते थे। ग्रीष्म ऋतु की भीषण धूप में काम-धाम की तलाश में लाहौर के स्थान-स्थान का चक्कार लगा रहे थे। उन्हें पर्याप्त पौष्टिक आहार का भी अभाव था। इन कारणों से उनका शारीरिक स्वास्थ्य बहुत गिर गया। स्वास्थ्य-सुधार के लिए वे अपने गाँव मुरारीवाला[१] गये। कुछ सप्ताह तक विश्राम लेने से वे पूर्ण स्वस्थ हो गये और जुलाई के प्रारम्भ में फिर लाहौर लौट आये।

❑❑❑

---

१. उनके गाँव का नाम यद्यपि 'मुरालीवाला' था, किन्तु कृष्णप्रेम के आधिक्य के कारण राम ने उसे 'मुरारीवाला' संज्ञा दी थी, ताकि उन्हें कृष्ण-स्मृति बनी रहे।

## तृतीय अध्याय

# प्रेम के प्राङ्गण में

## (१८९६-९७)

अपनी जन्मभूमि से लौटने के बाद तीर्थराम ने यह विचार किया कि नौकरी पाने के लिए भाग-दौड़ मचाना व्यर्थ है। अतः उन्होंने जनसेवा के कार्यों में अपने को नियोजित करने का संकल्प किया। लाहौर आने के थोड़े ही दिनों के पश्चात् सनातन धर्मसभा के सदस्यों ने उन्हें अपनी शिक्षा-समिति का सभासद चुन लिया। सनातन धर्म-सभा अपनी ओर से लाहौर में एक स्कूल का संचालन कर रही थी। उस स्कूल के गणित एवं विज्ञान विभाग के कार्यों के सुचारु रूप से संचालन एवं निरीक्षण के लिए सभा ने तीर्थराम को नियुक्त किया। तीर्थराम ने बहुत मनोयोग से इस उत्तरदायित्व का निर्वाह किया और उसका परिणाम यह हुआ कि उन विभागों के अध्ययन-अध्यापन में नयी जान आ गई। इन्हीं दिनों उनकी वृत्ति चित्रकला सीखने की ओर झुकी। डी०ए०वी० कालेज के प्रिंसिपल, हंसराज ने अपने कालेज में निःशुल्क चित्रकला सीखने की उन्हें आज्ञा प्रदान कर दी।

अब राम अर्थोपार्जन के प्रति उदासीन से हो गये थे। उनकी यह निष्ठा अत्यधिक प्रबल हो चुकी थी कि जो 'विश्वम्भर' समस्त जगत् का भरण-पोषण करता है वही आवश्यकतानुसार मुझे भी रोजी-रोटी देता रहेगा। उनकी प्रबल निष्ठा ने सूत्रधार परमात्मा का आसन डिगा दिया। परिणाम यह हुआ कि बिना तीर्थराम की आकांक्षा के, और बिना उनके आवेदन पत्र दिये, मिशन हाईस्कूल स्यालकोट के सेकेण्ड मास्टर (द्वितीय मुख्याध्यापक) के पद पर नियुक्ति के लिए उनका बुलावा आ गया। उन्होंने उस पद को स्वीकार कर लिया और १६ सितम्बर, १८९५ को कार्यभार ग्रहण कर लिया। स्यालकोट जाते समय स्थानीय सनातन धर्म सभा द्वारा आयोजित वजीराबाद की एक जनसभा में उन्होंने भाषण दिया।

मेधावी एवं अद्‌भुत गणितज्ञ के रूप में उनकी ख्याति दूर-दूर तक फैलने लगी। फलस्वरूप निकट दूर के अनेक गणितज्ञ उनके पास आकर अपनी कठिनाइयों को पूछने लगे। राम को उनकी सहायता में परम तृप्ति मिलती थी। स्कूल से उन्हें अस्सी रुपये मासिक प्राप्त होते थे। किन्तु अपने अल्प वेतन से वे निर्धन छात्रों की सहायता करने लगे। उन्हें अपना-पराया विस्मृत हो गया। सारे विश्व के प्राणी अपनी ही आत्मा प्रतीत होने लगे। एक ही ब्रह्म का विस्फुलिंग समस्त प्राणियों में दिखाई पड़ने लगा। कोई भी विद्यार्थी दूध वाले से दूध लेकर तीर्थराम के उधार खाते में अपना नाम लिखा देता था और तीर्थराम उसके पैसे को चुका देते थे। उनकी महती उदारता का एक उदाहरण यह है कि उन्होंने अर्थाभाव के कारण किसी समय एक व्यक्ति से दस रुपये उधार लिये और उन दस रुपयों को उसे कई बार देने पर भी उन्हें सन्तोष नहीं हुआ।

तीर्थराम स्यालकोट की स्थानीय सनातन धर्म सभा से सम्बन्ध स्थापित करके उसके सक्रिय कार्यकर्त्ता हो गये। उनके व्यक्तित्त्व का आकर्षण इतना जबर्दस्त था कि जो कोई उनके सम्पर्क में आता, आकर्षित हुये बिना न रहता। यह उनकी साधना की अद्‌भुत चुम्बक-शक्ति थी। वे इसी विलक्षण-शक्ति से लोगों के हृदय में बलात् प्रविष्ट हो जाते थे। उनके सामीप्य में आने वाला व्यक्ति उन्हें अपने से भी अधिक चाहने लगता था। उनके अन्तर का अलौकिक प्रेम सात्विक किरणें बिखेर कर आसपास के समस्त वातावरण को प्रेममय बना देता था। उनकी आन्तरिक साधना की सुगन्धि से लोगों का हृदय पुलकित हो उठता था। वे स्वयं आनन्द-निमग्न थे और दूसरों को भी आनन्दमय करते थे। मेरी राय में उनके भावी धर्म प्रचारक रूप का यहीं से सूत्रपात हुआ। तीर्थराम ने भक्त धन्नाराम को लिखे गये अपने एक पत्र में एक व्याख्यान के प्रभाव का इस प्रकार वर्णन किया है—

"२१ अक्टूबर, १८९५, कल उन्होंने (सनातन धर्म सभा के लोगों ने) मेरे व्याख्यान का विज्ञापन नहीं दिया था, पर आपकी कृपा से मेरे बोलते-बोलते सनातन धर्म मन्दिर का मैदान मनुष्यों से बिल्कुल भर गया था। डिप्टी साहब और बड़े-बड़े राज्याधिकारी भी थे। देश पर भी बोला था। लोगों के नेत्र अश्रुओं से भरे दिखाई देते थे और तालियाँ भी बहुत बजीं थीं।"

सनातन धर्म सभा के कार्यकर्त्ता की हैसियत से उनका कार्यक्षेत्र केवल स्यालकोट तक ही सीमित नहीं रहा, बल्कि अनजान में ही उसका विस्तार बढ़ने लगा। गुजरात (पंजाब), वजीराबाद और जम्मू आदि स्थानों पर वे भाषण करने के निमित्त जाने लगे। कभी-कभी तो हजारों की भीड़ में चार-चार घंटे तक अविराम बोलते थे। उनकी वाणी में वह जादू था कि श्रोतागण मंत्रमुग्ध होकर उनका भाषण सुनते रहते, और हिलने-डुलने तक का नाम नहीं लेते थे। अधिकारी श्रोतागण तो नाम-रूप की संज्ञा खोकर समाधिस्थ हो जाते थे। उनके पत्रों से यह बात आसानी से समझी जा सकती है—

"९ फरवरी, १८९६, आज मैं घड़तल गया था। वह ग्राम मुरारीवाले से कुछ बड़ा है। घर सब पक्के हैं। वहाँ की सभा में लाहौर की सभा से भी अधिक रौनक आई। दो बजे से कुछ पीछे से लेकर छः बजे के लगभग तक मेरा व्याख्यान होता रहा। लोग जम्मू की अपेक्षा से भी अधिक प्रसन्न हुये।"

"१४ फरवरी १८९६, आपकी कृपा से पूर्ण आनन्द रहता है। कल यहाँ सत्संग था। पूरे दो घंटे तो निर्विकल्प शान्तात्मा होकर चुपचाप सब समाधि में बैठे रहे। फिर दो घंटे मैं कुछ कहता रहा। आप कृपादृष्टि रखा करें। सब आपका ही जहूरा (चमत्कार) है।"

तीर्थराम ने अपने मौसा को लिखे गये एक पत्र में कर्मयोग के सम्बन्ध में अपनी प्रत्यक्ष अनुभूति इस भाँति बताई है, "जब मैं अपना कोई कार्य अपनी पूर्ण योग्यता और क्षमता से कर लेता हूँ, तो मुझे विलक्षण आनन्दानुभूति एवं सन्तोष होता है। उस आनन्द की समानता में राज्य-कोषागार का भी कोई मूल्य नहीं है। यहाँ के सभी भारतीय एवं विदेशी मुझसे अत्यधिक प्रेम करने लगे हैं।"

वास्तव में राम ने कर्मयोग का वास्तविक रहस्य निष्काम कर्मोपासना द्वारा भलीभाँति समझ लिया था। उनके समस्त कर्मों के बीच ईश्वरार्पण की भावना प्रबल रूप से

प्रज्वलित हो उठी थी। वे शुद्ध कर्मानुष्ठान से अपने प्रारब्ध कर्मों का क्षय कर रहे थे। वे श्रीमद्भगवतगीता के इस आदर्श को चरितार्थ कर रहे थे—

**'यत्करोषि यदश्नासि यज्जुहोषि ददासि यत्।**
**यत्तपस्यसि कौन्तेय तत्कुरुष्व मदर्पणम्॥'**

—अध्याय ९, श्लोक २७

अर्थात्, "हे अर्जुन, तू जो कुछ कर्म करता है, जो कुछ खाता है, जो कुछ हवन करता है, जो कुछ दान देता है, जो कुछ स्वधर्माचरणरूप तप करता है, वह सब मेरे में अर्पण कर।"

अपने अध्यापन काल के पहले ही वर्ष में तीर्थराम इन्ट्रैन्स परीक्षा के गणित विषय के परीक्षक नियुक्त किये गये। उन्हें लगभग दो हज़ार उत्तर पुस्तकें जाँचने को मिलीं।

स्यालकोट मिशन स्कूल के बोर्डिंङ्ग हाउस के अध्यक्ष होने की घटना भी उल्लेखनीय है। इसका विवरण उनके एक पत्र से जाना जा सकता है—

"५ मार्च १८९६, हमारे स्कूल के बोर्डिंग हाउस का अध्यक्ष (सुपरिंटेण्डेण्ट) पहले एक मुसलमान अध्यापक था। पिछले दिन उसने यहाँ एक अत्यन्त अनुचित चेष्टा की (अर्थात् हिन्दू जिस प्राणी की शपथ खाते हैं, उसका मांस बोर्डिंग में मँगवाया)। इस बात की खबर हो गई, सो वह निकाल दिया गया। अब बोर्डिंग का मुख्याधिकारी मेरे अतिरिक्त और कोई अध्यापक नहीं बन सकता। इसलिए मुझको प्रबन्ध सँभालना पड़ा है। आज वहाँ (बोर्डिंग में) चले जाना होगा। जो जगह मैंने वहाँ ली है, वह इस स्थान से बहुत अच्छी है।"

इतने अल्पकाल की सेवा में बोर्डिंग का अध्यक्ष बनना उनकी लोकप्रियता एवं कार्यपटुता का प्रत्यक्ष प्रमाण है। वहाँ का कार्यभार ग्रहण करने पर, तीर्थराम को भोले-भाले एवं उत्साही छात्रों के निकटतम सम्पर्क में आने का अवसर प्राप्त हुआ। वहाँ के छात्रों को अपना अलौकिक स्नेह देकर वे उनके सच्चे अभिभावक एवं पथ प्रदर्शक बन गये। कुछ ही दिनों में उन्हें वहाँ के छात्रों द्वारा श्रद्धा और भक्ति से पूजा जाने लगा। तीर्थराम के भावुक हृदय की सात्विक तरंगें उन्हें सहज भाव से अपनी ओर आकृष्ट करने लगीं।

स्यालकोट में रहते समय उनकी विमाता और श्वसुर का देहान्त हो गया। हालाँकि, वे प्रतिदिन नियमित रूप से व्यायाम करते थे और प्रातःकाल पैदल नदी में स्नान करने के लिये जाते थे, किन्तु स्यालकोट की जलवायु उनके स्वास्थ्य के अनुकूल नहीं पड़ी। उनका स्वास्थ्य निरन्तर बिगड़ता गया। वे इतने कमजोर हो गये थे कि ३ दिसम्बर, १८९५ को जब स्कूल से पढ़ाकर लौटे, तो बेहोश हो गये। वे अपनी आँखों और पेट से सदा परेशान रहे। अन्न परित्याग एवं दुग्ध-सेवन से वे रोगों का उपचार करना चाहते थे। इसका संकेत उन्होंने अपने पत्र में इस प्रकार किया है—

"२२ दिसम्बर, १८९५, मुझे आठ दिन अन्न (रोटी) खाये हो गये हैं। केवल दूध पीता हूँ। किन्तु आज पूरे तीस मील का चक्कर सैर (भ्रमण) की रीति से लगा आया हूँ

और जरा मालूम तक भी नहीं हुआ।''

दैवीय-विधान से उन्हें स्यालकोट में अधिक नहीं रुकना पड़ा। उनकी नियुक्ति अप्रैल, १८९६ से उन्हीं की मातृ शिक्षण-संस्था, मिशन (फोरमैन क्रिश्चियन) कालेज, लाहौर में हो गई थी। इसकी चर्चा उन्होंने भक्त धन्नाराम के पत्र में की थी—"२१ दिसम्बर, १८९५, लाहौर से आपकी कृपा और दया के कारण पत्र आया है कि मिशन कालेज वालों की समिति ने मुझे गणित-शास्त्र के बड़े प्राफेसर की पदवी देना स्वीकार कर लिया है। और प्रिंसिपल साहब ने मुझसे पूछ भेजा है कि वह मुझको स्वीकार है या नहीं। अप्रैल के अन्त से लेकर वहाँ काम करना है। पहले वर्ष वेतन एक सौ रुपये, तत्पश्चात् अधिक। इस शुकराने (कृतज्ञता) में परमात्मा का भजन अधिक करना। और मेरी मंद मति में यह उचित है कि इस बात की चर्चा अभी सर्वसाधारण से नहीं करनी चाहिए। इस बात की स्वीकृति में पत्र का उत्तर मैं आज लाहौर लिखने लगा हूँ।'' प्रोफेसर गिल्बर्टसन के स्थान पर उनकी यह नियुक्ति हुई थी। वे अपने कार्य भार से अवकाश ग्रहण कर रहे थे। प्रोफेसर साहब तीर्थराम के बड़े प्रशंसक और स्नेही थे और उनकी बराबर सहायता करने का प्रयत्न करते थे।

१८९६ ई० के मार्च में तीर्थराम ने मिशन हाई-स्कूल, स्यालकोट के कार्यभार से अपना त्याग पत्र दे दिया। वहाँ के सहयोगियों और छात्रों का इतना अधिक ममत्व हो गया था कि वे सब तीर्थराम के त्याग पत्र से बहुत दुखी हुए। तीर्थराम जब स्यालकोट से रवाना हुए, तो उनके स्कूल के सहयोगी, छात्रगण, सनातन धर्म सभा के कार्यकर्त्ता और सदस्य तथा अन्य स्थानीय प्रतिष्ठित व्यक्ति रेलवे स्टेशन तक उन्हें विदा करने गये। स्कूल के अमेरिकन हेडमास्टर भी तीर्थराम से बहुत प्रभावित रहे। बाद में उन्हें जब किसी कार्यवश लाहौर जाना पड़ता था, तो वे तीर्थराम के पास ही रुकते थे।

तीर्थराम ने १८९६ ई० के अप्रैल में नये पद का भार मिशन (फोरमैन क्रिश्चियन) कालेज में ग्रहण किया। पहले उनकी नियुक्ति कनिष्ठ प्राध्यापक के रूप में हुई थी। किन्तु उनकी कार्य-प्रणाली से संतुष्ट होकर, कालेज की कार्यकारिणी समिति ने एक महीने के बाद (कुछ व्यक्तियों के अनुसार कुछ महीनों बाद) उन्हें वरिष्ठ प्रोफेसर का पद दे दिया। मिशन कालेज में स्यालकोट स्कूल की अपेक्षा काफी कम समय देना पड़ता था। इसलिये उन्होंने समय के सदुपयोग के लिये डी०एस-सी० करने की इच्छा की। इस डिग्री में नवीन अनुसन्धान की आवश्यकता थी। गणित का अध्यापन कार्य उनके मनोनुकूल था। साथ ही कालेज में जो विषय उन्हें पढ़ाने के लिए निर्धारित किया गया था, उस पर उनका पूर्ण अधिकार था, विशेष तैयारी करने की आवश्यकता नहीं थी। परन्तु धार्मिक कार्यों में अधिक समय देने से और आध्यात्मिक अध्ययन में अधिक रुचि के कारण, उन्हें डी० एस-सी० करने का विचार छोड़ना पड़ा।

अब तीर्थराम आध्यात्मिक साधना करने के लिए पूर्ण स्वतन्त्र थे। वे मनसा, वाचा, कर्मणा साधना में तत्पर हो गये। इसका प्रभाव उनके दैनिक जीवन पर उत्तरोत्तर पड़ता गया। सांसारिक पद, मान-सम्मान के होते हुये भी, वे इनसे वीतराग हो रहे थे। उनका लक्ष्य था—ईश्वर-प्रेम में पूर्णतया डूब जाना, एकमात्र सर्वशक्तिमान् परमात्मा की आराधना एवं चिन्तन में अनुरक्त रहना। गणित के प्रोफेसर होने के नाते, वे किसी वस्तु के तार्किक

विश्लेषण में पूर्ण दक्ष हो चुके थे। उन्होंने तर्क, युक्ति, शास्त्राध्ययन एवं स्वानुभूति से यह निश्चय कर लिया कि संसार के ऐश्वर्य, समृद्धि, यश, मान-मर्यादा, गौरव सभी निस्सार हैं। संसार की महान् से महान् विभूतियाँ बिजली की चमक के समान क्षणभंगुर हैं। अतः वे धन आदि के प्रति भी विरक्त होने लगे। धन-संग्रह के प्रति तो उनकी सदैव से अनासक्ति थी। धन प्राप्त होने पर भी, उनकी वैराग्य-वृत्ति में और प्रगाढ़ता होती गयी। परिणाम यह हुआ कि जब उन्हें मासिक वेतन अथवा परीक्षकत्व आदि का पारिश्रमिक मिलता था, तो वे तत्काल असहायों, निर्धनों और जरूरतमन्दों को बाँट देते थे। अपने खर्च के लिए वे बहुत कम धनराशि रखते थे। कभी-कभी उसे भी लुटाकर फकीर के फकीर बने रहते थे। दैनिक आवश्यकताओं की पूर्ति के लिये रुपयों की नितान्त आवश्यकता होती है, पर राम अपने लिए उनका महत्त्व बिल्कुल नहीं समझते थे। उनकी यह वैराग्यवृत्ति उन्हें एक दूसरी ही दिशा में ले जाने की तैयारी कर रही थी। प्रवृत्ति मार्ग से उनका सहज वैराग्य शनैः शनैः बढ़ता जा रहा था। उस समय के लिखे गये पत्र उनकी वैराग्य वृत्ति पर सुन्दर प्रकाश डालते हैं—

"४ जून, १८९६, किसी वस्तु को अपना नहीं समझा हुआ, सांसारिक धन को एकत्र करना नहीं समझा हुआ। न गहना (भूषण) बनाने का और न पदार्थों के उपार्जन करने का खयाल है। आपकी कृपा से वृक्ष की छाया अगर घर के बदले, भस्म वस्त्रों के बदले, भूमि शय्या के बदले और भिक्षान्न खाने के लिए यदि मिल जाय, तो भी बड़ा आनन्द माना हुआ है। किस धन के लिए मैं आपको रुष्ट कर दूँ? यदि भिक्षुओं की तरह रहने की मुझे आज्ञा दो, तो मैं तैयार हूँ, सब कुछ छोड़कर साधुओं के समान रहने को। कालिज में काम भी करता रहूँगा, जो कुछ वहाँ मिले, जिस तरह आपका चित्त चाहे बरत लिया करना। हमारे घर भी जो कुछ उचित समझें दे दिया करना। यह दीन सेवक तो केवल काम करने और परमात्मा को चित्त में धारण रखने से वह सुख पाता है कि जो किसी बाह्य विषय सुख अथवा आडम्बर और ठाटबाट की किंचित् भी आवश्यकता नहीं रखता। मुझे तो जो ईश्वर-निमित्त काम करने से सुख होता है, वही काफी वेतन है। मेरा वेतन जानें और आप जानें। मेरी आत्मा तो इन चीजों से न घटती है, न बढ़ती है। सदा आनन्दरूप है। यह सब आपकी कृपा का फल है।"

"११ जून १८९६, आपके दो कृपापत्र प्राप्त हुये, बड़ा आनन्द हुआ। चाचा जी (यहाँ उनके पिताजी से अभिप्राय है) बहुत तो खफा नहीं हुये। और होते क्योंकर? मैं तो शरीर से बाहर स्थिति रखता था। परन्तु पचास रुपये जो मेरे पास बचे थे, वह उनकी सेवा में भेंट किये गये। अब मैं उधार लेकर काम चला रहा हूँ। आनन्दित हूँ।"

जब तीर्थराम गणित के प्रोफेसर हो गये, तो उन्होंने सबसे पहले एक पुस्तिका लिखी। उसका शीर्षक रखा 'गणित का अध्ययन कैसे करना चाहिये?' उसमें उन्होंने यह बताया है कि बराबर चिकना-चुपड़ा, माल-मसालेदार भोजन पेट में ठूँसते रहने से तीक्ष्ण बुद्धि छात्र भी अयोग्य और प्रमादशील हो जाता है। इसके विपरीत हलके और सुपाच्य भोजन से मस्तिष्क सदैव स्वतन्त्र और खुला हुआ रहता है और यही सफल विद्यार्थी जीवन का गुप्त रहस्य है। दूसरी परमावश्यक बात यह है कि छात्र को अपने कार्य पर समुचित ध्यान केन्द्रित करने के लिये अपने हृदय को पूर्णतः वासना-रहित रखना चाहिये।' तीर्थराम के

अनन्य प्रशंसक सरदार पूर्णसिंह ने इस सम्बन्ध में अपना भाव इस भाँति अभिव्यक्त किया है—"इस प्रकार अपने विद्यार्थी-ज़ीवन के अनुभवों का सार निचोड़कर उन्होंने हमें उक्त छोटी सी पुस्तिका में अनेक सीधे-सादे उपदेश दिये हैं। वे केवल लेखक बनने के लिए न कभी लिखते हैं और न कभी वक्ता बनने के लिये बोलने खड़े होते हैं। किन्तु जब सचमुच उनके पास दूसरों को देने योग्य कोई चीज होती है, तभी वे कलम उठाते या ओंठ खोलते हैं।"

तीर्थराम अपने छात्रों में अत्यधिक लोकप्रिय और विख्यात थे। कालेज के समस्त छात्र उन्हें श्रद्धा की दृष्टि से देखते थे। उनकी नियुक्ति के तीन महीने पश्चात् होस्टल के छात्रों ने उन्हें निमन्त्रित कर उनका भव्य अभिनन्दन किया। इस अवसर पर उन्होंने भक्ति के सम्बन्ध में उनसे बातें कीं। छात्रगण उनकी वार्त्ता सुनकर भक्ति के रस में डूब गये।

मनुष्य की मानसिक अवस्था, संस्कार, योग्यता, क्षमता आदि को ध्यान में रखते हुए, भारतीय मनीषियों ने परमात्म-साक्षात्कार के लिये विभिन्न मार्गों का अन्वेषण किया है। यद्यपि उन मार्गों की संख्या निर्धारित करना टेढ़ी खीर है, किन्तु मोटे रूप से हरि-प्राप्ति के चार मार्ग प्रधान माने गये हैं—कर्मयोग, राजयोग, भक्तियोग एवं ज्ञानयोग। मनुष्य स्वभावतः क्रियाशील, भाव प्रधान एवं विचारयुक्त होते हैं। प्रत्येक मनुष्य में उपर्युक्त गुणों में से किसी एक गुण की प्रधानता और विशिष्टता होती है। क्रियाशील मनुष्य के लिए कर्मयोग और राजयोग की साधना अनुकूल होती है, भावप्रवण व्यक्ति के लिये भक्तियोग उत्कृष्ट मार्ग है और विचार प्रधान साधक ज्ञानयोग का आश्रय लेता है। संसार में कुछ बिरले ही साधक इस प्रकार के होते हैं जिनमें कर्म, भाव एवं विचार, इन तीनों का सानुपातिक मिश्रण होता है। कहना न होगा कि तीर्थराम में इन तीनों गुणों का समावेश उनके बाल्यकाल से ही पाया जाता है। वे कर्मठता, भक्ति एवं विचार के मूर्त्तिमान स्वरूप थे। उनके जीवन में तीनों साधनायें साथ चलती थीं। हाँ, यह बात दूसरी है कि अवसर विशेष पर किसी की विशेषता हो जाती थी। यदि हम तीर्थराम के विद्यार्थी-जीवन पर दृष्टि डालें, तो यह भली-भाँति सिद्ध हो जायेगा कि उनकी समन्वित साधना एक साथ चल रही थी। विद्यार्थी-जीवन में अत्यधिक श्रम करना, यह कर्मयोग है; अपने गुरु भक्त धन्नाराम एवं ईश्वर में अपूर्व निष्ठा और आत्मसमर्पण, यह भक्तियोग है, एकान्त में अनाहत शब्द का श्रवण करना यह योग सम्बन्धी साधना है। योगवासिष्ठ आदि अद्वैत ग्रन्थों के अध्ययन-चिन्तन और निदिध्यासन के फलस्वरूप बार-बार यह विचार आना कि 'ब्रह्म सत्य और जगत् मिथ्या है', यह ज्ञानयोग है। अतः हमारे अनुमान से उनकी साधना चतुर्मुखी थी। परमात्मा जब अपने भक्तों पर कृपा करता है, तो ऐसी विलक्षणता दिखाता है।

इन दिनों राम की भक्ति-भावना प्रधान हो गयी थी विशुद्ध कर्मों का निष्ठापूर्वक सम्पादन करने से, उनका अन्तःकरण परम निर्मल हो चुका था। उन्हें अब अपने लिये कर्म का आचरण करना भार प्रतीत होने लगा। उन्होंने इस बीच श्रीमद्भगवद्गीता का बार-बार मननपूर्वक अध्ययन किया। परिणाम यह हुआ कि वे श्रीकृष्ण के पीछे उन्मत्त हो गये। उनका भाव पक्ष अत्यधिक प्रबल हो गया। उन दिनों उनमें चैतन्य महाप्रभु की-सी भाव-प्रवणता आ गई। 'कृष्ण' नाम के उच्चारण मात्र से वे भाव-समाधि में स्थित हो जाते थे। किसी व्यक्ति द्वारा बजायी बाँसुरी की ध्वनि को सुनकर उन्हें संसार की समस्त बाह्य

वस्तुयें विस्मृत हो जाती थीं। वे भाव-विभोर होकर संज्ञाविहीन हो जाते और उस अवस्था में उनकी आँखें मुँद जातीं, उनके कपोल प्रियतम कृष्ण के मिलने से आरक्त हो जाते और नेत्रों से अश्रुवर्षा की झड़ी लग जाती। उस समय वे भाव के साकार विग्रह बन गये थे। उन्हें संसार की सामान्य बातें रुचिकर नहीं प्रतीत होती थीं। बहुत कम बोलते थे। यदि बोलते थे तो धर्म अथवा अध्यात्म पर। प्रातःकाल रावी के तट पर प्रियतम कृष्ण के भाव में घंटों भ्रमण करते रहते। तीर्थराम के निकटतम समीपवर्ती मित्र ने उनकी इस भावावस्था के सम्बन्ध में सरदार पूर्णसिंह को बताया था! पूर्णसिंह ने अपनी अँग्रेजी पुस्तक 'दी स्टोरी आफ़ स्वामी राम' में उनका उल्लेख इस प्रकार किया है—

"एक बार मैंने स्वामी राम (तब तीर्थराम) को रावी नदी के किनारे देखा। आकाश में रंग-बिरंगे बादल छाये थे। स्वामी राम जोर-जोर से चिल्ला रहे थे—'देखो, देखो, वही तो मेरा कृष्ण है। ऐ काले रंग वाले बादल, मेरे ईश्वर, मेरे कृष्ण का रंग भी तेरे जैसा है। तू मुझे क्यों पागल बना रहा है? तूने क्यों मेरे कृष्ण को छिपा रखा है? अरे कृष्ण तू कहाँ है? ओ बादल, तू मुझे उसका पता क्यों नहीं देता? तू तो आकाश में उड़ रहा है, क्या तुझे मुझसे अधिक पता नहीं? बता दे, मुझे बता दे, मेरा कृष्ण कहाँ छिपा है? ओ हो तू तो और काला होता जाता है। ऐ बादल, क्या सचमुच तुझे मेरे कृष्ण का पता नहीं? क्या तू भी उसके वियोग में काला पड़ गया है? ओ भगवान्, क्या मुझे तेरे दर्शन न होंगे? दुनिया मुझे काटने दौड़ती है और तू दिखायी नहीं देता! बताओ कहाँ जाऊँ और किसे अपना दुखड़ा सुनाऊँ! ओ कृष्ण, तेरे लिए ही तो मैंने अपने सगे-सम्बन्धी और इष्टमित्र छोड़े; तेरे लिये ही मैंने झूठी प्रतिष्ठा और झूठी लज्जा छोड़ी, पर तू है कहाँ?' बादलों को फटता हुआ देखकर राम फिर रो पड़े और चिल्लाने लगे—'ऐ बादल तुम तो मेरे भाई हो, जाते हो तो जाओ, पर मेरे कृष्ण से कहना अवश्य कि आकर देखें तो सही कि उनके वियोग में राम की आँखों में कैसी झड़ी लगी है। देखो उनसे यह कहना मत भूलना कि—

**यदि लूटना हो तुझे बर्षा का मजा—**
**तो आ, मेरी आँखों में बैठ**
**यहाँ काले, भूरे और लाल, तरह-तरह के बादल**
**सदा झड़ी लगाये रहते हैं।**

ओह मेरा जीवन! कितना छोटा है, और कितना बड़ा है तू! मैं तो अधीर हो रहा हूँ। या तो मेरी प्यास बुझा दे या फिर मुझे मार डाल! तू तो सूर्य को चमक देता है, चन्द्रमा को सौन्दर्य, फूलों को सुन्दर रंग और सुगन्ध, फिर मुझे दर्शन और ज्ञान देने में क्यों कृपण बनता है? इस प्रकार कृष्ण की रट लगाते हुये वे अन्त में बेसुध हो गये।"

फारसी का एक शेर, उनकी इस प्रेमावस्था पर अक्षरशः चरितार्थ होता है—

**आशिकाने नौ निशानी ऐ पिसर,**
**इन्तजारी, बेकरारी, बेसबर,**
**आहे-सर्द, मुखे-जर्द, चश्मे तर,**
**कम खुरो, कम गुफ़्तगू, ख्वाबे हराम।**

अर्थात्, "ऐ पुत्र, सच्चे प्रेमियों के नौ लक्षण होते हैं—प्रियतम की प्रतीक्षा, व्यग्रता, बेसबरी, ठंडी और लम्बी आहें, पीला मुख, अश्रुयुक्त आँखें, अल्पाहार, कम वार्तालाप और अनिद्रा।"

रामकृष्ण परमहंस का यह कथन था कि ईश्वर-प्राप्ति के निमित्त उसी प्रकार की छटपटाहट होनी चाहिये, जिस प्रकार की छटपटाहट पानी में डुबोये हुए व्यक्ति की उससे तुरन्त निकलने की होती है। तीर्थराम की दशा ठीक उसी प्रकार की थी।

पहले-पहल तो उनके कुछ अन्तरंग मित्रों को ही उनकी इस प्रेमावस्था का ज्ञान था, किन्तु मीराबाई की भाँति उनका प्रेम भी जन-साधारण को ज्ञात होने लगा—'अब तो बात फैलि गई जानत सब कोई' की स्थिति आ गई। एक दिन एक पण्डित जी, किसी मन्दिर में गोस्वामी तुलसीदास के 'रामचरितमानस' पर प्रवचन कर रहे थे। प्रवचन के समय कुछ ऐसा भावपूर्ण प्रसंग आया कि उसे सुनकर तीर्थराम भाव-विह्वल होकर फूट-फूट कर रोने लगे। कथावाचक पंडित जी तथा श्रोताओं ने उन्हें चुप करने की लाख चेष्टा की, किन्तु वे चुप न हो सके उनकी भाव-वृत्ति इतनी तीव्र हो गई थी कि लोक मर्यादा का अपने आप परित्याग हो गया। अन्त में विवश होकर उस दिन पंडित जी को प्रवचन स्थगित करना पड़ा।

कथा सुनते समय वे प्रायः भाव-विभोर होकर रोने लगते और इस प्रकार अपने उद्‌गार अभिव्यक्त करते, "कृष्ण मुझ पर कृपा करो। अपना मनोहर मुखड़ा तो दिखाओ क्या मैं किष्किन्धा के बन्दरों से भी गया-गुजरा हूँ? क्या मैं भिल्लनी से भी नीच हूँ? यदि तुम मेरे पास नहीं आते, तो मेरा शरीर, मान-मर्यादा ज्ञान-विज्ञान सब कुछ व्यर्थ है। वे सब जलकर खाक हो जायँ, पर तुम आओ।"

ग्रीष्मावकाश में एक दिन प्रातःकाल तीर्थराम रावी के तट पर भ्रमण करने गये। कृष्ण की स्मृति में वे तन्मय थे। इतने में अकस्मात् एक कोयल कूक उठी उसकी मधुर कूक से राम बाह्यावस्था में आ गये। वे उसे सम्बोधित करके कहने लगे, "अरी कोयल तूने इतना मधुर और आकर्षक स्वर कहाँ पाया? क्या तूने मेरे बाँसुरीवाले (कृष्ण) को देखा है? कदाचित् तूने उसी से यह मधुर स्वर लिया है। तूने निश्चित मेरे प्यारे कृष्ण को देखा है। तू ही बता, मुझे उस निर्मोही का दर्शन कब होगा?

"अरी आँखों! तुम्हारा क्या होगा? यदि कृष्ण के दर्शन नहीं कर सकतीं, तो बन्द हो जाओ, सदा के लिए मुँद जाओ। ओ हाथ! यदि तुमने भगवान् के चरणकमलों का स्पर्श नहीं किया तो फिर मेरे किस काम के? सूख जाओ, लुजपुंज क्यों नहीं हो जाते, हे प्रभु, यदि जीवन के बलिदान से ही तुम्हारे दर्शन होते हैं, तो ये प्राण भी तुम पर न्यौछावर हैं।"

इस घटना के एक महीने पश्चात् वे फिर भाव-विभोर होकर प्रलाप करने लगे, "हे प्रभु, एक दिन और बीत गया, मैं तुझे न देख पाया! क्या मेरा जीवन तेरे बिना इसी भाँति बरबाद होगा? मैंने अपनी समझ में तेरी किसी भी आज्ञा का उल्लङ्घन नहीं किया है, फिर क्यों अपने वियोग के दुःख में मुझे तड़पा रहा है (मान ले, मैं पापी ही हूँ, किन्तु मैंने अपने को तेरे चरणों में समर्पित कर दिया है। मेरे समस्त अपराधों को क्षमा कर दे।

अपने चेहरे की एक झलक तो दिखा दे। यदि इसके लिए मेरे जीवन का मूल्य चाहता है, तो ले, मेरा समस्त जीवन तुझे अर्पित है।" ऐसा कहते हुए राम बेसुध हो गये, उनकी आँखों से अश्रुवर्षा होने लगी और उनकी कमीज अश्रुधार से तर-बतर हो गई। जब वे भाव-समाधि से बाह्यावस्था में आये, तो उन्होंने फन उठाये एक विषधर को अपनी ओर आते देखा। वे स्वयं उनकी ओर लपक पड़े, "ओ प्रभु, आ! आ!! तू मेरे पास सर्परूप में आ रहा है।" इतना कहते हुये वे बेसुध होकर गिर पड़े। जब उन्होंने अपनी आँखें खोलीं, तो उन्हें ज्ञात हुआ कि साँप वहाँ से चला गया है। राम फिर रोकर कहने लगे, "हे प्रभु मैं तेरा वह प्रज्वलित सौन्दर्य देखना चाहता हूँ, जिस पर गोपिकायें दीन-हीन पतंगों की भाँति टूटती थीं।" इतना कहते-कहते पुनः भाव समाधि में स्थित हो गये।

इनका एक मित्र सब कुछ देख रहा था। उसने तुरन्त ही उनके कमरे में प्रविष्ट होकर कहा, "गोसाईं जी, तुम्हारी माता तुम्हें जन कर कृतकृत्य हो गईं।" राम अब पूर्ण चैतन्य हो गये थे। उन्होंने चिल्ला कर कहा, "हाय, मेरा प्रियतम कहाँ चला गया? वह अभी-अभी मेरे पास था! उसके बिना मेरा जीवन बेकार है।" मित्र ने कहा, "गोस्वामी, कृष्ण तो तुम्हारे भीतर ही हैं। उन्हें बाहर क्या खोज रहे हो?"

राम पागलों की भाँति चिल्ला उठे, "मुझ में!" इतना कहते-कहते अपनी कमीज फाड़ डाली और अपने नाखूनों से अपनी छाती नोचने लगे। छाती से रक्त बहने लगा। वे फिर चिल्लाकर पुकारने लगे, "मनमोहन, यदि तू मेरे हृदय में है, तो बचकर कहाँ जा सकता है? मैं तुझे अभी ढूँढ़ निकालता हूँ।" उनके मित्र ने उनके हाथों को पकड़कर कहा, "गोसाईं जी इतने अधीर मत हो! कृष्ण तुमसे अवश्य मिलेंगे।" राम चिल्ला पड़े, "अरे प्यारे, क्या तू निकल आया? यदि तू तनिक भी देरी करता, तो मैं तुझे खींचकर बाहर निकाल लेता।" इतना कहते-कहते वे गंभीर भाव-समाधि में स्थित हो गये और उनका बाह्य जगत् विलीन हो गया।

इस प्रकार राम कृष्ण-भक्ति में पूर्णतः निमग्न हो गये। कृष्ण के बिना उनका जीवन असह्य और दारुण हो गया। सन् १८९६ के अगस्त में उन्होंने पंडित दीनदयाल शर्मा के साथ वृन्दावन की यात्रा की। शर्मा जी सनातनधर्म के जाने-माने धर्मोपदेशक समझे जाते थे और साथ ही उत्कृष्ट वक्ता भी थे। वे प्रायः मथुरा और वृन्दावन जाया करते थे। वृन्दावन कृष्ण भगवान् की लीलाभूमि है और मथुरा उनका कर्मक्षेत्र। बृजभूमि के वृक्ष, लता, पत्र, पुष्प, झरने, लीला-स्थल देखकर राम का कृष्ण-प्रेम और अधिक उद्दीप्त हो गया। उनके प्रेम में गोपियों का प्रेम समाविष्ट हो गया। कृष्ण के प्रेम में तन्मय होकर सदैव किसी न किसी स्तुति का गान करते रहते थे। कृष्ण भगवान् की लीला से सम्बन्धित किसी भी स्थल को देखकर वे भाव-समाधि में निमग्न हो जाते थे। पंडित दीनदयाल शर्मा अत्यन्त भाव-प्रवण थे। उनका यह विचार हुआ कि तीर्थराम की इस पवित्र तीव्र भक्ति का रसास्वादन मथुरा के लोग भी करें। इसी भाव से उन्होंने वहाँ एक जन-सभा का आयोजन किया और उसका प्रमुख वक्ता राम को बनाया। उनका व्याख्यान कृष्णभक्ति से ओतप्रोत था। उनके प्रत्येक शब्द, प्रत्येक वाक्य से कृष्णामृत बरसने लगा। उस समय उन्हें सब कुछ कृष्णमय प्रतीत होने लगा। आनन्दमग्न होकर उनके नेत्रों से अविरल अश्रुवर्षा होने लगी। उन्होंने कृष्ण की भाँति सब श्रोताओं को अपनी ओर आकर्षित कर लिया। श्रोतागण

कृष्ण-प्रेम में एकदम डूब गये। राम के प्रेम का नशा उन पर भी छा गया। सबके नेत्रों से आँसुओं की झड़ी लग गई। कहने का अभिप्राय यह कि राम के दिव्य प्रेम ने वहाँ के सभी लोगों को कृष्ण के प्रेम में रँग दिया।

अन्त में उनकी कृष्ण-मिलन की उत्कट अभिलाषा पूर्ण हुई। इसका जिक्र राम ने अपने अनन्य शिष्य नारायण स्वामी से इस प्रकार किया है, "अहा, आज मैंने कृष्ण भगवान् का दर्शन पाया। मैं जब स्नान कर रहा था, तो वे मेरे पास आये। मैंने उनका प्रत्यक्ष दर्शन किया। परन्तु वे आकर, तुरन्त ही अन्तर्हित हो गये। मेरे हृदय का घाव जैसे का तैसा बना रहा। उनके लिये मेरी तड़पन और बढ़ गई।

लाहौर की सनातन धर्म सभा के तत्वावधान में उनके कृष्ण-भक्ति सम्बन्धी भाषणों की सामान्य जनता में बड़ी चर्चा रही। मीराबाई और सूरदास के भक्ति सम्बन्धी गीतों की भाँति उन्होंने जनता का ध्यान अपनी ओर आकृष्ट कर लिया। मंत्रमुग्ध की भाँति लोग उनका भाषण सुनते थे और बड़ी से भीड़ में हिमालय की सी शान्ति रहती थी। भाषण करते समय भावातिरेक से तीर्थराम का गला भर जाता था और उनकी आँखों में आँसुओं की झड़ी लग जाती थी। एक बार भाषण देते समय राम ने अपना उद्गार इस भाँति अभिव्यक्त किया—"हाय, लोग कहते हैं कि मेरा कृष्ण काला है। वैसा ही काला मेरा हृदय भी है। अरे प्यारे कृष्ण, फिर तू मुझसे क्यों नहीं मिलता?" इतना कहकर वे फफक-फफक कर रोने लगे और उस दिन उसी स्थल पर उनका भाषण समाप्त हो गया।

अमृतसर में राम के इसी प्रकार के एक भावपूर्ण भाषण से नारायण स्वामी अत्यधिक प्रभावित हुये। बात यह है कि राम का कार्यक्षेत्र लाहौर तक ही सीमित नहीं रह गया था। उत्तरोत्तर उसका विकास बढ़ रहा था। वे आये दिन अजमेर, शिमला, स्यालकोट, पेशावर, जम्मू आदि स्थानों पर व्याख्यान देने जाया करते थे। अमृतसर का भाषण भक्ति-भावना से इतना ओतप्रोत था कि नारायण स्वामी उनकी ओर आकृष्ट हो गये। पहले वे (नारायण स्वामी) आर्य-समाजी विचारधारा के प्रभाव में थे और अवतारी लीलाओं के प्रति उनकी न रंचमात्र प्रतीति थी और न श्रद्धा। भाषण के अनन्तर नारायण स्वामी ने राम के सम्मुख अपने संशय प्रस्तुत किये। उन्होंने भावपूर्ण तर्कों एवं युक्तियों से उनकी समस्त शंकाओं का समाधान कर दिया। अंत में नारायण स्वामी ने राम के कमल-चरणों में शरण ले ली।

❑❑❑

# चतुर्थ अध्याय
# तमेवैकं जानथ आत्मानम्
## (१८९७-९८)

निष्काम कर्मयोग एवं अनन्य भक्ति की साधना साधक को ब्रह्मज्ञान के द्वार पर ला खड़ा कर देती है। ज्ञान के प्रचण्ड भास्कर के प्रकाशित होने पर संसार का प्रबल अविद्या-अंधकार तत्क्षण उसी प्रकार विलीन हो जाता है, जिस प्रकार रस्सी के वास्तविक बोध से सर्प-भावना। उस ज्ञान में सारे विभेद, सारी अनेकतायें आत्मरूप हो जाती हैं। आत्म प्रकाश से जगत् की सारी सत्ता प्रकाशित प्रतीत होती है। वह 'अवाङ्मनसगोचर' है। वहाँ कर्णेन्द्रिय, त्वचा-इन्द्रिय, नेत्रेन्द्रिय, घ्राणेन्द्रिय और रसनेन्द्रिय, मन, वाणी, बुद्धि एवं अहंकार की गति नहीं है। वहाँ पहुँच कर वे सब अपनी सत्ता खो देते हैं। तीर्थराम की ज्ञान-प्राप्ति का अवसर सहज भाव से उपस्थित हो गया। उन्होंने निष्काम कर्मयोग की प्रबल साधना से अपने संस्कार-जनित समस्त मल का नाश कर दिया था। अनन्य भक्ति में, कृष्णोपासना से अपने समस्त विक्षेपों की निवृत्ति कर दी थी। अब ज्ञान के दिव्य प्रकाश से आवरण मिटने की बारी थी। राम अब भक्ति के प्राङ्गण से निकलकर ज्ञान की उच्च भूमि पर आसीन होने वाले थे। अब उन्हें एक ऐसे पथ-प्रदर्शक की आवश्यकता थी, जो उन्हें भक्ति की तरंगों से निकालकर, अद्वैतज्ञान की भूमि पर बैठा दे, उनकी तीव्र भावुकता को लोक-कल्याण और जन-सेवा में परिणत कर दे। संयोगवश उन्हीं दिनों द्वारका मठ के शंकराचार्य, जगद्गुरु अनन्तश्रीविभूषित माधवतीर्थ जी महाराज पथ-प्रदर्शक के रूप में राम के सम्मुख प्रकट हो गये। वे अद्वैत-निष्ठ महापुरुष थे और स्थान-स्थान पर अद्वैत मत का प्रचार करते रहते थे।

अद्वैत मत के प्रचार के निमित्त उन्होंने लाहौर में पदार्पण किया। सनातन धर्म सभा का मन्त्री एवं उस संस्था का प्रमुख कार्यकर्त्ता होने के कारण, शंकराचार्य को ठहराने, सेवा-परिचर्या का भार तीर्थराम के कन्धों पर डाला गया। जगद्गुरु ने अपनी दिव्य दृष्टि से तीर्थराम के आन्तरिक तेज को तुरन्त देख लिया। अतः वे इस भावी होनहार नवयुवक पर विशेष कृपादृष्टि रखने लगे। यद्यपि वे कार्यों में अत्यधिक व्यस्त रहते थे, फिर भी अपने बहुमूल्य समय में से उन्होंने कुछ समय तीर्थराम के लिए निर्धारित कर दिया था। तीर्थराम को विशिष्ट एवं तीव्र साधक समझकर शंकराचार्य उनसे उपनिषद्, ब्रह्मसूत्र एवं अद्वैत सम्बन्धी अन्य प्रसिद्ध ग्रंथों की व्याख्या करके अद्वैत सिद्धान्त का प्रतिपादन करते थे। इसके अतिरिक्त राम की व्यक्तिगत शंकाओं का समाधान भी करते थे। जब शंकराचार्य जी जम्मू की यात्रा पर जाने वाले थे, तो उन्होंने राम को भी अपने साथ चलने को कहा। पर उस समय राम के ऊपर कालेज का भार बहुत अधिक था, अतः उनका साथ न दे सके। किन्तु शीघ्र ही उन्होंने जगद्गुरु की आज्ञा मान ली, हालाँकि यह साथ केवल एक दिन के लिए था। उनके सम्पर्क से तीर्थराम की उत्कट कृष्णभक्ति ने आत्म-साक्षात्कार की

दिशा में मोड़ लिया। जो राम कृष्ण-मिलन के लिए तड़पते थे, वही राम अब आत्मानुभव की प्राप्ति के लिये छटपटाने लगे। उनके तीव्रभाव में तन्मयता तो वही थी, पर लक्ष्य परिवर्तित हो गया था। अब वे इस साधना में तन्मय हो गये—'सारी बातों को छोड़कर एकमात्र अपने वास्तविक स्वरूप—आत्मस्वरूप को जानो।' अब तक तीर्थराम छुट्टियों में प्रायः वृन्दावन और मथुरा आदि तीर्थस्थानों की यात्रा करते थे, किन्तु अब उनका मन उत्तराखण्ड के एकान्त की ओर उन्मुख हुआ। उन्हें वृन्दावन अथवा मथुरा की भीड़भाड़ जनरव से विरक्ति होने लगी और आत्मानुसन्धान के लिये एकान्त, निर्जन, कोलाहलशून्य स्थान प्रिय लगने लगा। एक पत्र उनकी इस मनोदशा को भलीभाँति अभिव्यक्त करता है—

"२१ फरवरी १८९७, जब अवकाश मिलता है, वेदान्त ग्रन्थ अँग्रेजी में देखता हूँ और छुट्टी के दिन चित्त एकाग्र करने का भी समय मिलता है। आनन्द केवल अपने स्वरूप में स्थित होने में है। और अधिकार भी समस्त जगत् पर अपना ही है। व्यर्थ हम अपने आपको औरों (अफसरों इत्यादि) के अधीन मान लेते हैं।"

उनके चित्त की एकाग्रता और अभ्यास की तन्मयता इतनी अधिक बढ़ रही थी कि अपने गुरु भक्त धन्नाराम को पत्र लिखते समय एकाध बार केवल शीर्षक डालकर आत्मानुसन्धान में तन्मय हो गये।' उनके एक पत्र से उनकी स्थिरता भली-भाँति विदित हो जाती है—

"१२ मार्च १८९७, जिस समय आपने कल लिखा था, मैं भी उस समय ठीक उसी अवस्था में था, जिसमें आप थे। और आपकी ओर लिखने के लिये यह कार्ड उठाया था। पर फिर सिरनामा (शीर्षक) लिखकर रख छोड़ा था। आपकी दया से अब भी अत्यन्त आनन्द है। बड़े अच्छे भाग्य होने से चित्त स्थिर होना सीखता है।"[1]

भक्त धन्नाराम स्वयं वेदान्ती थे। वे राम को वेदान्त के गहरे अभ्यास के लिये प्रेरणा देते रहते थे। तीर्थराम ने अपनी साधना के सम्बन्ध में इस प्रकार लिखा है—

"२३ जून १८९७, वेदों का केवल पाठ मात्र सुनने से मेरे चित्त को समाधि की दशा प्राप्त हो जाया करती है और अत्यन्त आनन्द की दशा आच्छादित हो जाती है। यह अति उत्तम कार्य है।"

---

१. भगत धन्नाराम का उन दिनों यह अभ्यास था कि जिस किसी से कोई काम कराना हो, वह व्यक्ति चाहे कितनी ही दूरी पर क्यों न हो, अपनी आध्यात्मिक शक्ति से वे उससे वह काम करा लिया करते थे। इस बार तीर्थरामजी से उन्होंने वही विषय लिखवाना चाहा जो आप स्वयं तीर्थराम को लिखकर स्वयं भेज रहे थे। इस पत्र में तीर्थराम जी ने स्वयं स्वीकार भी किया है कि उनके भीतर भी उसी विषय पर लिखने की प्रेरणा हुई है। यह दो चित्तों की अभेदता का प्रत्यक्ष प्रमाण है। इससे यह स्पष्ट सिद्ध होता है कि दो मनुष्य हजारों मीलों की दूरी पर रहते हुये भी अपने चित्त की अभेदता द्वारा बिना बाह्य साधनों के परस्पर एक दूसरे के विचार जान सकते हैं। यह एक प्रकार का मौन सम्भाषण है। यह एक प्रकार की छोटी-मोटी सिद्धि है। इससे आत्मानुभव से कोई सम्बन्ध नहीं है। जीवन्मुक्ति के लिये ऐसी सिद्धियाँ कभी-कभी महान् बाधक हो जाती हैं। अतः सच्चे साधकों को इस प्रकार की सिद्धियों के चक्कर में नहीं पड़ना चाहिये।

सरदार पूर्णसिंह ने अपनी पुस्तक "दी स्टोरी आफ़ स्वामी राम' में उनकी इस अभ्यासावस्था का बड़ा सुन्दर चित्रण किया है—"ग्रीष्म ऋतु में जब राम लाहौर की जलती हुई सड़क के फर्श पर घूमकर वापस आते थे, तो वे जो उनके चरणों का स्पर्श करते थे, उन्हें बिल्कुल ठंडा पाते थे। 'मैं कभी गरम लाहौर में नहीं घूमता, मैं तो सदा गंगा की पीयूष-धारा में विचरता हूँ, जिसकी रजत लहरियाँ मेरे पैरों को स्पर्श करती हैं और मुझे आनन्द से सराबोर कर देती हैं।' ऐसा कहकर वे प्रश्नकर्ता से प्रश्न पूछते थे—'क्या गंगा की धार सर्वत्र प्रवाहित नहीं हो रही है?' सदा भाव-निमग्न, भोजन-वस्त्र से निर्द्वन्द्व, निर्मल अश्रुप्रवाहयुक्त स्वामी जी लाहौर में रहते हुए भी सदा नक्षत्रों के पालने में झूला करते थे और नील वर्ण आकाश में उन्हें वही पुरातन कदम्ब वृक्ष दिखलायी पड़ता था जिसकी शाखाओं पर बैठकर द्वापर में श्रीकृष्ण ने वंशी बजायी' थी।"

राम 'वाटर वर्क्स' के समीप रहते थे। वह स्थान बहुत व्यस्त और कोलाहल पूर्ण था। अब उनकी साधना के लिये शान्त एकान्त की आवश्यकता थी। उन्होंने 'हरिचरण की पौड़ियाँ'[1] नामक गली में एक अच्छा-सा मकान किराये पर ले लिया। पहली अगस्त, १८९७ को वे उस मकान में चले गये। उसी समय भक्त धन्नाराम को यह पत्र लिखा—"हम इस नये मकान में आ गये हैं। यह हरिचरण की पौड़ियों में है। हरिचरणों (तीर्थ) में श्री गंगा जी का निवास है और तीर्थ (राम) को भी हरिचरणों में रहना उचित है। यहाँ जब से आया हूँ, हरिचरणों में ही ध्यान है और अपने स्वरूप के श्रीगंगाजल में आपकी दया से स्नान कर रहा हूँ।"

अब राम ने अद्वैत वेदान्त के अध्ययन और साधना में अपने को पूर्णतया निमग्न कर दिया। उन्होंने अपनी साधना की प्रवृत्ति इस प्रकार बताई है—

"५ अगस्त, १८९७ आजकल तो वेदान्त-विचार, भजन और एकान्त-सेवन ही को कुछ समय देता हूँ। इसमें वह आनन्द है कि छोड़ने को जी नहीं चाहता।"

"७ अगस्त, १८९७ यदि व्यवहार-काल में चलते-फिरते और सब काम करते हमारी दृत्ति ब्रह्माकार रहे और चित्त अर्शे आला (सबसे ऊँचे आकाश अर्थात् उच्च अवस्था) से कभी न उतरे, तो धन्य है हमारा जीवन, नहीं तो मनुष्यदेह निष्फल खो दिया।"

"९ अगस्त, १८९७ वास्तव में किंचित्-मात्र अभ्यास करने से शास्त्रों के बिल्कुल अनुसार फल प्राप्त होते हैं। संसार में यदि कोई वस्तु सत्य है तो वेदान्त शास्त्र है।"

"वेदान्त-शास्त्र के सम्बन्ध में अँग्रेजी में बहुत से ग्रंथ पढ़ता हूँ। मगर पढ़ने में वह आनन्द नहीं आता, जो उनको एकान्त में बैठकर विचारने और अपने भीतर धारण करने में आता है। जो कुछ इस प्रकार आपकी दया से प्राप्त होता है, वह बहुधा जिज्ञासुओं को अँग्रेजी में उपदेश भी कर देता हूँ। जी चाहता है कि इसी आनन्द में छुट्टियाँ व्यतीत करूँ।"

---

१. लाहौर नगर में बच्छोवाली बाजार के समीप एक गली है, जिसका नाम 'हरिचरण की पौड़ियाँ' है।

इन दिनों तीर्थराम पर अद्वैत भाव का नशा हर क्षण सवार रहता था। वे अद्वैत में इतने तन्मय रहते थे कि यदि कोई व्यक्ति उनसे यह पूछता, "आपकी घड़ी में क्या बजा है?" तो ध्यानपूर्वक घड़ी देखकर, समय चाहे जो हो, यही उत्तर देते, "प्यारे ठीक एक है।" इतना कहकर प्रश्नकर्त्ता को अपनी घड़ी दिखा देते। कई लोगों ने राम से यह प्रश्न विभिन्न समयों में किया था और यही उत्तर पाया था। एक दिन कुछ व्यक्तियों ने उनसे प्रश्न किया, "गोस्वामी जी, बड़ी विचित्र बात है। हम सब चाहे प्रातःकाल, दोपहर, शाम अथवा आधी रात्रि को जब पूछते हैं कि क्या बजा है, तब आप सदैव एक ही बजा बताते हैं।" उनकी इस जिज्ञासा से राम अट्टहास करने लगते और यह उत्तर देते, "अरे प्यारों, राम की घड़ी ही ऐसी है। उसमें सदैव एक ही रहता है, दूसरे के लिये कोई गुंजाइश ही नहीं रहती।"

अध्यापन-कार्य से उन्हें अपने स्वाध्याय में किसी प्रकार की बाधा नहीं पहुँचती थी। अध्यापन-कार्य का समय थोड़ा था, अतः उन्हें स्वाध्याय के लिये पर्याप्त समय मिल जाता था। उनके एक पत्र से उनकी स्वाध्याय-वृत्ति का अनुमान लगाया जा सकता है—

"८ सितम्बर, १८९७ मैंने लाहौर में रहकर बीस से अधिक पुस्तकें अँग्रेजी में वेदान्त की देखीं और विचारपूर्व पढ़ी हैं। इन पुस्तकों में उपनिषदों और अन्य प्रामाणिक ग्रंथों के भाग प्रायः दिये हुए थे। ग्रंथों के सत्संग से धारणा बहुत बढ़ती है और वास्तविक आनन्द धारणा ही में है। स्फुरणा और संकल्प रोकने से संकल्पसिद्धि होती है, जैसे बीज पृथ्वी में दाबने (गाड़ने) से उगता है। आपका इस विषय में बहुत अनुभव है। माया और जगत् से चित्त हट जाने (उपराम होने) से जगत् सेवक बन जाता है, जैसे छाया की ओर पीठ करके सूर्य की ओर जाने से छाया पीछे-पीछे जाती है।"

तीर्थराम का वेदान्त विषयक अभ्यास और धारणावृत्ति उत्तरोत्तर बढ़ रही थी। एक पत्र से उनकी मनोदशा का ज्ञान होता है—

"१८ अक्टूबर, १८९७ आजकल इस पर अभ्यास है—'तमेवैकं जानथ आत्मानमन्या वाचो विमुञ्चथ अमृतस्यैव सेतुः।'

(मुण्डकोपनिषद्)

अर्थात्, 'एकमात्र परमात्मा को जानो, इसके सिवा और कोई वार्त्ता कदापि मत करो, सुनों। यही अमृत का सेतु है।"

इस अभ्यास और धारणा के फलस्वरूप उनकी वृत्ति नितान्त अन्तर्मुखी हो गई। परिवार एवं अन्य सम्बन्धियों के प्रति उनका वैराग्य हो गया। जिस प्रकार समय आने पर सर्प के शरीर से केंचुली अपने आप उतर जाती है, अथवा जैसे पक जाने पर फल अपने आप टहनी को छोड़ देता है, ठीक उसी प्रकार तीर्थराम के नाते-रिश्ते स्वतः टूटने लगे। इस सम्बन्ध में उन्होंने अपने पिताजी को जो पत्र लिखा था, वह उल्लेखनीय है—

"२५ अक्टूबर, १८९७

मेरे परम पूज्य पिताजी महाराज!

आपकी कृपा मुझ पर नित्य रहे। चरण-वन्दना। आपका कृपापत्र प्राप्त हुआ, अत्यन्त आनन्द हुआ। आपके पुत्र तीर्थराम का शरीर तो अब बिक गया। बिक गया राम के

आगे। उसका अपना नहीं रहा। आज दीपमाला (दीवाली) को अपना तन हार दिया और महाराज को जीत लिया। आपको धन्यवाद हो। अब जिस वस्तु की आवश्यकता हो, मेरे मालिक (स्वामी) से माँगो। तत्काल स्वयं देंगे, या मुझसे भिजवा देंगे। पर एक बार निश्चय के साथ उनसे माँगो तो सही। उन्नीस-बीस (१९-२०) दिन से मेरे सारे काम बड़ी निपुणता से अब आप करने लग पड़े हैं, आपके क्यों न करेंगे? घबराना ठीक नहीं। जैसी उसकी आज्ञा होगी, वैसा बर्ताव में आता जायेगा। महाराज ही हम गुसाइयों के धन हैं। अपने निज के सच्चे और अमूल्य धन को त्यागकर संसार की झूठी कौड़ियों के पीछे पड़ना हमको उचित नहीं। और उन कौड़ियों के न मिलने पर शोक करना तो बहुत ही बुरा है। अपने वास्तविक धन और सम्पत्ति का आनन्द एक बार ले तो देखो।"[1]

इसी प्रकार एक और पत्र उनकी मनोदशा पर प्रकाश डालता है—

"८ नवम्बर, १८९७, यद्यपि मैंने इतने दिन पत्र नहीं लिखा, परन्तु आपके स्वरूप में स्थित रहने के अतिरिक्त और कोई काम भी नहीं किया। अब अपना आप हो गये, तो पत्र किसको लिखें?"

तीर्थराम का अपने सद्गुरु भक्त धन्नाराम में पूर्ण विलीनीकरण हो गया। गुरु और शिष्य ज्ञान-जगत् में एक हो गये। इस सम्बन्ध में कबीर का एक दोहा स्मरण आता है—

**"पिय सन कहूँ सँदेसड़ा, जो कहुँ होय विदेस।**
**तन में, मन में बैन में, तासों कहा संदेस॥"**

१८९७ के नवम्बर महीने में स्वामी विवेकानन्द जी ने अपनी अमेरिकन शिष्य-मण्डली सहित लाहौर पर्दापण किया। सनातन-धर्म-सभा की ओर से तीर्थराम के ही कन्धों पर उनके आतिथ्य-सत्कार आदि का भार डाला गया। शंकराचार्य (द्वारकापीठाधीश्वर) का आतिथ्य वे पहले कर चुके थे। स्वामी विवेकानन्द जी अपने शिष्यों-सहित राजा ध्यानसिंह की हवेली में ठहराये गये। लाहौर पहुँचकर स्वामी विवेकानन्द जी ने पंजाब-निवासियों में एक नयी जान सी फूँक दी। उनका दिव्य धाराप्रवाह भाषण, उनका महान् त्याग, उनकी अलौकिक शक्ति, उनका चुम्बकीय व्यक्तित्व, उनकी अकाट्य युक्ति और तर्कशक्ति, उनकी प्रत्युत्पन्न मति आदि सब ने मिलकर श्रोताओं को मंत्रमुग्ध कर दिया—

सरदार पूर्णसिंह ने स्वामी विवेकानन्द के लाहौर के भाषण के दृश्य का अपनी पुस्तक 'स्वामी राम-जीवन कथा' में बड़ा हृदयग्राही चित्रण किया है—

"स्वामी जी ध्यानसिंह की हवेली में ठहरे हुये थे। और मुझे आज की इस घड़ी में भी वह दृश्य स्पष्ट रूप से दिखायी देता है जब स्वामी जी का भाषण सुनने उस दिन हवेली के विशाल भवन में लाहौर का सांफाधारी कितना विशाल जनसमूह एकत्र था।

---

१. यह पत्र गोस्वामी तीर्थराम ने अपने पिताजी को भेजा था। पर पिताजी ने इस पत्र पर निम्नलिखित टिप्पणी लिखकर भगत धन्नाराम के पास भेज दिया—"भगत जी, आपके संगत से आज टब्बर नूँ (सारे कुटुम्ब को) जवाब मिला है। हमने आपको बुद्धिमान् समझकर इसको आपको सिपुर्द किया था। पर यह परिणाम निकला।" यह पत्र भी, भगत धन्नाराम के पत्रों के साथ मिला था।

उस समय मैं निरा बालक ही था। पंजाब विश्वविद्यालय की इण्टर परीक्षा के लिए कालेज में पढ़ रहा था। किन्तु उस दृश्य की जो अमिट छाप मेरे हृदय-पट पर पड़ी, वह किसी प्रकार धोयी नहीं जा सकती। हवेली ठसाठस भर गई थी और बहुत से लोग आँगन में जमा हो गये थे। स्वामी जी के दर्शन के लिए उत्सुक आगन्तुक कंधे से कंधा भिड़ाकर भवन में प्रवेश करने की चेष्टा कर रहे थे। स्वामी जी ने ऐसी आतुर और प्रबन्ध की सीमा में न आने वाली भीड़ देखी तो बोले, 'मैं खुले वायुमण्डल में भाषण दूँगा। हवेली का घेरा, आँगन बहुत बड़ा है और उसके बीच मंदिराकार एक ऊँचा प्लेटफार्म भी है।' इतना कहते हुये स्वामी जी उस चबूतरे पर जा विराजमान हुये। उस समय उनकी आलौकिक छवि, उत्तम स्वास्थ्य से दमकता हुआ विशालकाय शरीर संन्यासी की काषाय वेशभूषा प्राचीन ऋषियों की स्मृति दिलाने वाली मुखमुद्रा बड़ी-बड़ी आकर्षक आँखें, जिनका जादू सारे वातावरण में व्याप्त हो रहा था। अपने सिर पर नारंगी रंग का साफा पंजाबी ढंग से बाँध रखा था, शरीर पर गेरुआ रंगीन दुपट्टा लहरा रहा था। थोड़ी देर में जब वेदान्त-केशरी स्वामी जी ने गरजना प्रारम्भ किया तो घण्टों दहाड़ते रहे। श्रोतागण मंत्रमुग्ध से उनका भाषण सुनते रहे। सब के सब मानसिक क्षितिज की आनन्ददायक ऊँचाइयों पर विचरण करने लगे।''[१]

लाहौर में तीर्थराम ने ही स्वामी जी के भाषण का प्रबन्ध किया था। उन दिनों लाहौर में प्रोफेसर बोस का सरकस भी खेल दिखाने आया हुआ था। स्वामी विवेकानन्द के 'भक्ति' विषयक व्याख्यान का आयोजन बोस सरकस के पण्डाल में आयोजित किया गया था। तीर्थराम की सम्मति में स्वामी विवेकानन्द की वास्तविक प्रतिभा का पूर्ण विकास उनके वेदान्त सम्बन्धी व्याख्यानों में प्रकट होता है, क्योंकि वही उनका मनचाहा विषय है। तीर्थराम स्वामी विवेकानन्द के निकटतम सम्पर्क में आये और उनके आदर्शों से अत्यधिक प्रभावित हुये। स्वामी विवेकानन्द आधुनिक युग के प्रथम मंत्रदृष्टा ऋषि थे, जिन्होंने शंकराचार्य के अद्वैत वेदान्त दर्शन को व्यावहारिक रूप प्रदान किया। उन्होंने अद्वैत सिद्धान्त को भक्ति, कर्म, देश-सेवा, मानव मात्र की सेवा आदि अनेक पहलुओं से समझने-समझाने का प्रयास किया था। स्वामी विवेकानन्द से साक्षात्कार, उनके सत्संग आदि ने तीर्थराम की त्याग और संन्यास भावना को और भी उदीप्त कर दिया। स्वामी विवेकानन्द के आदर्शों ने तीर्थराम की मूक, आत्मानुभूति को वाणी प्रदान की। किन्तु आगे चलकर तीर्थराम ने वेदान्त के उस पहलू की पुनः नये सिरे से एवं और भी व्यापक ढंग से व्याख्या की, जिसका निर्देश स्वामी विवेकानन्द पहले कर चुके थे।

स्वामी विवेकानन्द और स्वामी रामतीर्थ में असाधारण बौद्धिक समानता थी फिर भी दोनों के अन्तर को सरदार पूर्णसिंह ने बड़ी कुशलता से आँकने का प्रयास किया है, ''स्वामी विवेकानन्द उनसे (स्वामी रामतीर्थ से) बढ़कर दार्शनिक, बढ़कर वक्ता और बढ़कर नरशार्दूल संन्यासी थे और स्वामी राम उनसे बढ़कर थे अपने गम्भीर समाधिजन्य परमानन्द में, जो एक अटल आधारशिला की भाँति उनके प्रफुल्ल, मधुर और काव्यशील संचरण में, उनके सहानुभूति सदय व्यवहार में, अपनी परिस्थिति के साथ पूर्ण शान्तिमय मस्ती में जो सदा उनका पल्ला पकड़े रहती थी।'' सरदार पूर्णसिंह की पैनी दृष्टि ने भले

---

१. स्वामीराम-जीवन कथा, लेखक सरदार पूर्णसिंह, द्वितीय संस्करण, पृष्ठ १२२-१२३।

ही दोनों दिग्गज संन्यासियों में अन्तर ढूँढ़ निकाला हो, किन्तु दोनों ही संन्यासी अपने में पूर्ण हैं। दोनों का विशिष्ट व्यक्तित्व अपने में निराला है। एक को दूसरे से घट अथवा बढ़ कर बताना, उनके व्यक्तित्व के साथ अन्याय करना है। स्वामी विवेकानन्द, विवेकानन्द थे और स्वामी रामतीर्थ, रामतीर्थ। दोनों के पृथक्-पृथक् आचरण और व्यवहार थे और ये दोनों के लिये शोभनीय रहे। हाँ, यह बात अवश्य है कि देशभक्ति, राष्ट्रहित, मानव-सेवा की त्रिवेणी दोनों के हृदयों में समान रूप से प्रवाहित होती रही। इसके अतिरिक्त सबसे विशेष बात यह है कि दोनों विभूतियों में प्रचण्ड ज्ञानाग्नि अहर्निश अखण्ड रूप से प्रज्वलित रहती थी। दोनों ही आत्म स्वरूप में पूर्णरूप से स्थित थे।

इस बात को अस्वीकार नहीं किया जा सकता कि स्वामी विवेकानन्द के अलौकिक व्यक्तित्व से तीर्थराम अत्यधिक प्रभावित हुये। उस समय के एक पत्र से इस प्रभाव का सहज में अनुमान लगाया जा सकता है—

"१३ नवम्बर, १८९७ स्वामी विवेकानन्द के लेक्चर सुने। अत्यन्त योग्य हैं। उन दिनों अवकाश बहुत कम मिला। आपका कृपापत्र भी कोई नहीं प्राप्त हुआ। आर्य समाज को बहुत जबाल (क्षति) पहुँचा है।"

इन्हीं दिनों धन्नाराम ने तीर्थराम पर यह आरोप किया कि तुम मेरी शारीरिक आवश्यकताओं के प्रति उदासीन होते जा रहे हो; इस प्रकार अपनी की गयी प्रतिज्ञा को तोड़ रहे हो। तीर्थराम में इस समय अलौकिक निर्भयता और निश्शंकता का जागरण हो चुका था। वे अब इस प्रकार के व्यवहारों से ऊपर उठने लगे थे। उनकी भावी संन्यास-वृत्ति उनके व्यवहारों को क्रमशः क्षीण कर देने पर तुल चुकी थी। अतः उन्होंने भगत जी के पत्र का जो उत्तर दिया, उनसे उनकी निश्शंक वृत्ति का परिचय प्राप्त होता है—

"२१ नवम्बर १८९७ महाराज जी, सचाई से इतर और कोई चीज आपकी सेवा में बनावट बनाकर कभी नहीं लिख जाती। आपकी जरूरतें मेरी अपनी जरूरतें हैं। मगर अन्य जरूरतों का अब यही हाल है कि किसी काम के लिए तीव्र संकल्प नहीं फुरता। जैसा हो जाय आनन्द रहता है। खुदमुख्तारी के सम्बन्ध में यह अर्ज (प्रार्थना) है कि कर्त्ता बनकर बहुत कम चेष्टा की जाती है और यह हालत आप ही की कृपा की बदौलत है। यह आपका अपना काम है। इसे ख्वाह अच्छा समझो, ख्वाह बुरा। जैसे गुजराँवाला शरीर आपका है, वैसे ही लाहौरवाला। दोनों से काम लेना या न लेना आपके इख्तियार (अधिकार) में है। जब रुपया दिलवाओगे, किताब को जल्दी सेवा में भेज दूँगा।"

उपर्युक्त पत्र से उनके वेदान्त-विषयक अभ्यास की तीव्रता का बोध होता है। अद्वैतवाद में अपने को 'अकर्त्ता' एवं 'अभोक्ता' मानने वाली साधना पर बहुत बल दिया गया है। योगवाशिष्ठ, अष्टावक्र गीता, अवधूत गीता ऐसे अद्वैत ग्रंथों में 'अकर्तापन' और 'अभोक्तापन' की महिमा की मुक्तकण्ठ से प्रशंसा की गयी है। तीर्थराम जी ने इन ग्रंथों का मननपूर्वक अध्ययन किया था। अतः उनमें इस प्रकार की भावना का जाग्रत होना अस्वाभाविक नहीं है। उनका प्रारब्ध उन्हें सर्वत्याग की ओर बलात् खींचे जा रहा था। उस समय के लिखे गये पत्र आत्मचरित्र की दृष्टि से अत्यन्त महत्त्वपूर्ण हैं। ये पत्र उनकी मानसिक वृत्ति की ठीक झाँकी हमारे सामने प्रस्तुत कर देते हैं। आप राम की गाथा राम के ही शब्दों में पढ़ें—

"९ दिसम्बर, १८९७ आपका कृपापत्र मिला, अत्यन्त आनन्द हुआ। आपकी अत्यन्त दया है। बहुत आनन्द है।

"मैं तो आप कुछ नहीं करता। उचित समय पर सब काम अपने आप हो रहे हैं। किसी दिन मस्ती और संसार की ओर से बेहोशी बिना बुलाये आ जाये, तो मेरा क्या अपराध? बिना किये काम हो रहे हैं। सूर्य और शेषनाग तो हमारे दास हैं। हमारा काम तो शेषनाग की शय्या पर आराम करना है। सूर्य को हम प्रकाशित करते हैं, और आज्ञाधीन बनकर वह चक्कर लगाता है। स्वरूप तो सबका एक ही है, पर स्वरूप में स्थिति की जरूरत है और तुरीयावस्था तथा समाधिकाल की महिमा कहाँ नहीं आई? श्री रामचन्द्र जी तथा श्रीकृष्णचन्द्र जी परमात्मा आप ऐसे महात्माओं के चरणों पर सिर रखते रहे हैं। और याज्ञवल्क्य तथा अष्टावक्र की पदवी राजा जनक से बढ़कर है।

"राजा जनक और कृष्ण परमात्मा तो बी०ए० श्रेणी के हैं और याज्ञवल्क्य तथा अष्टावक्र एम०ए० श्रेणी के। मान यद्यपि बी०ए० और एम०ए० का एक समान होता है, मगर सच्चाई को छुपाना ठीक नहीं। जो बड़ा है, उसी को बड़ा कहना उचित है।

"दास के विषय में अभी कुछ काल तक कोई चिन्ता तथा भय नहीं करना चाहिये। मलाईवाला दूध और वह भी मिसरी से मिला हुआ तो एक ओर पीने को मिलते हैं, और बाजरा या ज्वार की रोटी दूसरी ओर। मैं यह नहीं कहता कि बाजरा तथा ज्वार की रोटी बुरी है, क्योंकि वह भी तो मैं ही हूँ, मगर मेरे उदर के अनुसार नहीं।' मेरे उदर में तो दूध मिसरी ही पचते हैं।

"जब राजाधिराज के काम के बिना हाथ-पाँव हिलाये हो रहे हैं, तब वह मजदूरों के साथ मिलकर टोकरी क्यों ढोये?

"बल्टोही (बटलोही) में गरम जलाने वाले पानी में उबलने से बचने के लिए देगची (बटलोही) से बाहर जा पड़ना उचित है, देगची के साथ लगे रहना उचित नहीं।

"श्री शंकराचार्य जी ने गीता-भाष्य में अत्यन्त स्पष्ट रीति से सिद्ध कर दिखाया है कि अन्त में कर्म का नितान्त त्याग हो जाना चाहिये, यद्यपि आप (शंकराचार्य जी) उन दिनों थोड़ा बहुत कर्म करते ही थे। दास के लिए ऐसे दिन आने में अभी देर है।

**"काश आना कि ऐबे-मन जुस्तन्द।**
**रूयत ऐ दिलस्तां बदीबंदे॥"**

'अर्थात्, ईश्वर करे जिन्होंने मेरे पाप (अपराध) देखे हैं, ऐ प्यारे वह तेरा सुख देखें।'

**'ई खिर्क: कि मन दारम, दर रहने-शराब औला।**
**व ईं दफतरे-बेमानी गर्क्रे-मये—नाब औला।'**

'अर्थात्, यह कंथा जो मैं पहनता हूँ निजानन्द रूपी मदिरा के बदले गिरवी है, और ये निरर्थक पुस्तकें उस आनन्दरूपी वास्तविक मदिरा में डूबी हैं।'

"अन्त के पद का तात्पर्य यह है कि 'ये किताबें, पुस्तकें, दफ्तर इत्यादि नितान्त व्यर्थ, निष्फल, निरर्थक और निकम्मे हैं। यदि उनके पढ़ने से यह परिणाम नहीं निकलता

कि हम उनकी शुद्ध मस्ती की शराब में ऐसा डाल दें कि वहाँ नितान्त गल-सड़कर क्षीण हो जायें और उनका नाम तथा चिह्नमात्र शेष न रहे, बल्कि शराब रूप हो जायें। शराब से अभिप्राय अद्वैतानुभव की मस्ती का नशा है।' ये वस्त्र (अर्थात् गृहस्थ) शव का कफन हैं, यदि अन्त में इनको बेचकर (छोड़कर) अनुभव रूपी मदिरा के रंग में हम नहीं रँग जाते। इति अलम्, विशेष आनन्द।[१]''

''१२ दिसम्बर, १८९७ पहला कार्ड लिख रहा था कि आपके तीन कार्ड और मिले। बहुत ही आनन्द हुआ। आपने जो लिखा है, बिल्कुल ठीक और उचित लिखा है। जो आपकी इच्छा है, वही होगी। करने-कराने वाले सब आप हैं। वैराग्य की उमंगें जो यहाँ आती हैं, आपकी भेजी हुई हैं, और आप ही रोकते हो? अजब तमाशा (अद्भुत लीला) है। वाह! क्या खूब खेल है। बलिहार!

''सबके लिये संन्यास ठीक नहीं, और संन्यास का संसार में न होना भी दुरुस्त है। हर रंग का मसाला जगत् में बनाया गया है। किसी को हँसाना, किसी को रुलाना और आप अलग खड़े होकर तमाशा देखना, यह हमारा काम है, जिस प्रकार आतशबाज अनार के मसालह को गरम-गरम आग में जलाता है और उस विचारे मसालह से शूँ-शूँ रूपी हाय-हाय का शोर (शब्द) कराता है, पर आप सदा प्रसन्न रहता है, साक्षी रूप बनकर। कुछ फल पककर भी वृक्ष के साथ लगे रहते हैं, पर कुछ फल पककर गिर पड़ते हैं।''

''१६ दिसम्बर, १८९७ परसों मुझे ताप (ज्वर) हो गया था, पर ज्वर भी अपना आप अनुभव होने के कारण अत्यन्त आनन्ददायक हुआ। रेशा (जुकाम) भी अत्यन्त जोर करके आया था। पर बहुत जल्दी अपने आप ही हारकर विदा हो गया है।

''आजकल के पद्यों में से कुछ पद्य निम्नलिखित हैं, इस प्रश्न के उत्तर में कि 'आपका क्या हाल है, प्रसन्न हो?

**'चे: पुरसी हाले-मन जानम कि जानम जान आरामस्त।**

**व तन खुद गोयदत मकबूजे-रद्दो बदसो हिरमानस्त॥'**

भावार्थ, मेरे अपना आप, तुम मुझसे मेरी सेहत के विषय में क्या' पूछते हो, क्या तुमको पता नहीं कि मेरी आत्मा तो आनन्द की रूह व जान (प्राण) है, पर शरीर बेचारा सर्वदा बदलता रहता है और प्रतिक्षण मृत्यु के समीप जा रहा है, और कदापि सुखी नहीं रह सकता।'

''आत्मा के विषय में तुम्हारा प्रश्न नहीं बन सकता, क्योंकि वह नित्य ही आनन्दमय है। और ऐसा ही शरीर के विषय में भी तुम्हारा पूछना योग्य नहीं हो सकता, क्योंकि वह तो सदा ही दुखी है। तो फिर दशा किसकी पूछते हो?

''संसार क्या है? इसके उत्तर में दृष्टान्त—

---

१. इस सम्पूर्ण पत्र का अभिप्राय है कि गृहस्थावस्था का अन्त में त्यागना ही उचित है, उसमें सदैव फँसे रहना उचित नहीं।

**'बजे थे चार मुस्तक़बिला जमां के।**
**अक़ीमाः के पिसर हरसू दवां थे॥**
**अज़ब मल-मल सुराबों में नहाये।**
**जबीं पर रोज़ के तारे नजर लगाये॥**
**व फिर सबने की उन्क़ा पर सवारी।**
**ससी के सींग से की तीर बारी॥**
**अरे ओ आस्मां! यह नील दे जा।**
**हमारी कुमक को आता है हव्वा॥'**

'भावार्थ, भविष्यकाल के चार बजे थे। बन्ध्या (बाँझ) स्त्री के बालक सर्व ओर दौड़ रहे थे। भृगतृष्णा के जल में विचित्र रीति से मल-मल कर स्नान किया था। भाल पर दिन के समय के तारे लगाये, और फिर हुमा पक्षी (जो कदापि आकाश से पृथिवी पर उतरता नहीं है) की पीठ पर हमने सवारी की। और शशक (खरगोश) के सींग से तीर चलाये। फिर आकाश को कहा कि ऐ आकाश! तू नीला रंग दे जा, नहीं तो तेरे मारने के लिये हमारी सहायता को हव्वा आता है।' तात्पर्य यह कि जैसे यह सब पूर्वोक्त कथन असंभव, मिथ्या और कहने मात्र हैं, ऐसे ही यह संसार मिथ्या और कहने मात्र है।'

२४ दिसम्बर, १८९७ के पत्र में उन्होंने अपने गुरु के साथ पूर्ण अभेदता और एकत्व स्थापित कर लिया था। वे ज्ञान की उस उच्च भूमि पर आरूढ़ हो गये थे, कि उन्हें अपने नाम और रूप की एकदम विस्मृति हो गई थी। शुद्ध सच्चिदानन्द घन में एक अद्वैत, चेतन, आनन्द सत्ता के अतिरिक्त किसी अन्य प्रकार की द्वैत भावना की गम नहीं है। पत्र इस प्रकार है—

"२४ दिसम्बर, १८९७ रात के आठ बजने वाले हैं। व्यायाम कर चुका हूँ। अंतर बिल्कुल साफ है, और अत्यन्त आनन्द की अवस्था है। उस समय अत्यन्त प्रेम के साथ आप याद आते हैं। आप धन्य हैं, जिनकी कृपा से आनन्द के समुद्र में स्नान होते हैं। आप पर बलिहार! सम्पूर्ण एकता (अभेदता) की दशा है। आपसे इस समय एक बाल-मात्र भी किसी बात से किंचित् भेद नहीं—

**'मन तो शुदम, तो मन शुदी, मन तन शुदम तो जां शुदी।**
**ता कस न गोयद बाद अजीं, मन दीगरम तो दीगरो॥'**

**भावार्थ,**

**'मैं तू हुआ; तू मैं हुआ, मैं देह हुआ, तू प्राण हुआ।**
**अब कोई यह न कह सके, मैं और हूँ, तू और है॥'**

लेखक, आप स्वयं।"

परोपकार और उदारता तीर्थराम के विशिष्ट गुण थे। संसार के सामान्य व्यक्ति जिस अर्थ की प्राप्ति के लिये रात-दिन संघर्ष करते रहते हैं, ईर्ष्या-द्वेष, कलह-विद्रोह में रत रहते

हैं, वह 'अर्थ' राम की दृष्टि में 'अर्थ-विहीन' था। उन्होंने उसके प्रति अत्यधिक उदासीनता और विरक्ति दिखलायी। वे अपनी आय का प्रमुख भाग निर्धन छात्रों एवं अन्य जरूरतमन्दों को बाँट देते थे। अब तो धन-सम्पत्ति का स्थान उनकी दृष्टि में और भी नगण्य हो गया, क्योंकि आध्यात्मिक धन का अक्षय भण्डार उनके हाथों में लग चुका था। वे स्वार्थी की भाँति अकेले ही उसका भोग-उपभोग नहीं करना चाहते थे। संसार के अन्य लोगों को मुक्त हस्त से उसका वितरण कर देना चाहते थे। इसी उद्देश्य से उन्होंने ४ फरवरी, १८९८ ई० को 'अद्वैतामृतवर्षिणी सभा' की संस्थापना की। इसकी सूचना उन्होंने भक्त धन्नाराम को भी दी—

"४ फरवरी, १८९८ यहाँ एक 'अद्वैतामृतवर्षिणी सभा' स्थापित की है, जिसमें विशेष कर साधु-महात्मा ही प्रविष्ट हैं। इसके एकत्र होने का स्थान मेरा ही घर है और प्रत्येक बृहस्पतिवार को इकट्ठे होते हैं। इसमें उपदेश आदि भी होते हैं, पर केवल वेदान्त पर।"

अपनी एकान्त-प्रियता के कारण सप्ताह में एक दिन से अधिक समय वे इस सभा को नहीं दे पाते थे। उन्होंने यह भली-भाँति अनुभव कर लिया था कि साधक को जो आनन्द एकान्त स्थान में चित्तवृत्तियों को अन्तर्मुखी करने पर प्राप्त होता है, वह अन्य किसी साधन से नहीं प्राप्त हो सकता। इस आनन्द की तुलना में करोड़ों अश्वमेध यज्ञों के फल नगण्य हैं। अतः प्रवचन आदि से उनकी वृत्ति उपराम होती गई। २ मार्च, १८९८ के पत्र में उन्होंने भक्त धन्नाराम को सूचित किया कि 'आयन्दा लेक्चर आदि देने का इरादा मौकूफ किया।' उन्होंने इतनी प्रबल साधना कर ली थी कि उनकी उपस्थिति मात्र से 'अद्वैतामृतवर्षिणी' के सदस्यगण समाधिस्थ हो जाते थे। तीर्थराम की आध्यात्मिक शक्ति की सूक्ष्म विद्युत-तरंगें साधकों को आनन्द में स्थित कर देती थीं। अन्तर्मुख महात्मा में इस प्रकार की शक्ति का होना एकदम स्वाभाविक है।

तीर्थराम ने मन के निरोध करने में इतनी दक्षता प्राप्त कर ली थी, कि बाह्य जगत् का भीषण से भीषण कोलाहल भी उनके अन्तरमन का स्पर्श तक नहीं कर सकता था। हिमालय के परम एकान्त और दिल्ली आदि नगरों के महान् कोलाहल के मध्य, जिसके मन और चित्त की एकाग्रता साम्यावस्था में रहे, वही सच्चा आत्मस्थ योगी है। उन्होंने अपने मन की ऐसी अवस्था का संकेत भक्त धन्नाराम को किया है—

"८ मार्च, १८९८ मेरे मकान के समीप इस समय बड़ा रौला (शोर) पड़ रहा है, होली के कारण। पर आपकी कृपा से दिल के मकान में (चित्त के भीतर) कोई किसी प्रकार का शोर-शराबा नहीं, आनन्द है। जिस प्रकार शिवजी के चारों ओर भूत-प्रेत रौला और बावेला (शोर-गुल) मचाते रहते हैं, पर वे आनन्द की समाधि में निर्विघ्न मग्न रहते हैं, इसी प्रकार संसार के जीव अज्ञान की कालिमा और गुलाल मुखों पर मले अपने निज स्वरूप को छुपाकर नित्य शोर मचाते रहते हैं। इस सबके होते हुये शिवस्वरूप अपने आप में किसी कदर निवास होने के कारण क्षीर समुद्र में रहने का सुख है।"

'सच्चे वेदान्ती की स्थिति किस प्रकार होती है?' राम के उस समय के जीवन से इस प्रश्न का सहज भाव से समाधान हो जाता है। उन दिनों अपनी चित्तवृत्ति को इतना अधिक अन्तर्मुख कर लिया था कि बाह्य दृष्टि से वे उस समय मिशन कक्षायें ले रहे थे,

इण्टरमीडिएट और इन्ट्रेन्स की उत्तर पुस्तकें जाँच रहे थे, पर उनका अन्तर्मन आत्मा में रमण कर रहा था। धन्नाराम ने एक शिकायत-भरा पत्र लिखा कि तुम पत्र क्यों नहीं लिखते हो? इस पर राम का उत्तर था—

"१५ मार्च, १८९८, मैं निकट ही एक सविस्तार पत्र आपकी सेवा में भेजता हूँ। आपकी कृपा से बहुत आनन्द है—

**"जिनके पिया परदेस बसत हैं, लिख-लिख भेजें पाती।**
**मेरे पिया मेरे हृदय बसत हैं, न कहीं आती न जाती॥"**

एक बार भगत जी ने राम से उनके स्वास्थ्य के सम्बन्ध में जिज्ञासा की। तीर्थराम ने अपने स्वास्थ्य के सम्बन्ध में इस प्रकार उत्तर दिया—

"१८ मार्च, १८९८ आपके कृपापत्र प्राप्त हुये। अत्यन्त आनन्द के कारण हुये। एक राजा ने एक महात्मा से पूछा कि आपकी तबीयत कैसी है? उन्होंने उत्तर दिया कि—"जिसकी इच्छा बिना एक पत्ता न हिल सके, जिसकी आज्ञा सूर्य और चन्द्र मानें, नदियाँ और पवन जिसकी आज्ञा को एक क्षणमात्र के लिये भी न तोड़ सकें, जहाँ चाहे खुशी भेज दें और जहाँ चाहे शोक भेज दें और ऐ राजन्, जिसकी आज्ञा के बिना तेरे मुख के दाँत हिल नहीं सकते, और जिसके इच्छानुसार राजाधिराजों की नाड़ियों में रुधिर चक्कर लगाता है, ऐसे सामर्थ्यवान्, सर्वशक्तिमान् के आनन्द का क्या ठिकाना है? हे राजन्, तू आप ही अंदाज कर।"

तीर्थराम के इतना अधिक आध्यात्मिक-साधना में रत होने पर भी उनके कालेज के परीक्षार्थियों का नतीजा बहुत अच्छा रहा। विश्वविद्यालय की परीक्षा में उनके कालेज से उत्तीर्ण परीक्षार्थियों की संख्या, अन्य संस्थाओं की अपेक्षा बहुत अच्छी रही। पहला और तीसरा स्थान उन्हीं के छात्रों को प्राप्त हुआ था। उनके विषय में तेईस परीक्षार्थियों में से केवल तीन अनुत्तीर्ण थे।

सन् १८९८ में वैसाखी के अवसर पर तीर्थराम ने 'कटासराज' तीर्थ की यात्रा की। यह स्थान जेहलम जिला की चकवाल तहसील में स्थित है। इसके समीप नमक की खानें हैं। इसकी गणना प्राचीन तीर्थ स्थानों में की जाती है। कहते हैं कि कटासराज वही तीर्थ हैं, जहाँ यक्ष ने जल लेने आये चारों पाण्डवों से प्रश्न किये थे। उत्तर न देने के कारण चारों पाण्डव मूर्च्छित हो गये थे। अन्त में युधिष्ठिर आये और उन्होंने यक्ष के प्रश्नों का यथोचित उत्तर दिया। यक्ष ने उनके उत्तरों से संतुष्ट होकर चारों पाण्डवों को जीवन दान दिया। उस तीर्थस्थल में अनेक साधु-महात्मा पहुँचे थे। पर वहाँ पहुँचने पर 'अरतिर्जन-संसदि' (जनसमुदाय में प्रेम का न होना) वृत्तिवाले तीर्थराम को बहुत ग्लानि हुई। उन्होंने अपनी ग्लानि भक्त धन्नाराम को इस भाँति अभिव्यक्त की—

"१७ अप्रैल, १८९८ कटास की यात्रा ने जो उपदेश दिया, वह अत्यन्त ठीक है। जो सुख एकान्त-सेवन और निजधाम (आत्म-स्वरूप) में है, वह कहीं भी नहीं—

**'हे मृग, तेरी सुगन्ध सो भयो यह वन भरपूर।**
**कस्तूरी तो निकट है, क्यों धावत है दूर।'**

'अपना ही आनन्द जगत् के पदार्थों में आनन्द-भावना कर दिखाता है। सब वेद-वेदाङ्ग हमारे ही भीतर हैं।''

तीर्थराम की एकान्त-सेवन-वृत्ति उत्तरोत्तर बढ़ती ही गयी। परिणाम यह हुआ उन्होंने १८९८ का ग्रीष्मावकाश हरिद्वार, ऋषीकेश एवं तपोवन में व्यतीत किया। हरिद्वार में वे महाराज जम्मू की कोठी में ठहरे। थोड़े ही दिनों में उन्होंने वहाँ के निकटवर्त्ती सभी तीर्थस्थलों एवं प्रसिद्ध साधुओं के दर्शन कर लिये। उन्हें अब आत्मसाक्षात्कार करने की तीव्र आकांक्षा हुई। उनके पत्र से यह बात भलीभाँति सिद्ध होती है—

''हरिद्वार, १४ अगस्त, १८९८,

इतने दिनों में यहाँ के देखने योग्य मुकामात देखे हैं। सन्तों के दर्शन किये हैं। अब रजकर (तृप्त होकर; छक कर) अपने घर के द्वार बन्द करके अपने घट में जाने को जी चाहता है। महाराज जम्मू की हवेली में ठहर रहा हूँ। मेरे रहने का कमरा हरिद्वार में सबसे उत्तम है।''

सरदार पूर्णसिंह ने अपनी पुस्तक में तीर्थराम की मनोवृत्ति का हृदयग्राही चित्रण किया है, ''हरिद्वार में गंगा-स्नान करते हुये वे ऐसे ध्यानमग्न हो जाते थे, कि उन्हें देशकाल की कोई सुध नहीं रहती थी। आँखें मूँदकर और कान बन्द कर वे उसी कदम्ब वृक्ष पर भगवान् कृष्ण को अपने सामने देखते और उनकी वंशी का चिरन्तन संगीत सुनने लगते। वे उस संगीत में आत्मविभोर हो जाते, जो गंगा के हिम सदृश शीतल स्वच्छ जल में स्नान करने वाले हजारों यात्रियों में से कभी एक के भी कान में न पड़ता।''

हरिद्वार से वे ऋषीकेश गये। उनके पास जो कुछ भी रुपये-पैसे थे, सब साधुओं में बाँट दिये। अपने पास एक पाई भी न रख छोड़ी। नंगे बदन, कुछ विक्षिप्त से, कुछ उपनिषदों के गुटके लिये ब्रह्मपुरी मन्दिर के निकट तपोवन नामक स्थान पर पहुँचे। यह स्थान ऋषीकेश से छः मील की दूरी पर है। वहाँ वे (गंगातट) यह संकल्प लेकर बैठ गये कि अब तो आत्म-दर्शन करके ही इस स्थान को छोड़ेंगे अथवा इस नश्वर शरीर का ही परित्याग करेंगे। आत्म-दर्शन की अतृप्त आकांक्षा से निराश होकर भाव-प्रवण तीर्थराम ने अपना शरीर बढ़ी हुई गंगा जी को समर्पित कर दिया। गंगा माता ने अपने बालक तीर्थराम के शरीर के इधर-उधर घुमाकर कुछ देर तक खेल-खेला तत्पश्चात् विश्राम करने के लिये बड़े स्नेह से एक चट्टान पर रख दिया। कुछ घन्टों के पश्चात् तीर्थराम को प्रत्यक्षानुभूति हुई। अपने अनुभवों को उन्होंने विस्तार से उर्दू में लिखा, जिसका शीर्षक रखा 'जलवाए-कोहसर।' इसमें उनके कवि-हृदय और वेदान्त-मनन का अपूर्व मिश्रण है। इसमें गद्य और पद्य दोनों का प्रयोग हुआ। पर उनका गद्य भी तुक-विहीन काव्य का आनन्द प्रदान करता है। शब्द-शब्द में वेदान्त की भावपूर्ण मस्ती भरी हुई है। प्रकृति का इतना सजीव चित्रण अन्यत्र दुर्लभ है—

''जिह्वा! क्या तू उस आनन्द को अभिव्यक्त कर सकती है? मैं धन्य हूँ! अत्यन्त आह्लादित हूँ!

''मैं परम भाग्यशाली हूँ! मैंने अपने उस प्रियतम का प्रगाढ़ आलिङ्गन किया है जिसका घूँघट बड़ी कठिनाई से खुलता है। वह नग्न रूप में मेरे सम्मुख प्रकट हुआ है।

पहले उसके चरणों को देखा, तब हाथों को, तब उसकी आँखें और तत्पश्चात् उसके कान। उसी के समान मैं भी नग्न हूँ। उसके सीने से मेरा सीना मिल गया है। अरे हृदय, तू दूर हट! हम दोनों के बीच आड़ मत बन। द्वैतभाव, दूर भग; दूरी, समाप्त हो जा। वियोग, विदा हो जा। मैं प्रियतम हूँ, और प्रियतम मैं हूँ। दोनों एक हैं। क्या यह आनन्द है? अथवा आनन्द में मरण है? आँसुओं, इतने अधिक क्यों बरस रहे हो?''

× × ×

''क्या यह प्रियतम के साथ विवाह होने का मंगलाभिषेक है अथवा मन के मरण के लिए शोकाश्रु? यह संस्कारों का अंतिम संस्कार है। इच्छायें, वासनायें मर चुकीं। दैन्य और दुःख, ये दोनों भी उसी प्रकार अन्तर्हित हो गये, जैसे प्रकाश के सम्मुख अंधकार। शुभ और अशुभ कर्मों का पोत (जहाज) डूब गया।''

''मेरे सीने में मेरा दिल बहुत शोर मचा रहा था, किन्तु जब, वह काट कर बाहर निकाला गया, तो उसमें से एक बूँद भी खून नहीं निकला।''

''अहा, मेरे प्रियतम के आगमन का शुभ संदेश आ गया है। अब दुःख और शोक के लिये कोई स्थान नहीं रह गया है।''

''मैं स्वयं प्रियतम हूँ। अब मेरे उसके बीच पत्र-व्यवहार की क्या आवश्यकता है? मैं मदिरा (प्रेमरूपी) का नशा हूँ, अब मुझे मदिरालय की कोई आवश्यकता नहीं है।''

''तुरीयावस्था जो अत्यधिक दुर्लभ प्रतीत होती थी, वह मैं ही हूँ। अन्य पुरुष प्रथम पुरुष में परिणत हो गया। ओम् हम, हम ओम्! न हम, न तुम। सारा पुराना हिसाब-किताब गायब। ओम! ओम्!! ओम्!!!''

× × ×

''इस प्रकार कितनी रातें, कितने दिन व्यतीत हो गये। लेकिन किसकी रातें, और किसका दिन? 'जहाँ देखता हूँ, वहाँ तू ही तू है।''

'अपराह्न है। राम काठ के झूलते पुल के मध्य नंग-धड़ंग बैठा है। मेघनाद की भाँति वह बादलों के रूप में गर्जन कर रहा है। बिजली को अपना ही प्रकाश देकर वह पत्थरों और जल पर चमक रहा है। जलवृष्टि का रूप धारण कर, वह पक्षियों को अपने-अपने घोंसले में लौटने को बाध्य कर रहा है। घनघोर वर्षा के कारण आकाश, पर्वत, घाटी कुछ भी दिखायी नहीं दे रही है। सर्वत्र जल की चादर बिछी है। ऐसा लग रहा है मानों गंगा ऊपर चढ़कर आकाश में प्रवाहित हो रही है। गंगा जी अपने घर में राम को विश्राम देना चाहती हैं। सब ने अपना-अपना घर पा लिया है। गृह-विहीन राम कहाँ शरण ले?

'मेरे विश्राम के लिये न तो कोई नीड़ है, और न उड़ने के लिये पंख।'

''राम सर्वव्यापी परमात्मा है। उसका निवास स्थान सर्वत्र है। वह जल में विराजमान है। वह बादलों में चक्कर लगा रहा है। समुद्र को वह सुशोभित कर रहा है।

''कभी बादल छा जाते हैं और वर्षा होने लगती है, और कभी सूरज निकल आता है। किन्तु राम के लिये न सूरज उगता है और न अस्त होता है।

"जब मैंने अपने प्यारे का राज जान लिया, तो मैं अन्तर्मुख हो गया और फिर उसे अपने ही भीतर पा लिया। हृदय-रूपी मन्दिर के आनन्द में स्थित हो जाओ, वहाँ न कोई उत्थान है और न पतन।

"संसार? नहीं, संसार नहीं, बल्कि पार्वती जी शंकर के निमित्त आसव तैयार कर रही हैं। शिव की आँखें खुली हैं। उन्होंने प्याला बढ़ा दिया। मदिरा का सरूर सारे वातावरण में छा गया।

"अरे मेरे पियक्कड़, पिये जा, पिये जा, निश्चिन्त होकर पिये जा।"

"प्रकृति देवी कोई मदिरा नहीं तैयार करती। वह स्वयं ही मदिरा और स्वयं ही भंग है। अरे मदिरा अथवा भंग नहीं, बल्कि उनका नशा—आनन्द, सारतत्त्व। मैं स्वयं मदिरा और भंग हूँ।"

बाढ़ के कम होने पर, राम ने अपने को गंगातट पर लेटे पाया। गंगा तट पर उसी उन्मादपूर्ण आनन्द में उन्होंने कई दिन बिताये।

❑❑❑

# पंचम अध्याय

# स्वे महिम्नि प्रतिष्ठतः

(१८९८)

तपोवन की उस प्रत्यक्षानुभूति के अनन्तर तीर्थराम के जीवन में विलक्षण परिवर्तन आ गया। वे अहर्निश एकान्त में अपने सहज स्वरूप में स्थित हो जाते। उस स्थिति में उन्हें न दिन का पता रहता और न रात का। इसी प्रकार उनके अन्तःकरण से स्थान के भाव का भी सर्वथा लोप हो गया। वे देशकालातीत अवस्था में रमण करने लगे। स्वाध्याय ही उनका अभिन्न सखा बन गया और तैलधारावत् ब्रह्माकार वृत्ति ने उनकी जीवन-संगिनी का स्थान ग्रहण कर लिया। विराट् प्रकृति के अलौकिक दृश्य—चन्द्रमा, सूर्य, नक्षत्रगण, प्रकाश, अन्धकार, बादलों की अठखेलियाँ और उनका गर्जन, पक्षियों का कलरव, गंगा मैया की धार, निर्झरों का कल-कल निनाद, तृणराशि की हरीतिमा, सघन वृक्षों की पंक्तियाँ और उनकी मरमर ध्वनि, पर्वत-शिखरों की ऊँचाई, घाटियों की गहराई, पुष्पों का लावण्य, उन पर भ्रमरों का गुँजार और रंगीन तितलियों की छटा आदि—उनके ब्रह्मचिन्तन की माला के गुरिया बन गये। अन्तर प्रकृति के नाना भाव—हर्ष-विषाद, राग-द्वेष, अनुराग-विराग, ईर्ष्या-कलह, दम्भ-पाखण्ड, छल-कपट, तृष्णा-वितृष्णा, संयम-नियम, तितिक्षा, त्याग, ब्रह्मचर्य, अहिंसा, सत्याचरण आदि—उन्हें आत्मस्वरूप के अनन्त-समुद्र की विभिन्न तरंगें भासित होने लगीं। जब वे नेत्र खोलते थे, तो उन्हें 'सर्वं खल्विदं ब्रह्म' की अनुभूति होती और नेत्र मूँदते तो 'नेह नानाऽस्ति' के महाभाव में स्थित हो जाते। श्रीमदभागवद्गीता की 'ब्राह्मीस्थिति' एवं छान्दोग्योपनिषद् के 'स्वे महिम्नि प्रतिष्ठतः' के आदर्श उनके जीवन में अक्षरशः चरितार्थ हो गये। उन्होंने मनुष्य जीवन के अन्तिम पुरुषार्थ—मोक्ष पद को लगभग पचीस वर्ष की आयु में प्राप्त कर लिया। इस समय से उनके जीवन के समस्त द्वन्द्व समाप्त हो गये, क्योंकि वे 'मरजीवा' बन गये। उनके जीवन के समस्त व्यापारों और क्रियाओं—उठने-बैठने, खाने-पीने, सोने-जागने, पढ़ने-पढ़ाने, बीमार पड़ने, वार्तालाप करने आदि—में अलौकिक मस्ती झलकने लगी। जीवन के प्रति उन्होंने नवीन दृष्टिकोण पा लिया। प्रारब्धानुसार शेष जीवन में उन्होंने लोक-कल्याण की भावना से अनेक कर्म किये, एकान्त-सेवन किया, हिमालय पर्वत पर भ्रमण किया, विदेश गये, भाषण दिये, अनेक सम्भ्रान्त व्यक्तियों से मिले जुले, जिज्ञासुओं की शंकायें समाधान कीं, किन्तु उनकी चित्तवृत्ति ब्रह्माकार ही रही। वे शरीर-भाव से एकदम ऊपर उठ गये। सदैव आनन्द से परिपूर्ण रहने लगे। उनके मुखमण्डल पर मृदु-हास्य की छटा सदैव विराजमान रहती थी। वाणी से सदैव प्रणव का उच्चारण करते रहते। अपने सात्विक और कर्मठ जीवन से उन्होंने अनेक व्यक्तियों में आशा, पौरुष, कर्मठता, शक्ति, विवेक, भक्ति आदि का संचार किया। उनके आस-पास आनन्द का ऐसा वातावरण हर क्षण छाया रहता था, कि जो कोई भी व्यक्ति उनके समीप आता, बिना आनन्दित हुये नहीं लौटता था। दुखी से दुखी मानव को वे शान्ति और आनन्द में स्थिर कर देते। जीवन्मुक्ति-दशा प्राप्त

करने पर भी वे लोक-कल्याण के निमित्त विदेश गये। ब्रह्म भाव में पूर्णतया स्थित होते हुये भी उन्होंने देश के लिए आँसू बहाये। कहने का तात्पर्य यह कि तपोवन की प्रत्यक्षानुभूति के अनन्तर उनका जीवन-दर्शन सर्वथा परिवर्तित हो गया। उनकी समस्त क्रियाओं में ब्रह्म भावना दिखाई पड़ने लगी। इस समय के बीच उन्होंने जो कुछ लिखा अथवा पत्रोत्तर दिये, सब में ब्रह्मभाव दिखाई पड़ता है, सब में दिव्यानन्द का भाव और अपूर्व मस्ती झलकती है और साथ ही संसार के प्रति परम उपरामता दिखलाई पड़ती है। अब हम उन्हीं के शब्दों के माध्यम से उनकी तत्कालीन मनःस्थिति समझने का प्रयास करेंगे। यत्र तत्र भाषा में परिवर्तन दिखाई पड़ेगा, किन्तु भाव उन्हीं के हैं—

"गंगे, तू ब्रह्मविद्या की जननी है, तेरे ही पवित्र दूध से उसका भरण-पोषण होता है। हिमालय! तू उस ब्रह्मविद्या का जनक है, तेरी ही गोदी में वह क्रीड़ा करती है। क्या तुझे वह दिन याद है, जब राम अपने पीले चेहरे, ठंडी आहें और गीली आँखें लिये पहले-पहल तेरी शरण में आया? तेरी ही चट्टानों पर कितनी सुनसान रातें बिताईं और कितनी हिचकियाँ लीं। अहा, वह पूर्णानन्द कहाँ है, जिसका नशा भूत-वर्तमान के समस्त भेदों को मेट देता है? ओह, मैं उस आनन्द की प्रचण्ड बाढ़ में कब पहुँचूँगा, जो संसार के भोगों-ऐश्वर्यों को रजकण की भाँति बहा फेंकेगा? ब्रह्मज्ञान का सूर्य कब अपनी चरमसीमा पर होगा? शारीरिक इच्छायें और इन्द्रिय-ग्राह्य भोगों की स्पृहा अंधकार की भाँति विनष्ट होगी? गंगा-जल कभी उष्ण नहीं होता। वह समय कब आयेगा, जब परम सत्य के नशे द्वारा हर्ष और शोक के भाव राम को स्वप्न में भी विचलित नहीं कर सकेंगे। भूतकाल की भाँति पाप-ताप, कष्ट सदैव के लिये विदा हो जायेंगे? क्या तुरीयावस्था का चित्रण सद्ग्रंथ मात्र के निरूपण तक ही सीमित रहेगा? वह तुरीयावस्था कहाँ है? नंगे सिर, नंगे पाँव, नंग-धड़ंग हाथ में उपनिषद् लिये पागलों की भाँति पर्वतीय जंगलों में राम इधर-उधर चक्कर लगा रहा है।

.......माता-पिता! तुम्हारा पुत्र अब लौटने का नहीं। छात्रों, तुम्हारा अध्यापक, राम अब तुम तक नहीं पहुँचेगा। स्त्री! हमारा-तुम्हारा सम्बन्ध कब तक चलेगा? अनिवार्य होकर रहेगा। या तो मैं सारे नाते-रिश्ते के सम्बन्धों से ऊपर उठकर रहूँगा, अथवा तुम सबकी मेरे प्रति सारी आशाएँ चकनाचूर हो जायेंगी। या तो राम के आनन्द-समुद्र की उमड़ती तरंगों में देश-काल सदैव के लिये विलीन हो जायेंगे, या तो राम का शरीर गंगा की लहरों पर बहता नजर आयेगा। मरणोपरान्त प्रत्येक हिन्दू की अस्थियाँ गंगा में प्रवाहित की जाती हैं। यदि पूर्णतया आत्मानुभूति नहीं कर ली जाती और अहंभाव की तनिक भी गन्ध शेष रहती है, तो राम जीते जी अपनी हड्डियाँ और माँस गंगा जी की मछलियों को अर्पित कर देगा।

× × ×

"यदि राम के चरणों के नीचे से गंगा नहीं बहती है, तो राम ही का शरीर गंगा पर बहेगा। आँखें जलवर्षा कर रही हैं। ठंडी और गहरी आहें हवा बनकर वर्षा (अश्रुवर्षा) का साथ दे रही हैं। बाहर और भीतर दोनों तरफ घनघोर बारिश हो रही है। राम दुखी होकर प्रलाप कर रहा है—

**'गंगा मैया मैं तुझ पर बलि जाऊँ।'—आदि।**

"गंगातट पर लम्बे-लम्बे वृक्ष खड़े होकर ध्यान में निमग्न हैं, वे मानों संध्या कर रहे हैं। हरी-हरी पत्तियों के बीच कलियाँ बच्चों के समान मुस्कुरा रही हैं। वायु उन्हें पालने में झूला झुला रही है। ठंडी और मृदुल बयारें बरबस हृदय चुरा रही हैं।"

"राम ऊहापोह में है कि किस दिशा में अपनी दृष्टि डाले, प्रत्येक दिशा अन्य दिशा से सौन्दर्य में बढ़-चढ़कर प्रतीत हो रही है। पहाड़ियों की ढलान पर धान के हरे-भरे पौधे लहरा रहे हैं। चमचमाता हुआ निर्मल जल बहकर उन्हें सींचने आ रहा है। यह जल जीवात्मा की भाँति गंगाजल रूपी परमात्मा से मिलकर मुक्त हो रहा है। गंगा-मैया के सौन्दर्य का चित्रण कौन कर सकता है? क्या यह विराट भगवान् का वक्षस्थल है? इसकी गम्भीरता, शान्त-प्रकृति, ओम्-ओम् का अविरल सहज संगीत मन की सारी अशान्ति एवं मल को धो देता है। गंगा में यत्र-तत्र गम्भीर जलसर हैं, वे अलौकिक शान्ति से परिपूर्ण हैं। चाँदनी में गंगाजी असंख्य रत्नराशि की भाँति चमकती हैं। अरे मेरा जीवन! यह (चाँदनी का) सुरमा आँखों को नयी ज्योतिं प्रदान करता है और हृदय को अपूर्व आह्लाद! गंगा जी की पवित्रता एवं शान्ति से उनकी सौम्य वैष्णव-भावना प्रकट होती है। उनकी तेजस्विता, सिंह-गर्जना एवं हड्डियों के चबाने से उत्पन्न चटचटाहट की ध्वनि से उनका प्रचण्ड शाक्त-भाव लक्षित होता है। इस प्रकार अपने आधे रूप से वे विष्णुरूप और आधे से रुद्ररूप दिखा रही हैं और दोनों देवों का आधा-आधा रूप अपने में छिपा रखा है। इस प्रकार के जगत् को अपना आभारी बना रही हैं। गंगा की तरंगें, मगर की भाँति उछलती और गरजती हुई, इधर तेजी से लपक रही हैं। बिस्तर पत्थरों से आच्छादित हो गया है, जिस पर जल फेनिल होकर नर्तन कर रहा है।

देखो! गंगा की धार ने निर्झर का रूप धारण कर लिया।"

... ... ...

"यहाँ गंगा का जल अत्यधिक उद्वेलित हो रहा है। ऐसा प्रतीत होता है मानों वे अत्यन्त ओजमयी वाणी में कह रही हैं, "ऐ अहंकार के हरिण, इधर आओ, तो ज़रा मज़ा चखा दूँ, मैं तुम्हारा तुरन्त शिकार कर लूँगी। अज्ञान के सियार! मैं तुम्हें कच्चा चबा जाऊँगी, तुम्हारी हड्डियाँ पसलियाँ तक चबा जाऊँगी। ऐ मोह के पत्थर! इधर फूटी नज़र से भी मत ताकना, नहीं तो मैं तुम्हें चूर-चूर बालू बना दूँगी। जानते हो, मैं कितनी शक्तिशाली हूँ? मैंने बड़ी-बड़ी चट्टानों को तोड़कर अपना रास्ता बनाया है, अब तुम सबकी बारी है।"

"इस समय अज्ञान की सारी सेना भाग निकली। अंधकार और अज्ञान का पता तक नहीं। इन पर्वतों की महिमा और आनन्द क्या सिद्ध करता है? इस स्थान की शीतलता, शान्ति और आह्लाद क्या संदेश देता है? यही कि राम अपना लक्ष्य भेदन करेगा; उसकी इच्छायें (संकल्प-शक्ति) आकाश पा लेंगी।"

"सूर्यास्त होने को है। राम एक शिला पर आसीन है। उसकी अजीब हालत है। न तो तटस्थ (उदासीन) है, न दुखी है और न सुखी। (सांसारिक लोग सुख, दुख एवं उदासीनता—इन तीन वृत्तियों में से किसी एक में रमते हैं।) न तो वह जाग रहा है और न सो रहा है। फिर क्या वह किसी नशे में तो नहीं है? हाँ, नशा तो जरूर कहा जा

सकता है; पर वह सांसारिक कोई नशा नहीं। अहा, मन की क्या ही आनन्दमय और गम्भीर अवस्था है! पेड़ों के पीछे के पास शंख और दमामों की ध्वनि आ रही है। कदाचित् वहाँ मन्दिर है और आरती की जा रही है। अरे, ज़रा पर्वत-शिखर की ओर तो देखो, शुक्ल पक्ष की त्रयोदशी का चन्द्रमा झाँक रहा है। क्या वह भी आरती में सम्मिलित होने आ रहा है? सम्मिलित होने, नहीं उसने शिवजी को अपनी भेंट अर्पित करने के लिये अपने मुखमण्डल का दीपक जलाया है। वह स्वयं आरती के रूप में दिखलाई पड़ रहा है। अहा, समस्त प्रकृति उस विराट् आरती में भाग ले रही है। शंख-ध्वनि चारों ओर से प्रतिध्वनित हो रही है। अरे चन्द्रमा, तू मुझसे बढ़कर होने वाला कौन होता है? प्यारे, तू अकेला मत बन! तेरी भाँति आरती में सम्मिलित होने के लिये राम भी अपना समस्त शरीर क्यों न प्रज्वलित कर दे।"

उपर्युक्त अवतरणों से राम की मनःस्थिति की पूर्ण झाँकी सामने आ जाती है। प्रकृति-वर्णन के माध्यम से उन्होंने अपने जीवन के व्यापारों का संकेत किया है। गंगाजी ने चट्टानों के मध्य से अपना रास्ता निर्मित किया है, उन्होंने भी कठिनाइयों और अभावों की दुर्गम चट्टानों के बीच से अपनी जीवन-गंगा प्रवाहित की है। वे ब्रह्मानन्द की प्रचण्ड धार में अब पूर्णतया स्थित हो चुके हैं। अब थोड़े ही समय के बाद ऐश्वर्य-समृद्धि की भावना अपने आप बह जाने वाली है। वे जिस देशकालातीत आनन्द प्राप्ति का मनोराज्य निर्मित कर रहे हैं, उसमें मनसा, वाचा, कर्मणा प्रतिष्ठित हो चुके हैं। हाँ, किंचित् समय की और अपेक्षा है। वे जिस प्रचण्ड ज्ञान—भास्कर की कल्पना कर रहे हैं, वह उदित हो गया है और बड़ी तेजी से मध्य आकाश की ओर मध्याह्न का सूर्य बनने भागा जा रहा है। हमारी सम्मति में उन्हें जो कुछ भी पाना था, उसे पा लिया। बात यह है कि राम अत्यधिक भावुक थे। उनमें भक्ति और ज्ञान का अपूर्व सामंजस्य रहा। ज्ञान हो जाने पर भी वे लोक-संग्रह की भावना से भक्ति की सप्तम स्वर वाली बाँसुरी बजाते रहे। उसकी स्वर लहरी में कभी परमात्मा के वियोग की असह्य तड़पन का स्वर सुनाई पड़ता है और कभी मिलन के अपार आनन्द का स्वर झंकृत होता है। इस प्रकार वे 'स्वे महिम्नि प्रतिष्ठतः' में पूर्णरूप से स्थित होने पर भी भक्ति का गौरव बढ़ाने के लिये विविध लीलायें कर रहे हैं। दूसरी बात यह भी है कि ब्रह्म-ज्ञान-प्राप्ति के अनन्तर साधक में एक उन्माद की सी अवस्था आ जाती है, वह अपने आनन्दातिरेक में आनन्द और उल्लासमयी वाणी का नाद करता है। राम के शरीर की शिराओं में, रक्त के बिन्दु-बिन्दु में, प्राणों के श्वास-प्रश्वास में, मन के समस्त संकल्प-विकल्प में, बुद्धि की निश्चयात्मक वृत्ति में, चित्त के सारे स्पन्दनों में, अहंकार की प्रति अहंवृत्ति में ब्रह्म रम गया है। वे कर्णेन्द्रिय से ब्रह्म का श्रवण करते हैं, त्वचा इन्द्रिय से ब्रह्म का स्पर्श करते हैं, नेत्रेन्द्रिय से ब्रह्म-दर्शन करते हैं, रसना-इन्द्रिय से उसका स्वाद ग्रहण करते हैं और नासिका-इन्द्रिय से ब्रह्म की सुगन्धि ले रहे हैं। तात्पर्य यह कि वे उस स्थिति में विराजमान हो गये, जहाँ उन्हें ब्रह्म-आत्मस्वरूप—के अतिरिक्त कोई इतर वस्तु दिखलायी नहीं पड़ती थी। अब न उन्हें ग्रहण से कुछ प्रयोजन था और न त्याग से। उनके भावी जीवन में अब जो कुछ घटित होगा, उससे वे सर्वथा अस्पृश्य रहेंगे।

उन्हीं दिनों धन्नाराम ने राम को एक पत्र लिखा, जिसमें उन्हें घर लौटने की प्रेरणा दी थी। राम ने उत्तर में भक्त जी को एक पत्र लिखा, जिसमें अपने विचारों और भावों की

विस्तृत व्याख्या की। वह पत्र उनकी मनःस्थिति को समझने के लिए अत्यन्त महत्त्वपूर्ण है—

"ऋषीकेश, २२ अगस्त, १८९८,

एक कृषपत्र प्राप्त हुआ, जिसमें घर आने की प्रेरणा थी। इस पत्र को लेकर मैंने फौरन परमधाम को भेज दिया, अर्थात् श्री गंगाजी में प्रवाहित कर दिया। यदि किसी खानगी (गृहस्थी वा कुटुम्ब सम्बन्धी) मुआमले (कामधंधों) के शौक की बाबत पूछो, तो आपकी अत्यन्त कृपा है।

**अव्यक्तादीनि भूतानि व्यक्तमध्यानि भारत।**

**अव्यक्तानिधनान्येव तत्र का परिदेवना॥**

अर्थात्, हे अर्जुन, सम्पूर्ण प्राणी जन्म से पहले बिना शरीर वाले और मरने के बाद भी बिना शरीर वाले ही हैं, केवल बीच में ही शरीर वाले प्रतीत होते हैं, फिर उस विषय में क्या चिन्ता है।

रहा लोगों के गिले उलाहने, उनके विषय में यह निवेदन है—

**क़फन बाँधे हुये सिर पर तेरे कूचे में आ बैठे।**

**हज़ारों ताने अब हम पर लगा ले जिसका जी चाहे॥**

भावार्थ, हे प्यारे, तेरे द्वार पर शव वस्त्र (कफन) सिर पर ओढ़े हुये हम बैठे हैं (तेरे निमित्त मरने के लिये उद्यत हैं)। अब हमें कोई चिन्ता नहीं, जिसका जी चाहे, हजारों उलाहने दे या ताने मारे।

हे भगवन्, आपकी आज्ञा का पालन कर रहा हूँ। अपने घर (निजधाम) को जा रहा हूँ। आपके असल (वास्तविक) स्वरूप से मिल रहा हूँ। पंजाब जो पांच नदियों (रक्त, वीर्य मूत्र, स्वेद, राल) से मिलकर बना हुआ हमारा शरीर है, इसके अध्यास को त्याग कर ही अपने असल (वास्तविक) धाम (हरिद्वार) की प्राप्ति होती है।

इस समय रात के बारह बज चुके हैं। न आदमी हैं, न आदमी की जात, अन्दर से अनहद (अनाहत) की घनघोर है और बाहर से श्री गंगाजी ने अनाहत की गरज लगा रखी है। भीतर से ठंड है और बाहर से आनन्द है। यार (अपने स्वरूप) से मिलने वाली अँधेरी रात ने जगत् के नाम-रूप पर कालिमा फेर रखी है, अर्थात् जगत के बाहर और भीतर दोनों ओर से शून्य कर दिया है। इस अँधेरी रात में क्या भीतर, क्या बाहर? सम्मुख उमड़ते हुये अमृत के दरिया (नद) बह रहे हैं। ऐसे समय पर जगत् का स्मरण कराना? हाय, शोक!

**'ऐ सिकन्दर, न रही तेरी भी आलमगीरी।**

**कितने दिन आप जिया जिस लिये दारा मारा'**

अर्थात्, 'ऐ सिकन्दर, तेरी भी विश्वविजय और राज्यशासन अन्त में न रहा। भला बता तो, कितने दिन तू आप जिया है? जिस क्षणभंगुर जीवन के लिये तूने दारा का वध किया।'

ऐसे अवसर पर सिकन्दर का अमर जीवन एक ओर था, और जवानामर्ग (जवानों की मृत्यु) दूसरी ओर!

**'चिः निस्बत खाक रा ब आलिमे-पाक'**

अर्थात्, 'पर आप जैसे शुद्धात्मा पुरुष की उस विषयलोलुप तथा देहाभिमानी सिकन्दर से भला क्या तुलना?'

घरवालों से कह दो कि मिलना अब केन्द्र पर ही उचित है, जहाँ पर मिलने से फिर जुदाई न हो।

**'स्फुरत्स्फारज्योत्स्नाधवलिततले क्वापि पुलिने।**
**सुखासीनाः शान्तध्वनिषु रजनीषु द्युसरितः॥'**

(भर्तृहरि-वैराग्य शतक)

भावार्थ 'जहाँ पर उज्ज्वल और फैली हुई चाँदनी के सदृश जल है, ऐसे गंगातट पर सुखपूर्वक बैठा रहूँ। जब सारे शब्द (ध्वनियाँ) बन्द हों, तब रात्रि में शिव-शिव (प्रणवरूप) हृदयवेधक ध्वनि द्वारा सांसारिक दुःख और शोक से मुक्त होकर आनन्दाश्रुओं से नेत्रों का होना सफल करूँ, ऐसे मेरे दिन कब आयेंगे?'

राजा-लोग, राजपाट का त्याग करके, ऐसे आनन्द की इच्छा करते थे। देवतागण स्वर्गादिक का ध्यान छोड़कर, इस गंगातट की कामना करते थे। तो क्या मेरा ही प्रारब्ध फूट गया है कि इस प्राप्त हुये आनन्द को छोड़कर झूठे और अनित्य पदार्थों के पीछे दौड़ूँ?

लोग तीर्थों पर आया करते हैं। तीर्थ कभी लोगों के पास चलकर नहीं जाते। घरवालों से कह दो तीर्थ में रमण करने वाला जो तीर्थराम परमात्मा है, उसके चरणों में चलें, तब तीर्थराम गोसाईं का मिलाप हो सकता है, अन्यथा नहीं।

मरे हुये लोगों से मिलने के लिये, उन्हें सन्देश देकर लोग अपने पास बुला नहीं सकते। अलबत्तः आप मरकर उनसे मिल सकते हैं। हम तो (संसार से) मर चुके। घरवाले हमें बुलाने का यत्न न करें। हम-जैसे हो जायेंगे, तब मेल बहुत सुगमता से हो सकता है।

'मुरालीवाला' अगर 'मुरारीवाला' होकर तीर्थ बन जाये, तो तीर्थों को रमणीक बनाने वाला तीर्थराम वहाँ आ सकता है। सत्त्वगुण की गंगा जहाँ न हो, हमारा वहाँ होना कठिन है।

जब सबको अन्त में सूखे फूल (हड्डियाँ) बनकर गंगा में आना है, तो क्यों नहीं नवीन पुष्प की भाँति अपने शरीर को ज्ञानगंगा में आनन्दपूर्वक प्रवाहित कर देते? अथवा अपनी अस्थियों को ईंधन बनाकर, मज्जारूपी घृत डालकर, प्राणरूपी वायु से ज्ञानाग्नि में स्वाहा कर देते और इस प्रकार नरमेध का पुण्य लेते?

यहाँ आठ पहर में केवल रात्रि को संतों के दर्शन के लिये कभी बाहर निकलना होता है, नहीं तो आना-जाना नहीं। और आठ दिन में केवल रविवार को ब्राह्मणों और संन्यासियों की सभा में व्याख्यान देने के लिये जाना पड़ता है, और कहीं नहीं।''

इसी प्रकार चिन्तन, मनन एवं अनुभूति आदि उनके स्वभाव के अंग बन गये थे। जिस तरह सांसारिक व्यक्तियों का संसार के प्रपंचों के प्रति स्वाभाविक अनुराग होता है, उसी तरह तीर्थराम का स्वरूपानुसन्धान के प्रति सहज स्वभाव बन गया था। ऐसे व्यक्ति जाग्रत और स्वप्नावस्था दोनों में एक सा आचरण करते हैं। उन्हें स्वरूप की स्मृति दोनों अवस्थाओं में समान रूप से रहती है। वे असीम से ससीम एक क्षण के लिये भी नहीं होते। वे स्वप्नजगत् में भी उसी अनुभूति में रहते हैं। इस प्रसंग में तीर्थराम के एक रोचक स्वप्न का उल्लेख करना समीचीन प्रतीत होता है—

गोलचन्द (भगवान् श्री कृष्ण को कहा जाता है) राम के साथ आँख-मिचौली खेलता है। उसे न पकड़ पाने से परेशान होकर खीझ भरे स्वर में राम कहता है, 'अरे, तू कहाँ छिप गया है? न तो तू बाहर है और न भीतर। तू कहाँ गायब हो गया। अहा, मैंने अब तेरा पता लगा लिया। तू दरवाजे की आड़ में छिपा था। गोल्लो अब कहाँ जा सकता है?' इतना कहकर उसका कान खींचकर एक तमाचा जड़ दिया।

...........

"मैं जाग पड़ा, मुझे कान में दर्द लगा और गाल पर तमाचा लगाते हुये हाथ पाया।"

इस प्रकार स्वप्न में अपने आराध्यदेव से उनकी आँख-मिचौली चला करती थी। अतएव साधना के अन्तरतम प्रदेश में उनका प्रवेश हो गया था। यही उनके अभ्यास की विशेषता है।

एक अन्य पत्र उन्हें इसी बीच प्राप्त हुआ था। उस पत्र में राम से अनेक प्रश्न पूछे गये थे, जिनका उत्तर उन्होंने वेदान्तिक दृष्टिकोण से दिया था। प्रश्नोत्तर इस प्रकार हैं—

**"(१) क्या राम अकेला है?**[१]

ब्रह्मपुरी, तपोवन<br>लक्ष्मण झूला के समीप,<br>३० अगस्त, १८९८

'पूर्णमदः पूर्णमिदं पूर्णात्पूर्णमुदच्यते।<br>पूर्णस्य पूर्णमादाय पूर्णमेवावशिष्यते॥'

'अर्थात्, पूर्ण वह (लोक) है, पूर्ण यह (लोक) है, पूर्ण से पूर्ण निकाल लिया जाय, तो पूर्ण ही शेष रह जाता है।'

'तनहास्तम तनहास्तम दर बैहोर-बर यक्तास्तम।<br>जुज़ मन नबाशद हेच शै मन जास्तम मन मास्तम॥'

---

१. राम ने सन् १९०१ में इस पत्र का उल्लेख अपनी स्मरण-शक्ति से किया था। यह उनकी असाधारण मेधा शक्ति का परिचायक है। 'जलवाए कोहसार' में इसका विवरण दिया गया है।

'अर्थात्, मैं अकेला हूँ, मैं अकेला हूँ, पृथिवी और समुद्र में भी मैं अद्वितीय हूँ। मेरे अतिरिक्त अन्य कोई वस्तु है नहीं। मैं ही भूमि हूँ, मैं ही जल हूँ।'

कोई विद्यार्थी साथ नहीं, नौकर पास नहीं, गाँव बहुत दूर है। मनुष्य का नाम काफूर है। अरण्य है, सुनसान है; तारों भरी रात, आधी इधर, आधी उधर है। पर हम क्या अकेले हैं?

अकेले हमारी बला! अभी वर्षा लौंडी (नौकरानी) स्नान करा गयी है। हवा बाँदी (दासी) चारों ओर दौड़ रही है। वह किसी रफ़ीक (साथी) ने वृक्षों में से आवाज दी 'हाजिर ज़नाब' (अर्थात् सेवक उपस्थित है) सैकड़ों नौकर हमारे झाड़ियों में दबे बैठे हैं, बिलों में शयन कर रहे हैं।

पर हाँ, हम अकेले हैं। यहाँ खादम-वादम (नौकर-चाकर) कोई नहीं। हम ही हैं; यह वृक्ष नहीं हम ही हैं, पवन नहीं, हम ही हैं। गंगा कहाँ? हम हैं। यह चाँद नहीं, हम हैं। खुदा (ईश्वर) नहीं, हम हैं। प्रियवर कौन? हम हैं। मिलाप क्या? हम हैं। अरे 'अकेले' का शब्द भी हमसे दौड़ गया।

**'ईं नारह-ओ-ईं नारहज़नो, नीज़ ईं सहरा।**
**अशजारो कोहस्तानो शबो - रोज़ो - नगारा॥**
**ईं मारो-माशूक वसालो दमे-हिजराँ।**
**बाद अंजमो गंगा-जलो-अबरो-महे-ताबाँ॥**
**काग़ज़ कलम चशमत व मज़्मून् तो खुद जाँ।**
**ईं जुमलगी रामस्त मरा दाँ मरा दाँ॥'**

'भावार्थ,—यह गरज, यह गरजने वाला और यह अरण्य, वृक्ष, पर्वत, रात, दिन, भ्रमर का जुल्फ़ (बाल) और प्यारा, मिलाप और विरह का समय, वायु, तारे, गंगाजल, बादल और चमकता हुआ चाँद, काग़ज़, लेखनी और मेरे नेत्र विषय और ऐ प्यारे, तू स्वयं, यह सब के सब राम हैं, ऐसा मुझे तू समझ, ऐसा मुझे तू समझ!'

## हमारा पता पूछो, तो यह है

**'निशानम बेनिशाँ मे दाँ। मकानम दर क़लब में खाँ॥**
**जहाँ दर दीदहअम पिन्हाँ। मरा जोयन्द गुस्ताखाँ॥'**

'भावार्थ,—मेरा निशान बेनिशान समझ। मेरा स्थान अपने हृदय में देख। जगत् मेरी दृष्टि में छिपा है। मुझको गुस्ताख लोग अपने से बाहर ढूँढ़ते हैं।'

### (२) क्या राम आलसी है?

## आत्म साक्षात्कार की अवस्था व स्थान

मन का मानसरोवर अमृत से लबालब (भरपूर) हो रहा है और आनन्द की नदी हृदय में से बह रही है। प्रत्येक रोम कृतकृत्य है। विष्णु के भीतर सत्त्वगुण इतना भरपूर

हुआ कि समा न सका। उस सत्त्वगुण के सरोवर से चरणों द्वारा गंगाजल बनकर सत्त्वगुण बह निकला। ठीक उसी प्रकार से इस समय—

नार (जल या सत्त्वगुण) में शयन करने वाला नारायण

| | |
|---|---|
| तीर्थ (जलरूपी सत्त्वगुण) में रमण करने वाला | तीर्थराम |
| तीर्थों को रमणीय (शोभायुक्त) बनाने वाला | नारायण |

सत्त्वगुण या आनन्द से भरपूर हो रहा है। उसका ब्रह्मानन्द समेटे से सिमटता नहीं। परमानन्द की सरिता या स्रोत बनकर यह तीर्थराम साक्षात् विष्णु, पूर्णानन्द की धारा (नदी) जगत् को कृतार्थ करने के लिये भेज रहा है। खुशहाली (प्रसन्नता) फ़ारगुलबाली (विश्रामता) की वायु संसार को भेज रहा है। कौन कहता है कि वह बेकार (अकर्मण्य) बैठा है? मैं सच कहता हूँ, इस तीर्थराम के दर्शनों से कल्याण होता है, वह गंगा है, वह तुर्याराम है, वह राम है—

**धन्य भूमि धन्य काल देश वह।**
**धन्य माता, धन्य कुल, धन्य समधी**
**धन्य धन्य लोचन करिहें दरस जो।**
**राम तिहारो सर्वज्ञ समधी॥**

**मेरी**

**बाँकी अदायें देखो! चँद का सा मुखड़ा पेखो। (टेक)**
**वायु में, बहते जल में, बादल में मेरी लटकें।**
**तारों में, नाज़नी में, मोरों में मेरी मटके॥ (टेक)**
**चलना ठुमक-ठुमक कर बालक का रूप धरकर।**
**घूँघट अबर उलट कर, हँसना यह बिजली बनकर॥ (टेक)**
**शबनम गुल और सूर्य, चाकर हैं तेरे पद के।**
**यह आनबान सजधज, ऐ राम! तेरे सदक़े॥ (टेक)**
**जगत् सारा वार डारूँ, राम तेरे नाम पर।**
**इन्द्र ब्रह्मा वार डारूँ, राम तेरे धाम पर॥ (टेक)**

मैं कैसा खूबसूरत हूँ! मेरी सोहनी (सुहावनी) सूरत, मेरी मोहनी मूरत, मेरी झलक, मेरी ललक, मेरा हुसन (सौन्दर्य), मेरा जमाल (शोभा; कान्ति), इसको मेरी आँख के अतिरिक्त किसी और की आँख देखने की ताब (शक्ति, साहस) नहीं ला सकती।

आजकल लक्ष्मण झूले से परे गंगातट पर पर्वतों में निवास है। गंगा क्या है? विराट् भगवान् परमात्मा का हृदय परमात्मा के हृदय या छाती पर परमात्मा का आत्मा बनकर विश्राम करता हूँ। लेखक, राम''

सांसारिक लोग, जिन्होंने राम की स्थिति नहीं समझी थी, उनके ऊपर विक्षिप्तता का आरोप लगाया। मायासक्त पुरुषों को राम की इस विक्षिप्तता का क्या पता था? वे तो 'कामिनी-काञ्चन' के दास होते हैं। उनकी सारी भाग-दौड़ सांसारिक ऐश्वर्य-समृद्धि तक ही केन्द्रीभूत रहती है। भला, वे इस ब्रह्मानन्द की मस्ती का अनुमान किस प्रकार लगा सकते? इसी पागलपन में गुरु नानकदेव डूबे थे। उनके पिता ने उपचार के निमित्त वैद्य बुलवाया। भोले वैद्य ने उनकी नाड़ी पकड़ी, तो उन्होंने वैद्य महोदय से कहा, 'भोला वैद न जाणई करक करेजे माहिं।' राम ने इसका समाधान इस प्रकार किया है—

## (३) क्या राम विक्षिप्त है?

संसार के बुद्धिमान व्यक्तियों को यह शिकायत है कि 'राम उदासी की बीमारी से पीड़ित है। वह विक्षिप्त हो गया है।' अरे मिल और डैविड ह्यूम के अनुयायियों! अरे बुद्धिमानों और तार्किकों! क्या तुम लोगों ने कभी इस पागलपन का रसास्वादन किया है? क्या तुम लोगों ने कभी इस मूढ़ता के भीतर प्रवेश किया है? कदापि नहीं।

अतः तुम सब अल्पज्ञों को इस अलौकिक पागलपन पर मिथ्या आरोप लगाने का कोई अधिकार नहीं है। अरे, तुम सब तो दुनियावी सुखों के पीछे पागल बने हो! जाओ, शराब तुम्हारा इन्तजार कर रही है; वायलन और पियानों तुम्हें पुकार रहे हैं। मजेदार थालियाँ तुम्हारे लिये तैयार की गई हैं। सुन्दर रमणियाँ तुम्हारा स्वागत करने को खड़ी हैं; जाओ, वहीं जाओ। लेकिन मेरी बात भी तो सुन लो। इस मदिरा में, इन सुन्दरियों में, इन वायलिनों और पियानों में, इन मछलियों और मुर्गों में, तात्पर्य यह इन इन्द्रियों के नाना विषयों में क्या रखा है? पर तुम सब इन्हीं के गुलाम बने हो। प्यारो! ये समस्त सांसारिक सुख राम के पागलपन की हल्की-फुल्की झाँकी मात्र है।

क्या तुम लोगों को अपनी इस दशा पर लज्जा नहीं आती? तुम सब शराब से कृत्रिम पागलपन उधार लेते हो। क्षणिक सुख की प्राप्ति के लिये तुम अपने को रक्त, माँस और अस्थियों पर बलि कर देते हो, स्त्रियों के बन्दी बन जाते हो; क्षणिक सुख के लिये इन्द्रिय-विषयों के शिकार हो जाते हो। यहाँ आओ! राम तुम्हें वह आनन्द प्रदान करेगा, जो तुम्हें सम्राट् भी न दे सकेगा। राम पागल तो है, किन्तु बात विवेक की करता है।

धन के लिये दीवाना होना परम अशोभनीय है। इसकी प्राप्ति के लिये भी रोना पड़ता है और नष्ट होने पर भी चीत्कार करना पड़ता है। अपने आत्मस्वरूप रूपी वास्तविक धन की चिन्ता करो। यहाँ भय में अपना माँस गलाने की मनाही है। यहाँ अन्य लोगों की दृष्टि से कोई वस्तु नहीं आँकी जाती और प्रत्येक पग पर यह आशंका भी नहीं रहती कि लोग क्या कहेंगे?' अमुक-अमुक व्यक्ति इस सम्बन्ध में क्या सोचेंगे?.........ऐसे दुर्बल विचारों का परित्याग कर दो। अपनी कालातीत सत्ता में निवास करो।

हाँ, राम विक्षिप्त कहा जा सकता है, क्योंकि उसका आसन (निवास-स्थल) बुद्धि से परे है। व्यर्थ के संसार की सृष्टि करना और उसी में खो जाना, क्या पागलपन नहीं है?

.............

मुझे अन्य किसी भी वस्तु की आवश्यकता नहीं है। मैं पागलपन चाहता हूँ, अलौकिक पागलपन! मैं केवल पागलपन चाहता हूँ।''

उपर्युक्त अवतरण में राम की ब्रह्मानुभूति की मस्ती गंगा जी की लहरों की भाँति तरंगित हो रही है। वे इतने करुणार्द्र हो गये हैं कि उस आनन्द की मस्ती में जन-जन को निमज्जित कर देना चाहते हैं। साथ ही उन्होंने उन अविद्याग्रस्त लोगों की अच्छी खबर ली है, जो माया के विविध आकर्षणों के पीछे लट्टू हैं। वे स्वयं तो अन्धे हैं, दूसरों को मार्ग दिखाने का प्रयास करते हैं। वे विषय-भोगों में बुरी तरह लिप्त हैं। भोगों को जीवन का परम पुरुषार्थ समझ बैठे हैं। किन्तु भोग भोगने से शान्ति नहीं प्राप्त होती। भोगों का चक्र अनवरत चलता रहता है, एक के बाद दूसरा आता रहता है। उनके उपभोग में क्षणिक सुख की अनुभूति है, तदनन्तर दुःख के अपार सागर में पुनः डूबने-उतराने लगते हैं। अज्ञानी जीव इसी प्रकार आवागमन के चक्कर में पड़े रहते हैं। वे कभी-कभी अपने पुण्यों के फल से स्वर्गादिक लोगों को प्राप्त कर, वहाँ के विशाल भोगों को भोगकर फिर मृत्युलोक में आते हैं, अथवा अपने पापों के कारण निम्न योनियों में भटकते रहते हैं। राम को ऐसे लोगों पर अत्यधिक करुणा होती है। इसी से वे जब विषयों की विभीषिका का चित्रण---'तुम लोग रक्त, मांस और अस्थियों पर अपनी बलि देते हो'—कहकर करते हैं, तो श्रीमदभागवद् के एकादश स्कन्ध के छब्बीसवें अध्याय के इक्कीसवें श्लोक की स्मृति स्वतः कौंध जाती है—

**'त्वङ्मांसरुधिरस्नायुमेदोमज्जास्थिसंहतौ।**

**विण्मूत्रपूये रमतां कृमीणां कियदन्तरम्॥'**

'अर्थात्, यह शरीर त्वचा, मांस, रुधिर, स्नायु, मेद, मज्जा और हड्डियों का ढेर और मलमूत्र तथा पीब से भरा हुआ है। यदि मनुष्य इसमें रमता है, तो मलमूत्र के कीड़ों में और उसमें अन्तर ही क्या है?'

ध्यान रखना चाहिये कि अध्यात्म-सोपान की पहली सीढ़ी वैराग्य है। बिना वैराग्य-प्राप्ति के अध्यात्म मार्ग पर अग्रसर होना टेढ़ी खीर है। इसीलिये अपनी विक्षिप्तता के बहाने सांसारिक व्यक्तियों के लिये राम ने बड़े पते की बात कही है।

× × ×

राम ने जिज्ञासुओं को अपनी अनुभूति की एक महत्त्वपूर्ण बात बताकर परमात्मा में उनकी आस्था और दृढ़ विश्वास उत्पन्न करने की चेष्टा की है। उनका कथन है, ''अरे सत्य के खोजियों, राम तुम्हें पूर्ण आश्वासन देता है कि यदि तुम अहर्निश अपने को आध्यात्मिक चिन्तन में रत रखते हो, तो तुम्हारी शरीर-सम्बन्धी समस्त आवश्यकताओं की स्वतः पूर्ति होती जायेगी।''

''यह संसार का नियम है कि जब कोई व्यक्ति ऊँचे पद पर प्रतिष्ठित होता है, तो उसके शारीरिक श्रम में अपने आप कमी आ जाती है। उदाहरणार्थ, जब न्यायाधीश अपने आसन पर विराजमान होता है, तो न्यायालय के कार्य अपने आप होने लगते हैं। चपरासी उसकी सेवा में उपस्थित हो जाता है, मुद्दई-मुद्दालेह उसके सामने खड़े कर दिये जाते हैं, वकील उनकी पैरवी के लिये उपस्थित हो जाते हैं। इसी प्रकार जो परम सत्य में प्रतिष्ठित हो चुका है, आत्मानन्द के नशे में मस्त है, उसके सारे कार्य अपने आप होते जाते हैं।

राम उसी परम सत्य में मनसा, वाचा, कर्मणा प्रतिष्ठित हो चुके थे। अतः उनके समस्त कार्य अदृष्ट प्रेरणा से अपने आप हो रहे थे। उन्हें उन कार्यों की पूर्ति के लिये किसी प्रकार के श्रम की आवश्यकता नहीं थी। वे मन, वाणी, बुद्धि आदि के स्वामी और द्रष्टा बन चुके थे। अतः वे अनासक्त भाव से, साक्षी भाव से निर्दिष्ट कार्यों को करते हुये भी, उन सबसे अस्पृश्य थे। कोई बिरला ही व्यक्ति उनकी इस ऊँची वृत्ति को समझने में समर्थ हो सकता था।

तपोवन में ब्रह्मपुरी नामक स्थान में आत्मसाक्षात्कार करने के अनन्तर राम की वृत्ति नितान्त ब्रह्माकार हो गयी। उनका समस्त जीवन उपासनामय हो गया। वे आत्मा में स्थित होकर आत्मा द्वारा ही आत्मा की उपासना करते थे। राम के कुछ तत्कालीन पत्र उनकी मनोदशा पर सुन्दर प्रकाश डालते हैं—

"हरिद्वार, १९ सितम्बर, १८९८

ॐ

'भिद्यते हृदयग्रन्थिश्छिद्यन्ते सर्व संशयाः।
क्षीयन्ते चास्य कर्माणि तस्मिन् दृष्टे परावरे॥'

'अर्थात्, उस परम स्वरूप के दर्शन से हृदय की सब ग्रन्थियाँ खुल जाती हैं, सारे संशय दूर हो जाते हैं और सब कर्म नष्ट हो जाते हैं।'

बाहर जिस ओर ध्यान करता हूँ, प्रत्येक परमाणु से इस झंकारे की गूँज उठती है—तत्वमसि (तू ही है, तू ही है)। अन्दर की ओर मुख करता हूँ, अर्थात् ध्यान देता हूँ, तो यह ढोल कुछ और सुनने नहीं देता अहं ब्रह्मास्मि, अहं ब्रह्मास्मि। मैं कहाँ हूँ, क्या हूँ? मेरे महलों में कौन, कब, क्या, इत्यादि चूँ-चरा (क्यों, कब) को दखल नहीं। मन को बन्दरों ने छीन लिया, बुद्धि गंगा में बह गयी। चित्त चीलें चाब गयीं। अहंकार मछलियों को भेंट हुआ। पापों को हवा उड़ा ले गयी। सारा संसार जीत लिया। मेरा अटल राज, बड़े-बड़े प्रताप।

'नास्ति ब्रह्म सदानन्दमिति मे दुर्मतिः स्थिताः।
क्वगता सा न जानामि यदाहं तद् वपुः स्थितः'॥

'अर्थात्, मैं ब्रह्म नहीं हूँ, ऐसी मेरी बुद्धि गधे की थी। यह ख्याल अब कहाँ छिप गया, किधर उड़ गया, कहीं दृष्टि में नहीं आता।'

'चशमे-लैला हूँ दिले-क़ैस व दस्ते फरहाद।
बोसा देना हो तो दे ले, है लबे-जाम मेरा॥'

'अर्थात्, मैं लैला की आँख हूँ, मजनूँ का दिल और फरहाद का हाथ। मेरा ओष्ठ समीप है, यदि चूमना है, तो चूम लो।"

एक अन्य पत्र इस प्रकार है—

"लाहौर, २८ सितम्बर, १८९८

**'आ मेरे भंगिया! तू आ भंग पी जा।**
**आ मेरे भंगिया! निशंग भंग पी जा॥**
**भर भर देनियाँ मैं भंग दे प्याले।**
**निशंग भंग पी जा, निहंग भंग पी जा॥'**

दुनिया नहीं, पार्वती है। भंग हर वक्त घुट रही है। शिव की आँख खुली, प्याला झट हाजिर हुआ। बल्कि इसको भंग या शराब कहना भी ठीक नहीं। यह तो शराब का नशा है, यह तो भंग की मस्ती है। आपको मेरी क़सम, सच कहो, इस मस्ती और आनन्द के बिना जगत् तीन काल में कभी कुछ और भी हुआ है? कदापि नहीं।

मैं यह नशा, यह मस्ती, शिव भला क्या सोचूँ? क्या समझूँ? राम क्या सोचे-समझे?

(१) सोचना नामालूम (अज्ञात) वस्तु के लिये होता है, उसे सब मालूम (ज्ञात) है।

(२) सोचना गायब (अदृष्ट) वस्तु के लिये होता है, उसके लिये सब हाजिर (दृष्ट) है।

(३) सोचना किसी मुराद (इष्ट) की प्राप्ति के लिये होता है, उसकी समस्त मुरादें (इच्छायें) सदा प्राप्त हैं। जिसे संसार में सोच-समझ और बुद्धि कहते हैं, यही महान् मूर्खता है।

जित देखूँ तित भर्या जाम। पी पी मस्ती आठों याम॥
नित्य तृप्त सुखसागर नाम। गिरे बने हम तो आराम॥
देखा सुना खपाना काम। तीन लोक में है विश्राम।
क्या सोचे क्या समझे राम। तीन काल जिसको निज धाम॥

**महावाक्य**

**(१) घुंड कढ़ के क्यों चन्न मुँह उत्ते, ओहले रह्यों खलो?**
**फ़कीरा! आपे अल्लाह हो! (टेक)**
**(२) तेरे घट बिच राम बसेंदा, क्यों पया भरना हैं तो? (टेक)**
**(३) राम रहीम सब बंदे तेरे, तैनूँ किस दा भौ? (टेक)**
**(४) तू मौला, नहीं बंदा चंदा, झूठ दी झड देखो। (टेक)**
**(५) छड मौहरा सुन राम दोहाई, अपना आपन कोह? (टेक)**

राम—

अर्थात् (१) अपने चन्द्रमुख पर घूँघट डाल कर, अकेला क्यों खड़ा है?

ऐ फ़कीर, तू स्वयं अल्लाह (परमात्मा) है।

(२) तेरे हृदय में राम का स्वयं निवास है, फिर तू उसमें घास-फूस क्यों डाल रहा है?

ऐ फ़कीर, तू स्वयं अल्लाह है।

(३) राम और रहीम सब तेरे बंदे हैं, फिर तुझे किसका भय है?

ऐ फ़कीर, तू स्वयं अल्लाह है।

(४) तू स्वयं स्वामी है, नौकर-चाकर नहीं है। झूठ बोलने की आदत छोड़ दे।

ऐ फ़कीर, तू स्वयं अल्लाह है।

(५) राम की दुहाई है, द्वैतभाव का विष त्याग दे। (द्वैतभाव के चक्कर में पड़कर) अपने आपको मत मार। ऐ फ़कीर, तू स्वयं अल्लाह है।

—राम''

इन्हीं दिनों राम ने अपने गुरु को एक ऐसा पत्र लिखा, जिसका लेखक अपने को नहीं, बल्कि अपने गुरु को ही बना डाला। वास्तविक बात यह है कि उनकी ऐसी व्यापक अद्वैत-दृष्टि हो गयी थी कि समस्त दृष्टि के बीच उन्हें एक परम चैतन्य सत्ता की ही प्रतीति और अनुभूति होती थी। इस पत्र के शब्द-शब्द से उनकी आनन्दानुभूति व्यक्त हो रही है। विराट् प्रकृति के अंग-प्रत्यंग में राम को सच्चिदानन्द का नृत्य दिखाई पड़ रहा है। राम की दिव्य दृष्टि में सब कुछ प्रत्यक्ष दिखलाई पड़ रहा है। पत्र इस प्रकार है—

''लेखक श्री धन्नाराम

अज़ लामकाँ (स्थानातीत से)

लाहौर, १ अक्तूबर, १८९८

**'मा रा नकुनेद याद-हरगिज। मा खुद हस्तेम याद बे मा॥'**

अर्थात्, मुझको आप याद कदापि नहीं करते, अथवा न करें, हम स्वयं अपने अहंकार से रहित याद-स्वरूप हो गये हैं।'

**'रो के जो इल्तमास की, दिल से न भूल्यो कभी।**

**दुई मिटा, अहद बना, उसने भुला दिया कि यूँ॥'**

'भावार्थ, मैंने रोकर प्रार्थना की कि मुझे चित्त से कदापि न भूलिये। पर उत्तर में उसने अपना द्वैतभाव मिटा दिया और इस प्रकार से मुझे और परिच्छिन्न अपने आप दोनों का नितान्त भुला दिया।'

आज तो नाचने का चित्त चाहता है—

**नाचूँ मैं नटराज रे, नाचूँ मैं महराज। (टेक)**

**(१) सूरज नाचूँ, तारे नाचूँ, नाचूँ बन महताब रे। (टेक)**

**(२) तन तेरे में दम हो नाचूँ, नाचूँ नाड़ी नाड़ रे। (टेक)**

**(३) बादर नाचूँ, वायू नाचूँ, नाचूँ नदी और नाव रे। (टेक)**

(४) ज़र्रह नाचूँ, समुद्र नाचूँ, नाचूँ, मोघर काज रे। (टेक)
(५) गीत राग सब होवत हरदम, नाचूँ पूरा साज रे। (टेक)
(६) घर लागो रंग, रंग घर लागो, नाचूँ पा पा बाज रे। (टेक)
(७) मधुआ लब, बदमस्ती वाला नाचूँ पी पी आज रे। (टेक)
(८) राम हि नाचत, राम हि वाचत, नाचूँ हो निरलाज रे। (टेक)

राम आत्मस्वरूप में स्थित होकर नाना प्रकार की आत्म-क्रीड़ाएँ कर रहे हैं। वे द्रष्टा बनकर चित्त को आज्ञा देते हैं, और वह उन्हें अपना नाच दिखाता है। स्वयं उसका नाच देखते हुये भी निर्विकार और संकल्पविहीन हैं।

उनकी यह मस्ती उस पराकाष्ठा तक पहुँच गई कि वे अपने शरीर की अनेक बीमारियों के बीच भी खुशियाँ मनाते हैं और उन बीमारियों में आनन्द और उल्लास का अपूर्व नृत्य देखते हैं। उन्होंने वेदान्त के शाश्वत आनन्द को अपने व्यावहारिक जीवन में व्यवहृत कर शास्त्रीय ज्ञान को अपने शरीर में मूर्त्तिमान स्वरूप दिया और ब्रह्मज्ञानियों के सम्मुख जीवन्मुक्ति का प्रत्यक्ष उदाहरण रखा। उनकी कथनी, करनी और रहनी की यही एकरूपता बड़े-बड़े आध्यात्मिक साधकों का चित्त अपनी ओर बलात् आकर्षित कर लेती है। साधकगण उनकी इस स्थिति से बलवती प्रेरणा ग्रहण करते हैं। लेखक को इस प्रकार के कतिपय सन्तों के दर्शन और सत्संग का सौभाग्य प्राप्त हुआ है, जिन्होंने राम की मस्ती से प्रेरणा ग्रहण कर अपने साधक-जीवन को नये ढाँचे में ढाला है। अब आप राम के ही शब्दों में उनकी अनुभूति सुनें—

"६ नवम्बर, १८९८

हमारे शरीर रूपी महल में तन्दुरुस्ती (स्वास्थ्य) रूपी कंचनी (नर्तकी) को अपना राग-रंग सुनाते और तमाशा दिखाते बहुत देर हो गई थी। अब ज्वर, उदरपीड़ा, श्वास रोग और खाँसी रूपी भाँड़ों के मुजरे (नाच) की बारी थी। सो उन्होंने एक पूरा सप्ताह अपनी शोरगुलवाली नक़्लों से धूम मचाये रखी। कालिज जाना बन्द रहा।"

इस प्रकार उनके वास्तविक आनन्द की अभिवृद्धि दिन-प्रतिदिन होती गयी। मिशन कालिज की नौकरी में तबदीली की सम्भावना है, पर वे शिवजी के समान अविचल समाधि में स्थित हैं। भूमा राज्य में स्थित है। 'यो वै भूमा तत्सुखं नाऽल्पे सुखमस्ति (भूमा पद ही महान् आनन्द है अल्प में सुख नहीं है) के वास्तविक रहस्य को समझ गये थे। उनके एक पत्र से उनकी स्थिति का अनुमान लगाया जा सकता है—

"२७ फरवरी, १८९८

शरीर में रेशा (जुकाम) अभी है। मिशन कालिज की नौकरी में शायद कोई तबदीली शीघ्र पड़ जाय। असली (वास्तविक) आनन्द दिन-प्रतिदिन बढ़ता जाता है—

'मरे न टरे न जरे हरे तम, परमानन्द सो पायो।
मंगल मोद भर्‌यो घट भीतर, गुरु श्रुति 'ब्रह्म त्वमेव' बतायो॥
लय मुझमें सब गयो रहे बाकी, वासुदेव सोऽहं कर झाकी।
टटी ग्रन्थि अविद्या नाशी, ठाकुर सत्य राम अविनाशी॥'

प्रारब्ध-कर्म का भोग अवश्यम्भावी होता है। इसके अनुसार सुख-दुख, रात-दिन की भाँति बरबस आते रहते हैं। किन्तु राम अपने को प्रारब्ध कर्मों का स्वामी मानते हैं। उनकी गरज हो तो उनके (राम के) पास आये। अक्षय कोषागार एवं अतुल धन-सम्पत्ति के बादशाह तो संसार में बहुत से आये हैं; पर 'बिना कौड़ी का बादशाह' होने का श्रेय राम को ही प्राप्त है। वे घनघोर से घनघोर आर्थिक विपन्नता के बीच अपने को परम आनन्दित मानते हैं। एक पत्र से उनकी इस ऊँची भावावस्था का पूरा बोध हो जाता है—

"११ दिसम्बर, १८९८

कृपापत्र मिला, जिसमें लिखा था कि 'पता नहीं आप क्या ख्याल करते रहते हैं।' निश्चय जानो कि तरह आपके गुजरांवाले शरीर को पता नहीं कि तीर्थराम क्या ख्याल करता है; ठीक उसी तरह आपके लाहौर वाले शरीर को भी कुछ पता नहीं कि राम क्या ख्याल करता रहता है। राम में कोई ख्याल दृष्टि में नहीं आता, कोई ख्याल हो तो दिखाई दे। निश्शंक स्वरूप और निर्मल चिदाकाश में ख्याल रूपी धूल कहाँ?

**राम—चिदाकाश निर्मल घन माँहि।**
**फुरना धूल कदाचित् नाहिं॥**

पत्र लिखने में देर का एक कारण यह है कि कोई कार्ड, लिफ़ाफ़ा पास नहीं था और कोई पैसा इत्यादि भी पल्ले नहीं था। आज एक पुस्तक में से तीन टिकट मिल गये और आपका उत्तर माँगता हुआ कार्ड सम्मुख मौजूद पाया। पत्र लिखा गया है। यही हाल खाने-पीने सम्बन्धी पदार्थों (आटा, घृत आदि) के विषय में रहता है। आज लैम्प में तेल नहीं है, इसलिये आज घर नहीं ठहरेंगे। नगर के चारों ओर सैर की जायेगी। दोनों हाथों में लड्डू है।

पूर्वोक्त वृत्तान्त से यह नतीजा न निकाल लेना कि हाय! हाय!! राम बड़ा तंगदस्त (धनहीन) और दुखी रहता है, कदापि नहीं। इसी बाह्य निर्धनता और तंगी के कारण से ही आत्यन्तिक (परले सिरे की) अमीरी अर्थात् धनाढ्यता और बादशाही कर रहा है। यह पाठ पक गया है कि जब किसी अर्थ को सिद्ध करने के साधन उद्यत न हों, तो उसकी आवश्यकता ही प्रतीत नहीं होती (और वास्तव में जब साधन पास न हों, तो आवश्यकता का प्रतीत होना केवल झूठी भूख है)। पहले तो बड़ी चिन्ता के साथ आवश्यकताओं को पूरा करने का यत्न हुआ करता था, पर अब आवश्कतायें बेचारी स्वयं पूरी होकर सम्मुख आ जायें, तो उन पर दृष्टि पड़ जाती है, नहीं तो उनके भाग्य में राम का ध्यान कहाँ? प्रारब्ध कर्म और कालरूपी सेवकों को सौ बार आवश्यकता हो, तो आनकर राम बादशाह के चरण चूमें। नहीं तो उस शाहंशाह को क्या परवाह है इस बात की कि अमुक सेवक मुजरा कर गया है कि नहीं।

**राम—सौ बार ग़र्ज़ होवे तो धो धो पियें क़दम।**
**क्यों चर्ख़ो-मिहरो-माह पै मायल हुआ है तू॥**
**खंजर की क्या मजाल है कि इक ज़ख्म कर सके।**
**तेरा ही ख़याल कि घायल हुआ है तू॥**

तीर्थराम जी की इस विलक्षण स्थिति के संदर्भ में हम उनके एक पत्र का उद्धरण देकर इस प्रसंग को समाप्त करते हैं—

"२७ दिसम्बर, १८९८

छुट्टियों में अभी तक तो कहीं शरीर के जाने की आशा नहीं, कुछ पता भी नहीं—

तदेजति तन्नैजतिं तद्दूरे तद्वन्ति के।

तदन्तरस्य सर्वस्य तदु सर्वस्यास्य बाह्यतः॥

अर्थात्—, 'हम चल हैं, हम चल है नाहीं, हम नेड़े हम दूर।

अन्दर सबके चानन हम ही, बाहर हम हैं नूर।' "

□□□

## षष्ठ अध्याय

# त्यागेनैके अमृतत्वमानशुः

(१८९८-१९०२)

सांसारिक दृष्टि से बुद्धिमान् समझे जाने वाले व्यक्ति वेदान्तियों को अकर्मण्य स्वप्नद्रष्टा मात्र समझते हैं। वे उन्हें संसार के लिये एकदम निकम्मा जानते हैं और अपने को सतत क्रियाशील। किन्तु हमारी राय में वे बुद्धिमान् व्यक्ति क्रियाशीलता का वास्तविक अभिप्राय नहीं समझते। वे अपनी सीमित बुद्धि से किसी व्यक्ति की शारीरिक और मानसिक क्रिया को कर्म समझते हैं, पर कदाचित उन्हें यह भान नहीं है कि कर्म के सम्बन्ध में केवल इतना ही समझना, उसके अति सीमित रूप को समझना है।

कर्म 'कृ' धातु से बना है, जिसका अर्थ 'करना' होता है। मोटे रूप से व्यष्टि एवं समष्टि के समस्त क्रिया-कलाप इसके अन्तर्गत् रखे जा सकते हैं। व्यक्तिपरक कर्म को हम तीन भागों में विभक्त कर सकते हैं—शारीरिक कर्म, मानसिक कर्म, और आध्यात्मिक कर्म। मनुष्य का हँसना-बोलना, खाना-पीना, उठना-बैठना, स्पर्श करना, गमन करना, देखना, सुनना आदि शारीरिक कर्म के अन्तर्गत रखे जा सकते हैं। मानसिक कर्म शारीरिक कर्म की अपेक्षा अधिक सूक्ष्म है। मनुष्य का सोचना, स्मरण करना, तर्क-वितर्क करना, कल्पना करना आदि मानसिक कर्म कहे जा सकते हैं। आध्यात्मिक कर्म, मानसिक कर्म की अपेक्षा भी सूक्ष्म हैं। साधना द्वारा सूक्ष्म की हुई साक्षित्व बुद्धि द्वारा ही इस कर्म का सम्पादन संभव है। यह कर्म परिभाषा की सीमा में नहीं बाँधा जा सकता। सांकेतिक रूप से इसकी परिभाषा इस ढंग से की जा सकती है—'समस्त जड़-चेतन के अन्तर्गत एक ही अविनाशी सत्ता अथवा सत्, चित्, आनन्द की अनुभूति के निमित्त किये हुये कर्म आध्यात्मिक कर्म हैं।' यह कर्म अत्यन्त व्यापक है। समस्त मानव-जाति के महान् पुरुषों की आध्यात्मिक साधनाएँ इसी कर्म के अंतर्गत् रखी जा सकती हैं। ज्ञानयोग, भक्तियोग, राजयोग, प्रेमयोग, लययोग एवं कर्मयोग सभी इसके दायरे में आ जाते हैं।

समष्टि कर्म का अभिप्राय सृष्टि के सामूहिक कर्म से है। ग्रह-नक्षत्रों, चन्द्रमा सूर्यादिकों का बनना-बिगड़ना, ब्रह्मा, विष्णु, महेश आदि का उत्पन्न, स्थित एवं लय होना, वायु का चलना, अग्नि का जलना, सूर्य का तपना, भयंकर उल्कापातों का होना, आदि समष्टि कर्म हैं।

जो व्यक्ति ब्रह्म के स्वरूप—आत्मा का साक्षात्कार—कर लेता है, उसे परम सत्य की अनुभूति हो जाती है। वह उस शाश्वत सत्ता की चिरन्तन अनुभूति में तन्मय हो जाता है, जो सर्वव्यापक साथ ही सबसे परे है। उसकी व्यष्टि-भावना सदैव के लिए मिट जाती है और साथ ही उसकी व्यक्तिगत इच्छायें सर्वथा लुप्त हो जाती है। ऐसा व्यक्ति आध्यात्मिक कर्मों के द्वारा अपने व्यष्टि रूप को समष्टि रूप में निमज्जित कर देता है। ऐसे ब्रह्मज्ञानी

पुरुष को समस्त सृष्टि के व्यापार रंगमंच के अभिनय की भाँति भासित होने लगते हैं और वह स्वयं अपने को अभिनेता के अतिरिक्त और कुछ नहीं जानता। वह संसार के रंगमंच पर अपना अभिनय सुन्दर रीति से करता है। उसे संसार की किसी वस्तु से न राग होता है और न द्वेष। उसकी यह महती क्रियाशीलता तथाकथित बुद्धिमानों की दृष्टि में अकर्मण्यता प्रतीत होती है। उन्हें यह अनुभव नहीं हो सकता कि ब्रह्मज्ञानी पुरुष, अपने ही साढ़े तीन हाथ के शरीर का नहीं, बल्कि अनन्त ब्रह्माण्डों के निखिल कर्मों का 'महाकर्त्ता बन गया है, पर साथ ही 'महा अकर्त्ता' भी। वह 'महाभोक्ता' और 'महा अभोक्ता' एक साथ है। ब्रह्मज्ञानी की यह विलक्षण स्थिति ब्रह्मज्ञानी ही समझ सकता है। कहना न होगा कि राम अब इसी स्थिति में थे।

पहले इसका विस्तृत विवरण दिया जा चुका है कि राम ने तपोवन में ब्रह्म की प्रत्यक्षानुभूति की। वहाँ से लौटने के पश्चात् उनका व्यष्टि-भाव सर्वदा के लिये विलीन हो गया। वे एकदम अन्तर्मुख हो गये। आत्मा में उनकी अखण्ड प्रीति और रति हो गई। मिशन कालेज में छः घण्टे प्रतिदिन देना उन्हें असह्य प्रतीत होने लगा। इस संसार में राम का आगमन लक्ष्य-विशेष की प्राप्ति के लिये हुआ। अतः सर्वशक्तिमान् और सर्वान्तर्यामिन् परमात्मा समय की आवश्यकता के अनुसार उनके जीवन में स्वतः तदुनुकूलन विधान बनाता गया। उसने उस समय ऐसी परिस्थितियों का निर्माण किया कि राम को मिशन कालेज से अपना सम्बन्ध विच्छेद करना पड़ा।

उन दिनों भारत में जितने भी क्रिश्चियन मिशन की शिक्षण-संस्थायें थीं, शिक्षा देने के साथ-साथ उनका प्रमुख उद्देश्य भारतीय विद्यार्थियों को अपने धर्म में परिवर्तित करने का भी था। कोई भी ऐसा कार्य जो इस उद्देश्य की पूर्ति में बाधक समझा जाता था, वहाँ के प्रचारकों एवं कर्मचारियों की दृष्टि में अवांछनीय समझा जाता था। यह उनकी कठोर धर्मान्धिता थी। ईसाई धर्म के संस्थापक 'क्राइस्ट', ऐसी धर्मान्धिता के पक्ष में नहीं थे। वे अन्य धर्मावलम्बियों के प्रति अत्यन्त सहिष्णु और उदार थे। किन्तु ईसाई धर्मावलम्बियों ने अपनी इस दुराग्रहपूर्ण नीति से उसे संकीर्ण बना डाला। कहना न होगा कि राम लाहौर के माने-जाने सफल अध्यापक थे। उनकी अध्यापन-शैली के आकर्षण से झुंड के झुंड छात्र मिशन कालेज में प्रविष्ट होते थे। उनकी कक्षा में तो छात्रों की और भी अधिक भरमार रहती थी। मिशन कालेज के अधिकारियों के लिये छात्रों का अधिक भरती होना, उनके लिये मुँहमाँगा वरदान था, क्योंकि उसमें नये रंगरूटों के फँसने के लिये काफी गुंजाइश थी। किन्तु राम उनकी लक्ष्य-सिद्धि में अत्यन्त बाधक प्रतीत हो रहे थे। इसका प्रमुख कारण यह था कि वे अपनी कक्षाओं में वेदान्त के अमृतोपदेश से छात्रों के जीवन में नया प्राण फूँक देते थे, उनकी शिराओं में वेदान्त का अमृत भर देते थे, उनके रक्त के बिन्दु-बिन्दु में हिन्दुत्व के प्रति पूर्ण आस्था संचारित कर देते थे एवं उनके मन-बुद्धि में वेदान्त के प्रति गंभीर अनुराग उत्पन्न कर देते थे। इसका परिणाम यह हुआ कि ईसाई धर्म में दीक्षित होने वाले छात्रों की संख्या दिन-प्रतिदिन कम होने लगी। मिशन कालेज के अधिकारीगण इस कमी का कारण राम को समझने लगे और राम उनकी आँखों में किरकिरी की तरह चुभने लगे। अतः वहाँ के अधिकारियों ने राम को बताया कि जो प्रोफेसर यहाँ से हट गये थे, वे पुनः कार्य करने के लिये वापस लौट रहे हैं। ऐसी स्थिति में उन्होंने राम को यह सलाह दी कि आप किसी अन्य संस्था में कार्य ढूँढ़ लें। इस प्रकार

राम की मुराद परमात्मा ने अपने विचित्र विधान द्वारा पूरी की। उनके चेहरे पर ज़रा भी शिकन नहीं आई, बल्कि इसके विपरीत वे परम आनन्दित हुए। अतः उन्होंने १८९९ के जनवरी महीने के प्रारम्भ में अपने पद-भार से त्याग-पत्र दे दिया। उन्हें तुरन्त ही गवर्नमेण्ट ओरियण्टल कालेज में गणित विषय की 'रीडरशिप' प्राप्त हो गयी। वहाँ उन्हें केवल दो घण्टे का कार्य था। शेष समय उन्हें स्वाध्याय, मनन-चिन्तन, सत्संग के लिये मिलने लगा। छात्रों की परीक्षा निकट थी, अतः मिशन कालेज के अधिकारियों के अनुरोध से कुछ महीने तक एकाध घण्टे वहाँ भी पढ़ा देते थे।

१८९९ के फरवरी महीने में मुरारीवाला (मुरालीवाला, राम की जन्मभूमि) में उनके दूसरे पुत्र, ब्रह्मानन्द का जन्म हुआ। भक्त धन्नाराम ने इसकी सूचना राम को दी। उन्होंने उस पत्र के उत्तर में अपनी मनोवृत्ति का इस प्रकार परिचय दिया है—

"२५ फरवरी, १८९९

आनन्द! आनन्द!!

आपके एक पत्र से, जो ग़ाल्बन (सम्भवतः) सरदार साहबसिंह जी के हाथ का लिखा हुआ था, मालूम हुआ कि एक लड़का (पुत्र) उत्पन्न हुआ है। समुद्र में एक नदी आन पड़े, तो कुछ अधिकता नहीं हो जाती और यदि नदी कोई न गिरे तो कुछ न्यूनता नहीं हो जाती। सूर्य का जहाँ प्रकाश हो, वहाँ एक दीपक रखा गया तो क्या और न रखा गया, तो क्या। जो ठीक उचित है, वह स्वतः पड़ा होगा। किसी प्रकार का शोक तथा चिन्ता हम क्यों करें? यह शोक या चिन्ता करना ही अनुचित है। हम ज्ञानी नहीं ज्ञान हैं। देह से सम्बन्ध ही कुछ नहीं, देह और उससे सम्बन्धी जानें और उनका प्रारब्ध जाने। हमें क्या?

**मनोबुद्ध्यहंकारचित्तानि नाहं,**<br>
**न च श्रोत्रजिह्वेन च घ्राणनेत्रे।**<br>
**न च व्योम भूमिर्न तेजो न वायु—**<br>
**श्चिदानंदरूपः शिवोऽहं शिवोऽहं॥**

अभिप्राय— **न मन हूँ न बुद्धि, न हूँ चित्त अहंकार।**<br>
**नहीं कर्ण जिह्वा न चक्षु, निराकार॥**<br>
**न हूँ पृथिवी अप, तेज, नाकाश इव हूँ।**<br>
**चिदानन्द हूँ रूप, शंकर हूँ, शिव हूँ॥"**

अब राम की आय में पर्याप्त कमी हो गयी। किन्तु यह उनकी एक प्रकार की परीक्षा थी और वे उस परीक्षा में भली-भाँति खरे उतरे। अब उनकी दृष्टि इन वस्तुओं से बहुत ऊपर उठ चुकी थी। अमीरी और गरीबी दोनों उनकी दृष्टि में समान हो चुकी थीं। उन्होंने इस सम्बन्ध में भक्त धन्नाराम को जो पत्र लिखा उससे उनकी त्यागवृत्ति अच्छी तरह ज्ञात होती है—

"६ मार्च, १८९९

आनन्द, आनन्द, आनन्द

सविनय प्रार्थना यों है कि यहाँ कोई किसी प्रकार का अनुमान नहीं दौड़ाया गया। सत्तर से भी एक-दो कम रुपये मास के मिले थे। उसमें से कौड़ी तो संचय करनी नहीं। जो-जो आवश्यकतायें सामने आयीं भुगत गयीं (पूर्ण की गयीं)। शेष आवश्यकताओं को जवाब देना पड़ा, अर्थात् बिना पूर्ण किये छोड़ना पड़ा। कुल (केवल) बारह रुपये घर भेजे गये, जहाँ आठ मनुष्य खाने वाले हैं। गृहस्थ स्त्रियों, बच्चों और बूढ़ों को अधिक आवश्यकता होती है और अत्यन्त हाजतमन्द (जरूरत वाले) होते हैं साधुओं की अपेक्षा कि जिनके लिए शहद की मक्खी (मधुकर) की न्याईं अनेक पुष्पों (घरों) से मधुकरी (भिक्षा) लाना भूषण है। और जो हो रहा है, वह अति उचित और ठीक हो रहा है।"

उपर्युक्त पत्र का अंतिम वाक्य 'और जो हो रहा है, वह अति उचित और ठीक हो रहा है' ध्यान देने योग्य है। यह वाक्य उनकी भावी त्यागवृत्ति और संन्यास-भावना का परिचायक है। उनके विशुद्ध अन्तःकरण में जीवन के अगले कार्यक्रम की ठोस रूप में तैयारी हो रही है।

प्रकृति देवी की रमणीयता और भव्यता बलात् उन्हें अपनी ओर खींच रही थी। उसकी गोदी में पहुँचकर राम अपने को बिल्कुल भूल जाते, शरीर भाव से नितान्त परे होकर आत्मस्वरूप में स्थित हो जाते थे। उनके साधन-सम्पन्न चित्त में जो भी चेतना स्पन्दित होती थी, उसे वे अपने आत्म-समुद्र की ही तरंग समझते थे। इसी भावना से राम ने १८९९ के ग्रीष्मावकाश में कश्मीर की यात्रा की। श्रीनगर में कुछ समय ठहरने के पश्चात् उन्होंने वहाँ के प्रसिद्ध तीर्थस्थल अमरनाथ की यात्रा की। अमरनाथ की ऊँचाई साढ़े अठारह हज़ार फुट से भी अधिक है और वहाँ की यात्रा में लगभग पन्द्रह दिन लगते हैं। यात्रा के सामान के नाम पर राम के पास एक धोती और एक चादर मात्र थी। वहाँ के भीषण ठंड में इतने कम वस्त्र में निर्वाह करने से, उनकी महान् तितिक्षा अभिव्यक्त होती है। इससे स्पष्ट प्रतीत होता है कि वे शरीराध्यास से कितने ऊपर उठ चुके थे और मनोबल के कितने महान् धनी हो गये थे। राम ने कश्मीर-सौन्दर्य का जो विवरण प्रस्तुत किया है, वह अनेक दृष्टियों से महत्त्वपूर्ण है। बाह्य प्रकृति का तो उन्होंने मनोहारी चित्र-सा अंकित कर दिया है। अन्तर्प्रकृति के नाना रागात्मक भावों के विश्लेषण में वे बहुतों को पीछे छोड़ गये हैं। इसके अतिरिक्त वेदान्त का आह्लाद तो पंक्ति-पंक्ति से उद्वेलित होता है। इस प्रसंग में कुछ उदाहरण देना समीचीन प्रतीत होता है—

"मृदुल वायु! मनोरम दृश्य! झरनों का आनन्दमय कलकल निनाद! मनोरम भूमिखंड! विविध रंगों की बहार! पर्वतीय पीपल-वृक्षों का सुखद छाया।

"राम! तेरी यह निर्दयता ठीक नहीं। तेरे लिये प्रकृति ने अपने को नाना रंग-विरंगों में रंजित किया है, नया परिधान धारण किया है, और तू उसके ऊपर एक नज़र डालने का भी अनुग्रह नहीं करता। अरे राम! इतने निर्दय मत बनो! आओ, ज़रा इसे निहार तो लो।"

"राम एक मनोरम घास-स्थली से गुजर रहा है। यह विस्तृत हरा-भरा मैदान है। प्रतिक्षण स्फूर्तिदायिनी वायु बह रही है। यद्यपि विस्तृत मैदान क्षितिज के समानान्तर नहीं है, किन्तु यह किसी ऐसी सुन्दरी के नमित भाल के सदृश्य है, जो अपने ही सौन्दर्य के नशे में मतवाली होकर चन्द्रमा को आतंकित करने के लिये उसकी ओर घूर रही हो। घास क्या है? यह सुन्दर, स्वच्छ, मुलायम गलीचा है। ऐसा प्रतीत होता है कि यहाँ देवराज इन्द्र को रिझाने के लिये परियाँ नाच करती हैं।"

"सुन्दर घास के मखमली बिछौने पर, शाल ओढ़े हुये, लम्बी पंक्तियों वाला विशाल पर्वत कुम्भकरण की भाँति गहरी निद्रा में निमग्न है। यह 'घनसुषुप्ति अथवा आनन्दमयकोश का साक्षात् प्रतीक प्रतीत हो रहा है। इस घनसुषुप्ति अथवा आनन्दमयकोश का मैं ही (राम) प्रकाश अथवा आनन्द हूँ। अपने आप को जानने से पर्वतों और नदियों का स्वप्न-जगत् विलीन हो जाता है। अपने सत्य स्वरूप के जानने पर माया की छाया सदैव के लिये समाप्त हो जाती है।"

कश्मीर से लौटने के पश्चात् राम की आध्यात्मिकता—पवित्रता, सादगी, संयम, त्याग, संतोष—की कीर्त्ति चारों ओर फैलने लगी। पुष्प खिल गया और उस पर भ्रमर आकर मँड्राने लगे। राम के भावी पट्ट शिष्य नारायणदास (बाद में नारायण स्वामी) को भी उन सत्संगों में आने का शुभ अवसर प्राप्त हुआ। इसके पूर्व वे अमृतसर में राम का भाषण सुनकर अत्यधिक प्रभावित हो चुके थे। नारायण जी ने स्वामी दयानन्द के 'सत्यार्थ प्रकाश' का गम्भीर अध्ययन किया था। वे अत्यधिक तार्किक, शंकालु और वितंडावादी थे। उन दिनों वे लाहौर आकर अपने एक परम मित्र, लाला हरलाल कायस्थ के पास ठहरे थे। नारायण जी ने राम से मिलने की इच्छा अपने मित्र से प्रकट की। किन्तु लाला हरलाल नारायण जी के तार्किक स्वभाव से भलीभाँति विज्ञ थे। अतः उन्होंने नारायण जी से वचन ले लिया कि सत्संग में वे मौनभाव से शान्तिपूर्वक बैठेंगे और किसी प्रकार का तर्क-वितर्क नहीं करगे। शर्त स्वीकार करने के बाद दोनों मित्र राम के सत्संग में प्रतिदिन सम्मिलित होने लगे। नारायण जी अपनी प्रतिज्ञा पर अटल थे। उन्होंने कई दिनों तक राम के सम्मुख अपना मुँह नहीं खोला। राम के सान्निध्य और दर्शन मात्र से उनका अन्तःकरण परिवर्तित होने लगा। नारायण जी राम के पास प्रतिदिन जाने लगे और उनसे उपनिषद् पढ़ने लगे। नारायण जी ब्रह्मविषयक अनेक शंकायें राम से किया करते थे। तीर्थराम जी शास्त्रज्ञान एवं स्वानुभूति के सहारे उनकी शंकायें निर्मूल कर दिया करते थे। अन्त में वे राम के आध्यात्मिक व्यक्तित्व से इतने अधिक प्रभावित हुये कि उन्होंने अपने को उनके चरणों में सदा के लिये समर्पित कर दिया। इस प्रकार वे जिस आदर्श व्यक्ति की खोज में थे, उसकी उन्हें प्राप्ति हो गई। एक आध्यात्मिक दीपक की ज्योति से दूसरा दीपक प्रज्वलित हो गया। उन्होंने अपना सम्पूर्ण जीवन राम के चरणों में न्यौछावर कर दिया।

सन् १८९९ के अन्त में राम भयंकर ज्वर से आक्रान्त हो गये। ज्वर के साथ ही साथ उनके पेट में भयानक दर्द भी होने लगा। दवा-दारू कुछ भी कारगर न हुई। एक बार आधी रात के लगभग उदर-शूल की ऐंठन से वे बेहोश हो गये। यह बेहोशी इतनी देर तक रही कि लोगों ने उन्हें मरा समझ लिया। जब उन्हें चेतना आयी, तो उनका सारा ज्वर और दर्द काफूर हो गया था। इस चमत्कारिक स्वास्थ्य-लाभ से, राम ने नारायण से

कहा, "नारायण जी, राम का ऐसी भयानक बीमारी से मुक्ति पाना देश के लिये अत्यन्त शुभ है। राम का मस्तिष्क अनेक उच्च विचारों से परिपूर्ण है। यह कौन जान सकता है कि वह इसलिये अच्छा हुआ है कि वह अपने गंभीर विचारों को लिपिबद्ध कर दे। यदि इन उच्च विचारों और गंभीर भावों को सर्वसाधारण तक न पहुँचाया गया, तो बहुत कुछ सम्भावना है कि राम फिर बीमार पड़ जाय और देशवासियों की सेवा किये बिना अपने शरीर का भी परित्याग कर दे। अतः उसके विचारों को प्रकाशित करने की कोई युक्ति सोची जानी चाहिये।" तीर्थराम की हृदयस्पर्शी बातें नारायण जी ने बड़े ध्यान से सुनीं। उन्होंने अपने मित्र लाला हरलाल से परामर्श करने के अनन्तर एक पत्रिका प्रकाशित करने का विचार किया। राम ने उस पत्रिका का नामकरण किया 'अलिफ़' और इसका श्रीगणेश सन् १९०० के प्रारम्भ से किया गया। इसके प्रकाशन के लिये 'आनन्द प्रेस' की संस्थापना की गई। 'अलिफ़' पत्रिका के प्रथम अंक के प्रकाशन के समस्त व्यय का भार लाला हरलाल ने स्वयं अपने ऊपर लिया। नारायण जी ने पत्रिका के सम्पादन और प्रेस की व्यवस्था का प्रबन्ध अपने हाथों में लिया। यह पत्रिका मासिक थी। यह इतनी लोकप्रिय हुई कि इसके दो अंकों के तीन संस्करण प्रकाशित करने पड़े। इसके मध्य में 'अलिफ़, फ़ारसी के प्रथम वर्ण का अंकन था। सबसे ऊपर ईशावास्योपनिषद् का शान्तिपाठ 'पूर्णमदः पूर्णमिदं पूर्णात्पूर्णमुदच्यते। पूर्णस्य पूर्णमादाय पूर्णमेवावशिष्यते॥'' और नीचे फ़ारसी का एक शेर छापे गये थे। इसके प्रथम अंक में आनन्द का वर्णन था।

'अलिफ़' के प्रथम अंक प्रकाशित होने के पश्चात् राम ने समुद्र-दर्शन का विचार किया। एक दिन सन्ध्याकाल बिना पैसा-कौड़ी के और बिना कोई सामान लिये वे लाहौर से निकल पड़े। उनका परमात्मा में दृढ़ विश्वास हो चुका था, अतः उन्होंने अपने को पूर्णतया उसकी मरजी पर छोड़ दिया। उन्हें पूर्ण आस्था थी कि परमात्मा उनकी सारी व्यवस्था स्वयं करेगा। अपने जीवन में उसकी महती कृपा की पग-पग पर प्रत्यक्षानुभूति भी की थी। इस यात्रा में राम की अनुभूति में और भी प्रगाढ़ता आ गई। जो राम से सर्वथा अपरिचित थे, ऐसे व्यक्तियों ने प्रतिष्ठित अतिथि के रूप में उनका स्वागत-सत्कार किया। उनकी सारी आवश्यकताओं की पूर्ति की। पहले वे सक्कर पहुँचे। वहाँ से कुछ अन्य प्रसिद्ध स्थानों को देखते हुये कराची पहुँचे। कराची पहुँचने पर समुद्र का दर्शन किया। समुद्र देखते ही समुद्र के ज्वार की भाँति उनका हृदय भी उद्वेलित हो उठा। वे बरबस उमड़ पड़े—

"राम समुद्र तट पर खड़ा है। लहराती तरंगें उसका चरण धो रही हैं। प्रबल वायु उसके वस्त्र उड़ा रही है। संसार के समस्त विचार समुद्र के गर्जन में विलीन हो रहे हैं।

शरीर अविचल है—क्या ही सुन्दर अवस्था है! राम कहाँ है? जहाँ कहीं भी मेरी दृष्टि जाती है, जल ही जल दिखाई पड़ता है। विस्तृत, विस्तृत सागर। चारों ओर जल ही जल! यह जल भूमि के भाव मात्र का प्रक्षालन कर रहा है। विशाल नगर स्वप्नवत जान पड़ रहे हैं। हाट-बाज़ार, सड़कें-गलियाँ, नगर-वासियों के लड़ाई-झगड़े, कोलाहल, तुमुल ध्वनि, सब कुछ स्वप्नजगत् के दृश्य बन गये हैं। अपार समुद्र के सम्मुख जगत् का कोई अस्तित्व नहीं रह जाता।

किन्तु ज्यों ही मेरी दृष्टि ऊपर उठती है, चारों दिशाओं में अनन्त नीलाकाश देखता हूँ। उस अनन्त आकाश की विराट सत्ता में समुद्र भी अपने नाम रूप की सत्ता खोकर

ऐसा विलीन हो जाता है कि उसका कोई चिह्न ही नहीं दृष्टिगोचर होता।

बड़े आश्चर्य की बात है कि अनन्त नील गगन भी अपनी सारी सत्ता राम के आनन्दमयस्वरूप में डुबो कर उसी में विलीन हो जाता है। जैसे सूर्य की किरणों में मृगमरीचिका का भान होता है, वैसे ही राम की प्रभा से आकाश का भी अस्तित्व सिद्ध होता है।''

उपर्युक्त अवतरण से राम की चिन्तन-प्रणाली पर महत्त्वपूर्ण प्रकाश पड़ता है। इस चिन्तनधारा में उनके लययोग और ज्ञानयोग दोनों प्रकार के साधन साकार रूप में प्रकट दिखाई पड़ते हैं। लययोगी साधक एक तत्त्व को क्रमशः दूसरे तत्त्व में लय करके, अन्त में अवशिष्ट तत्त्व को आत्मतत्त्व में विलीन कर 'आत्माराम' हो जाता है। पहले वह पृथ्वी तत्त्व जल तत्त्व में विलीन करता है, तत्पश्चात् जल तत्त्व को अग्नि तत्त्व में, अग्नि तत्त्व को वायु तत्त्व में, वायु तत्त्व को आकाश में, आकाश को महत् तत्त्व में, महत् तत्त्व को परा प्रकृति में और अन्त में सबको परमात्म तत्त्व (आत्म तत्त्व) में विलीन कर सच्चिदानन्दघन में सदैव के लिये स्थित हो जाता है। तीर्थराम की चिन्तन-परम्परा में लययोग वाली यह प्रणाली दृष्टिगोचर होती है। उन्हें पृथ्वी तत्त्व जल तत्त्व में विलीन होता दिखाई पड़ा, तत्पश्चात् एकदम छलांग मारकर उसे आकाश तत्त्व में विलीन कर दिया। अन्त में आकाश तत्त्व को राम तत्त्व (आत्म तत्त्व, परमात्म तत्त्व) में विलीन कर पूर्ण आत्माराम हो गये।

ज्ञानयोग के प्रतिपादन में ब्रह्मज्ञानी दो शैलियों का सहारा लेते हैं—विधि शैली और निषेध शैली। निषेध शैली के अनुसार ब्रह्म का प्रतिपादन इस प्रकार किया जाता है—''तू पंच भूत नहीं है, मन, बुद्धि, चित्त, अहंकार नहीं है', अन्त में सबका बाध करते-करते जो तत्त्व अवशिष्ट रहता है, वही तू है, वही तेरा वास्तविक स्वरूप है। उसी सत्ता से सब प्रकाशित हैं।'' निषेध शैली के अनुसार इस प्रकार का तत्त्वोपदेश किया जाता है। विधि शैली के अनुसार ब्रह्म का प्रतिपादन इस प्रकार किया जाता है—''तू ही पंचतत्त्व है, तू ही समस्त जीव है, जड़, चेतन सब कुछ तू ही है।'' उपर्युक्त अवतरण से स्पष्ट है कि राम ने निषेध शैली के अनुसार प्रत्यक्षानुभूति की है, अर्थात् वे पृथ्वी तत्त्व और उससे सम्बन्धित नहीं हैं, जल तत्त्व (सागर) भी नहीं, आकाश भी नहीं हैं, अन्त में जो अवशिष्ट रहता है, वही आत्मतत्त्व है। उसी की सत्ता से सारे पदार्थ प्रकाशित हैं।

तदनन्तर उसी भावावेश में राम ने एक कविता लिखी, जिसका संक्षिप्त आशय इस प्रकार है, ''मैं सूर्य हूँ! मैं सूर्य हूँ! मैं सूर्य हूँ! मेरी ही प्रभा से विराट् जगत् के समस्त अणु-परमाणु दीप्तमान हैं। मैं ही शुद्ध सनातन ब्रह्म हूँ। मैं ही सत्, चित् और आनन्द हूँ! मैं अजन्मा और अमर हूँ। मुक्ति-प्रदाता ज्ञान मैं ही हूँ। मृत्यु-पाश-ध्वंसक मैं ही हूँ। मैं ही अनादि, अद्वय ब्रह्म हूँ। मुझ सच्चिदानन्दघन में द्वैत-भाव का नामोनिशान नहीं है।......मैं अविकारी हूँ। मैं माया से सर्वथा परे हूँ। संन्यासीगण जिस ब्रह्म की प्राप्ति के निमित्त अहर्निश चिन्तन में निमग्न रहते हैं, वह ब्रह्म मैं ही हूँ।......मैं सर्वव्यापी हूँ। मैं सबका भेदन करने वाला हूँ। कोई पदार्थ, कोई जीव, कोई मनुष्य मुझसे भिन्न नहीं है। सभी मेरे स्वरूप हैं। मनन करो, अनुभव करो, ब्रह्म के अतिरिक्त न कोई वस्तु थी, न है और न रहेगी।......जिसने ब्रह्मज्ञान प्राप्त कर लिया, उसे चौरासी लक्ष योनियों में भ्रमण नहीं करना

पड़ेगा।......चारों वेद और समस्त ऋषिगण 'नेति नेति' कहकर उसका संकेत करते हैं, किन्तु फिर भी उसे समझ नहीं पाते।......मैं सत्य स्वरूप हूँ। मैं आनन्द का केन्द्र हूँ। सभी के अन्तःकरण में मेरा निवास है।''

उपर्युक्त कविता में उन्होंने ब्रह्मप्रतिपादन के लिये विधि शैली का सहारा लिया है। उन्हें 'सर्वं खल्विदं ब्रह्म' की अनुभूति हो रही है। इस स्थल पर एक बात स्पष्ट कर देनी आवश्यक प्रतीत होती है कि राम की यह अनुभूति बुद्धि-जनित नहीं थी, बल्कि स्वसंवेद्य अनुभूति थी। जैसे किसी व्यक्ति को अपने शरीर की स्वभावतः प्रतीति और अनुभूति होती है, उसी प्रकार आत्म स्वरूप—परमात्मस्वरूप—ब्रह्म में राम की सहज प्रतीति और अनुभूति होती थी। उनके प्रत्येक वाक्य, प्रत्येक शब्द से अद्वैत-भाव छलकता-सा प्रतीत होता है। उनका पहले का कृष्णभक्ति-भाव अद्वैत-भाव में विलीन हो गया।

स्वच्छन्द भाव से सतत आनन्दानुभूति में नौकरी उन्हें खटकने लगी। वह उनकी सहज मस्ती के लिये बाधक प्रतीत होने लगी। वे गंभीरतापूर्वक नौकरी छोड़ने की बात सोचने लगे। राम के एक अभिन्न मित्र ने उनकी इस प्रवृत्ति को जानकर उन्हें समझाया, "आप नौकरी से त्याग-पत्र क्यों देंगे? आप अपना निर्वाह कैसे करेंगे? अपना एवं अपने सम्बन्धियों का भरण-पोषण करना परम धर्म है। गेरुवा-वस्त्र पहनकर भीख माँगने से परमात्मा की प्राप्ति नहीं होती। गृहस्थ धर्म का यथोचित रूप से पालन करने से लोक-परलोक दोनों बनते हैं। गृहस्थ की जिम्मेदारियों से भागना घनघोर पाप है।'' राम ने अपने मित्र के तर्कों का सहज भाव से समाधान किया। इंडियन प्रेस' ने उनके उत्तरों को प्रकाशित कराया था। संक्षेप में उत्तर इस प्रकार हैं—

"(१) चाकरी करना दास का कार्य है। मैं तो राम, बादशाह हूँ। न तो मैं किसी का नौकर हूँ और न मेरा कोई स्वामी ही है। मैं अपनी हस्ती में विराजमान हूँ। राजे-महाराजे मेरे चरणों में नमित होते हैं। मैं शरीर नहीं हूँ! मैं शरीर और प्राण दोनों से परे हूँ। तुम मुझे शरीर समझ कर भूल करते हो। मैं तुम्हारे प्राणों का प्राण हूँ, तुम्हारी आत्मा हूँ। पंचतत्त्व मेरे चाकर हैं। मैं अखिल ब्रह्माण्ड में व्याप्त हूँ। मेरे अभाव में किसी कण का अस्तित्त्व नहीं रह सकता। क्या मैं पेट का गुलाम हूँ। मैं परम सत्य के सिंहासन पर विराजमान हूँ। मैं मानव, पशु-पक्षियों, वनस्पतियों, खनिज पदार्थों का शाश्वत जीवन हूँ। जब तक मैं शरीर-भाव में था, तब तक शरीर की चाकरी बजाता था। अब तो राम को वास्तविक अन्तर्दृष्टि प्राप्त हो चुकी है, अब तो मैं सर्वव्यापी हो गया हूँ। तुम नौकरी की बात करते हो? राम की दृष्टि में अब न तो शरीर है, न हृदय है, न मस्तिष्क है, न जीवन है और न संसार ही है। स्वामी और सेवक, दोनों ही राम की आत्मा हो गये हैं। पेट की बलि कर दी गई है; हृदय अब नदी के रूप में परिवर्तित कर दिया गया है; मस्तिष्क अमरत्त्व का निवास-स्थान बन चुका है। हाथ-पैर गिर चुके हैं। रोम-रोम से अमृत के निर्झर प्रवाहित हो रहे हैं। मेरे सम्मुख सदैव सिर नवाते-नवाते आकाश ने अपनी पीठ झुका ली है। मुझे देखने से सूर्य और चन्द्रमा प्रकाशित होते हैं। मुझे ही देखने से तारागण रात को दीवाली मनाते हैं। वृक्ष मेरे निमित्त गुलदस्ते की भेंट चढ़ाते हैं। संक्षेप में यह कि जो कुछ तुम्हें दीप्तिमय वस्तुयें दिखाई पड़ती हैं, सब की सब मेरी ही अभिव्यक्ति हैं। ओ प्यारे, अपनी शरीर-भावना राम में जब डुबो दोगे, तभी सत्य के इस वास्तविक

रहस्य को समझ सकोगे।''

''(२) भरण-पोषण? राम स्वयं भरण-पोषण है। नेरा भरण-पोषण किसी अन्य वस्तु अथवा व्यक्ति पर अवलम्बित नहीं है। मैं समस्त सृष्टि का आहार हूँ। प्रत्येक शरीर और मन का सूक्ष्म से सूक्ष्म भाग मेरे ही द्वारा पुष्टि ग्रहण करता है। तुम्हारे शब्द-कोश के 'वस्त्र' और 'भोजन' धारणा (भाव) मात्र हैं। क्या भोजन और वस्त्र सम्बन्धी वस्तुयें ही परम सत्य हैं? इनके वास्तविक स्वरूप की ओर तो निरीक्षण करो। इनकी उत्पत्ति कहाँ से हुई है? प्यारे! तुम्हारी आत्मा ही तुम्हारा भोजन-वस्त्र है। रुई वस्त्र का मूल कारण है। 'ओम् ओम्' की ध्वनि करते हुये जमीन से उगकर, रुई की उत्पत्ति, वनस्पति के रूप में हुई है। सूर्य का प्रकाश ही वनस्पतियों की उत्पत्ति का कारण है। पृथ्वी सूर्य से निकली है। सूर्य को कौन पोषित करता है? किस भोजन और वस्त्र पर सूर्य का अस्तित्व अवलम्बित है? प्यारे, वह राम पर आश्रित है। मैं ही राम हूँ। जब मैं सूर्य की भी आत्मा हूँ तो मुझे भोजन-वस्त्र की क्या आवश्यकता है? जब सम्राट् स्वयं मुझसे ऋण लेता है और मेरे संकेत पर नृत्य करता है, तो मैं उसकी सेना और प्रजा से क्यों भय मानूँ।''

''(३) उदर का भरण-पोषण करना निश्चय ही धर्म है। किन्तु धर्म का पालन करना, उदर का भरण-पोषण मात्र है। प्यारे, विश्वास रखो। केवल धारणा (भाव) मात्र का अनुसरण मत करो। मैं तुमसे यह नहीं कहता कि तुम खाओ-पीओ नहीं, वस्त्र मत पहनों, जीविका मत अर्जित करो, अथवा कोई काम न करो, मेरा यह अभिप्राय कदापि नहीं है। मेरे कहने का आशय यह है कि अपनी आत्मा के वास्तविक स्वरूप को जानना ही सच्चा और सही कार्य है। आत्म-साक्षात्कार के अनन्तर सारे कार्य अपने आप तुम्हारा अनुगमन करेंगे। उदर-पूर्ति के जाल में पड़कर मनुष्य जन्म-मरण का बन्दी बन जाता है। वह बार-बार योनि के अन्तर्गत आता रहता है। ब्रह्मविद्या की खड्ग से अविद्या के इस महान् पाश को काट डालो, ताकि उदर-चिन्ता से सदा के लिये मुक्ति पा जाओ। यदि तुम अविद्या के खड्ग से इसे काटने का प्रयास करोगे, तो यह जैसा का तैसा रहेगा। तुम्हारी उदर-पूर्ति के लिये मैंने अपने उदर की बलि दी है। मैं तुम्हें उदर-पूर्ति भावना से ऊपर उठा कर, सच्ची आध्यात्मिकता सिखाना चाहता हूँ।........एक्कों और बैलगाड़ियों के जमाने लद चुके हैं। अब तो रेलगाड़ियाँ, तार, समुद्री जहाज आदि तुम्हारी सेवा के लिए प्रस्तुत हैं। जल और अग्नि के देवता तुम्हारी सेवा में रत हैं। विज्ञान की यह प्रगति केवल पेट-पूजा के लिये है। जब देवतागण तुम्हारी सेवा में लग गये हैं, तो तुम्हें पेट की चिन्ता छोड़ देनी चाहिए। सत्य के सिंहासन पर आराम से बैठ जाओ और पंच-तत्त्वों को अपनी सेवा में लगे रहने दो। तुम परमात्मा हो, मात्र तुम ही परमात्मा हो। तुम्हारी दुर्बलता ही तुम्हें आगे बढ़ने से रोक लेती है। दासत्व की अविद्या और मिथ्या धारणा ने तुम्हें कमज़ोर बना दिया है। पर तुम बोलने-चालने, खाने-पीने आदि में पर्याप्त शक्तिशाली हो। जब तुम बीमार पड़ते हो, तो नाना प्रकार की दुश्चिन्तायें तुम्हारे ऊपर सवार हो जाती हैं। बीमार पड़ने पर भी लेखे-जोखे, मामले-मुकदमे, फायदा-नुकसान, दोस्त-दुश्मन, अपने-पराये के चक्कर में पड़े रहते हो। क्या यह सब दासता नहीं हैं।''

''(४) हाँ प्यारे, अपना और अपने कुटुम्बियों का भरण-पोषण करना आवश्यक है। भगवन्, सबसे पहले इस बात की जानकारी आवश्यक है कि 'तुम्हारे आत्मा का स्वरूप क्या है और उसके सम्बन्धी कौन हैं? क्या यह शरीर आत्मा है? क्या शरीर का स्वतः

अस्तित्व है अथवा इसका अस्तित्व किसी अन्य अस्तित्व पर आश्रित है? यदि शरीर अपने अस्तित्व पर नहीं टिका है, तो यह तुम्हारा आत्मा किस प्रकार हो सकता है। शरीर को आत्मा समझना परेशानी मोल लेना है। प्यारे, शरीर तो मरणधर्मा है। तो फिर यह किस पर अवलम्बित है? शरीर आत्मा है अथवा इसका कोई अन्य ही आत्मा है? जो तुम्हारे शरीर का आत्मा है, वही सबके शरीरों का भी आत्मा है। आत्मा अपने ही अस्तित्व में प्रतिष्ठित है। वह सर्वाधार है। शरीर तो उसकी छाया मात्र है। यदि शरीर का अस्तित्व ही नहीं है, तो इसके सम्बन्धियों की कल्पना करना भी मिथ्या है! तुम चाहे इधर से देखो, चाहे उधर से, सब कुछ आत्मा की ही अभिव्यक्ति है। तुमने यह स्वीकार कर लिया कि सच्चा सम्बन्धी आत्मदेव ही है। नाना स्वरूपों और विभिन्न नामों में आत्मा ही व्याप्त है। नाम और रूप तो तुम्हारी कल्पना है। वास्तव में उनकी कोई सत्ता अथवा अस्तित्व नहीं है। मात्र आत्मा अथवा तुम हो। अपने को 'परमात्मा' कहने में रंचमात्र भयभीत न हो। मैं तुम्हें शाहंशाह बना रहा हूँ। भय का क्या काम है? अपनी दृष्टि शरीर-भाव से ऊपर उठाओ और इसकी अनुभूति करो कि जो राम शरीर के रोम-रोम में व्याप्त है, वह विश्व के कण-कण में विराजमान है। क्योंकि राम अकेला है, अतः मैं राम की ओर से कहता हूँ कि मैं ही राम हूँ। यदि तुम ऐसा कहने में भयभीत होते हो, तो मेरे प्रतिनिधि बनकर जोर-जोर से उच्चारण करो— 'मैं राम हूँ! मैं राम हूँ!! मैं राम हूँ!!!' राम तुम्हें इसकी आज्ञा प्रदान करता है और साथ ही यह नियम बनाता है कि सभी मनुष्य बाध्य होकर 'मैं राम हूँ, मैं राम हूँ' का उच्चारण करें। इस प्रकार राम के असली सिक्के चालू करो, और नकली सिक्कों को खत्म करो। अगर तुम ऐसा नहीं करोगे तो नकली सिक्के बनाने के अपराध में गिरफ्तार किये जाओगे तथा अविद्या के जेल में बन्द कर दिये जाओगे। सिक्के की भाँति प्रत्येक भौतिक शरीर पर राम का मुद्रांकन है। प्रत्येक अणु-परमाणु पर राम की छाप मुद्रित है। तुम्हारी जीभ, आँख, कान, नाक ही नहीं, बल्कि समस्त शरीर राम का चालू सिक्का है। यदि तुम्हें अपने को राम कहने में भय लगता हो, तो तुम्हारी जीभ तुम्हारी नहीं है, वह राम की है। अतः राम की जबान से बोलो, 'मैं राम हूँ। मैं परमेश्वर हूँ! मैं आत्मदेव हूँ। मैं समस्त ब्रह्माण्डों का नियन्ता और शासक हूँ। मैं सर्वव्यापी हूँ। मैं सर्वशक्तिमान् हूँ।' यह उक्ति तुम्हारी उक्ति नहीं है, बल्कि यह उसकी है, जिसकी यह जबान है! अतः तुम ब्रह्म हो; और कुछ नहीं, ब्रह्म हो। जिस क्षण तुम परमात्म-पद प्राप्त कर लेते हो, तुम्हें और किसी वस्तु की आवश्यकता नहीं रह जाती। प्रत्येक व्यक्ति यह कहता है, 'मेरा कुछ भी नहीं है। यह शरीर राम का है।' अतः केवल राम ही तुम्हारा सच्चा सखा है और वह तुमसे कह रहा है, 'यह जीभ उसी की है, जिसका यह शरीर है, तब फिर यह जीभ मेरा नाम क्यों नहीं लेती? (राम अपनी ज़बान से कह रहा है कि 'मैं राम हूँ।') 'ओम्, परब्रह्म'—यही दिन-रात कहो। यह परम पवित्र मंत्र है। इसी सिक्के को चलने दो। 'तुम दास हो'—इस जाली सिक्के का प्रचलन समाप्त करो। इसे राम के खजाने में लौटा दो और उसके बदले में 'तुम राम हो' का सिक्का लो। राम ने यह सामान्य राजाज्ञा घोषित की है, 'जिस किसी व्यक्ति के पास जाली सिक्का हो, उसे मेरे पास लाया जाय। मैं बड़ी प्रसन्नता से उसे असली सिक्के के रूप में परिवर्तित कर दूँगा। 'मैं दास हूँ' की घोषणा कर असीम को सीमित करना है। यह जघन्य अपराध है।........'मैं'—केवल एक है और वह सर्वव्यापी है। राम सर्वव्यापी है, उसे कोई भी दास नहीं दिखाई पड़ रहा है; वह कहाँ चला गया? यदि कोई दास (बद्ध) है; और उसकी यह भावना अन्तःकरण

में बुरी तरह जम गई है, तो वह राम के पास आवे। राम अपनी दृष्टि मात्र से उसका कायान्तरण कर देगा और उसे अमृतत्व के आनन्दमय स्रोत में नहलायेगा। वह उसे कौवे से हंस बना देगा। सीमित आत्मा की चिन्ताओं और दुखों को असीम परमात्मा के अखण्ड आनन्द में परिवर्त्तित करके राम बना देगा। यह बड़ा सस्ता सौदा है; प्रकृति तुम्हारी सेविका है।''

''(५) प्यारे, राम किसी को भी अपने से पृथक् नहीं समझता। अपने दृष्टिदोष के कारण तुम पृथक् समझते हो। यदि राम किसी को अपने से जुदा समझेगा, तो उसका राज्य कौन चलायेगा? राम अकेला है, अद्वय है, उसमें द्वैत का कोई स्थान नहीं। जिस प्रकार सूर्य अपनी ही प्रभा से दीप्तिमान है, उसे किसी अन्य प्रकाश की अपेक्षा नहीं रहती, उसी प्रकार राम भी अपने स्वरूप में प्रतिष्ठित है। वह आनन्दघन है और आध्यात्मिक आनन्द की वृष्टि कर रहा है। मैं ही सृष्टिनिर्माता हूँ, मेरे अतिरिक्त कोई दूसरा नहीं है। 'गृहस्थ' का अभिप्राय है—'अपने घर (निजस्वरूप) में स्थित होना।' निजस्वरूप में स्थित होकर आनन्दित होना, यही गृहस्थ का वास्तविक आशय है। जो आत्मा से दूर है, वह निर्बुद्धि ही नहीं, शव है। यदि गृहस्थ-जीवन का परित्याग पाप है, तो मैं सही अर्थ में गृहस्थ हूँ, क्योंकि मैं अपने घर (निजस्वरूप) में स्थित हूँ। आत्मिक आनन्दानुभूति से मैं एक क्षण के लिये भी विमुख नहीं होता। मैं प्रतिक्षण अद्वैतानुभूति में निमग्न रहता हूँ। प्यारे मैं गृहस्थ (निजस्वरूप में स्थित) हूँ, अतः मैं पाप-पुण्य से मुक्त हूँ। मैं राम ही खाता हूँ, राम ही पीता हूँ। मैं राम ही देखता हूँ, राम ही सुनता हूँ और राम ही सूँघता हूँ। राम ही में आता-जाता हूँ। राम के अतिरिक्त अन्य सारी वस्तुयें अशुद्ध और गर्हित हैं। सच्चे गृहस्थ का यही वास्तविक जीवन है। प्यारे, ज़रा होश में आओ; राम के ऊपर मिथ्यारोप मत लगाओ। अच्छा, जैसी तुम्हारी इच्छा! राम तुम्हारा आन्तरिक उत्थान करेगा; सत्य की ओर देखो। यह तुम्हारा दोष नहीं है; यह अविद्या का परिणाम है। ओम्! ओम्!!''

उपर्युक्त उत्तरों से राम की उच्चावस्था का सहज अनुमान लगाया जा सकता है। वे आत्मस्वरूप में पूर्ण रूप से प्रतिष्ठित हो चुके थे। उन्हें आगे-पीछे, पूर्व-पश्चिम, उत्तर-दक्षिण, ऊपर-नीचे सर्वत्र ब्रह्म के अतिरिक्त कोई अन्य वस्तु नहीं दिखलायी पड़ती थी। उनकी दृष्टि, सृष्टि, भाव-विचार, स्मृति-कल्पना, जाग्रत्, स्वप्न, सुषुप्ति सब कुछ ब्रह्म—आत्मस्वरूप हो गये थे। ऐसी अवस्था में वे परिवार एवं सम्बन्धियों के सीमित दायरे में कैसे बँध सकते थे? क्षुद्र जीविका के अर्जन में वे अपार आध्यात्मिक शक्ति का अपव्यय किस प्रकार कर सकते थे? उनकी दृष्टि असीम और सर्वव्यापी हो गई थी। वे 'वसुधैव कुटुम्बकम्' की भावना में रँग चुके थे। संसार की समस्त समृद्धियाँ उनके चरण की सेवा में रत थीं। असीम राम सीमाबद्ध किस प्रकार हो सकते थे? सर्वत्याग के निमित्त उनकी अन्तरात्मा ललक रही थी। संसार के रंगमंच पर वे अभिनेता बनकर, बल्कि सूत्रधार बनकर रहना चाहते थे। वृक्ष का फल भलीभाँति पक चुका था, अब वह अपनी डाली को छोड़ना ही चाहता था; साँप की केचुल उसके शरीर से उतरने ही वाली थी। गृहस्थाश्रम का प्रारब्ध संन्यास आश्रम में जाने की तैयारी कर रहा था।

'अलिफ़' पत्रिका के केवल तीन अंक प्रकाशित होने के पश्चात्, राम की वृत्ति संसार के प्रति एकदम उदासीन हो गई। वे एकान्त स्थल में रहकर सतत समाधि में निमग्न होने

के लिये व्यग्र थे। 'उत्तराखण्ड' को वे अपनी साधनास्थली बनाना चाहते थे—जहाँ संसार के प्रपंच उनका स्पर्श तक न कर सकें। अतः वे गवर्नमेण्ट ओरिएण्टल कालेज के प्राध्यापक पद से त्यागपत्र देकर उत्तराखण्ड के पथ की ओर अग्रसर हुए। उनके साथ में थे—उनकी सहधर्मिणी (शिवदेवी), उनके बच्चे, स्वामी शिवगणाचार्य (राम से इनकी पहली मुलाकात १८९७ के सितम्बर महीने में गुजरात (पंजाब) में हुई थी, तुलाराम (संन्यास ग्रहण करने के उपरान्त इनका नाम 'रामानन्द' हुआ), गुरुदास (संन्यास का नाम स्वामी गोविन्दानन्द), अमृतसर के निक्केशाह और नारायण जी (बाद में नारायण स्वामी)।

लाहौर से विदाई का दृश्य अत्यधिक करुणाजनक और हृदय-विदारक था। उनके घर के बाहर अपार जनसमूह उनकी प्रतीक्षा कर रहा था। ज्यों ही वे 'हरचरन की पौड़ी' नामक गली वाले मकान से बाहर निकले, सारा आकाश 'जय जय' के तुमुल निनाद से गूँज उठा। स्टेशन तक पहुँचाने के लिए एक भव्य जुलूस उनके साथ-साथ चला। ज्ञान, वैराग्य एवं भक्ति सम्बन्धी गीतों से दसों दिशायें निनादित हो गयीं। भावुकों की अश्रुवर्षा से लाहौर की सड़कें सींच दी गईं। किन्तु राम अपने स्वरूप में स्थित निर्विकार थे। उनके मुखमण्डल पर दिव्य मुस्कान थी और आँखों में अलौकिक ज्योति। वे इस हृदयद्रावक दृश्य को साक्षी भाव से देख रहे थे। उसे वे आत्मस्वरूप की एक तरंग मात्र समझ रहे थे। राम के शिष्यगण, मित्रमण्डली एवं भक्तवृन्द राममय हो रहे थे। उनके इस अप्रतिम त्याग से वे सब परम विषण्ण थे। किन्तु राम के आन्तरिक आनन्द एवं उल्लास ने उनमें प्रसन्नता की अपूर्व लहर उत्पन्न कर दी। स्टेशन के प्लेटफार्म पर इतनी अपार भीड़ थी कि तिल रखने को भी जगह न थी। यात्रियों का आना-जाना बन्द हो गया था। गाड़ी छूटने के पूर्व राम के शिष्य नारायण जी उन्हीं की बनायी हुई एक उर्दू कविता का सस्वर गान किया। यह कविता राम ने पिछली रात में बनायी थी। कविता की कुछ पंक्तियाँ इस प्रकार हैं—

**अलविदा मेरी रियाजो! अलविदा!**
**अलविदा, ऐ प्यारी रावी! अलविदा!**
**अलविदा, ऐ दोस्तो-दुश्मन! अलविदा!**
**अलविदा, ऐ शीत-उष्ण, अलविदा!**
**अलविदा ऐ दिल! खुदा ले अलविदा!**
**अलविदा राम! अलविदा ऐ अलविदा!**

गाड़ी छूटते ही 'जय जय' का तुमुल निनाद आकाश में फिर गूँज उठा। दर्शकगण अश्रुमिश्रित विस्फारित नेत्रों से चलती हुई गाड़ी की ओर देख रहे थे। बहुत से दर्शक सिसक-सिसक कर रो रहे थे। अन्त में गाड़ी आँखों से ओझल हो गयी; फिर भी लोग मूर्ति की भाँति अपने-अपने स्थान पर अविचल खड़े रहे। आखिरकार, सब लोग इस भावना से अपने घर लौटे कि मानवता के परम कल्याण के लिये राम हमसे जुदा हो रहे हैं।

'अलिफ़' के एक अंक में राम ने स्वयं हिमालय की इस पवित्र यात्रा का मन्तव्य प्रकट किया है—

"हमें जाकर ऐसे स्थान में निवास करना चाहिये, जहाँ कोई मित्र अथवा शत्रु न हो। संयोगवश यदि हम बीमार भी पड़ें, तो हमें कोई पूछने वाला न हो। यदि देहान्त भी हो जाय, तो कोई आँसू बहाने वाला भी न हो।

यदि किसी को मृगतृष्णा के जल का बोध हो गया, तो वह वहाँ अपनी प्यास बुझाने क्यों जायेगा?

इन्द्रिय जन्य विषयों की वास्तविकता की अनुभूति हो गयी। उनका आकर्षण सदैव के लिये समाप्त हो गया। मैं अब उनमें कैसे अनुरक्त हो सकता हूँ।

कुम्हार ने अपनी चाक चलाकर छोड़ दी। कुछ देर घूमने के पश्चात् उसका चलना अपने आप बन्द हो जायेगा।

जीव जब अपने कर्त्तापन और भोक्ताभाव को त्यागकर आत्मस्वरूप में स्थित हो जाता है, तो फिर उसका शरीर, बन्द किये हुए कुम्हार के चाक की भाँति कब तक चक्कर लगायेगा? सांसारिक नाते-रिश्ते अपने आप ढीले पड़ जायेंगे और धीरे-धीरे विदेह भाव स्वतः आ जायेगा।"

उपर्युक्त अवतरणों में निवृत्ति-मार्ग के सम्बध में जो तर्क उपस्थित किये गये हैं, वे अकाट्य हैं। भारतीय साधना-प्रणाली में प्रवृत्ति एवं निवृत्ति दोनों ही मार्गों के ब्रह्मज्ञानी होते आये हैं। दोनों की विचारधारा अपने-अपने स्थान पर ठीक है। फिर दूसरी बात यह भी है कि पूर्व जन्म के संस्कारों और वर्त्तमान जीवन के प्रारब्धानुसार प्रत्येक साधक की रहनी पृथक्-पृथक् होती है। उसी पंजाब-भूमि में गुरु नानक देव पूर्ण ब्रह्मज्ञानी होते हुए भी प्रवृत्ति मार्ग के पोषक रहे और उन्होंने गृहस्थ-धर्म के विशुद्ध आचरण पर अत्यधिक बल दिया।

हरिद्वार, हिमालय का मुख्य द्वार माना जाता है, इसी से हिन्दू तीर्थस्थानों में इसका बहुत महत्त्व है। जितने भी तीर्थयात्री उत्तराखण्ड के तीर्थस्थानों का दर्शन करने जाते हैं, प्रायः वे सब एकाध दिन के लिए हरिद्वार में अवश्य ठहरते हैं और 'हर की पौड़ी' में स्नान करते हैं। राम के साथ वाली मण्डली भी हरिद्वार में कुछ दिनों के लिये रुकी। नारायण जी को मण्डली का प्रबन्धक बनाया गया और दल के प्रत्येक तीर्थयात्री के नकद रुपये उनके पास जमा कर दिये गये।

शिवगणाचार्य मण्डली के लिये विसंगत सिद्ध हुए। वे अपने को राम का आध्यात्मिक गुरु मानने लगे थे, क्योंकि उन्हें यह विश्वास था कि उन्होंने ही राम को गृहस्थी के दलदल से बाहर निकाला है। इस कारण वे प्रत्येक व्यक्ति से अत्यधिक प्रतिष्ठा और सम्मान की आशा रखते थे। वे मण्डली के अन्य सदस्यों के साथ अशिष्ट व्यवहार करते थे, यहाँ तक कि स्त्रियों और बच्चों तक को भी नहीं बख्शते थे। एक वृद्ध महिला भी हरिद्वार से राम की मण्डली में सम्मिलित हो गई थीं। स्वामी शिवगणाचार्य उनके साथ भी बड़ी निर्दयता से पेश आये। अतः राम ने उनका साथ छोड़ देना ही श्रेयस्कर समझा। मुश्किल से आठ दिनों के बाद ही राम की मण्डली उनसे अलग हो गयी। देवप्रयाग से राम के दल ने तो टेहरी की ओर प्रस्थान किया, जबकि शिवगणाचार्य श्रीनगर (उत्तर प्रदेश) की ओर मुड़े, वहाँ से काठगोदाम होते हुए वे मथुरा चले गये। मथुरा आकर

उन्होंने यमुना-तट पर अपना निवास-स्थान बना लिया।

हरिद्वार से बदरीनाथ तक के लिये कुलियों का प्रबन्ध किया गया। किन्तु देवप्रयाग पहुँचने पर यात्रियों की अधिक भीड़-भाड़ देखकर बदरीनाथ के बदले, पहले गंगोत्तरी की यात्रा करने का विचार हुआ। उस समय बदरीनाथ की यात्रा में बहुत भीड़ हो गई थी। गंगोत्तरी गंगा जी का उद्‌गम स्थान है। राम को गंगोत्तरी के दर्शन की तीव्र लालसा थी। हिन्दुओं के लिये गंगाजी ब्रह्मज्ञान और आनन्द का प्रतीक समझी जाती हैं। ब्रह्मज्ञान और आनद के स्रोत तक पहुँचना, मोक्ष प्राप्त करना होता है। राम ने उसी की प्राप्ति के लिये अपनी उत्कृष्ट आजीविका तथा अपने परिवार एवं सन्मित्रों की आशाओं की बलि की थी। मार्ग में टेहरी पड़ता है। उस स्थान पर कुछ दिनों तक ठहरने का विचार निश्चित किया गया। टेहरी कस्बे से लगभग दो मील की दूरी पर एक रमणीक बगीचा था। वह गंगा-तट पर शान्त वातावरण में स्थित था। सेठ मुरलीधर ने लगभग उन्नीस हजार रुपये लगाकर इसका निर्माण कराया था और उन्होंने जिज्ञासुओं की एकान्तिक साधना के निमित्त उसे दान कर दिया था। राम उसे देखकर मुग्ध हो गये। अतः उन्होंने वहाँ ठहरने का विचार किया।

वहाँ पहुँचने पर राम ने नारायण जी से कहा, "मेरा तथा मण्डली के अन्य सदस्यों के सभी रुपये-पैसे गंगा में प्रवाहित कर दीजिये। जो परमात्मा पर आश्रित हैं, उन्हें रुपयों-पैसों की आवश्यकता नहीं है। अब हम सबको पूर्णतया उसी की इच्छा पर छोड़ देना चाहिये और उसकी मर्जी के मुताबिक रहना चाहिये। भगवद्‌भक्त की आजीविका उस परमात्मा की इच्छा के अनुसार चलनी चाहिये, न कि भक्त के कामनानुसार।" राम के आदेश का तुरन्त पालन किया गया। गंगा मैया अतुल धनराशि से सम्पन्न हैं। वे पूर्ण हैं, उन्हें किसी वस्तु की आवश्यकता नहीं। वे विष्णुपदी हैं। विष्णु के पद में प्रेयस् (लौकिक विभूतियाँ) और श्रेयस् (पारलौकिक आनन्द; मोक्ष) का सहज निवास है। जो कोई भक्त उन्हें अमूल्य भेंट चढ़ाता है, वह तो उसके त्याग का प्रतीक है। वह भेंट केवल इस बात का द्योतक है, कि 'माँ मेरी सारी वस्तुयें तुम्हारी दी हुई हैं, मेरा क्या है। तन, मन, धन, परिवार, ऐश्वर्य, मान-प्रतिष्ठा, सब तेरी ही दी हुई हैं। मैं तेरी ही वस्तु तुझे अर्पित कर रहा हूँ।' यह वृत्ति त्याग भावना को दृढ़ करती है। राम इसी त्याग वृत्ति का अनुसरण दृढ़तापूर्वक करना चाहते थे। अतः उनकी यह क्रिया सर्वथा शास्त्रसम्मत मानी जायेगी। संन्यासी को धन की क्या आवश्यकता?

उस बगीचे में राम ने मण्डली के प्रत्येक सदस्य का पृथक्-पृथक् एकान्त स्थल नियत कर दिया और सबसे इस प्रकार कहा, "अहंग्रह उपासना (मैं ब्रह्म हूँ, शरीर नहीं हूँ) में तन्मय हो जाओ। सारी चिन्ताओं से मुक्त हो जाओ। एक मात्र परमात्मा पर आश्रित रहो। यदि उस पर तुम्हारा पूर्ण विश्वास है और यदि उसकी इच्छा है, तो वह निश्चित तुम्हारा भरण-पोषण करेगा। यदि तुम्हारे विश्वास में कमी है अथवा उसकी इच्छा नहीं है तो जीने की अपेक्षा मरना हज़ारगुना श्रेयस्कर है।

राम की वाणी में अलौकिक शक्ति एवं आकर्षण था। सभी सदस्य ध्यान में लीन हो गये। ध्यान के कुछ ही घण्टों के पश्चात् एक विलक्षण घटना घटी। कालीकमली क्षेत्र ऋषीकेश के बाबा रामनाथ एक दूकानदार को लिये हुए वहाँ विराजमान हो गये।

संयोगवश गंगोत्तरी मार्ग पर पड़ने वाले अपने क्षेत्र की व्यवस्था—संचालन के निरीक्षण के लिये वे निकले थे। टेहरी पहुँचने पर उन्होंने राम के सम्बन्ध में अनेक प्रशंसात्मक बातें सुनीं। अतः बाबा जी राम के दर्शन के निमित्त आये। राम आध्यात्मिक आनन्द में निमग्न थे। ब्रह्मानन्द की अलौकिक मस्ती से उनका मुख और आँखें चमक रही थीं। बाबा उन्हें देखते ही मंत्रमुग्ध हो गये। उन्होंने तत्काल राम से जिज्ञासा की, "महाराज, आप यहाँ कब पधारे?" राम का उत्तर था, "कल।" इतना कहकर वे मौन हो गये। कुछ क्षण के बाद बाबा जी ने राम से पूछा, "महाराज, आपके भोजन-छाजन की क्या व्यवस्था है?" राम ने आकाश की ओर इंगित करके उत्तर दिया, 'उसी से पूछिये।" इसके बाद वे फिर मौन हो गये। राम का मौन बाबा जी को असह्य हो गया। राम के खाने-पीने की व्यवस्था करने के निमित्त ही तो बाबा जी परमात्मा द्वारा भेजे गये थे; हालाँकि, इस बात का उन्हें पूर्वाभास नहीं था। बाबा जी ने राम से प्रार्थना की, "महाराज, ये—बनवारीलाल, रास्ते के ऊपर दूकानदार हैं। मैं इन्हें निर्देश कर रहा हूँ कि ये आपको दस रुपये की खाद्य-सामग्री—आटा, चावल, दाल आदि—प्रतिमास आपको दे दिया करें। मेरी यह तुच्छ सेवा स्वीकार करने की अनुकम्पा करें।" राम का उत्तर था, "यदि आपकी इच्छा हो, तो इस सम्बन्ध में उन ब्रह्मचारी से बात करें, जो एकान्त में अकेले बैठे हैं।" राम का अभिप्राय नारायण जी से था।

नारायण जी बुलाये गये। उनके आने पर बाबा रामनाथ जी ने निवेदन किया, "ब्रह्मचारी महाराज, मैं आपकी मण्डली की तुच्छ सेवा का अभिलाषी हूँ। मैं दस रुपये का खाने-पीने का सामान इस दूकानदार से प्रतिमास भेजना चाहता हूँ। मेरी आन्तरिक इच्छा है कि इसे आप अवश्य स्वीकार करने का अनुग्रह कीजिये, ताकि आप लोगों की उपासना निर्विघ्न चलती रहे।"

नारायण जी सम्पन्न परिवार के थे। अब तक उन्होंने इस प्रकार का दान कभी स्वीकार नहीं किया था। ऐसी स्थिति में उनका अहंभाव जग गया। उन्होंने उत्तर दिया, "आपकी इस उदारता के लिये अनेक धन्यवाद! हम लोग परमात्मा पर आश्रित हैं, अतः आपका यह दान स्वीकार करने में असमर्थ हैं।" राम ने टोका, "नारायण जी यदि बाबा जी अपने से इसका प्रबन्ध कर रहे हों, तो आप इनकी प्रार्थना अस्वीकार कर दें, किन्तु यदि परमात्मा इनकी बुद्धि प्रेरित करके यह सब करा रहा हो, तो इसे स्वीकार करने में किसी प्रकार की आपत्ति नहीं होनी चाहिये।" बाबा जी ने इस पर कहा, "महाराज, वास्तव में मैं शरीर-भाव से कुछ भी नहीं कर रहा हूँ। यह सब कुछ परमात्मा करा रहा है। सहायता करने की भावना से मैं आपके पास आया ही नहीं था। मैं तो केवल आपके दर्शन के निमित्त आया था। आपके मोहक और आकर्षक स्वरूप को देखकर ही मैं आपके सम्बन्ध में जिज्ञासा करने को बाध्य हो गया। पता नहीं किस अज्ञात शक्ति के द्वारा मैं आपकी सहायता करने को अनुप्राणित कर दिया गया। अतः यह सब परमात्मा की ही करामात है, मेरी कुछ भी नहीं।" इस पर उनकी सेवा स्वीकार कर ली गई। नित्य की भाँति ९ बजे प्रातःकाल तक बिना चाहे ही भोजन की सारी व्यवस्था अपने आप हो गयी। इस घटना से उन सबका परमात्मा में अनुराग तथा विश्वास और भी दृढ़ हो गया। सब के सब अपनी आराधना में तन-मन से लग गये। थोड़े ही दिनों की साधना से उन्हें ऐसी अनुभूति हुई कि वे सब आनन्द के अपार सागर में अवगाहन कर रहे हैं।

राम उस स्थान की एकान्तिक साधना से बहुत प्रभावित हुए। उन्होंने अपनी मानसिक स्थिति का चित्रण उदात्त शैली में किया है। दो महत्त्वपूर्ण अंश इस प्रकार हैं—

"राम का उमड़ता हुआ आनन्द वर्णनातीत है। यहाँ शान्ति का साम्राज्य है। मन आनन्द से ओतप्रोत है। स्वर्गीय प्रसन्नता अपनी अलौकिक प्रभा अहर्निश विकीर्ण कर रही है। मानसिक क्षितिज दिन-प्रतिदिन स्वच्छ होता जा रहा है। भारत ही नहीं, बल्कि समस्त संसार के कल्याण के लिये यह परम शुभ चिह्न है।"

"यहाँ प्रतिक्षण संगीत, नृत्य और सुख के दौर चल रहे हैं। चिन्तायें चली गई हैं; दुःख बोरे में बन्द है। मैं कितना अधिक प्रसन्न हूँ, इसका उल्लेख नहीं किया जा सकता।"

एक रात्रि को अपने साथियों को छोड़कर राम टेहरी से लापता हो गये। इससे सभी बहुत क्षुब्ध हुए। आधी रात, जब सभी सदस्य गाढ़ी नींद में थे, राम नंगे सिर, नंगे पाँव चुपचाप बाहर निकल गये। वे गंगोत्तरी की ओर अकेले चल पड़े। वे उत्तरकाशी तक पहुँचे। टेहरी से उत्तरकाशी लगभग पचास मील की दूरी पर है। राम ने इस यात्रा का इस प्रकार वर्णन किया है—

"कमर में कुछ वस्त्र पहने हुए, राम गाता हुआ चला जा रहा है। क्या गा रहा है? 'ओम्', ओम्, ओम्'.........रात्रि के दो या तीन बजे होंगे। चारों तरफ़ सन्नाटा है। आकाश में बादल छाये हैं। कोई पक्षी अपना पंख तक नहीं फड़फड़ाता है। देखो, बिजली चमक रही है। बादल गरज कर पर्वतों पर अपनी शक्ति अजमा रहे हैं। वृक्ष तड़ातड़ टूट रहे हैं; शिलायें ढह रही हैं। मार्ग अवरुद्ध है। राम के सिर पर छाता नहीं है। उसके सिर और पाँव नंगे हैं। उसके पास न तो छड़ी है और न गरम कपड़े।"

"यह ऐसा बीहड़ स्थान है, जिसे दोपहर में भी लोग कठिनाई से तय कर पावें। आधी रात कौन चल रहा है? उसके अतिरिक्त और कौन हो सकता है, जो सुषुप्ति का भी साक्षी है। 'सदोदितोऽहं, सदोदितोऽहं—मैं सदैव जागता हूँ, मैं सदैव जागता हूँ।"

"ऐसी विकट स्थिति में एक टूटा-फूटा रास्ता मिल गया। रास्ता जाम है। किन्तु राम के मार्ग को कौन अवरुद्ध कर सकता है? कँटीली झाड़ियों एवं शिलाखण्डों को पकड़-पकड़ कर राम पहाड़ी पर चढ़ रहा है। राम वहाँ स्थित है, जहाँ पहाड़ी बकरियाँ भी न पहुँच सकतीं।"

"पर्वत के शिखर पर 'ओम् ओम्' की अनाहत ध्वनि हो रही है। अरे सोने वालों, क्या तुम तक यह ध्वनि नहीं पहुँच रही है? क्या तुम्हारी नींद अब तक नहीं टूटी? बादलों, जाओ अपने गर्जन में संसार के लोगों को 'ओम् ओम्' का नाद घोषित कर दो। बिजली, भागो और सुवर्ण अक्षरों में 'ओम् ओम्' लिख दो।"

"राम की आज्ञा मानकर बादल गरजने लगे हैं और पत्थरों तक को जगा रहे हैं; बिजली अपनी कौंध से वृक्षों और जानवरों को प्रकाशित कर रही है। बिजली ने प्रसन्नतापूर्वक राम की आज्ञा शिरोधार्य कर ली है। आकाश ने उस आज्ञा को अपने भाल पर अंकित कर लिया है—'भारत जग रहा है! जग रहा है!! जग रहा है!!! आकाश ने कहा, 'बहुत ठीक', देवदूतों ने भी हाँ में हाँ मिलायी, 'बहुत अच्छा किया।' ओम्!

ओम्!! ओम्!!!"

"दासता, दुर्बलता, अब तुम्हारे जाने का समय आ गया है, अब अपना बोरिया बिस्तर बाँध लो; अपना सारा सामान लेकर भाग जाओ। मुक्त पुरुषों के देश को छोड़ दो। तुम्हारी मृत्यु पर बादल आँसू बहा रहे हैं। तुम गंगा में बह जाओ! जाओ, अपने को समुद्र में डुबो दो। अपने को हिमालय में गला दो।"

"इस भयंकर डरावने स्थान पर, राम निर्भय भाव से मृत्यु को चेतावनी दे रहा है। क्या उसे अपने जीवन का भय नहीं है? जो सर्वत्र विराजमान है, वह मृत्यु से किस प्रकार डर सकता है? राम की आज्ञा के बिना, क्या मृत्यु साँस ले सकती है? भारत के जागरण के पूर्व राम के शरीर का पात नहीं हो सकता।"

"यदि शरीर का शिरोच्छेदन भी कर दिया जाय, तो उसकी हड्डियाँ दधीचि की हड्डियों के समान वज्र बनकर द्वैत के दानव को चूर्ण कर डालेंगी।"

"अश्वत्थामा के छोड़े हुए ब्रह्मास्त्र की भाँति राम का छोड़ा हुआ ब्रह्मास्त्र द्वैत भाव को समूल दग्ध कर देगा। इस शुद्ध संकल्प के आगे किसका दम है, जो टिक सके।"

उपर्युक्त अवतरणों को ध्यानपूर्वक देखने से यह बात भली-भाँति स्पष्ट हो जाती है कि अब राम के विशुद्ध अन्तःकरण में देशभक्ति और लोक कल्याण की भावना प्रबल हो रही है। वे देश की दुर्बलता, दासता एवं तमोगुण को दूर भगाना चाहते हैं। देश के अन्तर्गत पौरुष, शौर्य एवं आनन्द भर देना चाहते हैं। प्रसुप्त देशवासियों को जगाने के लिये कटिबद्ध प्रतीत होते हैं। ब्रह्मज्ञानी की प्रत्येक कामना लोक कल्याण के निमित्त होती है। उसके सद्विचारों के सूक्ष्म परमाणु संसार के कण-कण में व्याप्त हो जाते हैं। उनके संकल्प में अपार शक्ति निहित रहती है।

राम के अकस्मात् चले जाने से उनकी सहधर्मिणी शिवदेवी को अत्यधिक मानसिक आघात पहुँचा। वे दिन-रात उन्हीं की चिन्ता में निमग्न रहने लगीं। उनकी दिनचर्या एवं रहनी में विलक्षण परिवर्तन आ गया। शरीर के प्रति बहुत उदासीन हो गईं। परिणाम यह हुआ कि उनका स्वास्थ्य बहुत गिर गया। हालाँकि, राम उत्तरकाशी से थोड़े दिनों के बाद वापस लौट आये, परन्तु उनका स्वास्थ्य सँभल न सका। उनकी दशा बहुत नाजुक हो गई। अन्त में वे नारायण जी के साथ मुरारीवाला भेज दी गईं; साथ में छोटा पुत्र ब्रह्मानन्द भी था। बड़ा पुत्र मदनमोहन टेहरी में रह गया और टेहरी राज्य के स्कूल में उसकी पढ़ाई का प्रबन्ध कर दिया गया। वह दस वर्ष का था।

सन् १९०१ के प्रारम्भ में राम ने संन्यास ग्रहण करने का पक्का संकल्प कर लिया। इस बीच उन्होंने सम्पूर्ण त्याग करने का दृढ़ अभ्यास किया। राम की यह असाधारण विशेषता थी, कि जिस काम को वे करते थे, पूरे दिल से। अपनी क्रिया-प्रणाली से वे कार्य की तह तक पहुँच जाते थे। वहाँ से वे उस कार्य के आगामी परिणाम का भी सूक्ष्मता से पर्यवेक्षण कर लेते थे। तत्पश्चात् निश्शंक होकर उसके सम्पादन में जुट जाते थे। फिर वे सांसारिक लोगों की निन्दा, समालोचना अथवा आक्षेप की रंचमात्र भी परवाह न करते थे। उन्होंने भीतर ही भीतर संन्यास-वृत्ति की पूरी तैयारी कर ली थी। उन्हें अब मात्र औपचारिक संन्यास ग्रहण करना था। शंकराचार्य जी ने वर्षों पहले उन्हें निर्देश दे

रखा था कि जब सारी सांसारिक वस्तुओं से चित्त उपराम हो जाय और संन्यास-ग्रहण की अभिलाषा अत्यधिक प्रबल हो जाय, तो गंगा-तट पर स्वयं संन्यास ग्रहण किया जा सकता है। वह दिन आ पहुँचा। गंगा-तट पर राम ने संन्यास की छः महीने की परीक्षण-अवधि पूरी कर ली। उनकी अन्तरात्मा ने उन्हें संन्यासी होने का प्रबल आदेश दिया। वे अब संन्यास ग्रहण करने के लिये विवश थे।

पास के एक गाँव से नाई बुलवाया गया। उसने राम के सिर का मुण्डन किया। नारायण और तुलाराम ने उनके वस्त्र गेरुआ रंग में रंग दिये। राम गंगा जी में प्रविष्ट हुए और उन्होंने अपना यज्ञोपवीत गंगा जी में प्रवाहित कर दिया। कुछ समय तक ध्यानस्थ होकर 'ओम् ओम्' की सुमधुर ध्वनि करते रहे। तत्पश्चात् गंगा जी से निकल कर गेरुआ वस्त्र धारण कर लिया। गंगा-तट पर बैठकर घण्टों ध्यानमग्न रहे। वे ब्रह्मानन्द के दिव्य नशे में मस्त हो गये। संयोगवश कुछ साधुगण उत्तरकाशी से वहाँ पहुँच गये थे। भण्डारा करके उन्हें तृप्त किया गया। तीर्थराम ने अपना नाम परिवर्तित करके 'रामतीर्थ' रख लिया। इस नाम परिवर्तन में भी उन्होंने अपनी सहज वृत्ति का परिचय दिया। उन्होंने कोई अन्य नवीन नाम नहीं ग्रहण किया, बल्कि अपने पुराने नाम में ही कुछ उलट-फेर कर दिया। 'रामतीर्थ' का नवीन नामकरण दो कारणों से सार्थक था। पहली बात तो यह कि हिन्दू रीति के अनुसार संन्यास ग्रहण करने के अनन्तर संन्यासी को नया नाम इसलिये दिया जाता है, कि वह अपने पूर्व जीवन (ब्रह्मचर्य, गृहस्थ अथवा वानप्रस्थ आश्रम) से मर चुका और अब संन्यासाश्रम में प्रविष्ट होकर नवीन जीवन और नवीन नाम ग्रहण कर रहा है। राम भी अपने पूर्व जीवन और उसके क्रिया-कलापों का परित्याग कर संन्यासाश्रम के नवीन जीवन में पदार्पण कर चुके थे। वे अब प्रवृत्ति मार्ग को तिलांजलि देकर निवृत्ति मार्ग ग्रहण कर चुके थे और जगत् की समस्त बहिर्मुखताओं से विमुख होकर आन्तरिक जगत् में प्रविष्ट हो चुके थे। दूसरी बात यह है कि वे अपने को द्वारकापीठ के शंकराचार्य, माधवतीर्थ की शिष्य-परम्परा में समझते थे। वहाँ का संन्यासी समुदाय 'तीर्थ' सम्प्रदाय से सम्बन्धित है। अतः राम ने वहाँ की परम्परा के अनुसार 'रामतीर्थ' नाम ग्रहण किया। इसे संयोग की ही बात समझी जानी चाहिये कि उनके नाम में 'तीर्थ' शब्द पहले से ही विद्यमान था, उसे बाहर से लाने की आवश्यकता नहीं पड़ी। संन्यास ग्रहण करने के उपरान्त स्वामी रामतीर्थ जंगल में बिल्कुल एकान्त में रहने लगे। अपने संगी-साथियों से निर्धारित समय पर ही मिलते थे। नारायण जी ने राम के संन्यास-ग्रहण करने का समाचार उनके सम्बन्धियों एवं मित्रों को बतलाया। उनके बड़े पुत्र, मदनमोहन ने जब अपने पिता को संन्यासी वेशभूषा में देखा, तो वह बेचारा फूट-फूट कर रोने लगा। उसकी दशा अत्यधिक दयनीय थी। दर्शकों की आँखों से भी अश्रुधारा बहने लगी।

संन्यास ग्रहण करने के कुछ सप्ताह के बाद उन्होंने नारायण जी को लाहौर भेजा। इन छः महीनों के भीतर स्वामी राम ने 'अलिफ़' पत्रिका के लिये बहुत कुछ लिखा था। नारायण जी उन्हीं सब तथा कुछ अन्य आवश्यक सामग्रियों को लेने के लिये भेजे गये थे। मदनमोहन की परीक्षा हो चुकी थी। अतः वह भी नारायण के साथ हो गया।

इस बीच स्वामी राम की ख्याति बहुत बढ़ने लगी। अनेक सद्‌गृहस्थ, ब्रह्मचारी, साधु-महात्मा उनके दर्शनार्थ आने लगे। उन दर्शकों में कुछ मुमुक्षु भी रहते थे। एक बार

टेहरी राजवंश का एक पन्द्रह-सोलह वर्षीय किशोर स्वामी जी के दर्शन के लिये आया। उन्होंने अपनी अभिलाषा प्रकट की, ''महाराज, मुझे परमात्मा का साक्षात्कार करा दीजिये।'' उसे अधिकारी पात्र समझ कर स्वामी जी ने उसे गूढ़तम आध्यात्मिक उपदेश दिया। स्वामी जी लड़के से प्रश्न पर प्रश्न करते गये। अन्त में उसे आत्मस्वरूप की प्रत्यक्ष झाँकी दिखा दी। स्वामी जी ने उस वार्त्ता का विस्तृत वर्णन किया है। उसका सार इस प्रकार है—

एक बार एक भारतीय राजा का पुत्र राम के पास पहाड़ों पर आया और उसने यह प्रश्न किया, 'स्वामी जी, स्वामी जी, ईश्वर क्या है?' पहले तो मैंने विषय की दुरूहता बताकर उसे टरकाना चाहा, किन्तु वह अपनी जिज्ञासा-शान्ति पर अटल रहा। इस पर मैंने उससे कहा, 'उचित होगा कि अपना परिचय-पत्र उसे दो। मैं साक्षात् ईश्वर के हाथ में उसे रख दूँगा और ईश्वर तुम्हारे पास आ जायेगा। यह तुम भलीभाँति देख लोगे कि ईश्वर क्या है।' उसने अपने परिचय पत्र पर लिखा, मैं उत्तर भारत में हिमालय पर रहने वाले अमुक राजा का पुत्र हूँ और अमुक मेरा नाम है।' राम ने पर्चा लिया, ध्यान से देखा और उस राजकुमार को यह कह कर लौटा दिया, 'अरे राजकुमार तुम नहीं जानते कि तुम कौन हो। तुम उस निरक्षर अनाड़ी आदमी की तरह हो, जो तुम्हारे पिता अर्थात् राजा से मिलना तो चाहता है, पर अपना नाम तक नहीं लिख सकता। क्या तुम्हारा पिता अर्थात् राजा उससे मिलेगा? अतः तुम अपना नाम ठीक से बताओ, तब ईश्वर तुमसे मिलेगा।'

लड़का चिन्ता-निमग्न हो गया। कुछ देर के बाद उसने कहा, 'स्वामिन्, स्वामिन् अब मैं समझा, अब मैं समझा। मैंने केवल शरीर का पता आपको बताया और कागज पर यह लिखा कि मैं कौन हूँ।' थोड़ी देर चिन्तन करके उस राजकुमार ने कहा, 'ठीक, मैं मन हूँ, मैं मन हूँ, अवश्य ही मैं मन हूँ।' अब उस राजकुमार से प्रश्न किया गया, 'क्या, वास्तव में ऐसा ही है?'

''अच्छा, कुमार यदि यह बात सही है, तो बताओ, तुम्हारे शरीर में कितनी हड्डियाँ हैं? क्या बता सकते हो, कि आज सबेरे तुमने जो भोजन किया था, वह तुम्हारे शरीर में कहाँ रखा है?''

कुमार निरुत्तर हो गया। उसके मुँह से निकला, 'जी, मेरी बुद्धि वहाँ तक नहीं पहुँचती। मैंने यह नहीं पढ़ा है। मैंने शारीरिक अथवा प्राणविद्या अभी तक नहीं पढ़ी। मेरी बुद्धि इसे नहीं ग्रहण कर सकती, मेरे मस्तिष्क में यह बात नहीं आती, मेरा मन इसकी धारणा नहीं कर सकता।'

राम ने कहा, ''प्यारे कुमार, तुम्हारी बात से सिद्ध होता है कि तुम मन, बुद्धि या मस्तिष्क नहीं हो। तो तुम विचारो; खूब विचारो, तब मुझे बताओ कि तुम क्या हो? उसी समय ईश्वर तुम तक आ जायेगा, और तुम ईश्वर को देख सकोगे। किन्तु कृपा करके बताओ भी कि तुम कौन हो?''

अत्यधिक मनन करने के अनन्तर लड़के ने उत्तर दिया, 'मेरा मन, मेरी बुद्धि वहाँ तक जाने में जवाब देते हैं।'

राजकुमार के वचन कितने स्पष्ट और सच्चे थे। सचमुच शुद्ध परमात्मा मन बुद्धि, चित्त, अहंकार आदि से परे है। सच्ची आत्मा, परमेश्वर तक इन सबका गम नहीं है।

लड़के को निर्देश किया गया, 'अब तक तुम्हारी बुद्धि जहाँ तक पहुँची है, कुछ देर बैठकर उस पर विचार करो। मैं शरीर नहीं हूँ, मैं मन नहीं हूँ, मैं बुद्धि नहीं हूँ—यदि ऐसा है तो इसकी अनुभूति करो। इसे अमल में लाओ। बोध की भाषा में, कार्य की भाषा में इसकी आवृत्तियाँ करो। अनुभव करो कि तुम शरीर नहीं हो। यदि इसी साँचे में अपना जीवन ढाल दो, यदि सत्य के इतने ही अंश को व्यवहार में क्रियान्वित कर दो, यदि तुम शरीर और मन से ऊपर उठ जाओ, तो तुम समस्त चिन्ताओं और भय से मुक्ति पा जाते हो। शरीर और मन की कोटि से अपने को ऊँचा करते ही भय छोड़ देता है। यदि तुम सत्य का केवल इतना ही अंश व्यवहार में ले आना सीख जाते हो, तो तुम्हारी सारी चिन्तायें समाप्त हो जाती हैं, सारे शोक नष्ट हो जाते हैं।'

तदन्तर बालक को यह जताने में कुछ सहायता दी गई कि वह स्वयं क्या है। इसके बाद सुबह अब तक के किये गये उसके कामों का विवरण पूछा गया। उसने अपने जागने, स्नान करने, भोजन करने, पढ़ने, चिट्ठियाँ लिखने, आदि किये हुये कार्यों का ब्यौरा बताया। राम ने उससे बताया इन छोटे-छोटे कार्य करने के अतिरिक्त उसने करोड़ों, अरबों, शंखों—अगणित कर्म और किये हैं, जिसे मन, बुद्धि आदि नहीं जान सकते हैं।

बालक किंकर्त्तव्यविमूढ़ होकर मेरी बात पर मनन करने लगा। राम ने उससे अपनी बात और अधिक स्पष्ट की, 'तुम भोजन करते हो, उसे आमाशय में पहुँचाते हो, उसे पचाते हो, उसका रस बनाते हो, रक्त, मांस, मज्जा बनाते हो, हृद्‌गति चलाते हो, शरीर की शिरा-शिरा में रक्त का संचार करते हो। तुम्हीं बाल उगाते हो, शरीर के प्रत्येक अंग को पुष्ट करते हो, अब ध्यान दो कि कितने कार्य, कितनी क्रियायें तुम प्रत्येक क्षण करते रहते हो।'

लड़का बारंबार सोचने लगा और बोला, महाराज जी वस्तुतः मेरे शरीर में, अर्थात् इस शरीर में हजारों क्रियायें एक साथ हो रही हैं, जिन्हें बुद्धि नहीं जानती, मन जिनसे बेखबर है और फिर भी वे सब क्रियायें हो रही हैं। इन सब का कारण अवश्य मैं ही हो सकता हूँ। इन सब का कर्त्ता मैं ही हूँ। अतः मेरा यह कथन सर्वथा गलत था कि मैंने कुछ ही काम किये हैं।'

राम ने राजकुमार से अपनी बात और अधिक स्पष्ट की, 'तुम्हारे इस शरीर में दो प्रकार के काम हो रहे हैं—एक अपनी इच्छा से दूसरी अनिच्छा से। अपनी इच्छा से किये गये काम वे हैं, जो मन, बुद्धि के द्वारा होते हैं, जैसे लिखना-पढ़ना, चलना, बोलना, बैठना, खाना-पीना आदि। ये सारे कार्य मन और बुद्धि के द्वारा किये जाते हैं। इसके अतिरिक्त अनेक क्रियायें और कार्य ऐसे हो सकते हैं, जो सीधे-सीधे किये जा रहे हैं और जिनमें मन की आढ़त अथवा माध्यम की आवश्यकता नहीं। उदाहरण के लिये—साँस लेना, नाड़ियों में रक्त संचार करना, बालों का बढ़ाना आदि।

'लोग यह भयंकर भूल करते हैं कि केवल उन्हीं कामों को अपने किये हुए मानते हैं, जो मन अथवा बुद्धि के माध्यम से होते हैं और उन सब कार्यों को अस्वीकार कर देते हैं,

जो मन अथवा बुद्धि के माध्यम बिना सीधे-सीधे हो रहे हैं। इस भूल तथा लापरवाही से वे अपने शुद्ध स्वरूप को मन के बन्दीगृह में बन्दी बना लेते हैं। इस प्रकार वे असीम को ससीम और परिच्छिन्न बनाकर दुःख भोगते हैं। स्वर्ग का समस्त पदार्थ तुम्हारे भीतर है, ईश्वर तुम्हारे भीतर है। और वह ईश्वर और सार पदार्थ तुम स्वयं हो।

'कुछ लोग पचाने, रक्त बनाने आदि क्रियाओं को प्रकृति द्वारा किया गया मानते हैं। पर यह अंधविश्वास है। यदि इस अन्धविश्वास को साहसपूर्वक त्याग दें, तो आपको यह बात भलीभाँति समझ में आ जायेगी। आप स्वयं प्रकृति हैं—राम हैं। तुम जाग्रत्, स्वप्न, सुषुप्ति तीनों अवस्थाओं के साक्षी हो। तुम सर्वत्र विराजमान हो। तुम्हारी अनन्त शक्ति एक है। वह शक्ति तुमसे भिन्न नहीं है। तुम्हारी शक्ति सर्वव्यापिनी है। वही सितारों को चमका रही है, वही तुम्हारी आँखों में देखने की शक्ति दे रही है, वही नदियों को प्रवाहित कर रही है, वही ब्रह्माण्डों को क्षण-प्रतिक्षण बना-बिगाड़ रही है। क्या तुम वह शक्ति नहीं हो? सचमुच तुम वही शक्ति हो, जो मन बुद्धि से परे है। तुम वह शक्ति हो जो सम्पूर्ण विश्व का शासन कर रही है। वही आत्मदेव तुम हो, वही ईश्वर तुम हो, वही अज्ञेय, वही तेज, तत्त्व, शक्ति, जो जी चाहे कह लो, वही दिव्य शक्ति, वही सर्वरूप, जो सर्वत्र विद्यमान है, वही तुम हो।'

राम की बात से बालक चकित होकर बोला, 'वास्तव में, वास्तव में मैंने ईश्वर को जानना चाहा था। मैंने सवाल किया था कि ईश्वर क्या है और मुझे पता लग गया मेरा अपना आप, मेरी सच्ची आत्मा ईश्वर है। मैं क्या पूछ रहा था, मैंने क्या पूछा था, कैसा बेहूदा प्रश्न मैंने किया था। मुझे अपने को ही जानना था; मुझे जाना था कि मैं कौन हूँ। मेरे जानने से ईश्वर का पता लग गया। इस प्रकार ईश्वर का बोध हो गया।'

इस प्रकार राम ने उस बालक को आत्मस्वरूप में स्थित कर दिया।''

राम ने आध्यात्मिक साधनों को अपने जीवन की समस्त क्रियाओं में उतार लिया था। स्वाध्याय, चिन्तन, मनन, निदिध्यासन के द्वारा प्रत्यक्षानुभूति की थी। उसी के बल पर वे सच्चे आध्यात्मिक साधक की कठिनाइयों को मिनटों में दूर कर देते थे। राम का उपर्युक्त संवाद अत्यन्त महत्त्वपूर्ण है। वह केवल पढ़ने मात्र की वस्तु नहीं है, बल्कि उसमें मनन की सामग्री है। हमारा पूर्ण विश्वास है कि उनकी इस प्रकार की वाणियों पर मनन करने से निश्चय ही आध्यात्मिक प्रेरणा प्राप्त होगी।

ज्यों-ज्यों राम की यश-सुरभि फैलने लगी, त्यों-त्यों दर्शनार्थियों की संख्या में वृद्धि होने लगी। मुरलीधर के बगीचे में दर्शनार्थियों और जिज्ञासुओं का जमघट सदैव रहने लगा। अन्त में स्थिति यहाँ तक पहुँच गई कि उन्हें एकान्तसेवन में अड़चन पड़ने लगी। अतः १४ जून, १९०१ को उन्होंने मुरलीधर की वाटिका त्याग दी और इसकी सूचना किसी को भी नहीं दी। उन्होंने एक गुफा को अपना निवास-स्थान बनाया। वह टेहरी से छः मील की दूरी पर गंगा-तट पर स्थित थी। गंगा-तट पर एकान्त स्थान में होने के कारण यह स्थान स्वामी राम को अत्यन्त प्रिय प्रतीत हुआ। जुलाई, १९०१ में नारायण जी लाहौर से वापस लौटे। राम को मुरलीधर के बाग में न पाकर उन्हें बहुत दुःख हुआ। बड़ी खोज के पश्चात् नारायण जी ने राम के नये स्थान का पता लगाया। उस स्थान पर पहुँचने पर नारायण जी ने राम को गंगा-तट की बालुका पर समाधिदशा में लेटे पाया। सूर्य की

किरणें जब अधिक तप्त हुईं, तो राम समाधि अवस्था से सामान्य जगत् में आये। नारायण जी को अपने सम्मुख देखकर राम ने उनसे कहा, "राम यहाँ पिछली संध्या से लेटा हुआ है। प्रातःकाल चार बजे गंगा जी ने बढ़कर जब राम का स्पर्श किया, तो वह उठ बैठा। किन्तु सुखद बयार ने उसे भाव-विह्वल बना दिया और उसके हृदय से कविता की अजस्र मन्दाकिनी स्वतः प्रभावित होने लगी। जब उसके मस्तिष्क के विचार और हृदय के भाव चरमसीमा पर पहुँच गये, तो कलम उसके हाथ से छूटकर गंगा जी की रेती पर गिर पड़ी।" इतना कहकर उन्होंने नारायण जी को अपनी भावावस्था में रचित कुछ कवितायें सुनायीं। वे कवितायें 'अलिफ़' में प्रकाशित की गईं। 'राम वर्षा' में भी वे संग्रहीत हैं। एक कविता की प्रारम्भिक पंक्तियाँ इस प्रकार हैं—

**जब उमड़ा दरिया उलफ़त का हर चार तरफ आजादी है।**
**हर रोज मुबारकबादी है हर रात नई एक शादी है॥**

नारायण और तुलाराम के साथ १६ अगस्त, १९०१ को राम ने यमुनोत्तरी की ओर प्रस्थान किया। वे ५ सितम्बर, १९०१ को यमुनोत्तरी-मन्दिर पहुँचे। संयोगवश उस दिन जन्माष्टमी पड़ती थी। वहाँ पहुँचने पर राम ने एक उष्ण गुफा में शरण ली और उनके दोनों साथी एक कुठार (लकड़ी का मकान) में रहने लगे। वे लगभग एक पखवारा तक यमुनोत्तरी में रहे। तत्पश्चात् सुमेरु-शिखर अथवा बंदर-पूछ की यात्रा की। राम ने इस यात्रा के सम्बन्ध में कुछ रोचक प्रसंग बतलाये हैं—

"इतनी ऊँचाई पर उर्द की दाल नहीं पकायी जा सकती। यहाँ संसार का कोई प्रभाव नहीं पड़ता। पर्याप्त तप्त जल-स्रोत है। प्रकृति ने फूलों के उद्यान सजा रखे हैं....... यमुना रानी का नीलवर्ण शरीर, कश्मीर को भी लज्जित करता है। झरने आनन्द से नृत्य कर रहे हैं। यमुना रानी बाजा बजा रही है और शाहंशाह राम गा रहा है।"

"यहाँ पागलपन निरन्तर बढ़ता जा रहा है—दिन दूना और रात चौगुना। धीमी-सी ध्वनि भी पागल के लिये पर्याप्त है। भौतिक शरीर का बोध ही नहीं रहता।"

"हल्का भोजन यमुना रानी (अपने तप्त सोते में) पका देती है।"

"राम कभी-कभी सौ फुट ऊँचाई से गिरते जल-प्रपात में स्नान करता है, कभी शताब्दियों पुरानी बर्फ से निकले हुए विशुद्ध जल में गोता लगाता है और कभी-कभी शाहंशाह राम उष्ण जल-स्रोतों में आनन्द लेता है।"

हिमालय की यात्रा में राम ने असाधारण निर्भयता का परिचय दिया। "एक बार हिमालय के जंगलों में पाँच-पाँच भालुओं का सामना हुआ। किन्तु वे सब बिना किसी प्रकार की बाधा पहुँचाये चुपचाप खिसक गये।" इसी प्रकार एक बार एक भेड़िये ने चुपचाप उन्हें रास्ता दे दिया। एक बार एक चीता उनके पास से भाग गया। यह कैसे सम्भव हो सका? इसके दो उत्तर हैं—पहली बात तो यह कि राम आत्मस्वरूप में इतने अधिक निमग्न हो गये थे कि वे शरीर भाव से एकदम पृथक् होकर ऊपर उठ चुके थे। उनकी दृष्टि में राम के अतिरिक्त किसी अन्य द्वैत भाव के लिये गुंजाइश नहीं थी। इस प्रकार के ब्रह्मज्ञानी का शरीर प्रारब्धानुसार चलता है। प्रकृति ऐसे अद्वैतनिष्ठ निर्भय ब्रह्मज्ञानी की सेविका बनकर परिचर्या करती है। उस ब्रह्मवरिष्ठ पुरुष को अपने शरीर के

रहने-जाने का कोई हर्ष-विषाद नहीं होता, वह तो सभी शरीरों में अपना आत्मस्वरूप देखता है। दूसरा उत्तर कुछ निम्न भूमिका से संबंधित है। उत्कट साधना के फलस्वरूप राम ने त्राटक-सिद्धि प्राप्त कर ली थी। जिस योगी को त्राटक सिद्ध होता है, उसकी दृष्टि में असाधारण शक्ति आ जाती है। संसार का बलवान् से बलवान् व्यक्ति भी उसकी दृष्टि के सम्मुख मूर्च्छित नहीं, प्रत्युत शरीर भी छोड़ सकता है। ऐसे ब्रह्मज्ञानी अथवा योगी का शरीर अपने लिये नहीं; बल्कि संसार के कल्याण के निमित्त होता है। इस प्रकार के महान् पुरुष चाहे कुछ करें अथवा न करें, उनके शरीर के अस्तित्त्व मात्र से संसार का महान् कल्याण होता है।

यमुनोत्तरी से राम अपने साथियों के साथ गंगोत्तरी की ओर उन्मुख हुए। गंगोत्तरी गंगा का उद्गम स्थान है। यमुनोत्तरी से दस-बारह मील नीचे से गंगोत्तरी के लिये दो मार्ग हैं—एक तो पर्वत की बगल से और दूसरा बर्फ के बीच से। पर्वत की बगल वाले रास्ते से गंगोत्तरी पहुँचने में दस-बारह दिन लगते हैं और बर्फ वाले मार्ग से केवल दो-तीन दिन। किन्तु अंतिम मार्ग अत्यन्त दुरूह और भयंकर है। पग-पग पर मृत्यु का सामना करना पड़ता है। राम ने जोखिम-भरे मार्ग का चयन किया। १६ सितम्बर १९०१ को रवाना हुए और १८ सितम्बर १९०१ को गंगोत्तरी पहुँच गये। राम ने इस यात्रा का बड़ा ही आकर्षक वर्णन किया है—

"गंगोत्तरी, सितम्बर, १९०१

पवित्र सलिल गंगा राम का वियोग न सह सकीं, और अन्त में एक मास होते ही होते उसने फिर राम को अपने पास बुला ही लिया। यद्यपि राम की गंगा ज्ञान-सम्पन्ना है, (मोह-माया से परे है) फिर भी राम के मिलने पर वह अपने आनन्दाश्रुओं के वेग को किसी प्रकार न रोक सकी। यहाँ प्यारी गंगा के नित्य नवीन सौन्दर्य एवं आनन्दमयी क्रीड़ा का वर्णन कौन कर सकता है? गंगा के चिर सहचरों का चरित्र परम अलौकिक और निर्मल है। उदाहरणार्थ हिमाच्छादित पर्वत श्रेणियाँ और निष्पाप देवदार वृक्षों की पंक्तियाँ किसका हृदय आकर्षित नहीं कर लेंगी? देवदार के वृक्षों का एकदम सीधा तनाव तो फारसी कवियों की प्रियतमा के लम्बे कद के सौन्दर्य को भी मात कर देता है। उन वृक्षों की शान्तिदायिनी श्वास से हृदय प्रफुल्लित होकर खिल उठता है और आनन्दातिरेक के कारण एक सीढ़ी ऊपर चढ़ जाता है।

यहाँ प्रत्येक व्यक्ति प्रत्यक्ष अनुभव कर सकता है कि 'परमात्मा पत्थरों के बीच सो रहा है, वनस्पतियों में श्वास ले रहा है, जानवरों में हिल-डुल रहा है और मनुष्य में चेतना शक्ति का संचार कर रहा है।'

यमुनोत्तरी की यात्रा के अनन्तर गंगोत्तरी पहुँचने में यात्रियों को दस दिन से कम नहीं लगता। किन्तु राम यमुनोत्तरी से गंगोत्तरी केवल तीन दिन में पहुँच गये। उसने एक ऐसे मार्ग का अनुसरण किया, जिस पर नीचे के मैदान के किसी निवासी के चरण कदाचित् ही कभी पड़े हों। पर्वतारोही इस मार्ग को 'छायापथ' के नाम से संबोधित करते हैं। राम ने लगातार तीन रातें जंगल की एकान्त गुफाओं में गुजारीं। मार्ग में न तो कोई बस्ती दीख पड़ी और न कोई झोपड़ी। इस यात्रा में दो पैरोंवाला (अर्थात् मनुष्य) भी नहीं दिखाई पड़ा।

'छायापथ' यह इसलिए कहलाता है कि प्रायः वर्ष भर इस पर घनी छाया रहती है। किसकी छाया? तुम सोचते होगे—पेड़ों की? नहीं, इस पथ का अधिकांश भाग बादलों से घिरा रहता है। ऐसे ऊँचे शीतप्रद स्थान में वृक्षों की कहाँ गुजर? वृक्ष तो यहाँ उग ही नहीं सकते। यमुनोत्तरी और गंगोत्तरी के समीपवर्ती गाँवों के गड़रिये प्रतिवर्ष के दो तीन मास इन्हीं जंगलों में अपनी भेड़ बकरियाँ चराते हैं। संयोगवश भेड़ चराते हुये कुछ गड़रिये 'बन्दरपूछ' और 'हनुमान मुख' के समीप दिखायी पड़े। यही दोनों शिखर उन विश्वविख्यात भगिनी सरिताओं के स्रोतों को जोड़ते हैं। प्रायः सारे पथ में फूलों की ऐसी अंधाधुंध बाढ़ रहती है कि सारा मार्ग सुनहली फर्श से ढका प्रतीत होता है। चारों ओर रंग-बिरंगे नीले-पीले गुलाबी पुष्प बिखरे रहते हैं। राशि-राशि में लिली (कुमुदिनी), वायलेट (नील पुष्प) एवं विविध प्रकार के अन्य पुष्प खिले हैं। गुग्गल, धूप, ममीरा, मीठा तेलिया, सलाब मिश्री तथा अन्य जड़ी-बूटियों की बहार है। केशर, इत्र्स तथा मनोहर सुगन्धियुक्त विविध पुष्प—भेडगद्दा, अप्रतिम ब्रह्मकमल आदि अपनी दिव्य सुगन्धि चारों ओर बिखेर रहे हैं। इन सब के अलौकिक सौन्दर्य से यह स्थल इतना मनोहर उद्यान बन गया है कि इसमें विहार करने के लिये पृथ्वी और स्वर्ग के स्वामी भी प्रतिस्पर्धा कर सकते हैं।

× × ×

कहीं-कहीं वायु के झोकों पर सुगन्ध का ऐसा तूफान उठता है कि राम का हृदय मधुर संगीत की भाँति थिरकने लगता है। वायु पर सवार सुगन्ध का यह विशाल सरोवर—एकदम मधुर और एकदम कोमल—दो प्रेमी हृदयों के सम्मिलन की मुस्कान के सदृश स्निग्ध, उनके वियोग जनित अश्रुओं की भाँति कोमल। इन दीर्घाकार पर्वतों की चोटियों के खेत ऐसे सुशोभित रहते हैं, जैसे बेल-बूटेदार कालीन बिछे हों। इन पर देवतागण या तो भोजन करने उतरते होंगे। अथवा नृत्य-उत्सव के लिये। कलकल निनाद वाले निर्झर और यत्र-तत्र नुकीले पर्वतों से गुजरने वाली सरितायें इस मनोरम दृश्य में चार चाँद लगा देते हैं। किसी-किसी चोटी पर पहुँचने से दृष्टि से समस्त बन्धन कट जाते हैं। वह असीम हो जाती है। चाहे जिस दिशा में दृष्टि दौड़ाइये, कहीं कोई अवरोध नहीं, न कोई पहाड़ी नजर आती है और न कोई असन्तुष्ट बादल। उन्मुक्त हो चाहे जहाँ विचरिये। कोई-कोई उच्च शिखर मानों आकाश में छेद करने की स्पर्द्धा करते हैं। वे अपनी उड़ान में रुकना जानते ही नहीं, ऊँचे उठते-उठते मानों सर्वोच्च आकाश से एक हो रहे हैं।

× × ×

राम का वर्तमान निवास पर्वतीय रंगमंच पर एक छोटी-सी सुरम्य कुटिया में है। चारों ओर हरियाली का फर्श बिछा हुआ है। इस एकान्त प्राकृतिक उद्यान में गंगा की शोभा निरखते ही बनती है। राम-बूटी का यहाँ कोई ओर-छोर ही नहीं है। गौरया जैसी अनेक प्रकार की चिड़ियाँ यहाँ दिन भर चहचहाती रहती हैं। जलवायु अत्यन्त सुखद और स्फूर्तिदायक है। गंगा का कलकल निनाद और पक्षियों का कलरव दोनों मिलकर स्वर्गीय उत्सव का दृश्य उपस्थित कर देते हैं। यहाँ गंगा की घाटी पर्याप्त चौड़ी है। किन्तु इस विस्तृत मैदान में भी गंगा का प्रवाह बहुत तेज है। फिर भी राम अनेक बार उसके आर-पार आता जाता रहता है। यदा-कदा बदरीनाथ और केदारनाथ भी राम बादशाह को बड़े

प्रेम से आने के लिये निमंत्रण भेजते हैं। किन्तु ज्योंही प्यारी गंगी को राम के वियोग का आभास होता है, त्योंही वह उदास और खिन्न हो जाती है। राम भी उसे दुखी देखना पसन्द नहीं करता। उसकी उदासी किसे भायेगी!"

## सुमेरु-दर्शन

राम ने सुमेरु की भी यात्रा की। उस यात्रा का रोचक संस्मरण उन्हीं द्वारा सुनें—

"यमुनोत्तरी की गुफा में निवास करते समय राम का दैनिक भोजन था मर्चा (एक प्रकार का पहाड़ी अन्न) और आलू और वह भी चौबीस घंटों में केवल एक बार। फलतः वह अपच रोग का शिकार हो गया। तीन दिनों तक लगातार सात-सात दस्त आये। इसी रुग्णावस्था में चौथे दिन बड़े तड़के गरम चश्मे में नहाने के बाद राम सुमेरु यात्रा के लिए निकल पड़ा—केवल एक कौपीन पहन कर, नग्न बदन, न जूता, न पगड़ी और न छाता। पाँच हृष्ट-पुष्ट पर्वतारोही, गरम कपड़ों से लैस होकर राम के साथ चले। नारायण और तुलाराम नीचे धरसाली, गाँव भेज दिये गये।

सबसे पहले हमें शिशुरूपिणी यमुना तीन-चार स्थलों पर पार करनी पड़ी। कुछ दूरी पर यमुना-घाटी का एक मार्ग एक विशालकाय हिम-शिलाखण्ड से अवरुद्ध था—चालीस-पचास गज ऊँचा और लगभग डेढ़ फर्लांग चौड़ा। एकदम सीधे दो पर्वत शिखर दो दीवालों की भाँति सगर्व दोनों ओर खड़े थे। क्या उन्होंने राम बादशाह का मार्ग रोकने के लिये कोई षड्यंत्र रच रखा था? वह ऐसी बाधाओं की कब चिन्ता करता है? दृढ़ संकल्प शक्ति के सम्मुख बाधाओं को दूर भागना ही पड़ता है। हम लोगों ने पर्वत की पश्चिमी दीवाल पर चढ़ना प्रारम्भ किया। कभी-कभी हमें पैर जमाने के लिये एक इंच स्थान भी नहीं मिलता था। केवल एक ओर हाथों से सुगन्धित किन्तु कटीली गुलाब की झाड़ियों को पकड़ कर और दूसरी ओर पर्वतों की 'चा' नामक कोमल घास के नन्हें-नन्हें डंठलों में पैर की उँगलियाँ गड़ा कर हम शरीर संतुलित रखते थे। किसी भी क्षण हम मृत्यु के मुख में पड़ सकते थे। यमुना की घाटी में बर्फ के ठंडे बिस्तरों से भरा एक गहरा खड्ड हमारे स्वागत के लिये मुँह बगारे खड़ा था। ज़रा भी जिसका पैर काँपता, वही शान्ति से सुशीतल हिम-समाधि में जाकर सो जाता। नीचे स्थित यमुना के प्रवाह की मन्द-मन्द ध्वनि अब भी हमारे कानों में पड़ रही थी। वह ध्वनि ऐसी लग रही थी, जैसे कब्रिस्तान का मृत्यु के समय का बाजा बज रहा हो। इस तरह हम लोग पौन घण्टे तक मृत्यु के मुख में चलते रहे। जीवन-मरण का अपूर्व सम्मिलन था। एक ओर मृत्यु हमारे लिये मुँह बाये खड़ी थी और दूसरी ओर शीतल, मन्द, सुगन्ध बयार हृदय प्रफुल्लित कर रही थी। भयंकर और दुरूह चढ़ाई के अनन्तर हम लोगों ने उस दुर्गम स्थान को पार कर लिया। वह भयानक हिम-शिलाखण्ड और यमुना अब पीछे छूट गयीं। हमारी टुकड़ी पुनः एक सीधे खड़े पर्वत पर चढ़ने लगी। कोई रास्ता, कोई पगडंडी—कुछ भी नहीं दिखायी पड़ रहा था। एक अत्यन्त सघन वन पार करना पड़ा, जहाँ वृक्षों के तने तक नहीं दिखायी पड़ते थे। राम का शरीर कई जगह छिल गया। एक घंटे के भीषण संघर्ष के अनन्तर हम लोगों ने देवदार और चीड़ के उस भयंकर जंगल को पार किया। अब हम लोग ऐसे खुले स्थान में पहुँचे, जहाँ की वनस्पति अपेक्षाकृत बहुत छोटी थी। वायुमण्डल

में आनन्द की विद्युत तरंगें फैल रही थीं और सुगन्ध के फौव्वारे छूट रहे थे। इस चढ़ाई ने पाँचों पर्वतारोहियों को बेदम कर दिया था, पर राम को व्यायाम-जनित सुख मिल रहा था। उस स्थान की धरती अधिकतर चिकनी थी। चारों ओर एक से एक मनोरम दृश्य दिखाई पड़ते थे। सुन्दरतम पुष्पों का कानन और हरीतिमा की निराली छटा ने हमारे हृदय में अपूर्व उल्लास भर दिया। सारा श्रम काफूर हो गया।

और उन दिनों बीमार रहने वाला, क्या और बीमार हो गया होगा? नहीं, उस दिन वह बिल्कुल चंगा रहा; न कोई रोग, न कोई थकावट, शिकायत का नामोनिशान नहीं। कोई भी पर्वतारोही राम से आगे न निकल सका। हम सभी ऊपर चढ़ते ही गये। प्रत्येक को प्रचण्ड भूख लग गयी। इस समय हम उस प्रदेश में पहुँच चुके थे, जहाँ कभी जलवृष्टि नहीं होती; गिरती है केवल बर्फ़ अत्यन्त सौन्दर्यमयी गरिमा के साथ।

यहाँ इन गंजे और वीरान शिखरों पर हरियाली का नामोनिशान नहीं दिखाई पड़ता। हमारे आगमन के पूर्व ही बिलकुल नया हिमपात हुआ था।

राम के स्वागत के निमित्त साथियों ने पत्थर की एक बड़ी चट्टान पर कालीन की भाँति एक लाल कम्मल बिछा दिया और पिछली रात के उबाले हुए आलू भोजन के लिये परोस दिये गये। साथियों ने भी वही सादा भोजन बड़े प्रेम से ग्रहण किया। भोजनोपरान्त हम लोग तुरन्त उठ खड़े हुए। दृढ़ता और उत्साह के साथ हम लोग आगे बढ़ने लगे, किन्तु चढ़ाई बड़ी विकट थी। एक नवयुवक थक कर गिर पड़ा; उसके फेफड़ों और हाथ-पैरों ने आगे बढ़ने से इंकार कर दिया। उसके सिर में चक्कर आने लगा। उस समय उसे वहीं छोड़ दिया गया। थोड़ी दूर चलने पर दूसरा साथी भी बेहोश होकर गिर पड़ा। उसने कहा—'मेरा सिर घूम रहा है।' उसे भी वहीं छोड़ दिया गया। शेष टुकड़ी आगे बढ़ती गयी। किन्तु थोड़ी देर के बाद तीसरे साथी की भी वही दशा हुई। उनकी नाक से रक्त बहने लगा। शेष दो साथियों के साथ राम ने आगे का मार्ग लिया।

तीन अत्यन्त सुन्दर बरार (पहाड़ी हिरन) हवा की भाँति तेजी से दौड़ते हुए निकल गये।

लो, चौथा साथी भी लड़खड़ाने लगा और अन्त में बेहोश होकर हिमाच्छादित शिला पर लेट गया। यहाँ कहीं तरल जल नहीं दिखायी देता। किन्तु शिलाओं के नीचे से (जहाँ चौथा आदमी लेटा था) गम्भीर 'घर्र-घर्र' की ध्वनि सुनाई पड़ रही थी। एक ब्राह्मण, इस समय भी राम के साथ था, वही लाल कम्मल, एक दूरबीन, एक हरा चश्मा और एक कुल्हाड़ी लिये हुए। यहाँ की वायु अत्यन्त सूक्ष्म है, जिससे साँस लेने में बड़ी तकलीफ़ और कठिनाई होती है। आश्चर्य! दो गरुड़ पक्षी हमारे सिरों के ऊपर उड़ते हुए निकल गये। अब अत्यन्त पुरानी गहरे काले रंग की बर्फ़ की ढलवा चढ़ाई चढ़नी थी। वह अत्यन्त विकट कार्य था। साथी ने अपनी कुल्हाड़ी से काटकर उस फिसलने वाली बर्फ में गड्ढे बनाना चाहे, ताकि उनमें पैर जमा कर ऊपर चढ़ा जा सके। किन्तु उस प्राचीन बर्फ़ से टक्कर खाकर, साथी बेचारे की कुल्हाड़ी टूक-टूक हो गयी। और ठीक उसी समय बर्फ़ के प्रचण्ड अन्धड़ ने हम लोगों को आ घेरा। राम ने उस दुखी साथी को इस प्रकार सान्त्वना देने की चेष्टा की, 'परमात्मा हम लोगों का कभी अमंगल नहीं कर सकता। इस हिमपात से हमारा मार्ग निस्सन्देह ही सुगम हो जायेगा।' और सचमुच हुआ भी वही। उस

भयंकर हिमपात से ऊपर चढ़ने में आसानी हो गयी। नुकीली पर्वतीय छड़ियों की सहायता से हम लोगों ने वह चढ़ाई पार कर ली। और लो, स्वच्छ, चौरस, चमचमाती हुई बर्फ का मीलों लम्बा-चौड़ा विस्तृत मैदान प्रस्तुत था। शुभ्र रजत जैसी आभा से जगमग फर्श—चारों ओर एकदम समतल। आह्लाद! परम आह्लाद!! जाज्वल्यमान क्षीरसागर, कान्तिमय, परमोत्कृष्ट, विचित्र, अति विचित्र। राम का आह्लाद चरमसीमा पर पहुँच गया। वह आनन्द की बाढ़ से उन्मत्त हो गया। कन्धे पर लाल कम्मल डाल कर, पैरों में कैनवस के जूते पहन कर, उसने पूरी रफ्तार से दौड़ना प्रारम्भ किया। ऐसी दौड़ उसने अपने समस्त जीवन में कभी नहीं दौड़ी थी।

अब राम के साथ कोई संगी-साथी नहीं। 'आखिर के तईं हंस अकेला ही सिधारा' जीवात्मा के हंस की अन्तिम उड़ान अकेली ही होती है।

लगभग तीन मील तक राम अकेला ही उस ग्लैसियर पर चलता रहा। कभी-कभी टाँगें बर्फ में धँस जाती थीं और निकलती थीं, बड़ी कठिनाई से। लो, अब एक हिमानी ढेर पर लाल कम्मल बिछाकर राम बैठ गया। वह एकदम अकेला है। संसार के गुल्गपाड़े, किचपिच और झंझटों से एकदम ऊपर—समाज की तृष्णा और ज्वाला से नितान्त मुक्त। नीरवता की चरमसीमा! शान्ति का अखण्ड साम्राज्य!! किसी प्रकार के शब्द के लिए यहाँ कोई गुंजाइश नहीं। केवल आनन्द घनघोर! इस गम्भीर एकान्त पर राम लाखों बार न्यौछावर है!

बादलों का घूँघट यहाँ बहुत महीन हो जाता है। बादलों के उस महीन घूँघट से सूर्य की किरणें छन-छन कर बर्फ की फर्श पर पड़ती थीं। किरणों के पड़ने से रजतवर्ण हिमराशि कान्तिमय सुवर्ण वर्ण में परिणत हो जाती है। चारों ओर सुवर्ण, सुवर्ण। जहाँ भी दृष्टि जाती है, सुवर्णमयी सृष्टि दिखाई पड़ती है। इस पर्वत का कितना सार्थक नामकरण किया गया है—सुमेरु पर्वत, सोने का पहाड़!

ओ संसार में लिप्त रहने वाले लोगों! देखो, देखो, क्या किसी सुन्दरी के कपोलों की गुलाबी आभा, चमकदार से चमकदार हीरे की प्रभा, सुन्दर से सुन्दर राज-प्रासाद की उत्कृष्ट कला—इस सुमेरु की अतुलनीय मनोहरता और सौन्दर्य की तुलना में एक क्षण के लिये भी टिक सकती है! नहीं, नहीं कदापि नहीं! ऐसे अनन्त सुमेरु तुम्हें अपने ही अन्तर्गत दिखलायी पड़ेंगे, जब तुम एक बार भी अपने सच्चे आत्मस्वरूप—वास्तविक आत्मा का साक्षात्कार करके उसका रहस्य जान लोगे। समस्त सृष्टि—मिट्टी के ढेले से लेकर बादल तक, शस्य श्यामला भूमि से लेकर नीलाम्बर तक, और उस सृष्टि में निवास करने, सारे चेतन प्राणी चींटी से लेकर आकाश में उड़ने वाले गरुड़ तक—तुम्हारे स्वागत के लिए खड़े हो जायेंगे। कोई देवता भी तुम्हारी अवज्ञा न कर सकेगा।

ओ बादलों, छट जाओ। भारत को आच्छादित करने वाले, अज्ञान के बादलों, बिखर जाओ। तुम सब, अब भारत की पुण्य भूमि पर नहीं मँडरा सकते। अरी हिमालय की बर्फ़ों, राम तुम्हें आज्ञा देता है—'तुम अपनी पवित्रता और सत्यनिष्ठा में आरूढ़ रहे। द्वैत-भाव के अपवित्र जल को भारत भूमि में कदापि न भेजो।'

बादल छँट गये हैं। सूर्य की किरणें बर्फ़ पर और अधिक पड़ने लगी हैं। सारी हिम-राशि काषाय (गेरुआ) रंग में रँग गयी है। क्या पर्वतों ने संन्यास लेकर काषाय-वस्त्र धारण कर लिया है?''

ऊपर के वर्णनों से राम का प्रकृति के प्रति असीम अनुराग प्रतीत होता है। वे भयानक से भयानक खतरे मोल लेकर भी प्रकृति के भव्य स्वरूप का पर्यवेक्षण करते थे। किन्तु मजाल है कि एक क्षण के लिये भी आत्मस्वरूप से विमुख हुए हों। वे भीषण से भीषण परिस्थितियों में भी अपनी 'स्व महिमा' से रंच मात्र भी बहिर्मुख नहीं दिखाई देते। बर्फ के सुनहले रंग में उन्हें संन्यासी के काषाय-रंग की अनुभूति होती थी। सुमेरु-दर्शन से यद्यपि वे आह्लाद से ओत-प्रोत हो गये थे, तथापि उनकी यह स्मृति तनिक भी नहीं उनका साथ नहीं छोड़ती कि आत्मस्वरूप में एक बार स्थित होने पर भी अनन्त सुमेरु के सौन्दर्य अपने ही भीतर स्थित प्रतीत होते हैं।

१९ अक्टूबर, १९०१ को राम बूढ़े केदार और त्रियुगीनारायण के मार्ग से केदारनाथ की ओर रवाना हुए। केदारनाथ का दर्शन कर, वे बदरीनाथ पहुँचे। वहाँ वे दीपावली के एक सप्ताह पूर्व ३ नवम्बर, १९०१ को पहुँचे। संयोगवश दीपावली के दिन सूर्यग्रहण पड़ता था। ग्रहण के पश्चात् उन्होंने गंगा में स्नान किया।

शीत ऋतु का आगमन प्रायः हो चुका था। अतः राम मैदान की ओर चल पड़े। लौटते समय उन्हें स्वामी शिवगणाचार्य का मथुरा से निमंत्रण-पत्र प्राप्त हुआ। बड़े दिन के अवसर पर मथुरा में होने वाले एक धार्मिक सम्मेलन के सभापतित्व के लिए उन्हें आमंत्रित किया गया था। राम ने उस आमंत्रण को स्वीकार कर लिया। फलस्वरूप वे २५ दिसम्बर, १९०१ को मथुरा पहुँच गये। साथ में नारायण और तुलाराम भी थे। स्वामी जी ने सम्मेलन का सभापतित्त्व अत्यन्त सफलतापूर्वक किया। लाहौर के 'फ्री थिंकर' समाचारपत्र ने इस सम्बध में अपनी धारणा इस प्रकार अभिव्यक्त की थी—

"किन्तु सबके प्रिय, विचारशील और गम्भीर, समय-समय पर हँसमुख और कठोर, सर्वथा विभिन्न विचार वाले श्रोता-समाज को लगातार घंटों—यहाँ तक कि सायंकाल अँधेरे में भी जादू के समान मंत्रमुग्ध करने वाले वहाँ एक ही व्यक्ति थे—स्वामी राम। वे शान्त, विनम्र, पूर्ण यौवन से युक्त, भोले-भाले विरक्त संन्यासी थे। उन्होंने प्राचीन एवं अर्वाचीन दर्शनशास्त्रों एवं वर्तमान विज्ञान का पर्याप्त ज्ञान संचय किया था। वे वास्तव में उस तत्त्व से निर्मित थे, जिससे सभी सत्यनिष्ठाशील महापुरुषों का निर्माण होता है। नम्र और प्रसन्नचित्त, बच्चों जैसे सरल, बोलचाल और व्यवहार में निर्दोष होते हुए भी, उनके रेशमी जामे के भीतर वज्र जैसी कठोर संकल्प-शक्ति थी। यही कारण है कि दूसरों की भावनाओं का बड़ी सावधानी से आदर करते हुए, वे अपने विचारों को निर्भीकतापूर्वक अभिव्यक्त करने में सबसे आगे थे।''

सरदार पूर्णसिंह ने भी उस सम्मेलन में विराजमान स्वामी जी के आकर्षण का इस प्रकार चित्रण किया है—

"उनकी उपस्थिति का प्रभाव वहाँ अद्भुत दिखायी देता था। उनकी प्रफुल्लता संक्रामक थी। उनके विचार शीघ्र ही श्रोताओं के हृदय में घर बना लेते थे। उनकी ओम्-ध्वनि का कहना ही क्या—उसमें ग़जब का जादू था। जो भी जिज्ञासु उनके सान्निध्य में

आया, ओम्-ओम् ध्वनि उच्चारित किये बिना नहीं रह सका। उनके दर्शन करने का अर्थ होता था, अपने जीवन को नये साँचे में ढालना। उनके दर्शन मात्र से हृदय की संकीर्णता और निम्न विचारधारा न जाने कहाँ अन्तर्निहित हो जाती थी। दर्शक स्वतः उच्च भूमिका में स्थित हो जाता था। ऐसी प्रतीति होती थी कि अध्यात्म विषयक एक सर्वथा अलौकिक एवं नवीन दृष्टिकोण उनके नेत्रों से निकलकर जिज्ञासुओं और मुमुक्षुओं के नेत्रों में प्रविष्ट हो रहा है।''

इस प्रकार स्वामी रामतीर्थ के महान् एकान्तिक साधना के अविरल अभ्यास के फलस्वरूप उनकी दृष्टि और वाणी में अलौकिक सिद्धि अपने आप आ गयी थी। वे ब्रह्मविद्या के मूर्तिमान स्वरूप हो गये थे। इस प्रसंग में मुण्डकोपनिषद् की यह श्रुति स्वतः उपस्थित हो जाती है—

''स यो ह वै तत्परमं ब्रह्म वद ब्रह्मैव भवति नास्याब्रह्मवित्कुले भवति। तरति शोकं तरति पाप्मानं गुहाग्रन्थिभ्यो विमुक्तोऽमृतो भवति।''

—मुण्डकोपनिषद्, खण्ड २, मुण्डक ३, श्रुति ९,

अर्थात्, ''यह बिलकुल सच्ची बात है कि जो कोई भी उस परब्रह्म परमात्मा को जान लेता है, वह ब्रह्म ही हो जाता है। उसके कुल में, अर्थात् उसकी शिष्य-परम्परा में कोई भी व्यक्ति ब्रह्म को न जानने वाला नहीं होता। वह सब प्रकार के शोक और चिन्ताओं से सर्वथा पार हो जाता है, सम्पूर्ण पाप-समुदाय से सर्वथा तर जाता है, हृदय में स्थित सब प्रकार के संशय-विपर्यय, देहाभिमान, विषयासक्ति आदि ग्रन्थियों से सर्वथा विमुक्त होकर अमर हो जाता है और जन्म-मृत्यु से रहित हो जाता है।''

कहना न होगा कि स्वामी जी महाराज इसी भूमिका में आरूढ़ हो गये थे। अब तो उन्हें अपने लिये कोई कर्त्तव्य अवशिष्ट नहीं रह गया था। उनके जीवन की प्रत्येक गति-विधि लोक-कल्याण के निमित्त हो रही थी। पूर्ण ब्रह्म परमेश्वर स्वामी राम के माध्यम से अपनी अलौकिक लीला करके संसार के विषयासक्त मनुष्यों की शिक्षा दे रहा था कि आध्यात्मिक जीवन, त्यागी जीवन, संन्यासी-जीवन, तुरीय-पद में स्थित जीवन का आदर्श इस प्रकार का होना चाहिये।

दूसरे दिन अपराह्न सम्मेलन समाप्त हो गया। किन्तु श्रोतागण अब भी राम की अमृतवाणी सुनने को अत्यधिक उत्सुक थे। उनकी इस उत्सुकता को जानकर स्वामी राम ने घोषणा की, ''सम्मेलन अब समाप्त हो गया है। राम अब इस सीमित पंडाल के भीतर कुछ न कहेगा। अब वह यमुना जी की पवित्र रेणुका पर विस्तृत आकाश के चंदोवे के नीचे भाषण करेगा।'' इतना कहकर वे पंडाल छोड़ कर यमुना की ओर चल पड़े। अपार जन-समूह उनके पीछे-पीछे चल रहा था। किन्तु यह क्या? राम यमुना की ओर न जाकर जंगल की ओर मुड़ चले। जनता मंत्र मुग्ध की भाँति स्वामी राम का अनुगमन करने लगी; वह यह एकदम विस्मृत हो गयी कि उसे यमुना की ओर चलना है, अपने पीछे इतनी अपार भीड़ आती हुई देखकर, राम रुक गये और उन्होंने कहा, ''प्यारों, राम जंगल में लघुशंका करने जा रहा है। लघुशंका से निवृत्त होकर, वह यमुना-तट पर चलकर आप लोगों से कुछ निवेदन करेगा।' इस पर भीड़ वहीं मूर्त्तिवत खड़ी हो गयी। जब तक राम

वापस नहीं लौट आये, वह टस से मस नहीं हुई। उनके चलने पर, भीड़ उनके पीछे-पीछे उनका अनुगमन करने लगी। लोग राम के पीछे पागल हो गये थे। कुछ लोग कँटीली झाड़ियों में उलझ गये, कुछ पत्थरों से ठोकर खाकर क्षत-विक्षत। पर उन्हें अपने तन-बदन की स्मृति नहीं रह गयी थी। जैसे कृष्ण के प्रेम में उन्मत गोपियाँ उनके पीछे-पीछे अनुगमन करती थीं, वैसे राम के दिव्य प्रेम की सुरा में उन्मत्त अपार भीड़ आँख मूँदे उनके पीछे-पीछे चल रही थी। उसे यह बोध नहीं था कि वह कहाँ जा रही है। राम सन्ध्या के झुटपुटे में यमुना-तट पर पहुँचे। बड़ी ठंडक थी। लोगों के पास पहनने-ओढ़ने के वस्त्रों की कमी थी। किन्तु राम की अलौकिक आध्यात्मिक प्रभा के सम्मुख उन्हें वस्त्रों का अभाव ज़रा भी नहीं खला। राम ने सभी को शरीर-भाव से ऊपर उठा दिया था। जैसे वे स्वयं थे, वैसे ही औरों को भी बना दिया था। यह था आध्यात्मिक शक्ति का अपूर्व सम्मोहन! राम ने आज्ञा दी, "अपनी-अपनी शालें बिछा कर बैठ जाओ।" सब ने उनकी आज्ञा का अंधाधुंध पालन किया। सब की कीमती शालें यमुना जी की रेती पर तुरन्त बिछ गयीं और लोग अपनी-अपनी शालों पर बैठ गये। ऐसी प्रतीति होती थी मानों कोई सम्मोहनकर्त्ता लोगों को बरबस वशीभूत कर लिये हो। जो वशीभूत थे वे सामान्य जन नहीं थे। कुछ तो समाज के शीर्षस्थ जन थे। कुछ ग्रेजुएट थे, कुछ वकील, कुछ न्यायाधीश, कुछ डिप्टी कलेक्टर और बैरिस्टर थे। सबके सब राम की अमृतवाणी का आठ बजे रात्रि तक मधुर पान करते रहे।

उस जनसमूह में से एक सम्भ्रान्त व्यक्ति थे—ऋषि श्रवणनाथ। उन्होंने इस अलौकिक घटना के सम्बन्ध में अपने भाव इस प्रकार व्यक्त किये हैं, "मुझे इस बात की प्रबल शंका थी कि गोपियाँ श्रीकृष्ण के पीछे इतनी अधिक दीवानी क्यों थीं? किन्तु इस दृश्य से मेरी शंका का सर्वथा समाधान हो गया। यदि इतने महान् शिक्षित व्यक्ति राम का इस प्रकार अन्धाधुंध अनुगमन कर सकते हैं, तो श्रीकृष्ण की अलौकिक मुरली-ध्वनि से अपढ़ और गँवार गोपियाँ उन्मत्त हो जायँ, तो कौन-सी आश्चर्य है?"

१९०२ के फरवरी महीने में राम फैजाबाद पहुँचे। वहाँ, उन्होंने 'साधारण धर्म सभा' के द्वितीय वर्ष के समारोह की अध्यक्षता की। इन धर्म सभा की संस्थापना बाबू सुर्जनलाल पाण्डेय उर्फ शान्ति प्रकाश पाण्डेय ने की थी। सभा ने अपने मंच पर हिन्दू, मुसलमान, ईसाई—सभी धर्मावलम्बियों को आमंत्रित किया था कि वे पधार कर धर्म पर अपने विचार प्रकट करें और साथ ही अपने-अपने विचारों का पारस्परिक आदान-प्रदान भी करें। सभा की पहली बैठक में राम के आदेशानुसार नारायण जी ने 'आत्मा' के सम्बन्ध में अपने विचार प्रकट किये। व्याख्यान के पश्चात् मौलवी मोहम्मद मुर्तज़ा अली खाँ ने कई शंकायें उपस्थित कीं। राम ने मौलवी साहब से निवेदन किया, "आप शंका-समाधान के निमित्त दूसरे दिन उपस्थित हों।" दूसरे दिन मौलवी साहब पहुँचे; पर वादविवाद करने के लिये नहीं, बल्कि झगड़ा-फसाद करने के लिये। वे झगड़ा-फसाद के लिये पूरे आमादा थे। वे राम के आमने-साभने बैठ गये और राम के साथ आँखें मिलायीं। आँखें चार होते ही, मौलवी साहब में विलक्षण परिवर्त्तन हो गया। पता नहीं राम की आँखों ने क्या जादू किया कि मौलवी साहब की आँखों से प्रेम की अश्रुवर्षा होने लगी। उनका सारा कालुष्य, कुटिल भाव आँसू बन कर आँखों की राह से बह गया। उनका हृदय पवित्र भावों से ओतप्रोत हो गया। मौलवी साहब हाथ जोड़ कर खड़े हो गये और

राम से प्रार्थना की, "स्वामी जी, क्षमा कीजिये, कृपा कीजिये! मैं आपको नहीं जानता था, मेरे अपराध को क्षमा कीजिये।" उसी दिन से मौलवी साहब भगवान् के प्रेमी भक्त हो गये। परमात्मा के सच्चे प्रेमी की दृष्टि में न कोई जाति रहती है न कोई धर्म।

बाबू सुर्जनलाल उर्फ़ शान्ति प्रकाश ने राम के प्रकृति-नियंत्रण के सम्बन्ध में एक घटना बतायी है, "एक बार राम फैज़ाबाद आये। कई दिनों से लगातार वर्षा हो रही थी। ऐसी स्थिति में सभा का आयोजन करना कठिन समस्या थी। मैंने स्वामी जी से निवेदन किया, 'स्वामी जी सभा किस प्रकार होगी? आसमान बहुत धुँधला है। जल वर्षा होने की पूरी संभावना है।' राम ने मुस्कुराकर उत्तर दिया, "जब राम आ गया है, तो कोई वस्तु धुँधली नहीं रह सकती। राम के आने पर मौसम को भी प्रसन्नचित्त हो जाना चाहिये।' थोड़ी ही देर के बाद बादल छँट गये और सूर्य चमकने लगा। जब तक राम फैजाबाद में रहे, आसमान में बादल छाये ही नहीं।"

एक बार लालभवन, फैज़ाबाद में राम ने निम्नलिखित बात अपने मित्रों को सुनायी थी, "एक दिन, प्रातःकाल मैं एक जंगल में सैर कर रहा था। संयोगवश मुझे महात्मा हरिहरदेव के दर्शन का सुअवसर प्राप्त हुआ। वे अद्वैतवाद के साकार विग्रह थे। उन्होंने केवल एक लँगोटी मात्र पहनी थी और वह भी जीर्ण-शीर्ण। एक सेठ बदरीनाथ की तीर्थयात्रा के लिये जा रहे थे। महात्मा जी ने उन सेठ महोदय से अपनी फटी लँगोटी की ओर संकेत करते हुए कहा, 'देखो, बदरीनाथ यहीं हैं।' सेठ ने रुककर महात्मा जी की बातें बड़े ध्यान से सुनीं। उनकी बातों का मेरे ऊपर अत्यधिक प्रभाव पड़ा। मैं एक शिला पर लट्ठे की भाँति लेट गया और प्रकृति के मूल तत्त्वों से एकीभूत हो गया। उन दिनों मेरा प्रकृति के तत्त्वों पर असाधारण अधिकार हो गया था। वे मेरी आज्ञा पर चलते थे। उस सुनसान जंगल में यदि मेरी इच्छा किसी ख़ास पुस्तक पढ़ने की होती थी, तो कोई न कोई आकर मेरी मनचाही पुस्तक मुझे दे जाता था।"

फरवरी, १९०२ की साधारण धर्म सभा की मीटिंग होने के उपरान्त स्वामी रामतीर्थ ने नारायण जी को संन्यास लेने की आज्ञा दी और कहा, "सिन्ध में जाकर धर्म प्रचार करो।" राम का यह आदेश नारायण जी के ऊपर वज्र के समान गिरा। उनका संन्यासी बनने का विचार था ही नहीं। स्वामी रामतीर्थ का साथ छोड़ना उनके लिये मरण के समान था। नारायण जी द्विविधात्मक मनोवृत्ति में पड़कर रोने-चिल्लाने लगे। कुछ लोग नारायण जी की ओर से स्वामी जी से अनुनय-विनय करने लगे। परिणामस्वरूप संन्यास देने का विचार कुछ समय के लिये टल गया।

फैजाबाद में कुछ दिन रुकने के पश्चात् स्वामी जी नारायण के साथ लखनऊ रवाना हुए। नारायण जी का हृदय स्वामी राम के वियोग की कल्पना से अत्यधिक उद्विग्न हो रहा था। राम और नारायण रेलगाड़ी के उसी डिब्बे में साथ-साथ बैठे थे। पर दोनों मौन थे। नारायण बहुत चिन्तित और विषण्ण दिखायी पड़ते थे। अन्त में राम नारायण की पीठ प्यार से थपथपाते हुए बोले, "प्यारे तुम इतने उदास क्यों हो? इसीलिये कि तुम मुझसे पृथक् हो रहे हो? आसक्ति........" इसके आगे राम की वाणी मूक हो गयी। उन्होंने अपने हृदय की उमड़ती हुई करुण भावनाओं को दबाने के लिये मुस्कुराने का प्रयास किया। किन्तु जब एक बार भावनाओं का तूफान उठता है, तो लाख चेष्टा करने

पर भी उसे दबाया नहीं जा सकता। जब वह नेत्रों से अश्रुधारा के रूप में निकल जाता है, तभी शान्त होता है। अश्रुयुक्त नेत्रों और कँपकपे स्वर में उन्होंने फिर कहना प्रारम्भ किया, "हाँ, आसक्ति चाहे जिस भी व्यक्ति के प्रति हो, वह आसक्ति है। यही संसार का मोह है। राम ने अपने परिवार, धन-सम्पत्ति, मान-मर्यादा सब को ठुकरा दिया, किन्तु नारायण को नहीं। उसकी अलौकिक श्रद्धा ने राम को बाँध रखा था। तुम्हारी आध्यात्मिक उन्नति? मेरे संरक्षण में जितनी तुम्हारी प्रगति हो सकती थी, वह हो गयी। अब और प्रगति के लिये स्वतंत्रता अनिवार्य है। अध्यात्म-मार्ग में एक स्थिति-प्राप्ति के अनन्तर अन्य पर अवलम्बित होना महान् बाधा है। दूसरों पर आश्रित होना दुर्बलता का द्योतक है। तुमने इसके ऊपर की स्थिति प्राप्त कर ली है। अब तुम संन्यास ग्रहण कर राम से पृथक् रहो। हमारा-तुम्हारा विच्छेद जितना तुम्हें दुखदायी है, उससे कम मुझे नहीं है। किन्तु मोहयुक्त आसक्ति के लिये आज्ञा नहीं दी जा सकती। इस आसक्ति से तुम्हारी साधना-प्रगति में बाधा पड़ेगी। अतः अब हमारा-तुम्हारा साथ रहना किसी भी दशा में ठीक नहीं है।" इतना कहने के पश्चात् उन्होंने दृढ़ संकल्प से कहा, "अब हम लोगों को पृथक् होना ही पड़ेगा। न मेरी ओर से किसी प्रकार की आसक्ति होनी चाहिये और न तुम्हारी ओर से।" इस कथन के अनन्तर भावावेश में स्वामी राम और नारायण दोनों ही फूट-फूट कर रो पड़े और नेत्रों से अश्रु की झड़ी लग गई।

लखनऊ पहुँचकर स्वामी राम, बाबू गंगा प्रसाद वर्मा के यहाँ ठहरे। उस समय वे लखनऊ के बिना ताज के बादशाह समझे जाते थे। संध्या समय उनकी एडवोकेट-लाइब्रेरी राम के भाषण सुनने वाले श्रोताओं से खचाखच भर जाती थी। वर्मा जी का घर सदैव बड़े आदमियों और छात्रों से भरा रहता। वे लोग राम के दर्शन के निमित्त डटे रहते थे। राम ने नारायण जी को पुनः आदेश दिया 'संन्यासी बनकर सिन्ध में धर्म प्रचार करने जाओ।' नारायण जी ने बाबू गंगा प्रसाद के मकान पर ही शिखा-सूत्र का त्याग कर काषाय वस्त्र धारण कर लिया। राम से बिछुड़ने का भाव नारायण जी के हृदय में अब भी विद्यमान था। उन्होंने अश्रुधार से अपने तप्त हृदय को शीतल किया।

एक दिन सन्ध्या-समय राम अपने शिष्य नारायण के साथ लखनऊ में रेलगाड़ी से सवार हुए। किन्तु एक जंक्शन स्टेशन पर पहुँचने पर नारायण जी का सामान राम ने अपनी गाड़ी से हटवाकर उस गाड़ी में चढ़वा दिया, जो सिन्ध को जाती थी। राम उन्हें गाड़ी पर चढ़ाने गये, स्नेह से उन्होंने नारायण को गले लगाया और गाड़ी छूटने पर वहाँ से 'ओम्' का उच्चारण करते हुए अपनी गाड़ी में पहुँचे।

नारायण जी ने चार महीने सिन्ध में बिताये। तत्पश्चात् मुल्तान, लोहिया, डेरा इस्माइल खाँ होते हुए कटासराज तीर्थ आये। यहाँ उन्हें राम का आमन्त्रण मिला कि अब तुम मेरे पास आ जाओ। राम ने यह भलीभाँति समझ लिया कि स्वावलम्बन के लिए चार महीने की यात्रा पर्याप्त है। मई १९०२ में राम ने टेहरी के एक जंगल में अपना निवास-स्थान बनाया। जून के अन्त में नारायण राम की सेवा में उपस्थित हुए। गुरु-शिष्य के मिलन के दृश्य का वर्णन करना वर्णनातीत है। ऐसा लगता था मानों भावों के दो महासागर परस्पर मिल रहे हों।

टेहरी जाते समय राम कौड़िया चट्टी पर ठहरे। वहाँ पर्वत की चोटी पर एक जीर्ण-शीर्ण किला था। वह सघन वन से चारों ओर घिरा था। राम ने उसी में रहना प्रारम्भ कर दिया। आगरा के एक अवकाश-प्राप्त न्यायाधीश भी राम के साथ आध्यात्मिक साधना एवं ध्यान-विधि सीखने आये थे। वे डाक-बंगला में रुके। कुछ दिनों के पश्चात् जज साहब वहाँ से अपने स्थान को चले गये। उनके चले जाने के बाद भी राम अकेले ही उस किले में रुके रहे। वह किला हरे-भरे जंगल के बीच स्थित था और उस जंगल में जंगली जानवर भी रहते थे।

टेहरी नरेश, सर कीर्त्तिशाह देहरादून की यात्रा पर थे। संयोगवश वे कौड़िया चट्टी पर रुके और वहाँ उन्होंने स्वामी राम की अलौकिक यश-गाथा सुनी। उन्होंने अपने वजीर को राम के पास भेज कर यह प्रार्थना की कि स्वामी जी महाराज साहब से मिलने की अनुकम्पा करें। स्वामी राम उनकी प्रार्थना स्वीकार करके उनसे मिलने के लिये वजीर साहब के साथ चल पड़े। मार्ग में महाराज साहब ने स्वामी राम का स्वागत किया और बड़े सम्मान से उन्हें अपने शिविर में ले आये।

महाराज साहब ने अंग्रेजी की उच्च शिक्षा प्राप्त की थी और पाश्चात्य दर्शन् का विशद गम्भीर अध्ययन किया था। वे स्वतंत्र चिन्तक थे। उनका विश्वास पुरखों के प्राचीन सनातन-धर्म से उठ गया था। वे हरबर्ट स्पेन्सर के दर्शन के अधिकारी विद्वान् थे। फलस्वरूप उनका विश्वास परमात्मा के अस्तित्त्व मात्र से उठ गया था और वे नास्तिक हो गये थे। इस पर भी वे सत्य के वास्तविक खोजी थे। इसे आश्चर्य ही समझना चाहिये कि इतने वैभव और समृद्धि के बीच रहते हुए भी महाराज साहब जीवन की गम्भीर समस्याओं के समाधान में पर्याप्त अभिरुचि रखते थे और साथ ही उसमें काफी समय भी देते थे। एक बार महाराज साहब ने अपनी राजधानी में आर्य-समाज एवं सनातन धर्म के मूर्धन्य विद्वानों को अपनी शंकाओं के समाधान के निमित्त शास्त्रार्थ के लिये आमंत्रित किया था। उस शास्त्रार्थ में स्वामी राम भी आमंत्रित थे। पर उस समय स्वामी राम एकान्तसेवन के अनुष्ठान में रत थे। अतः वे वहाँ नहीं जा सके। यह शास्त्रार्थ आठ दिनों तक चला। किन्तु महाराज साहब की जिज्ञासाओं की शंका-निवृत्ति न हो सकी। बल्कि शास्त्रार्थ ने उन्हें और भी व्यग्र और संशययुक्त बना दिया।

स्वामी राम के शिविर में प्रविष्ट होने पर, राजा साहब का पहला प्रश्न परमात्मा के अस्तित्त्व के सम्बन्ध में था। उस समय दिन के दो बजे थे, राज-दरबार भरा था। राम ने अपनी भावमयी वाणी में राजा साहब के प्रश्नों का समाधान करना प्रारम्भ किया। राजा साहब और सभी दरबारी मंत्रमुग्ध से निर्निमेष दृष्टि से राम की ओर टकटकी लगाकर देख रहे थे। दो बजे से पाँच बजे तक राम बोलते रहे और सारे सभासद और राजा साहब ध्यानस्थ होकर उनकी अमृतवाणी का रसास्वादन करते रहे। राजा साहब ने अत्यन्त विनीत भाव से कहा, "स्वामी जी, मेरे संशयों की रुपये में से बारह आने निवृत्ति हो गई। यदि कुछ दिनों तक और रहने की अनुकम्पा करें, तो निस्संदेह ही शेष चार आने संशय की भी निवृत्ति हो जायेगी। मुझे पूर्ण विश्वास है कि आपकी कृपा से मुझे पूर्ण शान्ति प्राप्त हो जायेगी।" स्वामी राम ने राजा साहब की प्रार्थना स्वीकार कर ली। राजा के देहरादून से वापस लौटने पर, राम उन्हें प्रायः दर्शन दिया करते थे। इसी बीच नारायण स्वामी भी आ गये।

टेहरी में थोड़े दिन रुकने के पश्चात्, स्वामी राम प्रतापनगर की ओर रवाना हुए। प्रतापनगर टेहरी की ग्रीष्म-कालीन राजधानी थी और इसकी संस्थापना वर्तमान राजा के पिता जी ने अपने नाम पर की थी। महाराज कीर्तिशाह भी प्रतापनगर की ओर चल पड़े। दोनों महाराज—टेहरी नरेश सर कीर्तिशाह, और अध्यात्म जगत् के सम्राट् महाराज रामतीर्थ सप्ताह में दो बार सत्संग के निमित्त मिलते थे। दोनों ही अत्यधिक आनन्दित होते थे। जुलाई १९०२ में महाराज साहब हाथ में एक समाचार पत्र लिये हुए स्वामी राम के पास पहुँचकर निवेदन किया, "स्वामी जी, समाचार पत्र में प्रकाशित हुआ है कि जापान में एक सर्वधर्म सम्मेलन का आयोजन किया गया है। भारत के सभी धर्मों के प्रतिनिधि इस सम्मेलन में आमंत्रित किये गये हैं। मेरी करबद्ध प्रार्थना है कि हिन्दूधर्म के प्रतिनिधि के रूप में आप उसमें अवश्य सम्मिलित होने की अनुकम्पा करें।" राजा साहब के अनुरोध को स्वामी राम ने स्वीकार कर लिया। उन्होंने तुरन्त ही तार द्वारा मेसर्स थामस कुक ऐण्ड सन्स को सूचित कर जापान जाने वाले जहाज में एक कैबिन राम और नारायण के लिये सुरक्षित करा लिया। लगभग एक हजार रुपये इसका किराया पड़ा। राम तुरन्त देहरादून के लिये रवाना हो गये। देहरादून पहुँचने पर, राजा साहब के बहुत आग्रह पर भी, स्वामी जी ने नारायण को वहीं छोड़कर अकेले ही जापान यात्रा में निकल पड़े। स्वामी जी ने नारायण को छोड़ते हुए कहा था, "नारायण को अपने साथ ले जाने के अर्थ उसकी आध्यात्मिक प्रगति में बाधा डालना है। वह यहाँ रहकर मेरे द्वारा प्रारम्भ किये हुए कार्य को आगे बढ़ायेगा।"

स्वामी राम ने नारायण स्वामी को निर्देश किया, "एकान्त में ध्यान के लिये कुछ समय अवश्य देना। तदनन्तर शेष समय में अपने देश-वासियों में वेदान्त का प्रचार करना।" देहरादून से स्वामी राम कलकत्ता जाने वाली रेलगाड़ी में सवार हुए और नारायण जी टेहरी वापस लौट गये।

कलकत्ते की यात्रा में राम जहाँ कहीं यात्रा स्थगित करते थे, उनके मित्रगण प्रायः यही सलाह देते थे कि जहाज की यात्रा में एक साथी का होना आवश्यक है। सभी मित्रों ने इसके लिये नारायण जी को उपयुक्त व्यक्ति समझा। अतः १६ अगस्त को नारायण जी के नाम, टेहरी इस आशय का तार भेजा गया, "२० को कलकत्ता पहुँच कर राम का साथ दो।" नारायण जी टेहरी से १९ अगस्त, १९०२ को कलकत्ता पहुँचे। जहाज खुलने की तिथि २० अगस्त के बजाय २८ अगस्त कर दी गई। २८ अगस्त को स्वामी राम और नारायण स्वामी जापान के लिये रवाना हुए।

□□□

## सप्तम अध्याय

# स्वामी राम जापान में

## (१९०२)

स्वामी रामतीर्थ परम सत्य का आत्मसाक्षात्कार करके अपनी महिमा में पूर्ण रूप से प्रतिष्ठित हो गये। अपनी साधना के क्रमिक विकास से निष्काम कर्मयोग की मंजिल को पार कर कृष्णोपासना की भूमि में प्रतिष्ठित हुए। उपासना से उनका अन्तःकरण परम विशुद्ध हो गया। अन्तःकरण के विशुद्ध होने पर उन्होंने फिर लम्बी छलाँग लगाई। यह उनकी साधना की अंतिम छलाँग थी। उस छलाँग में वे उस पद में जा पहुँचे, जहाँ साधक, साध्य और साधना अथवा ज्ञाता, ज्ञेय तथा ज्ञान अथवा ध्याता, ध्येय एवं ध्यान—त्रिपुटी अद्वैतरूप हो जाता है। यह 'भूमा' पद है। भूमा पद ही निर्वाण पद, मोक्ष पद, विष्णु पद, तुरीय पद अथवा ब्रह्म पद कहलाता है। इस पद में स्थित होने पर दृश्य एवं अदृश्य, साकार एवं निराकार, बाह्य जगत् एवं अन्तर्जगत् सब अपने ही स्वरूप हो जाते हैं। अपने से पृथक् किसी अन्य वस्तु की अनुभूति नहीं होती। छान्दोग्योपनिषद् में इस 'भूमा' पद की बड़ी महिमा गायी गयी है। यह परमानन्द का स्थान है—

**'यो वै भूमा तत्सुखं नाऽल्पे सुखमस्ति'**

अर्थात्, 'जो भूमा पद है, वही परम सुख का स्थान है, इन्द्र, ब्रह्मा आदि के पद भी भूमा पद की अपेक्षा नगण्य हैं। वे सब पद अल्प ही हैं। अल्प में भला पूर्ण आनन्द कहाँ?'

भूमा पद में स्थित होने के अनन्तर स्वामी राम ने एकान्त प्रकृति की गोदी में मनमानी क्रीड़ायें कीं। उन्होंने बाह्य प्रकृति के कोमल और रौद्र दोनों रूपों का परम निर्भय भाव से सेवन किया। प्रकृति के विकराल से विकराल रूपों में पड़ जाने पर भी उनकी साम्यावस्था बनी रही। ख़तरनाक ग्लेशियरों को पार किया, दुर्गम चोटियाँ चढ़ीं, नृशंस जंगली जानवरों का सामना किया, किन्तु ऐसी परिस्थिति में भी उन्हें अपनी आत्मा से पृथक् कुछ भी नहीं दिखाई दिया। आत्मस्वरूप में स्थित होने के कारण बाह्य प्रकृति उनकी चेरी बन गई। अथवा सर्वशक्तिमान् परमात्मा ही उन्हें शक्ति सम्पन्न, बनाकर, उनके माध्यम से अपनी लीला दिखा रहा था। अब राम ऐसी स्थिति में पहुँच गये कि उन्होंने अपने शरीर को सूखे पत्ते के समान समझ लिया। जिस प्रकार सूखा पत्ता वायु के आश्रित रहता है, जिधर वायु चाहती है, उड़ा ले जाती है। पूर्व की वायु आयी, तो उसे पश्चिम की ओर उड़ा ले जाती है और पश्चिम की वायु उसे पूर्व की ओर; ठीक उसी प्रकार उन्होंने अपने शरीर और उसके समस्त क्रियाकलापों को प्रारब्ध पर छोड़ दिया। प्रारब्ध उस शरीर से चाहे जो भी शुभ कर्म करा ले। वे शरीर भावना से ऊपर उठकर आत्मस्वरूप में सर्वथा स्थित थे।

स्वामी राम वेदान्त-अद्वैत की मस्ती में स्वयं तो मस्त थे ही, साथ ही उसी मस्ती में सारे संसार के मनुष्यों को आनन्दित कर देना चाहते थे। इसीलिए वे एकान्त प्रकृति के साहचर्य को त्याग कर अपना दिव्य संदेश संसार को सुनाने को उद्यत हुए। उन्होंने यह भलीभाँति समझ लिया कि भौतिकवादियों को अध्यात्मवाद की कितनी अधिक आवश्यकता है। आधुनिक सभ्यता की भौतिक मृगतृष्णा में उसकी प्यास निरन्तर बढ़ती ही जा रही है। वह संत्रस्त है, आनन्द, सुख के लिये तरस तो रहा है, पर सुख का कहीं नामोनिशान भी उसे उपलब्ध नहीं होता। इन्द्रिय-जन्य सुखों से शान्ति की प्राप्ति उसी प्रकार नहीं हो सकती, जिस प्रकार हड्डियों के चबाने से कुत्ते की भूख नहीं मिट सकती। वे वेदान्त की शीतल शान्तिदायिनी मन्दाकिनी से आधुनिक भौतिकवादी सभ्यता के मरुस्थल को सींच देना चाहते थे। उनकी लोक-संग्रह की भावना इतनी प्रबल हो गयी कि प्रकृति हाथ जोड़कर उनका साथ देने को उद्यत हो गयी। उसने सारे उपादान स्वयं उपस्थित कर दिये। राम का प्रकृति से तादात्म्य हो गया था। एक उद्धरण से यह बात बिल्कुल स्पष्ट हो जायेगी—

"विराट् प्रकृति मेरा शरीर है। नदियाँ मेरी धमनियाँ हैं और पर्वत हड्डियाँ। जिस प्रकार शरीर के किसी अंग को खुजलाने के लिये हाथ स्वतः उस अंग पर चले जाते हैं, ठीक उसी प्रकार मेरी आत्मा की आवश्यकताओं की पूर्ति के लिये प्रकृति स्वयं मेरी सेवा में उपस्थित हो जाती है। हिमालय की ऊँचाई के बर्फ के जो भयंकर तूफान दूसरों की मृत्यु के कारण बन सकते हैं, वे ही मेरा मार्ग सुगम करके मेरे विश्राम के निमित्त मखमली सेज तैयार कर देते हैं। चट्टानों पर मोजे अथवा जूते पहनकर चलना राम के लिये अपवित्रता है। नंगे पावों से नंगी जमीन का स्पर्श करना सर्वव्यापकता की भावना से ओतप्रोत कर देता है। पारस्परिक स्पर्श से मेरे शरीर और चट्टानों के माँस एक हो जाते हैं। दोनों एक होकर एक दूसरे को भलीभाँति समझने लगते हैं। एक के हृदय का स्पन्दन दूसरे के हृदय का स्पन्दन तुरन्त जान लेता है; दोनों के स्पन्दन एक हो जाते हैं। मनुष्य जब 'मैं पन' (आपाभाव) को मिटा दे, तभी वह परमात्मा हो जाता है।........भारतवर्ष मेरा शरीर है। कोमोरिन मेरे पैर और हिमालय मेरा सिर है। मेरी जटाओं से गंगा बहती हैं और मेरे सिर से ब्रह्मपुत्र और सिन्ध निकलती हैं। विन्ध्याचल मेरी लंगोटी है। कोरोमण्डल मेरी बायीं और मलाबार मेरी दाहिनी टाँग हैं। मैं सम्पूर्ण (समूचा) भारतवर्ष हूँ। उसका पूर्वी और पश्चिमी भाग मेरी बाँहें हैं जिन्हें मैंने मानव-समाज का आलिंगन करने के हेतु फैला रखा है। मेरा प्रेम सार्वभौमिक है। ओ, मेरे शरीर की आकृति कितनी महान् है! मैं खड़े होकर अनन्त आकाश पर,दृष्टिपात कर रहा हूँ। मेरी अन्तरात्मा विश्वात्मा है।"

उनके महान् शरीर का एक अंग जापान भी था। इस दृष्टि से सर्वप्रथम जापान ही देश ऐसा रहा, जिसने राम को अपनी ओर आकर्षित किया। २८ अगस्त, १९०२ को दोनों संन्यासी कलकत्ते से स्टीमर द्वारा हांगकांग पहुँचे। हांगकांग में वे सेठ बसायामल आशोमल नामक सिन्धी व्यापारी के यहाँ सात दिन तक अतिथि रूप में ठहरे। रास्ते में पड़ने वाले प्रायः सभी बन्दरगाहों पर राम अपने शिष्य नारायण के साथ उतरते। कर्मठ सिक्ख और सिन्धी व्यापारियों ने दोनों संन्यासियों की बड़ी आवभगत की। हांगकांग के प्रसिद्ध सिक्ख गुरुद्वारे में राम ने 'गुरुभक्ति' पर एक महत्त्वपूर्ण वक्तृता दी। स्वामी राम

और नारायण स्वामी हांगकांग से एक अमेरिकन जहाज द्वारा लगभग दस-बारह दिनों में याकोहामा पहुँचे। जापान देश के प्रथम बन्दरगाह, नागासाकी पहुँचने पर दोनों संन्यासियों ने जापानी मंदिरों का दर्शन किया और वहाँ के निवासियों के रहन-सहन का बारीकी से अध्ययन किया। उन्होंने स्वयं भी जापानियों के रीति रिवाज का अनुसरण किया। जापानियों के सम्बन्ध में राम ने अपनी सम्मति इस प्रकार अभिव्यक्त की, "यहाँ के कर्मठ मनुष्यों को राम को कोई भी शिक्षा नहीं देनी है। यहाँ के सब के सब पक्के वेदान्ती हैं। वे सब के सब राम ही हैं। यहाँ के लोग कितने हँसमुख, कितने प्रसन्न, कितने शान्त और कितने परिश्रमी हैं। राम मनुष्य के इन्हीं विशिष्ट गुणों को वास्तविक जीवन मानता है।"

याकोहामा नामक स्थान पर जब दोनों संन्यासी उतरे तो वहाँ के बन्दरगाह पर सेठ बसायामल आशोमल के दो प्रतिनिधि उन दोनों से मिले। दोनों प्रतिनिधि राम स्वामी एवं नारायण स्वामी को बड़े सत्कार से अपने मालिक के स्थान पर ले गये। दोनों व्यक्ति लगभग एक सप्ताह तक वहाँ ठहरे। मेज़बान लोग इस बात को जानकर आश्चर्य में पड़ गये कि स्वामी लोग जापान के धर्म सम्मेलन में भाग लेने आये हैं। उन्होंने जापान में आयोजित इस प्रकार के सम्मेलन की बात भी नहीं सुनी थीं। सही बात यह है कि इस प्रकार के सम्मेलन आयोजित करने की कोई कल्पना भी नहीं की गई थी। १८९३ में आयोजित शिकागो के सर्वधर्म-सम्मेलन में अत्यधिक सफलता प्राप्त हुयी थी। उसी के आधार पर संसार के धार्मिक नेता इसी प्रकार के अन्य सम्मेलन होने की बड़ी उत्सुकता से प्रतीक्षा कर रहे थे। जापान देश के श्री ओकाकुरा महोदय १९०२ में भारतवर्ष में उपस्थित थे। कदाचित् उन्होंने भगिनी निवेदिता से अपना यह विचार अभिव्यक्त किया कि अपने देश लौटने पर, मैं टोकियो में इस प्रकार का सम्मेलन आयोजित करने की चेष्टा करूँगा। इंडियन प्रेस को इस वार्त्ता की गन्ध मिली और उसने जापान में धर्म-सम्मेलन होने की घोषणा कर दी। श्री ओकाकुरा के कलकत्ता में रहने की अवधि के भीतर ही सम्मेलन के आयोजन का समाचार जापान भी पहुँच गया। जापानी प्रेसों ने इस समाचार का खण्डन भी किया। ऐसी परिस्थिति में राम ने स्वयं टोकियो जाकर वस्तुस्थिति समझनी चाही।

सेठ जी के फर्म के कई सदस्यों के साथ राम और नारायण टोकियो पहुँचे। वहाँ पहुँच कर वे दोनों इण्डो-जापानीज क्लब में प्रविष्ट हुये। उस क्लब के मंत्री सरदार पूर्णसिंह थे। वहाँ पूछने पर इस समाचार की एकदम पुष्टि हो गयी कि यहाँ कोई भी धर्म सम्मेलन नहीं होने जा रहा है। स्वामी राम ने इस समाचार का भारत में तार भी दिलवा दिया, ताकि अन्य धर्मवाले जापान आने के लिए परेशान न हों।

दोनों स्वामी अन्य भारतीयों के साथ उसी क्लब में ठहरे। क्लब के सदस्य प्रायः भारतीय छात्र थे। सरदार पूर्णसिंह अत्यधिक प्रतिभासम्पन्न थे। सभी सदस्य उनका बहुत आदर करते थे। स्वामी राम की जापान-यात्रा का सरदार पूर्णसिंह ने बड़ा सजीव चित्रण किया है—

"ज्योंही याकोहामा के आदमी ने क्लब में प्रवेश करके दो भगवा (काषाय) वस्त्रधारी साधुओं का परिचय कराया, त्योंही एक प्रसन्नता की लहर चारों ओर दौड़ गयी। उनमें बड़े स्वामी (स्वामी रामतीर्थ) के मुख से चिड़ियों की स्वाभाविक चहचहाहट की भाँति

'ओम्-ओम्' की मधुर ध्वनि गुंजार रही थी। उस ध्वनि का प्रभाव जादू से भी बढ़कर था। स्वामी राम के साथ उनके शिष्य स्वामी नारायण भी थे। मैं उनमें से किसी को भी नहीं जानता था, फिर भी मैं तो उत्साह के मारे पागल जैसा हो गया। उनकी भाषा ऐसी विचित्र और आकर्षक थी, उनके मुखमण्डल पर ऐसा अप्रतिम आध्यात्मिक तेज था कि चुपचाप उनके आज्ञापालन के सिवा मैं कुछ न कर सकता था। छोटे स्वामी (नारायण स्वामी) ने मुझसे पूछा, 'आप किस देश के निवासी हैं?' मेरी आँखों में आँसू आ गये। मधुर और प्रेमभरी आवाज में मैंने उत्तर दिया, 'सारा संसार मेरा घर है।'

बड़े स्वामी ने झट मेरी आँखों की ओर देखा और बोले, 'भलाई करना मेरा धर्म है।'

बस, इन दोनों वाक्यों द्वारा हम एक दूसरे से मिले।

मुझे उस दिन बौद्ध विश्वविद्यालय में एक वृहत् समाज के सम्मुख व्याख्यान देने जाना था। मैंने स्वामी जी को बोलने का निमंत्रण दिया, 'उस दिन जब आप टोकियो पहुँचे थे, लोगों ने आपसे बोलने का आग्रह किया था।' स्वामी जी ने मेरा आग्रह स्वीकार कर लिया। हम सब ट्रामकार में जा बैठे। मैंने काँच की खिड़की से अपना सिर टिका लिया। मुझे ध्यान ही न था कि मैं कहाँ बैठा हूँ। और वही ओम् का मधुर स्वर गुनगुनाने लगा। उसकी सुमधुर ध्वनि से मेरे हृदय के अन्तस्तल में संगीतमय गुदगुदी उत्पन्न हो रही थी। इसके सिवा मैंने व्याख्यान की कोई तैयारी न की। मैं गया, उठा और बोला। श्रोतागण मुग्ध हो गये। मैंने स्वामी राम का भी परिचय दिया। वे बोले, जैसे अग्नि के विस्फुलिंग बिखर रहे हों। आस्ट्रेलिया से भी बौद्ध थियोसोफिस्ट आये हुये थे। सब सुनकर ध्यानावस्थित हो गये। उस दिन उनके साथ उसी मंच पर जापान के कारलायल श्री कंजो यूचीमुरा ने भी भाषण दिया।

हम लोगों को लौटते समय रात्रि अधिक हो गयी थी। राम बोले, 'मुझे एक ऐसा आदमी चाहिये, जैसे तुम हो, जिसने अपने हृदय की निर्द्वन्द्व शान्ति में अपना चामत्कारिक व्याख्यान तैयार किया हो, जो टोकियो की सड़कों में, टोकियो की सबसे शोरगुल वाली सड़क पर चक्कर काटता हुआ भी ऐसा कर सकता हो। ठीक, बिलकुल ठीक है, यही शान्ति तो जीवन का रहस्य है। इसी को मन की एकाग्रता कहते हैं। यही वह संगीतमय मौन है, जहाँ बड़े-बड़े विचारों का उदय होता है; वे स्वप्न प्रकट होते हैं, जो मनुष्य को उन्नति के पथ पर ले जाते हैं। शान्तिपूर्ण आनन्द की इस दिशा में ही ज्ञानरश्मियाँ अकस्मात् मनुष्य के मस्तिष्क में चमक जाती हैं। मानसिक शान्ति की इस पूर्णावस्था में किसी प्रकार का शारीरिक तनाव भी नहीं रहता, जैसे शरीर प्रकृतिस्थ हो गया हो। यही वेदान्त का योग है। यह सचमुच महान् वस्तु है।' स्वामी राम ये बातें बड़े उत्साह और तन्मयता से कह रहे थे। किन्तु मैं कुछ न सुन सका। क्योंकि मेरे हृदय में उस आनन्द की हलचल मची हुयी थी, जो किसी नवयुवती को अपने स्वप्नों के अनुरूप पुरुष के प्रेम में वशीभूत होने पर सर्वप्रथम हुआ करती है। मेरे हृदय के अन्तस्तल में इतना आन्दोलन मचा हुआ था कि उनकी बातों को ध्यानपूर्वक सुनना मेरी शक्ति के बाहर हो रहा था। मैं इधर-उधर दौड़ रहा था। मैं कभी यों ही बिना किसी प्रयोजन उनके कमरे में घुसता और फिर अकारण बाहर चला आता। न तो मैं उनके पास बहुत देर तक ठहर ही सकता था और न बहुत देर तक उनसे दूर ही रह सकता था। मैं किसी प्रकार अपने को रोक नहीं

पाता था। मैं उनसे प्रेम करने लगा। वे मेरे हृदय में गड़ गये। सच तो यह है कि यदि, मैं लड़की होता, तो उन्हें पाने के लिये अपना सर्वस्व न्यौछावर कर देता। किन्तु एक बात सुनिश्चित है कि जो कुछ वे कह रहे थे, उसका एक शब्द भी मैंने नहीं सुना, फिर भी आश्चर्य यह कि उनके मुँह से निकला एक-एक शब्द मेरे हृदयकोश में बड़ी सावधानी से संचित हो जाता था और इस समय भी मैं जो कुछ लिख रहा हूँ, उसका एक-एक अक्षर सत्य है।

× × ×

दूसरे दिन मैं पुरानी पुस्तकों की एक दूकान से दो बड़े-बड़े ग्रंथ, जिनमें सन् १८९३ में सर्वधर्म-सम्मेलन का कार्य विवरण एवं भाषणादि छपे थे, उठा लाया और घर आकर उन्हें राम की मेज पर रख दिया।

'ओह, ठीक यही चीज, इसी पुस्तक की इच्छा राम के हृदय में उठी थी। कैसे तुम्हारे हाथ लगी? प्रकृति देवी स्वयं अपने हाथों से राम की आवश्यकताओं की पूर्ति कर रही हैं।'

हम लोग बड़ी देर तक उस विश्व-सम्मेलन की चर्चा करते रहे, जो टोकियो में होने वाला था। जब स्वामी जी को पता चला कि वास्तव में वैसा कोई सम्मेलन नहीं होने वाला है, तो वे जी खोल कर हँसे और बोले, 'प्रकृति की चालें भी कैसी मजेदार होती हैं! राम को हिमालय के उस एकान्त-निवास से निकाल कर संसार का पर्यटन कराने के हेतु उसने कैसी सुन्दर युक्ति निकाली। यह झूठा समाचार क्या-क्या गुल खिला रहा है! राम तो स्वयं अपने आप धर्मों का विशाल सम्मेलन है। यदि टोकियो विश्व-सम्मेलन नहीं करना चाहता है, तो न करने दो, राम तो अपना सम्मेलन करेगा ही।'

राम के पहुँचने के ठीक दूसरे दिन पूना के प्रोफेसर छत्रे टोकियो में अपने सर्कस का पहला प्रदर्शन करने वाले थे। सभी भारतीय छात्र और स्वामी राम साथ-साथ उसे देखने गये। उसी स्थान पर सुप्रसिद्ध पूर्वीय विद्वान् और टोकियो इम्पीरियल यूनीवर्सिटी के संस्कृत के प्राध्यापक तकात्कुस से राम की भेंट हुयी। चलते समय उन्होंने मुझसे कहा, 'मैं इंग्लैण्ड में प्रोफेसर मैक्समूलर के यहाँ बहुत से पण्डितों और दार्शनिकों से मिला हूँ। दूसरे स्थानों पर मुझसे दिग्गज विद्वानों और दार्शनिकों से भेंट हुयी है। परन्तु मैंने ऐसा महान् व्यक्ति नहीं देखा, जैसे स्वामी राम हैं। वे तो अपनी सम्पूर्ण दार्शनिक विचारधारा के जीवन्त उदाहरण हैं। वे ऐसे रहस्यमय और अर्थपूर्ण हैं कि कुछ कहते नहीं बनता। उनमें वेदान्त और बौद्धधर्म एक साथ समन्वित हुए हैं। वे स्वयं धर्म हैं। वे सच्चे कवि और सच्चे दार्शनिक हैं।

के० हिराई महोदय ने भी राम को वहीं देखा था और उनकी अलौकिकता एवं त्रिगुणातीत अवस्था की अत्यधिक प्रशंसा की थी। उन्होंने कहा था कि राम की अलौकिकता ने उनके स्थूल शरीर को भी दिव्य बना दिया है।

मैं उनके पास दूसरी कतार में बैठा हुआ सर्कस देख रहा था और सामने की श्रीसम्पन्न भद्र महिलाओं की एक पूरी पंक्ति, अपने रंग-बिरंगे किमोनोज और तड़क-भड़कदार ओविस (एक प्रकार का अति श्रेष्ठ सिर को ढँकने वाला वस्त्र) धारण किये

हुये। हिम सदृश उज्ज्वल गर्दनों की यह पूरी पंक्ति, कैसी सुंदर और कैसी आकर्षक थी! मैं इस जीते-जागते सौन्दर्य के अनुपम दृश्य को एक निगाह देखने का लोभ संवरण न कर सका। किन्तु मेरे मन में तुरन्त यह आया कि यदि कहीं स्वामी जी ने मेरी आँखों की यह चोरी पकड़ ली, तो········?

अकस्मात् उनके मुख से निकला—जैसे वे मेरी आँखों की भावमय चोरी का अनुमोदन कर रहे हों—'पूरन जी गर्दनों की यह पंक्ति तो ऐसी लग रही है, जैसे काली-काली धारीदार चट्टानों से गंगा जी इतनी अधिक स्वच्छ पतली-पतली धाराओं में फूट पड़ी हों।'

जब हम पण्डाल से बाहर निकले, तब रात्रि बहुत हो गयी थी; न कोई रिक्शा ही मिला और न ट्रामकार। स्वामीजी पैदल ही चल पड़े और हम लोगों का उनके साथ चलना कठिन हो गया।

प्रतिदिन संध्या-समय लोग उनके पास एकत्र हो जाते थे—भारतीय और जापानी उनके वचनों को मंत्रमुग्ध हो ध्यान से सुनते थे। केवल मैं अपनी आँखें बन्द करके ऐसे उत्साह में डूबा रहता, जिस पर नियंत्रण रखना मेरे वश के बाहर होता। मैं कुछ भी न सुनता और सब कुछ सुनता। मेरे होंठ ओम्-ओम् के अविरल जप से कँपते रहते।

उन्होंने टोकियो के कॉमर्स कालेज में एक बहुत ही महत्त्वपूर्ण व्याख्यान दिया, जिसका विषय था, 'सफलता का रहस्य' उसकी विचित्र आभा ने विशाल जनसमूह का ध्यान आकृष्ट कर लिया। रूसी राजदूत ने जब समाचारपत्रों में उस व्याख्यान को प्रकाशित देखा तो स्वामी जी से भेंट करने की आकांक्षा अभिव्यक्त की। किन्तु स्वामी जी सानफ्रांसिस्को रवाना हो चुके थे।[१]

**सफलता का रहस्य**

टोकियो में 'सफलता का रहस्य' पर स्वामी रामतीर्थ ने निम्नलिखत भाषण दिया था—

क्या यह आश्चर्यजनक नहीं प्रतीत होता कि भारतवर्ष से एक अभ्यागत आकर आपके समक्ष एक ऐसे विषय पर भाषण करे, जिसे प्रत्यक्षतः जापान ने भारत की अपेक्षा अधिक बुद्धिमानी से ग्रहण किया है। यह बात हो सकती है किन्तु एक से अधिक ऐसे कारण हैं जिनके बल पर मैं यहाँ शिक्षक के रूप में खड़ा हुआ हूँ।

किसी विचार को दक्षतापूर्वक कार्य रूप में परिणत करना एक बात है और उसके आधारभूत मौलिक अर्थ को हृदयंगम करना एक बिलकुल दूसरी बात है। वर्तमान समय में चाहे कोई राष्ट्र कतिपय सिद्धान्तों को कार्यान्वित करता हुआ भले ही खुद फूल-फल रहा हो, किन्तु यदि राष्ट्रीय मस्तिष्क भली-भाँति उन सिद्धान्तों को समझता नहीं है, यदि उनके पीछे कोई सुनिश्चित ठोस आधार नहीं, तो उस राष्ट्र के पतन की सम्भावना बराबर बनी रहती है। एक श्रमिक जो किसी रासायनिक क्रिया को सफलतापूर्वक व्यवहृत करता

---

१. स्वामी राम जीवन-कथा, लेखक सरदार पूर्णसिंह, द्वितीय संस्करण, १९६४, पृष्ठ १६०-६५।

है, वस्तुतः रसायनशास्त्रवेत्ता नहीं है। कोयला झोंकने वाला जो सफलतापूर्वक किसी वाष्प-इंजन को चला लेता है, इंजीनियर नहीं हो सकता, क्योंकि उसे केवल यांत्रिक अभ्यास हो गया है। तुमने उस डाक्टर की कथा पढ़ी होगी, जो शरीर के क्षत-विक्षत अंग को पूरे एक सप्ताह तक रेशमी पट्टी से बाँध कर अच्छा किया करता था, किन्तु उसे नित्य अपनी तलवार से छूना अनिवार्य मानता था। पट्टी के द्वारा बाहरी गर्द से रक्षा होने के कारण घाव अच्छे हो जाते थे। किंतु वह कहता था कि उसकी तलवार के स्पर्श में ही घावों को चंगा कर देने की अद्भुत शक्ति है और ऐसा ही उसके रोगियों को विश्वास हो गया था। किन्तु इस अन्धविश्वासपूर्ण कल्पना से बीसों रोगियों को असफलता के सिवा और कुछ न हाथ लगा, क्योंकि उनके घावों में केवल पट्टी के अतिरिक्त अन्य उपचारों की आवश्यकता थी। अतएव प्रत्येक वस्तु के सम्पादन में यह परमावश्यक है कि यथार्थ सिद्धान्त और यथार्थ व्यवहार सदा समन्वित रहें।

दूसरी बात यह है कि राम जापान को अपना ही देश मानता है और उसके निवासियों को अपना देशवासी। राम तर्कपूर्ण आधार से यह सिद्ध कर सकता है कि प्रारम्भ में आपके पूर्वज भारतवर्ष से ही यहाँ स्थानान्तरित हुये थे। आपके पूर्व पुरुष राम के पूर्व पुरुष हैं। अतः राम एक भाई के 'समान, न कि किसी अपरिचित की भाँति आप लोगों से हाथ मिलाने आया है। एक और कारण है जिसके बल पर भी राम इसी अधिकार का दावा कर सकता है। राम अपने जन्म ही से, अपनी प्रकृति, चाल-ढाल, स्वभाव और हृदय से जापानी है। इन प्रारम्भिक शब्दों के अनन्तर राम अब अपने विषय पर आता है।

सफलता का भेद एक खुला हुआ भेद है। इस विषय पर प्रत्येक व्यक्ति कुछ न कुछ कह सकता है और स्यात् तुमने उसके साधारण सिद्धान्तों की व्याख्या सुनी भी होगी। किन्तु विषय इतना महत्त्वपूर्ण और आवश्यक है कि लोगों के हृदय में उसे भलीभाँति पैठाने के लिये, उस पर जितना अधिक बल दिया जाय, उतना ही थोड़ा है।

### पहला सिद्धान्त—काम

सबसे पहले हमें यह प्रश्न चारों ओर से घेरने वाली प्रकृति से करना चाहिये। कलकल निनाद से बहने वाले निर्झर और एक स्थान में बद्ध रहने वाले तालाब रोज़ अपनी मूक किंतु असंदिग्ध भाषा में हमें निरन्तर एक ही उपदेश दिया करते हैं—निरन्तर काम करो, अहर्निश काम करो। प्रकाश हमें देखने की शक्ति प्रदान करता है। प्रकाश ही प्राणिमात्र का प्राण और मुख्य जीवनाधार है। आओ, देखें स्वयं प्रकाश के द्वारा इस प्रश्न पर क्या प्रकाश पड़ता है। राम उदाहरण के लिये एक लैम्प, साधारण दीपक को ही लेगा। दीपक की चमक और प्रकाश का अन्तरंग रहस्य क्या है? यह कभी अपने तेल और बत्ती का बचाव नहीं करता। तेल और बत्ती अथवा उसकी क्षुद्र आत्मा निरन्तर जलती रहती है, तभी उसका प्राकृतिक परिणाम होता है प्रकाश और ताप। लो लैम्प का सन्देश हो चुका—अपने का बचाव करो और तुम्हारा सर्वनाश हो जायेगा। यदि तुम अपने शरीर के लिये सुख और विश्राम चाहते हो, यदि अपना सारा समय भोग-विलास और इन्द्रिय-सुखों में गँवाते रहते हो, तो तुम्हारे लिये, उत्थान की कोई आशा नहीं। दूसरे शब्दों में इसका यह अर्थ हुआ कि अकर्मण्यता मृत्यु रूप है। केवल काम और क्रिया ही हमारा

जीवन और प्राण है। एक ओर सीमाबद्ध सरोवर है और दूसरी ओर बहती हुई सरिता। दोनों की तुलना करो। बहती हुयी नदी का जल, स्वच्छ, तरोताजा, निर्मल, पीने योग्य और चित्ताकर्षक रहता है। इसके विपरीत सीमाबद्ध तालाब का जल कितना गंदा, बदबूदार मैला और चिपचिपाने वाला होता है। यदि तुम सफलता चाहते हो, तो कार्य का मार्ग, सरिता की निरन्तर गति का अनुसरण करो, जो मनुष्य अपने तेल और बत्ती का व्यय न करेगा, अपितु उसकी रक्षा में ही अपना सारा समय लगा देगा, उसके लिये आशा का कोई मार्ग नहीं। नदी की नीति को ग्रहण करो, जो सदा आगे ही बढ़ती रहती है, जो सदैव अपने आपको परिस्थितियों के अनुकूल बनाती हुयी अपना व्यवहार बढ़ाती जाती है, गति ही उसका जीवन है। कार्य, निरन्तर कार्य, अटूट कार्य ही सफलता का पहला सिद्धान्त है। 'नित्य प्रति उत्तम से उत्तमतर बनते जाओ।' यदि तुम इस सिद्धान्त का अवलम्बन करो, तब तुम्हारे लिये बड़ा बनना उतना ही आसान होगा, जितना छोटा रह जाना।

## दूसरा सिद्धान्त--आत्मत्याग

प्रत्येक व्यक्ति सफ़ेद, श्वेत वस्तुओं को प्यार करता है आओ, देखें, श्वेत वस्तुयें क्योंकर मनुष्य मात्र की प्रेमपात्र बन जाती हैं। हमें श्वेत की इस सफलता का पता लगाना होगा। काली चीजों से सभी लोग घृणा करते हैं। उन्हें तुच्छ समझते हैं, फेंक देते हैं। यह एक तथ्य है, हमें उसके कारण की खोज करनी होगी, प्रकृति-विज्ञान हमें रंगों के प्रदर्शन का रहस्य बतलाता है। वास्तव में लाल रंग लाल नहीं है, हरा-हरा नहीं है, काला-काला नहीं है। वस्तुतः जैसा हम देखते हैं, वह वैसा नहीं है। गुलाब के लाल पुष्प में वह लालिमा कहाँ से आती है? वह स्वयं उसकी फेंकी हुयी चीज है। सूर्य की किरणों के और सब रंग तो उसने अपने अन्तर में पचा लिये हैं। किसी को गुलाब द्वारा पचाये हुये इन रंगों का पता नहीं चलता। हरा पता प्रकाश के अन्य सब रंग अपने में आत्मसात् कर लेता है और केवल उस एक हरे ताजे रंग के द्वारा प्रकट होता है, जिसे वह अपने भीतर लेने से इंकार करता है और बाहर फेंक देता है। काली वस्तुओं का यह स्वभाव होता है कि वे प्रकाश के सारे रंगों को खा लेती हैं और प्रकाश का नामोनिशान भी बाकी नहीं छोड़तीं। उनमें आत्म-त्याग की भावना नहीं रहती—उदारता रंचमात्र भी नहीं होती। वे रश्मि की एक रेखा भी नहीं त्याग सकतीं। अपने हिस्से में उन्हें जो भी सूर्य-रश्मि मिलती हैं, वे सब का सब खा जाती हैं। प्रकृति हमें आदेश देती है कि इसी प्रकार वह मनुष्य जो अपने में से रत्ती भर अपने पड़ोसियों को नहीं देता, वह काले कोयले जैसा काला हो जायेगा। श्वेत वस्तुओं के सद्गुण को ग्रहण करो और तुम सफल हुये बिना नहीं रह सकते। श्वेत से राम का क्या अभिप्राय है? यूरोप के निवासी श्वेतांग! नहीं, केवल श्वेतांग यूरोपियन ही नहीं, स्वच्छ दर्पण, स्वच्छ मोती, सफ़ेद फाख्ता, स्वच्छ हिम—संक्षेप में, पवित्रता और सच्चाई सूचक सभी सुन्दर चिह्न इस विषय में तुम्हारे पथ-प्रदर्शक बन सकते हैं। उनका मार्ग ग्रहण करो और असंदिग्ध रूप में आत्म-त्याग की भावना सीख लो। जो कुछ दूसरों से लिया हो, उसे दूसरों को ही दे डालो स्वार्थमय संचय के पथ से हट जाओ और अपने आप स्वच्छ बन जाओगे। बीज यदि चाहता है कि एक सुन्दर कलिका के रूप में खिले, तो पहले उसे अपने आपको खाद में गला देना होगा। पूर्ण आत्म बलिदान अन्त में फल लाता है, उसका फल लाना अनिवार्य है। सभी शिक्षक और

उपदेशक इस बात को मानने में नहीं हिचकेंगे कि हम जितना ही अधिक वितरण करते हैं, उतना ही अधिक पाने के हम अधिकारी बनते जाते हैं।

## तीसरा सिद्धान्त--आत्म विस्मृति

विद्यार्थियों को इस बात का पूर्ण अनुभव होगा कि जब वे अपनी साहित्यिक गोष्ठी में भाषण करते हैं, तो ज्योंही 'मैं भाषण कर रहा हूँ' उनके मन में जोर से प्रकट होता है, त्योंही व्याख्यान फीका पड़ जाता है। काम करते हुये अपने क्षुद्र अहं को भूल जाओ, उसमें अपने आपको पूर्णतः डुबो दो, तब निश्चय ही सफलीभूत होगे। यदि कुछ सोचते, तो तुम स्वयं सोच-विचार बन जाओ, निश्चय ही सफलता प्राप्त होगी। यदि कोई कार्य करते हो, तो तुम कार्य रूप बन जाओ, सफलता अवश्य मिलेगी—

**मैं कब स्वतंत्र हूँगा?**

**जब मिट जायगी 'मैं मैं'।**

दो भारतीय राजपूतों की एक कहानी है। वे एक बार अकबर—भारत के महान् मुगल सम्राट के पास पहुँचे और नौकरी के लिये प्रार्थना की। अकबर ने उनकी योग्यता के बारे में पूछताछ की। उन्होंने कहा, 'हम शूरवीर हैं!' अकबर ने आज्ञा दी, 'प्रमाण?' दोनों ने तुरन्त म्यान से अपनी-अपनी तलवारें खींच लीं। क्षण भर के अकबर के दरबार में बिजली कौंध गयी। तलवारों की चमक उनकी अन्तरंग वीरता की सूचक थी। लो, दूसरे ही क्षण विजली की इन दोनों कौंधों ने दोनों के शरीरों को एक कर दिया। दोनों ने अपनी-अपनी तलवार एक दूसरे के सीने में चुभो दीं—नहीं, दोनों ने उन्हें एक दूसरे की छाती में ऐसी धीरता से घुसेड़ दिया, जो संसार में बहुत कम देखी जाती है। उनकी वीरता का प्रमाण प्राप्त हो गया। शरीर गिर पड़े, आत्मायें एक हो गयीं। सब ने उनकी वीरता की भूरि-भूरि सराहना की। कहानी में हमें विशेष प्रयोजन नहीं। इस उन्नत युग में ऐसी शूरवीरता से हमारे हृदय में तो चोट पहुँच सकती है, किन्तु उससे हमें एक शिक्षा मिलती है। वह शिक्षा यह है, अपने क्षुद्र अहं का त्याग करो और सफलता तुम्हें हाथ जोड़ेगी। अन्यथा सफलता प्राप्त होना दुर्लभ है। राम कहता है--काम करते-करते सफलता की इच्छा मर जाय और सफलता तुम्हारे सम्मुख खड़ी है।

## चौथा सिद्धान्त—सार्वभौमिक प्रेम

प्रेम सफलता का एक दूसरा सिद्धान्त है। प्रेम करो और लोग तुमसे प्रेम करेंगे। बस, यही लक्ष्य है। हाथ, यदि जीवित रहना चाहता है, तो उसे शरीर के अन्य अंगों से प्रेम करना होगा। यदि वह अपने को सबसे पृथक् कर ले और सोचे कि मेरी कमाई से दूसरे अंग क्यों लाभ उठायें, तो हाथ का काम हो चुका, उसका मरण अनिवार्य है। यदि हाथ अपनी स्वार्थवृत्ति पर डट ही जाय, तो उसे मुँह में उस खानपान को रखने की क्या आवश्यकता है जिसे वह केवल अपने परिश्रम के बल पर प्राप्त करता है—चाहे उसने वह परिश्रम कलम के द्वारा किया हो अथल तलवार के द्वारा। उस स्थिति में उसे भोजन के उत्तमभोजन पदार्थ अपने चर्म में ही घुसा लेने चाहिये और तभी वह दूसरे अंगों की कमाई से वंचित कर सकता है। हाँ, यदि उसे अपना फुलाना ही अभीष्ट हो, तो यह किसी विषैली वस्तु से भी अपने को कटवा सकता है। किन्तु सूजन हानि के सिवा लाभ नहीं

पहुँचा सकती। सूजन की मोटाई स्वास्थ्य का लक्षण नहीं है। फूला हुआ हाथ एक न एक दिन अपने स्वार्थ के कारण अवश्य मर मिटेगा। हाथ केवल तभी फलफूल सकता है, जब वह व्यवहारतः शरीर के अन्य अंगों के साथ अपनी वास्तविक आत्मीयता का अनुभव करे और अपनी भलाई को शरीर के अन्य अंगों की भलाई से, सम्पूर्ण शरीर की भलाई से किसी भी प्रकार पृथक् न समझे।

जिसे हम लोग सहायता कहते हैं, वही इस प्रेम का बाह्य रूपान्तर है। तुमने सहयोग, सहकारिता के लाभों के विषय में बहुत कुछ सुना होगा। राम को, यहाँ, उसके गुण गाने की आवश्यकता नहीं, तुम्हारे हृदयस्थ प्रेम से ही उसका जन्म हो। तुम प्रेम रूप हो जाओ और तुम्हारी सफलता बनी बनायी है। जो व्यापारी ग्राहकों के लाभ में अपना लाभ नहीं समझता, वह सफल नहीं हो सकता। अपने फलने-फूलने के लिये उसे अपने ग्राहकों से प्रेम करना होगा। उसे अपने सम्पूर्ण हृदय से उनकी भलाई पर ध्यान रखना होगा।

## पाँचवाँ सिद्धान्त—प्रसन्नता

सफलता के सम्पादन में एक दूसरी बात जो महत्त्वपूर्ण कार्य करती है—वह है प्रसन्नता। आप, जापानी लोग राम के भाई हैं। राम को प्रसन्नता है कि आप लोग स्वभाव से ही प्रसन्नचित्त हैं। तुम्हारे हरे-भरे चेहरे पर प्रसन्नता की मुस्कान देखकर राम को बड़ी प्रसन्नता होती है। तुम हँसते हुये फूल हो। तुम मनुष्य-जाति की मुस्कुराने वाली कलिका हो। तुम प्रसन्नता के अवतार हो, और राम चाहता है कि आप अपने जीवन के इस शुभ लक्षण को अपने इतिहास के अन्त तक स्थिर रखें। राम आपको बतायेगा कि यह कैसे हो सकता है।

अपने परिश्रम के फल के लिये कभी चिन्तित मत हो। भविष्य की चिन्ता मत करो। भय को हृदय में स्थान मत दो। न सफलता की बात सोचो और न असफलता की। काम के लिये काम करो। कार्य स्वयं अपना पारितोषिक है। भूतकाल के पीछे खिन्न मत हो। भविष्य की चिन्ता मत करो। वर्तमान में—प्रत्यक्ष वर्तमान में कार्य करो। दिन-रात काम करो। इस प्रकार की भावना तुम्हें प्रत्येक परिस्थिति में प्रसन्न रखेगी। एक सजीव बीज में फलने-फूलने का गुण होता है। प्रेमपूर्ण सहानुभूति का अटल नियम है कि उस सजीव बीज को आवश्यकतानुसार वायु, जल, पृथ्वी और आकाशादि मिलना ही चाहिये। ठीक इसी भाँति प्रसन्नचित्त कर्मयोगी को प्रत्येक भाँति की सहायता का वचन प्रकृति ने पहले से ही दे रखा है। 'आगे का मार्ग अपने आप सूझ पड़ेगा, यदि जितना ज्ञात है, उतना तुम यथार्थ रूप से पार कर लेते हो।' यदि अँधेरी रात में तुम्हें बीस मील यात्रा करने का अवसर प्राप्त हो और यदि हाथ का दीपक केवल दस फुट तक ही प्रकाश फेंकता हो, तो उस सम्पूर्ण अँधेरे मार्ग की चिन्ता से क्यों मरे जाते हो? तुम्हें तो अंधकार में एक पग भी नहीं धरना पड़ेगा। इसी प्रकार एक आदर्श और सच्चे कर्मयोगी को अपने पथ में कभी अव्यर्थ बाधा नहीं पड़ती। यह प्रकृति का एक अनिवार्य नियम है। फिर भविष्य की घटना की चिन्ताओं से क्यों अपने हृदय के उल्लास को ठंडा करते हो? जिस मनुष्य को तैरना बिलकुल नहीं आता, यदि वह भी सहसा किसी झील में गिर पड़े, तो वह भी कभी डूब नहीं सकता, यदि अपने शरीर के भार को संतुलित बनाये रखे। मनुष्य का भार-विशेषत्त्व जल के भार-विशेषत्त्व से कम होता है, अतः जल के धरातल पर उतराने में उसे कोई

बाधा नहीं हो सकती। किन्तु ऐसे अवसर पर साधारण प्राणी एकदम अस्थिरचित्त हो जाते हैं। इसी प्रकार प्रायः भविष्य की सफलता के लिये चिन्ताकुल होने ही से असफलता का सूत्रपात होता है।

आओ, अब हम उस विचारधारा का निरीक्षण करें, जिसके कारण हम भविष्य की ओर आँखें लगाये रहते हैं। इसका उदाहरण इस प्रकार हो सकता है कि मनुष्य स्वयं अपनी छाया को पकड़ना चाहता है। ऐसा उद्योग चाहे वह अनन्त काल तक करता रहे, वह कदापि, त्रिकाल में भी उसे पकड़ने में समर्थ नहीं हो सकता। पर यदि वह छाया से मुँह मोड़ ले और सूर्याभिमुख हो जाय, तो लो, वह छाया ही उसके पीछे दौड़ना प्रारम्भ कर देगी। जिस क्षण तुम सफलता से मुँह मोड़ लेते हो, ज्योंही तुम फलादि की चिन्ता से मुक्त हो जाते हो, और वर्तमान कर्त्तव्य पर अपनी सारी शक्ति केन्द्रित कर देते हो, बस, उसी क्षण सफलता तुमसे आ मिलती है। नहीं, नहीं वह तुम्हारा अनुगमन करने लगती है। अतएव, तुम सफलता के पीछे मत दौड़ो, सफलता का अपना ध्येय मत बनाओ और तभी, उसी समय सफलता स्वयं तुम्हें ढूँढ़ने लगेगी। न्यायालय में न्यायाधीश को वादी-प्रतिवादी, वकील अथवा चपरासियों को खोजना नहीं पड़ता। वह तो केवल न्यायासन पर बैठ भर जाय और न्यायालय के सारे व्यापार अपने आप चलने लगते हैं। राम के प्यारे मित्रों, यही अन्तिम तथ्य है। पूर्ण प्रसन्नता के साथ अपने कर्त्तव्य-कर्म में जुट जाओ और सफलता के लिये जिन-जिन वस्तुओं की आवश्यकता पड़ेगी, वे सब अपने आप उपस्थित हो जायेंगी।

### छठाँ सिद्धान्त—निर्भीकता

दूसरी बात, जिस पर राम आपका ध्यान आकर्षित करना चाहता है और बारम्बार आदेश करता है कि आप उसे अनुभव से सिद्ध करें, वह है निर्भीकता। एक भ्रू-निक्षेप से शेरों को वश में किया जा सकता है। एक दृष्टि-निक्षेप से शत्रु परास्त किये जा सकते हैं निर्भीकता की एक झड़प से विजय प्राप्त की जा सकती है। राम ने हिमालय की सघन घाटियों में विचरण किया है। राम को शेर, चीते, भालू एवं अनेक विषैले जीव-जन्तुओं का सामना करना पड़ा। परन्तु राम को कभी किसी ने हानि नहीं पहुँचायी। जंगली पशुओं पर सीधे उनकी आँखों पर भ्रू-निक्षेप किया गया, दृष्टियाँ मिलीं, हिंसक पशुओं ने आँखें नीची कर लीं और जिन्हें हम अत्यन्त भयानक वन्य पशु समझते हैं, वे चुपचाप खिसक गये। यही तथ्य है। निर्भीक बनो और तुम्हें कोई हानि नहीं पहुँचा सकता।

शायद तुमने कभी देखा हो कि कबूतर कैसे बिल्ली के सामने अपनी आँखें बन्द कर लेता है और शायद अपने मन में सोचता हो कि जैसे मैं बिल्ली को नहीं देखता हूँ, वैसे बिल्ली भी मुझे न देखती होगी। किन्तु होता क्या है? बिल्ली कबूतर पर झपटती है और कबूतर बिल्ली के पेट में जा पड़ता है। निर्भीकता से चीता भी वश में किया जा सकता है और भयातुरता के सामने बिल्ली भी शेर बन जाती है।

तुमने यह भी देखा होगा कि काँपते हुये हाथ से कोई द्रव पदार्थ एक बर्त्तन से दूसरे बर्त्तन में सफलतापूर्वक नहीं उँड़ेला जा सकता। किन्तु कितनी आसानी से एक सुदृढ़ और निर्भीक हाथ बिना एक बूँद गिराये उस बहुमूल्य द्रव का आदान-प्रदान कर लेता है। प्रकृति स्वयं बार-बार उच्च स्वर से इसी निर्भीकता की शिक्षा देती है।

एक बार एक पंजाबी सिपाही किसी जहाज पर एक भयानक रोग से आक्रान्त हो गया और डाक्टर ने उसे जहाज से नीचे फेंक देने का अन्तिम दण्ड सुना दिया। डाक्टर! कभी-कभी भयंकर दण्ड दे डालते हैं। सिपाही को इस बात का पता लग गया। साधारण प्राणी कभी-कभी मृत्यु के सामने निर्भीकता की झलक दिखा जाता है। वह सैनिक असीम शक्ति से उठा और एकदम निर्भय हो गया। तुरन्त सीधा डाक्टर के पास पहुँचा और पिस्तौल तान कर बोला, 'मैं बीमार हूँ? क्या मैं बीमार हूँ? सच-सच बोलो, नहीं तो अभी मैं तुम्हें दूसरी दुनिया में पहुँचा देता हूँ।' डाक्टर ने उसे तुरन्त ही स्वस्थ होने का प्रमाणपत्र दे दिया। निराशा कमजोरी है, उससे बचो। निर्भीकता ही शक्तिपुंज है। राम के शब्दों पर ध्यान दो—'निर्भीकता' और निर्भय बनो।

## सातवाँ सिद्धान्त—आत्मनिर्भरता

सफल जीवन का नैसर्गिक, अन्तिम किन्तु अत्यन्त महत्त्वपूर्ण सिद्धान्त, एक प्रकार से सफलता का प्राण, सफलता की मुख्य कुंजी है, आत्मनिर्भरता और आत्मविश्वास। यदि राम से एक शब्द में राम का सम्पूर्ण दर्शनशास्त्र भर देने का आग्रह किया जाय, तो राम यही कहेगा—वह है आत्मविश्वास, आत्मज्ञान। ऐ मनुष्यों, देखो, सुनों और अपने आपको पहचानों। सत्य, अक्षरशः सत्य है कि जब तुम स्वयं आप अपनी सहायता करते हो, तो ईश्वर तुम्हारी सहायता करता है। नहीं, वह तुम्हारी सहायता करने के लिये बाध्य है। यह बात भलीभाँति सिद्ध की जा सकती है। इस तथ्य का साक्षात्कार किया जा सकता है कि तुम्हारी ही आत्मा, वास्तविक आत्मा ईश्वर, सर्वशक्ति सम्पन्न ईश्वर है। यह एक वास्तविकता है, एक सत्य है। तुम स्वयं प्रयोग करके देख लो। निश्चय से, पूर्ण निश्चय से अपने ऊपर निर्भर करो और फिर जगत् में तुम्हें कुछ भी दुर्लभ नहीं। तुम्हारे लिये संसार में कुछ भी असम्भव नहीं।

सिंह जंगल का राजा है। वह स्वयं अपने ऊपर निर्भर रहता है। उसमें साहस है, शक्ति है, कोई बाधा उसका मार्ग नहीं रोक सकती। क्यों? क्योंकि उसे अपने में पूर्ण विश्वास है। और हाथियों को देखो, जिन्हें विशालकाय होने के कारण पहली दृष्टि में यूनानियों ने 'चलते-फिरते पर्वत' की संज्ञा दी थी, वे सदा अपने शत्रुओं से सशंकित रहते हैं। वे सर्वदा झुंडों में रहते हैं और सोते समय अपने चारों ओर पहरेदार नियुक्त कर लेते हैं। एक भी उनमें अपने ऊपर नहीं निर्भर रहता और न अपनी विशाल शक्ति का अनुभव करता है। वे अपने को शक्तिहीन मानते हैं और एक ही सिंह के समक्ष झुण्ड का झुण्ड भाग खड़ा होता है, जबकि एक ही हाथी, एक ही चलता-फिरता पहाड़ बीसों शेरों को अपने पैरों से रौंद कर मिट्टी में मिला सकता है।

एक बड़ी शिक्षाप्रद कहानी है। दो भाई थे। दोनों को अपनी पैतृक सम्पत्ति में समान भाग मिला था। किन्तु कुछ काल के अनन्तर एक तो दरिद्रता की चरमसीमा पर पहुँच गया और दूसरे ने अपनी सम्पत्ति दस गुनी बढ़ा ली। जो लखपति हो गया था, एक बार उससे प्रश्न किया गया, 'इतना अन्तर कैसे हो गया?' तो उसने उत्तर दिया, 'मेरा भाई कहता रहता है—जाओ जाओ और मैं सदैव कहता हूँ—आओ आओ।' इसका अभिप्राय यह हुआ कि एक भाई हर समय नौकरों से कहा करता था, 'जाओ, जाओ और काम कर लाओ' इतनी आज्ञा देने के अतिरिक्त उसने कभी गुदगुदे मखमली गद्दों से नीचे पैर

नहीं रखा और दूसरा भाई सदैव कमर कसे अपने काम में डटा रहता था। उसने अपने नौकरों से सदा यही कहा, 'आओ, आओ, इस काम में मेरा हाथ बटाओ। वह अपनी शक्ति पर स्वयं निर्भर रहता और साथ ही नौकरों से शक्ति भर काम भी लेता था। परिणाम यह हुआ कि उसकी सम्पत्ति कई गुनी बढ़ गयी। दूसरा अपने नौकरों से 'जाओ जाओ' ही कहता रहा। वे चले गये और उसकी आज्ञा मानकर सारी सम्पत्ति भी विदा हो गयी।

राम कहता है 'आओ आओ'; राम की सफलता और आनन्द का उपयोग करो। अतः भाइयों, मित्रों और देशवासियों, एक ही तथ्य है—मनुष्य स्वयं अपने भाग्य का विधाता है। यदि जापान के लोगों ने राम को अपने विचार प्रकट करने के और भी सुअवसर दिये, तो राम तर्क से यह सिद्ध करके दिखा देगा कि किसी बाह्य शक्ति पर—देवी-देवता अथवा कथा-पुराण पर आश्रित रहने के लिये कहीं कोई स्थान नहीं है, अपना केन्द्र तो अपने अन्तःकरण में है। स्वतन्त्र मनुष्य भी एक प्रकार से बद्ध है, क्योंकि स्वतन्त्रता से हम श्रीसम्पन्न बनते हैं और अपनी उसी स्वतंत्रता के कारण हम गुलाम हो जाते हैं। फिर हम क्यों रोयें-धोयें और झख मारें? अपनी सच्ची वास्तविकता स्वतंत्रता का ही उपयोग क्यों न करें जिससे शारीरिक और सामाजिक सभी बन्धन कट जाते हैं।

जो धर्म आज राम जापान को सुना रहा है, वह ठीक यही धर्म है, जो आज से शताब्दियों पूर्व भगवान बुद्ध के अनुयायी यहाँ लाये थे। किन्तु आज उसे वर्तमान युग की आवश्यकताओं के अनुकूल बनाने के लिये उसकी नयी व्याख्या होनी चाहिये। हम उसे पाश्चात्य विज्ञान और दर्शन की प्रभा से आलोकित कर देंगे।

राम के धर्म के आवश्यक और आधारभूत सिद्धान्त 'गेटे' के शब्दों में इस प्रकार व्यक्त किये जा सकते हैं—

**'यदि मुझे कहना पड़े, है क्या मनुष्य का सबसे बड़ा काम**
**तो मेरे पहले था ही नहीं कोई जगत्!**
**यह सब मेरी दृष्टि!**
**वह मैं हूँ, जिसने सूर्य को चमकाया—**
**आकाश में, समुद्र की गिरि-गुहा से निकाल कर!**
**वह मैं हूँ जिसके लिये,**
**चन्द्रमा रंग बदला करता है नित्य नित्य।'**

बस, एक बार इसका अनुभव करो और तुम इसी क्षण मुक्त हो। एक बार इसे प्रत्यक्ष करो और तुम सदा सफलीभूत हो। एक बार इसे हृदयंगम करो और नरक की गन्दी भयानक कोठरियाँ तुरन्त स्वर्ग के आनन्द-कानन में परिणत हो जायेंगी।''

राम के उपर्युक्त व्याख्यान ने श्रोताओं का मन मोह लिया। राम के व्याख्यान के श्रोताओं में एक कलाकार भी उपस्थित थे। वे अंग्रेजी भाषा से बिलकुल अपरिचित थे। व्याख्यान समाप्त होने के बाद उन्होंने अपने विचार इस प्रकार अभिव्यक्त किया, ''मुझे

ऐसी अनुभूति हुई कि वे (स्वामी राम) अग्नि के स्तम्भ हैं और उनके शब्द विस्फुलिंग की भाँति निकल रहे हैं।''

सरदार पूर्णसिंह ने स्वामी राम के आकर्षक प्रभाव का अत्यन्त भावमयी शैली में चित्रण किया है—

''मैं जापान में 'पूर्णमदः पूर्णमिदम्' गाता हुआ उतरा और 'पूर्णमदः पूर्णमिदम्' गाता हुआ ही जा रहा हूँ।'' संस्कृत श्रुति का अर्थ है 'यह भी पूर्ण, वह भी पूर्ण, पूर्ण से निकले पूर्ण, फिर भी बाकी रहे पूर्ण' इस प्रकार उन्होंने उस विशेष अवसर पर बड़े प्यार से मेरे नाम की ओर संकेत किया था। स्वामी राम ने कहा, 'मैं सर्वधर्म सम्मेलन के लिये नहीं निकला था, मैं तो आया था पूरन को मार्ग दिखाने।' बस, मैं तुरन्त उनके प्रेम के मारे सिर मुड़ा कर साधु बन गया। इसलिये नहीं कि मैंने उनसे कुछ शिक्षा पायी थीं; क्योंकि मैं उस समय उनकी कोई बात समझता ही न था और आज भी सन्देह है कि उनकी हर एक बात समझता हूँ या नहीं।

''उनके अमरीका को प्रस्थान करने के लगभग दो मास बाद टोकियो में मेरा फोटो लिया गया। मेरे बहुत से मित्र कहने लगे, 'ऐसा लगता है कि तुमने अपनी केंचुली उतार कर उन्हीं की रूपरेखा ग्रहण कर ली हो।' मैंने दो-एक व्याख्यान भी दिये, जो सामयिक पत्रों में प्रकाशित हुये। किन्तु आश्चर्य, उनमें वही विचार और बहुत से स्थलों पर तो ठीक वही शब्द थे, जो उनके अमेरिका के भाषणों में पाये जाते हैं। इसके बाद मैंने भारतवर्ष में अनेक स्थानों में व्याख्यान दिये और उनके पास अपने व्याख्यानों की टाइप की हुई प्रतियाँ भेजीं। उनके हृदयस्थ विचार मैं पहले ही यहाँ सुनाने लगा था।''

''राम ने मुझसे कहा कि उन्होंने जापानियों के सम्बन्ध में एक बात भारतवर्ष में सुनी थी कि वे एक ऐसी छड़ी बनाते हैं, जो इच्छानुसार स्टूल और छाता में बदली जा सकती है मुझे आश्चर्य हुआ कि मैंने ऐसी विचित्र चीज कभी न देखी थी। मैं उन्हें केनकोवा पार्क (जापानी बाजार) में ले गया और यहाँ उसके बारे में पूछताछ की। लो, हमें यहाँ वही चीज मिल गयी, जिसे वह चाहते थे। उसे देखकर वे ऐसे प्रसन्न हुये, जैसे बच्चे खिलौना पाकर नाच उठते हैं। वे घंटों उससे खेलते रहे। जोर-जोर से हँसते, कभी उसे स्टूल बनाते, कभी छाता और कभी छड़ी बना कर टेक-टेक कर चलने लगते। जब हम केनकोवा में यह सौदा कर रहे थे, तो अनेक दूकानों की सौदा बेचने वाली लड़कियाँ उनके पीछे हो लीं और एक सिरे से दूसरे सिरे तक बराबर उनके पीछे-पीछे घूमती रहीं। एक भी ऐसी न थी, जिसने दूकान छोड़कर उनका पीछा न किया हो। वे उनके वस्त्र छूने लगीं और साग्रह उन्हें ताकती रहीं। उन्होंने आपस में कहा, 'यह तो हम सबसे अधिक सुन्दर हैं।' वे मुझसे जापानी में बोली, (राम जापानी न समझते थे) 'हम सभी इस अपूर्व सौन्दर्य-प्रतिमा के साथ शादी करने को तैयार हैं।' वे हँसतीं और खिलखिलातीं, हँसी-मजाक करतीं और उनके साथ खेलना चाहती थीं। स्वामी जी कुछ असमंजस में पड़ गये। उनकी भाषा वे जानते न थे। मुझसे पूछा, 'ये क्या कहती हैं?' मैंने जानबूझ कर झूठी बातें बना दीं। मैंने कहा, 'ये वेदान्त पर आपकी बातें सुनना चाहती हैं, ये वेदान्त सीखने के लिये आपके पास आना चाहती हैं। क्या आप इन्हें पढ़ायेंगे?' राम ने सिर झुका कर कहा, 'इनसे कह दो, राम के यहाँ सदैव इनका स्वागत होगा। राम तो इनका भी उतना

ही है, जितना औरों का।"[1]

राम लगभग एक पखवारे तक टोकियो में रहे और वे फिर उसी जहाज से अमेरिका चले गये, जिसे पूना के प्रोफेसर छत्रे ने अपने सर्कस ले जाने के लिए किराये पर तय किया था।

स्वामी राम के जापान से चले जाने के पश्चात्, श्री के० हिराई, शिकागो धार्मिक सम्मेलन के बौद्धधर्म के प्रतिनिधि ने अपनी धारणा इस प्रकार अभिव्यक्त की थी, "मैं अब भी स्वामी जी की मुस्कान को प्लम (आलूबुखारा) के पुष्पों की भाँति वायु में तिरती देखता हूँ।"

जापान से रवाना होने के एक दिन पहले स्वामी राम ने नारायण जी से कहा, "देखो धर्मप्रचार के निमित्त हम दोनों का साथ चलना, दोनों ही के लिये अहितकर होगा। इसका अर्थ यह होगा कि परमात्मा पर आश्रित होने के बजाय, हम दोनों परस्पर एक दूसरे पर आश्रित रहने लगेंगे। यदि हम दोनों पृथक्-पृथक् दिशा में जाकर धर्मप्रचार करेंगें, तो इससे हम लोग अधिक क्षेत्र में वेदान्तामृत की वर्षा कर सकेंगे। जबकि मैं तो अमेरिका जा रहा हूँ और तुम भारत के वेदान्त का सन्देश बर्मा, लंका, अफ्रीका तथा यूरोप में प्रचारित करो। उपर्युक्त देशों और यूरोप महाद्वीप में वेदान्त का प्रकाश विकीर्ण करो। किन्तु जब तक मैं तुम्हें भारत लौटने की आज्ञा न दूँ, तब तक मत लौटो।"

नारायण स्वामी ने स्वामी राम का आदेश शिरोधार्य कर लिया। नारायण जी ने कुछ दिनों तक जापान में रुककर अपने गुरु के आदेशानुसार वहाँ के बड़े-बड़े नगरों में वेदान्त पर भाषण दिये। तत्पश्चात् वे हांगकांग पहुँचे, जहाँ उन्होंने लगभग एक महीने तक सत्संग किया। हांगकांग से नारायण जी सिंगापुर आदि प्रसिद्ध स्थानों से होते हुये बर्मा पहुँचे। बर्मा में कुछ महीने रहकर वेदान्त की अद्वैत शिक्षा का प्रचार और प्रसार किया। तत्पश्चात् लंका पहुँच कर तीन महीने तक वेदान्त की प्रचण्ड मशाल जलाते रहे। तदनतर वे पश्चिम की ओर बढ़े। मध्य अफ्रीका के उत्तरी और पूर्वीय भागों में जा जाकर वेदान्तामृत की वर्षा की। भूमध्यसागर के कतिपय द्वीपों में वे धर्मप्रचार के निमित्त पहुँचे। सितम्बर १९०३ के प्रारम्भ में नारायण स्वामी लंदन पहुँचे।

सबसे बड़ी आश्चर्य की बात यह कि इस सारी यात्रा में नारायण स्वामी ने अपने पास एक पाई भी नहीं रखी थी। स्वामी रामतीर्थ ने नारायण स्वामी के अन्तःकरण में भी परमात्मा के अखण्ड विकास की प्रचण्ड ज्योति प्रज्वलित कर दी थी। परिणामस्वरूप वे भी राम की ही भाँति द्रव्य अपने हाथ से स्पर्श तक नहीं करते थे। सर्वशक्तिमान् परमात्मा ही उनके साहूकार थे। वास्तव में वे अद्भुत साहूकार थे। सारी यात्रा भर वह अद्भुत साहूकार उनकी समस्त आवश्यकताओं की पूर्ति करता रहा। किन्तु कितने लोग हैं, जो उस अद्भुत साहूकार पर अपना सब कुछ छोड़कर उसके आश्रित हो जाते हैं?

□□□

---

१. स्वामी राम जीवन कथा, लेखक सरदार पूर्णसिंह, द्वितीय संस्करण, १९६४, पृष्ठ १६५-६६।

# अष्टम अध्याय

# स्वामी राम अमेरिका में

(१९०२-१९०४)

जापान से स्वामी रामतीर्थ स्टीमर द्वारा अमेरिका रवाना हुये। यात्रा-काल में समुद्र की तरंगों के समान राम के हृदय में भी आनन्द की तरंगें हिलोरें ले रही थीं। बाहर तो महान् प्रशान्त सागर लहरा रहा था और राम के भीतर आनन्द और प्रेम का अनन्त जलधि उमड़ रहा था। स्टीमर के सानफ्रान्सिस्को पहुँचने पर सारे यात्री उतरने की हड़बड़ी में पड़े हुए थे किन्तु राम आनन्दविभोर होकर डेक पर ही चहलकदमी कर रहे थे। उनकी इस निश्चिन्तता और बेफिक्री को एक अमेरिकन बड़े ध्यान से देख रहा था। उसे बहुत कौतूहल हुआ और उसने राम के समीप पहुँच कर जिज्ञासा की, "महाशय जी, आपका सर-सामान कहाँ है?"

स्वामी जी ने उत्तर दिया, "मेरे पास कोई भी सर-सामान नहीं है। जो कुछ है, वह सब मैं ही हूँ।"

अमेरिकन ने पुनः जिज्ञासा की, "आपके रुपये-पैसे कहाँ हैं?"

स्वामी राम का संक्षिप्त उत्तर था, "मैं रुपये-पैसे अपने पास रखता ही नहीं।"

अमेरिकन का कुतूहल और बढ़ा और उसने प्रश्न किया, "फिर आप रहते किस प्रकार हैं?"

स्वामी जी ने निश्चिन्त भाव से उत्तर दिया, "मैं तो सभी को प्रेम करता हूँ और उसी पर अवलम्बित रहता हूँ। जब मुझे प्यास लगती है तब कोई न कोई जल भरा गिलास मेरे पास हाजिर कर देता है, और जब भूखा होता हूँ, तब कोई न कोई रोटी लिए मेरे पास पहुँच जाता है।"

"क्या आपके मित्र अमेरिका में हैं?"

"हाँ-हाँ, एक अमेरिकन से भलीभाँति परिचित हूँ, और वह तुम्हीं हो।" इतना कहते हुये स्वामी राम ने उसके कन्धे पर अपना हाथ रख दिया। उनके स्पर्श मात्र से अमेरिकन को यह अनुभूति हुई कि वह स्वामी जी का बहुत दिनों का साथी है। बाद में वह स्वामी जी का अत्यंत प्रशंसक हो गया। उसने स्वामी जी के सम्बन्ध में अपने भाव इस भाँति अभिव्यक्त किये, "वे हिमालय से उद्भूत ज्ञान की मशाल हैं। उन्हें आग जला नहीं सकती, शस्त्र-अस्त्र उन्हें काट नहीं सकते। उनके नेत्रों से निरन्तर आनन्दाश्रु की वर्षा होती रहती है। उनकी उपस्थिति मात्र से नया जीवन प्राप्त होता है।"

जिस दिन से राम ने अमेरिका की भूमि स्पर्श की, उसी दिन से अमेरिकी जनता और प्रेसों ने उन पर अगाध स्नेह प्रदर्शित करना प्रारम्भ कर दिया। वे सब उनकी

आवश्यकताओं पर अत्यधिक ध्यान देने लगे। भारत के कौड़ीविहीन अकिंचन ने अमेरिका के बड़े-बड़े धनाढ्यों का हृदय जीत लिया। वे उसकी अकिंचनता, त्यागवृत्ति पर मुग्ध हो गये। प्रोफेसर छत्रे के पास राम को अधिक समय तक रहने नहीं दिया गया। सीटेलवाश नामक स्थान से वे प्रोफेसर छत्रे से पृथक् होकर रहने लगे। वे अमेरिका के विशिष्ट अतिथि के रूप में माने जाने लगे। स्वामी राम संयुक्त राज्य अमेरिका में दो वर्षों से कुछ अधिक समय तक रहे। इनमें से अठारह महीने वे सानफ्रांसिस्को में अपने मेजबान (आतिथेय) डा० एल्बर्ट हिलर के घर पर रहे। राम जहाँ जाते थे, वहीं लोगों की भीड़ उनके उपदेश-श्रवण के निमित्त एकत्र हो जाती थी। अमेरिका में उन्होंने अनेक संस्थाओं की स्थापना की उनमें से एक प्रसिद्ध संस्था थी—'हरमेटिक ब्रदरहुड।' इस संस्था के माध्यम से वेदान्तिक त्याग भावना की शिक्षा दी जाती थी। अमेरिकन प्रेसों ने उन्हें 'जीवित ईसा' की संज्ञा दे रखी थी। इस जीवित ईसा—स्वामी राम से संयुक्त राज्य अमेरिका के राष्ट्रपति ने भी साक्षात्कार किया। राम ने ११ जून, १९०३ को श्रीमती वेलमैन को एक पत्र लिखा था। उसमें प्रेसीडेण्ट महोदय की मुलाकात का संक्षिप्त वर्णन है—

"२० मई, १९०३ के मध्याह्न काल, संयुक्त राज्य अमेरिका के राष्ट्रपति, अमेरिका के उत्तरी भाग की यात्रा करते समय, शास्ता स्प्रिंग्स (जहाँ राम रहते थे) पर कुछ देर के लिये रुके। स्प्रिंग्स कम्पनी के प्रतिनिधि की हैसियत से एक महिला ने राष्ट्रपति को सुन्दर पुष्पों से सुसज्जित एक डाली समर्पित की। उसके पश्चात, तत्क्षण राम ने 'भारत की ओर से अपील' नामक पुस्तिका राष्ट्रपति को थमाई। उन्होंने उस पत्रिका को बड़ी शालीनता, सहृदयता एवं प्रसन्नता से ग्रहण किया। उन्होंने उसे अपने दाहिने हाथ में रखा और अन्त तक उसे उसी रूप में रखे रहे। लोगों के अभिवादन का उत्तर देते समय उनका दाहिना हाथ स्वभावतः उनके सिर की ओर चला जाता था। इस प्रकार उस पत्रिका ने कम से कम सौ बार तो अवश्य ही प्रेसीडेण्ट महोदय के सिर का स्पर्श किया। गाड़ी के छूटने पर राष्ट्रपति महोदय उसे बड़ी तन्मयता से पढ़ते हुए दिखाई पड़े। गाड़ी छूटते समय उन्होंने अपना हाथ उठाकर एक बार फिर राम को धन्यवाद दिया। पर देखो, राम ने अपने स्वर्गीय झूले पर झूलने को राष्ट्रपति महोदय को नहीं आमन्त्रित किया! क्या तुम अनुमान लगा सकती हो, क्यों नहीं? क्या तुम अन्दाजा लगा सकती हो? अच्छा, चूँकि तुम उत्तर नहीं दे सकती, अतः राम ही उत्तर देगा। कारण बिलकुल स्पष्ट है। तथाकथित स्वतन्त्र अमेरिकनों का राष्ट्रपति राम की स्वच्छन्द उन्मुक्तता की अपेक्षा सहस्रांश भी स्वतन्त्र नहीं है।"

"राष्ट्रपति महोदय, इसकी चिन्ता न कीजिये। आप भी राम की ही भाँति स्वतन्त्र हो सकते हैं। आप भी राम की भाँति प्रकाश और वायु को अपना आज्ञाकारी सेवक बना सकते हैं। पहले आप राम बनने की चेष्टा कीजिये। तत्पश्चात् राम आपको सूर्य, ग्रह-नक्षत्रों, वायु, सागरों, बादलों, जंगलों, पर्वतों—समस्त प्रकृति का स्वामी बना देगा। प्रकृति की समस्त वस्तुओं पर आपका एकछत्र अधिकार हो जायेगा। क्या यह सुन्दर सौदा नहीं है? क्या यह महँगा है? कृपया, इस सौदे से सारी वस्तुएँ सहज में प्राप्त कर लें।"

राम के अमेरिका-प्रवास-जीवन के सम्बन्ध में बहुत कम जानकारी है। केवल इतना ही ज्ञात है कि प्रतिदिन सन्ध्याकाल अमेरिकन उनका भाषण सुनने को एकत्र होते थे। वे

प्रायः तीन अथवा चार बड़ी-बड़ी सभाओं में दो से लेकर तीन घंटे तक भाषण करते थे। उनके शिष्यों—नारायण स्वामी और सरदार पूर्णसिंह ने कुछ व्याख्यान संकलित किये हैं, जिनसे स्वामी राम के जीवन पर पर्याप्त प्रकाश पड़ता है—

"एक अमेरिकन महिला 'एथिइस्टिक सोसाइटी' (नास्तिकवाद समिति), की प्रबल उत्साही सदस्या थीं। वे राम को अपने मत में परिवर्तित करने के लिये उनके पास उपस्थित हुयीं। राम उस समय समाधि में निमग्न थे। वे राम के पास चुपचाप बैठी रहीं। समाधि से उत्थान के पश्चात् राम ने जब अपने नेत्र खोले, तो उस महिला ने उनसे निवेदन किया, "मेरे प्रभो, अब मैं नास्तिक नहीं रह गयी हूँ। आपकी दृष्टिमात्र से मैं परिवर्तित हो गयी हूँ।"

एक दिन काषाय-वस्त्र में राम सड़क पर चल रहे थे। संयोगवश एक व्यक्ति ने उनके समीप आकर क्रोध में प्रश्न किया, "ऐसी विचित्र वेशभूषा धारण करके तुमने लोगों को आकर्षित करने का क्या ढंग निकाला है?" राम ने उसकी धृष्टतापूर्ण जिज्ञासा का कोई उत्तर नहीं दिया, वे मौन ही रहे।

"शास्ता स्प्रिंग्स में निवास करते समय राम अमेरिका जैसे कर्मठ देश में अकर्मण्य की भाँति नहीं रहना चाहते थे। वे शारीरिक श्रम के पक्के हिमायती थे और सामान्य मजदूर की भाँति श्रम करते थे। वे पर्वतीय जंगलों से लकड़ियाँ काट कर डाक्टर और श्रीमती हिलर की गृहस्थी के प्रयोग के निमित्त देते थे। हालाँकि, दोनों प्राणी राम के प्रति अत्यधिक कृपालु थे और उनसे इस प्रकार के श्रम की अपेक्षा नहीं करते थे। वे दोनों इतने स्नेही थे कि राम को जीवनपर्यन्त मेहमान के रूप में रखना अपना परमधर्म समझते थे।"

"जिस प्रकार भारत में राम एकान्त प्रेमी थे, उसी प्रकार अमेरिका में भी रहे। शास्ता नदी की तेज धार पर राम के विनोद के लिये एक झूले का प्रबन्ध कर दिया गया था। उसमें बैठकर वे अपनी प्यारी चिड़ियों के साथ एक स्वर से चहचहाया करते थे। राम कहते थे, 'ऐसा आनन्द तो सम्पूर्ण संयुक्त राष्ट्र के अधिनायक के भाग्य में भी नहीं हो सकता।' यदा-कदा वे वेदान्त पर व्याख्यान देने के लिये अपने पर्वतीय एकान्त से निकल पड़ते थे। वे भारत पर भी भाषण करते थे। उन्होंने भारत की ओर से अमरीकनों के प्रति एक अपील निकाली थी, जिसने उस समय लोगों का यथेष्ट ध्यान आकर्षित किया था।"

"एक बार राम शास्ता पर्वत की चोटी पर चढ़ने के लिए पहली बार आये थे। (इसकी ऊँचाई समुद्र-धरातल से १४४४४ फुट है। इस प्रतियोगिता में बहुत से अमेरिकन भी सम्मिलित हुये थे। प्रतियोगिता में राम को प्रथम पुरस्कार प्राप्त हुआ। किन्तु उन्होंने पुरस्कार लेना स्वीकार नहीं किया। उस संवाद पत्र की प्रतियाँ, जिसमें इस चढ़ाई का विवरण छपा था, इतनी तेजी से बिकी थीं कि लोगों को आश्चर्य होता था। एक बार राम एक 'मैराथन रेस' भी दौड़े थे—पूरे तीस मील की। राम तो केवल दौड़ने के आनन्द के प्रेमी थे और उस दौड़ में भी उन्होंने प्रथम स्थान प्राप्त किया। एक ऐसा समय था जब राम लाहौर में विद्यार्थी और प्रोफेसर थे, तब लोगों को इस बात की प्रबल आशंका थी कि कहीं उन्हें स्वास्थ्य से एकदम हाथ न धोना पड़े। युवावस्था के प्रारम्भ में वे अत्यन्त क्षीणकाय और दुर्बल थे, स्वास्थ्य इतना चौपट था कि उसके सुधरने की कोई आशा न

की जा सकती थी। किन्तु केवल अपने दृढ़ संकल्प और संयम के बल पर उन्होंने अपने शरीर को इतना पुष्ट और स्वस्थ बना लिया।"

राम ने सरदार पूर्णसिंह को एक घटना बतायी थी, "एक दिन एक बहुत ही धनवान् महिला राम के पास आयी। राम उसे 'गंगा' नाम से पुकारता था। उसने अपना सब कुछ—ज़र-जमीन, घर-बार—राम को समर्पित करना चाहा और स्वयं संन्यास ग्रहण की उत्कट अभिलाषा अभिव्यक्त की। किन्तु राम को किसी भी सांसारिक विभूति की आवश्यकता न थी। अतः उसकी समस्त भेंट आशीर्वाद के साथ अस्वीकार कर दी गयी। सचमुच उस महिला का हृदय अत्यन्त विशाल और उदार था। राम तो वेदान्त की जन्मभूमि भारतवर्ष में ही 'वेदान्तिक कॉलोनी' की संस्थापना करना चाहता था, अमेरिका में नहीं।"

एक बार पूर्णसिंह ने स्वामी राम से एक प्रश्न किया, "स्वामी जी, अमेरिका क्या सचमुच भारतवर्ष की अपेक्षा उस तत्त्व को अधिक व्यवहार में ला रहा है, जिसे आप वेदान्त कहते हैं?"

और स्वामी जी उत्तर देने लगे, "नहीं, अमेरिका तो मेरे वेदान्त का केवल भौतिक जगत् में व्यवहार करता है। राम की अभिलाषा है कि सभी राष्ट्र इस सच्चाई का मानसिक और आध्यात्मिक जगत् में भी व्यवहार करें। अमेरिका और समस्त पाश्चात्य देश बाह्य दृष्टि से चारों ओर फैले होने पर भी आन्तरिक दृष्टि से संकीर्ण हैं और भारतवर्ष का तो अनेक शताब्दियों से मानसिक स्तर भी इतना अधिक संकुचित हो गया है कि उसका रोग किसी पाश्चात्य देश की अपेक्षा अधिक करुणाजनक हो उठा है। उसका पतन चरमसीमा तक पहुँच चुका है। भारत ने एक ओर आध्यात्मिक जगत् का द्वार बन्द कर दिया और दूसरी ओर मानसिक स्तर पर वह अपने आप में सिकुड़ गया। खुली रही, केवल भौतिक जीवन की एक छोटी-सी खिड़की, जिससे उसकी श्वास मात्र चल रही है। वेदान्त पूर्ण सत्य है, यदि उसका पूर्ण रूप से पालन न किया गया, तो वह मार डालेगा। दो में से एक बात—या तो पूर्ण सत्य अथवा मृत्यु—इस जीवन सत्य में से बीच का सत्यासत्य मिश्रित कोई सुनहला मार्ग नहीं निकाला जा सकता। राम यह नहीं कहता कि भारतवर्ष के हृदय में सत्य की भूख नहीं है; है, किन्तु वह ऐसी है जैसे किसी दीर्घकालीन अजीर्ण के रोगी को झूठी भूख लगा करती है। राम ने तुम्हें कभी बताया था कि भारतवर्ष को एक प्रकार का दार्शनिक अजीर्ण सा हो गया है। हमारी सभी परम्परायें, रीतिरिवाज, रहन-सहन, जाति-पाँति, चिरकालीन विश्वास एवं धार्मिक मान्यतायें केवल हमें हमारी आध्यात्मिक व्याधियों का पता मात्र दे सकती हैं, उनमें कोई जीवन-गति नहीं। बहुत दिनों तक मानसिक स्तर के ढर्रे पर, जो प्रारम्भ में चाहे जितना सुन्दर रहा हो, जीवन-यापन करने से आत्मा संकीर्ण हो जाती है और आज तो वह जीवन-क्रम न जाने कब का आत्मवंचक अज्ञान और भीतर-बाहर के सामंजस्य से रहित जीवनहीन घोषणाओं के रूप में परिवर्तित हो चुका है। देश स्वयं आध्यात्मिक या मानसिक दृष्टियों से भले या बुरे, इन दो विभागों में नहीं बाँटे जा सकते। किसी देश में थोड़े से ही ऐसे स्त्री-पुरुष होते हैं, जिनका जीवन महत्त्वपूर्ण और अनुकरणीय होता है, अन्य व्यक्ति तो यों ही होते हैं। यह तो केवल संयोग की बात होती है कि किसी भी देश में तुम्हारा व्यक्तिगत सम्पर्क उस देश के प्रथम श्रेणी

के लोगों से अधिक होता है, अथवा दूसरी श्रेणी के अधिक लोगों से। इस प्रकार के परिचय के आधार पर जो धारणा बनायी जाती है, वह तो सदा व्यक्तिगत ही रहेगी। स्वर्ग और नरक एक ही स्थान में नहीं, बल्कि एक ही शरीर में एक साथ रहते हुए देखे जाते हैं। प्रत्येक देश में, प्रत्येक जलवायु में, प्रत्येक व्यक्ति में ऐसी बात संभव हो सकती है। अतएव तुम्हें किसी विशेष परिस्थिति में, वहाँ जैसा प्रभाव दिखायी पड़ता है, उसी के अनुसार तुम उस देश के सम्बन्ध में अपनी राय बना लेते हो। यदि तुम किसी देश के सबसे सुन्दर, सबसे श्रेष्ठ भू-भाग, सबसे श्रेष्ठ स्त्री-पुरुषों के व्यक्तिगत सम्पर्क में आने के लिये सचेष्ट रहो, तो तुम्हें सभी देश एक समान आध्यात्मिक, एक समान श्रेष्ठ, एक समान सुन्दर और एक समान दिव्य मालूम होंगे।''

स्वामी जी की उपर्युक्त बातों पर पूर्णसिंह ने शंका की, ''नहीं स्वामी जी, मेरे पूछने का अभिप्राय यह है कि आपने जो हिन्दू दर्शनशास्त्र की शिक्षा वहाँ दी, उसका वहाँ के लोगों पर कैसा प्रभाव पड़ा?''

स्वामी राम का उत्तर था, ''ओह, अमेरिका को यह बात समझाने के लिये महती आत्म-साधना की आवश्यकता है। यह किसी नौसिखिये का काम नहीं है। यदि वहाँ कुछ करना हो, तो वहाँ के सब प्रकार सुसंस्कृत व्यक्तियों को, विश्वविद्यालय के मनुष्यों को अपने पास खींचना होगा। उस देश पर कोई स्थायी प्रभाव डालना आसान नहीं। सुन्दर, स्वच्छ, श्री सम्पन्न महिलायें, जिनके लिये घर में कोई काम नहीं होता, भले ही झुण्ड के झुण्ड लोग आपकी बात सुनने और आपकी अपरिचित मुखमुद्रा निहारने के लिये आ जायँ, किन्तु यह जिज्ञासा नहीं उत्सुकता मात्र है। सैकड़ों-हजारों स्त्रियों में से जो राम को मिलीं, केवल दो सच्ची निकलीं और विशेषकर गंगा, वह तो साक्षात् देवी थी। भारतवर्ष या अमेरिका में राम के देखने में ऐसी कोई अन्य स्त्री नहीं मिली।''[१]

पश्चिमी सभ्यता बाह्य दृष्टि से चाहे जितनी चमक-दमक वाली क्यों न हो, किन्तु आन्तरिक दृष्टि से वह कितनी तृप्त और उद्विग्न है, इसका प्रत्यक्ष प्रमाण एक विख्यात अभिनेत्री के जीवन से मिला। उस अभिनेत्री ने स्वामी राम से एकान्त में साक्षात्कार की अनुमति माँगी। राम ने प्रसन्नता से उसे अपनी स्वीकृति दे दी। वह मोतियों और जवाहरों से लदी हुई थी और इतनी अधिक इत्र में डूबी थी, जैसे वह सुगन्ध, केवल सुगन्ध की पुतली हो। उसके ओठों पर वह मुस्कान थिरक रही थी, जो अपनी प्रत्येक तरंग में अपार आह्लाद की सृष्टि कर रही थी। किन्तु ज्योंही उसने कमरे में प्रवेश किया, त्योंही वह फर्श पर बैठकर रोने लगी। उसने अपना दुखड़ा रोया, ''स्वामी जी, मैं बहुत दुखी हूँ। मुझे सुख दीजिये। न तो आप मेरे मोतियों की ओर देखिये और न मेरी कृत्रिम मुस्कान पर ध्यान दीजिये। ये बाह्य प्रदर्शन तो मेरे स्वभाव बन गये हैं। किन्तु इन बातों से तो मुझे—मेरे सम्पूर्ण हृदय को आन्तरिक घृणा और ग्लानि हो रही है।'' राम ने उसे सान्त्वना प्रदान की। उसने अपने पाप-पुण्य का सारा ब्यौरा राम के सामने खोल कर रख दिया। राम को ऐसा प्रतीत हुआ जैसे पाश्चात्य सभ्यता ही उस अभिनेत्री के माध्यम से अपनी आन्तरिक ग्लानि प्रकट कर रही हो।

---

१. स्टोरी आफ़ स्वामी राम (प्राचीन संस्करण), लेखक पूर्णसिंह पृष्ठ १४०-१४२

इसी प्रकार एक अन्य स्त्री राम के पास आयी। उसकी एकमात्र सन्तान चल बसी थी। वह अत्यधिक दुखिया थी। स्वामी राम से सुख और शान्ति की भीख माँगने आयी थी। राम ने उससे कहा, "हाँ, हाँ, राम आनन्द बेचता तो है, किन्तु उसके लिये भारी कीमत चुकानी पड़ती है।" वह चिल्ला उठी, "हाँ, हाँ, स्वामी जी मैं तैयार हूँ। इसके लिये मैं अपनी सारी सम्पत्ति देने को उद्यत हूँ।" राम ने उसकी व्यग्रता देखकर कहा, "किन्तु आनन्द के राज्य में यह सिक्का नहीं चलता। तुम्हें राम के जगत् में चलने वाला सिक्का देना होगा।"

उस स्त्री ने बड़ी आतुरता से कहा, "हाँ, हाँ, स्वामी जी मैं दूँगी, अवश्य दूँगी।"

राम का उत्तर था, "बहुत ठीक, तो लो इस नीग्रो जाति के छोटे से बच्चे को और अपने ही बच्चे की भाँति प्यार करो। तुम्हारी आनन्द-प्राप्ति की यही कीमत है।"

वह चिल्ला उठी, "ओह, यह कितना दुस्कर कार्य है!"

"तब तो आनन्द पाना भी कठिन है।" राम का उत्तर था।

उसने आनन्द-प्राप्ति की कीमत चुकायी। बच्चे को लेकर वह उसका लाड़-प्यार से पालन-पोषण करने लगी। उसे अपनी खोयी हुई शान्ति प्राप्त हो गयी और पहले की अपेक्षा अधिक आनन्दित रहने लगी।

स्वामी राम उन्मुक्त पक्षी की भाँति सदैव चहकते रहते और मृगशावक की भाँति कुलाँचे भरते रहते थे। वे सामान्य व्यक्ति की धीमी चाल से कभी न चलते थे। एक बार कुमारी टेलर राम को लेकर (कदाचित् स्वामी राम की सचिव) 'ग्रेट पैसफिक रेलरोड कम्पनी, सानफ्रांसिस्को' के मैनेजर के पास न्यूयार्क का रियायती टिकट दिलाने के लिये गयीं। स्वामी राम को देखते ही मैनेजर ने मुग्ध होकर कहा, "अरे इन्हें रियायती टिकट। इनकी सेवा में मैं 'पुलमैन कार' निःशुल्क अर्पित करता हूँ। इनकी मुस्कान अत्यन्त सम्मोहक है!"

सेण्ट लुई की प्रदर्शनी में एक धार्मिक संघ का आयोजन किया गया था, जिसमें राम भी सम्मितित हुये थे। वहाँ के स्थानीय समाचारपत्रों ने स्वामी राम के संबंध में अपने विचार इस भाँति अभिव्यक्त किये थे, "इस अपार जन-समूह में राम ही आकर्षण के प्रकाशबिन्दु रहे। दार्शनिक और धार्मिक प्रश्नों की औपचारिक वार्ता में राम मिनटों स्वच्छन्द रूप से हँसते रहते थे। वे कुछ उत्तर नहीं देते थे; ऐसा प्रतीत होता था मानों उनकी उन्मुक्त हँसी ईश्वर और जीव संबंधी अनेक जिज्ञासाओं की स्वतः अपने आप में उत्तर भी हैं।"

एक बार एक वृद्ध अमेरिकन महिला ने राम के साथ एकान्तिक साक्षात्कार में अपनी गृहस्थी के प्रपंचों का दुखड़ा रोया। किन्तु वे पलथी मारे घंटों समाधि में स्थित रहे। ऐसा लग रहा था मानों वह वृद्धा किसी प्रस्तर मूर्त्ति के सम्मुख अपनी करुण-गाथा सुना रही हो। उसके करुण-क्रन्दन को सुनकर भी राम ने अपने मुँह से एक भी सहानुभूतिपूर्ण शब्द नहीं निकाला। वृद्धा राम की इस उपेक्षा से अत्यधिक मर्माहत हुयी। वह बिखर पड़ी, "ये भारतीय कितने अविवेकी और घमंडी होते हैं!" स्वामी राम ने अपनी आँखें खोलीं और केवल यह कहा, "माँ!" तत्पश्चात् 'ओम् ओम्' का उच्चारण किया। प्रणव की उस

दिव्य ध्वनि ने वृद्धा में नव चेतना एवं आनन्द का संचार कर दिया। वह एकदम परिवर्तित हो गयी। उसका समस्त ताप शान्त हो गया। वह राम की भक्त बन गयी। बाद में वह भारत भी आयी और उसने अपनी उस समय की अनुभूति का इस प्रकार वर्णन किया, "स्वामी राम द्वारा उच्चरित 'ओम्' ध्वनि से मुझे ऐसी अनुभूति हुयी, मानों मुझे इस पृथ्वी से ऊपर उठा लिया गया हो। मैं प्रकाश का रूप धारण कर वायु के ऊपर तैरने लगी। मुझे ऐसा अनुभव हुआ मानों मैं समस्त विश्व की माँ हूँ। सभी देश मेरे हैं, सभी राष्ट्र मेरे बच्चे हैं। मैं आनन्द से परिपूर्ण हो गयी कि मैं भारत की यात्रा करूँगी, मैं उस पवित्र स्थान का दर्शन करूँगी, जहाँ राम जन्मे हैं और जहाँ उनका पालन-पोषण हुआ है। इसीलिये मैं भारत आयी हूँ। मेरा आनन्द ज्यों का त्यों बना है। ओह, ओम् ध्वनि मेरी हड्डियों तक में गूँज रही है। राम स्वामी द्वारा उच्चरित 'माँ' शब्द ने मुझे देवत्त्व तक उठा दिया है।......मेरे अन्तर्गत अमृत का निर्झर फूट पड़ा है। उसने मेरी बाह्य पपड़ी (शरीराध्यास) को तोड़ दिया है। मैं परम पवित्र हूँ।"

राम के कुछ अमेरिकन भक्त उन्हें 'जीवित ईसा' कहा करते थे। एक झील पर स्थित स्वास्थ्यगृह में अनेक रोगियों ने राम के 'ओम्' मंत्र के उच्चारण से अपना स्वास्थ्य पाया। उन्होंने यह प्रत्यक्ष अनुभव किया कि 'ओम्' के ध्वनि-श्रवण से उन्होंने अपना खोया हुआ स्वास्थ्य फिर वापस पाया। वे स्वामी राम को अपना 'रोगहर्त्ता' मानने लगे।

स्वामी राम ने अमेरिका के अनेक विश्वविद्यालयों का निरीक्षण किया। भारत के एक सुविख्यात गणितज्ञ की हैसियत से वैज्ञानिक चर्चा करने के उद्देश्य से नहीं, प्रत्युत पूर्व के दार्शनिक की भाँति वेदान्त की ज्योति फैलाने के लिये। यद्यपि वे गणित विषय को अत्यधिक प्यार करते थे, पर वेदान्त तो उन्हें सर्वाधिक प्रिय था। वे जहाँ कहीं भी गये, लोग उन्हें स्वतः प्रेम करने लगे। जिस किसी के सम्पर्क में आये, उसने उनका आदर और सम्मान किया। अपने इन पर्यटनों में राम ने अनेक स्थानों में भाषण और ज्ञानवर्द्धक प्रवचन किये और अमेरिका में वेदान्त की विचारधारा के प्रचार और प्रसार में यथेष्ट सहायता की। यद्यपि उनका यह प्रचार कार्य किसी संस्था अथवा संगठन के माध्यम से नहीं हुआ और न ही उन्होंने कहीं से वेदान्त के प्रचार के लिये आर्थिक सहायता पाने की इच्छा प्रकट की, फिर भी उनके आग्रह की जड़ गहरी थी, जिसका मूल्य रुपये-पैसे की दृष्टि से कदापि नहीं आँका जा सकता। उनका व्यक्तित्व ही ऐसा जाज्वल्यमान और आकर्षक था कि सब पर और एक-एक पर उसका ऐसा गंभीर प्रभाव पड़ा, जो किसी प्रकार मिटाया नहीं जा सकता।

इस सम्बन्ध में एक घटना का उल्लेख करना रोचक होगा। स्वामी राम को एक अमेरिकन विश्वविद्यालय से भाषण करने का आमंत्रण मिला। वहाँ उन्होंने "भारत के प्रति संसार कितना ऋणी है?" विषय पर आकर्षक व्याख्यान दिया उस सभा के अध्यक्ष ने उनके व्याख्यान की भूरि-भूरि प्रशंसा की, "स्वामी राम के व्याख्यान द्वारा हमें पाश्चात्य संस्कृति में वेदान्त की विचारधारा के प्रवेश के इतिहास की खोयी हुयी कड़ी मिल जाती है।" अध्यक्ष महोदय ने स्वामी राम को विश्वविद्यालय की ओर से कुछ पुस्तकें उपहार रूप में दी। उनके संकेतानुसार जब विश्वविद्यालय का एक क्लर्क स्वामी राम को कुछ पुस्तकें भेंट करने के लिये लाया, तो उनमें से एक पुस्तक की जिल्द कुछ खराब थी।

अध्यक्ष महोदय ने उसे देख लिया और क्लर्क की ओर मुड़कर कहा, "क्या तुमने अभी-अभी स्वामी राम का भाषण नहीं सुना है? अथवा तुम यह नहीं जानते कि ये पुस्तकें किसे भेंट की जाने वाली हैं? ये तो भगवान् राम को विश्वविद्यालय की ओर से उपहार दी जायेंगी। कृपया दूसरी प्रति लाइये।"

यूनीटैरियन चर्च के तत्त्वावधान में स्वामी रामतीर्थ ने आत्म-विकास' पर एक व्याख्यान दिया। चर्च का हाल श्रोताओं से ठसाठस भरा था। अमेरिका के एक प्रमुख जनरल ने उनके भाषण के सम्बन्ध में अपनी सम्मति इस भाँति अभिव्यक्त की, "स्वामी जी ने अपने विचार अत्यन्त सीधी-सादी किन्तु प्रभावयुक्त शैली में अभिव्यक्त किये। सारे श्रोताओं का ध्यान उन्होंने आकर्षित कर लिया। स्वामी जी ने आत्मा के विकास की चार स्थितियाँ, चार वृत्तों को खींचकर समझायी। वे वृत्त ऊपर से परस्पर एक-दूसरे को स्पर्श कर रहे थे। उनके द्वारा आत्मा की चार स्थितियाँ सूचित की गयी थीं—खनिज, उद्भिज, पशु और मनुष्य। संकीर्ण और इन्द्रियलोलुप व्यक्ति खनिज पदार्थों की स्थिति में दिखाये गये थे। नीरो और सीज़र आदि नृशंस व्यक्ति हास्यात्मक ढंग से कीमती खनिज पदार्थों के रूप में प्रदर्शित किये गये थे। ऐसे व्यक्तियों को मनुष्यों की कोटि में नहीं रखा जा सकता। वे अधम कोटि के स्वार्थी हैं। उनकी गतिविधि तकले की गति के समान जड़ है। ऐसे व्यक्ति जिनका प्रेम केवल अपने परिवार तक केन्द्रीभूत और जिनकी क्रियायें अपनी ही गृहस्थी तक सीमित हैं, वे मनुष्य के रूप में 'उद्‌भिज मनुष्य' हैं। वे मनुष्य के रूप में फल-फूल, वृक्ष आदि तो हो सकते हैं, पर वास्तविक मनुष्य किसी प्रकार नहीं हो सकते।

इसके बाद वे मनुष्य आते हैं, जो अपने को जाति, धर्म अथवा सम्प्रदाय तक सीमित रखते हैं। वे उद्‌भिज मनुष्यों की अपेक्षा अधिक विकसित होते हैं—इन्हें 'पशु-मनुष्य' की संज्ञा दी जा सकती है।

सच्चा मनुष्य वह है जिसके प्रेम का विस्तार अपने देश तक फैल जाता है। वह जाति, वर्ण, सम्प्रदाय की परिधि से बाहर निकल कर समस्त देश के मनुष्यों को समान भाव से प्रेम करता है।

उपर्युक्त चार कोटियों के ऊपर 'देव-मानव' की श्रेणी होती है। समस्त संसार के प्राणियों के प्रति उसकी एक-सी प्रीति होती है। ऐसा मनुष्य "ईसा-मनुष्य है, वह सभी राष्ट्रों का है, वह युगों का मनुष्य है, वह सार्वभौमिक मनुष्य है।"

इस प्रकार स्वामी रामतीर्थ की विलक्षण अनुभूतिपूर्ण व्याख्या से सारे अमेरिकन आश्चर्य विभोर हो गये। उन्हें भारत के महान् आध्यात्मिक पुरुष—स्वामी राम—का लोहा मानना पड़ा। वहाँ के जानकर व्यक्तियों ने उन्हें 'जीवित ईसा' की संज्ञा दी।

अमेरिका के प्रसिद्ध समाचार पत्र 'डेनवर टाइम्स' ने राम का मूल्यांकन बड़ी सुंदर शैली में किया है—"उनका धर्म 'प्रकृति-धर्म' है। क्या आपने किसी ऐसी नदी का नाम सुना है, जो मात्र हिन्दुओं की है, ईसाइयों की नहीं? इसी प्रकार मेरे धर्म में जाति, धर्म और सम्प्रदाय के लिये कोई स्थान नहीं है।" ये राम के उद्‌गार थे, जो 'डेनवर' में अभिव्यक्त किये गये थे।

अपने व्याख्यानों के शीर्षक-चयन राम ऐसे आकर्षक ढंग से करते थे कि उनकी सुगन्धि दूर-दूर तक फैल जाती थी। डेनवर में जब उनके व्याख्यान का शीर्षक—'प्रत्येक दिन नये वर्ष का दिन और प्रत्येक रात क्रिसमस की रात' घोषित किया गया, तो लोग चौंक से पड़े और बड़ी देर तक करतल-ध्वनि होती रही।

राम की एक अमेरिकन शिष्या श्रीमती पी० ह्विटमैन उनके भाषणों को आशुलिपि में लिखतीं जाया करती थीं। बाद में वे सभी व्याख्यान पुस्तक के रूप में प्रकाशित किये गये। ग्रंथ (संकलन) का नाम 'इन वुड्स आफ गाड रियलाइज़ेशन' रखा गया और इसका प्रकाशन रामतीर्थ प्रतिष्ठान, लखनऊ से हुआ है। (अब यह प्रकाशन संस्थान सारनाथ, वाराणसी चला गया है)।

अमेरिका में अध्ययन के निमित्त आये हुए भारतीय छात्रों की समस्याओं की ओर स्वामी रामतीर्थ ने अमेरिकनों का ध्यान आकर्षित किया। इसका परिणाम यह हुआ कि अमेरिकन भारतीयों के प्रति सहानुभूतिपूर्ण दृष्टिकोण अपनाने लगे। भारत के सम्बन्ध में स्वामी राम ने जो व्याख्यान अमेरिका में दिये, उनका भी उन पर पर्याप्त प्रभाव पड़ा। अमेरिका के समाचारपत्रों एवं सम्भ्रान्त व्यक्तियों ने स्वर्गीय पैगम्बर, स्वामी राम के प्रति अत्यधिक प्रेम और श्रद्धा प्रदर्शित की।

श्रीमती वेलमैन ने अपने पत्र में स्वामी राम के उदात्त गुणों और अद्‌भुत प्रभाव का साकार चित्रण किया है। यह पत्र सरदार पूर्णसिंह को स्वामी राम के देहान्त के पश्चात् मिला था, श्रीमती वेलमैन स्वामी राम से प्रभावित होकर भारत का पर्यटन करने भी आयी थीं। उनका पत्र इस प्रकार है—

"........सन् १९०३ के प्रारम्भिक दिन थे, जब पहले पहल मुझे इस महान् आत्मा से मिलने का अवसर मिला। वे उस समय सानफ्रांसिस्को में व्याख्यान दे रहे थे। मैं बड़ी अनिच्छा से उनका व्याख्यान सुनने गयी। पर उनकी 'ओम्' ध्वनि से मेरा मन ऊपर उठा, मेरी सारी आत्मा में हर्ष की एक ऐसी लहर दौड़ गयी, जिसका मुझे पहले कभी अनुभव न हुआ था। एक स्वर्गीय आनन्दमय शान्ति ने मुझे देदीप्यमान कर दिया।"

"बस, फिर तो मैंने जीवन के उस दिव्य रस के उपभोग करने का अवसर हाथ से कभी जाने न दिया, जिसे वे मुफ्त वितरित किया करते थे। उन्होंने अमेरिकनों से एक अपील भी की थी कि वे भारत में जाकर और भारतवासियों के पारिवारिक अंग बन कर उनकी सहायता करें। एक काफी बड़ी संख्या में लोगों ने कहा कि वे वहाँ जायेंगे। किन्तु गया एक भी नहीं। एक दिन मैंने उनसे कहा, 'स्वामी जी, आपने मेरा जो उपकार किया है, उसके बदले में मैं आपके देशवासियों की क्या सहायता कर सकती हूँ?' उन्होंने उत्तर दिया, 'यदि तुम भारत चली जाओ, तो तुम बहुत कुछ कर सकोगी।' मेरा निश्चयात्मक उत्तर था, 'मैं जाऊँगी।' पर मेरे मित्र इसके विरुद्ध थे, कुछ तो मेरे संकल्प की हँसी उड़ाने लगे। कुछ लोगों ने समझा कि मैं पगली हो गयी हूँ—विशेषतः तब, जबकि मेरे पास आने-जाने के लिये काफ़ी रुपये भी नहीं है। किन्तु स्वामी राम ने आश्वासन दिया, 'यदि तुमने सचमुच वेदान्त समझ लिया है, तो तुम्हें भयभीत होने का कोई कारण नहीं है। भारत में भी ईश्वर तुम्हारी वैसी ही रक्षा करेगा, जैसी अमेरिका में करता है।' और ऐसा ही ईश्वर ने किया भी। हमारे जीवन के उस दिव्य सर्वबुद्धिसम्पन्न वेदान्त-सिद्धान्त ने

अपनी सर्वशक्तिमता मेरे सम्मुख स्पष्ट सिद्ध कर दी। मेरे प्यारे हिन्दू भाई और बहिनों—मेरी ही सन्तानों ने बड़े प्रेम और आग्रह से मेरा स्वागत किया। पाँच महीने भी न बीतने पाये कि मैंने अपने परम कृपालु राम के समक्ष की हुई प्रतिज्ञा पूर्ण कर दी। मैं बिलकुल अकेली उनके देश के लिये चल पड़ी और उस स्थिति में जब कि उस दूरस्थ देश में मेरा परिचित एक भी व्यक्ति नहीं था। किन्तु मेरे हृदय में विश्वास था। मैं राम के सिखाये हुये उस अनन्त प्रभु की सर्व-सामर्थ्य-सम्पन्न भुजा पर अवलम्बित थी।''

स्वामी राम की एक अन्य शिष्या श्रीमती पोलिन ह्विटमैन थीं। उनके सम्बन्ध में पहले बताया जा चुका है। स्वामी जी ने श्रीमती ह्विटमैन को 'कमलानन्द' नाम दिया था। श्रीमती ह्विटमैन का एक पत्र इस प्रकार है—

''शब्दों में वह सामर्थ्य नहीं, जो हृदय के भावों को यथार्थ रूप में अभिव्यक्त कर सके। भाषा के ठंडे और दुर्बल शब्दों द्वारा उन भावों को प्रकट करना सचमुच बड़ा कठिन है। राम की भाषा ऐसी थी, जैसे नन्हें से पवित्र-हृदय शिशु की होती है। वे पक्षियों की, फूलों की, बहते हुये झरनों की एवं वायु में हिलती हुई वृक्ष-शाखाओं की भाषा में बातें करते थे। सूर्य, चन्द्र और तारागण भी उनकी बोली समझते थे। दुनिया के बाह्याडम्बर के नीचे और दुनियादारों के हृदय के भीतर प्रवाहित होने वाली उनकी निजी भाषा थी।

समुद्र और सागरों के नीचे, द्वीप और महाद्वीपों के नीचे, खेतों और जड़ीबूटियों के भीतर, वृक्षों और लताओं के अन्तरंग में उनके जीवन ने प्रवेश किया था। प्रकृति के अन्तरतम भाग में प्रविष्ट होकर वे प्रकृति की आत्मा बन गये थे। मनुष्य के छोटे-छोटे विचारों के नीचे—बहुत नीचे उनकी वाणी मुखर हो उठती थी। कितने थोड़े ऐसे कान हैं, जिन्हें उस दिव्य संगीत को सुनने का सौभाग्य होता है। उन्होंने उसे सुना था और उसे अपने जीवन में उतारा था। वे उसी में श्वास लेते और उसी की शिक्षा देते थे। उनकी सम्पूर्ण आत्मा दिव्य संगीत से सराबोर हो गयी थी। वे आनन्द रस से भरे हुये देवदूत थे।

ये उन्मुक्त आत्मन्, ये आत्मन्, तूने अपने शरीर के सम्बन्ध को पूरा कर लिया। ओ आकाश में विचरण करने वाली, अनिर्वचनीय आनन्द का उपयोग करने वाली लोक-लोकान्तरों में विहार करने वाली आत्मा, तुझे लाखों प्रणाम! तू स्वतंत्र और बन्धनमुक्त है।

× × ×

वे इतने कोमल, प्रकृतिस्थ, शिशुसदृश शुद्ध और श्रेष्ठ, सच्चे और लगन वाले—बिलकुल सीधे-सादे थे कि जो भी सच्चा जिज्ञासु उनके सम्पर्क और सान्निध्य में आया, वह अनुपम लाभ उठाये बिना न था, न रहा। प्रत्येक व्याख्यान, प्रत्येक सत्संग के पश्चात् लोग उनसे प्रश्न करते थे और वे सदैव बड़ी स्पष्टता और संक्षेप में, बड़ी मधुरता और बड़े स्नेह से उनका उत्तर देते थे। वे आनन्द और शान्ति के भण्डार थे। जब लिखने-पढ़ने और बातचीत से खाली होते, तो निरन्तर 'ओम्-ओम्' गाया करते थे। प्रत्येक मनुष्य में, प्रत्येक प्राणी में वे ईश्वरत्त्व, ब्रह्मत्त्व का दर्शन करते और 'महाभाग भगवन्' के नाम से सबको सम्बोधित भी करते।

× × ×

राम ऐसे थे मानों अजस्र बुलबुले छोड़ने वाला आनन्द-निर्झर। वे शरीरतः ईश्वर में निवास करते थे, बल्कि साक्षात् ईश्वर थे। एक बार उन्होंने मुझे लिखा था—'वे जिन्हें मन बहलाव की इच्छा हो, हीरों से—आकाश में छिटके हुये जाज्वल्यमान तारों से अपना मनोरंजन कर सकते हैं; मुस्कुराते हुये जंगलों एवं नाचती हुयी सरिताओं से यथेष्ट आनन्द ले सकते हैं? शीतल, मंद, समीर, उष्ण सूर्य-प्रभा और शुभ्र चन्द्रिका के अजस्र आनन्द-प्रवाह में निमज्जित हो सकते हैं—प्रकृति ने ये समस्त आकर्षण बिना किसी भेदभाव के सभी मनुष्यों को मुफ्त प्रदान किये हैं। वे जो ऐसा सोचते हैं कि विशेष-विशेष वस्तुओं की प्राप्ति से ही उन्हें आनन्द मिल सकता है, उनके आनन्द का दिन उनसे सदैव दूर ही दूर भागता रहता है। अगिया-बैताल की भाँति—अग्नि सदैव उनके आगे-आगे भागती जाती है। जिसे लोग दुनिया की धन-सम्पत्ति कहते हैं, उसमें आनन्द कहाँ? इसके विपरीत यह हमारी आँखों में एक ऐसी पट्टी बाँध देती है, जिससे हम प्रकृति के अनुपम सौन्दर्य और आकाश-मण्डल के अतुलनीय गौरव को देखने से वंचित रह जाते हैं।

राम एक पहाड़ी के किनारे खेमे में रहते थे और 'रेंच हाउस' में भोजन करते थे। वह स्थान मनोरम दृश्यों से परिपूर्ण था। दोनों ओर सदाबहार पेड़ और उनके नीचे उलझी हुयी घनी झाड़ियों से ढके हुये पर्वत और नीचे घाटी में जोर-शोर से बहती हुयी सैक्रामेण्टो नदी। ऐसे पावन स्थान में राम ने अनेक ग्रन्थों का अध्ययन किया। सैकड़ों आह्लाददायिनी कवितायें रचीं और घण्टों समाधि लगायी। वे नदी के बीच एक विशाल शिला पर बैठते थे। जहाँ निरन्तर कई दिनों तक और कभी-कभी कई सप्ताहों तक तेज वायु चलती थी—और केवल भोजन करने के समय जब घर आते थे, तब उनकी बातें सुनते ही बनती थीं। 'शास्ता स्प्रिंस' से बहुत से दर्शक राम के पास आया करते थे और राम बड़े प्रेम से उनके साथ सम्भाषण करते थे। उनके गंभीर विचार सभी लोगों के हृदय पर गहरी छाप डालते थे, जो अमिट रहती थी और जो केवल कौतूहलवश ही उनसे मिलने आते थे, उनका कौतूहल भी पूर्णतः शान्त हो जाता था। एक शब्द में ही स्वामी राम लोगों के हृदय में उस परम सत्य का बीज बो रहे थे, वह चाहे उनके अनजाने में ही क्यों न हों, किन्तु उसका अंकुरित और पल्लवित होकर दीर्घाकार सुदृढ़ वृक्ष के रूप में परिवर्तित हो जाना सुनिश्चित है। आशा तो यह है कि ये ही शाखायें एक-दूसरे से जुड़ती हुयीं एक दिन सारे संसार में व्याप्त होकर मनुष्य मात्र को सच्चे भाई-चारे और प्रेम के गठबंधन में जकड़ देंगी। सत्य का बीज उगे बिना नहीं रह सकता।

वे लम्बे पर्यटक थे। इस प्रकार 'शास्ता स्प्रिंस' में रहते हुये वे सीधा-सादा, स्वतंत्र, आनन्दपूर्ण और कर्मठ जीवन व्यतीत करते थे। हँसी की फुहार बरबस अनायास ही उनके हृदय से निकल पड़ती थी। इतनी उन्मुक्त हँसी हँसते कि नदी में रहते हुये भी, घर पर साफ सुनायी पड़ती थी। मुक्त एकदम उन्मुक्त, राम थे बच्चे जैसे सच्चे और सरल सन्त। वे निरन्तर कई दिनों तक ब्रह्मभाव में निमग्न रहते थे। भारत के प्रति उनकी भक्ति अत्यन्त प्रगाढ़ थी और वे अपने दीन-दुखी भाइयों को ऊँचा उठाने के प्रबल इच्छुक थे। ऐसे आत्म-त्याग और आत्म-बलिदान का उदाहरण मिलना दुर्लभ है।

× × ×

जब मैं वहाँ से चली आयी, तब मुझे उनका पत्र मिला। यह मुझे बाद में मालूम हुआ कि यह उनकी कठिन बीमारी के समय लिखा गया था। 'एकाग्रता और शुद्ध ब्रह्म की भावना की मात्रा इस समय अनुपम चरमसीमा पर है। ब्रह्मानुभूति ने अपनी लपेट में मुझे पूर्णतः लपेट लिया है। शरीर में तो नित्य परिवर्तन होते ही रहते हैं; अविरल संकल्प-विकल्प करना उसका स्वभाव है। इन शैतान अगिया-बैताल परिवर्तनों के साथ मेरा तादात्म्य कदापि नहीं हो सकता। रुग्णावस्था में एकाग्रता और आन्तरिक शान्ति चरमसीमा पर पहुँच जाती है। वह स्त्री, वह पुरुष सचमुच कंजूस, मक्खीचूस है, जो कृपणतावश इन अल्पकालीन अतिथियों—शारीरिक और मानसिक व्याधियों का समुचित आतिथ्य करने में संकोच करता है।'

वे निरन्तर समझाया करते थे कि हमें उस सर्वोपरि अनन्त शक्ति का अनुभव करना चाहिये, जो सूर्य में और नक्षत्रों में—सर्वत्र व्यक्त हो रही है। वही एक है, सर्वत्र सर्वथा एक है। मैं भी वही हूँ, तुम भी वही हो। इस वास्तविक आत्मा को पकड़ लो, अपने जन्मजात वैभव को ग्रहण करो; अपने निरन्तन जीवन का विचार करो; अपने इस सच्चे सौन्दर्य पर ध्यान जमाओ—ऐसा ध्यान जमाओ कि इस छोटे से शरीर के क्षुद्र विचारों का कतई विस्मरण हो जाय। ऐसा अनुभव हो कि इन झूठी, दिखावटी बातों (छायाओं) से हमारा कोई सरोकार न रहे। न कोई मृत्यु है, न कोई बीमारी और न कोई दुःख। पूर्ण आनन्द, पूर्ण शिव, पूर्ण शान्ति—सच्चिदानन्द! इस शरीर, इस क्षुद्र आत्मा से ऊपर उठकर पूर्णतः ब्रह्म भाव में सावधान रहो। यही तत्त्व वे हर एक स्त्री-पुरुष को सिखाया करते थे।

× × ×

जब मैं सोचती हूँ कि मुझे राम जैसी पवित्रात्मा से मिलने, उनसे वार्तालाप करने और उनकी आज्ञा के अनुसार चलने का सुअवसर मिला तब मुझे सुखद आश्चर्य-सा प्रतीत होता है। वे उषा देवी के बालक थे और सूर्योदय से लेकर सूर्यास्त तक संगीत का प्रवाह बहाते थे। किस समय क्या बजा है, इसकी उन्हें कोई परवाह न थी। इसी प्रकार लोगों के भावों और चिन्ताओं की ओर भी उनका कोई ध्यान न था। उनके व्यापक और प्रबल विचार मानों सूर्य के ही साथ चलते थे और दिन उनके लिये शाश्वत प्रातःकाल बना रहता था। "लाखों-करोड़ों मनुष्यों को शारीरिक परिश्रम का—यथेष्ट एवं पूर्ण ज्ञान रहता है किन्तु लाखों-करोड़ों में से एकाध ऐसा भाग्यवान् जन्म लेता है जो कवित्वमय स्वर्गीय जीवन के लिये जाग्रत रहता है।"—ऐसा थोरो ने लिखा है। राम ऐसी ही अत्यन्त दुष्प्राप्य आत्माओं में से थे, जो विशेष अवसर पर इस पृथ्वी पर अवतीर्ण होती हैं।

**"कहते हैं कि सूर्य उसका प्रतिबिम्ब मात्र है।**
**कहते हैं कि मनुष्य उसकी प्रतिमा में बना है।**
**कहते हैं कि वह तारों में टिमटिमाता है।**
**कहते हैं कि वह सुगन्धित पुष्पों में मुसकराता है।**
**कहते हैं कि वह कोयलों में गाता है।**
**कहते हैं कि विश्वव्यापिनी वायु में वह श्वास लेता है।**

**कहते हैं कि वह शरत्कालीन रात्रियों में होता है।**

**कहते हैं कि वह कलकल करने वाले चश्मों में दौड़ता है।**

**कहते हैं कि वह इन्द्रधनुष की चापों में गाता है।**

**प्रकाश की बाढ़ में, लोग कहते हैं, वह आगे आगे चलता है।**

**यही राम गाते थे और है भी यही ठीक।"**

निम्नलिखित पत्र स्वामी राम के देहावसान के पश्चात् श्रीमती ह्विटमैन को प्राप्त हुये। इन पत्रों से स्वामी जी की कार्यकुशलता, उदार चित्तवृत्ति, मधुर स्वभाव, परिस्थिति के अनुकूल बनाने की क्षमता, सूक्ष्म पर्यवेक्षण शक्ति, प्रकृति प्रेम, आध्यात्मिकता आदि गुणों पर सुन्दर प्रकाश पड़ता है। प्रत्येक पत्र-लेखक ने अपने ढंग से स्वामी राम को समझने का प्रयास किया है। अतः इन पत्रों का महत्त्व अत्यधिक है। अमेरिकन शिष्ट पुरुषों की दृष्टि में राम का व्यक्तित्व किस प्रकार का था, इसकी सुन्दर झाँकी देखने को मिल जाती है।

एनी एफ० हेस्टिंग्स अपने पत्र में राम के प्रति अपने भाव इस प्रकार अभिव्यक्त करते हैं—

"८१४ फेंडलिटी बिल्डिंग,

बुफैलो, एन०वाई०

जनवरी १८, १९०७

प्रिय मिसेज ह्विटमैन,

राम सोसाइटी, जिसके नाम आपने २४ दिसम्बर को पत्र भेजा था, अब नहीं है। किन्तु सोसाइटी के अपदस्थ मंत्री की हैसियत से मुझे वह पत्र मिला है। स्वामी जी के निर्वाण के समाचार से, सचमुच मुझे परम आश्चर्य हुआ; किन्तु मुझे ऐसा लगता है कि उनकी दृष्टि से यह कोई अभाग्य अथवा दुर्भाग्य की बात नहीं हुयी। इस पृथ्वी पर छोटे से जीवन में ही उन्होंने प्रचुरतम अनुभव की फसल पैदा कर ली थी और कदाचित् उनके जीवन का उद्देश्य भली-भाँति पूर्ण हो गया था। वे परम शान्ति के भागी हों!

स्वामी जी ने सन् १९०४ के बसन्त और प्रारम्भिक ग्रीष्मकाल के दो-तीन सप्ताह यहाँ व्यतीत किये थे। उन्होंने यहाँ भारतीय जीवन के कृष्ण और शुक्ल दोनों पक्षों पर बहुत से व्याख्यान दिये और वेदान्त-दर्शन को भी समझाया। भारतीय व्याख्यानों में वे जाति-व्यवस्था की बुराइयों पर विशेष जोर देते थे और उसे समाप्त करने के इच्छुक थे। भारत की ओर से वे यहाँ के लोगों से सहायतार्थ प्रबल अनुरोध करते थे और उसके फलस्वरूप वे यहाँ भी एक ऐसी सोसाइटी (सभा) स्थापित करने में समर्थ हुये। आप जानती भी होंगी कि स्वामी राम की यहाँ के नगर-नगर में इस प्रकार की सोसाइटियों की संस्थापना की प्रबल इच्छा थी। (भारतीय छात्रों को बुलाकर इस देश में शिक्षित करना)। इस दिशा में वे बड़ी लगन के सुयोग्य वक्ता सिद्ध हुये। जिन लोगों ने उनका यह प्रतिपादन सुना, वे अवश्यमेव उत्साह से भर जाते थे। पर बुफैलो शहर अनेक बातों में एक प्रकार से पुराणपंथी (प्राचीनतावादी) शहर है। जिन लोगों ने यहाँ 'राम सोसाइटी' का संगठन किया था, वे अधिकांशतः साधारण स्थिति के कामकाजी मनुष्य थे। उन्हें शीघ्र ही इस बात का

पता चल गया कि ऐसे संगठन को जीवित रखना और उसे आगे बढ़ाना उत्तरदायित्वपूर्ण और श्रमसाध्य कार्य है और वह उनकी शक्ति के बाहर है। अतः यहाँ जो भी धन एकत्र हुआ था, वह पोर्टलैण्ड (ओरगन) की सोसाइटी के पास भेज दिया गया, जो अधिक क्रियाशील और आशावान् प्रतीत होती थी। बुफैलो-सोसाइटी, राम के प्रस्थान के अनन्तर कुछ ही दिनों बाद भंग कर दी गयी थी।

यह तो शायद आपको ज्ञात ही है कि स्वामी जी ने संयुक्त राज्य के अनेक स्थानों में व्याख्यान दिये थे। बुफैलो जाने के पहले वे कहाँ-कहाँ हो आये थे—यह मुझे ठीक-ठीक नहीं मालूम; किन्तु यहाँ से वे लिलीडेल (इस राज्य का एक बहुत ही आध्यात्मिक केन्द्र) गये थे। वहाँ से फिर शिवेंगो, बोस्टन, ग्रीनेकर, मेन और न्यूयार्क शहर (जहाँ ग्रीष्म ऋतु में अनेक मत-पंथ और सम्प्रदाय के प्रतिनिधि व्याख्यान देते हैं) गये थे। सबसे अन्त में हमें दक्षिण के फ्लोरिडा से खबर मिली थी, जहाँ वे यात्रा और कार्याधिक्य की थकावट को दूर करने के निमित्त विश्रान्ति ले रहे थे।

स्वामी जी ने यहाँ के लोगों का असाधारण रूप से ध्यान आकर्षित किया था। केवल इस कारण नहीं कि वे विद्वान् और अध्यात्म-ज्ञानी थे, वरन् इसलिये भी कि वे कार्यकुशल, मधुर स्वभाव के और उदारचित्त थे। इस देश में उनकी लोकप्रियता का कारण यह था कि वे सीधे-सादे, प्रजातांत्रिक पद्धति के प्रेमी और झट से अपने आपको परिस्थिति के अनुकूल बनाने में अत्यन्त सक्षम थे। यद्यपि वे एक ऐसे देश से आये थे, जहाँ जाति-पाँति का भेद पराकाष्ठा पर है और वे स्वयं अति उच्च कोटि के ब्राह्मण थे। वे यहाँ एक ओर घंटों ठीक भारतीय पद्धति से ध्यान करते थे और बड़े प्रेम से दार्शनिक चर्चा किया करते थे, तो दूसरी ओर दर्शकों के साथ दिल खोलकर हँसने के लिये भी तैयार रहते थे और अवसर आ पड़ने पर गेंद-बल्ला आदि भी खेलने में न चूकते थे।

वे बड़े पारखी थे और अमेरिका की भावनाओं और संस्थाओं का बारीकी से अध्ययन करते थे। उन्हें इस देश की बहुत-सी त्रुटियों का भी पता चला था; किन्तु उनका विश्वास था कि अभी भारत को 'पश्चिम के इस यौवन-सम्पन्न दानव' से बहुत कुछ सीखना है। साथ ही वे यह भी कहते थे कि अमेरिका को भी नम्रतापूर्वक भारत के सन्देश को सुनना चाहिये, क्योंकि वह बहुत ही महत्त्वपूर्ण कार्य है। वे इस देश के स्त्री-स्वातंत्र्य से अत्यधिक प्रभावित हुये थे। विशेषकर इस बात से उनकी यह स्वतंत्रता उन्हें पथभ्रष्ट नहीं करती। वे प्रायः बड़े प्रशंसात्मक रीति से इसका उल्लेख भी करते थे।

मैं सोचता हूँ कि आपके पास कुछ ऐसे अन्य लोगों के पते होंगे जिनके यहाँ अमेरिका-प्रवास में स्वामी जी ठहरे थे। बहुत सम्भव है कि वे आपको उनके कार्यों और उनके सुन्दर परिणामों के विषय में मुझसे कहीं अधिक बता सकेंगे। यह तो आप अवश्य जानती होंगी कि मिस्टर विलियम एच० गलवानी पोर्टलैण्ड (ओरगन) ओरगन सोसाइटी के मंत्री हैं (या थे) यदि आपने अभी तक उनसे पत्र व्यवहार न किया हो, तो उन्हें पत्र लिखिये। आपको उनके द्वारा स्वामी जी के कार्यों का यथेष्ट परिचय मिल सकता है। यहाँ हम लोगों का विचार था कि स्वामी जी ने कभी ठीक ढंग से अनुभव नहीं किया कि वे अमेरिका में ऐसे लोगों के कन्धों पर अपने कार्य का भार थोप रहे हैं, जो स्वयं अपने

उत्तरदायित्व एवं कार्यभार से इतने अधिक दबे हुये हैं। और ऐसा हो जाना बिलकुल स्वाभाविक है, क्योंकि उनकी जाति, उनके देश और हममें जो इतना महान् अन्तर है!

—एनी एफ० हेस्टिंग्स''

फ्लारेन्स के० का पत्र इस प्रकार है—

''डेनवर कोलो,

जनवरी २५, १९०७

प्रिय मिसेज ह्विटमैन,

तीन वर्ष पहले की बात है, जब मैं उस सर्वश्रेष्ठ महापुरुष से मिला था। न उसके पहले और न उसके बाद फिर कभी मुझे वैसी महान् आत्मा के दर्शन हुये। उनकी उपस्थिति से मैं स्वयं ईश्वर के कुछ समीप, समीपतर पहुँचा हूँ। उमके शब्द यद्यपि बहुत सीधे-सादे थे, परन्तु उनके द्वारा मुझे यह निश्चय प्रतीति होती थी कि उन्होंने परम तत्त्व का साक्षात्कार किया है। इसलिये वे 'स्वामी राम' के नाम से हस्ताक्षर करते थे।

कुछ उनके शब्दों के कारण से नहीं, कुछ उनकी भावनाओं के कारण नहीं, कुछ उनके व्यक्तित्त्व के कारण नहीं, बल्कि उनमें विराजमान ईश्वरत्त्व के कारण, हम सब उनसे इतने प्रभावित हुये थे। वास्तविक बात तो यह है कि वे हमें साक्षात् ईश्वर प्रतीत होते थे। इसीलिये जो भी उनके सम्पर्क में आया, उसके ज्ञान और अनुभव में वृद्धि हुये बिना न रही। वे यहाँ सुदूर पूर्व से आये थे—मझोला कद और गेहुआँ वर्ण। किन्तु पश्चिम के महान् से महान् व्यक्ति से उनका स्थान महत्त्वपूर्ण था। जहाँ से भी वे निकल पड़ते, फूल फूट पड़ते। उन बीजों को चारों दिशाओं में बिखेरने भर की देर है कि सारा संसार सुन्दरतम उद्यान बन जायेगा। उनके उस पुष्प का नाम 'प्रेम' है।

उन्होंने हमें ईसा के प्रेम की, कृष्णा के प्रेम की कथा सुनायी। पहले भी सुनी थी, पर उनके समझाने से वह हमारी समझ में आयी। उन्होंने हम में अपने हृदय कमल को विकसित करने की लालसा जाग्रत कर दी, उसकी पंखड़ियों को सूर्य की धूप दिखाने और सुरभि फैलाने की अभिलाषा पैदा कर दी। हमने सोचा—जगत् में आये हैं, तो उसे कुछ अच्छा बना जायँ।

यदि हम तूफान में फँस जायें, तो हमें प्रसन्न ही होना चाहिये। मेह के झंझावात के पश्चात्, तो सुगंध में मिठास आती है। यदि हम भी वैसा ही रहना सीख लें, तो हमारा जीवन व्यर्थ नहीं हुआ।

'बुलबुला फूटकर सागर रूप बन जाता है।' किसी ने मुझसे कहा कि स्वामी राम का शरीर फूट गया। वे अखिल विश्वरूप बन गये। वे सब में समा गये और यदि हम अपने ही में उन्हें ढूँढ़ेंगे, तो उन्हें अवश्य पायेंगे। घोर हिम वर्षा में वे हैं, उसके छोटे-छोटे कणों में हैं। किन्तु यह वर्षा ऐसे धीरे होती है कि हमें उसकी ओर कान लगाना पड़ता है। नहीं तो हमें उस आगमन की खबर ही नहीं होती।

**'उसने सब कुछ त्यागा, तब और मिला उसको!**
**सागर के तट पर, चंचल लहरों में बिखरा,**

वह मिला उसे घासों की चंचल नोकों पर,
वह मिला उसे तीव्रगामी झंझा की झोंकों पर—
जो उसकी मृदु भौहों को छू चल देती थी।
उसने जो पूछे प्रश्न, बहा उत्तर बन बन
उसके जग से लौटे हैं उसकी प्रतिध्वनि में।'

उन्होंने हमें उस शक्ति का पता दिया, जो पेड़ों को उगाती है, नदियों को बहाती है और यह भी बताया कि यही शक्ति हमारे बालों को उगाती है और हमारी शक्ति का संचालन करती है। सारे जीवन में केवल एक ही शक्ति काम करती है और वह शक्ति है सर्वदा अनन्त।

सूर्य हमसे कहने नहीं आता कि मैं चमक रहा हूँ, किन्तु उसकी सुखद उष्ण किरणों से हमें स्वयं उसका पता चल जाता है। जब हम प्रेम की किरणें बाहर भेजते हैं, तब हमारे मिलने वाले उसका अनुभव किये बिना नहीं रह सकते। उसी प्रकार हमें स्वामी राम की स्मृति से सहायता मिलती है और उसकी सुगन्ध की अनुभूति होती है।

—फ्लोरेन्स के०।"

अब डबल्यू० एम० एच० गलवानी का पत्र उद्धृत किया जा रहा है—

"होनोलुलु टी २ एच०
१०-१-१९०७

प्रिय श्रीमती जी,

आपका गत मास के २६ तारीख का कृपापत्र प्राप्त हुआ। स्वामी राम ने यहाँ क्या काम किया, इसका पूरा-पूरा वर्णन करने में मुझे अत्यधिक प्रसन्नता होती, किन्तु समयाभाव एवं अन्य परिस्थितियों के कारण यह मेरे लिये असम्भव है। स्वामी राम सन् १९०३ के नवम्बर-दिसम्बर में यहाँ ठहरे थे। अपने इस निवासकाल में वे उन सभी लोगों के प्यारे बन गये थे, जो उनके सम्पर्क में आये। इनमें हमारी जाति के कुछ उच्च पदस्थ पुरुष और महिलायें भी थीं। यह तो कहने की आवश्यकता नहीं कि उनके आकस्मिक देहावसान से हम सबको बड़ा आघात पहुँचा है। किन्तु हम यह भली-भाँति समझने लगे हैं कि इस संसार में सभी वस्तुयें एक अटल एवं अपरिवर्त्तनीय नियम से बँधी हुयी हैं। ऐसी वस्तुयें जिन्हें हम अकस्मात् घटना के नाम से पुकारते हैं, वे केवल शब्दों-शब्दों में रहती हैं, विशेषकर उस स्थिति में जब कि उन घटनाओं के कारण हमारी बुद्धि से एकदम छिपे रहते हैं।

जिस कार्य को स्वामी राम ने प्रारम्भ किया था, उसे सम्पन्न करने में हमारी सोसाइटी दत्तचित्त है। इसके विवरण के लिए इस पत्र के साथ ही सोसाइटी के प्रस्तावों की एक प्रतिलिपि भी आपके पास भेजी जा रही है। मैं आपके पास कुछ समाचारपत्रों की कतरनें भी भेज रहा हूँ, जो उपयोगी सिद्ध हो सकती हैं। सोसाइटी के विवरणों के कुछ उद्धरण भी इस सम्बन्ध में आपको रुचिकर प्रतीत होंगे। जब राम यहाँ थे, तब उनके सम्बन्ध में

समाचारपत्रों में बहुत से संवाद निकला करते थे। किन्तु अब बात इतनी पुरानी हो गयी है, कि उनकी प्रतियाँ दुष्प्राप्य हो गयी हैं। अतएव उनकी कतरनें नहीं भेजी जा सकीं।

इसके सिवा यदि कोई ऐसी बात हो, जिसमें मैं आपकी सहायता कर सकूँ, तो कृपया अवश्य सूचित कीजियेगा।

सम्पूर्ण सद् इच्छाओं और सप्रेम अभिवादनों के साथ

—डब्ल्यू० एम० एच० गलवानी।''

उपर्युक्त पत्रों में अमेरिका के सम्भ्रान्त व्यक्तियों ने स्वामी रामतीर्थ के प्रति जो ममत्त्व एवं श्रद्धा प्रकट की है! उसका सहज अनुमान लगाया जा सकता है। स्वामी राम के सान्निध्य में जो भी व्यक्ति आध्यात्मिक क्षुधा लेकर आया, उसे राम ने वेदान्त के अमृतत्त्व से शान्त किया। वे अपनी बीमारी में भी अमृतत्त्व का आनन्द लेते थे। दूसरों को भी उन्होंने शिक्षा दी कि यदि किसी भी प्रकार की बीमारी में कोई व्यक्ति फँस जाय, तो उसका स्वागत करना चाहिये और उस स्थिति में अन्तर्मुख होने का प्रयास करना चाहिये। इसके अतिरिक्त सहज प्रसन्नता उनके व्यक्तित्त्व का प्रमुख आकर्षण थी। इस प्रसन्नता से न मालूम कितने व्यक्ति उनके प्रति आकृष्ट हुये। साथ ही जीवन के प्रत्येक कार्यों में उन्होंने आनन्दमयी वृत्ति का परिचय दिया। आवश्यकता पड़ने पर वे खेल के मैदान में भी उतर पड़ते और अपनी स्वरूपाकार वृत्ति से उस खेल को भी वेदान्त का स्वरूप दे देते थे। संक्षेप में यह कि उनका व्यक्तित्त्व वह आनन्दपूर्ण स्पर्श-मणि था, जिसके स्पर्श से जीवन का दुखमय लोहा भी काँचन में परिवर्तित हो जाता था।

स्वामी राम के सम्बन्ध में अमेरिका के समाचारपत्रों ने भी उदात्त भाव अभिव्यक्त किये थे। स्मरण रहे वे समाचारपत्र सहस्रों की संख्या में प्रकाशित होते थे। भारत के उस आत्मस्थ ब्रह्मज्ञानी ने भारत की अमूल्य निधि—वेदान्त—का सन्देश अमेरिका के जन-जन तक पहुँचा दिया! वहाँ के लोग उनकी अलौकिक आध्यात्मिक शक्ति के सम्मुख नतमस्तक हो गये। अब कुछ समाचारपत्रों की सम्मतियाँ यहाँ प्रस्तुत की जा रही हैं—

**'दी रोकी माउण्टेन न्यूज'**, डेनवर कोलो ने ४ जनवरी, १९०४ के अंक में स्वामी राम के संबंध में अपने विचार इस प्रकार अभिव्यक्त किये थे, ''हिन्दू प्रोफेसर, स्वामी राम आजकल डेनवर में आये हुये हैं, कल अपराह्न, उन्होंने 'यूनिटी चर्च' में अपने दर्शनशास्त्र के सिद्धान्तों पर व्याख्यान दिया। प्रोफेसर राम का 'मिशन' है हिन्दुओं की जाति-व्यवस्था को भंग करना। अपने इस उद्देश्य की सफलता में अमेरिका की सहायता चाहते हैं। उनका दर्शन सदाचारमूलक है। उन्होंने अपने धर्म को 'सार्वजनिक पथ' की संज्ञा दी है। वे जहाँ कहीं जाते हैं, मुख्यतः इसी धर्म का प्रचार करते हैं। आज प्रातःकाल प्रोफेसर राम 'मिनीस्टीरियल एलायन्स' में भारत की जाति-व्यवस्था पर एक व्याख्यान देंगे और कल अपराह्न से 'यूनिटी चर्च' में उनके अपने धर्म पर एक व्याख्यानमाला प्रारम्भ होगी। व्याख्यान दो बजे प्रारम्भ होगा और उसका विषय होगा 'सफलता का रहस्य।' अन्य विषय हैं—'प्रेम द्वारा ईश्वर का साक्षात्कार', 'तुम क्या हो?', 'आनन्द का इतिहास और निवास', 'पाप का निदान—कारण और निवारण।' अपने कल के अपराह्न-भाषण में स्वामी राम ने कहा था—

इस दर्शनशास्त्र का एकमात्र उद्देश्य यह है कि हम अपने वर्त्तमान जीवन के व्यवहार को कैसे संयम में लायें। इसके द्वारा हमें अपनी वर्तमान समस्याओं को सुलझाने में व्यावहारिक रूप से स्पष्ट सहायता मिल सकती है। यद्यपि मैं हिमालय के सघनतम अरण्यों से आया हूँ, यद्यपि चाहे आप समझते हों कि मैं कोई अलौकिक गुप्त रहस्यों को जानने वाला योगी हूँ, चाहे आप इस विषय में निराश हो जायँ किन्तु मैं स्पष्ट करना चाहता हूँ कि मेरे पास 'गोपनीय' नाम की कोई वस्तु नहीं। मैं तो आपको वे बातें बतलाना चाहता हूँ, जिनसे शक्ति का कम से कम दुरुपयोग हो, शरीर और मन की अकारण यंत्रणायें न भोगनी पड़ें, आप हर प्रकार के तमोगुण और प्रमाद से मुक्त हो जायँ, जो ईर्ष्या-द्वेष, मिथ्या अहंकार, चिड़चिड़ाहट आदि से उत्पन्न होता है। आपको मानसिक अजीर्ण न हो, आप बौद्धिक दारिद्र्य और आध्यात्मिक दासत्त्व से बच सकें, आपको सफल कर्मयोग का रहस्य ज्ञात हो जाय और प्रेम के द्वारा ईश्वर का साक्षात्कार कर सकें। एक शब्द में, मेरा सिद्धान्त आपको ज्ञान के आदि स्रोत की ओर ले जायेगा और आप सदैव शान्ति और समन्वय का जीवन व्यतीत कर सकेंगे।

मेरा धर्म न तो हिन्दू धर्म है, न मुसलमान, न ईसाई, न कैथोलिक, न प्रोटेस्टैण्ट। वह किसी धर्म का विरोधी भी नहीं है। वह सर्वव्यापक क्षेत्र, जो सूर्य, चन्द्र, नक्षत्र, आकर्षण, विकर्षण, शरीर और मस्तिष्क से ढका हुआ है, वही विशाल क्षेत्र मेरे धर्म की भूमिका है। क्या कमल भी कभी 'प्रेसबीटेरियन' होते हैं अथवा किसी ने 'मेथोडिस्ट' प्राकृतिक दृश्य देखे हैं? इसीलिये मैं रंग-रूप, जाति-पाति का कोई भेदभाव नहीं मानता और सूर्य की किरणों का, नक्षत्रों की रश्मियों का, वृक्षों की पत्तियों का, घास की कोपलों का, बालू के कणों का, शेरों के हृदय का, हाथियों, मेमनों, चीटियों पुरुषों, स्त्रियों और बच्चों का—सभी का अपने समधर्मी के रूप में स्वागत करता हूँ। यह प्राकृतिक धर्म है। मैं कोई नाम नहीं रखता, किसी पर कोई बिल्ला नहीं बाँधता और न किसी पर आधिपत्य ही जमाता हूँ। किन्तु सूर्य और प्रकाश की भाँति सबकी एक समान सेवा करता हूँ। इसलिये मैं उसे 'सार्वभौमिक पथ' कहता हूँ।

इस 'सार्वभौमिक पथ' की केन्द्रीय शिक्षा को मैंने काव्य रूप में इस भाँति अभिव्यक्त किया है—

'ओ प्यारे नन्हें से कमल! अपनी ओस भरी आँख को—
जरा ऊपर उठाओ तो सही,
यहाँ तो 'अपने सिवा कोई और है नहीं'
फिर तू क्यों न मुझे बता दे सच सच,
तू असल में है कौन?
कमल ने मीठी आह भर कर उत्तर दिया यह—
एकान्त में ही यदि तुम मुझसे पूछते हो?
तो दुःख से कहना पड़ता है मुझे—
तुम कभी न जान सकोगे कि

**मैं हूँ कौन!**

**देखते नहीं, मेरे भाई और बहिन चारों ओर हवा में—**

**और धरती पर बिखरे पड़े हैं सब!**

**और मैं हूँ वही जो वे हैं!'**

उस सर्वोच्च जाति के सदस्य होते हुये भी, जो भारत के राजाओं और महाराजाओं की जाति से अधिक श्रेष्ठ मानी जाती है, स्वामी राम ने अपना सारा जीवन अपनी जाति के उत्थान में अर्पण कर दिया है। छोटे से और दुबले-पतले, काली, उत्सुक और चमकीली आँखों वाले, गेहुवें वर्ण के, काले सूट के साथ हमेशा एक चमकदार लाल पगड़ी पहने हुये—बस यही स्वामी राम की रूपरेखा है। भारत देश के यही सज्जन आजकल पोर्टलैण्ड में पधारे हैं। यह भारत का कोई साधारण व्यक्ति नहीं। वैसे तो अनेक भारतवासी प्रायः इस बन्दरगाह पर उतरा करते हैं, किन्तु ऐसा विद्वान्, ऐसा विशाल-हृदय और उदार, ऐसा निस्पृह और निस्वार्थी शायद ही कभी यहाँ उतरा हो।

दो सप्ताह से अधिक हुये, स्वामी राम शान्तिपूर्वक यहाँ उपदेश दे रहे हैं। वे सभी प्रकार की और विभिन्न आदर्शों वाली श्रोतामण्डली के सामने व्याख्यान देते हैं। वीमेन्स क्लब, विशप स्कोट एकेडेमी, वाई० एम० सी० ए० यूनीटेरियन चर्च, स्प्रीच्युएलिस्ट क्रिश्चियन यूनियन और इसी प्रकार की अन्य संस्थाओं ने उन्हें निमंत्रण दिया है। उनके सिद्धान्त इतने विशाल हैं कि सभी प्रकार के विश्वास उसमें समा जाते हैं। उनके 'दर्शन' की तुलना उस बड़े भारी कम्मल से की जा सकती है, जो मनुष्य-जाति के प्रत्येक पथ को स्थान देने के अनन्तर इतना बच जाता है कि सभी विश्वासी और अविश्वासी उसकी गरिमा में विश्रान्ति पा सकते हैं। स्वामी जी ने कभी यह सोचने का कष्ट नहीं किया कि इस चर्च अथवा उस संगठन के सिद्धान्त हमारे मन से मिलते हैं या नहीं। वे तो जिस किसी ने भी प्रार्थना की तुरन्त प्रसन्नतापूर्वक अपनी स्वीकृति दे देते हैं। जब कभी इस प्रकार की आशु स्वीकृति से उनके कार्यक्रम में गड़बड़ी होने लगती है, तो वे बड़े धैर्य और मार्जनपूर्ण हृदय से सौभाग्यवश प्राप्त अपने कुछ कार्यकुशल मित्रों की सहायता से सबको निभाने की चेष्टा करते हैं और यदि आवश्यकता पड़ जाती है तो कभी-कभी लगातार कई दिनों तक प्रातः, अपराह्न और सायं तीनों समय बोलते रहते हैं। जहाँ कहीं और जब कभी वे किसी श्रोतामण्डली अथवा कक्षा में बोलते हैं, तो उनकी इच्छा के अनुसार उसका प्रभाव पड़े बिना नहीं रह सकता। वे मानों मनुष्य को क्षुद्रता के घेरे से निकाल कर बाहर कर देते हैं। मंत्री, न्यायाधीश, वकील, जिज्ञासु एवं संशयी, सभी को उनका भाषण रुचिकर और सुन्दर प्रतीत होता है।

संक्षेप में, मोटे तौर पर स्वामी राम वहाँ स्थित हैं, जहाँ दर्शनशास्त्र और व्यावहारिक विज्ञान एक स्थान पर मिलते हैं। वे सुयोग्य भाषाविद् हैं। वे अनेक अर्वाचीन और प्राचीन भाषाओं में परांगत हैं। उन्होंने प्राचीन गुप्त रहस्यों एवं धर्मों का विशद अध्ययन किया है। सभी देशों के वर्तमान इतिहास, साहित्य, जनश्रुति एवं दर्शनशास्त्रों में उनकी अबाध गति है। इसके पूर्व पंजाब के महान् विश्वविद्यालय के केन्द्र लाहौर में गणित एवं धार्मिक दर्शनशास्त्र के प्रोफेसर थे। उनका धर्म क्या है? उसे इन्होंने वेदान्त-दर्शन का नाम दिया है, जो हमें दिव्यानुभूति के लिये आन्तरिक चेतना का पता देता है।

अमेरिका में उनका उद्देश्य दुहरा है। मुख्यतः वे अपने देश भारत और भारतवासियों में अमेरिकनों की अभिरुचि उत्पन्न करना चाहते हैं, जिससे हिन्दुओं को यहाँ शिक्षा प्राप्त करने में सुविधा और सहायता प्राप्त हो सके। वे हिन्दुओं को अमेरिकन कालेजों में भरती कराना चाहते हैं, जहाँ वे केवल लौकिक विद्या ही ग्रहण न करें, प्रत्युत अमेरिकन शौर्य और उनकी स्वतंत्रता का स्वच्छ भाव भी आत्मसात् करें, ताकि वे पुनः अपने देश वापस लौटने पर, अपने स्वदेशवासियों को इन भावों की शिक्षा दे सकें। इस प्रकार उन्हें आशा है कि जाति-पाँति की जो भयानक प्रथा वहाँ प्रचलित है, वह धीरे-धीरे अवश्य टूट जायेगी।

उनका पूरा उद्देश्य है अपने दार्शनिक विचारों का प्रचार करना और उस महान् दिव्य संदेश को देना, जो मनुष्य और परमात्मा की एकता प्रतिपादित करता है।

यहाँ अन्य बातों के साथ वे ओरगन एवं राष्ट्र की अन्य रियासतों के कालेजों को इस बात के लिये तैयार करना चाहते हैं कि उनमें हिन्दू विद्यार्थियों को निःशुल्क शिक्षा प्राप्त करने की व्यवस्था हो जाय।

सानफ्रांसिस्को में वे दो महीने ठहरे थे और उन्होंने वहाँ इस विषय में कुछ प्रभावशाली गणमान्य व्यक्तियों का ध्यान आकृष्ट भी किया था। वहाँ एक विद्यार्थी के लिये व्यवस्था हो गयी है। पोर्टलैण्ड के पश्चात् वे अन्य बड़े नगरों में जाना चाहते हैं और उन्हें आशा है कि वहाँ वे और भी बड़ी संख्या में लोगों की अभिरुचि इस विषय की ओर आकृष्ट कर सकेंगे।''

**'पोर्टलैण्ड जनरल'** ने स्वामी रामतीर्थ और उनके आदर्शों के सम्बन्ध में अपनी सम्मति इस प्रकार अभिव्यक्त की थी—

स्वामी राम, भारत के उच्चतम महात्मा, गत दस दिनों से यहाँ व्याख्यान देकर लोगों को शिक्षा दे रहे हैं। उन्होंने अपनी योजना के अनुसार अधिकांश लोगों का ध्यान भी आकृष्ट किया है। वे कहते हैं कि उनकी योजना के द्वारा ही भारत में यथार्थ और प्रभावशाली ढंग से प्रचार कार्य हो सकेगा और वह भी उससे कहीं स्वल्प व्यय में, जो आजकल ईसाई प्रचारक उस देश में कर रहे हैं।

भारतवर्ष में प्रचार कार्य को और अधिक प्रभावशाली बनाने की अपनी योजना को राम अपने एक व्याख्यान 'भारतवर्ष की दशा' में जनता के समक्ष रखेंगे। यह व्याख्यान मारक्वान थियेटर में २० दिसम्बर, रविवार को अपराह्न ३ बजे से होगा। व्याख्यान बिल्कुल निःशुल्क होगा। किन्तु रविवार को प्रातः १० बजे से मारक्वान बॉक्स आफ़िस में अपने लिये स्थान सुरक्षित कराया जा सकता है।

राम स्वयं अपने लिये रुपये-पैसे नहीं माँगते। किन्तु व्याख्यान के पश्चात् कुछ चन्दा एकत्र किया जायेगा। इससे उपस्थित सज्जनों को उस निधि में दान देने का सुअवसर मिल सकेगा, जिसे वे उस प्रचार कार्य में व्यय कर सकेंगे, जो यहाँ उन्होंने उठाया है। वह धन भारत नहीं भेजा जायेगा, बल्कि अमेरिका में ही व्यय किया जायेगा। राम की योजना यह है कि कुछ नवयुवक हिन्दू विद्यार्थी—विशेषकर भारतीय विश्वविद्यालयों के बी०ए० पास विद्यार्थी—यहाँ बुलाये जायँ और उन्हें इस शर्त पर शिक्षा दी जाय कि अपनी शिक्षा

के अनन्तर वे अपना समय और शक्ति अपनी जन्मभूमि भारत में किसी समाज सुधार के आन्दोलन में लगायेंगे।

स्टैण्डफोर्ड यूनिवर्सिटी के डाक्टर स्टार जोर्डन, केलीफोर्निया यूनिवर्सिटी के प्रेसीडेण्ट, बी० आई० ह्वेलर और केलीफोर्निया के यूनाइटेड स्टेट्स अपील कोर्ट के जज मैरो, निधि के संरक्षक रहेंगे, जिसके लिये आज चन्दा माँगा जायेगा।

**सानफ्रांसिस्को के पत्र ने** सानफ्रांसिस्को में स्वामी राम की व्याख्यानमाला के सम्बन्ध में इस प्रकार लिखा था—

जगत् की प्राचीन परम्परा को लौटा देना होगा। उत्तर भारत के जंगलों से एक महान् आश्चर्यजनक ज्ञानसम्पन्न व्यक्ति आया हुआ है, जो पैगम्बर, दार्शनिक, वैज्ञानिक एवं धर्म-प्रचारक सभी कुछ है, जो यहाँ संयुक्त राष्ट्र अमेरिका में अपने सिद्धान्तों का प्रचार करना चाहता है। वह शक्तिशाली डालर के अन्ध भक्त पुजारियों को निस्वार्थ-भाव सम्पन्न आध्यात्मिक शक्ति का एक नया संदेश सुनाना चाहता है। वह ब्राह्मणों में श्रेष्ठ ब्राह्मण, सर्वोच्च जाति का गोस्वामिन् है और वह अपने देशभाइयों में 'स्वामी राम' के नाम से विख्यात है।

हिमालय का वह उल्लेखनीय महात्मा दुबला-पतला, किन्तु मेधावी नवयुवक है। धर्म-प्रचारक की संन्यास-वृत्ति उसके चेहरे से टपकती है। उच्च वर्ण ब्राह्मणों में से होने के कारण उसका शरीर गौरांग है। मस्तक चौड़ा और ऊँचा, मस्तिष्क अतिशय और अद्‌भुत रूप से विकसित, नासिका महिलाओं की सी पतली और ठोढ़ी संकल्प-शक्ति की महान् गम्भीरता की परिचायक किन्तु फिर भी हठधर्मिता से एकदम शून्य! उसकी मुसकराहट का वर्णन आसान नहीं। जैसे ही उसका चौड़ा दयापूर्ण और अत्यन्त कोमल मुख जब उन्मुक्त होकर चकाचौंध करने वाली स्वच्छ दंतपंक्ति—पूर्ण निर्मल दंतपंक्ति के ऊपर खुलता है, तब मानों आस-पास का सारा वातावरण आलोकित हो उठता है। उस समय जो कोई उसके इस प्रभामण्डल के बीच आ जाता है, वह तुरन्त ही उनके विश्वास का भक्त बन जाता है।

'मेरा जीवन कैसे चलता है?', कल वे बता रहे थे, 'यह बहुत सीधी-सादी बात है। मैं संघर्ष नहीं करता। मेरे हृदय में विश्वास है। मेरी आत्मा मनुष्यमात्र के प्रेम-सामंजस्य से एक हो रही है। यही कारण है कि सभी मनुष्य मुझसे प्रेम करने लगते हैं। जहाँ प्रेम होता है, वहाँ कोई अभाव, कोई यातना नहीं रह जाती। मन और विश्वास की यह अवस्था मुझ में ऐसा प्रभाव उत्पन्न करती है कि बिना माँगे ही मेरी आवश्यकतायें पूरी हो जाती हैं। यदि मैं भूखा होता हूँ तो सदा कोई न कोई मुझे खिलाने को मिल जाता है; मुझे रुपये-पैसा अथवा और कोई वस्तु माँगने की आज्ञा नहीं है। फिर भी सब कुछ मेरे पास है, नहीं अधिकांश लोगों से तो अत्यधिक है। मैं अधिकतर एक ऐसे जगत् में रहता हूँ, जहाँ बहुत कम व्यक्ति पहुँचते हैं।'

**'ओरेगोनियन'** पत्र ने स्वामी रामतीर्थ के सम्बन्ध में इस प्रकार लिखा था—

स्वामी रामतीर्थ भारत के एक विख्यात प्रवक्ता और विद्वान् धर्माचार्य हैं। वे आगामी रविवार को अपराह्न मारक्वन थियेटर में 'भारतवर्ष की वर्तमान दशा' पर व्याख्यान देंगे।

वे स्वयं अपने विषय में, अपनी योग्यताओं के सम्बन्ध में, भारतवर्ष में अपने गौरवान्वित पद के बारे में बहुत ही कम कहते-सुनते हैं।

राम बारम्बार जाति-प्रथा की रूढ़ि में फँसे हुये अपने पद दलित देशवासियों की चर्चा किया करते हैं। वे कहते हैं कि आजकल योरप और अमेरिका के मिशनरी जिस प्रकार वहाँ प्रचार करते हैं, उससे कोई लाभ नहीं होता।

भारतवासियों को वास्तविक सहायता पहुँचाने के कुछ प्रभावोत्पादक उपाय हो सकते हैं और श्रेष्ठ, उदारमना सच्चे अमेरिकनों को ऐसा ही करना चाहिये। किन्तु वे यह नहीं जानते कि हम अमेरिकन व्यक्तित्व के पुजारी हैं, हम उनके विषय में बहुत-सी बातें जानना चाहते हैं और इस प्रकार की बहुत-सी ज्ञातव्य बातें हमें उनके उस विश्वसनीय मित्रों से मालूम हो सकती हैं, जो यहाँ पोर्टलैण्ड के अल्पकालीन निवास में ही उन्होंने अपनी सादगी, सच्चाई और हार्दिक लगन से पैदा कर ली हैं।

अनेक भाषाओं में पारंगत, अपनी जन्मभूमि के प्रसिद्ध वैज्ञानिक, राम कुछ वर्षों तक भारतवर्ष के पंजाब-विश्वविद्यालय में प्रकृत-दर्शन के प्रोफेसर रहे हैं। यह कार्य उन्होंने छोड़ दिया और अपनी उच्च जाति भी। तदनन्तर संन्यासी बनकर कुछ वर्षों तक धार्मिक और दार्शनिक अध्ययन में निरन्तर अनुसंधान करते रहे। इस समय वेदान्त साहित्य के ज्ञान एवं मनन-निदिध्यासन में उनकी जोड़ का दूसरा कोई विद्वान् नहीं। दिसम्बर १९०१ में उन्होंने मथुरा (भारत) का सर्वधर्म-सम्मेलन परिषद् का सभापतित्व किया था। इस गौरवान्वित पद के कार्यभार को उन्होंने किस सुन्दरता से निभाया था, उसके बारे में लाहौर से प्रकाशित होने 'फ्री थिंकर' ने बड़े ऊँचे भाव व्यक्त किये थे।

अमेरिका के विशिष्ट व्यक्तियों एवं वहाँ के समाचारपत्रों ने स्वामी राम के प्रति जो भाव और विचार प्रकट किये थे, पिछले पृष्ठों में उसका विवेचन करने का प्रयास किया गया। अमेरिका निवास में स्वामी राम ने जो पत्र समय-समय पर लिखे थे, वे उनकी आन्तरिक वृत्ति का और भी सही पता देते हैं। उन पत्रों में आत्म-चरित तो नहीं के बराबर है। किन्तु प्रत्येक पत्र में उनकी आध्यात्मिक वृत्ति अत्यन्त सबल रूप में देखी जा सकती है। उनका प्रत्येक पत्र हमें डंके की चोट पर सुनाता है—'तुच्छ स्वार्थ एवं क्षुद्र अहं की केचुली उतार फेंको और वेदान्त के धरातल पर निजात्मा, परमात्म में निवास करो।' स्वयं राम का जीवन इस आदर्श का पूर्ण प्रयोगात्मक उदाहरण था। उनके प्रत्येक पत्र में इसी आदर्श की झलक मिलती है। राम अपने जीवन की शक्ति एक ही दिशा में लगाते थे। उनके जीवन की आध्यत्म-सरिता सदैव ब्रह्मानंद-सागर की ही ओर प्रवाहित होती थी। उस सीधी-सादी सरिता से न तो कोई गुप्त धारायें थीं और न उपधारायें ही। इसलिये उनके प्रत्येक पत्र में आत्मज्ञान का संदेश झंकृत होता है और इसी संदेश को सुनाने के लिये वे संसार में आये भी थे।

आध्यात्मिकता के अतिरिक्त उन पत्रों का साहित्यिक रस भी कुछ कम नहीं है। बात यह है कि स्वामी राम बहुज्ञ थे। उनका अध्ययन अत्यंत विशाल था। अनुभूति का पुट पाकर वह और भी आकर्षक हो गया था। यह साहित्यिक आनन्द सहज और अकृत्रिम है, उसमें परिश्रम और कृत्रिमता की गन्ध तक नहीं है। अतः उन पत्रों में से कुछ का उल्लेख करना आवश्यक प्रतीत होता है। उनके माध्यम से स्वामी राम से शाश्वत संग किया जा

सकता है। एक-एक पत्र में कुछ ऐसी अनुभूतिमयी विलक्षण बातें हैं कि वे सच्चे जिज्ञासु के जीवन को नया मोड़ दे सकती हैं।

निम्नलिखित पत्र स्वामी राम ने श्रीमती वेलमैन को लिखे। श्रीमती वेलमैन को स्वामी जी ने 'सूर्यानन्द' नाम दिया था। अतः किसी-किसी पत्र में वे 'सूर्यानन्द' संबोधित की गयी हैं—

ॐ

शास्ता स्प्रिंग्स, केलीफोर्निया

८ अक्टूबर, १९०३

परम स्नेहमयी भगवती,

राम आपके प्रत्येक कार्य को पूर्णतः पसन्द करता है। राम स्वार्थी नहीं है कि तुम्हारे अभिप्राय को गलत समझने की चेष्टा करे। इस बात की संभावना नहीं हो सकती कि राम उसे भूल जाय, जो भारत के प्रेम में, सत्य के एवं पीड़ित मानवता के प्रेम में राम रूप हो रही है। 'सूर्यानन्द' सूर्य का द्योतक है। 'बुराई का प्रतिरोध मत करो' इसका अभिप्राय यह नहीं कि तुम बिलकुल अवस्तु एकदम निष्क्रिय बन जाओ, कदापि नहीं, कदापि नहीं। यह वचन शरीर के कामों से कोई सम्बन्ध नहीं रखता। यह आदेश मन के लिये, केवल मन के विषय में है। इसके द्वारा हमें मन को शान्त रखने की शिक्षा दी जाती है। मानसिक विरोध, प्रतिरोध और विद्रोह के द्वारा सदैव वैमनस्य, व्यग्रता एवं अशान्ति की उत्पत्ति होती है। इसलिये भीतर ही भीतर खीझने और चित्त को अस्थिर करने के बदले, उस दिखावटी बुराई को प्रेम से जीतना चाहिये (प्रेम त्याग और दानशील वृत्ति का दूसरा नाम है।) इससे बढ़कर कोई दूसरी शक्ति नहीं!

'बुराई का प्रतिरोध न करो' और 'बुराई के दाता' की सभी बातों का उत्साह से स्वागत करो। महान् आत्मायें कभी अस्थिर नहीं होतीं। शान्ति का कवच धारण कर हम सदैव ठोकर देने वाले पत्थरों को ऊपर चढ़ाने वाली सीढ़ियों में परिवर्तित कर सकते हैं। कभी, कदापि नहीं कोई ऐसा अवसर मत आने दो कि लाचारी और दैन्य के भाव तुम्हारे चित्त में स्थान पायें।

अभी राम को यह ध्यान आया कि भारत पहुँचते ही तुम्हें सबसे पहले अपने सुभीते के अनुसार पूरन (सरदार पूर्णसिंह) का पता लगाना चाहिये। वह कहीं पंजाब में होगा। वह 'थंडरिंग डान' का सम्पादक है। उसके लिये तुम्हें किसी परिचय-पत्र की आवश्यकता नहीं।

आशा है कि बर्थ मिलते ही तुम राम को तुरन्त लिखोगी।

तुम्हारा ही शुद्ध और वीर-हृदय आत्मा

स्वामी राम

(यह पत्र श्रीमती वेलमैन को उस समय लिखा गया था, जब उन्हें अपनी चिर अभिलाषित 'भारत-यात्रा' के सम्बन्ध में भीषण मानसिक संघर्ष करना पड़ा था। क्योंकि इनके इष्टमित्र इस यात्रा का कड़ा विरोध कर रहे थे।)

ॐ

शास्ता स्प्रिंग्स, केलीफोर्निया

अक्टूबर १०, १९०३

स्नेहमयी जननी,

तुम्हारा स्नेह भरा पत्र, कागज और लिफाफे प्राप्त हुये। (उन्होंने कागज और लिफाफों का एक बक्स भेजा था।) ज्योंही तुम उस प्रेम भरी धरती (भारत माता) पर पैर रखोगी, निस्सन्देह वहाँ तुम्हारा हार्दिक स्वागत होगा। राम ने पहले से ही भारत को सूचना दे दी है। तुम्हारे पहुँचने के पहले ही, तुम्हारा नाम वहाँ पहुँचा रहेगा। जहाँ भी तुम यात्रा के बीच रुकोगी, तुम्हारा भी स्वागत होगा। (अब प्रश्न के उत्तर के विषय में)। जब हम भोग-विलास, आमोद-प्रमोद और ओछी बातों में फँस जाते हैं, तब प्रकृति के उस अदृश्य विधान के अनुसार, हमें प्रतिघात रूप दुःख और यातना सहनी पड़ती है, जो हमें नीचे गिराती है। अतः बुद्धिमान कभी अस्थिर चित्त और उदास नहीं होता। वह तो सदैव उस सर्वोच्च परम तत्त्व में निमग्न रहता है।

सांसारिक वस्तुओं की ओर तो वह केवल उदासीन व्यक्ति की भाँति ध्यान देता है। उसकी मानसिक दशा ऐसी होती है, जैसी एक निष्काम, उदासीन, आत्मनिष्ठ और उदारमना राजकुमार की हो।

अपने सभी क्रिया-कलापों में इस श्रेष्ठ भाव का अवलम्बन करो। अनिच्छित अनुभवों के समय स्वतंत्र आत्मा सदैव निर्द्वन्द्व, अविचलित और प्रसन्नचित्त रहता है; अपना जन्मजात गौरव उसके चित्त से एक क्षण भी नहीं उतरता। वह निरन्तर स्पष्ट सोचता रहता है कि मैं तो एक, अद्वितीय ब्रह्म हूँ, सूर्यों का सूर्य। तुम भी निरन्तर अपने वास्तविक 'सूर्य-रूप प्रकाश' पर ध्यान केन्द्रित करो और उसे जीवन के प्रत्येक व्यवहार में उतार लो। इस अभ्यास से तुम अपने जीवन को शीघ्र ही प्रेम, प्रकाश और जीवन को सर्वोपरि अवतार में परिणत कर लोगी। जहाज पर प्रस्थान करने के पूर्व तुम राम को लिखना; जापान और हांगकांग पहुँचने पर भी राम को पत्र देना। भारत में तुम्हारी सहायता करने से राम को सदा बड़ी प्रसन्नता होगी।

तुम्हारी ही श्रेष्ठ प्रेममयी आत्मा—

राम

ॐ

शास्ता स्प्रिंग्स, केलीफोर्निया

अक्टूबर १६, १९०३

कल्याणमयी सर्वश्रेष्ठ सूर्यानन्द,

आज मध्याह्न तुम्हारे दोनों पत्र एक साथ राम के हाथ आये। सभी कुछ सुन्दर और सन्तोषजनक है। अब तुम लम्बी यात्रा पर जा रही हो; तब तुम्हें मानव-प्रकृति का बारीकी से अध्ययन करना चाहिये। उससे बड़ा लाभ होगा। किन्तु यह सदा ध्यान रहे कि हर

समय सदा शान्त, स्थिर और आत्मनिष्ठ रहना तुम्हारा सर्वप्रथम कर्त्तव्य है। बाह्य दृष्टि से जो बातें तुम्हें बाधा और विलम्ब डालने वाली प्रतीत होती हैं, वे वास्तव में तुम्हारी आन्तरिक शक्ति और पवित्रता को बढ़ाने वाली हैं। प्रकृति-विज्ञान विशारदों ने यह तथ्य भली-भाँति सिद्ध कर दिया है कि यदि मार्ग में संघर्ष और विरोध न होते, तो विकास अथवा उन्नति का कहीं नामोनिशान ही न प्रकट हो सकता।

क्या तुम्हें रॉबर्ट ब्रूस और मक्खी की कहानी याद नहीं? क्या प्रत्येक महान् आविष्कार के पूर्व हमें सैकड़ों ही नहीं, बल्कि सहस्रों असफल क्रियाओं के बीच से नहीं गुजरना पड़ता? प्रातःकाल ब्रह्ममुहूर्त्त में इस मंत्र (मंत्र यहाँ उद्धत न करने के लिये क्षमा) को लगभग आध घण्टे मन ही मन दुहराने से तुम्हें बड़ा लाभ हो सकता है। इस मंत्र का जप करते समय इसकी सच्चाई, इसका वास्तविक अर्थ निरन्तर अपने हृदय में पैठाते रहो। इस प्रकार निरन्तर आत्म-निर्देशन करते रहने से तुम पूर्ण संन्यासिनी बन जाओगी। हाँ, कृपया यह शीघ्र ही लिखना कि तुम्हारी यात्रा के लिये क्या-क्या प्रबन्ध हो चुका है। हार्दिक प्रेम और सच्ची सहानुभूति के साथ।

तुम्हारी आत्मा

राम स्वामी

शास्ता स्प्रिंग्स, केलीफोर्निया

अक्टूबर २१, १९०३

कल्याणमयी भगवती सूर्यानन्द,

कल का पत्र अभी अभी मिला।

अहा, कैसा हर्षदायक समाचार, भारत के लिये प्रस्थान!! हांगकांग में यदि तुम बसायामल आशोमल जी (घंटाघर) से मिलो, तो वहाँ के हिन्दू व्यापारियों को राम (तीर्थ) स्वामी की इस आनन्दमयी स्थिति का समाचार सुनकर बड़ी प्रसन्नता होगी। उनसे अपने इस उत्तम और उदार प्रयोजन की भी चर्चा करना।

राम ने बहुत से लोगों को पहले पत्र लिख छोड़े हैं। वे तुम्हें स्थानीय विषयों में हर प्रकार की सूचना प्रेम से देते रहेंगे। तुम्हें तो कार्य प्रारम्भ भर कर देना है और बाद में प्रत्येक बात अपने आप बनती जायेगी। केवल एक बात स्मरण रखो। जब तुम किसी भी सम्प्रदाय के व्यक्ति से मिलो, तो कभी नहीं, कदापि नहीं, भूलकर भी नहीं, भिन्न-भिन्न दलों की पारस्परिक आलोचना-प्रत्यालोचना पर रंच मात्र ध्यान न देना। स्वप्न में भी उसका स्मरण न करना। हाँ, जहाँ कहीं तुम्हें भक्ति, उदारता, प्रेम अथवा आध्यात्मिक ज्ञान की कोई बात मिले, तो उसे तुरन्त ग्रहण कर लेना, पचा लेना, अपना बना लेना। दूसरों के राग-द्वेष से तुम्हें कोई सरोकार नहीं रखना चाहिये। उनकी कमजोरियों और त्रुटियों पर कभी भूलकर भी दृष्टि न डालना।

कलकत्ते में सेठ सीताराम से मिलना न भूलना। कलकत्ते में निवास करते समय तुम 'डान' के विद्वान् सम्पादक से भी भेंट कर सकती हो। वे सीधे-सादे, शुद्ध, भक्त और

पक्के वेदान्ती हैं। वे एक विद्यालय और दात्रालय का सफल संचालन कर रहे हैं। कलकत्ते में तुम संकीर्तन का आनन्द उठा सकती हो। भक्ति के आवेश में लोग कैसे आत्म-विभोर होकर नाचने लगते हैं।

भारतमाता सदैव ठीक उसी भाँति तुम्हारा स्वागत करने को तैयार है, जैसे कोई माता वर्षों से बिछुड़े हुये अपने बच्चे के लौटने पर उसे गले लगाती है। सम्प्रति विदा! राम तुम्हारे साथ है!

## भारत के पथ पर

लौट रहे हैं हम अब भारत को!
और प्रतीक्षा न हो सकेगी अब
हम भी जलयान पर चढ़ें, ओ आत्मा मेरी—
तेरे हित हम भी पथहीन सिन्धु की लहरों पर उतरें
निर्भय अज्ञात तटों हित बढ़ते
महानन्द लहरों पर हों सवार
तिरता जलयान मन्द-मन्द पवन से मिलकर
गाते हम महानन्द के गायन—पलाला के गीत
गाते हम अति प्रसन्न सुखदायी 'ओम्' नाम के गायन।
लौट रहे हैं अब भारत को!
सागर यात्रा करते या पर्वत पर चढ़ते,
निशि में आते-जाते
दिशाकाल और मृत्यु के विचार शान्त परम
जल प्रवाह जैसे बहते आते
मुझको अज्ञात लोक में कभी बहा देते
जिसकी वायु साँस में मैं भरता!
सिक्त करो मुझको निज से ओ ईश्वर!
चलकर पहुँच सकें,
मैं और मेरी आत्मा तेरी सीमा भीतर!
लौट रहे हैं, हम निज भारत को!
आगे बढ़ती जाओ आत्मा, जब निश्चित तिथि पर पहुँचो।
पार सिन्धु कर सारे, अन्तरीप पार अन्त हो जब इस यात्रा का,
ईश्वर हो जब समक्ष प्रकट, करो आत्म-समर्पण तुम—

लक्ष्य प्राप्त होने पर झुक जाओ!
भर कर प्रिय-बन्धु भाव से लिये अनन्त प्रेम।
अग्रज भ्राता है वह स्नेहपूर्ण,
उसकी बाँहों में जा लघु भ्राता, आँसू में बह जाता।
लौट रहे हैं, हम अब भारत को!
इस महान् यात्रा हित ओ आत्मा!
सचमुच क्या है तेरी पाँखों में बल?
क्या सच तुम निकल पड़े हो ऐसी यात्रा पर?
क्या गुंजित करते तुम संस्कृत-वेदों के स्वर?
तो फिर तुम निस्संशय उड़ जाओ।
ओ पहेलियो भीषण प्राचीन—
तुम अपने तट की दो राह बता,
ओ उलझे प्रश्नों! जलयान यह बढ़े तेरे भीतर से।
लौट रहे हैं अब हम भारत को!
ओ पृथ्वी और गगन के रहस्य,
लौट रहे हैं तेरे पास अरे सागर-जल,
वक्र खाड़ियों, ओ माता गंगे,
ओ जंगल, मैदानों, उन्नत हिमवान् अरे!
अरुण प्रात, बादल, वर्षा हिम औ,
ओ निशि-दिन, पास तुम्हारे हम हैं लौट रहे!
सूर्य, चन्द्र, तारकों बृहस्पति ग्रह,
पास तुम्हारे मैं हूँ लौट रहा!
आ रहा, तुरन्त आ रहा हूँ मैं।
नस-नस में उबल रहा उष्ण रक्त
अब तुरंत लंगर उठ जाये मेरी आत्मन्!
काटो लम्बी रस्सी, खींचो, झकझोरो इन पालों को!
कब से हम जड़ वृक्षों जैसे हैं यहाँ खड़े,
खेते जाओ, अथाह सिन्धु बीच बढ़ते जाओ।
क्योंकि हमें जाना है वहाँ, जहाँ—
कोई नाविक न आज तक पहुँच सका!

खतरे में डालेंगे हम निज को, नौका को, सब कुछ
अरे बहादुर तू आत्मा मेरी!
ओ पिता हमें खेकर पार करो।
ओ साहसपूर्ण महानन्द, पर सुरक्षित तू
ओ पिता! हमें खेकर पहुँचा दो—
अपने असली घर तक पहुँचा दो!

—राम

ॐ

शिकागो इलीनोइस
फरवरी १५, १९०४

परम कल्याणमयी आत्मन्

तुम्हारे बहुत से पत्र, तार—सब राम को यथा समय मिले। जब केवल एक सत्, एक तत्त्व है, तब कौन किसे धन्यवाद दे? राम आनन्द से भरा हुआ है, राम स्वयं आनन्द रूप है। प्रत्येक क्षण अहर्निश राम परम शान्तिमय रहता है। कार्य राम से स्वयं प्रवाहित होते हैं। राम कोई काम नहीं करता! तुम सुगन्धित गुलाब बन जाओ और मधुर पराग अपने आप तुम्हारे चारों ओर बिखरने लगेगा।

क्या तुम सम्पूर्ण हृदय से अपने को हिन्दू मानती हो; क्या उसकी भूलें, उनके अन्धविश्वास, तुम्हें बिल्कुल अपने मालूम होते हैं? क्या तुम भाई-बहिनों की भाँति उनका विश्वास कर सकती हो? क्या कभी तुम्हारे चित्त से अमेरिकन जन्म की बात अपने आप विस्मृत हो जाती है? क्या तुम कभी अपने आपको एक नवजात परिवर्तित हिन्दू के रूप में अनुभव करती हो? राम प्रायः अपने आपको एक गम्भीर-वृत्ति-सम्पन्न कट्टर ईसाई के रूप में देखने लगता है। यदि तुम इस स्थिति में पहुँच गयी हो तो सचमुच परम आश्चर्यजनक कार्य तुमसे स्वतः निःसृत होने लगेंगे।

तुम हो कौन? तुम्हें गिरे हुए लोगों को उठाने का क्या अधिकार है? क्या स्वयं तुम्हारा उद्धार हो चुका है?

क्या तुम्हें वह वचन याद नहीं कि 'जो कोई अपने जीवन को बचाने की चेष्टा करेगा, वह अवश्य मारा जायेगा'? अच्छा, तो क्या तुम गिरे हुओं में से हो? तब तो उठो मुक्तिदायिनी बनो। यदि कोई पापी है, तो उसके साथ भी एकता की अनुभूति करो और तुम उसकी रक्षिका बनो। इसके सिवा और कोई मार्ग नहीं, प्रेम के सिवा और कोई गति नहीं, वही सब पर विजय प्राप्त करा देता है।

ॐ! ॐ!!

तुम्हारा ही आत्मन्
स्वामी राम

ॐ

मिनीपोलिस एम० एन०, यू० एस० ए०
अप्रैल ३, १९०४

कल्याणमयी आत्मन्,

तुम कहाँ हो? नववर्ष के स्वागत-पत्र के सिवा, जो मथुरा से लिखा गया था, कोई पत्र फिर कल्याणमयी माता से प्राप्त नहीं हुआ। शान्ति, शान्ति, शान्ति सदा भीतर से ही मिलती है। स्वर्ग का साम्राज्य केवल हमारे अन्तस्तल में है। पुस्तकों में, मन्दिरों में, पीर-पैगम्बरों और महात्माओं में आनन्द की खोज करना व्यर्थ है। बिल्कुल व्यर्थ है। अब तुम्हें भी इस बात का अनुभव हो गया होगा। यदि यह पाठ एक बार सीख लिया जाय तो चाहे जिस मूल्य पर भी, यह कभी महँगा नहीं पड़ता। एकान्त में बैठो और अपनी हार्दिक वेदना को दिव्य आनन्द में बदल डालो। तुम्हें 'थंडरिंग डॉन' वेदान्त के मासिक पत्र जैसी पुस्तकों से भी स्फूर्तिदायक प्रेरणायें मिल सकती हैं। ॐ पर ध्यान जमाओ और मनुष्य मात्र को शान्ति बाँटने की तैयारी करो। कभी किसी बात की आकांक्षिणी, भिखारिणी मत बनो। प्रिय आत्मन्, क्या तुम्हें वह अन्तिम उपदेश याद है जो राम ने तुम्हें शास्ता स्प्रिंग्स की समीपवर्ती पहाड़ी पर दिया था? उसमें चाहने अथवा माँगने का लेश भी नहीं था। वह तो प्रकाश और प्रेम के शाश्वत दाता का दृष्टिकोण था। ज्योंही हम किसी की चाह में, किसी की खोज में फँस जाते हैं, त्योंही हमारा हृदय फटने लगता है। हाँ, भारत की इस समय कैसी दारुण अवस्था है, इसका तुम्हें प्रत्यक्ष अनुभव हुआ होगा। राम ने अपनी 'अमेरिकनों से अपील' में जो चित्र खींचा है, ठीक वैसा ही तुमने पाया न? यदि चाहो, तो एक बार उसे पुनः पढ़ जाओ। कृपया अपने प्रेम के परिश्रम से किसी तात्कालिक प्रकट परिणाम की आशा मत करो। ईसा की आत्मा ने कहा है, 'केवल सेवा के ही अधिकार से सन्तुष्ट रहो।' सेवा के अधिकार से बढ़कर हमें किसी उपहार, पुरस्कार और वरदान की आशा न करनी चाहिये। यदि तुम अभी तक 'एडवोकेट' (सामयिक पत्र) के सम्पादक बाबू गंगाप्रसाद वर्मा से नहीं मिली, तो लखनऊ में उनसे अवश्य मिलो। हाँ, यह बताओ कि तुम्हारे हृदय को दीन-हीन भारतवासियों के दुःख में हिस्सा बटाने में अधिक आनन्द मिलता है अथवा अमेरिका के आमोद-प्रमोदों के उपभोग करने में?

× × ×

राम एक मास ओरेगन और पोर्टलैण्ड में रहा, एक मास डेनेवर में, दो सप्ताह शिकागो में और एक पक्ष मिनीपोलिस में। इन सभी स्थानों में वेदान्तसभाओं का संगठन किया गया। विभिन्न विश्वविद्यालयों में कुछ धनहीन भारतीय विद्यार्थियों के निःशुल्क अध्ययन का भी प्रबन्ध किया गया। यहाँ से राम बुफैलो एन० वाई० जाता है। वहाँ से बोस्टन, न्यूयार्क, फिलैडेलफिया, वाशिंगटन डी० सी० जायेगा। जून २९, ३० को राम सेण्ट लुई में विश्वविद्यालय एकता-परिषद् के अधिवेशनों में भाग लेगा। जुलाई में राम लेक जेनेवा में पहुँच जायेगा। इसके पश्चात् राम लंदन, इंगलैण्ड में उतरेगा। ऐ प्यारी माता, तुम अपना साहस मत छोड़ना। प्रत्येक वस्तु के केवल उज्ज्वल पहलू पर ही अपनी दृष्टि रखो। ऐसा कोई गुलाब नहीं जिसमें काँटा न हो। विशुद्ध भलाई कहीं इस संसार में

मिल ही नहीं सकती। पूर्ण कल्याण रूप केवल परमात्मा है। यदि भारत वेदान्त का सच्चा प्रयोग करता होता, तो फिर उसकी ओर से अमेरिका को अपील करने की क्या आवश्यकता रह जाती? जब तुम्हारा हृदय उस सर्वव्यापक सौन्दर्य से पूर्णतः तालमेल गाँठ ले, तो तुम्हें सर्वत्र प्रत्येक वस्तु देदीप्यमान दिखलायी पड़ेगी। शान्ति! शान्ति!! शान्ति!!!

केन्द्रीय आनन्द! अन्तरंग आनन्द!!

सर्वत्र और सदैव तुम्हारी आत्मा

स्वामी राम

ॐ

विलियम्स वे अथवा लेक जेनेवा

जुलाई ८, १९०४

परम कल्याणमयी दिव्य आत्मन्,

तुम्हारे पत्र प्राप्त हुये। धन्यवाद। राम तुम्हारी स्थिति को पूर्णतया समझता है। शान्ति, आह्लाद और साफल्य सदैव तुम्हारे साथ रहेंगे। शुद्ध आत्मा को, जिसने सम्पत्ति का भाव और इच्छा की लालसा हृदय से सर्वथा दूर कर दी है, ऐसी शुद्ध आत्मा को भय, संकट अथवा कठिनाई की आशंका कैसे हो सकती है? राम पैर फैला कर ब्रह्माण्ड में विश्राम करता है—स्वतंत्र, पूर्ण स्वतंत्र! हमारे वक्षस्थल में क्षुद्र 'अहं' का घुन लगा है। उसे त्याग दो, फेंक दो और समस्त संसार तुम्हारे सम्मुख नतमस्तक होगा। मिनीपोलिस से लौटने पर टाइप किया हुआ एक लम्बा पत्र 'प्रैक्टिकल विज़डम' में प्रकाशित करने के लिये तुम्हारे नाम भेजा गया था। विषय भी उसका था—व्यावहारिक ज्ञान। विश्व-एकता परिषद् का प्रथम अधिवेशन राम की अध्यक्षता में हुआ था। विश्व परिषद् के व्याख्यानों के अतिरिक्त इधर राम ने सेण्ट लुई में थियोसोफिकल सोसाइटी एवं व्यवहारात्मक ईसाई संघ के तत्त्वावधान में भी अनेक व्याख्यान दिये। कुछ दिनों में राम शिकागो पहुँचेगा और फिर वहाँ से बुफैलो, लिलीडेल, ग्रीनकर मेनी आदि स्थानों पर। सितम्बर तक राम अमेरिका से कूच करेगा।

शान्ति, कल्याण और प्रेम सबको—

तुम्हारा ही निजात्मा

स्वामी राम

ॐ

जैकसोनविली, फ्लोरिडा

अक्टूबर १, १९०४

परम कल्याणमयी देवी,

राम ने तुम्हें कुछ दिनों से कोई पत्र नहीं लिखा। कारण इस प्रकार हैं—

(१) राम इधर अत्यधिक कार्य-व्यस्त रहा।

(२) सामयिक पत्रों के सिवा भारत के लिए कोई व्यक्तिगत पत्र डाला ही नहीं।

(३) यह सोचकर कि तुम भले लोगों के साथ हो, उसने अपनी ओर से किसी पत्र की आवश्यकता ही नहीं समझी।

(४) मिनीपोलिस छोड़ने के अनन्तर राम को तुम्हारा कोई पत्र नहीं मिला। शान्ति, कल्याण, प्रेम और आनन्द तुम्हारा सदैव साहचर्य करेंगे।

अपनी ही अन्तर्रात्मा की भीतरी ध्वनि (आज्ञा) पालन करने से तुम संसार में किसी के प्रति दोषी नहीं हो सकती। हम किसी के ऋणी नहीं हैं। हम परिश्रम करें, क्योंकि परिश्रम से हमें प्रेम है। सदैव स्वस्थ और दाता बनना हमारा लक्ष्य होना चाहिये।

प्रत्येक पुरुष अथवा प्रत्येक स्त्री स्वतन्त्रतापूर्वक अपना निजी अनुभव करे। हमें तो केवल सेवा करने का अधिकार है। हमें अपने साथियों की सहायता करके आगे बढ़ाना है। किन्तु यह प्रगति वस्तुतः उन्नतिशील होनी चाहिये, न कि दिखावटी और आत्म-प्रवंचनापूर्ण। जब मैं स्वेच्छा से (अहंभाव से) अपने मित्रों की आध्यात्मिक उन्नति में सहायता करने की चेष्टा करता हूँ, तो मैं भी उनके साथ नीचे गिरता हूँ। चाहे जो करो, चाहे जहाँ रहो, राम का आशीर्वाद एवं स्नेह तुम्हारे साथ है। परसों राम न्यूयार्क के लिये प्रस्थान करेगा और कदाचित् ८ अक्टूबर को ही प्रिंसेज इरीन में जिबराल्टर के लिये सवार हो जाय। फिर भी भारत पहुँचने में अभी कुछ समय लग सकता है, क्योंकि मार्ग में कई स्थानों पर रुकने की सम्भावना है।

लक्ष्य जिसे याद रखना और व्यवहार में लाना है—

यदि मित्र की कोई अनुचित बात ज्ञात हो जाये, तो उसे भूल जाओ।

यदि उसके सम्बन्ध में कोई अच्छी बात ज्ञात हो, तो उसे वह अवश्य सुना दो। उसका मुखमण्डल तुरन्त दीप्त हो उठेगा और वह सत्पथ ग्रहण करने योग्य बनेगा।

जैसे सूर्य है, पूर्ण निर्भय, चिरन्तन दाता, प्रत्युपकार की आशा से रहित, सेवक हार्दिक प्रेम से प्रकाश और जीवन देने वाला, वैसे तुम भी प्रभु के प्रताप की प्रभा से खिल उठो। अपना कहीं कुछ भी नहीं, अहंकार भी अपना नहीं, सर्वथा स्वार्थ शून्य! बस यही मोक्ष है और यही है जीवन का परम उद्धार!

**मैं स्वर्गीय खट्रस चखता हूँ,**
**और दान करता हूँ स्वर्गीय सुरा,**
**ईश्वर ही मेरे भीतर और ईश्वर ही मेरे बाहर—**
**ईश्वर सदा—सर्वदा है मेरा अपना**

तुम्हारा ही निजात्मा
स्वामी राम

श्रीमती वेलमैन (सूर्यानन्द) के पत्रों के अतिरिक्त स्वामी राम ने कुछ पत्र श्रीमती पौलिन ह्विटमैन (उन्हें स्वामी राम 'कमलानन्द' कहा करते थे), उनकी माता (उन्हें राम

'चम्पा' कहकर सम्बोधित करते थे) एवं उनकी बहिन को भी लिखे थे। वे इस प्रकार हैं—

ॐ

१५ सितम्बर, १९०३

सबसे प्यारी बच्ची कमला,

तुम शुद्ध, पवित्र और पूर्ण निर्दोष हो। कोई त्रुटि नहीं, कोई कलंक नहीं, दुनियादारी गायब, न कोई शंका और न कोई पाप!

यदि तुम्हारा जी चाहे, तो तुम निम्नलिखित विचारों को अपने काव्य में पिरो सकती हो। ऐसे प्रयास में लगे रहने से तुम्हारा चित्त महान् भाव जगत् में विचरण करने लगेगा।

राम ने आज प्रातःकाल फारसी में एक कविता रची थी। यह उसी का भावार्थ है। पोर्टलैण्ड अथवा डेनेवर में रहते हुये भी, तुम उसे कविता में ढाल सकती हो। ऐसा प्रयास करके देखो तो सही!

तुम्हें विचारों को अपने अनुकूल बनाने का पूर्ण अधिकार है?

(१) ऐ तूफान, उठ और जोर-शोर से, आँधी-पानी ला। ओ आनन्द के महासागर! पृथ्वी और आकाश को ध्वंस करके एक बना दे। गहरा से गहरा गोता लगा, जिससे विचार और चिन्तायें छिन्न-भिन्न हो जायें, जिससे उनका कहीं पता ही न चले। भला राम को उनसे क्या काम?

(२) आओ, हम लोग पियें, खूब पियें, इतना अधिक पियें कि बेसुध हो जायें। आओ, अपने हृदय से द्वैतभावना को चुन-चुन कर निकाल दें। अपने असीम अस्तित्व की दीवालों को जड़ से ढहा दें, जिससे आनन्द का वह महासागर प्रत्यक्ष लहराने लगे।

(३) आओ, प्रेम की मादकता! जल्दी चढ़ो, प्रेम की मस्ती। तुरन्त हमें अपने में डूबने दो। विलम्ब करने से प्रयोजन? मेरा मन अब एक पल, एक निमिष के लिये भी इस दुनियादारी में नहीं फँसना चाहता। ओ, इस मन को तो अपने में, उस प्यारे प्रभु में डूब जाने दो। शीघ्रता करो, शीघ्रता करो और उसे जलते हुये तन्दूर की अग्नि से बचा लो, बचा लो।

(४) इस 'मैं' और 'मेरे', 'तू' और 'तेरे' के झमेले में आग लगा दो। आशाओं और आशंकाओं को उतार फेंको। टुकड़े-टुकड़े करके गला दो, द्वैत की भावना जड़ से उड़ा दो, हवा में काफूर हो जाय। कहाँ सिर, कहाँ पैर, कहीं कुछ न पता रहे।

(५) रोटी नहीं, न सही। पानी नहीं, न सही। आश्रय और विश्राम नहीं, न सही। पर मुझे तो चाहिये प्रेम की, उस दिव्य प्रेम की प्यास और तड़पन। एक इस ढाँचे का क्या, तेरे प्रेम की बलिवेदी पर ऐसे लाखों-करोड़ों ढाँचे—हड्डियों के ढाँचे स्वाहा हो जायँ, तो भी थोड़ा है।

**वह देखो, पश्चिमीय क्षितिज—**

**कैसी रंग-बिरंगी प्रभा से जाज्वल्यमान हो उठा है।**

**अरे, क्या सूर्य की आभा इसे सुशोभित कर रही है प्यारे!**

**ओह, यह तो मेरा अपना प्रकाश है!**

तुम्हारा निजात्मन्

**राम**

ॐ

शास्ता स्प्रिंग्स,

जुलाई २२, १९०३

परम कल्याणमयी चम्पा (फ्लोरा)

कदाचित् तुम्हें इस प्रकार सम्बोधन पसन्द न आये। किंतु तुम पसन्द करो या न करो, राम को तुम्हें इस नाम से पुकारना अच्छा लगता है। भारत की भाषा में प्रत्येक नाम का कोई न कोई विशेष अर्थ होता है और चम्पा नाम (जो प्रायः श्रेष्ठ परिवार की लड़कियों का नाम रखा जाता है) का अर्थ मधुर सुगन्ध से परिपूर्ण, पूर्ण विकसित पुष्प विशेष!

राम ने ज्योंही, इस पत्र को लिखने के लिये कलम उठायी, त्योंही अकस्मात् भीतर से यह नाम राम के सामने प्रकट हो गया।

हाल ही में तुम्हारे सभी प्रश्नों के उत्तर में एक विस्तृत पत्र कमला (श्रीमती पोलिन) को लिखा गया था। वह पत्र तुम्हें दिया गया या नहीं? उसमें राम की कुछ नूतन कवितायें भी थीं।

### वेदान्त-सम्बन्धी आदेश

(१) वैदान्तिक धर्म का निचोड़ केवल एक ही आदेश में संग्रहीत किया जा सकता है—

अपने आपको सदैव पूर्ण शान्त और आनन्दमग्न रखो; चाहे जैसी घटना हो, उससे विचलित न होना चाहिये। भूख-प्यास, रोग-शोक, अपमान, लज्जा और मृत्यु! सदैव प्रसन्नचित्त और शान्त रहो, क्योंकि तुम तो परमात्मा, परम तत्त्व हो, जिसे तुम कभी नहीं भूल सकती, जिसकी तुम कदापि अवहेलना नहीं कर सकती।

(२) यदि तुम अपनी वास्तविक आत्मा के राज-सिंहासन पर बैठने के लिये कटिबद्ध हो जाओ, तो संसार, उसके निवासी, उसके सम्बन्ध—सभी कुछ न जाने कहाँ लोप हो जायेंगे।

जाँच करो, और परखो अथवा कोई और भी काम करो, किन्तु करो उसे अपनी वास्तविक आत्मा के प्रकाश में—अर्थात् यह कभी मत भूलो कि तुम्हारी आत्मा इन सबसे ऊपर है, सारी आवश्यकताओं से परे है।

तुम्हें वास्तव में किसी चीज की आवश्यकता नहीं है। तुम्हें किसी वस्तु की इच्छा ही क्यों होनी चाहिये? अपने सारे कार्य संसार के स्वामी के महिमामय गौरव से करो, खुशी के लिये, क्रीड़ा के लिये, मात्र मनोरंजन के हेतु। कदापि, कदापि इसका अनुभव न होने पाये कि तुम्हें किसी बात की आवश्यकता है।

(३) जब तुम वेदान्त के इन सिद्धान्तों को अपने जीवन में व्यवहृत कर लोगी, तब उस सत्य की मधुरतम ज्योति स्वतः तुम्हारे अन्तर से चारों ओर बिखरने लगेगी।

सोने से पहले, जब आँखें बन्द होने लगें, दोपहर हो या रात्रि हो, तब अपने मन में ऐसा दृढ़ निश्चय करो कि जागने पर तुम वेदान्त की, सत्य की साक्षात् मूर्त्ति के रूप में प्रकट होगी।

जब तुम जागो, तब कोई अन्य कार्य में रत होने के पूर्व अपने अन्तःकरण में पुनः उस संकल्प की धारणा करो, जो सोने के पूर्व किया था।

जब भी सम्भव हो, तभी जोर से या मन ही मन 'ओम्-ओम्' गाओ और गुनगुनाओ।

इस प्रकार तुम सचमुच असली चम्पा के फूल की भाँति प्रत्येक क्षण अपने चारों ओर मधुर चित्ताकर्षक सुगन्ध बिखेरती रहोगी।

तुम्हारे रूप में
राम स्वामी

निम्नलिखित दो पत्र स्वामी राम ने श्रीमती ई० सी० केम्पबेल, (डेनेवर, कोलैरेडो) अमेरिका की अपनी एक भक्तिनिष्ठा शिष्या को लिखे थे—

पोर्टलैण्ड, ओर

श्रीमती ई० सी० केम्पबेल,

जब मनुष्य किसी वस्तु पर अपना दिल लगाते हैं और जब बाधायें मुँह फैलाकर उनके सामने आ जाती हैं, तब वे बहुत भड़भड़ाते और क्रुद्ध होते हैं। ऐसी स्थिति में अपवाद, उत्तेजना और भड़भड़ाहट का एकमात्र कारण यह होता है कि हम तुरन्त सामने दिखायी पड़ने वाली बाधा के विरोध की चेष्टा करते हैं। देखो तो, ईसा के हृदय में उस समय कितनी शान्ति रही होगी, जब उन्होंने कहा था—'अशुभ का विरोध मत करो।' अतएव सदैव शान्त रहो और जो कुछ भी सामने आये, प्रसन्नता से उसका स्वागत करो, फिर वह चाहे तुम्हारी इच्छा की धारा के विपरीत ही क्यों न हो जाये। जब हम केन्द्रच्युत न होकर अपनी वास्तविक आत्मा में निवास करते हैं, तब प्रत्यक्ष बुराई भलाई में परिवर्तित हो जाती है। इस बात को राम ने स्वयं अनुभव किया है। क्या तुम्हें स्मरण नहीं कि कैसे एक प्रत्यक्ष बुराई के अनन्तर दस रुपये उस हिन्दू छात्र को भेजे गये थे? किन्तु अपने ही चिड़चिड़ेपन एवं अनात्मवृत्ति के द्वारा हम अपने लिये शुभ वरदानों, उत्तम विचारों और सौभाग्य के अवसरों के द्वार बंद कर देते हैं, जो अन्यथा हमें अवश्य ही प्राप्त होते। प्रत्येक बुराई और प्रत्येक बाधा का एक ऐसे हृदय से सामना करो, जो शरीर एवं सांसारिक जीवन को सदा अपनी हथेलियों पर लिये रहे। दूसरे शब्दों में, जो हृदय पूर्णतः प्रेम में निमग्न हो, तो उससे बढ़कर संसार में कोई भी शक्ति नहीं।

तुम्हारी प्रियतम आत्मन्
स्वामी राम

पोर्टलैण्ड, ओर

ओम्! ओम्!!

श्रीमती ई० सी० केम्पबेल

तुम निरन्तर राम की स्मृति में निवास करती हो।

तुम इतनी सच्ची, शुद्ध, उत्तम, सरल-हृदया, स्वामिभक्ता और कितनी अच्छी हो! तुम क्या इसे अनुभव नहीं करती?

१. मन में एक व्यक्ति की किसी दूसरे व्यक्ति से तुलना करना, उसे अपेक्षाकृत श्रेष्ठ अथवा हीन ठहराना।

२. किसी दूसरे व्यक्ति के साथ मन ही मन स्वयं अपनी तुलना करना।

३. भूतकाल को वर्तमान के सामने रखना और भूतकाल की त्रुटियों पर पश्चात्ताप करना।

४. भविष्य की योजनाओं पर मनन करना और किसी वस्तु से डरना।

५. केवल एक परम तत्त्व परमात्मा के अतिरिक्त अन्य किसी वस्तु में मन लगाना।

६. बाहरी दिखावों पर विश्वास करना और व्यवहारतः पूर्ण हृदय से उस आन्तरिक सामंजस्य और समता में विश्वास न करना, जो सबका शासक और नियन्ता है।

७. लोगों के शब्दों को सुनकर अथवा उनके ऊपरी व्यवहारों को देखकर फट् से परिणामों पर कूदना।

८. लोगों से बातचीत करते हुये इतना आगे बढ़ जाना कि अन्त में उन बातों से मन में असन्तोष उत्पन्न होने लगे।

तुम दुख को जन्म देने वाली इन आठ बातों से सदैव दूर रहो। ओम्!

तुम्हारा ही श्रेष्ठ आत्मन्

राम स्वामी

---

अमेरिका में स्वामी राम द्वारा लिखे गये पत्रों की संख्या यद्यपि सीमित थी और उन्होंने वे पत्र अपनी साधक शिष्याओं को ही लिखे, पर उनसे स्वामी जी के अप्रतिम आध्यात्मिक तेज का पूर्णतया बोध हो जाता है। अमेरिका में उनके त्याग, संयम, कर्मठता, सामंजस्य-वृत्ति, आत्मविश्वास, निस्पृहता, उदारता, सार्वभौमिकता, तितिक्षा, परदुःख-कातरता, निर्भयता, ब्रह्मज्ञान की भूरि-भूरि प्रशंसा की गयी। स्वामी रामतीर्थ ने इस बात को प्रत्यक्ष सिद्ध कर दिया कि स्वार्थविहीन शुद्ध कर्म चाहे किसी व्यक्ति के द्वारा क्यों न किया जाय, वह राष्ट्रीय रूप धारण कर लेता है। उन्होंने अपने परमोज्ज्वल ब्रह्मज्ञान की प्रचण्ड ज्ञानाग्नि से अमेरिका जैसे ऐश्वर्य-सम्पन्न देश के विचारकों को आश्चर्यविभोर कर दिया। उनके प्रभाव की महत्ता एक वाक्य में इस प्रकार कही जा सकती है—स्वामी रामतीर्थ ने अमेरिका में भारत की आध्यात्मिक कुण्डलिनी शक्ति का महान् जागरण किया।

❑❑❑

# नवम अध्याय
# स्वदेश आगमन
## (१९०४-१९०५)

विदेश में दो वर्षों से कुछ अधिक समय तक रहने के पश्चात् स्वामी राम में स्वदेश लौटने की प्रबल इच्छा जाग्रत हुयी। अमेरिका से भारत लौटते समय वे मिस्र देश में रुके। स्वामी राम ने फारसी भाषा का गम्भीर और व्यापक अध्ययन किया था। फारसी भाषा पर उनका असाधारण अधिकार था। वे फारसी में कवितायें भी रचते थे। एक प्रसिद्ध मस्जिद में उनके व्याख्यान का आयोजन किया गया। उन्होंने अत्यन्त सरल और सरस फारसी में व्याख्यान दिया। उसमें फारसी भाषा के दार्शनिकों, विद्वानों, सूफी कवियों के अनेक उद्धरण थे। यहाँ उपस्थित सभी श्रोतागण उनका भाषण सुनकर मंत्रमुग्ध हो गये। मिस्र देश के प्रमुख अरबी के समाचार-पत्र 'अलवहाब' ने राम का पूरा भाषण 'भारतीय दार्शनिक' शीर्षक से प्रकाशित किया और उसने अपनी सम्मति अभिव्यक्त की, "ऐसे महान् पुरुष से मिलकर मिस्र-निवासियों को परम गौरव और आह्लाद प्राप्त हुआ है।" राम का पालन-पोषण उच्च ब्राह्मण-कुल में हुआ था और वे अत्यंत त्यागी एवं अनुशासनप्रिय संन्यासी थे। किन्तु उनके व्यक्तित्व का कुछ ऐसा आकर्षण था, कि विदेशी लोग भी उन्हें अपने ही देशवासी की भाँति प्यार, स्नेह और श्रद्धा देने लगते थे। जापानी उन्हें जापानी और अमेरिकन उन्हें अमेरिकन समझने लगे थे और मिस्र-देश के निवासी उन्हें अपना ही श्रद्धेय आध्यात्मिक नेता मानने लगे।

मिस्र देश में राम अपने को 'बादशाह राम' कहा करते थे। मिस्र-निवासी उनके निर्भय, सुन्दर और आकर्षक व्यक्तित्व से बहुत प्रभावित भी हुये। वे लोग उस 'बेताज बादशाह' को झुक-झुक कर सलाम करते थे। वहाँ के कट्टर मौलवी भी उनके साथ वार्तालाप करने में अपने को धन्य समझते थे। राम वहाँ थोड़े ही दिन रहे, परन्तु उनसे मिलने वाले लोगों का ताँता लगा रहता था। वहाँ के बाजारों और गलियों में 'राम बादशाह' का नाम गूँजने लगा। वे वहाँ के लोगों में बहुचर्चित हो गये। वे परस्पर एक-दूसरे से यह कहते हुये पाये जाते थे, "एक अजीब खुदापरस्त हिन्दू फकीर आया हुआ है। वह अपने को 'राम बादशाह' कहता है। शम्स तब्रेज, जलालुद्दीन रूमी और हाफिज की तमाम कवितायें उसकी जबान पर हैं। आदमी क्या है—खुदा का जलवा है।"

वास्तव में, राम आध्यात्मिक आनन्दानुभूति के बादशाह थे। उन्होंने अपनी इस मनोवृत्ति का सच्चा परिचय भी दिया। बात यह है कि पोर्ट सईद बंदरगाह से राम भारत लौटने वाले थे। संयोगवश वे जिस जहाज से रवाना होने वाले थे, उसी से लार्ड कर्जन भी आ रहे थे। राम ने गम्भीरतापूर्वक यह बात कही, "दो बादशाह एक साथ एक ही जहाज में यात्रा नहीं कर सकते" और उन्होंने उस जहाज से अपनी यात्रा स्थगित कर दी। वे दूसरे जहाज से रवाना हुये और लगभग ढाई वर्ष के उपरान्त ८ दिसम्बर, १९०४ को

बम्बई पहुँचे। बम्बई में उनका भव्य स्वागत किया गया। वहाँ स्वामी राम के पूर्वपरिचित स्वामी शिवगुणाचार्य उन्हें अपने साथ मथुरा ले जाने के लिये पहले से पहुँचे थे। स्वामी राम मथुरा जाने के लिये राजी हो गये। मार्ग में वे नासिक और होशंगाबाद रुके। दोनों स्थानों पर स्वामी जी ने विशाल जनसमूह के बीच अपना व्याख्यान दिया। स्वामी जी के व्याख्यानों में वेदान्त के साथ देशभक्ति और राष्ट्रप्रेम का स्वर भी मुखरित होने लगा। सरदार पूर्णसिंह ने अपनी पुस्तक 'द स्टोरी आफ़ स्वामी राम' में उनके इस मानसिक परिवर्तन का हृदयग्राही चित्रण किया है—"मैं अपने एक मित्र के साथ उनसे (स्वामी राम से) मिलने लाहौर से मथुरा पहुँचा। प्रातःकाल आठ बजे का समय होगा? मैंने देखा वे इतने दिन चढ़े अपने कमरे में भीतर से साँकल लगाये हुये हैं। उनके विश्राम में व्यवधान पड़ने की आशंका होने पर भी मैंने दरवाजा खटखटाया उन्होंने पूछा, 'कौन है?' मैंने कहा, 'मैं आपका पूरन!' वे उठे और दरवाजे खोल दिये। मैं उनसे लगभग तीन वर्ष बाद मिल रहा था। शीतकाल था। भगवे रंग का कम्मल ओढ़े हुये थे। वे मुझसे मिले, किन्तु उनमें वह अपनापन न था। उन्होंने मुझे अपने पास बैठने की आज्ञा दी। किन्तु ज्योंही उन्होंने कुछ बोलना चाहा, त्योंही उनके नेत्र प्रकाश से चमक उठे। उन्होंने कहना प्रारम्भ किया, 'त्याग और बलिदान से ही देश की स्वतंत्रता प्राप्त की जा सकती है। राम का सिर जायेगा, फिर पूरन का, फिर देश के सैकड़ों नवयुवकों का, तभी देश स्वतंत्र होगा। भारतवर्ष, भारतमाता को स्वतंत्र करना होगा।' राम के इन वाक्यों ने मुझे आश्चर्य में डाल दिया। यह वह बात न थी, जो उन्होंने मुझे टोकियो में सुनायी थी, जहाँ मैं सर्वप्रथम उनसे मिला था। स्वतंत्रता के झूले में झूलने वाली अनेक भूमियों के निरीक्षण ने, ऐसा मालूम होता है, उनके धार्मिक उत्साह और प्रचार-भावना को आच्छन्न कर लिया था। वहाँ जो भी बातें उन्होंने की उनसे मैंने यही समझा कि वे इन दिनों राजनीतिक आन्दोलन को ही सबसे अधिक महत्त्व दे रहे हैं। थोड़ी देर पश्चात् जब हम लोग कमरे से बाहर निकले, तो दो भलेमानुस पट्टू का कोट पहने, काली टोपी लगाये और लम्बे-लम्बे मफलर गले में डाले मथुरा की ओर से उस स्थल पर प्रकट हुये। स्पष्ट ही थे स्वामी जी का दर्शन करना चाहते थे। उनके प्रणाम के उत्तर में स्वामी जी दिल खोल कर हँस पड़े और उनकी यह खिलखिलाहट बड़ी देर तक चारों ओर गूँजती रही। बड़ी देर के बाद उनका हँसना समाप्त हुआ, तो वे कहने लगे, 'मेरे प्यारे देशवासियों, तुम लोग छिप-छिप कर राम की जाँच करने आते हो; राम तुम्हारे सामने हृदय खोल कर रख देता है। संसार में सबसे सुन्दर काम है, राम के हृदय की थाह लेना। उसकी जाँच-पड़ताल करो, उसका पता लगाओ और दुनिया तुम्हारे चरणों पर लोटेगी।'

"उस विशेष परिस्थिति में मिलते समय राम के इस विचित्र ढंग ने मुझे और मेरे साथी को कुछ आश्चर्य में डाल दिया। वे दोनों व्यक्ति तुरन्त उनके पैरों पर गिर पड़े और बोले, 'स्वामी जी, क्षमा कीजिये। हम लोगों को सरकारी आदेशवश आना पड़ा है। आपका मुखमण्डल देख कर हम आपके गुलाम हो जाते हैं। आपके प्रेम के आगे हमारी एक भी नहीं चल सकती। हम लोग तो पापी हैं। हम सरकार के गुप्तचर पुलिस विभाग के कर्मचारी हैं, जिनको यहाँ नियुक्त किया गया है।"

स्वामी राम देशवासियों के भीतर शारीरिक शक्ति का संचार कर देना चाहते थे। देश के दुर्बल, निरुत्साही, आलसी, तमोगुणी व्यक्तियों को वे अभिशाप समझते थे। इसीलिये

मथुरा में वे अपने भक्तों के झुण्ड को यमुना जी की स्वच्छ रेती में ले जाते और छोटे-बड़े सभी से, यहाँ तक कि दाढ़ीधारी वृद्ध व्यक्तियों से भी कपड़े, जूते उतरवा कर व्यायाम करवाते थे। एक भी व्यक्ति न छोड़ा जाता था। स्वामी जी कहते थे, 'शारीरिक व्यायाम सबके लिये परमावश्यक है।' सूर्यास्त होते ही रुक जाते और आनन्दविभोर होकर अनन्त रूपों में नाचना-सा प्रारम्भ कर देते थे। उनके भक्त उनके हृदय-कमल में आनन्द की अनन्त पंखुड़ियाँ विकसित होते देख-देख कर मुग्ध हो जाया करते थे।

मथुरा में निवास करते समय सरदार पूर्णसिंह ने स्वामी राम के मानव-प्रेम की एक ऐसी घटना का उल्लेख किया है, जो हमारा मन बरबस मोह लेती है। घटना इस प्रकार है—

"मथुरा में रहते समय स्वामी जी को यमुना की स्वच्छ, शुभ्र रेणुका पर बैठना बहुत अच्छा लगता था। वे धूप में बैठे कुछ भी न करते हुये भी धूप-स्नान किया करते थे। एक बार उन्हें मथुरा की दिशा से यमुना के इस पार आती हुयी कुछ नावें दिखायी पड़ीं। उनमें स्त्री-पुरुष भरे हुये थे। वे भारतीय ईसाई थे और पिकनिक के लिये निकले थे। स्वामी जी ने उन्हें देखा और कहा, 'पूरन जी, वे सब राम के हैं और राम भी उनका है। क्या तुम उनसे कुछ बातचीत करा सकते हो? राम उनसे बात करना चाहता है।' वे उस समय एक भगवा रंग की धोती पहने बैठे थे। मैं उस आगन्तुक टोली की ओर आगे बढ़ा। वे आ गये और खड़े होकर सुनने लगे। राम की बातें उन्हें बहुत पसन्द आयीं। राम बड़े स्नेह और आनन्द के साथ उनसे बातें कर रहे थे। इस बातचीत के क्रम में उन्होंने कहा, 'राम ईसाई धर्म को धन्यवाद देता है, जिसने तुम्हें इतना ऊँचा उठाया। जो कुछ हिन्दू धर्म तुम्हारे लिये नहीं कर सका, उसे ईसाई धर्म ने कर दिखाया। सामाजिक दृष्टि से तुम्हारा उत्थान एवं तुम लोगों की तृप्ति युक्त चितवन राम को बड़ी प्यारी लगती है। तुम राम के हो और राम तुम्हारा है।' इसके अनन्तर उन्होंने अपनी अमेरिका यात्रा के कुछ संस्मरण सुनाये और उन्हें अपनी मातृभूमि को प्यार करने का उपदेश दिया।"

उपर्युक्त घटना राम के विशाल-हृदय पर भली-भाँति प्रकाश डालती है। जो धर्म अपने ही धर्मावलम्बियों को हेय दृष्टि से देखे, उसे वे दयनीय और कमज़ोर समझते थे। जो धर्म मानवता, सहृदयता, प्रेम सिखलाये, राम की दृष्टि में वह धर्म महान् था। वेदान्ती राम किसी धर्म की संकीर्णताओं, रूढ़ियों, घुटन आदि को पसन्द नहीं करते थे। वे धर्म को विशाल, उदार, मानवता से परिपूर्ण बनाना चाहते थे।

लाहौर के एक सहयोगी प्रोफेसर ने स्वामी राम से मिलकर उनके साथ वार्तालाप किया। वह वार्ता स्वयं राम ने दृष्टान्त रूप में बताई थी—

"जब राम ने पारिवारिक संबंधों का विच्छेद कर एवं सांसारिक सुख-सुविधाओं और मान-मर्यादा का परित्याग करके संन्यास-व्रत लिया, तब कोई सज्जन आकर मुझसे कहने लगे, 'महाशय जी, आपने अपनी स्त्री, बच्चों, सगे-सम्बन्धियों एवं छात्रों के अधिकारों की अवज्ञा की है। क्या उन्हें आपकी सहायता की आवश्यकता न थी। कर्त्तव्यपालन से विमुख होकर क्या आपने उन सबकी अवहेलना नहीं की?' राम के समक्ष उपर्युक्त प्रश्न रखे गये और प्रश्नकर्ता महोदय राम के सहयोगी प्रोफेसर थे। राम ने उनसे कहा, 'आप दर्शनशास्त्र के प्रोफेसर हैं और दर्शन पर व्याख्यान देते हैं। राम आपसे पूछता कि क्या

आपकी स्त्री और बच्चों को भी आपके समान ज्ञान प्राप्त है? क्या आपकी चाची, दादी आदि को भी वह ज्ञान है, जो आपको है? क्या आपके चचेरे भाई आदि भी उस ज्ञान से सम्पन्न हैं?' उनका उत्तर था, 'नहीं, मैं तो प्रोफेसर हूँ। उन्हें यह ज्ञान नहीं है, जो मुझे है।' राम ने सहयोगी मित्र से कहा, 'बड़े आश्चर्य की बात है कि आप विश्वविद्यालय में छात्रों के सम्मुख तो भाषण करते हैं, किन्तु अपने बच्चों, चचेरे भाइयों, चाची, दादी और स्त्री आदि को वहीं बातें क्यों नहीं बताते? भाई, ऐसा क्यों नहीं करते?' उन्होंने बतलाया, 'बात यह है कि वे मेरी बातें नहीं समझ सकते। उनका मानसिक स्तर इतना ऊँचा और विकसित नहीं है कि दर्शनशास्त्र की गूढ़ बातें समझ सकें।'

इस पर, राम ने उन्हें समझाना प्रारम्भ किया, "अब मेरी बात आप ध्यान से सुनें और समझें। सच्ची बात यह है कि आपके नौकर-चाकर, बाल-बच्चे, दादी, चाची, स्त्री यहाँ तक कि आपके कुत्ते, बिल्ली आदि आपके वास्तविक प्रतिवेशी नहीं हैं। भौतिक दृष्टि से युग्म आपके नित्य सान्निध्य में रहता है, नौकर-चाकर आपके एकदम समीप रहते हैं, स्त्री, दादी, चाची आदि आपके परिवार के हैं, दिन-रात उनके साथ उठना-बैठना, बोलना-चालना होता है, फिर भी वे आपके प्रतिवेशी नहीं हैं। अच्छा, आप हैं कौन? आप शरीर नहीं हैं, विशुद्ध, निर्मल और मुक्त आत्मा हैं। किन्तु पाश्चात्य दार्शनिक होने के नाते आप आत्मा को ठीक-ठीक समझने में असमर्थ हैं। आप अपने को मन समझते हैं। ऐसी स्थिति में आपका वास्तविक पड़ोसी वही है, जिसका मानसिक स्तर आपके मानसिक स्तर के समकक्ष है। जो एम० ए०, बी० ए० के प्रबुद्ध छात्र हैं, वे आपके स्तर की पुस्तक पढ़ते हैं, आपके समान ही चिन्तन-मनन करते हैं, उनके पढ़ने, सोचने का भी ठीक वही ढंग है, जो आपका है, अतः वे आपके सच्चे प्रतिवेशी हैं। जब आप अपने अध्ययन-कक्ष में कुछ पढ़ते-लिखते रहते हैं, तब आपके परिवार के लोग कहते हैं कि आप अध्ययन-कक्ष में हैं। किन्तु मैं सहज भाव से आपसे पूछ रहा हूँ कि क्या उस समय आप अपने अध्ययन-कक्ष में रहते हैं अथवा विचारों के सूक्ष्म जगत् में? अध्ययन की गम्भीरावस्था में कुत्ता चाहे आपकी गोदी में ही क्यों न पड़ा हो, आपके बच्चे शोरगुल क्यों न कर रहे हों, किन्तु आपसे उनका कोई सरोकार नहीं रहता, यद्यपि वे स्थूल दृष्टि से आपके निकटतम पड़ोसी हैं। किन्तु इसके विपरीत, जो व्यक्ति अपने अध्ययन-कक्ष में आपके ही समान दत्तचित्त हैं और विचार-जगत् में विचरण कर रहा है, वह आपसे चाहे जितनी दूरी पर क्यों न हो, पर आपका सच्चा पड़ोसी है। यही बात है कि आप उन छात्रों की सहायता अधिक कर सकते हैं, न कि अपने बच्चों, स्त्री, चाची, दादी आदि की। अतः आपका सच्चा प्रतिवेशी वही है, जो आपकी अन्तरात्मा के अधिक निकट है, अर्थात् वह उसी मानसिक धरातल का निवासी है, जिसके आप हैं। इसलिये मात्र उसी घर में रहने वाले को प्रतिवेशी कहना समीचीन नहीं, घर में चूहे, बिल्ली-कुत्ते, मच्छर-मक्खियाँ आदि बहुत से जीव-जन्तु हैं। पर क्या ये सच्चे अर्थ में आपके पड़ोसी हैं?"

स्वामी राम के कुछ अन्तरंग मित्रों ने उन्हें यह परामर्श दिया कि उनके विचारों के प्रचार-प्रसार के लिए एक नवीन संगठन की संस्थापना की आवश्यकता है। उस संगठन से राष्ट्र-निर्माण में बड़ी सहायता प्राप्त हो सकती है। उनकी बातें सुनकर राम अतिशय प्रेमानन्द में काँपने लगे और उन्होंने अति मृदु शब्दों में कहा, "भारत की समस्त

संस्थायें राम की हैं। उनके माध्यम से वह सारे कार्य संपादित करेगा।'' इतना कहते-कहते उनकी आँखें मुँद गयीं, नेत्रों से अश्रुपात होने लगा, उनकी भुजायें इस प्रकार उठ गयीं, जैसे प्रेम के भावावेश में किसी का आलिङ्गन चाहते हों। उन्होंने अपना कथन जारी रक्खा—

''सभी ईसाई, आर्यसमाजी, सिक्ख, सनातनी हिंदू, पारसी एवं मुसलमान जिनके रक्त-मांस, अस्थि-मज्जा, मेरे इष्टदेव, भारत के अन्न एवं नमक से निर्मित हुए हैं, मेरे भाई हैं, बल्कि मेरे आत्मरूप ही हैं। जाओ और उन सबसे कह दो कि राम तुम्हारा ही है। मैं उन सबों को गले लगाता हूँ। सभी मेरे हैं, पराया कोई भी नहीं। मैं इस पृथ्वी पर प्रेम की वर्षा कर दूँगा। मैं समस्त वसुन्धरा को आनन्द से नहला दूँगा। संयोगवश यदि कोई राम का विरोध भी करता है, तो वह उसका हार्दिक स्वागत करेगा। क्योंकि मैं प्रेम की वृष्टि करता हूँ, अतः सभी संस्थायें मेरी अपनी हैं। क्योंकि मैं प्रेम की बाढ़ लाता हूँ, अतः समस्त शक्तियाँ मेरी अपनी हैं। चाहे कोई ऊँच हो अथवा नीच, मैं सब पर प्रेम की वर्षा करूँगा।''

स्वामी जी के व्यक्तित्व रूपी वेदान्तमृत के विशाल मानसरोवर से राजनीति की सरिता अलौकिक रूप में प्रादुर्भूत हुयी। उनकी राजनीति में त्याग, सेवा, देशभक्ति, राष्ट्रभाव की भावना व्याप्त थी, जिसमें छल-प्रपंच, दाँव-पेंच का नामोनिशान तक न था। वह राजनीति वेदान्त रस से सराबोर थी। स्वामी राम के अप्रतिम प्रभाव को जानकर ब्रिटिश सरकार चौकन्नी हो गयी थी और उसने उनके पीछे गुप्तचर भी लगा दिये थे। वे स्वामी राम की गतिविधि का बारीकी से निरीक्षण करते थे। पर स्वामी जी ने वेदान्त के अमृतत्व का प्याला छक कर पी लिया था। अतः उन्हें किसी भी प्रकार का न भय था और न आशंका। वे कहा करते थे, ''मैं सत्य का प्रतिपादन करूँगा। इसके लिये यदि मैं सूली पर भी चढ़ा दिया जाऊँ, तो कोई परवाह नहीं।''

स्वामी राम की इस सर्वव्यापिनी ख्याति को शिवगणाचार्य ने अपना औजार बनाना चाहा। वे स्वामी राम को लेने बम्बई तक गये थे और उन्हें आग्रहपूर्वक मथुरा ले आये थे। स्वामी शिवगणाचार्य घंटों राम के साथ एकान्त में बातें किया करते थे। वे स्वामी राम को राजनीति से पृथक्, सर्वथा दूर रहने का परामर्श देते थे और कहते थे, ''भारत के राजाओं से मिलिये, बहुत-सा धन संग्रह कीजिये, अपना एक सम्प्रदाय और संघ चलाइये।'' इसी प्रकार बहुत-सी स्वार्थपूर्ण बातें करते थे। स्वामी शिवगणाचार्य की यदि यह सलाह निष्कपट और सच्ची होती, तब तो कोई बात न थी। सच्ची बात तो यह थी कि स्वामी जी को अपना माध्यम बनाकर वे अपना उल्लू सीधा करना चाहते थे। वे संन्यासी तो अवश्य हो गये थे, पर उनके हृदय में नाम, यश, ऐश्वर्य-समृद्धि की प्रबल तृष्णा विराजमान थी। अतः भारतवर्ष में वे अपना नाम विख्यात करने के लिये स्वामी राम के पवित्र चरित्र का उपयोग करना चाहते थे। स्वामी राम ने उनकी इस चाल को तुरन्त भाँप लिया। वे तुरन्त ही चुपके से मथुरा से पुष्कर खिसक गये। वहाँ से उन्होंने स्वामी शिवगणाचार्य को एक पत्र लिखा। उस पत्र में स्वामी राम ने अपने उद्देश्य की कोमल किन्तु दृढ़ स्वरों में व्याख्या की। पत्र इस प्रकार है—

"किशनगढ़ हाउस, पुष्कर

नारायण,

डाक्टर लोग कहते हैं कि जब तक हमें अन्दर से भूख न हो, तब तक कदापि भोजन न करना चाहिये, भोजन चाहे कितना ही मधुर और स्वास्थ्यकर क्यों न हो, अथवा हमारे मित्र एवं सगे-संबंधी भोजन करने के लिये कितना ही आग्रह क्यों न करते हों। आपने जो कुछ लिखा है, वह सब ठीक है। यदि मैं तुरन्त चल पड़ूँ तो निस्सन्देह स्वयं आपके एवं किशनगढ़ राज्य के सुयोग्य मंत्री के सहवास का उत्तम अवसर प्राप्त हो सकता है। साथ ही आप दोनों के सत्परामर्श का भी लाभ मुझे प्राप्त हो सकता है। किन्तु मेरी अन्तरात्मा इस समय यहाँ ठहरने के लिये आदेश देती है—यह आशा दिलाकर कि कदाचित् भविष्य में, जब मैं पूर्णतः सुसज्जित हो जाऊँ, तब इससे बढ़कर उपयोगी अवसर मेरे हाथ आयें। अपनी पहले की असफलताओं से (यदि मैं उन्हें असफलताओं का नाम दूँ) मैं किसी प्रकार उद्विग्न नहीं होता। मुझे पूर्ण विश्वास है कि मेरे भविष्य जीवन में सफलताओं की कमी न रहेगी। मैं यहाँ जो कुछ कर रहा हूँ, वही मैं समझता हूँ कि किशनगढ़ में हम लोगों की मित्रगोष्ठी का परिणाम होगा। इसमें कोई सन्देह नहीं कि हमें उपयोगी सुअवसरों से लाभ उठाने में कभी असावधान न होना चाहिये। किन्तु साथ ही हम कभी अधीर भी न हों। हम सब काम चाहते हैं। इस उद्देश्य के हेतु कि मैं अपने देशवासियों में शक्ति और क्रियाशीलता का संचार कर सकूँ, मैं समझता हूँ कि मेरे पास स्वयं शक्ति का अति विशाल संचय होना चाहिये। समय आने दीजिये, आप सम्भवतः अवश्य मेरे साथ होंगे।

यदि मुझे केवल छोटी-मोटी बातों में ही हो-हल्ला नहीं मचाना है, यदि सचमुच अपनी मातृभूमि की कोई ठोस और वास्तविक सेवा करनी है, यदि मैं वास्तव में देश के लिये उपयोगी बनना चाहता हूँ, तो मुझे ऐसी अनुभूति होनी है कि इस महान् कार्य के सर्वथा योग्य बनने के लिये अभी मुझे कुछ और तैयारी की आवश्यकता है।

मैं यहाँ पर भारतीय शास्त्रों एवं सर्वोच्च पाश्चात्य विचारधारा का गहन अध्ययन कर रहा हूँ। इसके साथ-साथ मेरी स्वतन्त्र शोध भी चल रही है। मुझे इस काम में सारा जीवन न लगाना होगा। मैं शीघ्र ही उस ज्ञान को, जिसे मैं निरन्तर इतने दुस्साध्य परिश्रम के द्वारा संचय कर रहा हूँ, मनुष्य मात्र के हृदय और व्यवहार में पैठाने के लिये निकल पड़ूँगा। मुझे पूरा निश्चय है कि यदि मैं चाहता, तो इससे बहुत पहले ही देश के एक छोर से दूसरे छोर तक घनघोर हलचल मचा देता, किन्तु मेरी अन्तरात्मा ने ऐसा करने का उपयुक्त अवसर नहीं समझा। मैं व्यक्तिगत नाम अथवा लाभ अथवा किसी भय और तात्कालिक संकट से, यहाँ तक कि मृत्यु के भय से भी, किसी ऐसी बात का प्रचार नहीं करना चाहता, जिसे मैंने स्वयं सत्य की कसौटी पर, अनुभव की कसौटी पर न कसा हो।

यदि सत्य में कोई शक्ति है—और निस्सन्देह उसमें अनन्त शक्ति है—तो राजा-महाराजा, साधुगण, सामान्य व्यक्ति से उच्च व्यक्ति तक, सभी को उस सत्य और धर्म के आगे सिर झुकाना और उसका आदर करना होगा। जो रामतीर्थ स्वामी उन्हें बताना चाहता है। मैं इस कार्य के लिये सर्वथा सक्षम हूँ। यदि मैं किसी उतावलेपन अथवा अधैर्य के वशीभूत होकर, किसी छोटे-मोटे काम में अपने को डाल देता हूँ, तो मैं अपनी शक्तियों

का दुरुपयोग ही करूँगा।

मुझे प्रचार अवश्य करना है; अन्यथा बचपन से ही इस इच्छा को अपने हृदय के भीतर क्यों पालता रहता? मुझे प्रचार करना होगा, अन्यथा मैंने अपने माता-पिता, स्त्री-बच्चे लौकिक उज्ज्वल भविष्य को तिलांजलि ही क्यों दी? ज्ञान की दिव्य प्रभा को अपने भीतर संचित करके राम को बाहर प्रचार करना होगा—वीरता से और निर्भीकता से। यहाँ तक कि सभी प्रकार की यातनाओं और विरोधों की उपेक्षा करते हुये, मुझे उस ज्ञान का प्रचार करना होगा, जिसे मैं यहाँ अपने अनुभव में ला रहा हूँ।

अपने भविष्य के कार्यों के लिये रुपये रखने के आपके परामर्श को साधुवाद और धन्यवाद!

नियमित व्यायाम चल रहा है, स्वास्थ्य उत्तम है एवं यहाँ जलवायु अत्यन्त सुन्दर है। आपको और बाबू साहब को शान्ति की कामना के साथ—

रामतीर्थ स्वामी।''

पुष्कर पहुँचने पर, स्वामी राम ने नारायण स्वामी को आज्ञा दी कि वे स्वामी राम के पास आ जायँ। बात यह थी कि नारायण जी लन्दन की रुक्ष और भीषण ठंडक सहन करने में असमर्थ थे। लगभग पाँच महीने लंदन में रहने के पश्चात, नारायण स्वामी बहुत बुरी तरह से बीमार पड़ गये। वहाँ के डाक्टरों ने उन्हें लंदन छोड़ देने की सलाह दी। किन्तु वे बिना अपने गुरु की आज्ञा लंदन छोड़कर अन्यत्र नहीं जा सकते थे। स्वामी राम ने ज्यों ही नारायण स्वामी की गहरी बीमारी का समाचार जाना, त्यों ही उन्होंने समुद्री तार देकर नारायण स्वामी को तुरन्त भारत लौटने की आज्ञा दी। १९०४ के जुलाई महीने में नारायण स्वामी बम्बई पहुँचे और वहाँ से मद्रास की ओर रवाना हुये। कुछ सप्ताह तक वे नीलगिरि पर रहे। वहाँ रहने से उनका स्वास्थ्य पूर्णतया सुधर गया। तत्पश्चात् वे दक्षिणी क्षेत्र का दौरा करने में लग गये। जब राम स्वामी अपनी विदेश-यात्रा से बम्बई पहुँचे, उस समय नारायण स्वामी कामोरिन अन्तरीप में थे। नारायण स्वामी जब दक्षिण भारत के किसी स्थान पर थे, उसी समय राम स्वामी का आमंत्रण उन्हें पुष्कर आने को प्राप्त हुआ। १९०५ के जनवरी महीने में नारायण स्वामी पुष्कर पहुँचे। लाहौर से पूर्णसिंह जी भी वहाँ पहुँच गये।

पुष्कर में पूर्णसिंह जी स्वामी राम के साथ रहे। स्वामी राम के साथ रहते समय का विवरण उन्होंने बड़े रोचक ढंग से दिया है—

''राम उस समय मगरों से लबालब भरे हुये सुप्रसिद्ध पुष्कर सरोवर के तट पर किशनगढ़ राजभवन में ठहरे थे। उनके हाथ में एक छोटा-सा बाँस का खोखला डंडा था। ज्योंही मैं उनसे मिला, त्योंही उन्होंने कहा, 'और तुमने यह बाँस का डंडा तो देखा नहीं। यह बड़ा आश्चर्यजनक है। यह राम की जादू-छड़ी है, जिसे देखकर मगर भाग खड़े होते हैं। और यही है कागज, पेंसिल आदि रखने के लिये राम का 'सूटकेस' (ऐसा कहकर उन्होंने दिखाया कि उसकी पोल में सचमुच ही ऐसी चीजें बड़ी सावधानी से रखी हुयी हैं।) बस, यही राम का सब कुछ है। इसके सिवा अब राम को किसी अन्य भौतिक वस्तु की चाह नहीं है।' इतना कहकर वे खिलखिला कर हँस पड़े। 'मनुष्य सचमुच राजाओं

का राजा हो जाता है, जब उसकी यात्रा की गठरी इतनी छोटी हो जाती है, जितनी कि इस बाँस की पोल और जब इस पोल की छोटी-सी जगह में उसकी सारी आवश्यकता समा जाती हैं।' वे मकान की छत पर धूप में बैठा करते थे। अभी तक शीतकाल चल रहा था। वे कहते थे, 'राम को कमरे के भीतर बैठना अच्छा नहीं लगता। कमरे तो उसे कब्रों की भाँति प्रतीत होते हैं।' वे हम सब को लेकर सायंकाल के समय पुष्कर की पहाड़ियों पर चढ़ते और वहाँ इधर-उधर घूमते-घामते थे। वे बराबर घूमते ही रहते थे और किसी को विश्राम न करने देते थे। साथ ही साथ प्रत्येक को हर समय 'ॐ ॐ' के जप का आदेश देते थे। इस जप में जरा भी व्यतिक्रम उन्हें सहन न होता था। एक बार वे पर्वत के शीर्ष में पत्थर की एक शिला पर बैठ गये और पुकार उठे, 'अरे, ये लोग परमात्मा को क्यों नहीं देख पाते? उन्हें बुलाओ, वे राम के पास आयें, उन्हें ईश्वर का दर्शन कराया जाय।' इतना कहते-कहते उनकी आँखें मुँद गयीं और टप-टप आँसू झरने लगे; मुखमण्डल चमक उठा और फैली हुयी बाँहें वायु में इस प्रकार काँपने लगीं जैसे समस्त विश्व को अपने अंक में भर लेना चाहती हों। 'ईश्वर, जगदीश्वर, भगवान् तो यहाँ है। जो भगवान् का दर्शन करना चाहें, वे यहाँ आयें।' ऐसा कहकर वे एकदम शान्त हो गये और ऊपर के ओंठ से उन्होंने नीचे का ओंठ दबा लिया। उनकी मुखमुद्रा ऐसी खिल उठी, जैसे किसी बच्चे को पुनः उसकी माँ मिल गयी हो। फिर उनका मुख बच्चों जैसे विश्वास, बालकों जैसे आत्म-समर्पण से खुलता। बातचीत के बीच ही में ऐसा मालूम होने लगता है, जैसे मौन बरबस उनका आह्वान कर रहा हो। निर्झर फूटा, लहरें उठीं और देखते ही देखते विलीन हो गयीं।

वे मुझे अपने साथ पुष्कर-सरोवर में नहाने ले गये। 'राम तुम्हारे आगे रहेगा; तुम राम के पीछे खड़े होकर नहाना। देखो, हमें इन्हीं मगरों के साथ नहाना होगा' हम लोग पानी में उतरे, वे छाती तक पानी में घुस गये। मैं कुछ-कुछ उनके लिये और पूरी तरह अपने लिये डर रहा था। मुझे तैरना नहीं आता था, फिर भी मैं पीछे-पीछे गया—जैसे उन मगरों के लिये सुस्वादु भोजन के दो कौर बढ़े जा रहे हों। परन्तु उनके हृदय में रंचमात्र भय न था, वे मगरों के मनोविज्ञान से पूर्ण रूप से परिचित थे। उन्होंने अपना बाँस का डण्डा पानी में छोड़ दिया, वह उन्हीं के सामने उतराने लगा। ऐसा लग रहा था, मानों मगरों को आगे बढ़ने से रोकने के लिये उन्होंने जादू की छड़ी पानी में छोड़ दी हो। वे खूब नहाते रहे। फिर अपनी दो उँगलियों से अपने नथने दबा कर डुबकी लगायी। बाहर निकलते ही उन्होंने कहा, 'पूरन जी, देखो, मगर हमारी ओर लपक रहे हैं। चलो, बाहर चलें। वे नहीं चाहते कि हम उनके पानी में देर तक ठहरें।' हम लोग जल्दी-जल्दी बाहर आये। स्वामी राम बाँस वाला डण्डा बराबर हाथ में दबाये हुये थे। पत्थर पर उसे खटखटाते हुये उन्होंने कहा, 'यह राम का बड़ा पक्का साथी है, राम की खूब सेवा करता है।'

रात्रि में राम प्रायः मोमबत्ती अथवा मिट्टी के देशी दीपक से कवि 'नजीर' की कवितायें पढ़ा करते थे। वे इस कवि की स्वतंत्र-वृत्ति के बड़े प्रशंसक थे। कहा करते थे, 'नजीर राम का उन्मुक्त बालक है, बन्धनों से सदा निर्द्वन्द्व। उसमें यत्र-तत्र कुछ भद्दापन है सही, किन्तु राम को उसकी परवाह नहीं। उसके मुख से जो स्वर निकलते हैं, उनसे ईश्वर की ध्वनि आती है।'

पंजाब के लोकगीत-साहित्य में वे गोपालसिंह की काफियों के बड़े प्रेमी थे। आँखें बन्द कर, बड़े भाव से उन काफियों को गाया करते थे। उनके हृदय में वही भाव लहराने लगते, जिनमें निमग्न होकर कवि ने उनकी रचना की थी। 'राम स्यालकोट-निवास से ही गोपालसिंह को जानता है। यह साधु-हृदय वहाँ से पैदल ही वृन्दावन तक गया था। यह आजीवन भगवद्-प्रेम के नशे में झूमता रहा।'

वे अपने सामने किसी को किसी के विरुद्ध कुछ कहने-सुनने की अनुमति नहीं देते थे। उनका कहना था, 'दूसरों की बुराई करना, किसी के बारे में टुच्चे, गंदे, व्यक्तिगत आलोचनात्मक विचार प्रकट करना अच्छा नहीं होता। हमें प्रत्येक वस्तु और प्रत्येक व्यक्ति का उज्ज्वल पक्ष देखना चाहिये। जैसी हम अपनी आलोचना करते हैं, वैसी ही सबकी करें, यही उचित है।'

कभी-कभी जब बहुत से व्यक्ति एकत्र होते और भारतवर्ष तथा उसके नेताओं की चर्चा चलती, तो अनायास ही उन सबके मुँह से इधर-उधर के आक्षेप होने लगते। ऐसी स्थिति में स्वामी राम तुरन्त ॐ का उच्चारण करने लगते और कहते, 'सावधान, मन्दिर की घण्टी ब्रज रही है। कभी किसी व्यक्तिगत आक्षेप को पास न फटकने देना।' वे स्वयं ॐ ॐ कहने लगते और हम सबसे भी ॐ की ध्वनि कराने लगते। 'तुम सब सुस्त क्यों पड़ जाते हो? ॐ का जप तो निरन्तर चलते रहना चाहिये।' बार-बार वे यही चेतावनी और आदेश दिया करते थे। इस संबंध में मुझे एक छोटी-सी घटना याद पड़ती है, जो दी जा रही है।

मेरे साथ लाहौर टेकनिकल स्कूल का एक मद्रासी छात्र वहाँ गया हुआ था। नाम था नायडू। मेरी समझ में, बड़े होने पर वह प्रयोगात्मक रसायन विद्या सीखने अमेरिका भी गया था। उसने यहाँ अच्छी सफलता भी प्राप्त की थी। हाँ, तो चौके के बाहर भोजन करते समय स्वामी राम नायडू से कहते, 'नायडू जरा दाल लाओ' और नायडू झट से पहले उत्तर में कहता,—ओम् और फिर दाल लेकर आ जाता, किन्तु फिर भी वह यह न कहता, 'स्वामी जी दाल लीजिये', वरन् कहता केवल 'ओम्'। इस प्रकार प्रत्येक अवसर पर उसका उच्चारण इतना तत्पर और इतना उत्साहपूर्ण हो गया था कि एक बार हम सब घंटों उसके ओम् पर हँसते रहे और वह स्वयं भी हँसते-हँसते लोटपोट हो गया। प्रत्येक वस्तु को ओम् कहना और प्रत्येक प्रश्न का ओम् ही उत्तर देना, उसका स्वभाव बन गया था।

एक बार वे हम लोगों को पुष्कर की यज्ञभूमि में लिवा ले गये और बताया कि यह पुष्कर-सरोवर क्यों पवित्र हो गया है? 'यहाँ किसी समय ब्रह्मा ने यज्ञ किया था। जिसका अनुष्ठान बड़े समारोह के साथ सम्पन्न हुआ था। सभी देवता और मनुष्य एकत्र हुये थे, किन्तु शंख नहीं बजा था। उस समय शंख-ध्वनि ईश्वर की आकाशवाणी मानी जाती थी और उसी के द्वारा यज्ञ की सफलता अथवा असफलता का निर्णय होता था। जिस समय सविधान इस यज्ञ का अनुष्ठान चल रहा था, उसी समय निकटस्थ जंगल में एक घसियारे के हृदय में भी 'ब्रह्म यज्ञ' चल रहा था। वह यज्ञ में नहीं जा सकता था, नीच जाति का जो था। वह भगवान् के यज्ञ में पूर्णतया निमग्न था। इतना अधिक निमग्न था कि जब कभी घास काटते समय संयोगवश हँसिये से उसकी उँगलियाँ कट जातीं और घाव हो

जाता, तो उसकी उँगलियों से लाल रक्त नहीं निकलता था, निकलता वही घास की नसों का हरा-हरा पानी। घाव होने पर वह घसियारा भगवान् के प्रेम में उन्मत्त हो जाता और जोर-जोर से नाचने लगता। जब वह नाचता, तब आसपास के पेड़-पौधे और पर्वत भी उसके साथ नाचने लगते। उसकी ऐसी दशा देखकर यज्ञ के होता आदि उसके पास आये और इस पवित्र-हृदय के चरणों पर गिर पड़े। उन्होंने प्रार्थना की, 'आप चलकर हमारे यज्ञ को पवित्र कीजिये; आपकी ही कृपा से यज्ञ का शंख बजेगा।' उस पवित्रात्मा के यज्ञभूमि में प्रवेश करते ही शंख अपने आप बजने लगे। देवताओं को भी उसकी इस अलौकिक वृत्ति पर परम आश्चर्य हुआ। यही सच्चा वेदान्त है'। इतना कहकर स्वामी राम मौन हो गये। जब कभी राम इस प्रकार की आत्म-साक्षात्कार-संबंधी कोई कथा सुनाते, तो अन्त में यह अवश्य कह देते, 'यही तो सच्चा वेदान्त है।'

पुष्कर के साथियों की संख्या अधिक न थी। केवल आधे दर्जन थे जो सत्संग के निमित्त वहाँ एकत्र हुये थे। राम उनको घूमना, बिना प्रयोजन के, मात्र घूमने का आनन्द लेने के लिए घूमना सिखलाते थे।

इन दिनों स्वामी राम ने जितने व्याख्यान दिये, उनमें देशभक्ति एवं स्वदेश प्रेम की अत्यन्त तीव्र ज्वाला है। विशेषकर नवयुवकों को दिये हुये संदेश तो देश सेवा की, लगन से पूर्णतः ओतप्रोत हैं। उदाहरणार्थ—'आलोचना और विश्वप्रेम', 'यज्ञ', 'राष्ट्रीय धर्म', 'ब्रह्मचर्य', 'देशभक्ति' आदि संदेश। वह प्रस्तावना, जो उन्होंने राय बैजनाथ की पुस्तक, 'हिन्दू धर्म—नूतन और पुरातन' के लिये लिखी थी, इस दिशा में उनकी सर्वश्रेष्ठ कृति है। वहाँ वे हमें भारतमाता के सच्चे सपूत के रूप में दिखायी देते हैं। पर उनके पत्रों में हम उनके वास्तविक हृदय का दर्शन करते हैं।

उनके लिखित उपदेशों और संदेशों में हमें मनुष्य जाति के उस सर्वोच्च आदर्श की रूपरेखा की झलक स्पष्ट दिखायी देती है, जिसे लेकर वे हिमालय के पर्वतों से पाश्चात्य देशों में प्रचारार्थ निकले थे। अपने इस संदेश को उन्होंने अलौकिक ज्ञानपूर्ण व्यक्तित्व की मुद्रा के साथ गंभीर शैली में अपने निजी ढंग से सुनाया था। देखने में यही मालूम होता है कि वे अमेरिका एवं पाश्चात्य राष्ट्रों द्वारा प्राप्त 'सफलता' से अत्यधिक प्रभावित होकर लौटे और चाहने लगे कि उनके विपन्न देशवासी भी उत्थान के पथ पर अग्रसर हों। यदि एक धर्म उन्हें एक सूत्र में नहीं बाँध सकता, तो अपने देश के प्रति सामान्य प्रेम ही उन्हें एक सूत्र में पिरो दे और उनमें जीवनी-शक्ति का संचार कर दे। यद्यपि यह उनका अपना इच्छित विषय न था, फिर भी उनके संदेश ने, उनके आग्रह ने, उनकी अपूर्व अलौकिकता के संयोग ने तेजी से लोगों का ध्यान अपनी ओर आकृष्ट किया?''[1]

स्वामी राम ने पुष्कर से अनेक पत्र लिखे। उन पत्रों को उन्होंने सूरज की चमचमाती धूप में लिखा, कदाचित् यही कारण है कि उनके पत्रों में उनकी अन्तरात्मा के प्रचण्ड सूर्य का दिव्य तेज प्रतिभासित होता है। उनमें से कुछ नीचे दिये जा रहे हैं—

निम्नलिखित पत्र श्रीमती वेलमैन को लिखे गये थे—

---

१. दी स्टोरी आफ़ स्वामी राम (प्राचीन संस्करण) पृष्ठ १६५-१७०।

ॐ ॐ

पुष्कर,
फरवरी १४, १९०५

परम कल्याणमयी माता भगवती,

बम्बई विश्वविद्यालय के एक ग्रेजुएट ने, एक सुन्दर नवयुवक ने आज राम के लिये अपना जीवन अर्पण किया है। वह साहित्यिक कार्यों में सहायता देने के लिये राम के साथ रहेगा। परम पिता भगवान् सचमुच ही कितना कृपालु है। वह पिता है, उसकी शक्ति उन्हें कभी धोखा नहीं देती, जो पूर्णतः उस पर आश्रित होकर काम करते हैं।

नारायण स्वामी शीघ्र ही विदेशों में व्याख्यान देने के लिये भेजे जायेंगे।

छिपे हुये और नगण्य कोनों में काम करना उतना ही गौरवशाली है, जितना भव्य और सुन्दर केन्द्रों में। रहट के चक्र में एक छोटी-सी दाँत जैसी लकड़ी की कील, (जिसे कुत्ता कहते हैं)—उतनी ही महत्त्वपूर्ण है, जितनी कि उस विशाल यंत्र को चलाने वाले बैल। कुत्ते के हटा लेने पर, वह सारा का सारा विशाल यंत्र ठप हो जायेगा। नहीं, इतना ही क्यों, धुरी में लगने वाली प्रत्येक तीली उस यंत्र में अत्यन्त महत्त्वपूर्ण है। देखने में ऐसी छोटी-छोटी वस्तुओं का महत्त्व बच्चे भले ही न समझें, तो उससे क्या! ईश्वर की दृष्टि में तो छोटे से छोटे कार्य का भी मूल्य है। यदि उसे प्रेम की प्रेरणा से किया जाता है, तो वह उतना ही प्रभावपूर्ण होता है। छोटी-सी ओस की बूँद भला सूर्य के सामने क्या चीज है! किन्तु बारीकी से देखने वाली आँखें देख सकती हैं कि इस छोटी-सी बूँद में भी, उसके नन्हें-से मृदु वक्षस्थल में भी पूरा का पूरा सूर्यमण्डल अपनी प्रभा डालता है। अतः, हे मेरी कल्याणमयी माता, नगण्य और अलक्षित क्षेत्रों में मधुर और शान्त कार्य भी, नाम और यश से सर्वथा हीन, ठीक उतना ही महत्त्वपूर्ण और श्रेष्ठ है, जितना कि वह जोर-शोर से चलने वाला कोलाहलपूर्ण कार्य, जो मनुष्यमात्र का ध्यान आकर्षित कर लेता है। मैं भी उदास रहा करता था—अपने छोटे-मोटे कार्यों को देखकर जो किया करता था। "वे भी सेवा करते हैं, जो केवल खड़े होकर प्रतीक्षा करते हैं।" माता बच्चे की सेवा में पसीना बहाती है। एक समय आता है, जब वही बच्चा विश्वविद्यालय में पहुँचता है और बड़े-बड़े विद्वान् प्रोफेसरों के भाषण सुनता है और समझता है। निस्सन्देह माता का आसन-मंच वैसा उच्च और उतना यशोमण्डित नहीं होता, जितना कि प्रोफेसर का। फिर भी माता का कार्य प्रोफेसर के कार्य से सैकड़ों गुना मधुर और गम्भीर होता है। क्या हम बचपन में ही माता की गोद और लोरियों को छोड़कर प्रोफेसर के कमरे में उसका व्याख्यान सुनने के लिये जा सकते हैं?

वेदान्त का कथन है कि एक साधारण से साधारण कुली को भी अपना छोटा-सा काम उतना ही गौरवान्वित और पवित्र मानना चाहिये, जितना ईसा मसीह अथवा कृष्ण का माना जाता है। जब हम कुर्सी का एक पाया हिला देते हैं, तब क्या पूरी कुर्सी नहीं हिल उठती? अतः, जब हम एक आत्मा को उठाते अथवा उन्नत करते हैं, तो उसके द्वारा सारा संसार उठने और उन्नत होने को बाध्य होता है। मनुष्य और मनुष्य-जाति ऐसी ही ठोस और घनीभूत है।

"अपने आप में घिरे हुये, भगवान् के दूसरे काम जिस दिशा में चल रहे हैं, उस ओर से निश्चिन्त रहते हुये, अपनी सारी शक्तियाँ अपने ही काम में केन्द्रीभूत करते हुये जो चलते हैं, उन्हीं का जीवन महान् होता है।

**ओ वायु के गर्भ में रहने वाली ध्वनि!**

**न जाने कब से तू साफ-साफ नहीं सुनायी दी।**

**तेरी ही भाँति एक झनझनाहट सुनायी देती है—**

**मुझे अपने छोटे से हृदय में!**

अपना आप बनने का निश्चय करो और देखो कि जो अपने को पा लेता है, वह दुःखों से छूट जाता है।

ॐ! आनन्द! ॐ शान्ति, आशीर्वाद और स्नेह

—राम

पुष्कर, जिला अजमेर

फरवरी २२, १९०५,

ॐ! शान्ति! आशीर्वाद! प्रेम! आनन्द!

परम कल्याणमयी माता भगवती,

तुम्हारा मृदु दिव्य पत्र प्राप्त हुआ। करुणामयी सूर्यानन्द ने शरीर पर जैसा सुन्दर नियमन किया है, वह निस्सन्देह परमात्मा के साथ, उस अद्भुत ऐक्य प्रेम के साथ आश्चर्यजनक सामंजस्य का द्योतक है[१]।

ॐ, आनन्द, जय, जय

तुम्हारा ही निजात्मा

स्वामी रामतीर्थ

पुष्कर, अजमेर जिला

ओम्! आनन्द! आनन्द! ओम्! शान्ति

कल्याणमयी माता

राम उसी छत पर लेटा हुआ है, जिस पर तुम उसके साथ बैठी थीं।

× × × ×

ब्रह्मानुभूति में तल्लीन, बाह्य दशा से शून्य! जब तुम्हारा पत्र कुछ अन्य पत्रों के साथ लाकर राम के हाथों रखा गया, तब राम बाह्य-दशा में आया। पत्र खोलने के पूर्व एक हार्दिक, उल्लास भरा, दीर्घ अट्टहास तुम्हारी कल्याणमयी आत्मा के पास भेजा गया। ओम्,

---

१. श्रीमती वेलमैन (सूर्यानन्द) अस्वस्थ थीं और दिव्य शक्ति से अच्छी हो गयीं।

शान्ति, शान्ति! सबसे प्यारी माता! लो, तुम्हारा पत्र पढ़ने के अनन्तर, राम पुनः उल्लासमयी हँसी की एक दूसरी गूँज तुम्हारे पास भेज रहा है।

माता, तुम्हारी हर एक बात बिलकुल ठीक है। राम तुम्हारे शुद्ध, मधुर, सुकोमल स्वभाव को समझता है। ईश्वर के आदेशानुसार वह इस समय विभिन्न विषयों पर कुछ गद्य और कुछ पद्य लिख रहा है।

बाबू गंगाप्रसाद वर्मा को भारत के अन्य प्रान्तों में, यहाँ की कन्या पाठशालाओं को देखने एवं स्त्री-शिक्षा-प्रचार-सम्बन्धी योजनाओं के अध्ययन के लिये जाना था, जिससे लखनऊ एवं अन्य स्थानों में स्त्री-शिक्षा सम्बन्धी सुधार शीघ्र से शीघ्र व्यवहृत किये जा सकें। प्रान्तीय सरकार ने उन्हें यह काम सौंपा है। इस कारण वे मार्च से पहले राम से मिलने नहीं आ सकते। राम कदाचित् ग्रीष्म ऋतु में मैदानों में न ठहरे। राम को कश्मीर से प्रेम है और यदि इस यात्रा में तुम्हारा सुखद साथ रहा, यदि राय भवानीदास एवं अन्य मित्र साथ चलें, तो बड़ा आनन्द हो। निस्सन्देह वहाँ राम की उपस्थिति, संभाषणों से अनेक प्यासी आत्माओं को आत्मिक तुष्टि मिल सकती है। अतएव राम तुम्हारे साथ कश्मीर चल सकता है। किन्तु ऐ कल्याणमयी माँ, मनुष्य का सर्वोच्च अधिकार केवल इतना है कि उसका शरीर, मन एवं हृदय सत्य और मनुष्यता की वेदी में निरन्तर होम होता रहे और तभी उस परमात्मा को हमारी भेंट एक निरहंकार, विशुद्ध, सूक्ष्म और शान्त अन्तर्ध्वनि के रूप में स्वीकार होती है।

"यदि कर्त्तव्य लोहे की तप्त दीवारों का सामना करने के लिये आह्वान करे, तो वहाँ से हटने वाला, कितना मूर्ख, कितना निन्दनीय होगा?"

माता, उत्सर्गमय जीवन तो किसी अज्ञात, अद्‌भुत दिव्य प्रज्ञा के आधार पर चलता है, हम उसका विश्लेषण नहीं कर सकते।

राम कश्मीर-यात्रा में तुम्हारा साथ दे सकेगा। किन्तु ठीक चलने की घड़ी के पूर्व तक कुछ निश्चित नहीं कहा जा सकता।

तुम्हारा निजात्मा

रामतीर्थ

निम्नलिखित पत्र स्वामी राम ने श्रीमती मोलिन ह्विटमैन (कमलानन्द) को लिखे थे।

पुष्कर, जिला अजमेर

फरवरी २२, १९०५

परम कल्याणमयी भगवती,

जहाँ राम है, वहाँ कैसी सुन्दर और मनोहर ऋतु है! प्रतिदिन वर्ष का नव दिन और प्रतिरात्रि क्रिसमस की रात्रि बनी हुयी है। नीलाम्बर है मेरा प्याला और चमकदार किरणें हैं मेरी सुरा।

मैं पहाड़ियों की मन्द-मन्द वायु हूँ, जो उड़ती है और बराबर उड़ती ही रहती है। पहाड़ियों से मैं कस्बों और नगरों में उतर जाती हूँ—हरी-भरी और स्वच्छ—मैं गली-गली

में, सड़क-सड़क में फैल जाती हूँ।

मैंने उसे स्पर्श किया, पुरुष को स्पर्श किया, स्त्री को स्पर्श किया, तुम्हें स्पर्श किया, यह सब मेरी क्रीड़ा और विनोद चलता ही रहता है।

मैं प्रकाश हूँ। अपने प्यारे बच्चों—फूलों और पौधों—को प्रेम से खिलाता रहता हूँ। मैं उन्हीं की आँखों, उन्हीं के हृदय में रहता-बसता हूँ, जो सुन्दर और सबल हैं।

**तुम मेरे साथ रहो तब करूँगा मैं प्रार्थना**
**तुम मेरे ही संग रहो सदा दिन भर, निशि भर—**
**ओ' तब तक जब कि दिवा निशि हो जाते विलुप्त**
**तुम चुपके-चुपके साथ रहो, अब दूर यहाँ से मत जाओ!**
**मुझको तुम छोड़ न जा सकते।**
**मैं भी हूँ वहीं, जहाँ तुम हो।**
**दृढ़ता से मैंने तुम्हें पकड़ रक्खा है।**
**बालुका तटों पर? नहीं, न सागर लहरों पर,**
**प्रत्युत अपने प्राणों में मैंने बाँध रखा है तव प्राणों को।**

प्रकाशों के प्रकाश में निवास करने से मार्ग अपने आप खुल जाता है। जब प्रेम और ब्रह्मज्ञान के मधुर प्रकाश की छटा फैलती है, तब काम-काज अपने-आप सुचारु रूप से संपादित होने लगते हैं (जैसे गुलाब की कली सूर्य-ताप से स्वतः अपना मुँह खोल देती है।)

आशा है तुम्हें 'थंडरिंग डॉन' (घनघोर प्रभात) का जनवरी अंक पूरन, सूत्रमंडी, लाहौर से प्राप्त हुआ होगा।

तुम्हारा अपना आप
स्वामी रामतीर्थ

जनवरी के अंक में तुम्हारी कवितायें 'कमलानन्द' पूर्ण संन्यासी के नाम—से प्रकाशित हुई हैं।

आगे यदि तुम कोई नूतन रचना भेजना, और तुम्हें पसन्द पड़े, तो 'ओम्' के नाम से प्रकाशित कराना।

प्यारी कल्याणमयी गिरिजा और सब को प्रेम, आशीर्वाद आनन्द।

शान्ति! शान्ति!! शान्ति!!!
ॐ ॐ ॐ

पुष्कर, जिला, अजमेर, भारतवर्ष

आनन्द! आनन्द!! आनन्द!!!

शान्ति, कल्याण, प्रेम, आनन्द

परम कल्याणमयी प्रियतम आत्मन्,

शान्त, स्वच्छ, गम्भीर और गहरी झील के तट पर राम का डेरा जमा है। उसके चारों ओर प्रायः एक-सी ऊँचाई की पहाड़ियों की लम्बी पंक्ति फैली है, जिन पर मानो सुन्दर हरित वर्ण का शाल चढ़ा हुआ है। राम के निवास-स्थल में दो फुलबगियाँ हैं, जहाँ शानदार मोरों के झुण्ड निरन्तर आलाप किया करते हैं। बत्तखें झील में गोता लगाती, तैरती हुई मौज लूटती हैं। नारायण स्वामी (जिनके संबंध में राम ने तुम्हें बताया होगा) यहाँ राम के लेखों की प्रतिलिपि में सहायता दे रहे हैं।

यह झील पृथ्वी की आँख कहलाती है। जंगल से भरी हुई पहाड़ियों और चट्टानों को उसकी लटकती हुई भौं समझो। वह एक दर्पण है, जिसे कोई पत्थर तोड़ नहीं सकता, जिसका पारा कभी उतरता नहीं। ऐसा दर्पण है, जिसमें फेंकी हुई सारी गन्दगी नीचे बैठ जाती है, जो सूर्य के चंचल प्रकाश के झाड़न से निरन्तर स्वच्छ और परिष्कृत होता रहता है।

यह सरोवर सचमुच अपने में एक सुन्दरतम चरित्र है, जो राम के देखने में आया है। उसकी पवित्रता कितनी सुन्दरता से स्थिर रहती है! इतनी अधिक लहरों के पश्चात् क्या कहीं उसमें एक भी सिकुड़न पड़ती है? जब देखो, तब पूर्ण तरुण।

बस ऐसा ही हो जाय, हमारा हृदय!
ये हरे, लाल पंछी पेड़ों पर बैठे गाया करते हैं,
या वक्र पंक्ति में बैठ, झुका सिर, सपने देखा करते हैं
हर एक वृक्ष पर इन्द्रधनुष छा जाता है।
मेरे सिर के ऊपर डालों पर गाते ये—
मृदु गायन ज्यों गाते-गाते सो जाते ये!
ध्वनि क्षीण कि ज्यों दूरागत झरने का स्वर हो!
ये पंछी कभी नहीं देखा करते हमको।

अपनी आत्मा का आशीर्वाद, प्रेम और शान्ति

तुम्हारी ही आत्मा

स्वामी राम

स्वामी राम पुष्कर में लगभग तीन महीने तक रहे। तत्पश्चात् वे नारायण स्वामी के साथ जयपुर गये। वहाँ बहुत थोड़े दिन रुके। जयपुर से उन्होंने एक पत्र श्रीमती वेलमैन को लिखा। उस पत्र में राम की आन्तरिक वृत्ति का प्रतिबिम्ब भलीभाँति लक्षित होता है। वे अत्यधिक अन्तर्मुख और बाह्य जीवन के प्रति एकदम उदासीन और विरक्त हो चुके थे। ऐसा प्रतीत होता है कि वे शरीर भावना से नितान्त ऊपर उठ चुके थे। पत्र इस प्रकार है—

ॐ

जयपुर,

मार्च ९, १९०५

परम कल्याणमयी भगवती,

राम के चलने के संबंध में तुम्हारी भविष्यवाणी यहाँ तक तो ठीक उतरी कि राम ने पुष्कर छोड़ दिया। अब यहाँ से राम किस दिशा में पदार्पण करेगा, यह उसके ठीक चलने के समय तक सूर्यों के सूर्य—उस परमात्मा के हाथों में सौंपा गया है। अजमेर के टाउन हाल में दो व्याख्यान दिये गये। लोग जयपुर के टाउन हाल में भी व्याख्यानों की व्यवस्था कर रहे हैं। पूरन पुष्कर आया था और दो-तींन दिन तक राम के साथ पहाड़ियों पर भ्रमण करता रहा। दिलजंग सिंह कितना मृदु है! राम के दर्शन के लिये लोगों का ताँता बँधा रहता है। किन्तु यह सब तो अब बन्द होना चाहिये। रहे केवल राम और उसका ईश्वर!

आज हम दिन भर (ईश्वर के) साथ ही रहेंगे। रात्रि में भी प्रेम वृत्ति से, (जो कभी तृप्त नहीं होती) हम साथ ही सोयेंगे। प्रातः उषाकाल में हम चल पड़ेंगे, फिर चाहे जिस ओर पैर ले जायँ—एकान्त में अथवा भीड़भाड़ में—वह सब कल्याण ही होगा। न तो हम कभी यात्रा की समाप्ति की कामना करेंगे और न ही सोचेंगे कि हमारा अन्त कहाँ होगा। क्या सचमुच ही यहाँ की सारी वस्तुओं का ऐसा ही अन्तिम परिणाम नहीं होगा?

ओम्, ओम्, ओम्।

शीघ्र ही राम जंगलों में, पर्वतों पर, परमात्मा में, तुम्हारे अन्तर्गत पहुँच जायेगा, जहाँ पत्रों की पहुँच की गम नहीं है। नहीं कहा जा सकता कि दुबारा कब लिखना होगा।

तुम्हारा ही निजात्मा

राम

शान्ति, प्रेम, कल्याण सदा तुम्हारा साहचर्य करें।

जयपुर से स्वामी राम और नारायण स्वामी पृथक्-पृथक् दिशा में चल पड़े। स्वामी राम दार्जिलिंग की ओर अग्रसर हुये और नारायण स्वामी सिन्ध तथा अफगानिस्तान की ओर उन्मुख हुये। राम के प्रकृति-प्रेम ने उन्हें राजपूताना की मरुभूमि से निकाल कर दार्जिलिंग की ओर आकर्षित किया। वहाँ पहुँच कर राम ने अपने को पूर्णतया प्रकृति देवी के चरणों में समर्पित कर दिया। प्रकृति ने उन्हें पूर्ण स्वास्थ्य प्रदान किया और साथ ही आत्मस्वरूप के चिन्तन में स्थित कर दिया। उन्होंने सरदार पूर्णसिंह को इसका संकेत इस प्रकार किया था—

'दिन बीत कर रात्रि में परिवर्तित हो जाता है और फिर रात्रि व्यतीत होकर दिन में बदल जाती है। यहाँ तुम्हारे राम को कोई भी काम करने का अवसर नहीं मिल पाता। वह 'कुछ न करने' में अत्यधिक व्यस्त है। इस स्थल की निरन्तर जलवृष्टि की प्रतिस्पर्द्धा में मेरी आँखों ने भी अश्रुवर्षा की झड़ी लगा दी है। आनन्द की अतिशयता में रोम पुलकित रहते हैं। आँखें खुली की खुली रहती हैं, पर देखती कुछ भी नहीं। वार्ता बन्द,

काम बन्द।.......ओह, मुझे अकेला छोड़ दो, एकदम अकेला!

आनद की लहरों पर लहरें आ रही हैं। उनका क्रम टूटता ही नहीं। ओ प्रेम! यह क्रम चलने दो। ओ, आनन्द दायिनी पीड़ा!

**लिखने से एकदम दूर!**
**भाषणों से विदाई।**
**नाम-यश से नितान्त विमुख।**
**प्रतिष्ठा! मूर्खता।**
**निन्दा? अर्थविहीन।**
**क्या ये खिलवाड़ ही जीवन के लक्ष्य हैं?"**

इसी प्रकार दार्जिलिंग से लिखे गये उनके अन्य पत्रों में भी 'कुछ न करने' के महान् कर्म का वर्णन प्राप्त होता है। राम के अन्तःकरण से गद्य और पद्य की सरिता ठीक उसी प्रकार प्रवाहित होती है, जैसे हिमालय पर्वत से गंगा जी सहज भाव से निःसृत होती हैं। उन पत्रों में से दो पर दृष्टि डालना, राम के अन्तःकरण में प्रवेश करना होगा—

ॐ

दार्जिलिंग पार्श्व
३० अगस्त, १९०५

आनन्द! कल्याण! शान्ति। प्रेम!

परम कल्याणमयी प्रियतम आत्मन्[१],

तीन महीने से राम एक पहाड़ की चोटी पर (लगभग ८००० फुट) संसार के सर्वोच्च शिखर 'माउण्ट एवरेस्ट' के सामने रहता है! परसों वह नीचे मैदान में उतरेगा। पाँच पुस्तकें लिखी गयीं और बीस पढ़ी गयीं।

राम का हृदय शान्ति और आनन्द से परिपूर्ण है। मानों मन से संसार ही विदा हो गया है।

**ईश्वर, केवल ईश्वर**
**सर्वत्र, स्थान-स्थान पर!**
**भीतर और बाहर**
**पार और दूर!**
**ओ, आनन्द।**
**उद्वेलित शान्ति**

---

१. यह पत्र श्रीमती ह्विटमैन को लिखा गया था।

हलचल रहित आनन्द

दिव्य स्वर्ग!

शान्ति! आशीर्वाद! प्रेम।

स्वास्थ्य, आध्यात्मिक, मानसिक, शारीरिक और सभी चिरभिलिषित कल्याण गिरिजा को, चम्पा को और तुम्हारे सब प्यारों को!

वर्षा की बूँदों में झरती है शान्ति अमर
सुधाधार गिरती है स्वर की वर्षा बनकर
रिमझिम, रिमझिम, रिमझिम!

घन थे गौरवशाली उड़ते आनन्द भरे
विश्व नये, हीरक कण जैसे ये बूँदें झरे
रिमझिम, रिमझिम रिमझिम!

मेरी यह नियम-वायु बहती संगति भरी
भरती उससे है राष्ट्रों की पत्ती पंखुरी
रिमझिम, रिमझिम, रिमझिम!

मेरी ही साँसें हैं इस जग का नियल-पवन
बहता है जो सुन्दर, सुन्दरतर, सुन्दरतम
उसमें वस्तुयें जगत् की हिलतीं ज्यों रहती
और कुछ गिरा करती ओस, बूँद बन कर ज्यों
रिमझिम, रिमझिम, रिमझिम!

मेरी गौरवशालिनी ज्योति श्वेत सागर है
या कि दुग्ध महासिन्धु लेता है हिलकोरें,
उठतीं उर्मियाँ यहाँ लघु-लघु, कोमल-कोमल!
फिर करता गर्जन शतधा हो-होकर गिरता—
बरसाता मैं हूँ तारे जैसे फुलझड़ियाँ।
रिमझिम, रिमझिम, रिमझिम!

—राम

दार्जिलिंग पार्श्व

ॐ! ॐ! ॐ!

परम कल्याणमयी परमात्मन्[1]

शान्ति, कल्याण, प्रेम, आनन्द

शायद तुम्हें यह ज्ञात होगा कि राम मसूरी से लगभग एक हजार मील दूर पर्वतों में निवास करता है। राम नितान्त एकांकी एक पुराने मकान में रहता है, जो बंगाल प्रान्त के जंगल-विभाग का है। ओ, कैसा दिव्य है यह स्थान, रेल से दूर, डाकखाने से पृथक् मिलने-जुलने वाले आगन्तुकों की पहुँच से बाहर, संसार के सुन्दरतम दृश्यों से घिरा हुआ, पास ही में छोटी-छोटी क्रीड़ाशील जलधारायें और निर्झर, स्वच्छाकाश होने पर कुछ दूरी पर संसार के सर्वोच्च शिखर 'माउण्ट एवरेस्ट' का पूर्ण दिग्दर्शन! यहाँ पर भी जंगल के निवासी पहाड़ी राम के लिये ताज़ा दूध ले आते हैं। जंगलों के विचरण एवं अध्ययन में राम का समय बीतता है।

भला, उस नाम-धाम, इच्छा, यश, धन और सफलता को लेकर क्या होगा, जब जंगलों में भगवान् का साक्षात् दर्शन होता हो। क्यों हम कर्त्तापन के ज्वर से अभितप्त हों और उसे चाहें?

राम तो ईश्वरमय रहेगा। प्रातःकालीन समीर चलती है, उसे परवाह नहीं, कितने और किस प्रकार के फूल खिलते हैं उससे। वह तो केवल यत्र-तत्र स्पन्दन करती है। जो कलियाँ वयस्क होती हैं, झट से अपनी आँखें खोल देती हैं। सिंह की माँद, जंगलों की दावाग्नि, अँधेरी गुफायें, भूकम्प के धक्के, गिरती हुयी चट्टानें, तूफान, युद्धक्षेत्र और निगलने वाली कब्रें—यदि उनके साथ ईश्वर-चेतना—ब्रह्मभाव स्थिर रह सके, तो वे उस यश, वैभव, तड़क-भड़क, राज्य-सिंहासन, आमोद-प्रमोद एवं अन्य समस्त गौरवों से कहीं बढ़कर हैं, जिनके साथ मनुष्य अपनी पूर्णता में नहीं रह पाता, अपने हृदय के एकान्त में परमात्मा के साथ, अद्वितीय के साथ नहीं रम पाता। ओ, सारे काम पूरे होने की खुशी, हलके पैरों से पर्यटन, कदम-कदम अपनी यात्रा का अन्तिम लक्ष्य, प्रत्येक रात्रि शारीरिक मृत्यु और प्रत्येक दिन एक नया जन्म!

**अलविदा, ऐ साथियों, नमस्कार!**
**यह सृष्टि महल है लघु, लघुतम।**
**मैं ले निज प्यार, दूर इससे जा खेलूँगा**
**और साथ साथ वह जलक्रीड़ा, आनन्द परम!**

**पर नहीं साथ क्या?**

तैराकों की खुशी सिन्धु लहरों में ही घुल मिल जाती है।

आनन्द! आह्लाद!

ओम्

तुम्हारा अपना आप, ओम्

---

१. यह पत्र श्रीमती वेलमैन को लिखा गया था।

१ सितम्बर, १९०५ को स्वामी राम मैदानों में उतर आये और उन्होंने बंगाल तथा बिहार के कतिपय स्थानों में भ्रमण किया। १९०५ के अक्टूबर के प्रारम्भ में लखनऊ पहुँचे। लखनऊ में वे बाबू गंगाप्रसाद वर्मा के अतिथि हुये। वर्मा जी लखनऊ के प्रसिद्ध वकील और बाल-ब्रह्मचारी थे। उन्होंने अपना समस्त जीवन, तन, मन, धन समाज के उत्थान के निमित्त अर्पित कर दिया था। समाज-सेवा में उनकी अत्यधिक अभिरुचि थी। लखनऊ के वे 'बिना ताज के बादशाह' समझे जाते थे। वे विलक्षण कर्मठ थे। प्रतिदिन प्रातःकाल छः मील से लेकर आठ मील तक भ्रमण करते थे। जल्दी-जल्दी में स्नान और भोजन करते थे। तत्पश्चात् सम्पादकीय कार्य में जुट जाते थे। वे दो साप्ताहिक पत्रों का अत्यन्त कुशलता से सम्पादन करते थे—उर्दू भाषा में 'हिन्दुस्तानी' और अंग्रेजी में 'एडवोकेट' का। अनेक विषयों में दक्ष थे और बड़े पटु आलापप्रिय थे। उनके पास मुलाकातियों की भीड़ जमी रहती थी। रात्रि में वे बड़ी देर तक कार्य में रत रहते थे। अपने सहयोगियों के जन-कल्याण के कार्यों में उलझे रहते थे। आधी रात के कुछ पहले वे छुट्टी पाते थे। तत्पश्चात् अल्पाहार करके सोते थे। स्वामी राम को पाकर वर्मा जी अत्यधिक आह्लादित हुये। स्वामी राम कार्यक्षमता में वर्मा जी से भी बढ़-चढ़ कर थे। वर्मा जी के अनुनय-विनय के कारण स्वामी राम उनके साथ लगभग एक पखवारे तक रहे। प्रत्येक दिन प्रातःकाल कालेज के छात्रों का झुण्ड का झुण्ड स्वामी राम के दर्शन के निमित्त आता रहा। स्वामी राम के साथ वे सब प्रणव की पवित्र ध्वनि से उदित होते हुये सूर्य का अभिवादन करते थे। फिर स्वामी राम वर्मा जी के साथ भ्रमण करने के लिये निकलते थे। तत्पश्चात् स्नान और जल-पान से निवृत्त होकर स्वामी राम आगन्तुकों से मिलते थे। प्रायः दिन भर दर्शनार्थियों की भीड़ लगी रहती थी। वे अपनी-अपनी जिज्ञासाओं को लेकर स्वामी जी की सेवा में उपस्थित होते थे। स्वामी जी अनुभवपूर्ण युक्तियों द्वारा उनका समाधान कर देते थे।

अपराह्न के समय स्वामी राम प्रायः कालेजों और स्कूलों में छात्रों के सम्मुख व्याख्यान देने जाया करते थे। उनके नाम का ढिंढोरा सारे लखनऊ शहर में पिट चुका था। छात्रों एवं शिक्षित नवयुवकों के तो वे सर्वस्व हो चुके थे। लगभग पाँच बजे सायंकाल क़ैसरबाग के विस्तृत मैदान में उन्मुक्त आकाश के चँदोवे के नीचे सहस्रों की भीड़ राम की अमृतवाणी सुनने को एकत्र होती थी। अक्टूबर के सूर्य की निर्मल धूप में बैठकर वे स्वामी राम के पवित्र दर्शन की प्रतीक्षा बड़ी आतुरता और उत्सुकता से करते थे। क़ैसरबाग के दक्षिणी फाटक से अकस्मात् 'ओम्' की दिव्य संगीत-लहरी सुनकर लोगों में सात्त्विकता की अपूर्व लहर दौड़ जाती थी। समवेत स्वर में ॐ की प्रबल ध्वनि से सारा आकाश निनादित हो उठता था। यह प्रत्यक्षानुभूति होने लगती थी कि उस पवित्र मंगलमय ध्वनि से वहाँ समस्त वायुमण्डल सात्त्विक हो गया है और वहाँ के पाप-ताप नष्ट हो गये हैं। वहाँ का समस्त वातावरण मर्त्यलोक से सत्यलोक में परिवर्तित हो जाता। इस प्रकार राम स्वामी की आध्यात्मिकता का संक्रामक रूप प्रत्यक्ष देखने में आता था। स्वामी राम पीतवस्त्रधारी, मुण्डित संन्यासी-वृन्द से आवेष्ठित पीछे की झाड़ियों से निकल कर सभामंच पर विराजमान हो जाते। एक ओर तो बादलों के मध्य सूर्य अस्त होने जा रहा था और दूसरी ओर गेरुवे वस्त्र से आच्छादित प्रातःकालीन सूर्य अपनी नवीन प्रभा से सभामंच पर सुशोभित हो रहा था। स्वामी राम ने ॐ का पवित्र संगीत प्रारम्भ किया।

साधु-संन्यासियों ने उसमें योगदान दिया। श्रोताओं में भी वह ध्वनि प्रतिध्वनित होने लगी। क़ैसरबाग की पीली दीवारें वैरागियों की पंक्ति के समान खड़ी थीं। प्रतीत होता था कि उनसे भी प्रणव का मधुर संगीत निनादित हो रहा है। प्रत्येक ईंट, प्रत्येक वृक्ष, प्रत्येक फूल, प्रत्येक पत्ती, घास के प्रत्येक अंकुर, पृथ्वी के कण-कण, इस ओंकार की सुमधुर ध्वनि की स्वर-लहरी पर आनन्द से नृत्य करने लगते। प्रत्येक श्रोता के हृदय की दशा विलक्षण हो जाती थी। ऐसा था राम का अद्‌भुत प्रभाव, विलक्षण जादू, अलौकिक सम्मोहन-शक्ति। उनका अलौकिक ब्रह्मतेज जड़-चेतन—सब को दीप्तिमय कर देता था।

जब आनन्द के नशे में सब मस्त हो जाते थे, तब राम के ओष्ठ बोलने को स्वाभावतः खुल जाते थे। ऐसा प्रतीत होता था मानों उनके हृदय रूपी आनन्द-सरोवर से अमृत-सरिता निकल कर उनके मुख-द्वार से अजस्र गति से प्रवाहित हो रही है और प्रत्येक श्रोता उन्मुक्त भाव से उस अमृत-सरिता में गोते लगा रहा हो। चार-चार घंटे तक यह क्रम अनवरत रूप से चलता रहता। श्रोतागण मूर्त्तिवत् अपने स्थान पर बने रहते।

व्याख्यान देने के अनन्तर जब स्वामी राम वापस लौटते, तब का दृश्य तो और भी अनोखा होता था। ऐसा प्रतीत होता था मानों कोई दूल्हा अपनी नयी दुलहन को लेकर अपने घर लौट रहा हो। उनके आगे-पीछे भक्तों, जिज्ञासुओं की अपार भीड़ चलती रहती थी। राम का मुखमण्डल निर्विकार बना रहता था। ब्रह्मज्ञान की दिव्य मुस्कान उनके ओठों पर सदैव विराजमान रहती थी। उनकी दृष्टि ब्रह्ममयी हो गयी थी; सर्वत्र, सदैव ब्रह्म का दर्शन होता रहता था। अद्वैतवादी किससे अनुराग करे, किससे विराग करे? उसकी दृष्टि, मति, मनीषा, स्मृति सब कुछ एक हो जाती है।

निवास-स्थान पहुँचने पर, वर्मा जी तो अपने विस्तर पर लुढ़क जाते; पर स्वामी राम को आराम कहाँ! वे उस समय भी अनेक दर्शकों से घिरे रहते। छात्रों के प्रति उनका असीम अनुराग और स्नेह था। वे छात्रों से बड़े ही स्नेह और मृदुता से मिलते थे। अपनी ओजस्वी वाणी से उन्हें चमत्कृत कर देते थे। स्वामी जी छात्रों को सदैव शिक्षा देते थे कि 'नित्यप्रति व्यायाम करो। मातृभूमि की सेवा के निमित्त अपने तन, मन एवं धन का न्यौछावर कर दो। समस्त भारत को एक समझो।'

स्वामी राम और सबके साथ तो न्याय करते किन्तु अपने शरीर के साथ अन्याय करते थे। बात यह है कि वे अपने शरीर से बहुत कस कर काम लेते थे। यद्यपि वे नियमित व्यायाम करते थे और अल्पाहारी थे, फिर भी जिस शरीर से अठारह-अठारह घण्टे—निरन्तर मशीन की तरह काम लिया जाय, तो उसके पुरजे तो बिगड़ेंगे और ढीले पड़ेंगे ही। इतना अधिक कार्य करने से उनका शरीर रुग्ण हो गया। किन्तु वेदान्ती राम शरीर के प्रति अत्यन्त उदासीन एवं तटस्थ भाव रखते थे और कदाचित् वे शरीर के पिंजरे में अधिक रहना भी नहीं चाहते थे। उन्हें तो समस्त ब्रह्माण्डों का शरीर—समष्टि—अपना ही विराट् स्वरूप अनुभव होता था। ऐसी स्थिति में उनके अन्तरंगों ने उन्हें जलवायु परिवर्तित करने की सम्मति दी। परमात्मा की इच्छा मान कर स्वामी राम ने उनकी सलाह मान ली और हरिद्वार पहुँचे। उनके भक्तों ने दवा-दारू का प्रबन्ध किया अवश्य, पर हालत बिगड़ती ही गयी। नारायण स्वामी उस समय वेदान्त के प्रचार कार्य के निमित्त हैदराबाद (सिन्ध) में थे। उन्हें तत्काल बुलाया गया।

नारायण स्वामी के आने पर दवा-दारू खतम कर दी गयी। शिष्य और गुरु दोनों ने समान रूप से अनुभव किया कि आधुनिक चिकित्सा-प्रणाली सर्वथा दोषपूर्ण है। अतः स्वास्थ्य-सुधार-सम्बन्धी प्राकृतिक-विधान अपनाया गया। परिणामँ अच्छा रहा। रोग-विमुक्त होकर, राम पहले की भाँति स्वस्थ हो गये। स्वस्थ होने पर वे मुजफ्फरनगर पहुँचे। वहाँ से उन्होंने एक पत्र पूर्णसिंह जी को लिखा—

मुजफ्फरनगर,
१८ अक्टूबर, १९०५

प्रियवर,

विशाल हृदय!

हाथों में लिपटी हुई राख हमारी चमड़ी को साफ़ कर देती है।

सो उन शारीरिक रोगों के भाग्य को कितना सराहा जाय। जब वे अपने साथ चर्मचेतना, देहाध्यास को भी बहा ले जाते हैं।

स्वागत! बीमारी और दर्द, स्वागत!

जितनी देर तक निर्जीव मुर्दा शरीर घर में पड़ा रहता है, उतने समय तक प्रत्येक प्रकार के संक्रामक रोगों का भय बना रहा है। जब लाश हटा दी जाती है, स्वास्थ्य का अटल राज्य हो जाता है। ठीक उसी भाँति जब तक शरीर चेतना का पुतला बना हुआ है, तब तक संसार के हर-एक दुख-दर्द को आने का लालच रहता है। शरीर और उसके बोझ को उतार फेंको, तुरन्त तुम शाहों के शाह बन जाओगे।

**कितना प्रसन्न, कितना सुखी मैं!**
**ईर्ष्या द्वेष मिटे सभी, प्रिय का प्रियतम जब मैं—**
**मिटे पाप—पश्चात्ताप!**
**भूत और भविष्यत् अब कुछ पास नहीं!**
**मुझे सब खुश करते, सुख देते हैं,**
**इतना पवित्र, इतना प्रसन्न**
**मैं आज बना, मैं आज बना!**

विद्वान् महात्मा, जिसके सिर पर लम्बे बाल खड़े हैं और शोभनीय तोंदे हैं।

चश्माधारी प्रोफेसर जो सीधे-सादे विद्यार्थियों को प्रयोगशाला और वेधशाला में चमत्कृत करते हैं।

वह दरिद्री श्रीमान् भी जिसे किसी न किसी प्रकार की शिकायत बनी रहती है—

**यह सब मैं हूँ,**
**मैं ही गगन और मैं ही तारे**
**हैं दूर निकट के विश्व सभी,**

मेरे उर स्वर में बँधे हुये,
मैं जिसे गुनगुनाया करता।
कोई प्रतिस्पर्द्धी शत्रु नहीं।
अब हानि-कष्ट व्यापते नहीं,
नुकसान करेगा क्या कोई?
वह अमृतात्मा धारा बन कर
मेरी प्रिय आत्मा में मिलती।
ओ, सच्चा स्वास्थ्य यही तो है
कलकल करने वाले झरने,
खुशियाँ भरने वाले सपने,
रावण हो, या हों राम,
मुझे सब खुश करते, सुख देते हैं।
इतना. पवित्र, इतना प्रशान्त।
मैं आज बना! मैं आज बना।

—राम

नारायण स्वामी जनता-जनार्दन की सेवा के निमित्त लखनऊ भेज दिये गये, पर अधिक दिनों के लिये नहीं। राम की इच्छा पुनः हिमालय के एकान्त-सेवन के लिये जाग पड़ी। वहाँ वे अमेरिका में दिये गये भाषणों को ग्रन्थ का रूप देना चाहते थे। नारायण को मुजफ्फरनगर बुलाया गया। गुरु और शिष्य हिमालय के लिये चल पड़े। दोनों व्यक्ति साथ-साथ हरिद्वार पहुँचे। तब किसी को क्या आभास था कि अब स्वामी रामतीर्थ मैदानों में नहीं उतरेंगे; वे हिमालय पहुँच कर सदैव के लिये वहीं के हो जायेंगे।

□□□

# दशम अध्याय

# महा-समाधि की ओर

## (१९०५-१९०६)

पंजाबी हिन्दुओं के लिए हरिद्वार की यात्रा शारीरिक जीवन की अन्तिम यात्रा समझी जाती है। मरणोपरान्त उनकी अस्थियाँ वहीं गंगाजल में विसर्जित की जाती हैं। किन्तु स्वामी रामतीर्थ के जीवन में ब्रह्मज्ञान प्राप्ति की दिशा में हरिद्वार की यात्रा, जीवन की प्रथम यात्रा थी। वहाँ से कुछ दूरी पर तपोवन नामक स्थान पर उन्हें आत्म स्वरूप का बोध हुआ था। तदन्तर वे मुक्त विहंग की भाँति एक स्थान से दूसरे स्थान में विचरण करते रहे। स्वामी राम की गंगा जी के प्रति अनन्य एवं विलक्षण भक्ति थी। गंगा जी के दर्शन मात्र से उनके हृदय में भावों का अनन्त सागर लहराने लगता था। वे गंगा मैया को भारत की अधिष्ठात्री देवी मानते थे। ब्रह्मविधा की जननी और उसकी पोषिका भी वे गंगा जी को ही समझते थे।

स्वामी राम ने हरिद्वार से कुछ पत्र श्रीमती वेलमैन को लिखे। उन पत्रों से उनकी तत्कालीन मनःस्थिति पर अच्छा प्रकाश पड़ता है—

ॐ

हरिद्वार

बृहस्पति, सायंकाल

परम कल्याणमयी माता,

तुम्हारी भविष्यवाणी सच हुई। राम देहरा और अपनी दिव्य माता के पास आ रहा है किन्तु अतिशय प्रेम से वशीभूत होकर लोग उसे स्थान-स्थान पर रोक लेते हैं। अलवर, मुरादाबाद, अजमेर, जयपुर आदि कई स्थानों पर व्याख्यान हुए। रेलगाड़ी में ही अपने प्यारे भाग्यवान् बाबू ज्योतिस्वरूप को विदा करके राम हरिद्वार में रुका है। लोगों को यहाँ राम की उपस्थिति का पता लग चुका है। वे बड़ी उत्सुकता और प्रेम से यहाँ कुछ समय तक रुकने का आग्रह करते हैं और राम भी इस सुअवसर को हाथ से जाने देना ठीक नहीं समझता। यहाँ अन्य लोगों के साथ बहुत से नवयुवक संन्यासी हैं, जो राम की वाणी सुनने के लिए बेतरह भूखे और प्यासे हैं। उनकी दशा सुधारने के लिये कुछ करना ही चाहिये। माँ, मथुरा में अपनी भेंट के समय तुमने भी राम से इस काम का अनुरोध किया था। अनेक शुद्धात्मा एवं प्रेमी साधु-संन्यासी राम की शिक्षाओं को बड़े उत्साह से ग्रहण कर रहे हैं।

राम आज गंगा के दूसरे तट पर चण्डी के मन्दिर में गया। यह मन्दिर एक छोटी-सी सुन्दर पहाड़ी पर है। गंगा के उस तट पर सघन वन है और दृश्य अत्यन्त मनोहर! गंगा जी का अनेक छोटी-छोटी धाराओं में पृथक् हो जाना और फिर एक में मिल जाना, कैसा अनुपम है, कैसा भव्य है। चण्डी के मन्दिर से हिमालय की हिमशिलाओं का जगमगाता हुआ स्वर्णिम दृश्य मन को बरबस मोह लेता है।

**कल्याणमयी आत्मन्**

**न प्रशंसा से काम और न निन्दा से मतलब!**

**न है कोई मित्र, न कोई शत्रु,**

**न किसी से प्रेम, न किसी से घृणा;**

**न शरीर और न उसके संबंधी,**

**न है घर और न है बाहर**

नहीं, इस संसार की कोई भी बात महत्व की नहीं होती। ईश्वर है, ईश्वर ही सच्चा है और वही एकमात्र सच्चाई है।

किसी की परवाह नहीं, सब कुछ चला जाय! केवल परमात्मा, मात्र परमात्मा ही सब कुछ है। अनादि शान्ति जल-बूँदों के समान बरसती है। जल वर्षा में अमृत की वृष्टि हो रही है। राम का हृदय शान्ति से लबालब भरा हुआ है। मुझसे आनन्द का प्रवाह चारों ओर बह रहा है।

**आनन्दमय राम सदा आनन्दमग्न है;**

**तुम भी प्यारी माता, शान्ति और कल्याण का स्रोत बनो!**

**प्रेम, आनन्द, आनन्द, ओम्, ओम्, ओम्!**

**प्रेम और आशीर्वाद, तुम्हारे शिष्यों को,**

**तुम्हारे मेजबान और मेजबानी को—**

**(श्रीमान् और श्रीमती ज्योतिस्वरूप को)**

तुम्हारा ही निजात्मा

राम

जुलाई ५, १९०५

परम कल्याणमयी आत्मन्,

राम का एक सप्ताह पूर्व मंसूरी के पते पर भेजा हुआ पत्र पहले ही तुम्हारी पवित्रात्मा को प्राप्त हो गया होगा। इस वर्ष की गर्मी में राम तुम्हारे साथ कश्मीर न जा सकेगा। इसलिये तुम आनन्दपूर्वक कैलाश, मानसरोवर आदि स्थानों में भ्रमण करो, कोई जल्दी नहीं। इन सुन्दरतम पर्वतीय दृश्यों में तुम्हें निश्चय ही अपने घर (अमेरिका) जैसा आनन्द प्राप्त होता होगा। इन प्राकृतिक दृश्यों से तुम्हें अपने कल्याणमय अमेरिका के मनोहर दृश्यों का स्मरण होता होगा—कैसा अपूर्व सामंजस्य।

मुझमें आ मिलती शान्ति सरित् धारा-बन-बन,
मुझ तक बहती है शान्त मधुर बन मलय पवन,
है शान्ति बह रही मुझ में ज्यों गंगा निर्मल।
प्रति रोम, उँगलियों से झरती है शान्ति बिमल।
उत्तुंग तरंगें शान्ति-महासागर की उठ, उठ-उठ
जन-जन के सिर-पद उर से होकर बह जायें।
ओम् परमोल्लास, ओम् महानन्द, ओम् महाशान्ति।

× × ×

राम है महा प्रसन्न।
जीवन की बाढ़ और कार्यों की आँधी में—
ऊपर-नीचे मैं उड़ता फिरता,
इधर-उधर सभी ओर
जन्म से मरण तक बुनता रहता
अन्तहीन जाली मैं!
परिवर्तनशील सिन्धु—
यह परम प्रकाश भरे जीवन का!
इसी भाँति काल के सतत स्वरमय करघे पर,
परमात्मा का सजीव वस्त्र मैं बुनता रहता।

तुम्हारा ही निजात्मा
राम

ॐ

अगस्त १०, १९०५

कल्याण, प्रेम, आनन्द!
शान्ति, शान्ति!

परम कल्याणमयी भगवती,

कुछ दिन पहले तुम्हारा पत्र मिला था। किन्तु राम ने इधर किसी भी पत्र का उत्तर नहीं दिया। आज तीन बड़ी उपयोगी पुस्तकें समाप्त हुई हैं। जन-कल्याण के निमित्त उन्हें राम हिन्दी में लिख रहा था। अब तुम्हारा स्वास्थ्य कैसा है? राम की इच्छा है कि तुम पूर्ण स्वास्थ्य और पूर्ण बल प्राप्त करो।

ओम्, ओम्, ओम्।

तुम्हारी अमेरिका-यात्रा के व्यय के लिये रुपये जुटाना कोई कठिन काम नहीं, किन्तु हम लोग तुम्हें अपने साथ रखना चाहते हैं। शायद यह हमारा स्वार्थ हो, किन्तु तुम स्वयं यहाँ के लोगों को प्यार करती हो। क्या तुम्हें पूरा निश्चय है कि तुम्हारे शारीरिक शैथिल्य का एकमात्र कारण भारत का जलवायु है और अमेरिका लौटने पर वह अपने आप जाता रहेगा? यदि ऐसा है, तो हम लोगों में से किसी को भी तुम्हें यहाँ रोकने का आग्रह नहीं करना चाहिये। तुम आनन्द से कैलीफोर्निया पहुँच जाओ, हम सब इसके लिये उद्योग करेंगे।

शान्ति, हार्दिक आशीर्वाद, प्रेम।

आशा है यह पत्र तुम्हें उत्तम स्वास्थ्य में पायेगा।

ओम्

तुम्हारा ही निजात्मा

राम

स्वामी राम के हरिद्वार में रहते समय, एक बार पूर्णसिंह उन्हें खुदादाद से भेंट कराने के लिये लिवा ले गये। खुदादाद पंजाब विश्वविद्यालय के ग्रेजुएट थे। बाद में डाक्टर भी हो गये थे। उनकी परमात्मा में अपूर्व निष्ठा और प्रीति थी। स्वामी राम खुदादाद से मिलकर बड़े प्रसन्न और सन्तुष्ट हुए। उनकी भगवद्-भक्ति से प्रभावित होकर स्वामी राम ने पूर्णसिंह से कहा, "ऐसे व्यक्तियों से राम के परिचय का क्या मतलब? वे तो पहले ही से राम के ढंग पर बने हुये हैं। राम उन्हें अपने ही रूप में देखता है।" जब तक राम खुदादाद के साथ रहे, तब तक निरन्तर अपनी दिव्य मुस्कान से उन्हें मुग्ध करते रहे।

राम ने खुदादाद से इस प्रकार कहा, "राम को आपका नाम अच्छा नहीं लग रहा है। 'खुदा' का अर्थ 'परमात्मा' होता है और 'दाद' का अर्थ 'दिया हुआ'। नाम तो केवल 'खुदा' होना चाहिये था।" डाक्टर खुदादाद ने उत्तर दिया, "जिनकी आँखें खुल गयी हैं, उनके लिये यह (अर्थात् खुदा), और जिनकी आँखें अभी तक नहीं खुल पायी हैं, उनके लिये वह (अर्थात् खुदादाद)।" इस उत्तर से राम अत्यधिक आह्लादित हुये। महीनों बाद जब पूर्णसिंह, खुदादाद से मिले; तो उन्होंने इस आशय का एक शेर सुनाया, जिसमें उन्होंने राम का समस्त जीवन चित्रित कर दिया था—

**ओ स्वामी राम, तेरी मुस्कराहट है कैसी जादू भरी!**
**जीवन का रहस्य है उसमें समाया हुआ।**

हरिद्वार में एक बार स्वामी योगानन्द (बाद में वे अपने को आनन्द स्वामी कहने लगे) ने अपनी आन्तरिक इच्छा स्वामी राम से अभिव्यक्त की कि मैं कुछ दिनों तक आपके साथ एकान्त-सेवन करना चाहता हूँ। स्वामी राम ने उन्हें अपनी स्वीकृति सहर्ष दे दी। स्वामी योगानन्द अच्छे जादूगर और नक़लची थे। वे विविध पक्षियों की बोली हुबहू वैसी ही बोल लेते थे। विनोदी योगानन्द, स्वामी राम और नारायण स्वामी के साथ ऋषीकेश तक १९०५ के नवम्बर में गये। दीपावली के आस-पास का समय था। ऋषीकेश पहुँचने पर स्वामी राम ने नारायण स्वामी को तो कुछ आवश्यक सामग्री लेकर आने का

निर्देश देकर वहीं छोड़ दिया। स्वयं योगानन्द जी को लेकर बदरीनाथ की ओर, एकान्त-स्थल की तलाश में चल पड़े। एकान्त-वास के निमित्त उपयुक्त स्थान चुनने में स्वामी राम बहुत परिश्रम और प्रयास करते थे। अन्त में उन्होंने व्यास-आश्रम का चयन किया। यह स्थान ऋषीकेश से लगभग तीस मील की दूरी पर है। बदरीनाथ के मार्ग में गंगा के जंगल वाले तट पर एक पठार पर यह पावन स्थल स्थित है। वहाँ लोगों का आना-जाना बहुत ही कम होता है। यह टेहरी-गढ़वाल स्टेट में है। कहते हैं इसी पवित्र स्थल पर ब्रह्मर्षि व्यास ने कठोर तपश्चर्या की थी। यहीं उन्होंने अनेक ग्रंथों की रचना और संकलन किया था। इस स्थल की पवित्रता एवं एकान्त की सुरक्षा के लिये, प्रकृति ने सामान्य लोगों की पहुँच से इसे दुर्गम बना दिया है। स्वामी राम अपने दोनों साथियों के साथ वहाँ पहुँचे। आधे-आधे मील की दूरी पर तीन घास-फूस की झोपड़ियाँ बनाई गयीं। भोज एक स्थान पर बनता था। भोजन के समय के अतिरिक्त तीनों अपनी-अपनी कुटिया में रहकर अहंग्रह-उपासना में निमग्न रहते थे। काली-कमली क्षेत्र के बाबा रामनाथ ने स्वामी राम एवं उनके साथियों की भोजन-व्यवस्था करा दी थी। भोजन संबंधी सारी सामग्री क्षेत्र से आती थी और एक रसोइये की नियुक्ति भोजन बनाने के लिये कर दी गयी थी। वहाँ रहते समय स्वामी राम ने अपनी दाढ़ी रख ली थी और विनोद में प्रायः कहा करते थे, "देखो, राम ने व्यास महर्षि की दाढ़ी पा ली है।"

व्यास-आश्रम में स्वामी राम ने नियमित रूप से संस्कृत व्याकरण और साहित्य का अध्ययन प्रारम्भ किया। बात यह थी कि प्रयाग और वाराणसी में वेदान्त विषय पर व्याख्यान देते समय कुछ स्थानीय पंडितों ने इस प्रकार का कटाक्ष किया, "स्वामी जी आप संस्कृत के पण्डित नहीं, फिर आप वेदान्त-दर्शन का किस प्रकार समुचित प्रचार कर सकते हैं?" स्वामी राम को यह बात लग गयी। इसके अतिरिक्त हरिद्वार के एक विद्वान् महात्मा ने भी स्वामी राम के मन में यह बात भलीभाँति दृढ़ कर दी थी कि मात्र अंग्रेजी भाषा के माध्यम से भारतीय नवयुवकों का उत्थान नहीं किया जा सकता। अतः उनको प्राचीन भारतीय ज्ञान की भित्ति पर वेदान्त मत का प्रचार करना चाहिये। स्वामी जी संकल्प के अत्यधिक पक्के थे। अतः उन्होंने सुव्यवस्थित ढंग से संस्कृत के व्याकरण का अध्ययन प्रारम्भ कर दिया, साथ ही साथ संस्कृत साहित्य, निरुक्त के साथ वेदों, सायण-भाष्य, शांकर-भाष्य के आधार पर प्रस्थानत्रयी (उपनिषद्, ब्रह्मसूत्र एवं श्रीमद्भगवद्गीता) का अध्ययन भी मननपूर्वक करने लगे।

पूर्णसिंह ने स्वामी जी को रोकने की चेष्टा की और कहा, "स्वामी जी, आप इस घिसे-पिटे प्राचीन संस्कृत के व्याकरण के चक्कर में पड़कर, अपने सहजानन्द को क्यों नष्ट कर रहे हैं?" किन्तु स्वामी राम ने उत्तर दिया, "अभी राम में अप्रतिम शक्ति और स्फूर्ति सुरक्षित है। इसका प्रयोग देववाणी के अध्ययन में क्यों न दिया जाय? चाहे जो हो, मैं कठिन से कठिन परिश्रम करके वेद का प्रत्येक मंत्र पढूँगा और समझूँगा। संस्कृत साहित्य का अध्ययन करके वेदान्त को प्राचीन परिपाटी के अनुसार सिद्ध करके दिखा दूँगा।" वही उन्होंने किया भी। व्यास-आश्रम के निवास के पश्चात्, जितने भी पण्डित उनसे मिले, उन सबने स्वामी जी में विलक्षण परिवर्तन पाया। वे संस्कृत विद्या के पूर्ण पण्डित हो चुके थे। स्वामी जी ने प्राचीन पद्धति के अनुसार वेदों के परम्परागत भाष्यों का अध्ययन किया, साथ ही पाश्चात्य जगत् की आलोचनात्मक एवं नूतन शोधात्मक पद्धतियों

से उन पर नवीन प्रकाश भी डाला।

"व्यास-आश्रम के निवास के समय एवं उसके अनन्तर भी स्वामी राम का अधिकांश समय संस्कृत शब्दों की व्युत्पत्ति और व्याकरण के नियमों के अध्ययन में ही व्यतीत होता था। वे वैदिक मंत्रों के शब्द-सौन्दर्य के उपभोग में ही तल्लीन रहते थे। कभी-कभी वेदों के उन उल्टे-पुल्टे, अलूल-जलूल ऊपरी अर्थों और भ्रमपूर्ण व्याख्याओं पर दे जी खोलकर हँसा करते थे जो वेदों के अकाट्य और अतर्क्य होने की अंध श्रद्धा के साथ कुछ क्षेत्रों में फैलायी जा रही है। जब वे यह देखते थे कि उसी श्रद्धा के बात पर वेदों में आधुनिक विज्ञान के सभी सिद्धान्तों को खोजने की व्यर्थ चेष्टा हो रही है, तब तो उनकी हँसी रोके नहीं रुकती थी।" उन्होंने कहा, "निस्सन्देह, प्रत्येक व्यक्ति को प्रत्येक वस्तु का अपने लिये अपने इच्छानुसार अर्थ लगाने का अधिकार है। उदाहरणार्थ, राम हाफिज की हाला का अर्थ करता है—'भगवद्-प्रेम का उन्माद' और इसी प्रकार उसे ग्रहण कर राम हाफिज की शराब का अपने ढंग से खूब मजा भी लेता है, किन्तु उसे हाफिज के उस शब्द को यह अर्थ देने का तो कोई अधिकार नहीं हो सकता। इसी प्रकार वैदिक संस्कृत के प्राचीन परम्परागत अर्थों में परिवर्तित करने का किसी को क्या अधिकार? स्वामी राम वेदों के अध्ययन के लिये सायणाचार्य को एकमात्र पथ-प्रदर्शक मानते थे। वे पाश्चात्य विद्वानों की शैली के बड़े प्रशंसक थे। हिन्दू पण्डितों के प्रमादजन्य अज्ञान की निन्दा करते थे।"[1]

संस्कृत के अध्ययन के फलस्वरूप उनकी गम्भीरता और अन्तर्मुखता अत्यधिक बढ़ गयी। जो ज्ञान की मस्ती बाह्य रूप में सदैव छलकती रहती थी, वह ठंडी-सी पड़ गयी। इसी गम्भीर वृत्ति में स्वामी राम ने कुछ ही महीनों के अन्तर्गत प्रायः सभी वेदों का वेदाङ्गों सहित अध्ययन कर लिया। १९०६ के फरवरी मास का मध्य था। शीत ऋतु विदा हो रही थी और ग्रीष्म के आने की तैयारी हो रही थी, स्वामी राम ने और अधिक शीतल और एकान्त स्थान में जाने का निश्चय किया। अतः स्वामी राम और नारायण स्वामी व्यास-आश्रम से विदा होकर देवप्रयाग की ओर उन्मुख हुये।

देवप्रयाग पर भागीरथी और अलकनन्दा का संगम होता है। दोनों नदियों के संगम के अनन्तर, वे अपना नाम त्याग कर 'गंगा' का नाम ग्रहण कर लेती हैं। पूर्व दिशा से अलकनन्दा हरित-वर्ण के जल से परिपूर्ण भयानक गर्जन करती हुई देवप्रयाग में आती हैं। उत्तर दिशा से दुग्ध के समान श्वेत जल लिये हुये, भागीरथी शान्त भाव से आती हैं। दोनों का संगम अत्यन्त दिव्य प्रतीत होता है। ऐसा लगता है कि हरित वर्ण श्वेत वर्ण का एकदम भक्षण कर जायेगा। किन्तु श्वेत वर्ण की सात्विकता के सम्मुख हरित वर्ण की दाल गल नहीं पाती। देखते ही देखते हरित-वर्ण उसी में लीन हो जाता है और श्वेत वर्ण की प्रधानता हो जाती है।

अलकनन्दा और भागीरथी का मिलन पुरुष और प्रकृति के मिलन के सदृश प्रतीत होता है। प्रकृति जब अपने समस्त नाम-रूप के साथ नवीन रंगीनी लेकर पुरुष से मिलती है तो वह अपनेपन को विनष्ट कर पुरुष का रूप धारण कर लेती है। पुरुष का रूप

---

१. दी स्टोरी आफ़ स्वामी राम, लेखक पूर्णसिंह (प्राचीन संस्करण) पृष्ठ १७४-१७५।

धारण करने पर प्रकृति का कोई अस्तित्त्व नहीं रह जाता। इस अलौकिक दृश्य को देखकर स्वामी राम अत्यधिक प्रभावित हुये और कुछ दिनों तक इस स्थान पर रुके।

देवप्रयाग में राम के कुछ अन्तरंगों ने उन्हें यह सलाह दी कि 'वशिष्ठ आश्रम' बहुत ही एकान्त स्थल है। वहाँ ठंडक भी काफी रहती है। वहाँ आप आनन्दपूर्वक निर्विघ्न भाव से एकान्त सेवन कर सकते हैं।' स्वामी राम के हृदय में उनकी सलाह जम गयी। अतः स्वामी राम, नारायण स्वामी के साथ वशिष्ठ आश्रम की ओर चल पड़े। वशिष्ठ आश्रम टेहरी से लगभग पचास मील की दूरी पर है और समुद्र-तल से इसकी ऊँचाई बारह से तेरह हजार फीट के बीच में है।

दोनों संन्यासियों का आगमन जान कर टेहरी के महाराज साहब बहुत आह्लादित हुये। महाराज साहब ने उन दोनों संन्यासियों को बड़े आदर-सत्कार से अपने उद्यान 'सिमलसू' में ठहराया। सिमलसू भृगुगंगा के तट पर स्थित है। दोनों संन्यासियों के खर्च का सारा भार महाराज साहब ने अपने ऊपर लिया। हाँ, काली कमली क्षेत्र वालों ने एक रसोइये का प्रबन्ध अवश्य कर दिया था।

टेहरी में स्वामी राम को मैदानों से अनेक आमंत्रण प्राप्त हुये। किन्तु उन्हें अब एकान्त-त्याग बहुत अधिक खलता था। अब वे निश्चित रूप से निवृत्तिमार्गी हो चुके थे। एक दिन के लिये भी प्रवृत्ति-पथ ग्रहण करना उन्हें असह्य था। अतः उन्होंने नारायण स्वामी को अपने प्रतिनिधि के रूप में मैदानों में भेज दिया और स्वयं १९०६ के मार्च में वशिष्ठ आश्रम चले गये। वहाँ पहुँच कर उन्होंने वही गुफा अपनायी, जिनमें प्राचीन समय में मर्यादा पुरुषोत्तम श्री रामचन्द्र के सामर्थ्यशाली गुरु वशिष्ठ ने आत्मानुसन्धान किया था। किन्तु लगभग एक महीने के भीतर ही स्वामी राम प्रचण्ड ज्वर से आक्रान्त हो गये।

पहले तो नारायण स्वामी को केवल दो महीने के लिये मैदानों में भेजा गया था, किन्तु वशिष्ठ-आश्रम के एकान्त-सेवन से स्वामी राम इतने अन्तर्मुख हो गये कि उन्होंने नारायण स्वामी को लिख दिया, "तुम्हारा कार्यकाल दो महीने के बजाय दो साल के लिये बढ़ाया जा रहा है।" नारायण स्वामी, स्वामी राम के इस प्रकार लिखने पर हतप्रभ हो गये। स्वामी राम का संग एक दिन के लिये भी छोड़ना उन्हें असह्य प्रतीत होता था। नारायण स्वामी ने स्वामी जी की इस आज्ञा का प्रत्यक्ष विरोध किया। इस विषय को लेकर एक गुरु-शिष्य के बीच पत्रों का लम्बा सिलसिला चला, जो प्रकाशन के लिये 'अनन्त जीवन का नियम' शीर्षक के अन्तर्गत संक्षिप्त कर लिये गये थे। उनके इन पत्रों से राम की तत्कालीन मानसिक स्थिति का सुन्दर बोध होता है। इनमें उनकी ज्ञान-गरिमा का पूर्ण परिचय प्राप्त होता है—

राम किसी 'मिशन' का दावा नहीं करता। उसे देवदूत बनने की इच्छा नहीं। कार्य तो मात्र परमात्मा के हैं। हमें बुद्ध और अन्य ५ देवदूतों के उदाहरणों और प्रमाणों से क्या करना है? हमारे मन को तो सीधे 'ईश्वरीय नियम' की आज्ञाओं का वशवर्त्ती होना चाहिये। बुद्ध और ईसामसीह को भी मित्रों और अनुयायियों ने छोड़ दिया था। देखो, अरण्यजीवन के सात वर्षों में से बुद्ध को अन्तिम दो वर्ष बिलकुल एकाकी बिताने पड़े थे और तब कहीं उन्हें देदीप्यमान प्रकाश प्राप्त हुआ था और उसके बाद शिष्यों के झुण्ड के झुण्ड एकत्र होने लगे। तब उनका स्वागत हुआ। अपने शुभचिन्तक आदरणीय

परामर्शदाताओं की रायों और विचारों से प्रभावित होना व्यर्थ है। यदि सचमुच उनके विचार उस 'ईश्वरीय नियम' से एकस्वर होते, तो उन्होंने न जाने कब के ढेरों के ढेर बुद्ध संसार में उत्पन्न कर दिये होते।

धीरे-धीरे और दृढ़ता के साथ जैसे मधु में फँसी हुई मक्खी एक-एक करके अपने पैरों को खींचने की चेष्टा करती है, उसी प्रकार हमें नाम-रूप और व्यक्तियों के प्रति अपनी आसक्ति के कण-कण को हृदय से दूर करना होगा। एक के बाद एक सभी नाते-रिश्ते काटने होंगे। सभी संबंध तोड़ने पड़ेंगे—इसके पहले कि ईश्वर की कृपा के रूप में मृत्यु हमें अनिच्छापूर्वक सब कुछ त्याग करने के लिये बाध्य कर सके।

'ईश्वरीय नियम' का चक्र बड़ी निर्दयता के साथ घूमता है। वह उस पर सवारी करता है, जो उसके विरुद्ध अपनी इच्छा को खड़ा करता है। ऐसा व्यक्ति अवश्य कुचला जायेगा और नारकीय यंत्रणायें भोगेगा।

ईश्वरीय नियम अग्निरूप है। वह सभी सांसारिक आसक्तियों को जला डालता है। वह अज्ञानी मस्तिष्क को झुलस देता है, किन्तु वह हृदय को शुद्ध करके आत्मा को आवृत करने वाले सभी विषैले कीड़ों को भी समूल नष्ट करने वाला है।

धर्म हमारे प्राणों का प्राण है और हमारे जीवन में उसी प्रकार व्यापक है, जैसे भोजन की क्रिया। धर्म से विमुख सफल नास्तिक मानों स्वयं अपनी पाचनशक्ति से अनभिज्ञ है। ईश्वरीय नियम हमें तलवार की मार से धार्मिक बनाता है। वह हमें कोड़े मार-मार कर जगायेगा। उस नियम से किसी प्रकार हमारी मुक्ति नहीं हो सकती। ईश्वरीय नियम ही सत्य है और सब मिथ्या। सभी नामरूप और व्यक्ति उस ईश्वरीय नियम के महासागर में बुलबुले मात्र हैं। सत्य की परिभाषा है वह, जो सदा विद्यमान रहे। अब देखो कि क्या संसार की कोई भी वस्तु, कोई नाम-रूप, कोई संबंध, कोई शरीर, कोई संगठन, कोई समाज, उतनी ही दृढ़ता से विद्यमान रह सकता है, जितनी दृढ़ता से त्रिशूल का यह नियम स्थिर है।

प्रश्न यह है कि भ्रान्त, अदूरदर्शी जीव उस अटल और आदर्श नियम की अपेक्षा नाम-रूपात्मक व्यक्तियों से अधिक प्यार क्यों करते हैं? इसलिये कि अज्ञान के कारण उसे संसार के सभी व्यक्ति एवं अन्य दृश्य पदार्थ शाश्वत और ठोस प्रतीत होते हैं और वे ईश्वरीय नियम को कल्पित, क्षणभंगुर एवं मेघों की छाया के समान चंचल समझते हैं।

प्रकृति उन्हें यह पाठ पढ़ाना चाहती है कि एकमात्र त्रिशूल का नियम ही अन्तिम तथ्य है और संसार के सभी व्यक्ति एवं हमारे प्यार की समस्त वस्तुयें थोड़ी देर के तमाशे की छाया अथवा माया जैसी काल्पनिक हैं। यदि सीधे-सीधे उस पाठ को सीखने लगते हैं, तो कठोर ठोकरों और दुखद धक्कों से बचा लिये जाते हैं। प्रकृति-नियामक 'बिहारी जी' खेल खेलने में बड़ा पटु हैं। हमारे जीवन की मीठी और कड़वी चीजें, बाह्य सौन्दर्य एवं कुरूपता तथा भयंकरता उसी के विभिन्न वेश हैं, जो वह अपने दर्शन, अपना प्रकाश दिखलाने के लिये धारण किया करता है।

जब हम अपने मित्रों और शत्रुओं के रूपों को सच्चा मान बैठते हैं। तब वे हमें धोखा देते हैं और विश्वास भंग करके साथ छोड़ बैठते हैं। और जब हम बदला लेना

प्रारम्भ करते हैं, उन्हें दुष्ट-प्रकृति समझ कर उनके प्रयोजनों पर सन्देह करते हैं, तब मामला और भी बिगड़ जाता है। उनका पहला विद्रोह तो इस कारण हुआ था कि प्रेम के मारे उन्हें हम वह सच्चाई और वास्तविकता प्रदान कर बैठे थे, जो एक मात्र उस ईश्वर का स्वरूप है। अब जब हम उनका विरोध करते हैं, तो मानों हम अपनी पहली भूल को और गम्भीर बनाते हैं? उनसे घृणा करके हम उनके रूपों को और सच्चा मानते हैं। और इस प्रकार हम अपने ऊपर और भी अधिक दुख-दर्द बुलाते हैं। सावधान हो जाओ, पूर्ण त्याग, पूर्ण संन्यास, शिव रूप ही जीवन का अन्तिम लक्ष्य और प्रयोजन है। यही एकमात्र जीता-जागता तथ्य है, ठोस कहलाने वाले पत्थरों से भी वह कहीं अधिक है। अतः पाषाण-लिंग द्वारा उसे अभिव्यक्त करना कुछ अनुचित नहीं हुआ। असावधान हृदय को ठीक मार्ग पर लाने के लिये, वह पत्थरों से अधिक चोट करता है। उसे निरन्तर ध्यान में रखना हमारी अनिवार्य आवश्यकता है।

मुसलमान और ईसाइयों ने उस ईश्वरीय नियम को ध्ययर (ईर्ष्यालु) और कहर (भयानक) कहने में कोई गलती नहीं की। यथार्थ में वह व्यक्तियों को संकोच और शील रखने वाला नहीं। चाहे कोई हो, जो भी संसार की किसी भी चीज में दिल लगायेगा, प्रकृति का कोप अश्वयमेव उसे भोगना पड़ेगा और फिर भोगना पड़ेगा। लोग सत्य का यह पाठ सीखने में प्रमाद करते हैं, क्योंकि उनमें यथार्थ निरीक्षण-शक्ति का अभाव होता है। जब स्वयं उनके व्यक्तित्व के संबंध की कोई बात नहीं होती है, तब वे अधिकतर उसका कारण स्वयं अपने में नहीं ढूँढ़ते, अपितु तुरन्त दूसरों को उन अपराधों के लिये दोष देने लगते हैं। वे एक निष्पक्ष साक्षी की भाँति स्वयं अपने ही अन्तःकरण की वृत्तियों, भावनाओं और उनसे होने वाले दुष्परिणामों का विश्लेषण और आत्म-निरीक्षण करना नहीं जानते। धोखा और प्रवंचना हमें मिलेगी और बार-बार मिलेगी, जब तब हम नाम-रूप का विश्वास करेंगे अथवा जब हम अपने हृदय के अन्तस्तल में उन मिथ्या वस्तुओं और व्यक्तियों को आदर प्रदान करेंगे, जो एकमात्र उस अन्तिम सत्य परमात्मा को मिलना चाहिये। दूसरे शब्दों में, जब हम अपने हृदय-मन्दिर में परमात्मा के बदले केवल पाषाण की प्रतिमा प्रतिष्ठित कर बैठते हैं। तर्क-संगत अन्वय-व्यतिरेक का नियम बिना किसी अपवाद के सदा अनात्म पदार्थों का मिथ्यापान और खोखलापन ही सिद्ध करता है।

ऐसे कितने ही अवसर आते हैं, जब हम सब भाँति शिष्ट और भद्र पुरुषों के वचनों पर अवलम्बित होकर, उन लोगों में ईश्वर की अपेक्षा कहीं अधिक विश्वास जमा कर उनको ऐसा बना देते हैं कि वे फिर अपने वचनों का पालन नहीं कर पाते। कितनी ही बार हम स्वयं ईश्वर के नियम को भूलकर अपने बच्चों के शरीरों को इतना अधिक प्यार करने लगते हैं कि स्वयं उनके नाश अथवा मृत्यु का कारण बनते हैं। कितनी ही बार हम अपने सच्चे मित्रों पर इतना अधिक आश्रित हो जाते हैं, उनके व्यक्तित्व पर इतना अधिक आन्तरिक विश्वास जमा लेते हैं, जो केवल उस परमात्मा को, ईश्वरीय नियम के अटल त्रिशूल को मिलना चाहिये। हम ही उन्हें झूठा, वचनभंग करने वाला बना देते हैं। कितनी ही बार हम अपने जीते-जागते गुरुओं को उनकी आध्यात्मिक ऊँचाई से नीचे घसीट ले आते हैं, क्योंकि हम उन्हें अपने में इतना अधिक विश्वास करने के लिये बाध्य कर देते हैं और हम स्वयं उन पर अधिक अवलम्बित हो जाते हैं। ईश्वरीय नियम बिलकुल स्पष्ट हैं। अतः हमें अपने गुरुओं के व्यक्तित्व को भी प्रभात होने से पहले, मुर्गे

के बाँग देने से पहले तीन बार, तीन से भी अधिक बार—सत्यता प्रदान करने की भावना से नमस्कार कर लेना चाहिये। कितनी ही बार हम अपनी स्त्रियों को दिल सौंप कर, उन पर पूर्णतः अवलम्बित होकर, स्वयं गृहस्थी के झगड़ों के कारण बनते हैं और अनेक विपत्तियों को आमंत्रण देते हैं। एक शब्द में, उस ईश्वर की अपेक्षा किसी भी वस्तु को अधिक महत्व दो, तो वह ईश्वरीय 'प्रेम' अपने तीक्ष्ण कटाक्ष से तुम्हारे हृदय को भेदे बिना, क्षत-विक्षत किये बिना न रहेगा, न रहेगा।

अन्य लौकिक अयोग्य प्रेमों की क्या चर्चा की जाय, स्वयं गोपियों का उदाहरण—क्यों नहीं देखते? उन्होंने भगवान् विष्णु के अवतार श्रीकृष्ण के मनोहरतम स्वरूप में आसक्ति की, फिर भी उन्हें अपनी इस भूल के कारण रक्त के आँसू बहाने पड़े। हाथ क्या लगा? शुद्ध एवं विशुद्ध प्रेम की साकार प्रतिमा सीतादेवी भगवान् श्री रामचन्द्र के देदीप्यमान स्वरूप की सत्यता में विश्वास कर बैठीं! लो, उन्हें भी अपनी इस भूल के कारण उस निष्ठुर अमूर्त राम के द्वारा, वास्तविक राम के द्वारा, अपने स्वामी, जगत् के स्वामी के द्वारा घनघोर वनों में घिसटना पड़ा।

× × ×

यह ठीक है कि लोगों ने मुहम्मद को गलत समझा और प्रायः गलत ढंग से ही उनका अनुकरण किया। किन्तु वह जो सत्य का दर्शन करता है, अवश्यमेव उसके आगे झुकेगा। यद्यपि उनका सत्य एकांगी ही था कि और नहीं तो (तलवार की धार से ही) तुरन्त उसका नाश कर दिया जाय, जो एकमात्र सत्य में—ईश्वर के सिवा और कोई वस्तु सत्य नहीं—में व्यवहारतः विश्वास न करने के कारण धीरे-धीरे अनेक आधि-व्याधियों का शिकार होता हुआ तिल-तिल करके मृत्यु के मुख में प्रवेश कर रहा है। ईसा मसीह ने सत्यता का यही पाठ पढ़ाया है, बुद्ध भगवान् का भी यह उपदेश था और निःसन्देह हमारे अपने ऋषियों में से प्रत्येक ने किसी न किसी रूप में इसी सत्य का उद्घोष किया है। किन्तु क्या इतने मात्र से काम चलता है? क्या उनके उपदेश और शिक्षायें इतने दिनों तक जीवित रह सकती थीं, यदि उनके श्रोताओं के निजी अनुभवों द्वारा भी उनका हार्दिक समर्थन न हुआ होता? यदि युग-युगान्तरों में उस प्रकाश के सच्चे और शुद्ध-हृदय भक्तों ने बारम्बार उनके उपदेशों की परीक्षा न की होती और बारम्बार उसको अटल सत्य, एकमात्र सत्य न पाया होता, तो क्या उनकी शिक्षायें और उपदेश अब तक चलते रहते?

त्याग और संन्यास का नियम एक कठोर सत्य है। कोई हवा में उड़ने वाली मात्र कल्पना नहीं। राष्ट्रों के राष्ट्र, क्या इन पैगम्बरों और नेताओं की केवल ऐसी भ्रमात्मक कल्पनाओं से इतने दिनों तक धोखे में पड़े रह सकते थे, उनके चक्कर में पड़े रह सकते थे? शताब्दियों के बाद शताब्दियाँ बीतती जाती हैं और क्या अभी तक इन पागलों की कल्पनाओं का भण्डाफोड़ न हो गया होता!

जो लोग अपनी विपत्तियों के वास्तविक कारण को नहीं जानते हैं, वे केवल उस 'ईश्वरीय नियम' की धारा से मोहित और बेसुध हो जाते हैं और अपनी यातना के बाह्य चिह्नों, वर्तमान परिस्थितियों से लड़ना-झगड़ना प्रारम्भ करते हैं। चाहिये तो यह कि हम, लोगों की अच्छी या बुरी बातें, उनका अच्छा या बुरा स्वभाव, इस प्रकार अपनी चेतना से बाहर निकाल दें, जैसे रात के धूमिल स्वप्न अपने आप विस्मृत होकर लुप्त हो जाते हैं।

स्वप्न चाहे भयंकर हों अथवा मृदु, हम कभी उन्हें अपने अनुकूल बनाने अथवा उनसे झगड़ने की चेष्टा नहीं करते। करते हैं तो केवल अपने ही पेट को ठीक करने की चेष्टा करते हैं। इसी प्रकार, अच्छे या बुरे, चाहे जैसे लोगों से हमारा मिलना-जुलना हो, हम उनकी कतई परवाह न करके, सदा अपनी आध्यात्मिक दशा सुदृढ़ और उन्नतिशील करें। देखो, तुम्हारे और तुम्हारे ईश्वर के बीच में कोई बुरी लगने वाली बात अथवा कोई अभाग्य किसी प्रकार बाधा न डाले। महान् से महान् अपमान इतना बड़ा नहीं हो सकता कि हम उसे क्षमा करके आत्म-सन्तुष्ट न हो सकें।

परमात्मा की तुलना में कभी किसी वस्तु का मूल्य अधिक नहीं होना चाहिये। ईश्वर के समान और कुछ मूल्यवान् नहीं होना चाहिये। निन्दा-स्तुति, आधिव्याधि एवं आमोद-प्रमोद एक समान घातक हो जाते हैं, यदि हम समझते हैं कि उनसे आत्मा आक्रान्त होती है। अपने आप को ईश्वर अनुभव करो और अपनी ब्रह्मभावना में आनन्द के गीत गाओ। निन्दा और स्तुति को ठीक ऐसे समझो, जैसे राम शारीरिक व्याधियों को उस ईश्वरीय दरबार का चपरासी मानता है, जो सर्वोच्च अधिकार के साथ हमें यह आदेश दिया करते हैं, 'तुरन्त इस मकान, शरीर-चेतना से बाहर निकल जाओ।' पर जब मैं स्वयं दरबार के राज्य-सिंहासन पर विराजता हूँ, तो वे तुरन्त मेरे आज्ञानुवर्त्ती बन जाते हैं। और जब तक मैं इस अन्धगुफा रूपी शरीर-चेतना, देहाध्यास में घुसा रहता हूँ, तब तक वे कोड़े मारते हैं और बार-बार वार पर वार करते हैं।

वे राजसत्तायें भी, जिनके तथाकथित नियम (कानून) 'त्रिशूल' के उस ईश्वरीय नियम से साम्य नहीं रखते, स्वयं अपनी मृत्यु के लिये गड्ढा खोदती हैं। प्रसिद्ध कृपण 'शाइलाक' की भाँति अपनी व्यक्तिगत सम्पत्तियों पर बल देना, इस या उस वस्तु को अपनी समझना, सम्पन्नता की भावना रखना, यह कहना कि ऐसा करना कानून-सम्मत है, उस वास्तविक नियम का विरोध करना है, जिसके अनुसार हमारा एकमात्र 'हक' केवल 'हक' (परमात्मा) है और दूसरे सब हक मिथ्या और गलत है। यदि और कोई दूसरे इस सिद्धान्त को स्वीकार नहीं करते हैं, तो कम से कम संन्यासियों को तो अवश्य इसे अपने जीव में व्यवहृत करना चाहिए।

यह ईश्वरीय नियम सर्वव्यापक है। यह प्रत्येक मनुष्य के अस्तित्व मात्र की उच्चतम आत्मा है। इस रूप में वे स्वयं राम हैं। वही इस व्यक्तिगत आत्मा को ठोकरें मार-मार कर प्राणहीन कर देगा। वह है तो निर्दय किन्तु उसकी निर्दयता ही प्रेम का मूल स्वरूप है, क्योंकि बस दिखावटी आत्मा की मृत्यु से ही उस वास्तविक आत्मा और अनन्त अनादि जीवन का पुनरुत्थान होता है। जो इस झूठी आत्मा से चिपटता है, जो इसके लिये परमात्मा—स्वामी आत्मा के विशेषाधिकारों का दावा करता है, वह एक दिन अवश्य ही मिथ्याहंकारों की पहाड़ियों पर गिद्धों द्वारा हड़प लिया जायेगा। वेदान्त की स्वतंत्रता का यह अर्थ नहीं है कि इस परिच्छिन्न स्थानीय आत्मा—व्यक्तित्व और शरीर—को उस ईश्वरीय नियम से मुक्ति मिल जाय। यह तो खुद खुदा को शैतान बना देता है। लाखों-करोड़ों जीवन प्रतिक्षण इस भूल के कारण नष्ट हो रहे हैं। हजारों मस्तिष्क निराशा के गर्त में गिर रहे हैं और हजारों-लाखों हृदय प्रतिक्षण उस 'ईश्वरीय नियम' के अज्ञानजनित विपरीत ज्ञान से भग्न-मनोरथ हो रहे हैं। स्वयं यही नियम बन जाने से, उस ईश्वरीय

नियम से मुक्ति मिल सकती है। दूसरे शब्दों में केवल 'शिवोऽहं' का साक्षात्कार ही हमें वह मुक्ति दिला सकता है।

इन्द्रियों का शिकार, जो उन चीजों को गिनता रहता है, जिन्हें तथ्य और आँकड़े कहते हैं, जो नाम-रूप के आधार पर आश्रित है, वह मानों बालू की दीवार पर खड़ा है और वह एक न एक दिन अवश्य डूब जायेगा और वह सचमुच अटल आधार शिला पर खड़ा हुआ है, जिसके हृदय के अन्तस्तल में यह विराजमान है—

'ब्रह्म सत्य है और जगत् मिथ्या है। ईश्वरीय नियम जीती-जागती परम शक्ति है।'

× × ×

वैदिक युग में किसी-किसी अवसर पर कुमारी कन्यायें हाथ जोड़कर अग्नि के चारों ओर एकत्र होती थीं और उस ज्योति की परिक्रमा करती हुई ऐसा गीत गाया करती थीं, "हे भगवन्, हम सब उस सुगन्धमय भगवान्, उस सर्वद्रष्टा परमात्मा, उस पतिज्ञाता ईश्वर की आराधना में निमग्न हो जायँ। जैसे बीज भूसी से अलग होता है वैसे ही हम भी यहाँ (पितृगृह) के बन्धन से मुक्त हों, किन्तु वहाँ (पतिगृह) से कभी पृथक् न हों, कभी पृथक् न हों।"

वही प्राचीन आर्य-कन्याओं की प्रार्थना राम के अन्तस्तल से, हृदय की गम्भीरतम गहराई से निकल रही है। और आँसुओं-आँसुओं, तुम क्यों पागलों की भाँति बहे जा रहे हो!

हे ईश्वर, हे त्रिशूल, हे सत्य, यह सिर और यह हृदय तुरन्त उसी क्षण अलग-अलग कर देना, यदि तेरे सिवा अन्य सम्बन्ध उनमें निवास करें। ओ, शरीर के रक्त, तू भी तुरन्त जम कर पत्थर हो जाना, परमात्मा के विचार के अतिरिक्त कोई अन्य विचार मेरी नस-नाड़ियों के चक्कर काटे।

दूसरी श्रुति—

"जैसे स्त्री पुरुष से, वैसे ही मैं तुमसे दीक्षित हूँगा। मैं तुम्हें अधिकाधिक अपने पास खींचूँगा। मैं तेरे ओठों को चूमूँगा और तेरे अंग-अंग के गुह्य रसों का पान करूँगा। ओ, त्रिशूल, ओ नियम, ओ स्वतंत्रते, मैं तुझी से गर्भ धारण करूँगा।"

क्या राम 'त्रिशूल' के साथ नहीं ब्याहा गया? क्या सत्य के साथ, नियम के साथ उसका विवाह नहीं हुआ, जो उस पर अब भी पति-वंचका की भाँति अन्य शंका की जाती है।

**'मेरे तो गिरधर गोपाल दूसरा न कोई।'**

**—मीराबाई**

लोग भगवान् को प्रेम करने में झिझकते हैं, क्योंकि वे सोचते हैं कि उससे हमें कोई वैसा प्रत्युत्तर नहीं मिलता, जैसा कि इन काल्पनिक संसार के प्रेम-पात्रों से मिलता है। यही मूर्खता, यही अज्ञान उन्हें भ्रमित किये रहता है। ऐ प्यारे, देखो तो, उसका हृदय राम की श्वास-प्रश्वास के स्वर में तुरन्त ही नहीं साथ ही साथ, प्रत्युत्तर के रूप में किस प्रकार बराबर गिरता-उठता है।

अपने दिखावटी मित्रों और शत्रुओं में उनके व्यवहार का कारण ढूँढ़ने की चेष्टा मत करो। वास्तविक कार्य-कारण तो एकमात्र तुम्हारी वास्तविक आत्मा में प्रतिष्ठित है! ध्यान से देखो तो सही।

जैसे जब चिड़िया का बच्चा उड़ना सीखता है, तो पहले वह एक पत्थर से दूसरे पत्थर पर, अथवा एक डाली से दूसरी डाली पर सहारा लेता है, किन्तु पृथ्वीतल के इन पदार्थों को छोड़कर वह नभमण्डल में उन्मुक्त होकर विचरण नहीं कर सकता। उसी प्रकार ब्रह्मज्ञान का शिशु किसी एक विशेष पदार्थ से अपनी हार्दिक आसक्ति हटा कर अथवा किसी व्यक्ति से घृणापूर्वक उपराम होकर तुरन्त किसी दूसरे पर अवलम्बित हो जाता है। वह उसी प्रकार के किसी दूसरे भ्रम का पल्ला पकड़ लेता है, किन्तु इन तिनकों और नाजुक बेलों का सहारा छोड़ना पसन्द नहीं करता। वह अपने हृदय से एक साथ सम्पूर्ण पृथ्वी का त्याग नहीं कर पाता! किन्तु जो अनुभवी ब्रह्मज्ञानी हैं, वह जगत् के एक ही पदार्थ की असारता का निश्चय कर लेता है और उसी को ब्रह्मज्ञान को साधन समझ कर, मार्ग का पत्थर समझ कर उस पर से छलाँग मार कर ब्रह्मज्ञान के अपार सागर में कूद जाता है। धर्म की कला इसी बात में है कि हम अपने प्रत्येक छोटे से अनुभव को उस अनन्त में निमग्न होने का साधन बना लें। बाहर दिखायी देने वाली वस्तुयें सब एक ही सूत्र से पिरोई हुई हैं। एक वस्तु का बाह्यतः त्याग करते समय ज्ञानी अपने हृदय में उसे अन्य सब कुछ त्यागने का चिह्न और प्रतीक बना लेते हैं।

घोरतम मूर्ख है वह, जो सचमुच इस तीक्ष्णतम सत्य को स्वीकार नहीं करता कि इस स्वार्थपूर्ण व्यक्तित्व की एकमात्र मृत्यु ही जीवन का नियम एवं अटल विधान है। त्रिशूल हमारे क्षुद्र और संकीर्ण व्यक्तियों का नाश करने वाला है। अपने हृदय से क्षुद्र व्यक्तित्व की संकीर्ण भावना को फेंक देना और उस अनादि, अनन्त जीवन में जागना ही वास्तविक पुनरुत्थान का मार्ग है। तू सदा उसी में निवास कर! अलविदा!

अपने कुछ पत्रों एवं संस्मरणों में स्वामी राम ने वशिष्ठ-आश्रम एवं इस बीच जिन अन्य स्थानों पर विचरण किया, उनका हृदयग्राही चित्रण किया है।

यह पत्र राय साहब बैजनाथ को लिखा गया था—

ॐ

वशिष्ठ आश्रम
२७, मार्च १९०६

परम कल्याणमय भगवन्,

यह आश्रम हिमरेखा के ऊपर है। यह अत्यन्त सुन्दर निर्झर—'वशिष्ठ गंगा' ठीक राम की गुफा के नीचे से बहती है। निर्झर में पाँच-छः जलप्रपात हैं। निर्झर की घाटी में मानों शिव ने स्वयं अपने हाथों से कठोर चट्टानों को तोड़-फोड़ कर प्रायः दो दर्जन सुन्दर सरोवरों का निर्माण किया है। पहाड़ियों पर जंगल के सीधे सादे, प्रकाशप्रेमी विशालकाय वृक्ष सीधे खड़े हैं। उनकी हरियाली उस समय भी कम नहीं होती, जब कि छः-छः फुट ऊँची बर्फ की तहें उनके ऊपर जम जाती हैं। निस्संदेह, वे ही उस महान वनमाली कृषक की कृपा और प्रेम के सर्वथा योग्य पात्र हैं।

भगवान् महादेव के बच्चे---कोमल-हृदय पक्षीगण एवं हरित-स्कन्ध वृक्ष ही—यहाँ राम के एकमात्र संगी हैं। नारायण स्वामी को नीचे मैदानों में भेज दिया गया है। कम से कम दो वर्ष तक राम से भेंट न करने की उसे आज्ञा हुई है। एक नवयुवक आकर प्रतिदिन भोजन बना जाता है और रात किसी समीपवर्ती ग्राम में काटता है। सबसे समीपवर्ती ग्राम भी यहाँ से तीन मील से कम दूर नहीं है।

पहाड़ियों पर केवल आध मील चढ़कर राम इस पर्वत (बसून) की चोटी पर चढ़ जाता है। वहाँ से सभी पवित्र हिमस्रोत—केदार, बदरी, सुमेरु, गंगोत्तरी, यमुनोत्तरी और कैलाश स्पष्ट दृष्टिगोचर होने लगते हैं।

'केदार खण्ड' में इस स्थान का विस्तारपूर्वक वर्णन है। 'योग वासिष्ठ' के निर्माता ने आश्रमवास के लिये ऐसा ही उपयुक्त स्थान चुना था। बड़ा भाग्य है कि अभी तक इधर कोई बस्ती नहीं है और न ही सड़क निकली है। मस्ती, आनन्द! राम के आनन्द के विषय में मत पूछो। राम की सर्वश्रेष्ठ कृति, कुछ वर्षों के अनन्तर नीचे मैदान में प्रकाशन के हेतु भेजी जायेगी। उसी से राम के हृदय में न सामने वाली आह्लाददायिनी शान्ति का कुछ अनुमान हो सकेगा! कृपया उस समय तक कोई राम से भेंट करने की बात न सोचे।

**ईश्वर परमात्मा ही एक मात्र सत्य है।**

(इसके बाद एक उर्दू की कविता है, जिसका भाव इस प्रकार है)

**रात्रि में यदि प्यारे से भेंट न हुई,**
**तो फिर आँखों की ज्योति मेरे किस काम की?**
**जो पड़ा सो रहा हो निष्प्राण कब्र में—**
**उसे भला क्या मिलेगा—**
**कब्र के ऊपर की हरी-भरी घास से?**
**भला या बुरा लोग कहते हैं,**
**मेरे बारे में।**
**जब शरीर से ऊपर उठ गया मैं—**
**तब उनकी प्रसन्नता और शेष**
**सब हो गया बेकार ही!**
**पाप और पुण्य, भलाई अथवा बुराई**
**हैं सब उसके पास पहुँचने के जीने!**
**दो, आग उस सीढ़ी में**
**अब मुझे उतरने की इच्छा ही नहीं।**
**ओ दुनिया, तेरा तुझको दे दिया,**

फिर जाती क्यों नहीं तू?
मुझे तेरी जरूरत ही नहीं
अब नहीं करूँगा तेरी आवभगत।
लो, नाचूँगा अब तो अपने प्रभु के साथ,
न कोई साज, और न कोई रोक,
व्यर्थ है जीवन (जहाँ ब्रह्म की श्वास नहीं)
कब्र में कीड़े चुन-चुन खा जायेंगे,
और कहाँ है वह कब्र, इस शरीर के अतिरिक्त।
यह देहात्मा भी धोखा निकली,
ओ हो! अब तो कृपा करके
भगा दो, उड़ा दो उसे—
सदा के लिये!

प्रयाग के कुम्भ के अवसर पर आपका दिया हुआ व्याख्यान बहुत सुन्दर रहा। राम ने उसकी एक प्रति टेहरी-महाराज को भेंट की। प्यारे, सुनों, वेदान्त कोई धोखाधड़ी नहीं है और न कोई इस संसार का अस्तित्व ही है। वह जो इसे सत्य मानता है, अवश्य नष्ट होगा। एक मात्र ब्रह्म ही सत्य है। हाँ, हाँ, निश्चय, निश्चय ही। ओम्! ओम्

—राम

---

निम्नलिखित पत्र भी राय साहब बैजनाथ को लिखा गया था—

ॐ

वशिष्ठ आश्रम

जून का अन्त, १९०६

ब्रह्मभाव में स्थित होने पर यह सारा संसार ही सौन्दर्य का स्फुरण, आह्लाद का प्रकाश, आनन्द का अजस्र स्रोत-सा बन जाता है। जब दृष्टि की समीपता नष्ट हो गयी, तब फिर हमारे लिए असुन्दर और अमंगल कुछ भी नहीं रह जाता। सारा संसार ही निर्मल और सुन्दर हो उठता है। प्रकृति की शक्तियाँ सचमुच हमारे हाथ-पैर और अन्य इन्द्रियों की भाँति काम करने लगती हैं।

आत्मा ही आनन्द है, वही सब कुछ है। अतः आत्म-साक्षात्कार का अर्थ है कि हम अपनी ही आत्मा को सच्चिदानन्द मानें, जो सम्पूर्ण संसार के परदों में झाँक रहा है।

अखिल ब्रह्माण्ड, मेरी ही आत्मा का स्थूल रूप होने के कारण अत्यन्त मीठा, स्वयं साक्षात् माधुर्य है। फिर मैं किसे दोष दूँ? और किसकी आलोचना करूँ?

ओ परम सुख! सब कुछ मैं ही तो हूँ। ओम्

सफलता और विफलता (अभाव) के विषय में आध्यात्मिक नियम बिलकुल स्पष्ट है। वेदों ने उसे किस सुन्दर ढंग से अभिव्यक्त किया है—'जहाँ किसी ने अपने हृदय के अन्तस्तल में छोटी-बड़ी किसी वस्तु पर अपना दिल जमाया, उसे सत्य माना, अपने विश्वास के योग्य समझा, बस अनिवार्यतः या तो यह पदार्थ उसे छोड़ जायेगा, या देगा धोखा।' यह नियम गुरुत्वाकर्षण के नियम से भी अधिक ठोस, अधिक सत्य है। एक मात्र सत्यस्वरूप आत्मरूप भगवान् हमें मारमार कर संसार की अनित्यता का पाठ पढ़ाया करता है, जिससे हम किसी भी वस्तु को सत्य मान कर कभी उसके भ्रम में न पड़ें।

**कोई वस्तु, कोई वैचित्र्य—**

**ज्ञानी को बन्द नहीं कर सकता, भीतर—अज्ञान में;**

**किन्तु सर्वोपरि सूर्य की भाँति वह तो,**

**दुर्ग पर विजय पाकर निश्चय**

**चमकेगा भीतर और बाहर।**

**आकाश की भाँति वह स्थिर रहेगा,**

**जिसमें बादल आते जाते हैं,**

**जो अनादि दिवस के साथ रहता है एकरस**

**उसमें कभी—**

**क्या कोई अन्तर आता है कभी?**

जब तक किसी भी प्रकार की कोई इच्छा या वासना मनुष्य के हृदय में निवास करती है, तब तक आत्म-साक्षात्कार नहीं ही सधता, नहीं हो सकता! यह अटल सत्य, ध्रुव नियम है।

**—राम**

---

इसी प्रकार एक और पत्र में स्वामी राम ने प्रकृति-सौन्दर्य के निरीक्षण के माध्यम से चरम सत्य का उद्घाटन किया। सामान्य से सामान्य वस्तुओं के देखने से राम सत्, चित्त, आनन्द के अनन्त सागर में हिलोरें लेने लगते थे। वे तो आनन्द के पूर्ण समुद्र हो चुके थे। लोक-कल्याण के निमित्त वे अपने पत्रों, लेखों, व्याख्यानों एवं वार्तालाप में उस आनन्द को अभिव्यक्त करते थे—

वशिष्ठ आश्रम

आज संध्या समय वर्षा रुक गयी। तरह-तरह के अद्भुत वेश धारण करने वाले मोटे-पतले बादल विभिन्न दिशाओं में उड़ रहे हैं। सूर्य के प्रकाश में चमत्कृत ये बादल स्वयं अपनी चमक से सम्पूर्ण दृश्य को आभामय सरोवर में परिणत कर देते हैं। आकाश-

मण्डल के ये खिलाड़ी बालक कैसे तरह-तरह के लुभावने रंग धारण करते हैं। ओ हो, कौन चित्रकार उनका यथार्थ चित्रण कर सकता है? कौन निरीक्षक उनके क्षण-क्षण पर बदलने वाले रंग और छायाओं का विश्लेषण कर सकता है? चाहे जिधर दृष्टि डालो, गुलाबी, नारंगी, बैंगनी, हरे-पीले रंगों की दमक से आँखें तृप्त हो जाती हैं। उनके क्षणिक परिवर्तनों का क्या कोई वर्णन हो सकता है? हाँ, इस दृश्य के बीच कभी-कभी उस चिरन्तन, मधुर, शस्य-श्यामला भूमि पर हमारे नेत्र गड़ जाते हैं। आभा के इस अनुपम वैभव से स्वतः आनन्द का उद्रेक होने लगता है और राम की आँखों से बरबस प्रेम के आँसू झरने लगते हैं। बादल विलीन हो जाते हैं, किन्तु एक अमर संदेश हमें छोड़ जाते हैं। क्या वे प्रभु के पास से अमृत का प्याला भर-भर कर लाते हैं और फिर उसी के पास चले जाते हैं? सांसारिक आकर्षक वस्तुओं की ठीक ऐसी ही स्थिति होती है। वे उधर होते हैं और क्षण भर राम की प्रभा छितरा कर न जाने कहाँ विलीन हो जाते हैं! पागल हैं, वे सचमुच, जो इन नाशवान बादलों के प्रेम में फँस जाते हैं। जानबूझ कर ही लोग इन नश्वर वस्तुओं के चंचल बादलों को पकड़ने की जिद करते हैं और उनके लोप होने पर बच्चों की भाँति रो पड़ते हैं। कैसे मजे की बात है! ओ हो, राम तो अपनी हँसी किसी प्रकार नहीं रोक पाता।

कुछ लोग ऐसे भी हैं, जो अपना सारा समय इन बादलों (दृश्य जगत्) को शरीर से घोंसले में नहीं घुसेड़ते। उनकी उपस्थिति में, उनके सहवास में मनुष्य अपेक्षाकृत आसानी से साक्षी का आसन ग्रहण कर सकता है। भीतरी दृष्टि से वनस्पति-जगत् में उतना ही, शायद उससे भी अधिक संघर्ष, प्रयास और अस्थिरता होती है, जितनी कि किसी सभ्य मानव-समाज में देखी जाती है। किन्तु उस समय उसका संघर्ष भी आकर्षण का विषय बन जाता है, जबकि मनुष्य देवदार, चीड़ आदि के कानून में अपने आप को उनसे पृथक् समझता हुआ निर्द्वन्द्व विचरता है। प्रकाश रूप साक्षी को उस संघर्ष से कोई कष्ट नहीं होता। जिस प्रकार कोई भी इस जंगल में मंगल के साथ विचर सकता है, उसी प्रकार जब वह व्यक्ति नगरों की हलचल में निर्द्वन्द्व भ्रमण करता है, जो अपने आप शरीर के साथ तादात्म्य न रखता हुआ अपने शरीर को उस जंगल का केवल एक वृक्ष मात्र समझ लेता है, उसके लिये संसार और स्वर्ग में कोई अन्तर नहीं रह जाता। सारी सृष्टि आनन्द का उद्यान बन जाती है। वे सूक्ष्म से सूक्ष्म परिवर्त्तनों को ध्यानपूर्वक देखने और उन्हें यथार्थतः लिपिबद्ध करने में ही व्यतीत कर देते हैं। शोक, इन जीवों को क्या कहा जाय? उनके चारों ओर प्रभा का सरोवर लहरें मार रहा है और वे उसमें अपने प्रकाश की प्यास बुझाने की परवाह नहीं करते। ऐसे ही लोगों को दुनिया वैज्ञानिक और दार्शनिक कहती है। वे बाल की खाल निकालने ही में डूबे रहते हैं। उन्हें प्यारे के ज्योतिर्मय मस्तक का पता नहीं चलता, जिसके बालों की खोज में ये लगे रहते हैं। इसीलिये तो राम की हँसी रोके नहीं रुकती।

कैसा धन्य और आनन्दमय है यह, जिसकी दृष्टि नाम-रूप के इन बादलों में कुण्ठित नहीं होती, जो उस आकर्षक और लुभावने प्रकाश के सहारे उसके आदि स्रोत (आत्मा) तक पहुँच जाते हैं, जिनका प्रेम वास्तविक लक्ष्य (परमात्मा) को बेधता है, जो बीच ही में, रास्ते में सूख जाने वाले चश्मों की भाँति पथभ्रष्ट न होकर सागर तक पहुँच जाते हैं। मन को प्रसन्न करने वाले सम्बन्धों को नाश होना ही है। वे तो मात्र चिट्ठीरसा हैं। बस, प्रभु

के उस प्रेमपत्र को सावधानी से सँभालो, जो वे तुम्हारे लिये लाये हैं। दियासलाई की काड़ी को तो शीघ्र जल ही जाना है; किन्तु धन्य है वह जिसने उसके द्वारा अपना दीपक स्थायी रूप से जला लिया है। कोयला और भाप तो अल्पकाल में समाप्त हो जायेंगे, पर भाग्यवान है वह नाव जो घातक विनाश के पूर्व ही अपने घर (बन्दरगाह) पर जा लगती है। जीवित यहाँ वही रह सकता है, जो प्रत्येक पदार्थ को ईश्वर की ओर अग्रसर होने का साधन बना लेता है, जिसे संसार की प्रत्येक वस्तु में परमात्मा की झाँकी दिखलायी देने लगती है। यह वृहत् संसार, उसके नक्षत्रगण उसके पर्वतों और सरितायें, उसके राजा एवं वैज्ञानिक हैं, सब उसी के लिये बनाये गये हैं। यह निस्सन्देह बिलकुल सत्य है और राम तुमसे सत्य ही सत्य कहता है।

खेत और प्राकृतिक दृश्यों का स्मरण मात्र चित्त को पुलकित और आनन्दित कर देता है। इसके विपरीत नगरों की धूल और धूल-भरी सड़कों की स्मृति हमारे चित्त की सहज आनन्दावस्था को विकृत कर देती है। प्रकृति के मनोरम दृश्य मनुष्य में संकीर्णता की भावना नहीं भरते, बल्कि उनके सान्निध्य में मनुष्य शुद्ध, चेतन, साक्षी का भाव आसानी से ग्रहण कर सकता है। ब्रह्मज्ञान का वह अतुलनीय प्रकाश निर्द्वन्द्व दर्शन के रूप में होता हुआ, सारी सृष्टि, समस्त दृश्य जगत का प्राण रूप प्रतिभासित होता है।

प्राण-सरिता सवेग प्रवाहित हो रही है। परमात्मा के अतिरिक्त और किसका अस्तित्व है? जब मेरे सिवा कोई दूसरी वस्तु है ही नहीं, फिर मुझे भय किसका हो? प्राण मात्र मेरे प्रभु का प्राण है, उसके सिवा कोई है नहीं, मैं भी तो वही हूँ। सारा संसार हिमालय का आनन्द-कानन है। जब प्रकाश होता है, तब समस्त पुष्प-राशि विहँसने लगती है, पक्षीगण कलरव करने लगते हैं, निर्झर हर्ष से नृत्य करने लगते हैं। यहाँ उजालों का उजाला, प्रकाश का सागर लहरा रहा है, आनन्द की वायु बह रही है।

इस सुन्दर कानन में राम हँसता है, गाता है और ताली बजा कर नाचता है।

क्या कोई राम की खिल्ली उड़ाता है? अरे, यह तो वायु की सरसराहट है। क्या कोई दिल्लगी करता है? अरे, यह तो पत्तियों की खड़खड़ाहट है। राम का ही प्राण निर्झरों में, देवदारों में, पक्षियों में वायु की सनसनाहट में श्वास ले रहा है।

## वसून की चोटी (वशिष्ठ आश्रम)

आनन्द! आनन्द! चन्द्रमा छिटक रहा है। चारों ओर शुभ्र शान्ति का सागर उमड़ रहा है। राम की तृण-शय्या पर चन्द्रिका क्रीड़ा कर रही है। साधारण से अधिक ऊँची श्वेत गुलाब की झाड़ियाँ, जो इस पर्वत पर पूर्ण निर्भय और उन्मुक्त हो अन्धाधुन्ध उगती हैं, अपनी छाया से चन्द्रप्रकाशित शय्या को इस प्रकार सजाती है और झूम-झूम कर ऐसी आह्लादित होती हैं, मानों वे उस शान्तियुक्त चन्द्रिका के छोटे-छोटे स्वप्न हों, जो राम के सम्मुख निर्द्वन्द्व भाव से सोते हैं।

**सो जा, मेरे बच्चे सो जा।**

**ले, ले नींद में ही गुलाबी स्वप्नों का मजा।**

यमुनोत्तरी, गंगोत्तरी, सुमेरु, केदार और बदरी की हिम-नदियाँ (ग्लैशियर) यहाँ से इतनी पास मालूम होती हैं, मानों हम हाथ बढ़ाकर उनका स्पर्श कर सकते हैं। वास्तव में हीरक-प्रभा से देदीप्यमान शिखरों का एक अर्द्धवृत्त इस वशिष्ठ आश्रम को परिवेष्ठित किये है। मणि-माणिक जैसे इन पर्वतों के हिमाच्छादित शुभ्र-शिखर एक साथ चन्द्रिका के क्षीर-सागर में स्नान करते हैं और शीतल पवन के झोंके के रूप में उनकी गम्भीर सोऽहं के श्वास-प्रश्वास की ध्वनि यहाँ निरन्तर सुनायी देती है।

इस पर्वत की बर्फ अब प्रायः सारी की सारी पिघल चुकी है और चोटी के समीप का विस्तीर्ण, उन्मुक्त क्षेत्र पूर्णतः नीले, गुलाबी, पीले और श्वेत पुष्पों से लद गया है। इन पुष्पों में से कोई-कोई तो अत्यधिक सुगन्धित हैं। लोग वहाँ जाने से घबराते हैं, क्योंकि उनकी धारणा है कि वह परियों का उद्यान है। उनकी इस धारणा का प्रत्यक्ष फल यह है कि देवताओं का यह सुरम्य अरण्य प्राकृतिक सौन्दर्य को नष्ट करने वाले अपवित्र मनुष्यों के संसर्ग से एकदम सुरक्षित है। राम इस पुष्प-शय्या पर बड़ी कोमलता से, अत्यधिक सावधानी से विचरण करता है, कारण यह है कि वह अपने पैरों की कर्कश दाब से किसी नन्हें से मुस्कुराते हुए फूल के मुख को कुचलना नहीं चाहता।

कोयल, फाख्ता एवं अन्य संगीत-प्रिय पक्षीगण अपनी कोमल और सुरीली तान से नित्य प्रातःकाल राम को रिझाते हैं और उसका मनोरंजन करते हैं। कभी-कभी विकराल वेशधारिणी मक्षिका भी गुफा की छत के समीप आकर अपनी अनोखी रहट जैसी संगीत-ध्वनि के साथ भनभनाने लगती है। उसकी इस विचित्र ध्वनि से राम की हँसी रोके नहीं रुकती। मध्याह्न के समय पक्षीराज गरुड़ आकाश में इतने ऊँचे उड़ते हैं कि काले बादलों के साथ एकरूप हो जाते हैं। यही गरुड़ तो विष्णु भगवान् को अपनी पीठ पर सवार कराते हैं न?

समीपवर्ती पर्वतीय सरोवर के चारों ओर हरे-भरे कानन के दिग्गज वृक्षों का कैसा जमघट है, मानों कोई सुरम्य नगर बसा हो! भला, इन्हें-कौन सी शक्ति एकता के सूत्र में पिरोये हुये है? सब 'पृथक्-पृथक्, न कोई सम्बन्ध, न कोई व्यक्तिगत नाता-रिश्ता। हाँ, उनका एक सामाजिक संगठन अवश्य है, क्योंकि आखिर वे सबके सब उसी सरोवर में ही तो अपनी-अपनी जड़ें फैलाये हुये हैं। उसी एक पानी का प्रेम उन्हें आपस में बाँधे हुये है। अतः उसी एक सत्—सत्य के प्रेम और भक्ति में हमें एक हो जाना चाहिये। हम एक आनन्द-कानन में एक हृदय में, एक राम में आकर मिलें।

## जगदेवी का सौन्दर्य

जलवृष्टि ने वसून पर्वत के शिखर की प्रायः सभी गुफाओं को झील बना दिया था। अतः शिखर-स्थित अप्सराओं के उद्यानों को राम ने छोड़ दिया। वह नीचे उतर कर एक अत्यन्त मनोरम, उच्च और चौरस हरे-भरे मैदान में ठहर गया। यहाँ सुरम्य समीर नित्य अठखेलियाँ किया करती हैं। श्वेत और पीत चमेली अन्य अनेक सहोदर पुष्पों के साथ यहाँ राशि-राशि में उत्पन्न होती है। रक्तवर्ण, गुलाबी और रंग-बिरंगे जंगली फूलों की तो यहाँ बाढ़-सी आयी है। अभी-अभी नयी बनायी हुई झोपड़ी के एक ओर एक विशाल हरे-भरे मैदान को दो द्रुतगामी निर्झर दोआबा-सा बना दिये हैं। सामने का चित्रपट कितना

चित्ताकर्षक है—प्रवाहित जल, नयी-नयी कोपलों से आच्छादित पहाड़ियाँ, लहरियादार जंगल और खेत! हरियाली के बीच-बीच में नंगी, चिकनी शिलायें राम के लिए सिंहासन और मेजों का काम देती हैं। यदि छाया की आवश्यकता होती है, तो पास के कुंज सहर्ष उसका स्वागत करते हैं।

तीन घंटों में ही जंगल-निवासी गड़रियों ने एक कुटिया तैयार कर दी। अपनी शक्ति भर उन्होंने उसे मेह से अगम्य बनाया। रात्रि में आँधी और पानी का भयंकर तूफान आया। प्रत्येक तीन-तीन मिनट पर बिजली चमकती थी और भयंकर गर्जन होता था। उस गर्जन से समीप के पर्वत कँप-कँप कर दहल उठते थे। भगवान् इन्द्र लगातार तीन घंटे तक अपना वज्र घुमाते रहे। अंधाधुंध वृष्टि हुई। बेचारी झोपड़ी बुरी तरह चूने लगी। ऐसे भयंकर तूफान का सामना करना उसके बूते से बाहर था। छत ने जवाब दे दिया। राम को पुस्तकों को भीगने से बचाने के लिये छाता खोलकर रखना पड़ा। कपड़े पानी से भीगकर लथपथ हो गये। हाँ, झोपड़ी में काफी घास बिछी होने कारण, कीचड़ न हो पाया। किन्तु झोपड़ी में बिछी घास भी पानी के चूने के कारण तर-बतर हो गयी। राम को इस अपार जलवृष्टि के बीच मछली और कछुवे के जीवन का आनन्द आया। उस रात जल-जीवन के अनुभव ने राम को एक विशेष आनन्द दिया।

अपने जीवन की पूरी आयु में से एक रात कम कर दो और बिलकुल न सोचो—

धन्य है वह झंझावत जो हमें प्रभु के संसर्ग में लाकर खड़ा कर देता है—'ओ, पर्वतों को हिलाने वाले प्यारे, मैं तुझे किसी भी कीमत पर, ओ वज्र, मैं तुझे सैकड़ों गुने मूल्य पर, हजारों गुने मूल्य पर भी बेचने के लिये तैयार नहीं हूँ। तू तो मेरे लिये अनन्त सौन्दर्य का आगार है।'

'ओ शक्र (सर्वशक्ति सम्पन्न) चाहे तू दूर-दूर (गरजते हुये बादलों में) निवास करे, ओ वृत्रघ्न चाहे तू मेरे हाथ के पास (सरसराती वायु के रूप में) आ जा, यहाँ तो प्रत्येक समय आकाश-मण्डल में गूँजने वाले गीत (चित्त को भेदने वाली प्रार्थना) तेरे लिये निकलते रहते हैं, जो लम्बी अयाल वाले घोड़ों की भाँति तेरी सवारी के लिये प्रस्तुत किये जाते हैं! फिर तू तेजी के साथ उसके समीप क्यों न आयेगा, जिसने (अपने जीवन) का रस तेरे लिये निचोड़ा हो। आ, मेरे हृदय में पैठ और मेरे जीवन की सुरा (सोम) का पान कर।'

मनुष्य इसलिए नहीं बनाया गया कि वह अपना सारा जीवन छोटी-छोटी शंकाओं और समाधानों में खपा दे। ओ, यदि मैं ऐसा करूँ तो मेरी क्या गति होगी? इस मूर्खता का क्या परिणाम होगा? मैं कैसे जीवित रहूँगा? राम को कम से कम उतना गौरव तो रखना ही चाहिये जितना कि पानी की मछलियाँ, हवा की चिड़ियाँ, नहीं, नहीं, धरती के पेड़ रखते हैं। उन्हें कभी किसी ने क्या झंझावात की तेजी पर अथवा धूप की प्रखरता पर बड़बड़ाते सुना है? ये तो प्रकृति के सुर में सुर मिला कर ही जीवित रहते हैं। मेरी आत्मा, मैं ही स्वयं जलरूप से घनघोर वर्षा करता हूँ। तूफान में मेरा बल कितना सुन्दर खिलता है। हृदय में सदैव 'शिवोऽहं' की हूक उठती रहती है।

दिन और रात—एक भी ऐसी नहीं जाती, जब पानी की एक तेज बौछार न मार जाती हो। राम नित्य ही अपने पर्वत-पर्यटन में इसी घनघोर वृष्टि में आता है। यहाँ आस-

पास, पड़ोस में कोई गुफा भी नहीं, अतः गरजने वाले घन ही राम के लिये छाता बन जाते हैं और राम उनकी अपूर्व वर्षा का स्वाद लेता है—ओ, कैसा दिव्य!

कैसे आनन्दमग्न हैं वे कानन के देवदार और चीड़ आदि के वृक्ष, जो कँपते और थरथराते रहते हैं, फिर भी अपने शरीर को गंगा की झाग की ठंडी फुहार का निशाना बनाने में कभी कुण्ठित नहीं होते।

ओ वैसा सौभाग्य कब प्राप्त होगा, जब झंझावात की शीतलता, प्रलय के सौन्दर्य के आगे, हम सहर्ष अपना वक्षस्थल खोल सकें।

× × ×

नारायण स्वामी को स्वामी राम की बीमारी एवं भोजन-छाजन की कुव्यवस्था की सूचना भेजी गयी। उन्हें इस सनसनीखेज खबर का भी पता चल चुका था कि स्वामी राम के पीछे पुलिस हाथ धोकर पड़ गयी है और उन पर कड़ी निगरानी रख रही है। अतः उन्होंने अपने प्रचार का कार्यक्रम स्थगित कर दिया। १९०६ के मई महीने में वे वशिष्ठ गुफा के लिये रवाना हुये। नारायण स्वामी जब वशिष्ठ गुफा पहुँचे, तब उन्होंने राम को एक शिला पर लेटे पाया। बीमारी के कारण उनका शरीर कंकाल-मात्र दिखलायी पड़ता था। वहाँ पहुँचने के दो दिन के पश्चात् नारायण भी बीमार पड़ गये। पता लगाने पर ज्ञात हुआ कि गेहूँ के अभाव में आटे में अन्य प्रकार के अन्नों का मिश्रण दिया जाता था। वह आटा उनके स्वास्थ्य के लिये हानिप्रद था। अतः वे उस गुफा को छोड़कर छः मील और ऊपर चले गये। यह स्थान इतना रमणीक था कि स्वामी राम इसे अप्सराओं का उद्यान कहा करते थे। नारायण स्वामी ने तो अपने रहने के लिये भृगुगंगा के तट पर एक छोटी-सी झोपड़ी बना ली, किन्तु राम ने गुफा में ही रहना पसन्द किया। यह गुफा पहली गुफा की ऊँचाई से और अधिक ऊँचाई पर थी। सुन्दर भोजन और भृगुगंगा के स्वास्थ्यवर्द्धक जल से नारायण स्वामी का स्वास्थ्य सुधर गया। किन्तु स्वामी राम के स्वास्थ्य में सुधार का कोई चिह्न नहीं दिखायी पड़ा। बल्कि वास्तविकता तो यह थी कि स्वास्थ्य और अधिक खराब हो गया। स्वामी राम ने अन्न का परित्याग कर दिया और वे मात्र दूध पर रहने लगे। परिणाम स्वरूप ज्वर छूट गया; किन्तु उनके शरीर पर मांस नहीं चढ़ा। वे अत्यधिक क्षीणकाय हो गये थे।

स्वामी राम का समीपस्थ पड़ोसी एक विशाल अजगर था, जो पास की गुफा में रहता था। इन गुफाओं के सामने एक छोटी घाटी थी। घाटी के उस पार, राम की गुफा के ठीक सम्मुख एक सिंह की माँद थी। जंगल का सिंह, अध्यात्म-जगत् के सिंह की गुफा के समीप से प्रायः गुजरता था, किन्तु उसने कभी राम की गुफा में प्रविष्ट होने की चेष्टा नहीं की। स्वामी राम की गुफा बहुत अधिक खुली थी, अतः पानी से रक्षा का साधन नहीं था। जलवृष्टि होने पर जल गुफा में चला जाता था। इससे उनके वस्त्र एवं पुस्तकें भीग जाती थीं। एक बार सात दिनों तक लगातार वृष्टि होती रही। उनकी गुफा जलधार से भर गयी। अतः बाध्य होकर राम को उसे छोड़ना पड़ा। वे कुछ मील तक नीचे उतर आये और एक पहाड़ी के पास खुले क्षेत्र में अपना डेरा जमाया। पास में गड़रियों का निवास था। वे यदा कदा राम का दर्शन करने जाया करते थे। उन्हें अपने समीप पाकर, गड़रियों

को बड़ी प्रसन्नता हुई। कुछ ही घण्टों में उन्होंने राम के लिये एक छोटी-सी सुखद कुटिया तैयार कर दी। नारायण भी स्वामी राम से लगभग पाँच मील की दूरी पर पृथक् रहते थे।

इस नये स्थान पर स्वामी राम को कुछ ही दिन हुये थे कि पूर्णसिंह पंडित जगतराम के साथ वहाँ पहुँच गये। नारायण जी तुरन्त बुलाये गये।

पूर्णसिंह को ज्ञात हुआ कि स्वामी राम एकदम परिवर्तित हो गये हैं। उन्होंने स्वामी राम के इस परिवर्तन की सुन्दर झाँकी प्रस्तुत की है—

"वे अब बहुत बदल गये थे, उनका आह्लाद कम हो रहा था। क्षण-क्षण पर फूट पड़ने वाला प्रफुल्लता का प्रवाह नीचे गहराई में पैठ गया था। चलते समय वे जब कभी फिसलते और गिर पड़ते, तो झट उनके मुँह से निकलता, 'ओ, देखा, राम ने अपने प्रियतम को भुला दिया, तभी तो गिरा है, नहीं तो गिरना कैसा! पहले हम भीतर गिरते हैं और फिर बाहर। बाह्य-पतन तो केवल परिणाम है। तुम सदैव भीतर का ध्यान रखो। श्वास-श्वास पर प्रियतम की याद करो। उसके बिना एक क्षण भी व्यतीत न हो।' संध्या समय वे अपने आप गाने लगते, ताली बजाते और नाचते थे। वे पक्के वैष्णव जैसे हो गये थे। उन्हें देखकर हमें कुछ चैतन्य महाप्रभु के हरि-संकीर्त्तन का स्मरण हो रहा था। इन्हीं दिनों उन्होंने स्वर्गीय जज लाला बैजनाथ की उपासना-विषयक हिन्दी पुस्तक के लिये भूमिका लिखी थी। वह छोटा लेख स्वामी जी की तत्कालीन मानसिक स्थिति का यथार्थ चित्रण करता है। उन दिनों वे वशिष्ठ-आश्रम में निवास करते थे।"

वेदों की व्याख्या के सम्बन्ध में स्वामी राम ने वशिष्ठ गुफा में अपना अभिप्राय पूर्णसिंह से इस प्रकार अभिव्यक्त किया था—

"एक दिन राम एक शिला पर बैठा हुआ था। आकाश मेघाच्छन्न था और बूँदें रिमझिम-रिमझिम पड़ रही थीं। बड़ा सुहावना समय था। राम स्नान करके उठा ही था कि उसे ऐसी अनुभूति हुई कि वह एक स्त्री है और अपने पति—परमात्मा की प्रतीक्षा में बैठी है। इस दिव्य भाव के आवेश से राम का सारा हृदय उद्वेलित हो गया। रक्त में सनसनी फैल गयी और प्रत्येक नस और नाड़ी वीणा के तार की भाँति झंकृत हो उठी। सारी प्रकृति शृंगार रस से ओतप्रोत होने लगी। राम—स्त्री रूप राम—चुपचाप इस आशा में बैठ गया कि उसका पति—परमात्मा—कब आकर उसे निहाल करेगा! राम का हृदय मन ही मन प्रार्थना करने लगा। 'हे प्रभु, हे भगवान्। आओ, जल्दी आओ और मुझे सनाथ करो। मैं तुझे अपने गर्भ में धारण करना चाहती हूँ। अब तो ये प्राण तेरे हाथ में हैं।' भावावस्था से बाह्य जगत् में आने पर संकल्प हुआ कि राम वेद पढ़ेगा और पुस्तक खोली कि पुस्तक खोलते ही जो भी मंत्र सामने दिखलायी देगा, उसी को पढ़ने लगेगा। ग्रंथ खोलते ही देखता क्या है कि वही मंत्र सामने हैं, जिसमें राम के हृदय की ठीक तत्कालीन दशा का विवरण है उपस्थित है। अपने लिये वेदों के पढ़ने और उनकी व्याख्या करने का ठीक यही ढंग है और प्राचीन परम्परागत पद्धति के अनुसार उनकी व्याख्या करना विद्वानों का ढंग है। और इसी तरह विद्वानों को करना भी चाहिए। परन्तु ज्यों-ज्यों मनुष्य के मस्तिष्क और उनके विचार उन्नत होते जाते हैं, त्यों-त्यों इस प्राचीन परम्परागत अर्थों में से एक से एक नूतन सैकड़ों-हजारों उन्नतिशील व्याख्यायें अपने आप निकलती रहती हैं और सदा निकलती रहेंगी। हम अपनी आँखों के सामने प्रत्यक्ष देख रहे हैं कि मूल बाइबिल,

जो पहले थी, वह अब भी है, किन्तु समयानुकूल विचारों के अनुसार उसकी सैकड़ों व्याख्यायें बराबर होती चली जाती हैं।"[1]

उन दिनों राम आत्म-भक्ति के पीछे दीवाने हो गये थे। उन दिनों की उनकी सभी कृतियों में यह भावना पूर्णरूपेण अभिव्यक्त होती है। पाचन क्रिया की गड़बड़ी के कारण, स्वामी राम केवल दूध और फल पर रहते थे। वसून के आस-पास के पहाड़ी लोग बड़ी श्रद्धा से उन्हें कुछ फल पहुँचा देते थे। ये अनजान, भोले-भाले पहाड़ी राम के गम्भीर दर्शन को तिल मात्र भी समझने में असमर्थ थे, किन्तु अपनी श्रद्धा और भक्ति के कारण स्वामी राम को साक्षात् परमात्मा का स्वरूप समझते थे। स्वामी राम में अलौकिक आकर्षण था। तभी तो वे भोले-भाले पहाड़ी उनके ऊपर 'अपना सर्वस्व न्यौछावर करने के लिये उद्यत थे। स्वामी राम प्रेम और ब्रह्मज्ञान के साकार विग्रह बन चुके थे। उनकी गम्भीरता बहुत अधिक बढ़ गयी। बाह्य मस्ती अन्तर्मूखेता में परिवर्तित हो गयी। वेदान्त का बाह्य-उन्माद पूर्ण शान्ति और गम्भीरता में बदल गया था। पूर्णसिंह जी को यह प्रतीत हुआ कि राम की मस्ती और खिलखिलाहट समाप्त हो चुकी है। उन्होंने स्वामी राम से प्रश्न किया, 'आप इतने परिवर्तित क्यों हो गये हैं? इतने उदासीन और विरक्त क्यों दिखलायी पड़ते हैं?' स्वामी राम ने उत्तर दिया, "पूरन जी, लोगों को केवल मेरे फूलों से मतलब है। मुझे तभी सूँघना चाहते हैं, जब मैं फूलों के रूप में खिलता हूँ। किन्तु इस बात का पता नहीं है कि मुझे कितनी एकान्त साधना करनी पड़ती है। जनसमूह से पृथक् होकर सुनसान एकान्त स्थलों में, अँधेरी गुफाओं में, अपनी जड़ों को पुष्ट करने में कितनी घोर तपश्चर्या और परिश्रम करना पड़ता है। जिससे फूल और फल बराबर मिलते रहें। इस समय मैं अपनी जड़ (मूल आत्मस्वरूप) में हूँ। मौन एक महान् कार्य है। उपदेशों की फुलझड़ियाँ छुड़ाने की अपेक्षा मौन महत्तर कार्य है। गौड़पादाचार्य और गोविन्दाचार्य की मौन तपश्चर्या का ही यह परिणाम था कि शंकराचार्य को ऐसी देदीप्यमान सफलतायें प्राप्त हुईं। उनके मौन के बिना यह कैसे सम्भव होता?"[2]

स्वामी राम ने आध्यात्मिक स्थिति की सर्वोच्च अवस्था प्राप्त कर ली थी; शरीराध्यास का नितान्त अभाव हो चुका था। मुण्डकोपनिषद् की यह श्रुति स्वामी राम की ब्राह्मी-स्थिति पर अक्षरशः सत्य घटित होती है—

**प्राणो ह्येषः सर्वभूतैर्विभाति**
**विजानन् विद्वान् भवते नातिवादी**
**आत्मक्रीडः आत्मरतिः क्रियावा—**
**नेष ब्रह्मविदां वरिष्ठः॥**

(मुण्डकोपनिषद्, मुण्डक ३, खण्ड १, श्रुति ४)

अर्थात् "ये सर्वव्यापी परमेश्वर ही सबके प्राण हैं। जिस प्रकार शरीर की सारी चेष्टायें प्राण के द्वारा होती हैं, उसी प्रकार इस विश्व में भी जो कुछ हो रहा है, परमात्मा की

---

१. दी स्टोरी आफ़ स्वामी राम, पूर्णसिंह (प्राचीन संस्करण) पृष्ठ १७५।
२. दी स्टोरी आफ़ स्वामी राम, पूर्णसिंह (प्राचीन संस्करण) पृष्ठ १७७।

शक्ति से ही हो रहा है। समस्त प्राणियों में उन्हीं का प्रकाश है और वे ही उन प्राणियों के द्वारा प्रकाशित हो रहे हैं। इस बात को समझने वाला ज्ञानी भक्त कभी भी बढ़-बढ़कर बातें नहीं करता; क्योंकि वह जानता है कि उसके अन्दर भी उन सर्वव्यापक परमात्मा की अखण्ड शक्ति अभिव्यक्त है। फिर वह किस बात का अभिमान करे? वह तो लोक-संग्रह के निमित्त कर्म करता हुआ सब की अन्तरात्मा पूर्णब्रह्म में ही क्रीड़ा करता है। वह सदा परमात्मा में ही रमण करता है। ऐसा यह परमात्मा का ज्ञानी भक्त ब्रह्मवेत्ताओं में भी अति श्रेष्ठ है।''

पूर्णसिंह ने स्वामी राम का दर्शन और सत्संग उनकी इसी स्थिति में किया था। उनका कथन इस प्रकार है, ''हिन्दू जीवन का जो आदर्श, वेदान्त-दर्शन के अनुसार जो आत्मनिष्ठ का स्वरूप है, वे उसके समीप पहुँच गये थे। कई दिनों तक लगातार पद्मासन लगाये बैठे रहते, न शरीर का ध्यान और न शीत-उष्ण आदि द्वन्द्वों की परवाह! वे कह उठते, 'कहता कौन है कि संसार है? संसार न कभी हुआ है, न है और न कभी होगा।' जब हम लोग उनके पास पहुँच जाते, तब वे कहते, 'तुम लोग आ-आकर राम को यह भुलावा देना चाहते हो कि तुम भी सच्चे हो। किन्तु राम परम सत्य को नहीं भूल सकता। प्रभु के, अपनी अन्तरात्मा के विस्मरण के कारण ही समस्त सम्बन्धों की सृष्टि होती है।' यह स्पष्ट था कि ज्यों-ज्यों उनका दार्शनिक अध्ययन गम्भीर होता जाता था, त्यों-त्यों वे बाहर से उदासीन होते जाते थे। वे बार-बार, क्षण-क्षण सच्चे भक्त की भाँति मन को आत्मा में लीन करते रहते थे। उस समय उनके हृदय में प्रेम की प्रधानता थी। वे आत्मा को प्रेम रूप में ही देखते सुनते थे और प्रेम रूप में ही रहना-सहना और श्वास लेना चाहते थे।''

''एक दिन की बात है, हम लोग बाझ (ओक) वृक्षों की छाया में भ्रमण कर रहे थे। राम मुझसे बोले, 'तुमने विवाह करके अच्छा किया है। गृहस्थ जीवन में स्थायित्व है। तुम्हारी पत्नी को आत्म-साक्षात्कार में तुम्हारा सहायक बनना चाहिये। आओ, दोनों संसार का त्याग कर दो और आकर यहाँ इन पहाड़ियों की चोटी पर निवास करो। जैसे राम इस पहाड़ी पर रहता है, वैसे ही तुम लोग भी यहाँ से कुछ दूर दूसरी पहाड़ी पर रह सकते हो।''

''मुझे यह याद नहीं कि फिर कैसे हरिद्वार में उनकी पत्नी और बच्चे के आने की बात चल पड़ी। वे मुझसे कहने लगे, 'ब्रह्मानन्द की माँ का चेहरा कैसा दिव्य था? उस दिन तो यह ज्योतिर्मयी प्रतीत हो रही थी। क्या तुमने इस पर ध्यान दिया था?' ''

''तुम्हें याद होगा कि राम ने तुमसे हरिद्वार में कहा था कि राम के घरवालों को वापस लौटा दो और तुम इतने क्रुद्ध हो गये थे। राम के भी हृदय है, किन्तु उस समय राम ने संन्यास-वेश के नियमों को मानना ही ठीक समझा, जिसे उसने स्वेच्छा से धारण किया है। उन लोगों से मिलना अस्वीकार करना केवल नियम की बात थी। मनुष्य तब-तक अपने व्यक्तिगत सम्बन्धों को कैसे भूल सकता है, जब तक उसके वक्षस्थल में हृदय की धड़कन विद्यमान है, फिर वह तड़प चाहे राम के लिये हो, चाहे मनुष्य के लिये। कवियों को जड़ पाषाण के रूप में कैसे बदला जा सकता है? आध्यात्मिक विकास का यह आशय नहीं कि हम भावनाविहीन हो जायें। कवि कीट्स को लोगों ने केवल कटु

शब्दों से मार डाला, उत्थान जितना ऊँचा होता है, भावना भी उतनी प्रबल और सतेज हो जाती है।''

''पूरन जी, राम को यह मालूम न था कि अब इस देश में यह गेरुआ वस्त्र स्वतंत्रता का प्रतीक नहीं रह गया। गुलामों ने यह वेश धारण करना प्रारम्भ कर दिया है और उन्होंने इसे नियमों में इतना अधिक जकड़ दिया है। उसे ऐसा दिखाऊ बना दिया है कि अब राम को उससे बेचैनी मालूम होने लगी है। अबकी बार जब राम नीचे मैदानों में जायेगा, तो जनता के सामने, भरी सभा में इस वेश की धज्जियाँ उड़ा देगा। राम घोषणा करेगा कि अब संन्यासी के रक्तवर्ण वेश द्वारा स्वतंत्रता की साधना नहीं की जा सकती, क्योंकि वह परतंत्रता का द्योतक बन गया है।''[1]

वशिष्ठ आश्रम में उन्होंने संन्यासी-वेश का परित्याग भी कर दिया। उन्होंने भूरे पट्टू का अँगरखा और काले धूमिल वर्ण का रंगीन साफा बाँधा था। संन्यासी का लम्बा-चौड़ा झँगा उतार कर उन्होंने कुरता और पायजामा पहनना प्रारम्भ कर दिया था। और पूर्णसिंह से पूछते थे, ''देखो, अब तो राम भारी अमामा (मुसलमानी साफा) बाँधे हुये मौलवी जैसा मालूम होता है, न?''

पूर्णसिंह के उपर्युक्त संस्मरणों से सामान्य पाठकों को स्वामी राम के जीवन के सम्बन्ध में भ्रम की संभावना हो सकती है। एक भ्रम तो यह कि स्वामी राम संन्यास धर्म एवं उसकी बाह्य वेशभूषा के विरोधी हो गये थे और दूसरा भ्रम यह कि वे सब गृहस्थ धर्म में अधिक स्थायित्व समझने लगे थे। इसलिये इनका निराकरण कर देना अनिवार्य प्रतीत होता है जिससे कि कहीं राम के व्यक्तित्व को गलत न समझ लिया जाय।

स्वामी राम सच्चे संन्यास धर्म के पुजारी अपने जीवन की अन्तिम श्वास तक रहे। उन्होंने पूर्णसिंह से एक बार बातचीत के प्रसंग में कहा था कि जब ईश्वर से विमुखता होती है, तभी बाहरी सम्बन्धी-रिश्ते भले लगते हैं। संन्यास-धर्म का अभिप्राय है लोकेषणा, वित्तेषणा आदि का पूर्णतया त्याग। जो संन्यासी होकर नाम-यश, धन-सम्पत्ति के चक्कर में पड़ गया हो, निस्सन्देह ही वह संन्यास धर्म के विमुख जा रहा है। बहुत से लोग गेरुआ वस्त्र पहन कर, दण्ड-कमण्डल लेकर भजन का स्वाद नहीं ले पाते, शिष्य-शिष्या बनाने के फेर में पड़कर, धोखाधड़ी करके, शिष्य का धन हर कर, धर्म के अगुवा उसी रूप में बने हुये हैं, जैसे अन्धा अन्धे को मार्ग दिखा रहा हो ऐसे संन्यासियों की भारत में न कमी रही है और न रहेगी। पहले भी इन्द्र ने ऐसे छद्मवेषधारी पाखण्डी संन्यासियों का अपने वज्र से शिरच्छेद किया था। हाँ, राम को ऐसे संन्यासियों से अवश्य विरक्ति रही होगी, तभी संन्यास धर्म के विरोध में कुछ बातें निकलनी संभव हैं। रह गया भगवा वस्त्र के प्रति उनका वैराग्य। उन्होंने कहा 'यह वेशभूषा गुलामों की वेशभूषा बन गयी है।' सचमुच जो व्यक्ति इन्द्रिय-निग्रह के बिना गेरुआ धारण कर लेता है, और इन्द्रियों के विषयों का दास है, वह 'गुलाम' ही है। अतः राम का इन्द्रिय-लोलुप व्यक्तियों को 'गुलाम' कहना सर्वथा समीचीन था। इस सम्बंध में एक प्रश्न और हो सकता है कि उन्होंने स्वयं क्यों वशिष्ठ आश्रम में रहते समय संन्यासी-वेशभूषा का परित्याग किया? स्वामी राम निर्द्वन्द्व महापुरुष

---

१. दी स्टोरी आफ़ स्वामी राम, पूर्णसिंह (प्राचीन संस्करण) पृष्ठ १७७-१७९।

थे। वे मानापमान से परे उच्चकोटि के परमहंस थे। परमहंस जगत् के सभी व्यक्तियों से निराला होता है उसकी मौज आयी, तो शाहंशाहाना वस्त्र धारण कर लेता है, मौज आयी, तो फकीरी लिबास, और मौज हुई तो नग्न अवधूत! अतः उनके इस कथन का पूर्वापर सम्बन्ध जोड़े बिना इस सम्बन्ध में कोई निष्कर्ष निकाल लेना समीचीन नहीं होगा।

अब रही दूसरी शंका कि स्वामी राम अपने अन्तिम जीवन में गृहस्थ-आश्रम में अधिक, स्थायित्त्व देखने लगे थे। यह बात भी निराधार है। स्वामी राम ने सदैव से संन्यास-धर्म को सभी आश्रम धर्मों से श्रेष्ठ माना है। उन्होंने भक्त धन्नाराम को लिखे एक पत्र में इसकी वृहत् व्याख्या भी की है। उन्होंने स्पष्टतः इस बात का उल्लेख किया है कि गृहस्थ और विरक्त अथवा प्रवृत्तिमार्गी और निवृत्तिमार्गी दोनों ही प्रकार के ब्रह्मज्ञानी श्रेष्ठ और पूजनीय हैं। जैसे बी०ए० और एम०ए० दोनों ही समाज में सम्मान की दृष्टि से देखे जाते हैं, किन्तु एम०ए० का स्थान बी०ए० की अपेक्षा अधिक ऊँचा होता है, ठीक उसी भाँति प्रवृत्तिमार्गी जनक और निवृत्तिमार्गी शुकदेव दोनों ही ब्रह्मज्ञान की दृष्टि से पूजनीय हैं, पर शुकदेव का दर्जा जनक की अपेक्षा अधिक ऊँचा है। यदि उनमें इस अनुभूति के प्रति दृढ़ता न होती, तो नारायण जी को संन्यासी क्यों बनाते? फिर उन्होंने पूर्णसिंह से गृहस्थ-धर्म में स्थायित्व के ऊपर क्यों बल दिया? बात यह है कि स्वामी राम पूर्णसिंह को गृहस्थ-धर्म के लिये अधिक उपयुक्त समझते थे। पूर्णसिंह ने जापान देश में स्वामी राम की देखा-देखी भावुकतावश संन्यास धर्म अवश्य ग्रहण कर लिया, पर वे उसे निभा नहीं पाये। अतः उन्होंने संन्यास धर्म का परित्याग करके गृहस्थ धर्म में प्रवेश किया। स्वामी राम उनकी इस निष्कपटता से प्रभावित हुये और उन्होंने भावुक पूर्णसिंह से गृहस्थ-धर्म में स्थायित्व की बात कही। जो राम फूल-पत्तियों को भी पीड़ा नहीं पहुँचाते थे, वे राम भावप्रवण पूर्णसिंह के हृदय को कैसे ठेस पहुँचाते? अतः गृहस्थ-धर्म में स्थायित्व की बात जो राम ने कही है, वह पूर्णसिंह के लिये व्यक्तिगत बात है। उससे यह धारणा बनाना कि स्वामी राम की संन्यास वृत्ति से विरक्ति हो गयी थी, स्वामी राम के व्यक्तित्त्व के साथ घनघोर अन्याय करता है। दूसरी बात यह भी है कि ब्रह्मज्ञानी जगत् में जोड़ने के लिये आता है, तोड़ने के लिये नहीं। वह महान् समन्वयवादी होता है। पूर्व जन्मों के संस्कारों एवं प्रारब्धानुसार जो व्यक्ति जिस आश्रम में स्थित है, ब्रह्मज्ञानी उसका वहीं से उत्थान करता है। उसमें किसी प्रकार का बुद्धि-भेद नहीं उत्पन्न करता। स्वामी राम ने इसी दृष्टि से पूर्णसिंह से गृहस्थ-धर्म के स्थायित्व पर जोर दिया। पूर्णसिंह से उन्होंने जो अन्तिम वाक्य कहा, वह उल्लेखनीय है, "आओ, दोनों दुनिया को छोड़ दो और आकर यहाँ इन पहाड़ियों की चोटी पर निवास करो।" अतः ऊपर के विवेचन से यह भलीभाँति स्पष्ट हो जाता है कि स्वामी राम संन्यास धर्म को सर्वोपरि मानते थे। हाँ, यह बात अवश्य थी कि साधक इसके योग्य हो।"

वशिष्ठ-आश्रम में स्वामी राम की आन्तरिक स्थिति का चित्रण पूर्णसिंह ने इस प्रकार किया है—

"स्वामी राम अत्यधिक अध्ययनशील थे। मैं उनके अध्ययन के लिये कुछ पुस्तकें ले गया था। वे अपनी कुटिया में प्रायः लेटे अथवा बैठे रहते। मैं इन पुस्तकों की ओर उनका ध्यान आकर्षित करने की चेष्टा करता। यदा-कदा उनमें से एकाध उठा कर उनके

हाथों में रख देता था। किन्तु मैंने देखा कि अब उनसे कुछ भी नहीं पढ़ा जाता था थोड़ी ही देर में पुस्तक उनके हाथों से नीचे गिर पड़ती और आँखों से अश्रुधारा की लड़ी निकलने लगती। अकस्मात् प्यार भरे निरपेक्ष शब्द उनके मुँह से निकल पड़ते, 'पूरन, अब राम से पढ़ा नहीं जाता।' क्या यह उनकी आत्यन्तिक थकावट थी अथवा अन्तर्मुखता की चरम सीमा?

"उनके शिष्य नारायण स्वामी का कथन था कि यह सब शैथिल्य उनकी पाचन-क्रिया की गड़बड़ी के कारण है। वे बहुत दिनों से अनुपयुक्त आहार कर रहे हैं। स्वामी राम के प्रति अनन्य निष्ठा और भक्ति होने के कारण वे कभी-कभी उनसे उलझ पड़ते थे और वाद-विवाद करने लगते थे कि स्वामी जी सामान्यावस्था में आ जायँ।"[१]

वास्तविकता तो यह है कि स्वामी राम अन्तर्मुखता की पराकाष्ठा पर पहुँच गये थे। बाह्य वस्तुओं का आकर्षण उनके लिये सदैव के लिये समाप्त हो चुका था। जब चाक अत्यधिक तेजी में चलता रहता है, तब वह हमारी दृष्टि में एकदम स्थिर-सा प्रतीत होती है। बात यह है कि गति की एक सीमा के अनन्तर हमारी आँखें काम नहीं कर पातीं। इसी भाँति स्वामी राम आत्म-साक्षात्कार की अन्तिम सीमा तक पहुँच गये थे, अतः बाह्य विषयों के प्रति नितान्त उपराम बन गये थे। सामान्य जन की सामान्य बुद्धि से उनकी स्थिति का अनुमान नहीं लगाया जा सकता। आदि शंकराचार्य जी जब समस्त लोक-संग्रह के कार्यों से निवृत्त हो गये, तो उनकी भी यही स्थिति हो गयी थी। स्वामी विवेकानन्द जी की वृत्ति भी अन्तिम दिनों में इसी प्रकार उच्च भूमिका में स्थित हो गयी थी।

अष्टावक्र संहिता में इस अद्वितीय ब्राह्मी-स्थिति का चित्रण बड़े सुन्दर ढंग से किया गया है—

**व्यापारे खिद्यते यस्तु निमेषोन्मेषयोरपि।**
**तस्यालस्यधुरीणस्य सुखं नान्यस्य कस्यचित्॥**

(अष्टावक्र-संहिता, अध्याय १६, श्लोक ४)

अर्थात् "उसी आलस्य-धुरीण (परम आलसी) को सच्चा आनन्द प्राप्त होता है, जिसे आँखों का खोलना और बन्द करना भी क्षोभ का कारण बन जाता है, अन्य व्यक्ति को नहीं।"

यह बात नहीं थी कि नारायण जी स्वामी राम की इस स्थिति से अनभिज्ञ थे। वे इसे भली-भाँति समझते थे। उनकी इस स्थिति से भली-भाँति परिचित थे। किन्तु वे स्वामी राम को उत्तेजित कर उन्हें सामान्यावस्था में लाना चाहते थे, ताकि संसार का अधिकाधिक कल्याण हो। पर राम तो उत्तेजना आदि से नितान्त ऊपर उठ चुके थे।

कुछ वर्ष पूर्व स्वामी जी की इस अन्तर्मुखी वृत्ति की प्रगाढ़ता के संबंध में अमेरिका के कुछ मनोवैज्ञानिकों ने यह भविष्यवाणी की थी—"स्वामी जी की भाँति जो व्यक्ति परमानन्द की अतिशयता में अहर्निश नितान्त अन्तर्मुख हो गया हो, जिसे अपने शरीर का बोध ही न हो, वह अधिक समय तक शरीर के सीमित दायरे में बद्ध नहीं रह सकता।"

---

१. दी स्टोरी आफ़ स्वामी राम, पूर्णसिंह (प्राचीन संस्करण) पृष्ठ १८०-१८१

पूर्णसिंह ने स्वामी राम की इस उपरामता का जीता-जागता चित्र अपनी पुस्तक में अंकित किया है—

"वास्तव में उन दिनों स्वामी नारायण को स्वामी राम की इस शान्ति से बड़ी बेचैनी हो रही थी। एक दिन हम सबने निश्चय किया कि 'पावली कान्ता' से होते हुये 'वृद्ध केदार' की हिम-शिलाओं को देखें। स्वामी जी भी तैयार हो गये। चलना प्रारम्भ हुआ। हम लोग वसून की चोटी पर चढ़ गये और हिमरेखा के ऊपर विस्तृत हरे-भरे मैदान में पहुँचते-पहुँचते संध्या हो गयी। सामने एक गड़रिये की झोपड़ी थी। गड़रिये ने बड़ी अभद्रता दिखलायी। हम लोगों को ठहराने के लिये वह किसी प्रकार तैयार न हुआ। मैंने प्रार्थना की। स्वामी नारायण ने भी बहुत समझाया। पर सब व्यर्थ! किन्तु जब स्वामी राम सीधे आगे बढ़े और उनके पीछे-पीछे हम सब हुये, तब गड़रिया बड़ी प्रसन्नता से हमारा स्वागत करने लगा। हम लोग रात्रि भर गड़रिये की चटाइयों के तम्बू में बड़े आराम से रहे। प्रातः स्वामी राम बाहर निकले और मुझे हिमालय की हिम-शिलाओं के भव्य और सुन्दरतम दृश्य दिखलाने लगे, जो बदरीनारायण से यमुनोत्तरी तक फैले हुये थे। प्रातःकालीन सूर्य के स्वर्णिम प्रकाश में उनकी शोभा देखते ही बनती थी। उसी समय मुझे ज्ञात हुआ कि वे और आगे जाने के लिये तैयार नहीं हैं। उनका कहना था, 'इस घूमने से—निरुद्देश्य घूमने से क्या लाभ? यदि हम अपने प्रियतम को ही भूल जायँ, तो पहाड़ियों पर विचरण करने से क्या लाभ हो सकता है? घर में पड़े रहना सौ बार धन्य है, यदि वह 'प्रियतम सदा हमारे साथ विद्यमान रहे।' मानों उनकी इस इच्छा-पूर्ति के निमित्त मैंने उन्हें अपनी घायल एँड़ियाँ दिखलायीं और आगे चलने में अपनी असमर्थता प्रकट की। उन्होंने नारायण स्वामी को बुलाया और कहा, 'पूरन जी आगे नहीं बढ़ सकते। उन्हें इतने दूर-दूर तक घूमने का अभ्यास नहीं है। अतएव हमें आश्रम में वापस लौट चलना चाहिये।' स्वामी नारायण मेरी ओर अभिमुख होकर बोले, 'सचमुच, आप जैसों के साथ चलने में बुद्धिमानी नहीं है। आप पैरों के इतने कच्चे हैं। स्वामी जी, आप स्वयं तो चलना नहीं चाहते और पूरन जी का बहाना करते हैं। मुझे विश्वास है कि यदि आप चलेंगे, तो वे अस्वीकार नहीं करेंगे।' "

"स्वामी नारायण की बात काफी कड़वी थी, किन्तु स्वामी राम ने केवल इतना कहा, 'नारायण जी, हम लोगों को लौट ही जाना चाहिये।' अतः हम सब लौट पड़े।"

"अनेक अवसरों पर नारायण स्वामी इसी प्रकार के कठोर वाद-विवादों में उलझ पड़ते थे। स्वामी राम उन्हें सदैव यही याद दिलाते, 'कृपया वाद-विवाद बन्द कीजिये।' उन्होंने आज्ञा दे रखी थी कि हम लोग अपनी वार्ता के बीच किसी व्यक्ति विशेष की चर्चा न करें, चाहे हमारे हृदय में उसके विरुद्ध किसी प्रकार का भी कटु विचार क्यों न हो। पर हम सब बार-बार ऐसी गलतियाँ कर बैठते थे और स्वामी राम टोकते रहते थे।"

"एक बार नारायण स्वामी बड़ी निर्दयता से किसी व्यक्ति की काट-छाँट कर रहे थे। स्वामी राम ने उन्हें आश्रम के आदेशों की याद दिलाई। स्वामी नारायण ने उत्तर दिया, 'नहीं, नहीं, स्वामी जी, मैं उसकी आलोचना नहीं कर रहा हूँ, बल्कि उसकी मानसिक दशा का मनोवैज्ञानिक विश्लेषण कर रहा था।' इस पर बड़ी देर तक हँसी के कहकहे लगते रहे।"

"यहाँ पर उन्हें एक दिन एक पत्र मिला, जिसमें लिखा था—'भारतीय पुलिस आपके पीछे पड़ी है। वह आपको एक महान् क्रान्तिकारी और विद्रोही नेता मानती है, जो भारत में ब्रिटिश शासन के तख्ते को उलट देना चाहता है।' स्वामी जी बोले, 'उनसे कह दो, राम अपनी रक्षा के निमित्त एक शब्द भी कहना नहीं चाहता। वे इस शरीर के साथ चाहे जैसा व्यवहार कर सकते हैं। मैं जो कुछ हूँ उससे अन्यथा नहीं हो सकता। एक भारतीय होने के नाते मैं सदा अपने देश की स्वतन्त्रता चाहता हूँ। स्वतन्त्र तो वह एक दिन होगा ही। किन्तु यह राम देश की स्वतंत्रता प्राप्त करेगा, अथवा अन्य सहस्रों राम उसे प्राप्त करेंगे, यह कोई नहीं कह सकता।"[1]

हरी शर्मा नामक एक सज्जन ने जंगल में राम के दर्शन के लिए दो बार प्रयास किये, पर वे अपने मनोरथ में असफल रहे। तीसरी बार वे पूर्णसिंह के साथ हो लिये। सारे रास्ते भर पूर्णसिंह, शर्मा जी को समझाते रहे कि हिमालय की यात्रा के समय शरीर पर जो कष्ट गुजरे, उनकी ओर तनिक भी ध्यान नहीं देना चाहिये। तपश्चर्या में कष्ट तो होता ही है। इतना समझाने के बावजूद भी हरी शर्मा उस स्थान पर पूर्णसिंह के पहुँचने के अनन्तर, एक दिन बाद पहुँचे। उनका मन इतना अधिक उद्विग्न हो गया था कि स्वामी राम ने वापस लौट जाने की सलाह दी। केवल दो दिन तक ठहरने के पश्चात् हरी शर्मा नीचे मैदानों में वापस लौट गये और पूर्णसिंह और पंडित जगतराम स्वामी जी के साथ लगभग एक महीने तक रहे।

राम उन दिनों अन्न नहीं ग्रहण करते थे। इसकी जानकारी पूर्णसिंह को नहीं थी। अतः उन्होंने सदैव की भाँति अपने साथ भोजन के लिये स्वामी राम को आमंत्रित किया। राम ने उनका आमंत्रण स्वीकार करके दो-तीन दिनों तक लगातार उनके साथ भोजन किया। परिणाम यह हुआ कि वे अपच एवं ज्वर से पीड़ित हो गये। जब पूर्णसिंह को नारायण स्वामी द्वारा यह जानकारी प्राप्त हुई कि स्वामी राम अन्न ग्रहण करने के कारण बीमार पड़े हैं, तब उन्होंने अपना आग्रह समाप्त कर दिया।

अपौष्टिक भोजन के कारण पूर्णसिंह और पंडित जगतराम भी कई दिनों तक ज्वर की चपेट में आ गये। नारायण स्वामी ने स्वामी राम के सम्मुख यह प्रस्ताव रखा, "या तो आप किसी नगर में रहिये, यदि नगर न चल सकिये, तो कम से कम टेहरी में रहिये। यदि यहाँ भी न चल सकिये, तो मुझे आज्ञा दीजिये कि समीपवर्त्ती गाँवों में जाकर पौष्टिक आहार-सामग्री ले आऊँ अथवा किसी मित्र द्वारा उसका प्रबन्ध करूँ।" स्वामी राम टेहरी जाने के लिये राजी हो गये।

नारायण स्वामी, राम स्वामी से पहले चले, ताकि स्वामी राम को पुस्तकालय को ले जाने का प्रबन्ध कर सकें। पूर्णसिंह का अवकाश भी समाप्त प्राय था। अतः उन्होंने अपने मित्र पंडित जगतराम को लेकर नारायण स्वामी के ही साथ जाने का निश्चय किया। १९०६ के सितम्बर में नारायण स्वामी और पूर्णसिंह वशिष्ठ आश्रम से चल पड़े। पूर्णसिंह ने अपने विदाई वाले दिन का वर्णन कड़ी भावमयी एवं रोचक शैली में किया है—

---

१. दी स्टोरी आफ़ स्वामी राम, पूर्णसिंह (प्राचीन संस्करण), पृष्ठ १८१-१८३

"जिस दिन मैं वशिष्ठ आश्रम से चलने वाला था, उस दिन उन्होंने कहा, 'मुझे नहला दो।' मैंने उनका कमण्डल और तौलिया उठाया और निर्झर की ओर उनके पीछे-पीछे चल पड़ा। अब वे स्वयं कोई काम नहीं करना चाहते थे। मैंने उनका वस्त्र उतार कर उनका बदन उघाड़ा। वे जाकर निर्झर में खड़े हो गये। मैंने अपने हाथों से उन्हें नहलाया। प्रातःकाल से ही आकाश मेघाच्छन्न था। जब हम लोग कुटिया पर वापस पहुँचे, तो मेरे चलने का समय हो चुका था। स्वामी जी ने मुझसे कहना प्रारम्भ किया, 'पूरन जी, चाहे जहाँ जाओ, रहो सदा इसी स्वर्ण भूमि में—अपने आन्तरिक प्रकाश में। और उस कार्य को आगे बढ़ाना, जिसे राम ने प्रारम्भ किया है क्योंकि राम अब मौन हो जायेगा।' "

"मैंने उत्तर में कहा, 'स्वामी जी, जब मैं आऊँगा, तब आपको गुदगुदाऊँगा और आप हँसेंगे, बोलेंगे। मैं आपकी मौन-प्रतिज्ञा भंग कर दूँगा।"

"उनके नेत्र लाल हो उठे। उन्होंने अत्यन्त गंभीर होकर कहा, 'मौनी को कौन फिर से बुलवा सकता है?' मैं भय के मारे आगे एक भी शब्द न बोल सका।[१]"

पूर्णसिंह, पंडित जगतराम और नारायण स्वामी जब वशिष्ठ आश्रम से रवाना होने को हुये, तो स्वामी राम उन्हें छोड़ने के लिये पहाड़ी के नीचे बहुत दूर तक आये। वे उस समय झरने से स्नान करके आये थे और केवल गमछा मात्र पहने थे। ठीक उसी स्थिति में, नंगे बदन पूर्णसिंह आदि के साथ हो लिये। मंद-मंद फुहारें पड़ रही थीं। पूर्णसिंह की आँखों से आँसू की झड़ी लगी थी। राम ने अत्यन्त करुण स्वर में पूर्णसिंह से कहा, "पूरन जी, आप राम की शारीरिक अवस्था देख ही रहे हैं। उसकी कलम और जबान अब जल्दी ही मौन हो जाने वाली है। इसे कौन जान सकता है? अब संभवतः राम तुमसे नहीं मिल पायेगा, न ही वह मैदान में लौटेगा। आप अपने को राम में निमग्न करके, रामस्वरूप ही हो जाइये। पढ़िये, लिखिये और लोक-संग्रह निमित्त कर्म कीजिये। अब राम से किसी प्रकार की आशा रखनी व्यर्थ है। राम की इन बातों को सुनकर पूर्णसिंह के नेत्रों से अविरल अश्रुवर्षा होने लगी। जब पूर्णसिंह ने स्वामी राम को अन्तिम विदाई का प्रणाम किया, तो स्वामी राम उनके प्रणाम का बिना कोई उत्तर दिये, अकस्मात् पीठ फेर कर द्रुत गति से दौड़ने लगे। पीछे मुड़कर देखा भी नहीं। ऐसा प्रतीत होता था कि उन्होंने अपने सभी व्यक्तिगत संबंधों को एक झटके में तोड़ दिया। वह तेजी राम की अपनी तेजी थी। वैसी तेजी अन्यत्र नहीं दिखलायी पड़ती।

पूर्णसिंह ने टेहरी के हाईस्कूल के छात्रों के सम्मुख एक व्याख्यान दिया। टेहरी पहुँचने के एक दिन पश्चात् पूर्णसिंह तो मसूरी के लिये रवाना हो गये और नारायण स्वामी कुलियों का एक दल लेकर वशिष्ठ आश्रम की ओर चल पड़े। अक्टूबर के प्रारम्भ में स्वामी राम टेहरी पहुँचे। वे टेहरी-नरेश के अतिथि के रूप में सिमलसू वाले 'चन्द्रभवन' में ठहरे। पाँच दिनों के पश्चात् नारायण स्वामी सारे सर-सामान के साथ वशिष्ठ-आश्रम से वापस आये और स्वामी राम के साथ ही सिमलसू में ठहरे।

मुश्किल से पन्द्रह दिन बीते थे कि स्वामी राम का एकान्त-सेवन-भाव बड़े जोरों से उमड़ पड़ा। वे गंगा-तट पर ऐसे स्थान की खोज में निकल पड़े, जो सभी ऋतुओं में

---

१. दी स्टोरी आफ़ स्वामी राम, पूर्णसिंह (प्राचीन संस्करण), पृष्ठ १८३-१८४

सुविधाजनक और सुखप्रद हो। अन्त में उन्होंने एक त्रिभुजाकार मैदान की खोज की। यह स्थान राम की 'गंगी' द्वारा तीन ओर काट दिया गया था। एक शताब्दी के ऊपर हुआ जब से यह साधु-संन्यासियों का साधनास्थल बना हुआ था। स्वामी केशवाश्रम ने इस स्थान पर लगभग पचास वर्ष तक एकान्तिक साधना की थी और सौ वर्ष की आयु में इसी स्थल पर अपने नश्वर शरीर का परित्याग किया था। उनके कई गुरु-भाइयों ने उनका अनुसरण करके प्रत्येक ने बीस-बीस वर्ष के ऊपर उसी पुनीत स्थल पर तपश्चर्या की थी। उनकी कुटियों के भग्नावशेष अब भी थे। एक कुटी तो अभी भी रहने योग्य थी। सड़क से इसकी दूरी लगभग एक मील थी। इस स्थल की विशेषता यह थी कि यहाँ गंगा जी उत्तरवाहिनी थीं। ऐसे स्थल बहुत कम हैं जहाँ गंगा उत्तराभिमुख प्रवाहित होती हैं और यमुना पश्चिमाभिमुख। ऐसे स्थान विशेष पुनीत समझे जाते हैं। स्वामी राम ने इस स्थल पर निवास करने का तुरन्त निश्चय कर लिया। गाँव के कुछ व्यक्ति उनके साथ-साथ गये थे। उन्होंने उन ग्रामवासियों से उस कुटी की मरम्मत करने को कहा।

जब यह समाचार टेहरी-नरेश को मिला, तो उन्होंने अपने राज्य के पी०डब्ल्यू०डी० के नौकरों को यह निर्देश देकर भेजा कि वे राम के मनोनुकूल कुटिया का निर्माण कर दें। स्वामी राम ने जब टेहरी-नरेश की इस उदारता की बात सुनी, तो वे तुरन्त उच्च स्वर में बोले, "कीर्ति (महाराज कीर्तिशाह) भक्ति की साकार प्रतिमा है। राम उसके राज्य से कभी बाहर नहीं जायेगा। उसका शरीर अन्तिम दिनों तक यहीं रहेगा।" और अपने वचन की राम ने पूर्ति भी की।

स्वामी राम के निवास-स्थान का निर्माण हो रहा था। अब उन्होंने नारायण के लिये पृथक् निवास-स्थल के संबंध में विचार किया। नारायण का सिमलसू के 'चन्द्रभवन' में रहना स्वामी राम ने उचित नहीं समझा। स्वामी राम ने वभरोगी की गुफा में इसके पहले निवास किया था। यह गुफा यहाँ से तीन मील दूर थी और जंगल में गंगा-तट पर स्थित थी। स्वामी राम ने नारायण जी को उसी गुफा में जाकर एकान्त अभ्यास करने का आदेश दिया और उनसे यह भी कहा कि सप्ताह भर में केवल रविवार को उनसे मिलने आयें। नारायण स्वामी अपना सामान लेकर तुरन्त उस गुफा की ओर चलने को उद्यत हो गये। वे स्वामी राम के पास विदा होने के लिये गये। नंगे-बदन और नंगे सिर राम स्वामी नारायण जी के साथ चले। अपराह्न का समय था। दोनों संन्यासी शान्त भाव से चले जा रहे थे। दिन भर के परिश्रम के पश्चात् सूर्य पश्चिम की पहाड़ियों की ओट में विश्राम करने जा रहे थे। चरम शान्ति थी। अन्त में स्वामी राम ने अपना मौन भंग किया। उन्होंने गहरी साँस ली और ललकती आँखों से नारायण जी को देखते हुये कहा, "तात, अब राम शीघ्र ही शान्त हो जायेगा। कदाचित् अब उसकी लेखनी और जिह्वा उसका साथ छोड़ देंगी। तुम देखते ही हो कि राम का शरीर अब उत्तरोत्तर क्षीण होता जा रहा है; उसका मन संसार से अब एकदम भर गया है। किसी भी वस्तु के प्रति उसका आकर्षण नहीं रह गया है। मुझे अनुभव हो रहा है कि अब मेरा मैदानों को जाना न हो सकेगा। कोई आश्चर्य की बात नहीं कि राम का शरीर शीघ्र ही निष्क्रिय हो जाय। वह अपनी प्यारी गंगा की गोदी नहीं छोड़ेगा। यदि राम किसी उत्सव में आमंत्रित किया जाता है, तो उसके प्रतिनिधि के रूप में तुम उसमें सम्मिलित हो। अतः अब तुम अपनी गुफा में जाओ। एकान्त-साधन का सतत अभ्यास करो। प्रतिक्षण राम में गहराई से डूबने का

प्रयास करो और वेदान्त के साकार विग्रह के रूप में प्रकट हो जाओ। दुःख, चिन्ता एवं परेशानी आदि से ऊपर उठ जाओ। अपने साथ सदैव राम के सान्निध्य की अनुभूति करो। अपने भीतर और बाहर राम के अस्तित्व की प्रत्यक्षानुभूति करो। वह तुम्हारा शरीर है, वह तुम्हारा मन है। वह तुम्हारा सर्वस्व है। वह तुम्हारी ही अन्तरात्मा है। अपने एकान्तवास से स्वयं राम बन कर निकलो।"

स्वामी राम की बातें सुनकर नारायण स्वामी का हृदय बुझने लगा। स्वामी राम की इस वाणी से नारायण जी का मन एकदम उद्वेलित हो उठा। नाना प्रकार की आशंकायें उनके मस्तिष्क में मँडराने लगीं। उनके नेत्रों से अश्रु की अपार वृष्टि होने लगीं। अन्त में नारायण जी स्वामी राम के चरणों में अपना मस्तक रखकर उभय नेत्रों की गंगा-यमुना की धारा से उनका पद-प्रक्षालन करने लगे। स्वामी राम ने अत्यधिक स्नेह से उन्हें उठाकर गले लगा लिया। स्वामी राम की आँखों में से ठंडी अश्रुधार बह कर उनके उष्ण वक्षस्थल को शीतल करने लगी। कुछ क्षणों तक वे मूक भाव से खड़े रहे और परस्पर एक-दूसरे को करुणामयी दृष्टि से निहारते रहे। यह अद्भुत विदाई थी। शरीर दो, मन एक, प्राण एक, अन्तरात्मा भी एकान्त में स्वामी राम ने नारायण को यह कहकर विदा किया, "मेरे पुत्र, दुखी मत हो। एकान्त में निरन्तर अध्ययन, मनन, चिन्तन एवं आत्मानुसन्धान करो। ध्यान में केन्द्रीभूत हो जाओ। अपने मन को आत्मा में ही अनुरक्त कर दो। जब राम अपने नये निवास स्थान पर जायेगा, तो तुम प्रति रविवार को उससे मिलने आना। इस बीच में राम के शारीरिक वियोग की ओर रत्ती भर भी ध्यान मत देना। उसका पांचभौतिक शरीर शीघ्र ही निष्क्रिय हो जायेगा। इसकी सेवा-सुश्रूषा के संबंध में कुछ सोचो ही मत। आत्मोन्नति पर दृष्टि रखो। किसी अन्य का अवलम्ब मत ग्रहण करो। अपने पैरों पर खड़े हो; स्वावलम्बी बनो। वेदान्त के मूर्तिमान स्वरूप हो जाओ। संसार के कल्याण के निमित्त उसमें विचरण करो, दृष्टि सदैव आत्मा की अमरता, अखण्डता पर ही होनी चाहिये।" स्वामी राम के ये वाक्य नारायण स्वामी के मस्तिष्क में उनके जीवन-पर्यन्त गूँजते रहे। नारायण स्वामी भारी मन से सिर झुकाये अपने नवीन स्थान की ओर चल पड़े। वे गन्तव्य स्थान की ओर बढ़ तो अवश्य रहे थे, किन्तु उनके कदम कहाँ पड़ रहे थे, इसका ज्ञान उन्हें नहीं था।

इन बातों का अभिप्राय क्या हो सकता है? क्या स्वामी राम अपनी देहलीला संवरण करने जा रहे थे? क्या वे चिरकालीन महा-समाधि में निमज्जित होना चाहते थे? गंगा मैया की गोदी का वे कभी परित्याग नहीं करेंगे! निस्संदेह ही वे गंगा के पुनीत तट को छोड़कर अन्यत्र नहीं जायेंगे। क्या वे गंगा जी के वक्षस्थल पर सदैव के लिए सो जायेंगे? नहीं, नहीं इतना शीघ्र स्वामी राम हम लोगों को नहीं छोड़ेंगे! नये स्थान में स्वामी नारायण के मस्तिष्क में इसी प्रकार विचार रात-दिन मँडराते रहे। नारायण स्वामी इन्हीं विचारों में पाँच दिनों तक डूबते-उतराते रहे, तब तक शुक्रवार की शाम को उनके पास राम का यह सन्देश प्राप्त हुआ, "आत्मोन्माद, प्रगति का इकरारनामा (नामक निबन्ध) एक या दो दिन में पूरा हो जायेगा। रविवार को चले आओ। इसकी प्रतिलिपि कर लो। इसे 'जमाना' पत्रिका अथवा अन्य किसी पत्रिका में छपने के लिए भेज दो।"

नारायण जी गुरु के अपूर्व मिलन के भावी सुख की कल्पना में आत्मविभोर होकर बड़ी उत्सुकता के उस दिन की प्रतीक्षा कर रहे थे। स्वामी राम ने वियोग के असह्य कष्ट

में एक-एक दिन एक-एक युग के समान बीत रहे थे। शनिवार की संध्या के समय जब स्वामी नारायण गुरु के मिलन की कल्पना में मन ही मन अत्यधिक आनन्दित हो रहे थे कि ठीक उसी समय टेहरी-नरेश का अर्दली उनके पास पहुँचा और यह सन्देश सुनाया, "स्वामी जी, टेहरी-नरेश ने आपको याद किया है।" नारायण स्वामी ने उत्सुकता-वश प्रश्न किया, "क्यों क्या बात है?" अर्दली का उत्तर था, "महाराज, स्वामी राम को गंगा जी ने ले लिया है। मैं आपको खबर देने के लिए भेजा गया हूँ।" जिस क्षण नारायण स्वामी ने यह समाचार सुना, उस क्षण वे हक्के-बक्के और स्तम्भित हो गये। सन्ध्या की शान्ति उन्हें मृत्यु की शीतलता के समान प्रतीत होने लगी। वे तत्क्षण टेहरी की ओर दौड़ पड़े और आठ बजे रात को वहाँ पहुँच गये। सारा टेहरी-नगर शोकनिमग्न था। वहाँ के सारे मनुष्यों के ऊपर मुर्दनी छा गयी थी। सब के सब प्रेत की छाया के समान प्रतीत हो रहे थे। सब अंधकार में भूतों की भाँति घूम रहे थे। सभी की जबान पर यही वाक्य था—"राम कहाँ हैं? ओह, राम कहाँ हैं?' उस क्षण नारायण स्वामी की दशा बड़ी विचित्र हो गयी थी। वे शोक में उन्मत्त हो गये। उनके मुख से एक भी शब्द नहीं निकल पाया। अन्त में किसी प्रकार धैर्य धारण करके नारायण स्वामी ने स्वामी राम के रसोइया, भोलादत्त को बुलाकर पूछा, "मेरे राम को क्या हो गया है?" भोलादत्त ने स्वामी राम के देहावसान की विस्तृत गाथा बतायी।

भोलादत्त ने अपनी आँखों की देखी घटना इस प्रकार बतलायी—"स्वामी जी मुझे अपने साथ लेकर स्नान करने गये। मैंने उनसे पहले स्नान कर लिया। स्नान करने के बाद मैं तट पर बैठ गया और देखा कि स्वामी जी नीचे के पत्थरों पर व्यायाम कर रहे हैं। पन्द्रह मिनट के पश्चात् वे गंगा जी में घुसे। उन्होंने उस स्थान पर स्नान करना प्रारम्भ किया जहाँ गंगा जी की धार अत्यधिक प्रबल थी। वे गले तक जल में स्नान कर रह थे। मैंने कहा, 'महाराज, आगे न बढ़ें, धार बहुत ही तेज है।' उन्होंने उत्तर दिया, 'प्यारे डरो मत। मैं तैरना जानता हूँ।' इतना कहकर वे उस स्थान पर चट्टान की भाँति अडिग होकर खड़े हो गये। उन्होंने अपने हाथ-पैरों को मला और डुबकियाँ लगायीं। पाँच मिनट तक वे उसी प्रकार स्नान करते रहे। तत्पश्चात् फिर डुबकी लगायीं। जिस पत्थर पर खड़े होकर वे स्नान कर रहे थे, धार ने उसे बहा दिया। परिणाम यह हुआ कि स्वामी जी फिसल गये और उन्होंने अपना सन्तुलन खो दिया और तत्क्षण तेज धार में बहने लगे। थोड़ी दूर बहने के पश्चात् वे एक भँवर में फँस गये। मैं अत्यधिक भयभीत हो गया। उनकी सहायता के लिए चिल्लाने लगा। स्वामी जी ने भँवर के बीच से कहा, 'प्यारे। डरो मत। मैं तैरकर निकल आऊँगा।' मैंने देखा कि वे कुछ मिनटों तक भँवर से निकलने के लिए संघर्षरत हैं। जिस समय वे भँवर से बाहर निकले, ठीक उसी क्षण तेज धार ने उन्हें फिर भँवर में ला पटका। मैं पागल की भाँति उत्तेजित हो गया। मैं इधर-उधर दौड़कर उनकी सहायता के लिए चिल्लाने लगा। किन्तु आस-पास कोई व्यक्ति नहीं था। प्रत्येक व्यक्ति महाराजा साहब के स्वागत की तैयारी में एक भव्य जुलूस में सम्मिलित होने के लिए चला गया था, क्योंकि महाराजा साहब उस दिन गंगोत्तरी की यात्रा से वापस लौट रहे थे। स्वामी जी अपनी समस्त शक्ति लगाकर भँवर से एक बार फिर बाहर निकल आये। किन्तु वे मध्य धार में पहुँच गये, जहाँ कि धार अत्यधिक तीव्र थी। उनकी श्वास की गति रुकनी प्रारम्भ हो गयी और उनके मुँह में जल भरने लगा। ऐसी अवस्था में राम जोर से कहने लगे,

'जाना है तो जाओ। अपनी माँ का स्मरण कर! यदि तेरे भाग्यविधान में इसी भाँति जाना लिखा है तो जाओ।' इतना कहने के बाद उन्होंने 'ॐ' का उच्चारण एक अथवा दो बार किया। अब उनके मुँह में तेजी से पानी घुसने लगा। और उनकी 'ॐ' ध्वनि का प्रयास भी चल रहा था। अब स्वामी जी ने अपने समस्त अंगों को संकुचित कर लिया और अपने मन को आत्मा में केन्द्रीभूत कर दिया और धार में लगभग दो सौ फुट तक बहते रहे। तत्पश्चात् धार के वेग से उनका शरीर गुहा में प्रविष्ट हो गया। ज्यों ही उनका शरीर आँखों के सामने से ओझल हुआ, त्यों ही तोपों की सलामी की आवाज सुनायी पड़ी।"

इस प्रकार स्वामी राम के शरीर का अलक्षित होना एवं टेहरी के महाराजा का राजधानी में आगमन दोनों साथ-साथ घटित हुये। तोपों की गर्जन ने दोनों महाराजाओं का साथ-साथ स्वागत किया—टेहरी के महाराजा का अपनी राजधानी में प्रविष्ट होने के निमित्त और राम बादशाह का उस राजधानी में प्रविष्ट होने पर जहाँ, 'जहाँ', 'कहाँ' का अस्तित्व ही नहीं है और जहाँ सत्, चित् आनन्द का शाश्वत सिंहासन विराजमान है।

इस प्रकार १७ अक्टूबर, १९०६ को दीपावली के दिन ठीक पैंतीस वर्ष पूरा होने पर १२ बजे मध्याह्न, स्वामी राम ने अपना शरीर गंगा-मैया को समर्पित कर दिया। इस दुर्घटना के कुछ दिन बाद ही स्वामी राम की लिखने वाली मेज पर उनके अन्तिम लेख "आत्मोन्माद: प्रगति का इकरारनामा" के अन्तिम पृष्ठ पर एक लिखावट उर्दू में पायी गयी। उसमें उन्होंने मृत्यु को सम्बोधित करके उसे चुनौती दी थी। इससे यह स्पष्ट हो जाता है कि उनका देहावसान आकस्मिक न था। लिखावट इस प्रकार थी—

"इन्द्र! रुद्र! मरुत! विष्णु! शिव! गंगा! भारत!

ओ मौत! बेशक उड़ा दे इस एक जिस्म (शरीर) को; मेरे और शरीर ही मुझे कुछ कम नहीं। सिर्फ चाँद की किरणें, चाँदी की तारें पहन कर चैन से काट सकता हूँ। पहाड़ी नदी-नालों के भेस में गीत गाता फिरूँगा। बहरे मव्वाज (आनन्द के महासागर) के लिबास में लहराता फिरूँगा। मैं ही बादे-खुश-खराम (मनोहर वायु) और नसीमें मस्ताना गाम (प्रातःकालीन समीर की मस्ती) हूँ। मेरी यह सूरते-सैलानी (मनमौजी मूर्ति) हर वक्त रवानी (हलचल; गति) में रहती है। इस रूप में पहाड़ों में उतरा; मुरझाते पौधों को ताजा किया; गुलों (फूलों) को हँसाया; बुलबुल को रुलाया, दरवाजों को खटखटाया, सोते को जगाया, किसी का आँसू पोंछा, किसी का घूँघट उड़ाया। इसको छेड़, उसको छेड़, तुझको छेड़, वह गया! वह गया! वह गया! न कुछ साथ रखा, न किसी के हाथ आया!"

उपर्युक्त लिखावट की अन्तिम पंक्ति पेंसिल से लिखी गयी थी। स्वामी राम के रसोइये ने फिर बताया, "गंगा में स्नान करने के कुछ घंटे पहले स्वामी इन कागजों को लिख रहे थे। जब यह कागज (अभिप्राय यह कि मृत्यु सम्बन्धी अंतिम पत्र) लिखा जा रहा था, तो उनका मुखमण्डल अलौकिक आभा से चमक रहा था, वे अत्यधिक प्रसन्न दिखायी पड़ते थे। साथ ही मोतियों की लड़ी की भाँति अश्रुबिन्दु उनके नेत्रों से निकल रहे थे। वे ध्यान में निमग्न थे। मैं बड़ी देर तक उनके पास खड़ा रहा। किन्तु मेरी अवस्थिति का उन्हें भान न था। ११ बजे दोपहर का समय था। मैं उन्हें यह सूचित करने गया था कि उनका भोजन तैयार है। पर वे ध्यान में लीन थे। उनकी आँखें मुँदी थीं। पहले उनके हाथ से पेंसिल छूट कर गिर गयी, तत्पश्चात् कागज। वे ध्यान में इतने अधिक डूबे थे कि मेरे

खड़े होने का उन्हें पता नहीं चला। बड़ी देर तक प्रतीक्षा करने के बाद मैंने धीरे से कहा, 'महाराज आपका भोजन तैयार है।' किन्तु मुझे कोई उत्तर नहीं मिला। दोपहर होने के करीब थी। मैं खुद बहुत भूखा था। मुझसे भूख सही नहीं जा रही थी। कुछ मिनट बीतने के बाद मैंने जोर से कहा, 'महाराज, भोजन तैयार है।' स्वामी जी ने अपनी आँखें खोल दीं और मुझसे पूछा, 'प्यारे क्या कह रहे हो?' मैंने उत्तर दिया, 'महाराज साढ़े ग्यारह बज रहे हैं, भोजन तैयार है। मैं आपके स्नान के लिए ऊपर जल लाऊँ अथवा आप स्वयं चलकर गंगा जी में स्नान करेंगे?' (बात यह थी कि कुछ दिन पूर्व गंगा तट पर व्यायाम करते समय स्वामी जी के घुटने में पत्थर से चोट आ गयी थी। अतः उनके स्नान के लिये नीचे से गंगाजल लाया जाता था।) स्वामी जी ने मुस्कुरा कर मुझसे पूछा, 'तुमने भोजन कर लिया है अथवा नहीं?' मैंने उत्तर दिया, 'महाराज आज मैं स्नान करके, तब भोजन करूँगा। आपको स्नान-भोजन कराने के पश्चात् मैं नहाना चाहता था। अतः अब तक कुछ भी नहीं खाया है।' मेरी इस बात पर स्वामी जी दिल खोल कर हँसे और कौतूहलवश उन्होंने मुझसे पूछा, 'भाई, क्या बात है, जो स्नान करके भोजन करोगे?' (स्वामी जी को आश्चर्य हुआ कि उनका रसोइया भोलादत्त अन्य पहाड़ियों की भाँति हफ्तों स्नान नहीं करता था) मैंने उत्तर दिया, 'महाराज, आज दीवाली, संक्रान्ति और अमावस्या है। ऐसे शुभ पर्व के दिन, मैं बिना गंगा स्नान किये अन्न नहीं ग्रहण कर सकता।' स्वामी जी बोल उठे, 'अच्छा आज ऐसा पुनीत पर्व है! तब तो राम भी गंगा स्नान करेगा! चलो, साथ-साथ चलें' और हम लोग गंगा-तट पर साथ-साथ गये, जहाँ से स्वामी जी फिर नहीं लौटे।" अतः भोलादत्त के उपर्युक्त कथन से इस बात की भलीभाँति पुष्टि हो जाती है कि स्वामी राम ने अपने देहावसान के पूर्व मृत्यु को सम्बोधित करके उपर्युक्त बातें लिखीं।

स्वामी राम के देहावसान की बात को लेकर कुछ व्यक्तियों ने अनेक प्रकार के ऊहापोह किये हैं। पूर्णसिंह का विचार इस प्रकार है, "मैंने उस समय सोचा था कि इस संदर्भ के द्वारा राम ने हमें अपनी ही मृत्यु की पूर्व सूचना दी है। किन्तु कुछ कहा नहीं जा सकता। वे इसी शैली के लेख लिखा करते थे। हाँ, यह ध्यान देने की बात है कि उन्हें मृत्यु की याद आयी, उन्होंने उसके बारे में सोचा और वह आ गयी! संभव है महासमाधि के विचारों ने ही, जो इधर कुछ दिनों से उन पर छाये रहते थे और जिन्हें हम लोग उनके मन और मस्तिष्क की उदासीनता और थकान समझते थे, उनमें उस आत्यन्तिक वैराग्य का भाव पैदा किया हो, जिसे उस समय न मैं और न कोई दूसरा ही स्पष्ट रूप में सांगोपांग देख सकता था। उससे उन्हें लौटाने की बात तो बहुत दूर थी।"[१]

स्वामी नारायण ने अपनी राय इस प्रकार दी है, "स्वामी राम का शरीर इतना अधिक दुर्बल हो गया था कि उन्होंने सोचा कि अब इसके द्वारा संसार का कोई लाभप्रद मन्तव्य नहीं सिद्ध हो सकता। अतएव राम ने उसे गंगा जी के हवाले कर दिया अथवा राम में आन्तरिक आनन्द की इतनी अधिक बाढ़ आ गयी, आत्मानुभूति के आनन्द की इतनी अधिक प्रगाढ़ता हो गयी कि समस्त जगत् उन्हें शून्यवत् प्रतीत होने लगा। अतः उन्होंने मृत्यु को आमंत्रण दिया कि वह इस शरीर को उड़ा दे।" इसके साथ नारायण

१. दी स्टोरी आफ़ स्वामी राम, पूर्णसिंह (प्राचीन संस्करण) पृष्ठ १८६।

स्वामी यह भी स्वीकार करते हैं, "किन्तु स्वामी राम के तेज धार से संघर्ष करने, बचने की चेष्टा करने आदि से उपर्युक्त सिद्धान्तों की पुष्टि नहीं होती।"[1]

अतः यही निष्कर्ष निकाला जा सकता है कि स्वामी राम का देहावसान या तो आकस्मिक हुआ और या उन्होंने स्वयं जानबूझ कर अपना शरीर गंगा जी को समर्पित कर दिया।

स्वामी राम ने अपने देहावसान के कुछ ही पूर्व मृत्यु को संबोधित करके जो बातें लिखी हैं, उनसे आकस्मिक देहलीला संवरण की कल्पना तो सन्तोषप्रद नहीं प्रतीत होती। साथ ही आकस्मिक देहावसान की बात राम के बार-बार कहे गये, इस प्रकार के वाक्यों से मिथ्या प्रतीत होती है—"यदि राम के पास मृत्यु बिना उसके बुलाये आती है, तो उसकी स्वयं मृत्यु हो जायेगी।" जब तक भारत दासता से मुक्त नहीं हो जाता, तब तक राम अपना शरीर नहीं छोड़ेगा।", "राम की आज्ञा के बिना, मौत साँस भी नहीं ले सकती।", "राम तब तक नहीं मर सकता, जब तक वह स्वयं इस बात का संकल्प नहीं कर लेता।" यदि राम का देहावसान आकस्मिक मान लिया जाय, तो उनके द्वारा ऊपर दिये हुये बयान शेखी-बघारने, डींग हाँकने के समान निरर्थक प्रतीत होते हैं। साथ ही वे सभी व्यक्ति भी झूठे सिद्ध होते हैं, जिन्होंने प्रकृति के ऊपर स्वामी राम का स्वामित्त्व देखा है और उसका लिखित उल्लेख भी किया है।

क्या स्वामी राम ने शरीर की अत्यधिक दुर्बलता के कारण आत्महत्या की? जैसा कि मृत्यु को संबोधित लिखावट से प्रतीत होता है। किन्तु स्वामी राम के समस्त जीवन पर विहंगम दृष्टि डालने से आत्म-हत्या वाली बात नितान्त विरोधी प्रतीत होती है। वे तो भीषण से भीषण शारीरिक यंत्रणाओं में हँसते रहते थे। बल्कि बीमारी को वे आत्मानुसन्धान के निमित्त परमात्मा का वरदान समझते थे। यदि आत्महत्या की गयी, तो राम ने अपे अन्तिम लेख—'आत्मोन्माद : उन्नति का इकरारनामा' में संसार को क्यों संदेश दिया? जगत् को शून्य समझने पर, तो आत्महत्या का कोई प्रश्न ही नहीं उठ सकता। यदि स्वामी राम ने जगत् के प्रति घृणा भाव रख कर आत्महत्या की होती, तो उन्होंने अपनी समस्त कृतियों का गट्ठर बाँध कर गंगा जी में प्रवाहित कर दिया होता। नारायण स्वामी ने भी इस बात को स्वीकार किया है कि यदि राम ने जानबूझ कर आत्महत्या की होती, तो वे अपने बचाव के प्रयत्न के लिये संघर्षरत न हुए होते। संकल्प के परम धनी होने के कारण, स्वामी जी का जो भी निश्चय होता, उससे रत्ती भर टस से मस न हुए होते। अतः आत्महत्या के निश्चय करने पर, वे किसी भी दशा में अपने को बचाने की चेष्टा नहीं करते।

अतएव गंगा में राम के शरीर के प्रवाहित हो जाने का कुछ अन्य गम्भीर कारण हैं। बात यह है कि ब्रह्मज्ञानी की दृष्टि में सभी प्रकार के कार्यों का नितान्त अभाव हो जाता है। वह शरीर भाव से ऊपर उठकर आत्मभाव में स्थित हो जाता है। प्रारब्धानुसार लोगों की दृष्टि में वह शारीरिक एवं मानसिक कर्म करता हुआ दिखायी पड़ता है, किन्तु उसकी वृत्ति सदैव ब्रह्माकार रहती है। श्री मद्भगवद्गीता के पाँचवें अध्याय में इसका विश्लेषण इस भाँति किया गया है—

---

१. कुल्लियाते-राम, द्वितीय भाग, पृष्ठ ३३४।

नैवकिञ्चित्करोमीति युक्तो मन्येत तत्त्ववित्।
पश्यञ्शृण्वन्स्पृशञ्जिघ्रन्नश्नन्गच्छन्स्वपञ्श्वसन्॥८॥
प्रलपन्विसृजन्गृह्णन्नुन्मिषन्निमिषन्नपि।
इन्द्रियाणीन्द्रियार्थेषु वर्तन्त इति धारयन्॥९॥

—श्लोक ९-१०

अर्थात्, "हे अर्जुन तत्त्व को जानने वाला ब्रह्मज्ञानी, देखता हुआ, सुनता हुआ, स्पर्श करता हुआ, सूँघता हुआ, भोजन करता हुआ, गमन करता हुआ, सोता हुआ, श्वास लेता हुआ, बोलता हुआ, त्यागता हुआ, ग्रहण करता हुआ तथा आँखों को खोलता और मीचता हुआ भी सब इन्द्रियाँ अपने-अपने अर्थों में बरत रही हैं, इस प्रकार समझता हुआ, निस्सन्देह ऐसे माने कि मैं कुछ भी नहीं करता हूँ।"

ब्रह्मज्ञान प्राप्त होने पर अज्ञान और मोह की निवृत्ति तो हो जाती है, किन्तु प्रारब्ध कर्म ज्ञानवान् को भी भोगने पड़ते हैं। प्रारब्ध कर्मों के भोग से कर्म का नितान्त अभाव हो जाता है। मनुष्य की इच्छा स्वतंत्र होती है। कोई भी ज्योतिषी, व्यक्ति के सुनियोजित कर्मों के संबंध में किसी प्रकार की भविष्यवाणी करने में असमर्थ है। प्रारब्ध कर्मों के फल के संबंध में भविष्यवाणी की जा सकती है। स्वामी राम के संबंध में ज्योतिषियों ने भविष्यवाणी की थी कि इनकी मृत्यु जल में डूबने से तीस और चालीस वर्ष की आयु के बीच होगी। ब्रह्मज्ञानी व्यष्टि भाव से उठकर समष्टि रूप हो जाता है; विश्वात्मा हो जाता है। उसी की आज्ञा से अग्नि और सूर्य तपते हैं, इन्द्र शासन करते हैं, वायु बहती है एवं मृत्यु भी अपने कार्य में रत होती है। उसकी आज्ञा के बिना एक पत्ता भी नहीं हिल सकता, एक वनस्पति भी नहीं उग सकती और बादलों से एक बूँद जल भी नहीं बरस सकता। अतः स्वामी राम का मृत्यु के संबंध में अपने स्वामित्त्व की बात कहना बिलकुल यथार्थ है, वह शत-प्रतिशत सही है। किन्तु उन्हें प्रारब्ध कर्म तो क्षय करना ही था। प्रारब्ध कर्म का नाश हो जाने पर उन्होंने मृत्यु को आमंत्रण दिया कि वह उनका शरीर उड़ा दे। बचने का प्रयास इसलिये किया कि जीव धर्म है कि वह मृत्यु से बचने का प्रयास करे। शरीर और मन का धर्म है कि मृत्यु से बचा ज़ाय। किन्तु उन्होंने जब यह समझ लिया कि अवसान अपरिहार्य है, तब आत्मस्थ होकर 'ॐ ॐ' का उच्चारण करने लगे और जलधारा पर सवार होकर अपनी अन्तिम बादशाहत की तेजस्विता प्रकट की। उनका देहावसान कितना भव्य था। जिस प्रकार उनका जीवन उदात्त था, उसी प्रकार उनके पांचभौतिक शरीर का निधन भी महान् था। उन्होंने अपने शरीर का उसी भाँति परित्याग किया, जैसे साँप अपनी केचुली का परित्याग करता है। प्रणव का उच्चारण करते हुये शरीर छोड़ना योगी, ब्रह्मज्ञानी की परम सिद्धावस्था मानी जाती है। श्रीमद्भगवद्गीता के आठवें अध्याय में भगवान् श्रीकृष्ण ने शरीरपरित्याग करते समय प्रणवोच्चारण के माहात्म्य का वर्णन इस भाँति किया है—

ओमित्येकाक्षरं ब्रह्म व्याहरन्मामनुस्मरन्।
यः प्रयाति त्यजन्देहं स याति परमां गतिम्॥१३॥

-श्लोक १३

अर्थात् "जो पुरुष, ॐ ऐसे इस एक अक्षर रूप परब्रह्म को उच्चारण करता हुआ और उसके अर्थ रूप मेरा चिन्तन करता हुआ शरीर को त्याग कर जाता है, वह पुरुष परम गति को प्राप्त होता है।"

इसमें सन्देह नहीं कि पांचभौतिक शरीर भौतिक स्तर पर आत्मा की अभिव्यक्ति का माध्यम है; किन्तु संसार की अन्य नश्वर भौतिक वस्तुओं के समान, इस शरीर की भी एक सीमा निर्धारित रहती है। ब्रह्मज्ञानी को कभी-कभी यह पांचभौतिक शरीर आध्यात्मिक प्रगति में साधक की अपेक्षा, बाधक सिद्ध होता है। कदाचित् इसी भावना से ओतप्रोत होकर स्वामी राम ने अपने शरीर के विनष्ट होने की बात नारायण स्वामी एवं पूर्णसिंह से कही थी। किन्तु अपनी इच्छा से शरीर का परित्याग करने से कर्मों की नयी शृंखला का निर्माण हो जाता है। अतः स्वामी राम ने प्रारब्ध-कर्मों के क्षय की प्रतीक्षा बड़े धैर्य से की थी। प्रारब्ध कर्म के पूर्णतया क्षय होने के पश्चात् उनके शरीर का पात सहज रूप से ठीक उसी भाँति हो गया, जैसे फल पक जाने पर अपने आप डाली को छोड़ देता है।

स्वामी राम की जल-समाधि की घटना के लगभग एक सप्ताह पश्चात्, उनका शरीर सिमलसू-उद्यान के समीप गंगा जी के ऊपर बहता पाया गया। उसी स्थान के समीप, जहाँ शरीर डूबा था। बड़ी कठिनाई से गंगा-मैया ने अपने परम प्रिय भक्त, राम का शरीर लोगों को अन्तिम संस्कार करने के लिये दिया। बड़े आश्चर्य की बात यह देखी गयी कि उनका शरीर ज्यों का त्यों था। वह समाधि अवस्था के आसन में स्थित था—पद्मासन की स्थिति में, दोनों हाथ पलथी मारे हुये पैरों पर स्थित, मेरुदण्ड और गर्दन एकदम सीधे, आँखें बन्द और ओष्ठ इस भाँति खुले हुये, जैसे ओंकार के उच्चारण करने में रत हों। टेहरी के महाराजा साहब ने स्वामी राम के प्रति शोक-प्रदर्शन के निमित्त अपने राज्य के समस्त दफ्तरों को बन्द कर दिया।

स्वामी राम का शरीर नये वस्त्र (कफन) से लपेट कर प्रवाहित करने के लिये गंगा जी में लाया गया। भिलिंग की गंगा में नहीं। (जहाँ इसकी प्राप्ति हुयी थी), बल्कि भागीरथी गंगा में उस गंगा में, जो भारत के समस्त हिन्दुओं की 'माँ गंगा' के रूप में, आराधित हैं। गंगा-तट पर पहले विधिवत अन्तिम संस्कार किया गया। तत्पश्चात् उनके शव को काठ की मंजूषा में रख कर गंगा जी में प्रवाहित कर दिया गया। बड़े कौतूहल की बात यह हुयी कि यह काठ की मंजूषा जल में डूबी नहीं, हालाँकि उसमें काफी पत्थर के टुकड़े भर दिये गये थे। वह मंजूषा गंगा जी की उद्वेलित तरंगों पर तैरती रही। लगभग सौ फुट तक प्रवाहित होकर वह गंगा जी की बीच धार में एक चट्टान से जा लगी। नारायण स्वामी अपनी जान हथेली पर रखकर, उस मंजूषा को जल में डुबोने के लिये वहाँ जा पहुँचे। ज्यों ही उन्होंने उसका स्पर्श किया, त्यों ही वह मंजूषा उलट गयी। यद्यपि मंजूषा का ढक्कन लोहे की मजबूत कीलों से जकड़ दिया गया था, तथापि वे कीलें छिन्न-भिन्न हो गयीं और राम का शव मंजूषा से बाहर निकल कर गंगा जी की उन्मुक्त लहरों पर तिरने लगा और थोड़ी देर बाद स्वतः गंगा जी की अनन्त जलराशि के नीचे बैठ गया। इस प्रकार स्वामी राम की प्रतिज्ञा पूरी हुई—

**'गंगा जी मैं तुझ पै बलि जाऊँ।'**

□□□

# एकादश अध्याय

# स्वामी राम की राष्ट्रीयता एवं देशभक्ति

प्रारम्भ के दस अध्यायों में स्वामी राम के जीवन-वृत्त के प्रारम्भ, क्रमिक विकास, चरमोत्थान एवं महाप्रयाण के प्रसंगों का वर्णन किया गया है। उनका जीवन प्रारम्भ से अन्त तक महान् कर्मठता, साधना, स्वाध्याय, चिन्तन, मनन, निदिध्यासन, आत्मानुसन्धान, अद्वैतानुभूति का अलौकिक जीवन है। उन्होंने अथक परिश्रम, सतत अभ्यास, ऐकान्तिक साधना एवं आत्मानुभूति से जो कुछ भी प्राप्त किया उसे अपने देश एवं संसार के सम्मुख बिखेर दिया, अपने गुह्य से गुह्यतम भावों और विचारों को रत्ती भर भी छिपाने की चेष्टा नहीं की। उन्होंने अपने लेखों, व्याख्यानों, सामान्य वार्तालापों में अपना सर्वस्व दे देने का प्रयास किया। ब्रह्मज्ञानी का एक-एक शब्द वेदवाक्य हो जाता है। वेद भी तो मंत्रद्रष्टा ऋषियों की ही वाणी है। अब हम स्वामी राम के उन विशिष्ट गुणों को देखने का प्रयास करेंगे, जिनके कारण वे प्रत्येक शिक्षित भारतवासी के हृदय में बसे हुये हैं।

स्वामी राम संन्यासी हो गये और उन्होंने प्रत्येक वस्तु का परित्याग कर दिया। त्याग संन्यासी का भूषण माना जाता है। सर्वसाधारण की दृष्टि में देशभक्ति अथवा राष्ट्रीयता की भावना संन्यास धर्म के प्रतिकूल है, क्योंकि यह भी एक प्रकार की कामना है। अतः जिस संन्यासी की दृष्टि में समस्त जगत् मृग-मरीचिका के समान है, उसका इस प्रकार के प्रपंचों में फँसना शोभनीय नहीं प्रतीत होता।

किन्तु स्वामी राम व्यावहारिक वेदान्त की साक्षात् प्रतिमा थे। श्रीकृष्ण भगवान् ने श्रीमद्भगवद्गीता में स्थान-स्थान पर इस बात पर बल दिया है कि 'आसक्ति और कामनाविहीन कर्म बन्धन का हेतु नहीं होता।' लोक-संग्रह के निमित्त इस प्रकार के कार्यों के सम्पादन से ब्रह्मज्ञानी की तो कोई हानि नहीं होती, हाँ उसके आस-पास के वातावरण में ऐसे कर्मों के सम्पादन से सात्विकता एवं शुद्ध रजोगुण की सृष्टि अवश्य होती है।

स्वामी रामतीर्थ ने यह भलीभाँति अनुभव कर लिया था कि सदियों की दासता के कारण देश तमोगुण की प्रगाढ़ निद्रा में सो रहा है। स्वामी राम के पाँच भौतिक शरीर का निर्माण, भारत के पंचतत्त्वों से हुआ था। उसी के अन्न-जल से उनके शरीर का विकास हुआ। उसी का नमक उन्होंने खाया था, अतः वे नमक हलाली कैसे न करते? यदि वे अपनी साधना में देशभक्ति अथवा राष्ट्रीयता को रंचमात्र बाधक समझते, तो वे उसका तत्क्षण परित्याग कर देते। फिर कोई भी शक्ति उन्हें अपने इस संकल्प से विचलित नहीं कर सकती थी। अतः स्वामी राम देशसेवा को 'आत्म-विकास' और 'देश के कल्याण' का मूल मंत्र समझते थे। उनकी देशभक्ति की विशेषता यह थी, कि वह वेदान्त की अनुपम मस्ती के पुट से युक्त थी। हृदय की प्रबल अनुभूति एवं वेदान्त की मस्ती से समन्वित स्वामी राम की देशभक्ति, तुरन्त देशवासियों का हृदय-स्पर्श कर लेती थी। ब्रिटिश सरकार

की पैनी एवं क्रूर दृष्टि ने स्वामी राम के अप्रतिम प्रभाव को तुरन्त ताड़ लिया। तभी तो उनकी गतिविधियों पर सरकार के गुप्तचर-विभाग की कड़ी निगरानी रहती थी।

देशभक्ति की प्रचण्ड अग्नि उनके हृदय में 'धू-धू' करके जल रही थी। अतएव वे भारत की धार्मिक, सामाजिक एवं राजनीतिक सभी समस्याओं पर निरन्तर अपने महाप्रयाण के अन्तिम दिनों तक कुछ न कुछ लिखते और बोलते रहे। वे अपने देशवासियों के सामने नवीन दृष्टिकोण रखना चाहते थे, उनमें नवीन स्फूर्ति भर देना चाहते थे और साथ ही उनमें शक्ति-सम्पन्न प्राणों का संचार कर देना चाहते थे। वे देशवासियों को अकर्मण्यता से जगाकर प्रबल कर्मानुष्ठान की सीख बराबर देते थे। इसलिये जापान के टोकियो नगर में दिये गये व्याख्यान—'सफलता के रहस्य' को अनेक रूपों, अनेक पुस्तकों में विस्तृत किया है। स्वामी रामतीर्थ की विलक्षण बुद्धि ने अत्यन्त सफलतापूर्वक वेदान्त जैसे निर्गुण दर्शन को व्यावहारिक अथवा प्रयोगात्मक वेदान्त में परिणत करके उसे देशभक्ति का जीता-जागता संदेश बना दिया एवं प्राचीन सामग्री के आधार पर देशभक्ति का यह दर्शनशास्त्र सुगमता और स्वाभाविकता से निर्मित कर दिया। हमारी तो यह निश्चित धारणा है कि स्वामी विवेकानन्द और स्वामी रामतीर्थ के देशभक्ति-सम्बन्धी इन उदात्त विचारों से आगे चलकर लोकमान्य बाल गंगाधर तिलक, योगी अरविन्द, महात्मा गांधी एवं लाला लाजपत राय अत्यधिक प्रभावित हुये और उन लोगों ने अपने-अपने ढंग से उन विचारों को परिपुष्ट करके और आगे बढ़ाया। त्यागी संन्यासियों की देशभक्ति में अपूर्व शक्ति होती है। सामान्य जनता बरबस उनकी ओर आकृष्ट हो जाती है। वास्तव में सम्पूर्ण त्यागी, निस्पृह, द्वन्द्वातीत पुरुष की देशभक्ति में जो अनन्यता होगी, वह लोभी-लालची, कामनायुक्त के हृदय में नहीं हो सकती।

स्वामी रामतीर्थ के 'आलोचना और विश्व प्रेम', 'यज्ञ के मन्तव्य', 'भारत के नवयुवकों से', 'उन्नति का निश्चित विधान', 'नकद धर्म' आदि लेखों में देशभक्ति का प्रचण्ड बड़वानल धधक रहा है। भारतीय राष्ट्र-निर्माणकारी साहित्य में स्वामी जी के उद्‌बोधन-युक्त आह्वानों का अप्रतिम स्थान है। उनके शब्द-शब्द में देशभक्ति का ज्वार-सा उमड़ता दिखलायी पड़ता है—

"भारतवर्ष मेरा शरीर है। कोमोरिन मेरे पैर और हिमालय मेरा सिर है। मेरी जटाओं से गंगा बहती हैं और मेरे सिर से ब्रह्मपुत्र और सिन्ध निकली हैं। विन्ध्याचल मेरे कमर की लंगोटी है। कोरोमण्डल मेरी बायीं और मालावार मेरी दाहिनी टांगें हैं। मैं समूचा भारतवर्ष हूँ। उसका पूर्व और पश्चिम मेरी बाँहें हैं, जिन्हें मैंने मानव-समाज का आलिंगन करने के निमित्त फैला रखा है। मेरा प्रेम सार्वभौमिक है। ओ मेरे शरीर की आकृति कैसी है! मैं खड़े होकर अनन्त आकाश की ओर दृष्टिपात कर रहा हूँ। मेरी अन्तरात्मा विश्वात्मा है। जब मैं चलता हूँ, तो मैं सोचता हूँ कि भारत चल रहा है। जब बोलता हूँ, तब सोचता हूँ कि भारत बोल रहा है। जब श्वास लेता हूँ, तब भारत ही श्वास लेता हुआ प्रतीत होता है। मैं भारतवर्ष हूँ, मैं शंकर हूँ, मैं शिव हूँ। यही देशभक्ति का सर्वोत्तम साक्षात्कार है। यही है व्यावहारिक वेदान्त।"

"ओ अस्ताचलगामी सूर्य, क्या तू भारत में उदय होने जा रहा है? क्या तू दया करके राम का यह संदेश उस पुण्य और प्रताप की भूमि तक पहुँचा देगा? ओ, मेरे प्रेम

के ये अश्रुबिन्दु मेरे भारत के खेतों में प्रातःकालीन ओस कण बन जावें! जैसे शैव शिव को पूजता है, वैष्णव विष्णु को, बौद्ध बुद्ध को, ईसाई ईसा को, मुसलमान मुहम्मद को, उसी प्रकार जलते हुए हृदय की लौ के साथ मैं अपने भारत को एक शैव, विष्णु, बौद्ध, ईसाई, मुसलमान, पारसी, सिक्ख, संन्यासी, शूद्र अथवा किसी भी भारतवासी की स्थिति से देखना और पूजना चाहता हूँ। ऐ भारतमाता, मैं तेरे सभी रूपों, सभी प्रादुर्भावों का उपासक हूँ। तू ही मेरी गंगा, मेरी काली, इष्टदेव और मेरा शालिग्राम है। उपासना के बारे में उपदेश करते हुये वे भगवान्, जिन्हें इस पुण्यभूमि की मिट्टी खाने से बड़ा प्रेम था कहते हैं, 'जो अपना दिल उस अव्यक्त परमात्मा में लगाते हैं, उनका मार्ग बड़ा दुष्कर होता है, क्योंकि शरीरधारी को निराकार, अव्यक्त के पथ पर चलना बड़ा कठिन है।' ऐ मनमोहन श्रीकृष्ण, तुम्हारी आज्ञा शिरोधार्य! मुझे भगवान् की उस पूजा का मार्ग ग्रहण करने दो, जिसकी सम्पत्ति के बारे में कहा जाता है एक बूढ़े बैल, एक टूटी खाट, एक पुरानी कुल्हाड़ी, धूनी की भस्म, सर्प और नरमुण्डमाला के सिवा, उनकी गृहस्थी में और कुछ था ही नहीं!.......पर केवल मौखिक अधूरे दिलवाली प्रशंसा अथवा सहानुभूति से काम नहीं चलेगा राम तो भारत के प्रत्येक बच्चे से सक्रिय सहयोग चाहता है कि वह राष्ट्रीयता के इस गतिशील धर्म को फैलाने के लिये कटिबद्ध हो जाय। बच्चा युवावस्था को तब तक नहीं प्राप्त हो सकता, जब तक वह पहले किशोरावस्था प्राप्त नहीं कर लेता। कोई व्यक्ति उस समय तक कदापि परमात्मा के साथ, उस अखिल परमात्मा के साथ एकता का अनुभव नहीं कर सकता, जब तक सम्पूर्ण राष्ट्र के साथ एकता का भाव उसकी नस-नस में जोर न मारने लगे। तो भारत का प्रत्येक सपूत सम्पूर्ण भारत की सेवा के लिये सन्नद्ध हो जाय, क्योंकि अखिल भारत उसके प्रत्येक पुत्र में मूर्तिमान हो रहा है। हमारे यहाँ प्रत्येक नगर, सरिता, वृक्ष और शिला, यहाँ तक कि पशु को भी देवता के रूप में माना और पूजा जाता है। क्या वह समय नहीं आया कि हम समूची भारतभूमि की भगवती माता के रूप में पूजा के लिये तत्पर हो जायँ और उसका प्रत्येक आंशिक प्रादुर्भाव हममें सम्पूर्ण भारत की भक्ति भर दे। प्राण-प्रतिष्ठा के द्वारा हिन्दू दुर्गा की मूर्ति को सजीव बना लेते हैं। क्या ही अच्छा हो, अरे क्या वह समय नहीं आया जब हम भारतमाता की जीती-जागती मूर्ति में प्राण और प्रकाश का संचार करें और उसके अप्रकट अन्तःगौरव को विकसित करने के लिये सन्नद्ध हो जायँ! हम पहले अपने हृदय एक कर लें, फिर हमारे सिर और हाथ-पैर, सब अंग-प्रत्यंग एक होकर काम करने लगेंगे।

ईश्वर का साक्षात्कार करने के लिये, संन्यासी-भाव ग्रहण करना होगा। दूसरे शब्दों में स्वार्थलिप्सा का पूर्ण त्याग करके, अपनी क्षुद्र आत्मा को भारतमाता की महान् आत्मा का सच्चा अनुगामी बना देना होगा। सच्चिदानन्द परमात्मा के अनुभव के लिये, हमें ब्राह्मण-भाव ग्रहण करना होगा, अर्थात् अपने मस्तिष्क को पूर्णतः राष्ट्र की उन्नति के विचारों में लगा देना होगा। सच्चिदानन्द की प्राप्ति के लिये हमें सच्चा क्षत्रिय-भाव ग्रहण करना होगा जिससे प्रेरित होकर हम प्रतिक्षण देश के लिये जीवन उत्सर्ग करने को कटिबद्ध हो जायँ। ईश्वर की प्रत्यक्षानुभूति के लिये हमें सच्चा वैश्य-भाव सीखना पड़ेगा, जिससे हम अपनी सम्पत्ति को सदैव राष्ट्र की धरोहर मानने लगें। किन्तु आज इस लोक अथवा परलोक में आनन्द और राम के अनुभव के लिये हमें मानसिक विचार-प्रधानता को व्यावहारिक स्थूल रूप देना होगा। हमें इस संन्यास-भाव को क्रिया के रूप में परिणत करना होगा। उसे

अपने हाथों-पैरों के द्वारा शारीरिक श्रम के कार्यों में व्यक्त करना होगा; जो किसी समय केवल पवित्र हृदय शूद्रों का धर्म माना जाता था। आज संन्यास-भाव और अस्पृश्य करों का पाणिग्रहण हो। आज केवल, एकमात्र यही मार्ग है। जागो, जागो!

देखा, संसार के अन्य देश भी अपने व्यवहार के द्वारा हमारी भारतभूमि को संसार की एकमात्र 'ब्रह्मभूमि' को आज इसी व्यावहारिक धर्म की शिक्षा दे रहे हैं।

जब कि एक जापानी नवयुवक अपनी माता की सेवा में (गृहस्थ धर्म) व्याघात होने के भय से सेना में भरती नहीं हो पाता, तो माता आत्महत्या कर लेती है। निम्न श्रेणी के (गृहस्थ) धर्म को उच्च श्रेणी के (राष्ट्रीय) धर्म की वेदी पर बलिदान कर दिया जाता है।

भला, उन तेज पुंज आदर्श गुरु गोविन्दसिंह के त्याग का दृष्टान्त संसार में अन्यत्र कहाँ मिल सकता है, जिन्होंने राष्ट्रीय धर्म के पीछे व्यक्तिगत, गार्हस्थ्य और सामाजिक धर्मों का पूर्ण परित्याग करके आत्मोत्सर्ग का महानतम आदर्श उपस्थित किया है।

लोग शक्ति के पीछे पागल रहते हैं। एक बार अपनी आत्मा का समस्त राष्ट्र की आत्मा के साथ तादात्म्य तो कर लो और देखो अनन्त शक्ति तुम्हारे सामने हाथ जोड़े खड़ी रहती है या नहीं? अन्त में राम इस्लाम धर्म के पैगम्बर के सुन्दर शब्दों में इस भाव को दुहराना चाहता है—

'यदि सूर्य मेरी दाहिनी ओर खड़े होकर और चन्द्रमा मेरी बायीं ओर खड़े होकर मुझे लौटने का आदेश दें, तो मैं कदापि उनकी आज्ञा नहीं मान सकता।' ओम्, ओम्!

बी०ए० और एम०ए० की डिग्रियाँ तो तुम्हें विश्वविद्यालयों से मिलती हैं, किन्तु तुम कायर बनते हो अथवा शूरवीर? इन दोनों लक्ष्यों के बीच तुम्हें स्वयं निर्णय करना होगा। बताओ, तुम्हें कौन-सा स्थान पसन्द है? पददलित गुलाम का अथवा स्वतंत्र जीवन के स्वामी का? शक्तिसम्पन्न शुद्ध जीवन ही सदा इतिहास में निर्णायक सिद्ध होता है। 'न्यूटन' का गति-सम्बन्धी द्वितीय नियम शक्ति की परिभाषा इस प्रकार करता है, 'जो पदार्थ पर कार्य करके उसकी गतिदिशा में परिवर्तन कर दे, उसे शक्ति कहते हैं।' अनेकानेक शताब्दियों से अस्वाभाविक विरोध और उससे भी भयंकर उदासीनता और तटस्थता हमारे देश को रीतिरिवाज और अन्धविश्वास के प्राचीन ढर्रे और परिपाटी पर लिये जा रहा है। ओ सुसंस्कृत और चरित्रवान् नवयुवकों, अब यह तुम्हारा काम है कि तुम इस अनावश्यक अपकारक ढाँचे में परिवर्तन लाने के लिए जीती-जागती शक्ति बन जाओ। पुरातन तमोगुण पर विजय प्राप्त कर आवश्यकतानुसार देश की गतिविधि में दिशा-परिवर्तन करो। जहाँ चाहो, उसकी गति तीव्र करो और जहाँ उचित हो उसके मूलस्वरूप में परिवर्तन और परिवर्द्धन कर दो। काम करो, दिन-रात काम करो। भूतकाल को वर्तमान के अनुसार ढालो और अनुकूल बनाओ और फिर वीरता के साथ अपने शुद्ध, पवित्र और शक्तिशाली वर्तमान को भविष्य की दौड़ में सबसे आगे बढ़ने दो।

.......एक साधारण स्थिति का भारतीय परिवार हमारे सम्पूर्ण राष्ट्र का परिचायक है। अत्यन्त स्वल्प साधन, आहार-ग्रहण करने वाले मुखों की दिन प्रतिदिन वृद्धि, इस पर भी निस्सार, निर्दय उत्सवों में अनावश्यक व्यय का भार ऊपर से! अरे एक ही अस्तबल में बँधने वाले पशु भी एक-दूसरे से लड़ते-भिड़ते मर जायेंगे, यदि चारा केवल एक-दो के

लिये होगा। उनकी संख्या सैकड़ों तक पहुँच जाय, तो भगवान् ही मालिक है! संघर्ष की जड़ को न मिटाना और लोगों को शान्ति की शिक्षा देना उपदेश का उपहास करना है। मेरे देशवासी हृदय से शान्त और विनीत हैं। उनका हृदय विद्रोह नहीं चाहता। किन्तु देशकाल एवं वातावरण की विषम परिस्थितियों में इन्द्रियों के वेग उनके सिर पर सवार हों, तब वे बेचारे ईर्ष्या-द्वेष और स्वार्थ-लिप्सा से कैसे बच सकते हैं? यदि हम जनसंख्या की समस्या को यों ही पड़ी रहने देंगे, तो राष्ट्रीय एकता और पारस्परिक सद्भावना की चर्चा आकाश-कुसुम की कल्पना, कल्पना मात्र होगी। हमें इस जटिल ग्रन्थि को अवश्यमेव सुलझाना पड़ेगा, अन्यथा हमारी मृत्यु निश्चित है। प्राणि-विज्ञान के सिद्धान्तों के अनुसार ऐसे अति सामान्य सामाजिक वातावरण में, जहाँ घनघोर यंत्रणायें नित्य प्रति उसके सदस्यों को भोगनी पड़ती हों सहानुभूति और स्वार्थ साधन साथ-साथ कभी नहीं चल सकते। ओ भारतवासियों, ऐसी भयंकर दरिद्रता के बीच सहानुभूति एवं प्रेम के विकास की कल्पना करना आशा के विरुद्ध आशा करना है। भौतिक विज्ञान के विद्यार्थी जानते हैं कि कोई भी, किसी प्रकार का भौतिक पदार्थ तभी तक अपना अंतरंग सामंजस्य स्थिर रख सकता है, जब तक उसके सम्पूरक कण एक-दूसरे से इतनी समान दूरी पर स्थित रहते हैं कि प्रत्येक कण को अपने पड़ोसी की नियमित नृत्यमय गतिविधि में कोई बाधा उपस्थित किये बिना ही स्वयं अपनी गतियों को सम्पादन के हेतु यथेष्ट अवकाश मिलता रहे। अब जरा भारतवर्ष के विशाल जन-समुदाय पर दृष्टि डालिये। क्या उसका प्रत्येक व्यक्ति बिना दूसरे से लड़े-भिड़े अपने शान्तिमय क्रिया-कलापों का सम्पादन कर सकता है? क्या उन्हें स्वतन्त्र एवं प्राकृतिक कार्यों के निमित्त यथेष्ट अवकाश मिलता है? यदि एक प्राणी के भरपेट खाने से दस को भूखा मरना पड़ता है, तो निस्सन्देह तुम्हें तुरन्त ही राष्ट्रीय सामंजस्य को सुस्थिर रखने के लिए उद्योगशील होना चाहिये! अन्यथा भारत के लिये एक ही मार्ग बचता है कि चुपचाप स्वच्छन्द प्रकृति के भयंकर अंक में जा पड़े और उन भयंकर कष्टों को भोगे, जिन्हें महर्षि वशिष्ठ ने अकाल, महामारी, प्रलयंकारी युद्ध और भूकम्प आदि की संज्ञा दी है।

एक समय था, जब कि भारत के आर्य-निवासियों ने बड़ी संख्या में सन्तान का पैदा होना वरदान स्वरूप माना जाता था। किन्तु वे दिन चले गये, देशकाल की परिस्थिति में आकाश-पाताल का अन्तर हो गया। भारत की जनसंख्या में बाढ़-सी आ गयी। ऐसी परिस्थिति में वृहत् परिवारों का होना अभिशाप रूप हो गया है।......आओ, अब हम उस महाभयंकर और हानिप्रद विचार को, जो इतने दिनों तक हमारे व्यवहार को चक्कर में डाले रहा, भारत के धरातल से बाहर कर दें। कौन-सा विचार, कौन-सा सिद्धान्त? 'विवाह करो, अन्धाधुन्ध सन्तान उत्पन्न करो, जीवन की श्वासें पूरी करो और गुलामी में मर जाओ।'

नवयुवकों, इसे बन्द करो! इस प्रथा को बन्द करो! ऐ नवयुवकों तुम भारत के भविष्य के लिये उत्तरदायी हो; तुम्हें इसे बन्द करना ही होगा। धर्म के नाम पर, अपने देश, भारत के नाम पर, स्वयं अपने हित के लिए, अपनी सन्तानों के कल्याण के निमित्त, दया करके देश में अंधाधुंध, असामयिक, विचारविहीन विवाह-पद्धति का अन्त कर दो। इससे लोगों के जीवन में पवित्रता आयेगी और किसी अंश में जनसंख्या की गम्भीर समस्या भी हल होगी।

भारत के प्राचीन इतिहास पर ध्यान देने से हमें पता चलता है कि जैसा दूसरे देशों में हुआ, वैसे ही हमारे भारत में भी निशाकाल के आगमन का एकमात्र अन्तिम अन्तरंग कारण बनी है हमारी पार्थक्य नीति। 'ओ हो, हमारे इस कमरे (भारत) में सूर्य का कैसा विशाल, उज्ज्वल, गौरवमय प्रकाश है! ओ, यह मेरा है, केवल मेरा है, मैं किसी को उसमें साझीदार नहीं होने दूँगा।'—बस ऐसा कहकर हमने सचमुच परदे लटका दिये, किवाड़ लगा दिये और खिड़कियाँ बन्द कर दीं। और परिणाम क्या हुआ? भारतवर्ष के प्रकाश पर एकछत्र अधिकार करने की लालसा में ही, हमने उसमें अन्धकार फैला दिया। किन्तु भगवान् व्यक्तियों का पक्षपात करने वाला नहीं है।

संक्षेप में यज्ञ का अर्थ है कि हम व्यवहार्यतः अपने पड़ोसी को अपनी ही आत्मा मानने लगें। हमें उसका प्रत्यक्ष अभ्यास और अनुभव हो। हमारा सबके साथ तादात्म्य हो जाय। सर्वात्मा राम बनने के लिए, हम अपनी क्षुद्र आत्मा का परित्याग कर दें। यज्ञ में स्वार्थपरता की आहुति दी जाती है और तब सर्वात्मा—परमात्मा का उदय होता है। इसी भाव को प्रायः एक दृष्टि से भक्ति का नाम दिया जाता है और दूसरी दृष्टि से उसी को यज्ञ कहते हैं।

**ओम, अखिलेश्वर ओम्**
**मेरे इस जीवन को ले लो, मेरे प्रियवर**
**मैं इसे समर्पित करता हूँ तुमको सादर,**
**मैं तुम्हें समर्पित करता, लो ये मेरे कर,**
**ये रहें तुम्हारे सेवाकार्यों में तत्पर।**
**मैं हृदय दे रहा हूँ तुमको अपना प्रियवर!**
**तुम पूर्ण रूप से दो इसको अपने से भर**
**तुम ले लो मेरे नयन और इनको कर दो—**
**अपनी छवि की मदिरा से पागल, ओ सुन्दर!**
**ले लो मेरा मस्तिष्क, बना दो इसको फिर**
**निशि दिन निज प्रतिभा से अपना मन्दिर!**

ज्यों ही इस आत्म-बलिदान, सर्वस्व त्याग की आहुति पूर्ण होती है, त्यों ही साधक उस महाकाव्य 'तत्वमसि' का ब्रह्मानन्द अनुभव करने लगता है।

**आँखों के मेहराबदार द्वार में होकर—**
**मैं करता हूँ प्रवेश हृदय के स्वर्ग में।**
**वहाँ जब शान से मेरी सवारी मार्ग प्रदर्शन करती है—**
**तब फिर कोई मुझसे बिछुड़कर कहाँ जा सकता है?**
**पृथ्वी और स्वर्ग के**
**आनन्ददायक विवाहों और सम्मेलनों में**

रहती है एक धुँधली झलक
मेरे उस सार्वभौमिक प्रेम को!
और जिसमें सम्पूर्ण मानव-जाति समा जाती है।
ओ हो, मेरा आलिंगन कितना कठोर, कितना कोमल
सूर्य की तीक्ष्ण दृष्टि के
स्वर्णिम भालों की भाँति
मैं ही पुष्पों का हृदय बेधता
और परम प्रसन्न पूर्णचन्द्र
की शुभ्र रजत किरणों के द्वारा
मैं ही बुलाता सागर को अपने आनन्द के कुंजों में।
ओ विद्युत्! ओ प्रकाश!
ओ विचार, तेज और चमकदार
आओ, दौड़ो मेरे साथ होड़ लगाकर
ओ हो, तुम तो कितने पीछे-पीछे रह गये
मैं निकल गया आगे तुमसे—
बहुत आगे, बहुत आगे
तुम नहीं चल सकते कभी मेरे बराबर
ओ पृथ्वी और ओ सागर!
ओ वनस्पति और ओ पुष्प!
तुम हो सब मेरी सन्तान
पुत्र और पुत्रियाँ
सीमाओं को, देश काल के परिच्छेदों को
उतार फेंको, फेंको उतार
और गाओ मेरे साथ
हरि ओम् तत्सत्, ओम्, ओम्, ओम!"

स्वामी राम की राष्ट्रीयता एवं देशभक्ति की यह विशेषता थी कि उसमें उन्होंने धार्मिक भावना एवं आध्यात्मिकता का पुट देकर उसे विशुद्ध और हृदयग्राहिणी बना दिया। स्वामी राम के अनुसार जिस मनुष्य ने सम्पूर्ण प्राणियों में एक ही आत्मा के स्पन्दन की अनुभूति कर ली, उसमें द्वैत-भावना की कोई गुंजाइश ही नहीं रहेगी, जिसका परिणाम होगा एकता, समानता और सहानुभूति। जिस राष्ट्रप्रेमी में एकता, समानता और सहानुभूति की पूर्ण भावना होगी, उसके लिये फूट और मनमुटाव का कोई प्रश्न ही नहीं उठता, उसकी

दृष्टि में 'सभी एक हैं और एक सभी हैं।' स्वामी राम ने धर्मों एवं सम्प्रदायों के पारस्परिक कलह पर अपना क्षोभ इस भाँति अभिव्यक्त किया है—

"ओह, हमारे देश, भारत में कितनी अपरिमित शक्ति है। किन्तु बड़े दुःख की बात है कि धर्म अथवा सम्प्रदाय दूसरे धर्म और सम्प्रदाय की निन्दा, आलोचना में उस शक्ति का ह्रास कर रहे हैं। हमें सभी धर्मों एवं सम्प्रदायों के समान गुणों एवं विशेषताओं को ढूँढ़ निकालना चाहिये और उन्हीं के आचरण और व्यवहार पर बल देना चाहिये। कुछ व्यक्तियों को आर्य-समाज अच्छा लगता है और कुछ को सनातन धर्म। इसी प्रकार किसी को 'ब्रह्मसमाज' प्रिय लगता है और किसी को वैष्णव धर्म आदि। ऐसी स्थिति में यदि कोई मेरे मत को नहीं मानता, तो हमें क्या अधिकार है कि हम अपने धर्म को न मानने वाले का छिद्रान्वेषण करें?

चाहे वे हमारा धर्म मानें अथवा न मानें, चाहे वे हमारे सम्प्रदाय में रहें अथवा उसे छोड़कर किसी अन्य सम्प्रदाय में चले जायँ; इससे किसी का क्या बिगड़ता है? प्रत्येक वस्तु को उसकी स्वाभाविक गति के अनुसार चलने दो। मेरा तो इसी स्वाभाविकता में विश्वास है। हम उस पर एकाधिकार करने की चेष्टा क्यों करें? हमारा अधिकार तो सेवा करने का है; सभी व्यक्तियों की सेवा करना हमारा लक्ष्य होना चाहिये, ऐसे व्यक्तियों की जो हमसे प्रेम करते हैं और ऐसे व्यक्तियों की भी जो हमसे घृणा अथवा द्वेष करते हैं (यदि कोई हों)। माता अपनी सबसे दुर्बल और पापी सन्तान को सर्वाधिक प्यार करती है। जो तुम्हारे विचारों के प्रतिकूल है, क्या वे सब के सब गलत मार्ग पर हैं? यदि ऐसी बात हो भी, तो भी ऐसे मनुष्यों की भी देश को आवश्यकता है। जो भ्रमणशील व्यक्ति मात्र दाहिने पैर से चलना चाहता है, उसकी स्थिति सचमुच चिन्त्य एवं दयनीय है! सच्ची शिक्षा का अभिप्राय होता है—प्रत्येक वस्तु को परमात्मा की दृष्टि से देखना।"

बड़े दुःख की बात है कि १९१३ ई० में पुलिस ने स्वामी राम की तलाशी ली और उनकी समस्त पाण्डुलिपियों को अपने कब्जे में कर लिया जो भारतीय राजनीति से संबंधित थीं। उन पाण्डुलिपियों में भारत की राजनीतिक एवं आर्थिक दशा का यथार्थ चित्रण था और साथ ही साथ सुधार संबंधी स्वामी राम के अमूल्य सुझाव भी थे। अतः उनके राजनीतिक विचारों को उनकी अन्य कृतियों से ही ढूँढ़-ढाँढ़ कर निकालना पड़ा है।

स्वामी राम ब्रिटिश-शासन के लाभों पर कटाक्ष नहीं करते थे। किन्तु ब्रिटिश-शासन की दूषित नीति द्वारा उत्पन्न देश की निर्धनता के प्रति उनके विचार बड़े विरोधी एवं उग्र थे। इस निर्धनता के कारण भारत के नैतिक और भौतिक जीवन में अत्यधिक ह्रास हुआ। स्वामी राम देश की दरिद्रता को महान् अभिशाप समझते थे।

स्वामी राम ने अपने अमेरिका-प्रवास के समय में 'अमेरिकनों से अपील' भारत की ओर से की थी। उसी अपील में उन्होंने अंग्रेजों की लूट-खसोट की तीव्र आलोचना की थी—

"अन्धकारपूर्ण देश की भयंकर राजनीतिक दुर्दशा से राम अछूता नहीं रह सकता। उसके देश में लाखों व्यक्ति अकाल में भूखों मर रहे हैं; वहाँ अल्पवयस्क बच्चे और बच्चियाँ निरन्तर भुखमरी के ग्रास बनते जा रहे हैं; कितने होनहार नवयुवक दरिद्रता और

प्लेग के शिकार हो रहे हैं; वहाँ सुकुमार बच्चों और बच्चियों के सूखे अधर अपनी माँ के दुग्ध-पान के लिये ललक रहे हैं, किन्तु उन माताओं का शरीर कंकालप्राय है। उनके स्तनों का दूध उपवास के कारण सूख गया है। उस देश में कठिनाई से विरले ही मनुष्यों को दो जून का भोजन मयस्सर होता है। वहाँ जिसे दोनों वक्त भोजन मिल जाता है, धनी और सम्पन्न समझा जाता है।......तुर्रा यह कि वहाँ की सरकार वहाँ की आलीशान सरकार नंगे, भूखे, दीनों पर भी कर लगा कर उनका रहा-सहा रक्त चूस रही है।......... बड़े-बड़े पदों पर अंग्रेज सुशोभित हैं। इंगलैण्ड की पार्लियामेण्ट में तीस करोड़ भारतीयों का कोई भी प्रतिनिधि नहीं है। भारत के सभी देशी धन्धों और कारबारों का अंग्रेजों ने सत्यानाश कर दिया है। भारतीय पैदावार के सर्वोत्तम अंश से अन्य राष्ट्र तो गुलछर्रे उड़ा रहे हैं, किन्तु वह स्वयं भूखों मर रहा है। भारतीयों के हिस्से में चूनी-चोकर और गंदा पानी ही आता है। और कभी-कभी तो वह भी देना अस्वीकार कर दिया जाता है। देश के सभी उद्योग-धन्धे, कला-कारीगरी आदि नष्ट कर दी गयी हैं। अंग्रेजी शराबों का पीना यही देश की कृत्रिम स्वतंत्रता है, यही नकली आजादी है। इस कृत्रिम स्वतंत्रता में देशवासियों के स्वास्थ्य, धन और नैतिकता का जो ह्रास हो रहा है, वह वर्णनातीत है।..... अंग्रेजी शराबों का प्रचलन अंग्रेजों द्वारा किया गया है। इससे आप लोग भारत की राजनीतिक दुर्दशा का सहज में अनुमान लगा सकते हैं।"

स्वामी राम ने भारत की गुलामी और गरीबी का कारण अपनी 'नोट-बुक' में इस प्रकार बताया है—

"भारत की हरी-भरी फुलवाड़ी इसलिये उजाड़ी और लूटी गयी कि उसकी रक्षा के लिये उनके चारों ओर कँटीली झाड़ियाँ अथवा चहारदीवारी नहीं थी।"

राज़नीतिक बातों को समझने में स्वामी राम की बुद्धि अत्यधिक पैनी थी। लार्ड रिपन उदार वाइसराय रहे। वे भारतीयों के पक्षपाती थे। लार्ड कर्जन अत्यन्त संकीर्ण मनोवृत्ति के पक्के अंग्रेज थे। वें भारत को पददलित करके सदैव गुलाम बनाये रखना चाहते थे। स्वामी राम ने इन दोनों वाइसरायों की तुलना बड़ी खूबी से की है—

"अंग्रेजों के शासन में भारत के वाइसराय कर्जन अंग्रजी औरंगजेब हैं। अनाड़ी राजनीतिज्ञ! रिपन अकबर थे!"

स्वामी राम के समय में कांग्रेस की नीति अत्यन्त नम्र थी। कांग्रेस के नेतागण भाषण मात्र से दश की उन्नति कर लेना चाहते थे। अभी बलिदान की भावना नहीं जगी थी। स्वामी राम कांग्रेस की इस दुर्बल नीति के विरोधी थे। उन्होंने एक स्थान पर कांग्रेसी नेताओं के बारे में लिखा।

"देश के कांग्रेस के लोग, बुजदिल, दुनियादार हैं!" कांग्रेस नेताओं के संबोधन मात्र से स्वामी राम के अन्तर्गत जलते हुए प्रचण्ड शोले का हमें यथार्थ बोध हो जाता है।

भारत के राजनीतिज्ञों को संबोधित करते हुए स्वामी राम ने उनके प्रति अपने उद्गार इस भाँति अभिव्यक्त किये थे—

"भारत के राजनीतिज्ञों, तुम लोगों ने एक-दूसरे की आलोचना-प्रत्यालोचना करने का बीड़ा उठा लिया है और साथ ही एक-दूसरे के प्रति हृदय-विदारक शिकायतों के अस्त्र का

प्रयोग करते हो। किन्तु, समझ लो, इससे चीजें बनने के बजाय और अधिक बिगड़ती जा रही हैं। अतः हम लोगों को सही रास्ता अपनाना चाहिये। मान लो, कोई दल गलती करता है और उसके जवाब में दूसरा दल भी गलती करता है, तो इससे गलतियों का सिलसिला बराबर चलता रहेगा। इस तरह स्याह से स्याह की पुनरावृत्ति होती जायेगी; स्याह से सफेद नहीं बन सकेगा। एक बार एक लड़के ने एक वृद्ध सज्जन से अशिष्टता बरती। वे वृद्ध सज्जन लड़के को तमाचा मारने को उद्यत होकर कहने लगे, 'बेवकूफ़, तुमने बदतमीजी क्यों की?' लड़के ने तुरन्त उत्तर दिया, 'श्रीमान् जी, आपके कथनानुसार मैं 'बेवकूफ' था, अतएव अपनी बेवकूफी के कारण शरारत की। पर आप तो बुद्धिमान हैं। अतएव आप तो बुद्धिमानों की भाँति व्यवहार और आचरण कीजिये।'........अतएव यदि तुम विवेक और तर्क के आधार पर कोई समस्या हल करना चाहते हो, तो अपने हृदय में जाति-भाव अथवा कुटुम्ब-भाव को स्थान न दो। ऐसी भावनाओं से हृदय एक नहीं हो सकते, बल्कि हम पतन के भयावह कगारे पर खड़े हो जायेंगे। अतः परिणाम तुम्हारी इच्छा के सर्वथा प्रतिकूल होगा। जब तक तुम किसी व्यक्ति को प्रेम न करोगे, तब तक तुम उसे बिलकुल न जान पाओगे।"

स्वामी राम की धारणा यह थी कि कांग्रेस के प्रस्तावों एवं व्याख्यानों से देश में एकता नहीं लायी जा सकती। इस संबंध में उनके विचार इस भाँति हैं—

"प्रत्येक देश की भाँति, भारत की राष्ट्रीय एकता की प्राप्ति तब तक असम्भव है, जब तक कि नग्न सत्य के प्रतिपादन के लिये उसके सैकड़ों ही नहीं, हजारों सपूत अपनी आत्मबलि नहीं दे देते, फाँसी के तख्ते पर नहीं झूल जाते एवं रक्त की होलियाँ नहीं खेल लेते।"

"एकता, एकता। सभी व्यक्ति एकता की महिमा की अनुभूति करते हैं। असंख्य शक्तियाँ एक-दूसरे से उदासीन हो रही हैं। फलदायिनी शक्ति का नितान्त अभाव है। असंख्य मस्तिष्क एवं हाथ प्रवाह में बह रहे हैं; पर वे सब जानते ही नहीं कहाँ जा रहे हैं? हजारों फिरके और सम्प्रदाय अपने वहम के अनुसार मनोनुकूल, दिशा में नाव खेये जा रहे हैं। संयमित, सुसंघटित एवं योजनाबद्ध खेवे का सर्वथा अभाव है। डाँड़ पृथक्-पृथक् दिशा में चलाने के बजाय, एक ही दिशा में चलाये जायँ। अपने-अपने स्थान पर दृढ़तापूर्वक जमे रहो। एक ही दिशा में एक ही शक्ति से डाँड़ चलाओ। इस प्रकार की मैत्री एवं अनेकता में एकता के भाव से प्रगति अवश्यम्भावी है। अपने स्थान पर कार्य करते समय आनन्द के गीत गाते जाओ और निरन्तर बढ़ते चलो। सम्पूर्ण राष्ट्र के उत्थान एवं कल्याण में व्यक्ति का भी कल्याण निहित है।"

'यदि प्रत्येक व्यक्ति अपना उद्धार कर लेता है, तो समाज का उद्धार अपने आप हो जायेगा'—इस प्रकार के तर्क का स्वामी राम ने ऐसा उत्तर दिया—

"समाज को एकाकी छोड़ कर, केवल अपने उद्धार की बात सोचनी क्या संभव है? पतनोन्मुख समाज से तुम अछूते नहीं रह सकते। यदि समाज डूबता है तो तुम भी निश्चय ही उसके साथ डूबते हो; यदि उसका उत्थान होता है, तो तुम्हारा उत्थान भी अवश्यम्भावी है। इस बात की कल्पना करना नितान्त जड़ता है कि अपूर्ण समाज में कोई

व्यक्ति पूर्ण बन सकता है। यह कल्पना तो ठीक उसी प्रकार की है, जैसे हाथ समस्त शरीर से अपना विच्छेद करके पूर्ण शक्ति-प्राप्ति की कल्पना करे।"

"समाज से विच्छिन्न होने का भाव भारत में बहुत पहले से चला आ रहा है। ऐसी भावना अत्यन्त दारुण और दयनीय है। यह भावना वेदान्त की विचारधारा के सर्वथा प्रतिकूल है। होनहार नवयुवकों, भारत का भविष्य तुम्हारा भविष्य है; उसका उज्ज्वल भविष्य बनाने का उत्तरदायित्त्व तुम्हारे ही कन्धों पर है। बहुमत की रूढ़ियों और अन्ध-परम्पराओं से कायर ही प्रभावित होते हैं। शुद्धात्मा पुरुष लोगों के हृदयों और विचारों पर शासन करते हैं।"

स्वामी राम निराशावादी नहीं थे। सच्चा वेदान्ती ऐसा हो ही नहीं सकता। वे अपने देश के परमोज्ज्वल भविष्य की कल्पना में निमग्न रहते थे। उनका कथन है—

"हमारे लिये यह सौभाग्य की बात है कि हम भारत के इतिहास के इस संकटकालीन युग में उत्पन्न हुये हैं। ऐसी परिस्थिति में हमें सेवा करने का अधिक अवसर प्राप्त है। हमारे कार्य और अधिक अनोखे, काव्यमय एवं प्रगतिशील होने चाहिये। यह ठीक ही कहा गया है कि 'जो खूब सोते हैं, वे भलीभाँति जागते हैं।' भारत ने लम्बी प्रगाढ़ निद्रा ली है, अतः उसका जागरण भी बहुत ही अनोखा होने जा रहा है। हम लोगों का कर्त्तव्य है कि हम निम्न कोटि की टीका-टिप्पणी से दूर रहें। परस्पर एक-दूसरे के सुन्दर कार्यों की प्रशंसा करें।"

'यज्ञ का भावार्थ' में उन्होंने भारतवासियों को जो उद्‌बोधन दिया हैं, वह भारत की वर्तमान परिस्थिति के लिये कितना समीचीन है। भारतवासी यदि स्वामी जी के भावों को ग्रहण कर लें, तो देश अपूर्व शक्तिसम्पन्न, समृद्ध और तेजस्वी हो जाय—

"संक्षेप में यज्ञ का अर्थ है कि अपने हाथों को सारे हाथों के प्रति अर्पण कर देना, अपने नेत्रों को सब नेत्रों के लिये अथवा सारे समाज के लिये समर्पण करना, अपने मन को सब मनों के प्रति भेंट करना, अपने हित को देश-हित में लीन करना और समष्टि में ऐसी अनुभूति करना कि मानों सब के सब मेरे ही स्वरूप (आत्मा) हैं। दूसरे शब्दों में इसका अभिप्राय है—'तत्वमसि' (वह है तू) को व्यवहार में लाना और अनुभव करना। जैसे शूली पर चढ़ाने के अनन्तर ईसा के दिव्य रूप का पुनरुत्थान हुआ था, उसी प्रकार देहात्म-भाव के नाश के पश्चात् आप ही विश्वात्म रूप में उठता है। यही वेदान्त है।"

उपर्युक्त अवतरण पर भली-भाँति मनन करने से हम इस निष्कर्ष पर पहुँचते हैं कि स्वामी जी ने देशभक्ति एवं राष्ट्रीयता को अध्यात्मवाद का दिव्य पुट देकर उसे अत्यन्त तेजस्वी बना दिया है। इस प्रकार की देशभक्ति दुर्लभ है। यदि ऐसी राष्ट्रीयता थोड़े व्यक्तियों में भी जाग्रत हो जाय, तो देश का कायाकल्प हो जाय। निर्भीकता, त्यागवृत्ति, कर्त्तव्यपरायणता, सात्विकता, सहानुभूति, परोपकार आदि की लहर देश के एक छोर से दूसरे छोर तक व्याप्त हो जाय और 'रामराज्य' की कल्पना सार्थक हो जाय।

स्वामी राम ने देशवासियों को स्थल-स्थल पर कर्मठ बनने की चेतावनी दी है। निष्क्रिय मनुष्य को मृत ही समझना चाहिये। इस सम्बन्ध में केवल एक अवतरण से उनकी तेजस्विता का अनुमान लगाया जा सकता है—

"बाह्य परिस्थिति के अनुरूप निर्भीक एवं यथार्थ क्रियाशक्ति का होना बुद्धिमानी का यथार्थ लक्षण है। आवश्यकतानुसार काम करने की क्षमता का न होना पागलपन की निशानी है। प्रकृति का कठोर अनुशासन सबके सिर पर है—'बदलो या मर मिटो।' आगे बढ़ते हुये समय के साथ कन्धे में कन्धे मिलाकर चलो और मात्र इसी नुसखे से तुम जीवन-संग्राम में विजयी बन सकते हो। (भारतवर्ष, प्रकृति के इस आदेश को नोट कर लो।)"

स्वामी राम ने समय-समय पर भारतीय नवयुवकों को अपनी उद्‌बोधक वाणी से जाग्रत करने का अथक प्रयास किया। ये वाणियाँ देशभक्ति एवं राष्ट्रीयता से ओत-प्रोत हैं। इनसे उनकी अपूर्व दूरदर्शिता पर प्रकाश पड़ता है। इनसे देश की तत्कालीन सामाजिक, धार्मिक, राजनीतिक एवं आर्थिक स्थिति का भी सुन्दर बोध होता है। ये वाणियाँ, सत् साहित्य की अक्षय निधि के रूप में हैं। किसी-किसी वाणी से तो सूक्तियों का-सा आनन्द प्राप्त होता है। कुछ इस प्रकार हैं—

"कोई मनुष्य उस समय तक परमात्मा के स्वरूप के साथ अपनी अभेदता कदापि अनुभव नहीं कर सकता, जब तक कि समस्त राष्ट्र के साथ अभेदता उसके शरीर के रोम-रोम में जोश न मारने लगे।

अपने हाथ से जलायी हुयी अग्नि के मुख में उस बहुमूल्य घी को व्यर्थ नष्ट करने के स्थान पर आप सूखी रोटी के छिलके उस जठराग्नि को अर्पण क्यों नहीं करते, जो कि भूखों-मरते किन्तु जीवित लाखों नारायणों के हाड़-माँस को खाये जा रही है?

सर्वोपरि श्रेष्ठ दान जो आप किसी मनुष्य को दे सकते हैं, वह विद्या या ज्ञान का दान है। आप किसी मनुष्य को भोजन खिला दें, कल वह फिर उतना ही भूखा हो जायेगा। आप उसको कोई कला सिखा दें, तो वह जीवन-पर्यन्त अपनी जीविका प्राप्त करने के योग्य हो जाता है।

देश की आधी जनता तो भूखों मर रही है और शेष आधी स्पष्टतः फिजूलखर्ची, आवश्यकता से अधिक सामान, सुगन्ध की बोतलों, मिथ्या गौरव, ऊपरी चमक-दमक एवं सभी प्रकार के बहुमूल्य आमोद-प्रमोद, गन्दे धन और रुग्ण दिखावे के तले दबी है।

भारतीय राजा और भारतीय अमीर अपने सारे बहुमूल्य रत्नों और शक्तियों को खोकर थोथी लम्बी-चौड़ी उपाधियों और बेमतलब की पदवियों से युक्त 'गलीचे के शेर' जैसे रह गये हैं।

कुछ लोग ऐसे हैं जिनके लिये देशभक्ति का अर्थ है भूतकाल के लुप्त गौरव पर निरन्तर सोच-विचार में डूबे रहना। ये दिवालिये साहूकार अपने उन बहीखातों की गहरी देखभाल किया करते हैं, जो वस्तुतः बेकार हो गये हैं।

ऐ नवयुवक, भावी सुधारक, तू भारत की प्राचीन रीतियों और परमार्थ निष्ठा की निन्दा मत कर। निरन्तर विरोध के नये-नये बीज बोने से भारत के मनुष्य एकता नहीं प्राप्त कर सकते।

क्षुद्र अहंकार को त्याग कर और इस प्रकार देश के साथ तदाकार होकर आप जो ध्यान करेंगे, देश आपके उस ध्यान में आपका साथ देगा। आप आगे बढ़ो, तो आपका

देश आपके पीछे-पीछे चलेगा।

उन्नति के लिये वायुमण्डल तैयार होता है सेवा और प्रेम से, न कि विधि-निषेधात्मक आज्ञाओं और आदेशों से।

जो मनुष्य लोगों का वास्तविक नेता होता है, वह अपने सहायकों की मूर्खता, अपने अनुयायियों के विश्वासघात, मानव-जाति की कृतघ्नता और जनता में गुणग्रहण-शीलता के अभाव की कभी शिकायत नहीं करता।

किसी देश की शक्ति छोटे विचारों के बड़े आदमियों से नहीं, बल्कि बड़े विचारों के छोटे आदमियों से बढ़ती है।

पूर्ण प्रजातन्त्र-शासन, समता, बाहरी सत्ता का भार उतार फेंकना, धन एकत्र करने के व्यर्थ भाव को दूर रखना, समस्त असाधारण अधिकारों को परे फेंकना, बड़प्पन की शान को ठुकरा देना और छोटेपन की घबराहट को उतार डालना—यही सब भौतिक क्षेत्र में वेदान्त है।

प्रत्येक मनुष्य को अपना स्थान स्वयं निर्धारित करने के लिये एक समान स्वतंत्रता दी। हमारा सिर चाहे जितना ऊँचा रहे, परन्तु पाँव सदा सबके साथ पृथ्वी पर ही जमे रहे। वे कभी किसी मनुष्य के कंधे अथवा गर्दन पर न पड़ें, चाहे वह निर्बल और स्वयं राजी ही क्यों न हो।

झूठे राजनीतिज्ञ शक्ति के भावों को जाग्रत किये बिना ही, अर्थात् स्वतंत्रता और प्रेम के भाव को लाये बिना ही राष्ट्र को उन्नत करने की चेष्टा करते हैं।

अमेरिका और यूरोप का उत्थान ईसा के व्यक्तित्व के कारण से नहीं हुआ है। उन्नति का असली कारण तो अज्ञात रूप से वेदान्त का आचरण हुआ है। भारत का पतन वेदान्त के आचरण के कारण हुआ है।

विदेशी राजनीति से बचने का एकमात्र उपाय है आध्यात्मिक स्वास्थ्य के विधान को अपनाना, अर्थात् अपने पड़ोसी से प्रेम करने के नियम को जीवन में उतारना।

हमें हिन्दुओं में नुक्ताचीनी का भाव जाग्रत नहीं करना है, बल्कि जाग्रत करना है गुण-ग्राहकता, भ्रातृत्व की भावना, समन्वय की बुद्धि, कार्यों और श्रम के गौरव में सहयोग।

अपने व्यक्तित्व का सम्पूर्ण समाज, सम्पूर्ण राष्ट्र और प्रत्येक वस्तु के समक्ष दृढ़तापूर्वक प्रतिपादन करो।

जबकि जाति-पाँति के भावों का काँच जैसा जल्द टूटने वाला परदा हृदयों का मिलाप नहीं होने देता, उस समय यदि अपनी समस्यायें विवेक और न्याय द्वारा निपटाना चाहें, तो उसका और भयंकर उल्टा परिणाम होता है।

मत-मतान्तरों की साम्प्रदायिकता ने मनुष्य के मनुष्यत्व को मेघाच्छादित कर डाला है और उनके सर्व-सामान्य स्वदेशाभिमान को ग्रहण बन कर ग्रस लिया है।

जिन्हें भूल से तुम 'पतित' कहते हो, वे अभी 'उठे नहीं' हैं। वे अभी उसी प्रकार के विश्वविद्यालय के नवागन्तुक विद्यार्थी हैं, जिस प्रकार किसी समय तुम भी थे।

भारत के प्यारे पुराणप्रिय, शास्त्रपरायण भाइयों, शास्त्रों का उचित प्रयोग करो। देश का धर्म तुमको जाति-पाँति के कठोर बन्धनों को ढीला करने और तीक्ष्ण जाति-भेद की कटुता को राष्ट्रीय सहानुभूति से दबा देने का आदेश देता है।

यदि तुम नयी रोशनी को आत्मसात् करने को सहर्ष तैयार नहीं हो, उस नये प्रकाश को जो तुम्हारे देश की ही प्राचीन रोशनी है, तो जाओ और पितृलोक में पुरखों के साथ निवास करो। यहाँ क्यों रुके हो? प्रणाम!

आज की न पूछो, भारत के स्वामी और पंडितगण तो अपनी जाति की तमोगुणी निद्रा बनाये रखने के लिये लोरियाँ गा रहे हैं।

स्वतंत्र विचार भारत में पाखण्ड ही नहीं, बल्कि घोर पाप समझा जाता है। केवल वही, जो कुछ संस्कृत भाषा में पाया जाता है, पवित्र माना जाता है।

यदि कोई बालक ईसाई हो जाता है, तो वह अपने हिन्दू पिता का हाड़-माँस होते हुये भी गली के कुत्ते से अधिक गया-गुज़रा, अपरिचित हो जाता है।

सभ्य समाज में स्त्री को निर्जीव पदार्थ का दर्जा दिया जाता है। पुरुष अपने कार्यों में सर्वथा स्वतंत्र है, स्त्री के हाथ-पाँव कसकर जकड़े हुये हैं। वह आज एक पुरुष की सम्पत्ति है, तो कल दूसरे पुरुष की बन जाती है।

सभ्य समाज के मुख पर यह बड़ा भारी कलंक है कि 'स्त्री' व्यापार की वस्तु बनी हुयी है और जिस प्रकार पेड़, घर अथवा धन-सम्पत्ति मनुष्य की सम्पत्ति होती है, उसी प्रकार स्त्री भी मनुष्य की सम्पत्ति और उसके अधिकार की वस्तु मानी जाती है।

स्त्रियों, बालकों और श्रनजीवी जातियों की शिक्षा पर ध्यान न देना, उन्हीं शाखाओं को काट गिराना है, जिनके सहारे हम खड़े हुये हैं। इतना ही नहीं, बल्कि यह तो राष्ट्रीयता के वृक्ष की जड़ पर घातक कुठाराघात करना है।

सिर में दर्द कौन पैदा करता है? कमर क्यों झुक जाती है? छाती में धड़कन कैसे पैदा होती है? पैरों के बदले सिर के बल चलने से। देखो, तुम्हारे पैर सदैव पृथ्वी पर जमे रहे और तुम्हारा सिर वायु (परमानन्द) में लहराता रहे। अन्यथा दैवी विधान की अवज्ञा होगी। अपने सिर पर पृथ्वी का भार उठाना और उसे बुद्धिमानी का जीवन कहना? उस दिव्यात्मा, परमात्मा की अपेक्षा नाम-रूप दृश्य जगत् को कदापि अधिक महत्त्व मत दो।

प्रचलित रीतियों के अनुसार हवन-कार्य यज्ञोत्सव का एक महत्त्वपूर्ण एवं आवश्यक अंग है। उसके कुछ वर्तमान भक्तों के ओठों पर एक बड़ा मामूली-सा तर्क यह रहता है कि हवन के द्वारा वायु शुद्ध होती है और सुगंध की लपटें चारों ओर बिखरती हैं। वास्तव में यह बड़ा ऊल-जलूल का तर्क है। सुखदायी सुगन्ध की ये लपटें नासिका को अन्य उत्तेजक पदार्थों की भाँति क्षण भर के लिये स्फूर्ति देती हैं, किन्तु प्रतिघात रूप उनके अनन्तर अवसाद का होना भी अनिवार्य है। उत्तेजक वस्तुयें भले ही हमें अपने भावी शक्ति भण्डार से कुछ उधार लेने में सहायक हों किन्तु वे सदा चक्रवृद्धि ब्याज की दर पर ही हमें उधार दिलाती हैं और ऋण को चुकाने का नाम नहीं लेतीं।

राम तुम्हें यह बतलाना चाहता है कि तुम्हारे धर्म-ग्रंथों में यज्ञोत्सव के अवसर पर जो देवताओं के प्रकट होने की बात लिखी है—यह अक्षरशः सत्य है। किन्तु वह तो केवल सामूहिक एकाग्रता की शक्ति का महत्त्व है। मनोविज्ञान की आधुनिकतम शोधों ने यह सिद्ध कर दिखाया है कि एकाग्रता का प्रभाव एक ही अवसर पर उपस्थित एक-हृदय मनुष्यों की संख्या के वर्ग के अनुपात में बढ़ता है। इसीलिये हमारे यहाँ सत्संग की इतनी महिमा गायी गयी है।

जनसाधारण में और विशेषकर स्त्री और बच्चों में (इसीलिये आगामी पीढ़ियों में) प्रेम और ऐक्य पैदा करने का एक प्रभावशाली उपाय नगर-संकीर्तन भी हो सकता है जिसमें सम्मिलित होकर लोग निर्भयता से गाते-बजाते और नाचते हुये अपने नगर के कोने-कोने में सत्य की घोषणा कर दें।''

स्वामी राम की उपदेश-शृंखला प्रधानतया धार्मिक एवं आध्यात्मिक थी। उनकी सूक्तियाँ, नीतिकथायें, कवितायें, भारतीय सामाजिक एवं राजनीतिक समस्याओं पर उनके विचार सब कुछ आध्यात्मिक भावना से ओत-प्रोत हैं। उनकी समस्त कृतियाँ वेदान्त के व्यावहारिक प्रयोग के लिये निर्मित हैं। वे सभी को डंके की चोट पर यह बता देना चाहते थे कि वेदान्त मात्र कल्पना और मनोराज्य की विद्या नहीं है, बल्कि वह समस्त विद्याओं की सिरताज है। उसके व्यावहारिक प्रयोग से श्रेयस् और प्रेयस् की प्राप्ति अत्यन्त सुगमता से हो सकती है। वेदान्त के व्यावहारिक प्रयोग से दुखमय संसार आनन्द की क्रीड़ाभूमि में परिणत किया जा सकता है। संसार की जटिल से जटिल गुत्थियाँ, इसके द्वारा सुगमता से हल की जा सकती हैं। उन्होंने इस जगत् को जो सबसे मूल्यवान् निधि दी है वह है वेदान्त के जाज्वल्यमान स्वरूप की जीवन के सभी क्रिया-कलापों में प्रतिष्ठा। इसी के बल पर उन्होंने राजनीति ऐसी दूषित वस्तु को भी पवित्रता और साधना की परम रमणीय स्थली बना दिया। उनकी ब्रह्ममयी अनुभूति का स्पर्श पाकर देशभक्ति एवं राष्ट्रीयता में सात्विकता की अपूर्व लहर आ गयी।

□□□

## द्वादश अध्याय

# हिन्दू समाज और स्वामी राम

'मैंपन' का भान ही प्रत्येक व्यक्ति का सहज स्वरूप है। इसी 'मैंपन' में सत् चित् और आनन्द का निवास है। इसी के अन्वेषण में सृष्टि का जीवमात्र प्रयत्नशील है। किन्हीं भी परिस्थितियों में प्राणी 'मैंपन' को नहीं भूलता। इस 'मैंपन' का विस्तार जाग्रत, स्वप्न एवं सुषुप्ति तीनों अवस्थाओं में है। किसी भी अवस्था में 'मैंपन' का परिवर्तन नहीं होता है। बाल्यावस्था, युवावस्था, वृद्धावस्था, रुग्णावस्था, मूर्च्छावस्था—आदि सभी प्रकार की अवस्थाओं में, 'मैंपन' शाश्वत रूप से विराजमान है। सूक्ष्म विचार और चिन्तन करने पर हम इस तथ्य पर पहुँचते हैं कि अनन्त 'मैंपनों' में एक ही 'मैंपन' विराजमान है। अतः केवल एक 'मैं' है और उसका स्वरूप सत्य, ज्ञान, आनन्द और अनन्त है। इस प्रकार 'अनेकता' में 'एकता' दिखलायी पड़ती है। अनेकता में एकता की प्रत्यक्षानुभूति ही वेदान्त है। ऐसी स्थिति में 'ज्ञाता' एक है। वह सर्वद्रष्टा, सर्वान्तर्यामिन्, सर्वनियन्ता, सर्वाधिष्ठाता है। यह महान् 'अहं' है। इसी 'अहं' की सत्ता अनन्त क्षुद्र 'मैंपनों' में भासित हो रही है। अतएव ब्रह्मज्ञानी का निवास महान् 'अहं' में होता है, और सामान्य मायाच्छन्न प्राणी क्षुद्र 'अहं' में ही मरते-पचते रहते हैं। अतः सर्वान्तरात्मा—आत्मा—परमात्मा एक है और जीवात्मायें अनन्त हैं।

संसार में जो प्रतिद्वन्द्विता, संघर्ष, मारकाट, पीड़ा, उत्पीड़न दिखलायी पड़ रहा है, वह सब क्षुद्र अहं अपने अनन्त विकास और व्यापकता के लिये कर रहे हैं। अज्ञातरूप से वे अपनी सच्ची अन्तरात्मा (परमात्मा) की प्राप्ति के लिये प्रयत्नशील हैं, क्योंकि वही सर्वव्यापी है। प्रत्येक व्यक्ति का संघर्ष अपनी पृथक् अहंमन्यता लिये हुए है। इसी पृथकता के कारण संसार में संघर्ष और प्रतिद्वन्द्विता परिलक्षित होती है। जहाँ व्यक्ति का संबंध, पिता, पुत्र, माता, पति-पत्नी, स्वामी-सेवक, गुरु-शिष्य का होता है, वहाँ संघर्ष के लक्ष्य में एकरूपता दिखलायी पड़ती है। इसी एकरूपता के कारण झगड़े-फसाद के मौके भी उन व्यक्तियों के बीच कम देखे जाते हैं। हाँ, जहाँ विचार-वैभिन्नय होता है, वहाँ दूसरी बात होती है। जिन व्यक्तियों के संबंधों में जितना अधिक सामीप्य एवं एकरूपता होती है, वहाँ उनकी आत्माओं में अभेद-भावना की प्रगाढ़ता देखी जाती है। अभेद-भावना की प्रगाढ़ता के कारण यदि व्यक्ति को अपने क्षुद्र अहं की बलि भी करनी पड़े, तो वह सहर्ष उसे स्वीकार कर लेता है। इस दृष्टि से अज्ञानी व्यक्ति भी क्षुद्र अहं को तिलांजलि देकर, अज्ञात रूप में महान् अहं से युक्त होने की चेष्टा करता है।

मनुष्य सामाजिक प्राणी है और समाज में रहता है। व्यक्ति पर समाज का अत्यधिक प्रभाव पड़ता है। समाज से यदि शिशु को एकदम अलग कर दिया जाय, तो न वह ठीक से अपने अंगों पर सन्तुलन रख सकेगा, न मनुष्यों की भाँति चल-फिर सकेगा, न बोल सकेगा। वह मनुष्य के रूप में मूक पशु-सा प्रतीत होगा। वह तर्क-शक्ति, विचार-शक्ति,

वास्तविक क्रियाशक्ति से विहीन बन्दर अथवा वनमानुस की तरह लगेगा। अतः शिशु के प्रशिक्षण में समाज का बहुत बड़ा हाथ होता है। इसलिये मनुष्य के शारीरिक, मानसिक, नैतिक एवं आध्यात्मिक विकास में समाज का बहुत अधिक महत्त्व है। जिस प्रकार शारीरिक जीवन के लिये वायु, जल और प्रकाश आवश्यक है, उसी प्रकार मानव-जीवन के विकास के लिये समाज भी अपरिहार्य है।

हिन्दू ऋषियों एवं मनीषियों ने समाज की संस्थापना महान् आदर्शों पर की थी। उनकी दृष्टि में समाज 'विराट् पुरुष' का साकार विग्रह था। समस्त समाज में एक अभिन्न शरीर की कल्पना की गयी। सभी मनुष्य उस विराट् पुरुष—ब्रह्म के अंग से उत्पन्न माने गये। उसके मुख से ब्राह्मणों, बाहु से क्षत्रियों, उदर से वैश्यों एवं चरणों से शूद्रों की उत्पत्ति मानी गयी। तदनुसार उनके कर्मों का विभाजन भी किया गया। ब्राह्मणों को विधानुष्ठान का सिरताज माना गया और वे समाज के ज्ञान-दाता माने गये; क्षत्रिय बाहुबल एवं शौर्य के प्रतीक समझे गये और उन्हें राष्ट्र का प्रहरी एवं रक्षक समझा गया। वैश्यों की समाज में धन-सम्पत्ति के अधिष्ठाता के रूप में प्रतिष्ठा की गयी, समाज एवं राज्य की संकटकालीन स्थिति में उन्हें अपना सब कुछ समर्पित करने का निर्देश दिया गया। गहन सेवाधर्म का उत्तरदायित्त्व शूद्रों के कंधों पर सौंपा गया। सभी वर्णों के बीच अपूर्व सामंजस्य की चेष्टा की गयी। सभी एक-दूसरे के पूरक थे। इस वर्ण व्यवस्था की सबसे बड़ी विशेषता यह थी कि स्वधर्म के पालन के द्वारा स्वयं आत्म-साक्षात्कार करना और अन्य वर्णों को परमात्म-प्राप्ति में सहायता देना। हमारे आप्त ग्रंथों में ऐसे अनेक दृष्टान्त मिलते हैं, जहाँ वैश्यों एवं शूद्रों ने ब्राह्मणों एवं क्षत्रियों को आत्म-विद्या का रहस्य बताया है।

समय की अनेक कसौटियों पर हमारे यहाँ की यह वर्ण व्यवस्था बिलकुल खरी उतरी है। स्वामी राम का जन्म ब्राह्मण वर्ण में हुआ था और उसी के विधानानुसार उनकी शिक्षा-दीक्षा हुयी थी। हालांकि वे ऐकान्तिक साधक थे और उनका एकान्त-प्रेम जीवन के अन्तिम क्षणों तक ज्यों का त्यों बना था। किन्तु वे समाज का महत्त्व बहुत अधिक समझते थे। वे अपनी महती आध्यात्मिक साधना से समाज से एकदम ऊपर उठ चुके थे, किन्तु फिर भी सामाजिक उत्थान के लिए वे अन्तिम श्वासों तक चेष्टा करते रहे। उन्होंने यह अनुभव कर लिया था कि हिन्दुओं की सामाजिक व्यवस्था में बुराइयाँ पर्याप्त मात्रा में प्रवेश पा चुकी हैं। उन्होंने काल की तरह ही नहीं बल्कि पाषाण के समान अपना स्वरूप धारण कर लिया है। समयानुसार सामाजिक व्यवस्थाओं में परिबर्तन न होने के कारण, उसमें जड़ता का घुन लग गया है और वह समाज को बुरी तरह खाकर उसे जीर्ण-शीर्ण बनाये जा रहा है। स्वामी राम सामाजिक कुरीतियों, बुराइयों, रूढ़ियों आदि का सर्वथा उन्मूलन करके, समाज को शक्तिशाली, दृढ़ एवं युगानुकूल बनाना चाहते थे। उनकी सबसे बड़ी विशेषता यह थी कि ऋषियों द्वारा प्रतिष्ठापित समाज-व्यवस्था को उन्होंने स्वीकार किया—

"तुम्हारे शरीर के अंगों के कार्यों का विभाजन स्पष्ट है। उदाहरणार्थ, आँखें केवल देखने का कार्य करती हैं, वे सुनती नहीं। कान केवल सुनते हैं, वे देखने का कार्य नहीं सम्पादित करते। हाथ अपना कार्य करते हैं, पैरों का नहीं। यदि हम आँखों से सुनना

चाहें, हाथों से सूँघना चाहें, कानों से खाना चाहें, तो क्या सम्भव हो सकेगा? कदापि नहीं। यह तो वैसा ही होगा जैसे उदर भोजन पचाता है, तो वही हाथों, आँखों, कानों एवं नासिका आदि सभी इन्द्रियों का कार्य सम्पादित करे अतः पृथक्-पृथक् शक्ति-सम्पन्न मनुष्यों के लिए कार्यों का विभाजन स्वाभाविक एवं प्राकृतिक नियमों के सर्वथा अनुकूल है। इसी आधार पर प्राचीन समय में भारत में वर्ण व्यवस्था की प्रतिष्ठा की गयी थी और उनके सामर्थ्यानुसार कार्यों का विभाजन भी किया गया था। कार्यों को समुचित ढंग से सम्पादित करने के लिए इसकी व्यवस्था की गयी थी, किसी अन्य उद्देश्य के निमित्त नहीं। समाज के अन्तर्गत सबको स्वाभाविक शक्ति एवं प्रकृति के अनुसार कार्य का उत्तरदायित्व सौंपा गया। कुछ मनुष्यों के भीतर अध्ययन, मनन, चिन्तन की शक्ति अधिक थी, अतः उन्हें ब्राह्मण वर्ण के अन्तर्गत रखा गया, कुछ के भीतर युद्ध करने की प्रवृत्ति अधिक थी, अतः उन्हें क्षत्रिय वर्ण के अन्तर्गत केन्द्रीभूत किया गया था। क्षत्रिय के स्वभाव में कठोरता अधिक थी, ब्राह्मणों की भाँति कोमल और दयालु नहीं था, शत्रुओं, आततायियों के दमन करने में अधिक दक्ष था, अतः सोच-समझ कर उसे क्षात्र कर्मों से मण्डित किया गया था। इसी प्रकार कुछ व्यक्ति ऐसे थे, जो न तो अध्ययन-अध्यापन का कार्य कर सकते, न ही युद्ध-कला में विशारद थे, किन्तु उनमें व्यापार एवं दूकानदारी की अधिक क्षमता थी, धनोपार्जन में अधिक निपुणता थी, अतः उन्हें वैश्य वर्ण के अन्तर्गत रखा गया था। अन्त में कुछ ऐसे लोग भी शेष बच रहे, जिनमें बौद्धिक प्रतिभा, युद्ध-कुशलता अथवा धनोपार्जन-शक्ति का अभाव था, (क्योंकि धनोपार्जन में बुद्धि-चातुरी और व्यवहार-कुशलता की पग-पग पर आवश्यकता पड़ती है), उन्हें सब वर्णों की सेवा का कार्य सौंप कर शूद्र वर्ण में स्थान दिया गया। ऐसे व्यक्ति सामान्य मजदूर, झाड़-बहारू अथवा सड़क की गिट्टियाँ तोड़ने के कार्य के लिए उपयुक्त थे। इसी आधार पर प्राचीन भारत में वर्ण-व्यवस्था का निर्माण हुआ था, जिससे समाज एवं राष्ट्र का कार्य सुचारु रूप में सम्पादित हो रहा था।

'मनु-स्मृति' हिन्दुओं का कानून-ग्रंथ माना जाता है। उसमें सभी वर्णों का विभाजन करके, उनके विशिष्ट-कार्यों का विभाजन किया गया है। सभी वर्णों के लिए यह मनु-स्मृति अत्यन्त सहायक और उपयोगी मानी जाती थी। प्रत्येक वर्ण के लोगों के लिए इसमें विभिन्न निर्देश, व्यवस्था और नियम निर्धारित किये गये हैं, ब्राह्मणों, क्षत्रियों, वैश्यों एवं शूद्रों के लिए उनके कर्त्तव्यों का विशद विश्लेषण किया गया है।"

स्वामी राम की दृष्टि में धीरे-धीरे वर्ण व्यवस्था में शिथिलता और अस्तव्यस्तता आनी प्रारम्भ हो गयी। यह शास्त्रीय मर्यादा के प्रतिकूल जाने लगी। उन्होंने इस सम्बन्ध में अपने विचार इस प्रकार अभिव्यक्त किये हैं—

"धीरे-धीरे इस ग्रंथ (मनु-स्मृति) का अध्ययन गलत ढंग से होने लगा और इसके भ्रामक अर्थ निकाले जाने लगे और अन्त में परिस्थिति यहाँ तक पहुँची कि सारी व्यवस्थायें और मान्यताएँ अस्त-व्यस्त और ऊल-जलूल हो गयीं। प्रत्येक वस्तु बेतरतीब हो गयीं। सारी वर्ण-व्यवस्था और तदनुसार विभाजित कर्मों की सम्पादन-शृंखला, रूढ़िबद्ध, निर्जीव, शुष्क और पाषाणवत् बन गयी। लोगों ने इसे कठोर नियमों के अन्तर्गत जकड़ दिया। परिणाम यह हुआ राष्ट्र की जीवनी शक्ति समाप्त प्राय हो गयी। सारी वस्तुयें यंत्रवत्,

कृत्रिम और अस्वाभाविक हो गयीं। मनु-स्मृति देशवासियों की सेवा और कल्याण करने के स्थान पर एकच्छत्र व निर्दय शासिका के रूप में परिणत हो गयी।"

"वर्ण-व्यवस्था भी अपने स्थान पर ठीक और उपयुक्त थी। विभाजन भी बिलकुल उचित था। किन्तु भारत में इस सम्बन्ध मे गलतियाँ और भयंकर भूलें की गयीं। उन भयंकर भूलों के परिणामस्वरूप वर्णों के आधार पर जातियों, उपजातियों में निरन्तर वृद्धि होने लगी। उनकी शाखायें-उपशाखायें उत्तरोत्तर बढ़ने लगीं। अतः समाज जड़वत् और पंगु होने लगा। जातियों की उत्पत्ति हिन्दू समाज के लिए अभिशाप और विष के रूप में सिद्ध हुई।"

"मनु-स्मृति के नियम समाज की तत्कालीन परिस्थिति को ध्यान में रख कर निर्मित किये गये थे। अतः वे शाश्वत नहीं थे। किन्तु लोग उन नियमों को शाश्वत मान बैठे। धीरे-धीरे भारत के लोगों ने उन्हें इतनी महत्ता प्रदान कर दी कि मनु-स्मृति के नियम उपनिषदों एवं वेदान्त के शाश्वत सत्य पर हावी हो गये। लोगों ने मनु-स्मृति के विधि-निषेध के नियमों में अपने को आबद्ध कर लिया और वेदान्त एवं उपनिषदों के परम सत्य की अनुभूति के प्रति उदासीन हो गये। लोग हाड़-मांस के धर्म को सर्वस्व मानने लगे और प्रत्यक्ष आत्मा, सभी प्राणियों में व्याप्त परमात्मा को विस्मृत करने लगे।"

भारत में समय-समय पर ऐसे दूरदर्शी मनीषी, धर्म-सुधारक, साधु-महात्मा उत्पन्न होते आये हैं, जिन्होंने हिन्दू धर्म की बुराइयों, रूढ़ियों और अन्ध-परम्पराओं को मिटा कर, उसे विशुद्ध, शक्तिसम्पन्न, लोकोपकारक, युगानुकूल, व्यवहारोपयोगी बनाने का प्रयास किया। स्वामी रामतीर्थ ऐसे नेताओं में अग्रगण्य माने जा सकते हैं। उन्होंने वेदान्त के माध्यम से तत्कालीन सामाजिक समस्याओं को सुलझाने की चेष्टा की। उन्होंने इस सम्बन्ध में अपनी धारणा इस प्रकार अभिव्यक्त की—

"लोगों में व्यावहारिक ज्ञान का अभाव होने लगा। इस कारण समाज में अनेक बुराइयाँ प्रविष्ट होने लगीं, उदाहरणार्थ शारीरिक श्रम के प्रति घृणा-भावना, सभी वर्णों में अस्वाभाविक विभाजन के फलस्वरूप अनेक जातियों एवं उपजातियों की उत्पत्ति, विदेश-यात्रा को पाप समझना, बालविवाह एवं स्त्रियों में अज्ञानान्धकार की वृद्धि (शारीरिक और मानसिक दोनों ही दृष्टियों से)। ये बुराइयाँ समाज में इतने गहरे रूप से प्रविष्ट हो गयी हैं, कि इन्हें दूर करना लोहे के चने चबाना है। प्राचीन प्रथाओं को तोड़कर, उनसे मुक्ति पाना, सचमुच टेढ़ी खीर है। सुधार के प्रयास में निन्दा-आलोचना का प्रबल सामना करना पड़ता है। इसके अतिरिक्त सुधारक को समाज की निन्दा और कोप का भाजन भी बनना पड़ता है। अतः पग-पग पर भ्रम और पारस्परिक फूट की संभावना भी बनी रहती है। तो फिर क्या इन कठिनाइयों से बचने के लिये हम समाज से नितान्त पराङ्मुख हो जायँ और केवल अपनी गति-मुक्ति तक सीमित रह जायँ? अपनी मुक्ति के लिये प्रयत्नशील होना और समाज को मझधार में डूबने के लिये छोड़ देना, भला कहाँ की बुद्धिमानी है? तुम भी समाज के एक अंग ही हो। डूबते समाज में से तुम अकेले बच नहीं सकते। उसके डूबने से, तुम्हारा भी डूबना अवश्यम्भावी है। यदि समाज का उद्धार होता है, तो उसके साथ-साथ तुम्हारा भी निश्चित उद्धार होगा। यह सोचना नितांत मूर्खता और जड़ता है कि अधकचरे और विकृत समाज में कोई व्यक्ति सुरक्षित रह सकेगा। ऐसा सोचना तो ठीक

उसी प्रकार होगा जैसे हाथ शेष शरीर से अपना सम्बन्ध-विच्छेद करके शक्ति की पूर्णता प्राप्त कर ले।''

''.........भारत शताब्दियों तक इन रूढ़ियों एवं परम्पराओं का शिकार बना रहा। अतः भारत के कर्णधार ऐ नवयुवकों, इन रूढ़ियों और परम्पराओं को तहस-नहस कर दो। अपनी अपरिमित जीवनदायिनी शक्ति से उन्हें एकदम परिवर्तित कर दो। अब उनकी तिलमात्र भी आवश्यकता नहीं रह गयी है। रूढ़िग्रस्त और प्राचीन तमोगुण पर विजय प्राप्त करो। आवश्यकतानुसार गति में परिवर्तन कर दो। जहाँ जरूरत पड़े, वहाँ जनता-जनार्दन को परिवर्तित कर दो। कार्य करते चलो, निरन्तर कार्य-रत रहो।''

कट्टरपंथी हिन्दुओं ने सुधार से भयभीत होकर अपना मुख प्राचीनता की ओर मोड़ लिया। वे उसी में अपना और समाज का कल्याण मानते थे। अंग्रेजी शिक्षा प्राप्त अधीर सुधारकों ने पश्चिमी सुधारों के अन्धानुकरण में समाज का हित समझा। किन्तु स्वामी राम प्राचीनता और पश्चिमी अन्धानुकरण दोनों के विरोधी थे। उन्होंने इस सम्बन्ध में अपनी स्वतन्त्र सम्मति इस भाँति अभिव्यक्त की है—

''भूत को मोड़कर वर्तमान में बदल दो। साथ ही अपने विशुद्ध, सुदृढ़ एवं शक्ति सम्पन्न वर्तमान को भविष्य की दौड़ के अनुरूप बनाओ। हम अपने पूर्वजों की पैतृक-सम्पदा के बिना कुछ नहीं कर सकते। जो समाज अपने पूर्वजों की अर्जित सम्पदा का परित्याग करता है, वह पूर्णतया नष्ट-भ्रष्ट हो जाता है। किन्तु यदि हम सभी प्राचीन बातों को विवेकविहीन होकर अपनाने लग जायेंगे, तो समाज भीतर से खोखला हो जायेगा।''

''राम की दृष्टि में समाज के कुचले हुये लोग, राष्ट्रीयता के वृक्ष की जड़ हैं। तथाकथित उच्च वर्ग के लोग उसके फल हैं। यदि जड़ की उपेक्षा और अवहेलना करोगे, तो शाखायें, टहनियाँ, पत्तियाँ, फूल, फल—सभी कुछ नष्ट हो जायेंगे।''

''समाज-व्यक्तित्व धनी-सम्पन्न व्यक्तियों के माध्यम से अभिव्यक्त होता है, किन्तु सच्चाई की अभिव्यक्ति निर्धन व्यक्तियों के माध्यम से ही होती है। अतएव मूल (जड़) को सींचो।''

जिन व्यक्तियों की दृष्टि में निर्धनों, पीड़ितों, शोषितों का मूल्य नगण्य था, उन्हें स्वामी राम ने इस प्रकार सचेत किया है—

''शून्य का मूल्य यद्यपि कुछ भी नहीं है। किन्तु जब यही शून्य समुचित स्थान पर रख दिया जाता है, तो किसी अंक के मूल्य को दसगुना बढ़ा देता है। ठीक उसी भाँति तथाकथित निम्न वर्ग के लोग, चाहे तुम्हारे अनुयायी ही क्यों न हों, तुम्हारे समाज की शक्ति बढ़ाने वाले हैं।''

''जिस भाँति प्रत्येक शिशु को पूर्ण युवा बनने के लिये विभिन्न अवस्थाओं से गुजरना पड़ता है—शैशवावस्था, बाल्यावस्था, किशोरावस्था आदि से, ठीक उसी भाँति नैतिक और आध्यात्मिक पूर्णता को प्राप्त करने के लिये भी शैशवावस्था, बाल्यावस्था एवं किशोरावस्था आदि अवस्थाओं से गुजरना आवश्यक ही नहीं अनिवार्य है। तथाकथित पापी व्यक्ति अभी नैतिक दृष्टि से बच्चों की स्थिति में हैं। फिर क्या बच्चे का अपना निजी सौन्दर्य नहीं है? जिन्हें तुम भूल से 'गिरा हुआ—पतित' व्यक्ति की संज्ञा देते हो, अभी तक वे

उठ नहीं पाये हैं। अतः वे विश्वविद्यालय के नवागन्तुक छात्र के सदृश हैं। तुम भी एक समय उन्हीं के समान थे।"

एक बार अमेरिका में व्याख्यान देते समय स्वामी राम ने जाति-व्यवस्था की विकृतियों—दोषों की ओर इस प्रकार संकेत किया था—

"सभी प्रकार के कार्य उच्च और महान् हैं; सभी प्रकार के श्रम पवित्र हैं। किन्तु वर्ण-व्यवस्था के दोष के कारण उन कार्यों एवं श्रमों के साथ प्रतिष्ठा एवं अप्रतिष्ठा का भाव संयुक्त कर दिया गया है। जो व्यक्ति अपनी प्रारम्भिक अवस्था में अपने को शिक्षित करने में असमर्थ होते हैं, उन्हें अपने प्रारम्भ के आलस्य और शैथिल्य के लिए युवावस्था में कठिन शारीरिक श्रम के द्वारा प्रारम्भ के जीवन का प्रायश्चित करना पड़ता है। ऐसी स्थिति में तुम्हें क्या अधिकार है कि तुम उनके शारीरिक श्रम को शूद्र-कर्मों की संज्ञा दो? क्या उनका कार्य, समाज के लिये ब्राह्मणों एवं क्षत्रियों के कार्य के समान ही आवश्यक नहीं है? आजकल लोगों ने उनके शारीरिक श्रम को इतना हेय और निकृष्ट समझ रखा है कि ऐसे व्यक्तियों को उन गलियों से भी नहीं गुजरने देते हैं, जिन पर ब्राह्मण, क्षत्रिय एवं शूद्र चलते हैं। वे तथाकथित शूद्र ग्रामों और नगरों से दूर जीर्ण-शीर्ण झोपड़ियों में रहते हैं,—ब्राह्मण, क्षत्रिय एवं वैश्यों की बस्तियों से एकदम पृथक्। यदि उन शूद्रों की छाया तथाकथित उच्च वर्ण वालों पर पड़ जाती है, तो वे अपने को अपवित्र मान कर स्नान आदि द्वारा पुनः पवित्र करते हैं। शूद्रों द्वारा स्पर्श की हुई वस्तु उच्च वर्ण वालों के काम की नहीं रह जाती। उच्च वर्ण वाले लोग, तथाकथित निम्न वर्ण के कठोर परिश्रम करने वाले लोगों को रूखा-सूखा भोजन उनके कठोर परिश्रम का पुरस्कार देते हैं। वे निम्न वर्ण के शूद्र अथवा 'परिया' कितना श्रम करते हैं,—सड़कों पर झाड़ू लगाते हैं, गंदी नालियाँ साफ करते हैं; यहाँ तक कि पाखाना साफ करते हैं; और हम उच्च वर्ण के लोग उनके कठोर श्रम के पुरस्कार के रूप में देते हैं; उन्हें रूखा-सूखा भोजन एवं फटे-चीथड़े वस्त्र। वे अत्यधिक निर्धन हैं, उनके धनी बनने की कल्पना ही नहीं की जा सकती। उनकी दशा पर सोचने मात्र से राम का हृदय दुःख से भर जाता है। निम्न वर्ण वालों के लड़के उन स्कूलों में प्रविष्ट नहीं होने पाते, जहाँ उच्च वर्ण वाले लोगों के लड़के अध्ययन करते हैं, क्योंकि उनके स्पर्श से उच्च वर्ण वालों के लड़के अपवित्र हो जायेंगे। भला बताइये, ऐसी स्थिति में वे बेचारे किस प्रकार शिक्षा प्राप्त कर सकते हैं? वे बेचारे अत्यन्त कठिनाई से अपना उदर-पोषण कर पाते हैं। वे दरिद्रता और अभाव में नित्य मर रहे हैं। ये बेचारे निम्न वर्ण के लोग प्रायः प्लेग एवं अन्य संक्रामक बीमारियों के शिकार होते रहते हैं। निर्धन और निम्न वर्ण के लोग समाज के पाँव हैं—वे ही समाज के आधार-स्तम्भ हैं। जो समाज अपने निर्धन और निम्न वर्ण के लोगों की अवहेलना करता है, तिरस्कार करता है, उन्हें शिक्षा नहीं देता, वह समाज अपने पैरों को स्वयं काट देता है, जिससे वह निश्चय ही नष्ट-भ्रष्ट हो जायेगा।"

स्वामी राम भारत की जनसंख्या में निरन्तर वृद्धि को निर्धनता का प्रमुख कारण मानते थे। उन्होंने इस सम्बन्ध में अपनी सम्मति इस प्रकार दी है—

"सारे संसार में कोई भी देश भारत की भाँति जनसंख्या में नहीं बढ़ा है और इसी कारण निरन्तर उसकी गरीबी भी बढ़ती जा रही है।........यदि हम इस जनसंख्या की

समस्या को यों ही पड़ी रहने देंगे, तो राष्ट्रीय एकता और पारस्परिक सद्भावना की चर्चा आकाश-कुसुम की कल्पना के समान होगी। हमें इस जटिल ग्रंथि को अवश्यमेव सुलझाना पड़ेगा, अन्यथा हमारी मृत्यु निश्चित है।"

स्वामी राम ने सामाजिक कुरीतियों को दूर करने के लिये कुछ समाधान भी ढूँढ़ने का प्रयास किया था। उनमें से कुछ इस प्रकार हैं—

"हिन्दुओं की यह धारणा कि भारत देश के बाहर पैर रखते ही, हम स्वर्ग के अधिकारी नहीं रह जायेंगे, अत्यन्त भ्रामक है। इसका सदैव के लिये परित्याग कर देना चाहिये; अतः जितने भी भारतीय बाहर जाकर प्रवास कर सकें, उतना ही देश के लिये कल्याणकारी है। अतः यहाँ से कूच करो और बाहर प्रवास करो। यहाँ कूप-मण्डूक बनकर रहने में क्या आनन्द है? क्या तुम यह नहीं देख सकते कि इतने बहुसंख्यक देश में रहना कालकोठरी में रहने के समान है; क्या ऐसे संकीर्ण स्थान में रहने से दम नहीं घुटेगा?"

स्वामी राम का दूसरा निदान है अविवेकपूर्ण अन्धी बालविवाह प्रथा को समाप्त करना। उनकी राय थी—

"एक समय था, जबकि भारतवर्ष के आर्य-निवासियों में बड़ी संख्या में सन्तान का होना वरदान रूप माना जाता था। किन्तु वे दिन चले गये। देश-काल की परिस्थिति से आकाश-पाताल का अन्तर हो गया। भारत की जनसंख्या में बाढ़ आ गयी। अतः वृहत् परिवारों का होना अभिशाप रूप बन गया है। विवेकहीन व्यक्ति बच्चों की-सी इस भ्रामक धारणा से चिपटे हैं कि सन्तान के बल पर ही उन्हें स्वर्ग की प्राप्ति होगी। उन्हें आँखें खोलकर इस तथ्य को भलीभाँति देख लेना चाहिये कि स्वर्ग जाने के पूर्व उन्होंने सन्तानों की अति वृद्धि करके, अपने घर को नरक के रूप में परिणत कर दिया है। अर्जुन के मन में भी कदाचित् यही धारणा थी कि सन्तान से ही स्वर्ग की प्राप्ति होती है। भगवान् श्री कृष्ण ने उनके मन के उस भाव को तुरन्त ताड़ लिया और श्रीमद्भगवद्गीता के दूसरे अध्याय के बयालीसवें से पैंतालीसवें श्लोक तक में अर्जुन के उस भाव की भर्त्सना की। तुम्हारे लिये यह श्रेयस्कर होगा कि उन श्लोकों को पढ़कर उनके स्वतंत्र भावों को ग्रहण करो। अतः देशवासियों को अपने मस्तिष्क से इस घातक सिद्धांत को तुरन्त निकाल देना चाहिये कि—'विवाह करो, अज्ञानता की वृद्धि करो, बन्धन ही में जीवित रहो और उसी में मरो'। इस सिद्धान्त का बहुत दिनों तक बोलबाला रहा।"

स्वामी ने शिक्षा-प्राप्ति को तीसरा निदान माना है। शिक्षा के सम्बन्ध में उनका मत इस प्रकार है—

"शिक्षा का वास्तविक उद्देश्य यह होना चाहिये कि हम देश के प्राकृतिक साधनों का समुचित प्रयोग करना जानें। वास्तविक शिक्षा वह है, जिसके प्रयोग से देश की पैदावार में वृद्धि हो, खानों से अधिक खनिज-पदार्थ मिलें, व्यापार अधिक उन्नतिशील हो, शरीर अधिक क्रियाशील हो, मस्तिष्क की मौलिकता में अभिवृद्धि हो, हृदय परिष्कृत हो और शुद्ध भावों का आगार बने, देश के उद्योग-धन्धों में अनेकरूपता हो एवं राष्ट्र अधिक सुसंगठित और एकता-सम्पन्न हो। जिस शिक्षा का हम जीवन की वास्तविकता में प्रयोग नहीं कर सकते, वह शिक्षा, सच्ची शिक्षा नहीं है, वह केवल तोता-रटन्त विद्या है। प्राचीन शास्त्रों के उन लम्बे उद्धरणों की कोई सार्थकता नहीं है, जिनका जीवन में व्यवहार न

किया जा सके। जिस ज्ञान को हम व्यावहारिक रूप नहीं प्रदान कर सकते, वह ज्ञान आध्यात्मिक कब्ज और मानसिक बदहजमी है।"

"जो शक्ति और स्फूर्ति अनावश्यक कार्यों के सम्पादन में नष्ट हो रही है; उसे स्त्रियों को शिक्षा देने में और ऊँचा उठाने में लगाओ। सामान्य जनता को शिक्षित करो। इससे तुम्हारा और राष्ट्र दोनों का उत्थान होगा। इसके लिये सबसे सरल और सीधा तरीका है भारतीय समाचार पत्रों को सुदृढ़ और शक्तिशाली बनाना। कल्याणकारी समाचार पत्रों को निकालना। जो समाचार पत्र पहले से चल रहे हैं; उनकी दशा में सुधार करो। देश की भाषाओं के पत्रों से स्त्रियों और सामान्य जनता का स्तर ऊँचा करो।"

"यदि भारत को अपना अस्तित्व बनाये रखना है, तो स्त्री-शिक्षा का व्यापक ढंग से प्रचार और प्रसार करना होगा। फिर यह शुभ कार्य तुम्हारे ही हाथों से क्यों न सम्पन्न हो? यह देखना तुम्हारा कर्त्तव्य है कि प्रान्त में कोई भी स्त्री अथवा निर्धन व्यक्ति अशिक्षित न रह जाय। देश के मुख से अशिक्षा के इस कलंक को मिटा दो। क्या तुम्हें अपने पड़ोस में रहने वाली मेहतरानी को पढ़ाने में किसी प्रकार की लज्जा अथवा भय की प्रतीति होती है? यदि ऐसा है, तो तुम्हारी नैतिकता और व्यवहार को धिक्कार है! मातृत्व का प्यार एवं सहानुभूति लेकर निर्धन, निरक्षर जनता के बीच में पहुँचो और उन्हें शिक्षित करो। यह कैसा अनुपम देवदूत का कार्य है!"

"किन्तु इसके साथ तुम यह न भूलो कि तुम्हारे सम्मुख एक और आवश्यक एवं महत्त्वपूर्ण कार्य है—वह है उन्नतिशील देशों से उद्योग-धन्धे एवं कृषि संबंधी शिक्षा को ग्रहण करना और उस शिक्षा का समस्त देश में प्रचार और प्रसार करना।"

स्वामी राम का चौथा और अत्यन्त महत्वपूर्ण निदान है धर्म के प्रति विश्वास और निष्ठा। वास्तव में स्वामी राम के जीवन की समस्त अनुभूतियों का सार धर्म और दर्शन ही है। इसी की उपलब्धि के लिये तो उन्होंने अपने जीवन का परमोत्सर्ग किया। उनका विचार है—

"गृह-धर्म, समाज-धर्म और राष्ट्र-धर्म की गणना कर्मकाण्ड के अन्तर्गत की जानी चाहिये। अज्ञान के भीतर शुभ कर्मों का सम्पादन दुर्लभ है। अज्ञान के भीतर अज्ञानपूर्ण कर्मों का प्रतिपादन संभव है। धर्म के प्रकाश में जीवित रहे बिना और अपने हृदय में ज्ञान की मशाल प्रज्वलित किये बिना, तुम कुछ भी नहीं प्राप्त कर सकते, जीवन में एक कदम भी आगे नहीं बढ़ सकते। अपने कानों से तुम जो नियम, उपदेश आदि की बातें सुनते रहते हो, वे शरीर के बाह्य अंग हैं, धर्म में पूर्ण आस्था और प्रज्वलित ज्ञान ही वास्तविक प्राण हैं। बिना प्राण के शरीर का अस्तित्व नहीं रह सकता। भौतिकवाद, संशयवाद, प्रत्यक्षवाद, निरीश्वरवाद एवं अज्ञेयवाद के प्रबल समर्थकों को जो कुछ भी सफलतायें प्राप्त हुई हैं, उनका प्रमुख श्रेय उनके अज्ञात भाव से धर्म में प्रबल विश्वास करने को ही जाता है। कहीं-कहीं तो उनका जीवन धर्म के तथाकथित शिक्षकों के जीवन से अधिक धर्ममय रहा है।"

भारत के सामान्य साधु-संन्यासियों के प्रति स्वामी राम की धारणा अच्छी नहीं थी। उन्होंने भारत के वर्तमान साधुओं के संबंध में अपनी विचारधारा इस प्रकार अभिव्यक्त की है—

"भारत के वर्तमान साधु इस देश के लिये अनोखे दृश्य हैं। जिस प्रकार बँधे जल के ऊपर हरा आवरण (काई) छा जाता है, उसी प्रकार वर्तमान समय में भारत में पूरे बावन लाख साधुओं की जमात दिखायी पड़ती है। उनमें से कुछ साधु तो सचमुच ही समाज रूपी सरोवर के सुन्दर कमल हैं। किन्तु साधुओं की अधिकांश संख्या (उस समाज रूपी सरोवर पर) अस्वास्थ्यकर—हानिकर झाग के रूप में ही है। यदि बँधा हुआ जल प्रवाहित होने लगे, गतिशील हो जाय तो यह झाग (कूड़ा-करकट) स्वयं साफ हो जायेगा।"

स्वामी राम का ध्यान हिन्दुओं के खाने-पीने की समस्या पर भी गया। खाने-पीने को ही धर्म मान लेना कहाँ की बुद्धिमानी है? सारा हिन्दू-समाज इसी रूढ़ि में बुरी तरह जकड़ा था। स्वामी राम की दृष्टि इस ओर भी गयी और उन्होंने कहा—

"सचमुच ही भोजन के प्रश्न ने हिन्दू समाज में इतना अनावश्यक विस्तार और महत्त्व धारण कर लिया है कि कुछ व्यक्तियों ने उपहास में इस धर्म का नाम 'चूल्हे-चौके का धर्म' रख दिया है। खाने-पीने की समस्या ने हमारी शक्ति और स्फूर्ति को गलत दिशा में लगा दिया है इससे हमारी बुरी तरह हानि हो रही है। हमने वैज्ञानिक रीति से इस प्रश्न पर कभी ध्यान नहीं दिया कि हमें क्या और किस प्रकार खाना चाहिये। 'जिस प्रकार का तुम भोजन करोगे, उसी के अनुरूप तुम्हारे कर्म और विचार होंगे।'.......जो मनुष्य मांस-पेशी-वर्द्धक अथवा मस्तिष्क-वर्द्धक आहार नहीं करेगा, वह किस प्रकार बलशाली अथवा बुद्धिमान हो सकेगा? सब्जियों, फलों एवं अनाजों में हम अपनी आवश्यकतानुसार ऐसी वस्तुओं का अपने भोजन में उपयोग कर सकते हैं, जिनसे यथेष्ट पौष्टिक तत्त्व प्राप्त हों और हम शारीरिक और मानसिक दृष्टि से अधिक सक्रिय और स्वस्थ रह सकें। हम अपने भोजन में घी को बहुत महत्त्व देते हैं; किन्तु क्या इस बात पर भी कभी विचार किया है कि इससे हमारे मस्तिष्क और स्नायुओं का कितना विकास होगा? हम जौ को घृणा की दृष्टि से देखते हैं; किन्तु हम यह नहीं समझते कि छात्रों के लिए यह कितनी लाभ की वस्तु है। मिर्च-मसालों एवं औषधियों के प्रयोग से पाचन-क्रिया में गड़बड़ी पैदा हो जाती है, सहज स्वाद विकृत हो जाता है, अनेक प्रकार की बीमारियाँ शरीर में डेरा जमाने लगती हैं; दुर्बलता आती है। परिणाम यह होता है कि हम जल्द ही मृत्यु के शिकार बन जाते हैं। मक्खन, चीनी आदि खाद्य-वस्तुओं को हम अपने भोजन में बहुत अधिक महत्त्व देते हैं। पर हम यह नहीं समझ पाते कि इनका अधिक प्रयोग फेफड़ों और मस्तिष्क के लिए हानिप्रद है। इनसे स्नायुओं एवं मस्तिष्क को भी लाभ नहीं पहुँचता। परिणामस्वरूप हम आलस्य और तन्द्रा के शिकार हो जाते हैं, हमारी शक्ति का ह्रास अवश्यम्भावी हो जाता है। अतएव ज्ञान (विज्ञान) को अन्न (भोजन) का अधीक्षक बनाओ।"

स्वामी राम ने सामाजिक सुधार के सम्बध में हिन्दुओं से बड़ा जोशीला आग्रह किया है—

"भारत के कट्टरपंथी प्यारे भाइयों, शास्त्रों का यथोचित् शक्तिशाली प्रयोग करो। देश का आपद्-धर्म तुमसे माँग करता है कि अपने वर्ण-व्यवस्था संबंधी कठोर नियमों को ढीला कर दो। तथाकथित निम्न वर्ण के लोगों के प्रति तुम्हारी राष्ट्रीय भ्रातृ-भावना की बुद्धि जगे। क्या तुम देख नहीं रहे हो कि जिस भारत ने तमाम शरणार्थियों को शरण दी और उनका हार्दिक स्वागत किया, जिसने अनेक जातियों एवं देशों को आर्थिक सहायता

प्रदान की, वही भारत आज अपने बच्चों को भोजन देने में असमर्थ है? प्रत्येक देशवासी को अपना यथोचित् स्थान पाने के लिए समान स्वतन्त्रता दी जानी चाहिये। तुम अपना सिर चाहे जितना ऊँचा रखो, पर तुम्हारे पैर सामान्य भूमि पर रहें। कमजोर, दुर्बल व्यक्ति के कंधों अथवा गर्दन पर तुम्हारे पैर नहीं होने चाहिए।''

''देश के भावी नवयुवक सुधारकों, भारत की प्राचीन परम्पराओं एवं उसकी आध्यात्मिकता की अवहेलना मत करो। फूट में नवीन तत्त्व का समावेश करने से भारतवासी एकता के सूत्र में कभी न गूँथे जा सकेंगे। भारत के धर्म और आध्यात्मिकता को देश की भौतिक अवनति का कारण कभी नहीं माना जा सकता। भारत की हरी-भरी फुलवाड़ी इसलिए उजाड़ी और लूटी-खसोटी गयी कि उसके चारों ओर रक्षा के लिए कँटीली चहारदीवारियाँ एवं चुभीली झाड़ियाँ न थीं। उनके निर्माण का विधान करो। सुधार अथवा उन्नति के नाम पर सुन्दर गुलाबों अथवा फलदायी वृक्षों को केन्द्रित करने की जल्दबाजी न करो। ओ सुंदर काँटों और चुभीली झाड़ियों तुम रक्षक तत्त्वों से परिपूर्ण हो। तुम्हारी भारत को नितान्त आवश्यकता है।''

जब राम शूद्र-श्रम की महत्ता का गुणगान करता है, तो इसका अभिप्राय यह नहीं कि वह तमोगुण को रजोगुण और सत्वगुण पर लाद रहा है। मेरा कहना मात्र इतना है कि हमने तमोगुण की पर्याप्त अवहेलना की है। हमें तमोगुण के समुचित प्रयोग की यथार्थ रीति जाननी चाहिए।''

''भला बताओ, वाटिका कैसे फूल-फल सकती थी, यदि हमने गंदी खाद को फेंक दिया होता और उसका ठीक प्रयोग नहीं किया होता?''

''तमोगुण कोयला है। बिना उसके न अग्नि बन सकती है न भाप (रजोगुण) और न प्रकाश (सत्वगुण) ही हो सकता है। अतः जिस अनुपात में तमोगुण होगा, उसी अनुपात में रजोगुण एवं सत्वगुण की भी उत्पत्ति होगी।''

''.......इन्हीं कारणों से हिन्दुओं ने शंकर को 'महादेव' नाम से संबोधित किया और उन्हें तमोगुण का अधिष्ठाता माना।''

इस प्रकार स्वामी राम अपनी क्रान्तिकारी विचारधारा से हिन्दुओं में बल, पौरुष, ओज, शक्ति, ऐक्य, सहानुभूति, प्रेम, समन्वय आदि भावों से भर देना चाहते थे। उनकी दृष्टि अत्यन्त पैनी थी। वे समाज में सबको यथोचित् सम्मानपूर्ण स्थान देने के पक्के हिमायती थे।

## क्या स्वामी राम समाजवादी थे?

इसी प्रसंग में स्वामी राम की समाजवादी विचारधारा को समझ लेना अप्रासंगिक न होगा। समाजवाद के सम्बध में उनके विचारों को समझने के लिए केवल दो स्रोत हैं— उनकी 'नोटबुक' जिसमें उन्होंने समाजवाद पर एक छोटी-सी टिप्पणी लिखी है और उनका एक व्याख्यान—'वेदान्त और समाजवाद'।

अपनी टिप्पणी में उन्होंने समाजवाद के सम्बन्ध में अपनी धारणा इस प्रकार प्रकट की है—

"सम्पत्ति का विभाजन एकदम कृत्रिम है, स्वाभाविक नहीं है और न ही मनुष्य की व्यवस्था के अनुरूप है।.......किन्तु तथाकथित समाजवाद से समस्या का निदान सम्भव नहीं है। इससे तो प्रत्येक क्षेत्र में संघर्ष बढ़ता जायेगा।"

स्वामी राम को 'समाजवाद' के स्थान पर 'व्यक्ति-स्वातंत्र्यवाद' नाम अधिक पसंद था। उन्होंने अपनी सम्मति इस प्रकार दी है—

"सबसे पहले समाजवाद नाम के विषय में ही कुछ कहना है, राम उसे 'व्यक्ति-स्वातन्त्र्यवाद' कहना अधिक पसन्द करेगा। 'समाजवाद' का नाम समाज के शासन की कल्पना को प्रधानता देता है। किन्तु राम कहता है कि सत्य का यथार्थ तत्त्व तो यह है कि व्यक्ति को ही सारी दुनिया, सम्पूर्ण विश्व और ब्रह्माण्ड के समक्ष प्राधान्य दिया जाय; जहाँ न कोई हैरानी हो, न कोई चिन्ता और न कोई झंझट। इसी को राम 'व्यक्ति-स्वातन्त्र्यवाद' कहता है। लोगों की यदि इच्छा हो, तो वे उसे 'समाजवाद', 'समष्टिवाद' चाहे जो कहें, पर व्यक्ति के स्थिति-बिन्दु से वेदान्त की शिक्षा ऐसी ही है।"

हमें यह भलीभाँति समझ लेना चाहिए कि स्वामी राम राजनीति के विद्वान नहीं थे और न राजनीति में उनकी अभिरुचि ही थी। वे तो पूर्णतया धर्म और अध्यात्म के अध्येता थे और उन्हीं विषयों के अभ्यासी थे। आपद्-धर्म के नाते उन्हें राजनीति की ओर अपना ध्यान आकृष्ट करना पड़ा था। ऐसी स्थिति में धर्म, अध्यात्म एवं अद्वैतवाद के माध्यम से ही उन्होंने राजनीतिक, सामाजिक एवं आर्थिक समस्याओं का समाधान करने की चेष्टा की थी। और इसमें तनिक भी सन्देह नहीं कि उन्होंने अत्यंत मौलिक ढंग से उन्हें हल भी किया था। उन्हें इस बात का पूरा भान था कि समाजवाद, पूँजीवाद का घनघोर शत्रु है और वह पूँजीवाद को पूरी तरह से ढहा देना चाहता है। वे यह भलीभाँति जानते थे कि व्यक्तिगत अधिकार-भावना का परित्याग समाजवाद का महत्त्वपूर्ण सिद्धान्त है। वेदान्त को भी यह सिद्धान्त शत-प्रतिशत मान्य है। यह सिद्धान्त वेदान्त के व्यावहारिक पक्ष का महत्त्वपूर्ण अंग है। व्यक्तिगत अधिकार-भावना का परित्याग किये बिना वेदान्त के व्यावहारिक पक्ष में साधक आगे बढ़ ही नहीं सकता। इस दृष्टि से वेदान्त धर्म समाजवाद से बहुत आगे है। स्वामी राम ने समाजवाद के इस गुण की प्रशंसा की है। उन्होंने कहा है—

"दूसरी बात जिस पर ध्यान देना है, यह कि तथाकथित समाजवाद का लक्ष्य पूँजीवाद की बाड़ को ढहा देना है और इस बात में वह वेदान्त के लक्ष्य से पूर्णतः एकमत है, क्योंकि वेदान्त भी आपको साधारणतः स्वामित्त्व के हर प्रकार के भाव से रहित कर देना चाहता है। वेदान्त सम्पति के भाव, संग्रह के भाव तथा स्वार्थपूर्ण अधिकार के भाव को हवा में उड़ा देना चाहता है। यही वेदान्त है और यही समाजवाद है। दोनों के लक्ष्य एक हैं।"

वेदान्त समता की शिक्षा देता है और यही लक्ष्य निस्सन्देह सच्चे समाजवाद का भी है। समाजवाद में भी बाहरी सम्पत्तियों के लिये कोई सम्मान, कोई आदर और कोई इज्जत नहीं है। यह आदर्श बहुत ही विकट और बड़ा कठोर-सा प्रतीत होता है। किन्तु जब तक मनुष्य सम्पत्ति के भावों और अधिकारों को, मोह तथा आसक्ति को सम्पूर्णतः त्याग नहीं देता, तब तक पृथ्वी पर कोई सुख और आनन्द विद्यमान नहीं हो सकता। समाजवाद

केवल इतना ही चाहता है कि मनुष्य इन सब बातों को त्याग दे, किन्तु वेदान्त ऐसा करने के लिये एक महान् कारण भी बतलाता है। तथाकथित समाजवाद तो वस्तुओं की केवल ऊपरी सतह, बाह्य रूप का ही अध्ययन करता है और इस परिणाम पर पहुँचता है कि मानव जाति को समता, बन्धुत्व और प्रेम के आधार पर जीवन बिताना चाहिये। वेदान्त इस दृश्यमय जगत् का अध्ययन स्वाभाविक और आन्तरिक दृष्टिकोण से करता है। वेदान्त के अनुसार किसी की व्यक्तिगत सम्पत्ति पर अधिकार जमाना अपनी आत्मा, आन्तरिक स्वरूप के विरुद्ध पापाचार करना है। वेदान्त के अनुसार मनुष्य का एकमात्र अधिकार केवल अर्पण करना है, लेना अथवा माँगना-याचना नहीं। यदि तुम्हारे पास देने को और कुछ नहीं है, तो अपनी देह ही कीड़ों को खाने के लिये दे दो। जो कुछ तुम्हारे पास है, उसका कोई मूल्य नहीं, उसके कारण तुम्हें कोई भी धनी नहीं कह सकता। जो कुछ तुम दे डालते हो, उसी से तुम अमीर होते हो। प्रत्येक व्यक्ति काम करे किसी वस्तु का स्वामी बनने के लिये नहीं, बल्कि प्रत्येक वस्तु को दे डालने के लिये। दुनिया सबसे बड़ी भूल यह करती है कि वह लेने में सुख का भाव मानती है। वेदान्त चाहता है कि आप सत्य को पहचानें और अनुभव करें कि सुख सबको सब देने में है, और लेने या याचना करने में नहीं। ज्यों ही, तुम माँगने या भिक्षा-वृत्ति का अपने भीतर प्रवेश होने देते हो, उसी क्षण तुम अपने आपको संकीर्ण या संकुचित बना डालते हो और अपने आन्तरिक आनन्द को बाहर निचोड़ देते हो। आप चाहे जहाँ हों, दाता के रूप में काम करें, भिखारी के रूप में कदापि नहीं, तभी आपका कार्य विश्वव्यापी कार्य होगा और उसमें व्यक्तिगत स्वार्थ की गन्ध भी न पैठ सकेगी।

"भारत के वेदान्तवादी साधु आज भी ऐसा समाजवादी जीवन हिमालय के वनों में व्यतीत करते हैं; ऐतिहासिक काल के पूर्व से ही वे ऐसा जीवन व्यतीत करते आये हैं। वे कड़ी मेहनत करते हैं, निठल्ले नहीं रहते। वे आरामतलब और विलासी नहीं होते, क्योंकि उन्हीं के प्रयत्नों से भारत के विशाल और महान् साहित्य की सृष्टि हुई है। यही लोग भारत के सर्वश्रेष्ठ कवि, नाटककार, वैज्ञानिक, दार्शनिक, वैयाकरण, गणितज्ञ, ज्योतिर्विद, रसायनशास्त्री, आयुर्वेदज्ञ हुये हैं। और ये वे लोग हैं, जिन्होंने रुपये-पैसे का कभी स्पर्श तक नहीं किया। ये ही वे लोग हैं, जिन्होंने यथासाध्य कठोरतम जीवन व्यतीत किया है। इससे समाजवाद पर लगाया जाने वाला यह कलंक धुल जाता है कि यह लोगों को कायर, आलसी और परावलम्बी बना देगा। काम वही खूब कर सकता है, जो अपने को स्वतन्त्र समझता हो।"

किन्तु पश्चिमी समाजवाद और वेदान्त के समाजवाद में बहुत अन्तर है। वेदान्त का समाजवाद तो हमें स्वतः सब कुछ त्याग करने की शिक्षा देता है, किन्तु पश्चिम का समाजवाद जबर्दस्ती व्यक्ति की सम्पत्ति उससे छीन लेता है। दोनों के दृष्टिकोण में अत्यन्त मौलिक भेद है—एक तो व्यक्ति के आन्तरिक परित्याग का द्योतक है और दूसरा बाह्य शक्ति से व्यक्ति को दबाकर त्याग करने को बाध्य करके कराया जाता है। वेदान्ती के स्वतःत्याग में शान्ति, परितृप्ति और सन्तोष की भावना अन्तर्हित है, इसके विपरीत तथाकथित आधुनिक समाजवादी के मन में कुण्ठा, असन्तोष और परिताप की भावना व्याप्त होता है। एक का हृदय शान्ति और आनन्द के सागर में हिलोरें ले रहा है और दूसरे का हृदय असन्तोष, ग्लानि की ज्वाला से दग्ध हो रहा है। वेदान्ती का त्याग उसकी

आन्तरिक प्रेरणा का त्याग है, जबकि आधुनिक समाजवादी का त्याग, बलपूर्वक कराया गया त्याग है। तभी तो स्वामी राम ने कहा है, "सही व्यक्ति वही है, जो अपना सर्वस्व दे देता है।"

अतः स्वामी राम की समाजवादी विचारधारा, वर्तमान समाजवादी विचारधारा से सर्वथा भिन्न थी। स्त्रियों के संबंध में उन्होंने जो विचार अभिव्यक्त किये हैं, उससे उनके उच्चादर्शों का सहज अनुमान लगाया जा सकता है—

वेदान्त और समाजवाद के भी अनुसार आपको अपने बच्चों, स्त्री, घरबार या अन्य सभी वस्तुओं पर अधिकार जमाने का कोई हक नहीं है।

सभ्य समाज के मस्तक पर यह कलंक का टीका लगा हुआ है कि स्त्री वाणिज्य की वस्तु बनी हुई है और मनुष्य उसी अर्थ में उस पर अपना अधिकार जमाता और शासन करता है, जैसे वृक्षों पर, घरों पर अथवा रुपये-पैसे पर। इस प्रकार सभ्य समाज में नारी की स्थिति जड़-पदार्थों जैसी हो गई है तथा नारी के हाथ और पैर दोनों बाँध दिये गये हैं, जबकि मनुष्य अपने कामों में सर्वथा स्वतन्त्र है। स्त्री कभी एक मनुष्य की सम्पत्ति हो जाती है और कभी दूसरे की। समाजवाद और वेदान्त के अनुसार भी यह स्थिति अति विचित्र जान पड़ती है। किन्तु नारी को भी अपनी स्वतंत्रता ठीक उसी तरह पहचानना और पकड़ना चाहिये, जिस तरह पुरुष अपनी स्वतंत्रता को पहचानता और पकड़ता है। नारी भी उतनी ही स्वाधीन है, जितना कि पुरुष। हाँ, यदि पुरुष के लिए किसी वस्तु पर अपना अधिकार रखना ठीक नहीं है, तो नारी को भी किसी वस्तु पर अपना अधिकार न जमाना चाहिये। अपना आनन्द स्थिर रखने के लिये, उसे भी अपने पति पर स्वत्त्व जमाने का कोई अधिकार न होगा। यहाँ पर, समाजवाद के विरुद्ध एक गम्भीर आपत्ति उठती है। यदि समाजवाद नर और नारी को पूर्ण स्वाधीनता दे देता है, तो वह समाज को पशुता की अवस्था में ले जायेगा और उसे लम्पटों और दुराचारियों का संसार बना देगा। राम कहता है कि नर और नारी के लिये स्त्री-पुरुष के संबंध के विषय में इससे उत्तम और कुछ नहीं हो सकता। गाय और भैंस जैसे पशु अपने काम-व्यवहार में बड़े ही बुद्धि-संगत होते हैं। अपने इस बर्ताव में वे बड़े ही ऋतु-संगत और युक्ति-संगत होते हैं। यदि मनुष्य भी उसी ढंग से बर्ताव करे, तो सभ्य-समाज की सारी कामुकता और मनोविकारों की समाप्ति हो जाय।

"कैसा आश्चर्य है? कामासक्त पुरुष को पशु कहकर हम कितनी भयंकर भूल करते हैं, जबकि पशु निस्सन्देह मनुष्यों से कम कामासक्त होते हैं। उनमें अनुचित कामविकार का लेशमात्र भी नहीं होता। जब उन्हें सन्तानोत्पत्ति करनी होती है, तभी वे मैथुन करते हैं। मनुष्य का हाल उलटा है। जो मनुष्य शान्त और विकारहीन है, वह कामी मनुष्य की अपेक्षा पशुओं जैसा जीवन अधिक व्यतीत करता है। अतः कामासक्त मनुष्य को पशु नहीं कहना चाहिये, पशु तो आजकल का सभ्य मनुष्य है—यह हमारी सभ्यता की विशेषता है, न कि प्रारम्भिक असभ्य समाज की। असभ्य लोग तो स्वाभाविक और बुद्धि-संगत होते थे। उनका प्रत्येक कार्य ऋतु में और नियत समय पर होता था। वेदान्त और समाजवाद के अनुसार जितनी अधिक विकारहीनता और नैसर्गिक शान्त अवस्था की प्राप्ति होगी, उतनी ही उत्तेजक मनोविकारों की कमी होगी और साथ ही साथ मनुष्य में पति का स्त्री

पर और पिता का पुत्र पर स्वत्त्वाधिकार जमाने वाला भाव भी न रहेगा।''

स्वामी राम इस बात को मानते हैं कि सच्चे समाजवाद के शासन के अन्तर्गत यौन-संबंध बुद्धि-संयुक्त होंगे; वे ऋतुकालीन, बुद्धियुक्त एवं नैसर्गिक होंगे एवं तथाकथित सभ्य-समाज की कामुक भावना अपने आप क्षीण हो जायेगी। यह स्वामी राम की समाजवाद के संबंध में मौलिक कल्पना है। समाजवाद विवाह की वर्तमान रूढ़ियों का उन्मूलन तो अवश्य करना चाहता है, किन्तु उसके सम्मुख पवित्रता स्थापित करने का कोई भी उद्देश्य स्पष्ट नहीं है। किन्तु स्वामी राम आध्यात्मिक साधनों द्वारा उसमें पवित्रता को भी स्थापित करना चाहते थे।

समाजवाद के संबंध में स्वामी राम की ऐसी कल्पना थी कि हमारे सामने ऐसा संसार हो, जिसमें सभी व्यक्ति व्यावहारिक वेदान्ती हों, वे अपने आत्मस्वरूप—सच्चिदानन्द परमात्मा की अनुभूति के लिये प्रतिबद्ध हों, शारीरिक पारिवारिक दुश्चिन्ताओं से परे हों, आत्मा में क्रीड़ा करने वाले हों। ऐसे आदर्श समाज में न तो धन-सम्पत्ति की आवश्यकता रहेगी, न शिक्षकों की और न वैद्य-डाक्टरों की। समाजवाद के पास इनके उपचार का कोई निदान नहीं हैं। स्वामी राम ने इस संबंध में अपनी सम्मति इस पर अभिव्यक्त की है—

" 'हमें इस बच्चे या इस स्त्री अथवा इस बहिन की चिन्ता करनी है'—निरन्तर ऐसी भावना का बोझ मनुष्य को अपने अध्ययन या अपने ब्रह्मत्त्व का अनुभव करने में बाधक होता है। समाजवाद अथवा वेदान्त तुम्हारी छाती पर से यह बोझ हटा देना चाहता है, तुम्हें स्वच्छन्द कर देना चाहता है। जब तुम किसी अन्वेषण के सागर में उतरते हो, तो तुम विजय-पताका उड़ाते हुये बाहर निकलते हो। जब तुम किसी अनुसन्धान की रंगभूमि में प्रवेश करते हो, तो तुम पूर्ण कृतकार्य होते हो, यदि तुम स्वच्छन्दता से पाशमुक्त होकर सब प्रकार के बन्धनों और चिन्ताओं से मुक्त होकर काम करते हो, तो हर समय तुम अपने को स्वतन्त्र समझते हो और तुम निश्चयपूर्वक इस विशाल जगत् को अपना घर समझते हो।

हमें करना केवल इतना ही है कि लोग केवल यह समझ जायँ कि उनके रोगों और विपत्तियों की एकमात्र दवा दूसरों पर स्वत्त्व जमाने की कल्पना को दूर कर देना है। एक बार जब सारा जनसमुदाय इस बात को समझ लेगा, तो समाजवाद सारे समाज में दावाग्नि की भाँति व्याप्त हो जायेगा। यही वेदान्तिक समाजवाद उन सब रोगों की एकमात्र औषधि है। एक बार जहाँ यह वेदान्तिक समाजवाद दुनिया की समझ में आ गया कि वह स्वर्ग बन जायेगी। उस समय हमारी उल्टी दृष्टि तथा आसपास की परिस्थिति से उत्पन्न होने वाली आपत्तियाँ गायब हो जायेंगी। इस समाजवाद की छाया में बादशाहों, राष्ट्रपतियों, धर्माचार्यों की जरूरत नहीं होगी, सेनाओं की भी कोई आवश्यकता नहीं होगी। विश्वविद्यालयों की भी कोई आवश्यकता नहीं पड़ेगी, क्योंकि प्रत्येक मनुष्य स्वयं अपना विश्वविद्यालय आप ही होगा। हम ऐसे पुस्तकालय रखेंगे, जिनमें प्रत्येक मनुष्य आकर पढ़ सकेगा। केवल छोटे बच्चों के निमित्त अध्यापक होंगे, और नहीं। डाक्टरों की भी आवश्यकता न पड़ेगी, क्योंकि वेदान्त के उपदेशानुसार प्राकृतिक जीवन व्यतीत करने से आप कभी बीमार ही नहीं पड़ सकेंगे। फिर आपको डाक्टर क्यों चाहिये ? लोग चाहे

जो करेंगे, जहाँ जी चाहेगा, घूमेंगे, आज की तरह अपने ही भाइयों का डर उन्हें न होगा। वे भलाई करेंगे और वास्तव में कल्याणप्रद अध्ययनों, तत्त्वज्ञानों और अध्यात्म के अनुसंधानों में अपना समय लगायेंगे, जिससे अपने ब्रह्मत्व और परमेश्वरत्त्व का अनुभव करते हुये वे जीवन्मुक्त हो सकेंगे।

ॐ, ॐ, ॐ।"

वास्तव में स्वामी राम के मन में इसी प्रकार के वेदान्तिक समाजवाद की कल्पना थी। उनके मन में वेदान्त के विशुद्ध समाजबाद की रूपरेखा थी। उनके निम्नलिखित कथन से इसकी पुष्टि भी हो जाती है—

"संगठनों एवं सहयोग की भावना से भारत में समाजवाद का पथ निर्मित हो सकता है।"

स्वामी राम धर्म और अध्यात्म के मसीहा थे। उन्होंने संसार की जिस वस्तु का प्रतिपादन किया, उसे अध्यात्म के रंग में रंग कर बिलकुल मौलिक रूप प्रदान कर दिया। वे ऐसे कुशल क़ीमियागर थे जिन्होंने अपनी वेदान्त की रासायनिक विद्या से मिट्टी को भी सोने में परिवर्तित कर दिया। उनके हाथों में पड़कर सांसारिक समाजवाद ने अध्यात्म और वेदान्त का स्वरूप धारण कर लिया। उन्होंने जिस समाज की प्रतिष्ठा कल्पना की, उसमें हिन्दू धर्म की समस्त आध्यात्मिकता, निस्पृहता, त्याग-भावना, सहृदयता, प्रेम, ईश्वर में अखण्ड विश्वास—सभी कुछ अन्तर्हित है। स्वामी राम द्वारा प्रतिपादित समाजवाद अन्तर के स्वतः त्याग से अभिषिक्त है, उसमें बाहर का बलात् आरोपित त्याग नहीं है। इस प्रकार स्वामी राम का समाजवाद पश्चिमी समाजवाद से सर्वथा भिन्न है। यदि स्वामी राम द्वारा प्रतिपादित समाजवाद की प्रतिष्ठा हो जाय, तो संसार में सर्वत्र शान्ति, सन्तोष, सहृदयता, प्रेम, सहानुभूति आदि सात्त्विक गुण अपने आप प्रतिष्ठित हो जाएँ।

□□□

## त्रयोदश अध्याय

# स्वामी राम—अध्यात्मवादी कवि

कवि दो प्रकार के होते हैं—एक नैसर्गिक और दूसरे परिश्रम-साध्य। नैसर्गिक कवि हमारे हृदय पर शासन करते हैं और परिश्रम-साध्य कवि मस्तिष्क का संस्कार करते हैं। नैसर्गिक कवियों को हम हार्दिक प्रेम करते हैं और परिश्रम-साध्य कवियों की प्रशंसा करते हैं। स्वामी राम उच्चकोटि के नैसर्गिक भावप्रवण कवि थे। उनकी कवितायें हमारे हृदय को तुरन्त स्पर्श कर लेती हैं; हर बरबस उनकी काव्य-रस-धारा में प्रवाहित होने लगते हैं। बायरन ने परिश्रम-साध्य कवियों के सम्बन्ध में अपनी धारणा इस प्रकार अभिव्यक्त की है, "कवि क्या है? उसका क्या महत्त्व है? उसका कार्य क्या होता है? वह मात्र बड़बड़िया बकवादी है।"

स्वामी राम काव्य का निर्माण नहीं करते थे, बल्कि काव्य स्वतः उनके मन से निकल कर प्रवाहित होता था। उनके हृदय में काव्य के असंख्य स्रोत विद्यमान थे। अवसर पाते ही वे बरबस फूट पड़ते थे। उनका समस्त जीवन असीम भावमय था। उनका उठना-बैठना, सोचना-विचारना, वार्ता करना —सब काव्यमय था। उनकी मति, धृति, मनीषा, स्मृति, संकल्प—सब में रहस्यात्मक काव्य की अखण्ड माधुरी पायी जाती है। उनकी मुस्कान| में इतनी रहस्यात्मकता और प्रभावोत्पादकता थी कि उस पर बड़े से बड़े लोग न्यौछावर हो जाते थे। उसमें काव्य की अद्भुत सरिता प्रवाहित होती थी।

थोरो ने एक स्थान पर लिखा है, "शारीरिक श्रम के लिये तो लाखों जागे हुये हैं। परन्तु करोड़ों में से कहीं एक काव्यमय दैवी जीवन के लिये सचेत और क्रियाशील होता है।" राम एक ऐसे ही दुर्लभ महान् कवि थे। अनेक बार सारी रात वे रोते रहे और सबेरे उनकी धर्मपत्नी को उनके बिछौने की चादर आँसुओं से भीगी मिली। आखिर उन्हें कष्ट क्या था? वे किसलिये इतने दुखी थे। उसका प्रमुख कारण यही था कि एक विरहिणी आत्मा अपने पति परमात्मा से मिल कर एक होना चाहती थी। इसी विरहानुभूति की तीव्रता ने स्वामी राम को उच्चतम कवि रूप में परिणत कर दिया। नदियों के तटों पर, जंगलों के सुनसान अंधकार में, प्रकृति के पल-पल परिवर्तित होते दृश्यों के अवलोकन में एवं स्वरूपानुसन्धान में उन्होंने अनेक रातें जागकर काटीं। इस दिशा में कभी तो अपने संगी से बिछुड़े हुए बिरही पक्षी के लोक सन्तप्त स्वर में अपने रचे हुए गीत गाते थे और कभी-कभी उत्कट ईश-भक्ति से मूर्च्छित हो जाते थे और सचेत होने पर अपने नेत्रों के पवित्र गंगाजल में स्नान करते थे। उनकी प्रेमावस्था सदैव अज्ञात रहेगी। विचारक लोग अपने भावों के अनुसार उन अवस्थाओं को निरन्तर जानने की चेष्टा करते रहेंगे। पर सही रूप में कितना जान पायेंगे, इसका अनुमान लगाना कठिन होगा।

किन्तु इसमें सन्देह नहीं कि कवि और ईश्वरीय दूत होने के पूर्व उन्होंने अत्यधिक स्वाध्याय, सत्संग एवं साधना की थी। स्वाध्याय की दृष्टि से उन्होंने ईरान के सूफ़ी कवियों, पाश्चात्य कवियों एवं दार्शनिकों, भारतीय साहित्य के संस्कृत के आप्त ग्रन्थों एवं मध्यकालीन कवियों का विचारपूर्वक अध्ययन किया था। ईरान के सूफी कवियों में हाफिज अत्तार, मौलाना रूमी और शम्स तबरेज उनके विशेष प्रिय कवि थे। उनकी अनेक कवितायें स्वामी राम को कण्ठाग्र थीं। पाश्चात्य साहित्य में उन्होंने इमर्सन, कांट, गेटे, कारलाइल, ह्विटमैन, थोरो, क्लिफोर्ड, हक्सले, टिंडल, मिल, डार्विन, स्पेंसर आदि का विशद अध्ययन किया था। भारतीय साहित्य में उपनिषद्, योगवासिष्ठ, श्रीमद्भगवद्गीता, अष्टावक्र गीता, अवधूत गीता स्वामी राम के अत्यन्त प्रिय ग्रंथ थे। इन्हीं ग्रन्थों के भावों एवं विचारों में स्वामी राम रमण करते थे। इसके अतिरिक्त हिन्दू और मुसलमान दोनों ही भक्तों, ज्ञानियों के प्रति स्वामी राम की अगाध निष्ठा थी। तुलसीदास एवं सूरदास से उन्होंने निश्चित ही प्रेरणा ग्रहण की थी। चैतन्य महाप्रभु के प्रेम की तो मानों स्वामी राम ने अपने जीवन में पुनरावृत्ति ही की थी। तुकाराम एवं नानक की मधुरता एवं विनयशीलता की मानों स्वामी राम साकार प्रतिमा थे। प्रह्लाद एवं ध्रुव का दृढ़ विश्वास उनके जीवन के पग-पग में दृष्टिगोचर होता है। मीराबाई, बुल्लेशाह एवं पंजाबी सन्त गोपालसिंह की आध्यात्मिकता स्वामी राम के प्राणों में स्पन्दित होती थी। श्रीकृष्ण भगवान् की निष्काम कर्मयोगपरायणता उनके छोटे से छोटे कार्यों में भी देखी जा सकती थी। भगवान् आशुतोष महादेव के त्याग एवं तपस्या को तो स्वामी राम ने अपने जीवन का लक्ष्य ही बना रखा था। कहने का अभिप्राय यह कि उनकी स्वाध्याय-परायणता, मननशीलता और अभ्यास-वृत्ति से उन्होंने अपने व्यक्तित्व को असाधारण और अलौकिक बना लिया था। यही कारण है कि स्वामी राम का व्यक्तित्व इतनी विलक्षणता से परिपूर्ण था। उनकी उपस्थिति आस-पास के समस्त वातावरण को परिवर्तित कर देती थी। उनकी उपस्थिति मात्र से साधकों का मन बेकाबू हो जाता था। जो जिस भाव का साधक था, उसको अपनी साधना का वही भाव स्वामी राम में देखने को मिल जाता था। उनके सान्निध्य में किसी में कवि की, किसी में चित्रकार की, किसी में उत्कट योगी की, किसी में क्रान्तिकारी समाज-सुधारक की, किसी में अनुपम देशभक्त की, किसी में अद्वैतनिष्ठ ब्रह्मज्ञानी की एवं किसी में निष्काम कर्मयोगी की अभिरुचि अपने आप उत्पन्न हो जाती थी। इस प्रकार उनका व्यक्तित्व अप्रतिम आध्यात्मिक था। जिस प्रकार उनका व्यक्तित्त्व आध्यात्मिक था, उसी प्रकार उनका काव्य भी आध्यात्मिक भावनाओं से ओतप्रोत था। श्रुतियाँ और स्मृतियाँ, पद्य और गीत, विचार और विषय, तत्त्वज्ञान और धर्म तथा राजनीति और समाज की समस्यायें—ये सब एक साथ ही उनके निर्मल अन्तःकरण के ज्योति-समुद्र में उद्भासित होती थीं और स्वामी राम की प्रत्यक्षानुभूति का जामा पहनकर सुन्दर और मधुर काव्य के रूप में बाहर निकलती थीं। कोई भी भावना, कोई भी समस्या, कोई भी विचार राम की अंतरात्मा के रहस्यमय प्रभावों से परिवर्तित नये काव्य के नवीन स्वरूप में प्रकट होते थे। स्वामी राम यह उद्घोषित करते थे—'सूर्य की लाल किरणें मेरी नसें हैं।' वे सृष्टि के समस्त-विषयों को अपनी आत्म-ज्योति से देखते थे। इसी से वे जो कुछ बोलते थे, लिखते थे अथवा उपदेश देते थे, वह सब आत्मा की परम ज्योति से उद्भासित होकर आनन्दमय, रसमय काव्य का रूप धारण कर लेता था। उन्होंने

समस्त विराट् प्रकृति को अपने आत्मस्वरूप में लीन कर लिया था। वे प्रकृति के नहीं थे, बल्कि प्रकृति उनके महान् स्वरूप का एक अंग मात्र बन गयी थी। इसी से तो "उनका मुस्कराना वर्षाऋतु में धूपवत् था और रोना गरमी की ठीक दोपहरी में जलवृष्टिवत्। मेघ उनके सिर पर छाये रखते थे। वे घने जंगलों के बीच निश्शंक और निर्भय निवास करते थे। आधी रात को मार्गशून्य कंदराओं में विचरते थे और वहाँ इस सुगमता से प्रविष्ट होते थे, जैसे पक्षी हवा में उड़ते हैं।"

वे सच्चे अर्थ में कवि थे। ईशावास्योपनिषद् के आठवें मंत्र में 'कवि' को परमात्मा का विशेषण माना गया है जिसका अर्थ होता है 'सर्वद्रष्टा'। स्वामी राम उसी अर्थ में 'कवि' थे। अतः उन्हें 'कवियों का कवि' सुगमता से माना जा सकता है। प्रकृति के वैभवों को उन्होंने आत्मसात् कर लिया था। पर्वतीय सरिताओं एवं निर्झरों का कलकल निनाद उनके सत्संग का साधन था। वृक्षों की छाया में बैठे हुए पक्षी उन्हें प्रकृति के रहस्यों का उद्घाटन करते हुए प्रतीत होते थे। उन्हें समस्त जगत् के कोलाहल में 'अनाहत नाद' सुनाई पड़ता था। समुद्र की थिरकती हुई तरंगों में, वनों के वृक्षों के स्पन्दन में, वृक्षों की हरीतिमा में, चन्द्र ज्योत्स्ना में, नक्षत्रों की टिमटिमाहट में, सूर्य के प्रभातकालीन स्वर्णिम प्रकाश में, मध्याह्न की प्रचण्ड चिलचिलाती धूप में उन्हें अलौकिक सौन्दर्य की अनुभूति होती थी। वास्तव में अपनी साधना की प्रत्यक्षानुभूति के बल पर स्वामी राम ने आत्मा का साक्षात्कार कर लिया था। अतः उन्हें प्रकृति की समस्त वस्तुएँ अपने से भिन्न नहीं प्रतीत होती थीं। इसीलिए उन्हें प्रकृति के कोमल और परुष दोनों पक्षों से समान अनुराग था।

प्रकृति के बाह्य स्वरूप के अतिरिक्त स्वामी राम ने उसके अन्तर्पक्ष—मानवीय पक्ष का अत्यन्त सूक्ष्मता एवं गंभीरता से पर्यवेक्षण किया था। मानव के विविध रागात्मक सम्बन्धों—राग-द्वेष, हर्ष-शोक, अनुराग-विराग, ईर्ष्या-कपट-पाखण्ड—की उन्हें पूर्ण जानकारी थी। उनके काव्य में स्थल-स्थल पर इन वस्तुओं का संक्षिप्त चित्रण मिलता है। किन्तु मजाल है कि वे कभी उनमें रमते हुए प्रतीत हुए हों। उन्होंने इनका चित्रण केवल दृश्य रूप में किया है। उनका चित्रण करते समय वे सदैव द्रष्टा और साक्षी रूप में दिखलाई पड़ते हैं।

उनकी कविताओं के सम्बन्ध में सी०एफ० एण्ड्रूज ने अपने विचार इस भाँति अभिव्यक्त किये हैं—

"उन्होंने अपने कविताओं में छन्दशास्त्र के नियमों के अनुसार संशोधन भी किया होता। किन्तु ऐसा प्रतीत होता है कि उन्हें ज्यों ही कोई अन्तःप्रेरणा हुई, त्यों ही अपने भावों को बिना किसी यथेष्ट संशोधन के अपने तात्कालिक शब्दों में कागज पर अंकित कर लिया। किन्तु इस प्रकार जहाँ उनके पाठकों को कुछ हानि हुई है, वहाँ उतना ही लाभ भी है, क्योंकि सजावट और संशोधन की कमी उनके चिर नावीन्य और सजीवता के द्वारा आशा से अधिक पूरी हो गयी।.......अतः पाठकों को पुनरुक्ति दोष तथा चमक-दमक का अभाव उतना नहीं खटकना चाहिये, जबकि इन पाण्डुलिपियों में स्वामी राम का व्यक्तित्व हमारी आँखों के सामने इतना सजीव हो उठता है।"

"उनकी कविताओं के इस वर्णन से मैं उनके जीवन एवं उपदेशों के उस अन्तिम पहलू पर पहुँचता हूँ, जिसका मैं यहाँ उल्लेख करना चाहता हूँ और जिसमें यथेष्ट संकोच एवं आत्मविश्वास की कमी का भी अनुभव करता हूँ। क्योंकि यह सम्भव है कि बहुत से लोग मेरी राय से सहमत न हों। फिर भी जो बात मैं यहाँ कहने का साहस करता हूँ, वह संक्षेप में यह है कि मुझे स्वामी राम की कविताओं में ही, उनके साहित्य का सबसे अधिक मूल्य दिखायी देता है, क्योंकि उनके दर्शनशास्त्र के पीछे उनका कवि हृदय बराबर झलक मारता रहता है। प्रकृति के प्रति उनका अद्भुत प्रेम—जीवन-पर्यन्त और मृत्यु में भी एक समान, प्रबल त्याग और संन्यास की उत्कट इच्छा, अन्तिम तथ्य (परमात्म-तत्त्व) के लिये अतिशय जिज्ञासा, सत्य की खोज में आत्मबलिदान और इसी प्रकार स्वार्जित आत्मविश्वास का आनन्द और अट्टहास—ये और अनेक सद्गुण उनमें थे, जिनके वशीभूत होकर कविता उनके हृदय से अनायास फूट पड़ती थी और दार्शनिक के पीछे सच्चे कवि के दर्शन हमें यत्र-तत्र-सर्वत्र मिल जाते हैं।"

इसी भाँति एण्ड्रूज महोदय ने और भी लिखा है—

"………मेरा सारा हृदय स्वामी राम के प्रति खिंचने लगता है, जब मैं त्याग और बलिदान पर उनके विचारों को पढ़ता हूँ, जिन्हें उन्होंने अनादि जीवन का नियम माना है अथवा जब मैं नैसर्गिक सौन्दर्य के प्रति उनकी उत्कट लालसा और सजीव अनुराग का दर्शन करता हूँ, तब मुझे ऐसी अनुभूति होती है कि मेरे हृदय में वही सत्प्रेरणा जाग्रत होती है, जो उपनिषदों की कविता पढ़ने से अथवा हिन्दू धर्म के सर्वश्रेष्ठ ग्रन्थ श्रीमद्भगवद्गीता के कुछ विचारों का अनुशीलन करते समय होती है। स्वामी राम के उपदेशों में स्थल-स्थल पर एक ही ध्वनि निकलती है कि केवल अन्तःकरण के निर्विकल्प मौन में ही हम ब्रह्माण्ड के उस दिव्य, शान्त और सामंजस्यपूर्ण संगीत का सुख समझ सकते हैं।"

जिस प्रकार वर्ड्सवर्थ, कोलरिज, शैली, कीट्स आदि पाश्चात्य कवियों पर अज्ञात रूप से पौर्वात्य जगत् की भावनाओं का प्रभाव पड़ा। ठीक उसी भाँति भारत के प्रतिनिधि कवियों—स्वामी विवेकानन्द, स्वामी रामतीर्थ एवं श्रीमती सरोजनी नायडू आदि कविगण भी पाश्चात्य प्रभाव से अछूते नहीं रहे। बात यह है कि उन्होंने पाश्चात्य-साहित्य का विशद अध्ययन किया था और उसकी उदात्त भावनाओं को आत्मसात् कर लिया था।

इस बात का एण्ड्रूज महोदय ने कुशल समीक्षक की भाँति विश्लेषण किया है—

"पूर्व की ओर से स्वामी विवेकानन्द और स्वामी रामतीर्थ—इन दोनों ने अपने उन सिद्धान्तों द्वारा, जिन्हें उन्होंने व्यावहारिक वेदान्त का नाम दिया था, पश्चिम से मिलने की चेष्टा की है। उन्होंने अद्वैत वेदान्त की आधुनिक ढंग से व्याख्या करके ईसाई धर्म की सेवा और परोपकार भाव-जनित सामाजिक और राष्ट्रीय प्रयोगों के साथ सामंजस्य स्थापित करने का प्रयास किया है। किन्तु ध्यान देने की बात केवल इतनी है कि इस सम्मिलन की एक सीमा है, क्योंकि उनकी इस नूतन हिन्दू-उद्भावना के अन्तर्गत पूर्व का सामाजिक और राष्ट्रीय विकास फिर भी दो हजार वर्षों से ईसाई धर्म की शिक्षा-दीक्षा के अन्तर्गत चलने वाले यूरोप के विकास से स्वरूप और गति, दोनों में कुछ भिन्न ही रहेगा।"

"पूर्व और पश्चिम की इस सम्मिलन-योजना को आगे बढ़ाने को स्वामी रामतीर्थ में कुछ अद्‌भुत एवं अपूर्व क्षमता थी। उनमें भारतीय विचारधारा को पश्चिम के हृदय में पैठाने की योग्यता थी।"

स्वामी राम की कविताओं के सम्बन्ध में एण्ड्रूज महोदय ने अपनी धारणा इस प्रकार अभिव्यक्त की है—

"उनके भीतर का उल्लास ही वह चीज है, जो उनकी कविताओं में यत्र-तत्र-सर्वत्र लहराता दिखायी देता है। इतना ही नहीं, उसके द्वारा हमारे हृदयों में भी उसी अट्टहास की एक सूक्ष्म प्रतिध्वनि जाग उठती है। जैसा कि मैं पहले कह चुका हूँ कि उनकी कविताओं की बाह्य रूपरेखा चाहे कहीं-कहीं कुछ ऊबड़-खाबड़ और विचित्र-सी भले दिखायी पड़े, इसमें सन्देह नहीं कि सहृदय पाठक शब्दों के इस अपर्याप्त और अपूर्ण प्रवाह में भी उनकी अन्तरात्मा को सहज ही देख सकते हैं।"

स्वामी राम का गद्य और पद्य दोनों ही काव्य है। वास्तव में उनका समस्त जीवन काव्य की अनुपम माधुरी से ओतप्रोत था। उनका जीवन प्रेम की अपूर्व मिठास, पूर्ण शान्ति, ब्रह्मानन्द की अनोखी मस्ती से परिपूर्ण था। उनके जीवन का प्रत्येक पहलू काव्य का अजस्र स्रोत था। समय-समय पर उनका गद्यात्मक रूप भी दिखलायी पड़ता है। किन्तु उससे उनके काव्य की आत्मा को किसी प्रकार की ठेस नहीं पहुँचती। उनमें भाव प्रवणता है, साथ ही नैतिकता का बोझ नहीं है; वे आध्यात्मिकता की सुगन्धि से सुवासित तो अवश्य हैं, किन्तु कल्पनाओं की बहुलता से दूर हैं। उनकी कवितायें हृदय से निकली हैं और हृदय का स्पर्श तुरन्त कर लेती हैं, यही उनकी सबसे बड़ी विशेषता है।

स्वामी राम ने लगभग १५० कवितायें उर्दू में लिखी हैं और लगभग १०० अंग्रेजी में। भारत में वे उर्दू में कविता करते थे, लेकिन अमेरिका में कदाचित् अंग्रेजी पढ़े-लिखे लोगों को अपनी भावनाओं को समझाने के लिये उन्होंने अंग्रेजी में कवितायें लिखीं। अमेरिका से लौटने पर उन्होंने फिर उर्दू में कवितायें लिखनी प्रारम्भ कीं, जिनमें उन्होंने 'वाल्ट ह्विटमैन' की मुक्त छन्द-शैली का अनुसरण किया। उनके काव्य की वास्तविक आत्मा, तो उनके पत्रों में अभिव्यक्त होती है, जिनका इस पुस्तक में अनेक स्थलों पर उल्लेख किया गया है।

विषय की दृष्टि से मोटे तौर पर उनकी कवितायें तीन शीर्षकों के अन्तर्गत विभाजित की जा सकती हैं—

१. प्रकृति-सम्बन्धी कवितायें।

२. मानव-सम्बन्धी कवितायें।

३. आत्मा (परमात्मा अथवा ब्रह्म) सम्बन्धी कवितायें।

किन्तु इन तथाकथित विभाजनों के अन्तर्गत एक बात स्पष्ट रूप से परिलक्षित है कि स्वामी राम इन विभाजनों के अन्तर्गत भी बलात् अवसर ढूँढ़ कर उनका सम्बन्ध आत्मा से जोड़ देते हैं, क्योंकि जैसे समुद्र के जहाज का पक्षी जहाज को छोड़कर इधर-उधर उड़ तो अवश्य लेता है, पर अन्त में उसी जहाज पर आकर सुखपूर्वक बैठ जाने में उसे विश्रान्ति मिलती है। प्रकृति सम्बन्धी अथवा मानव-सम्बन्धी कविताओं को लिखते समय स्वामी राम

की दृष्टि सदैव आत्मा पर ही रही है। वे प्रकृति अथवा मानव का चित्रण करते समय, आत्मा से उसका सम्बन्ध स्थापित करके उसे आत्ममय बना देते हैं। अब प्रत्येक के स्पष्टीकरण की चेष्टा की जायेगी।

प्रकृति-सम्बन्धी कविताओं में स्वामी राम ने मधु ऋतु, ऊषा, पर्वतों, मैदानों, सतरंगे इन्द्रधनुष आदि का संक्षिप्त दृश्य चित्रित तो अवश्य किया है, पर वे उन सभी दृश्यों का अधिष्ठान अपने हृदय-मन्दिर—आत्मा को ही मानते हैं—

रंगीन बनी मधु ऋतु के ये लघु शिशु सुन्दर
कर रहे मधुर कण्ठों से गाकर अभिनन्दन
ऊषा फैलाकर रंग गुलाबी मनभावन
पर्वत-सर, मैदानों को सजा रही शोभन।
करुणा का यह प्रकाश परिवेश अनन्त सघन,
कर रहा अमृत शीतल धारा का मृदुवर्षण।
सतरंगा इन्द्रधनुष नभ का ले आकर्षण,
रंग रहा क्षितिज विस्तार बिखर, मुसकान किरण।

स्वामी राम ने प्रकृति के इन उल्लासमय दृश्यों का बड़ा ही हृदयग्राही चित्रण किया है। किन्तु प्रकृति रानी ये विविध खेल स्वामी राम के हृदय-मन्दिर के अन्तर्गत कर रही हैं। इन क्रीड़ाओं का अधिष्ठान उनकी आत्मा ही है। इसका संकेत उन्होंने कविता की प्रथम पंक्ति में ही कर दिया है---

"मेरा यह हृदय देव-मन्दिर—इसके भीतर—"

स्वामी राम ने "चाँदनी' नामक कविता में चाँदनी को लज्जित युवती मान कर उसका अत्यन्त आकर्षक चित्र खींचा है। उन्होंने चाँदनी की शंका, भय, लज्जा एवं उसकी आंगिक चेष्टाओं की साकार झाँकी-सी प्रस्तुत कर दी है! किन्तु अन्त में आत्मा में ही उसका पर्यवसान कर दिया है। वास्तव में प्रकृति, पुरुष-आत्मा की चिर सहचरी है। प्रकृति पुरुष से वियुक्त होकर उद्विग्न और अशान्त रहती है। इसी से वह पुरुष से मिलने के लिये सतत् चेष्टाशील रहती है। वह कविता इस प्रकार है—

## चाँदनी

ऊँची चोटी से पर्वत का,
देखती, खोज मेरी करती,
मेरे एकान्त कक्ष का पता लगाती तुम!
लज्जित युवती सी चकित-नयन,
सब ओर देखती शंकित मन,
आगे बढ़ती, भय से पीली हो जाती तुम!

यद्यपि तुम शरमीली शीतल,
फिर भी मन में साहस, बल,
छिप-छिप आती लज्जा से किये कपोल अरुण!
खिड़की दरवाजे से घुसकर,
तुम दरी, फर्श पर मृदु पद धर,
धीरे से आ जाती, करता मैं जहाँ शयन!
फिर चुप-चुप झुक मेरे मुख पर,
लेती भौहों का चुम्बन कर,
जिससे जागूँ, करती फिर नयनों का चुम्बन!
तब ज्योति परस, स्वरमय चितवन
धनहीन, सुरभिमय साँस पवन
सब मिल ये कर लेते, फिर मेरी नींद हरण!
सुन्दरि, फिर मेरे बिस्तर पर,
तुम साथ लेट जाती आकर,
कुछ देर के लिए साथ-साथ हम सो जाते!
जाती तुम मुझसे लिपट ललक,
मैं पीता तब मदिरा छक-छक,
फिर एक-दूसरे में हम दोनों खो जाते!

स्वामी राम ने अपनी 'मानव-सम्बन्धी' कविताओं में तत्कालीन मानव-सभ्यता की बहिर्मुखता का जीवन्त चित्रण किया है। उन्होंने तथाकथित सभ्य समाज की फैशनप्रियता, अनुकरणप्रियता, कातरता, क्षुद्रता, आलस्य, निर्बलता, कपट आदि रजोगुणी एवं तमोगुणी वृत्तियों की ओर संकेत किया है। वे मानव-समाज को चेतावनी भी देते हैं कि इनसे किसी तात्विक लाभ की प्राप्ति नहीं हो सकती। साथ ही बीच में यह भी याद दिलाते हैं कि 'आत्मस्वरूप' से विमुख होने पर बहिर्मुखता के इन बाह्याडम्बरों में सुख, संतोष एवं शान्ति की प्राप्ति नहीं हो सकती।

उन्होंने 'सभ्यता के प्रति' नामक कविता में, तथाकथित सभ्य पुरुषों की दशा का इस भाँति चित्रण किया है—

तुम नीच गुलामों की सी लम्पटता में रत,
तुम फैशन के हो दास, धूर्त तुम बाइज्जत!
अनुकरण कर रहे तुम कपि से पर धर्म रीति,
तुम तो निर्मित करते कृत्रिम आचार नीति।
'होगा तो इससे लाभ'? प्रश्न यह पग-पग पर,

'जाने क्या लोग कहेंगे?' तुमको प्रति पल डर।
तुम कितने कातर, क्षुद्र, वेत्रवत् निर्बल तन,
हर एक मोड़ पर जीवन के तुम पीत वदन!

इसी प्रकार 'तथाकथित सभ्यों से' नामक कविता में—मानव दुर्बलताओं का चित्रण करके, मानव को उद्‌बोधित किया है कि वह अपनी इन क्षुद्र दुर्बलताओं का परित्याग करके आत्मस्वरूप में प्रतिष्ठित हो, तभी उसे वास्तविक आनन्द की प्राप्ति हो सकेगी—

ओ सभ्यो! आलस के प्रति इतना आकर्षण!
तुम हो निर्बलता और कपट के सम्मिश्रण!
तुम सूक्ष्म दृष्टि भावुक, होते झट तप्त अरुण,
जैसे हो शोथयुक्त कोई भारी-सा व्रण!
× × ×

कैसी घबरायी भीड़! मूढ़ लाखों जन-गण!
औरों के मति-अनुसार तुम्हारा है जीवन।
निज आत्मा ही सम्राट्, उसे क्यों ठुकराते?
बहुमूल्य वस्तु से क्या सच तुम गौरव पाते?
× × ×

तुम घड़ी-पेण्डुलम सदृश झूलते इधर-उधर,
विस्तार किया करते लघु बातों को नश्वर!
× × ×

छद्‌म ही बना आच्छादन, लज्जा, अवगुण्ठन,
यश और नाम की चिन्ता सता रही प्रतिक्षण।
अस्वास्थ्य तुम्हारा स्वास्थ्य, बुरा ही तुम्हें भला,
अनुचित धन-संचय तुमको है नित जला रहा।
× × ×

जागो, जागो, तुम बन जाओ जगकर चेतन,
अब दूर करो तन्द्रा, फेंको निज अवगुण्ठन
हो तुम्हीं विश्व के स्वामी, जन जन के ईश्वर,
फिर क्यों यह नर्तन प्रेतों के सम्मुख झुककर।
× × ×

मुझ में न रहा अब भौतिक वैभव हित आदर,
सब भेदभाव से शून्य बना मेरा अन्तर।
रह गयी न ईर्ष्या, भय, चिन्ता मेरे भीतर,
अब मैं हूँ प्रिय का स्नेहपात्र सबसे बढ़कर।

इस प्रकार स्वामी राम 'प्रकृति' और 'मानव' के उत्कृष्टतम कवि माने जा सकते हैं। किन्तु उनकी मनोवृत्ति 'प्रकृति' और 'मानव' की सीमाओं का अतिक्रमण कर तुरन्त आत्मस्वरूप में स्थित हो जाती है। वहाँ स्थित होने पर वे द्रष्टा, साथी रूप में प्रतीत होने लगते हैं। पाठकों को यह प्रतीत होने लगता है कि वे 'प्रकृति' एवं 'मनुष्यों' की सीमा से परे परब्रह्म की स्थिति में निमग्न हैं; परमहंस हैं, उन्हें प्रकृति और मानव से कुछ भी लेना-देना नहीं है।

स्वामी राम मनसा, वाचा, कर्मणा आत्मस्थ पुरुष थे। वे आत्माराम, 'आत्मक्रीड़ी' एवं 'आत्मरत' परमहंस थे। उनकी समस्त क्रियायें, व्यवहार-व्यापार 'आत्मा' के निमित्त थे। अतः उनकी अधिकांश कवितायें 'आत्म-परक' हैं। स्वामी राम के अनुसार, आत्मा, परमात्मा एवं ब्रह्म एक ही है। उनके अनुसार आत्मा में ही समस्त रहस्य निहित हैं। उसमें समस्त दूरियाँ और निकटतायें समाविष्ट हैं। वह असीम है, उसमें कोई भी सीमा नहीं है, वह असंग है एवं सभी सम्बन्धों से परे है। वही समस्त प्राणियों का जीवन है। उसमें अन्नादिक समस्त वैभव स्थित हैं। 'तथाकथित सभ्यों से' नामक कविता में उस आत्मा का निरूपण इस भाँति किया गया है—

**सारे रहस्य-गोपन मेरे हित आज प्रकट,**
**मेरे हित दोनों एक दूर हो या कि निकट।**
**मैं पहुँच गया हूँ अब असीम की सीमा पर,**
**निस्संग हुआ, मैं उठ सम्बन्धों से ऊपर।**
**मैं हूँ जीवन, मैं अन्नादिक वैभव महान्,**
**ओ त्राहि माम्! ओ त्राहि माम्!!**

आत्मस्वरूप में स्थित हो जाने पर, प्रकृति के समस्त बाह्यरूप अपनी ही सत्ता प्रतीत होने लगते हैं। सारी वनस्पतियाँ, पशु-पक्षी अपने ही अवयव जान पड़ते हैं—''तथाकथित सभ्यों से'' नामक कविता के अन्तिम पद से यह बात भलीभाँति सिद्ध हो जाती है—

**ओ पृथ्वी! सातों सागर ओ,**
**तुम मेरे पुत्र-पुत्रियाँ हो!**
**ओ सभी वनस्पति! पशु-पक्षी!**
**टूटे सब सीमा-बन्धन लो!**
**गाओ अजस्र स्वर से गाओ!**
**ओ त्राहि माम्! ओ त्राहि माम्!!**

स्वामी राम के अनुसार आत्मा ही महाशक्ति, अमर प्रेम, सीमा-रहित, सर्वात्मा सर्वाधार, ऊपर-नीचे, सभी ओर वही है—

**मैं महाशक्ति अब अमर प्रेम,**
**मुझमें असीम में क्या अन्तर?**
**मिल सर्वात्मा से हुआ एक,**
**मुझमें विलीन अब स्वर्गिक स्वर!**

हो ऊँच, नीच, समकक्ष सभी से शान्ति भरी ममता अधीर!
ऊपर नीचे मैं सभी ओर!

कहने का अभिप्राय यह है कि स्वामी राम की कविताओं में आत्मा का राग सबसे अधिक प्रबल और सशक्त है।

अब हम स्वामी राम की कविताओं में रहस्यवादी-भावना भर संक्षिप्त विचार प्रकट कर इस प्रसंग को समाप्त करेंगे।

साहित्य-मनीषियों ने 'रहस्यवाद' की विभिन्न परिभाषायें दी हैं। उन परिभाषाओं का शाब्दिक क्रम चाहे जिस प्रकार का हो, किन्तु उनकी आन्तरिक बात प्रायः एक सी है—

"ज्ञान के क्षेत्र में जिसे अद्वैतवाद कहते हैं, भावना के क्षेत्र में वही रहस्यवाद कहलाता है।" —रामचन्द्र शुक्ल

"रहस्यवाद जीवात्मा की उस अन्तर्हित प्रवृत्ति का प्रकाशन है, जिसमें वह दिव्य और अलौकिक शक्ति से अपना शान्त और निश्छल संबंध जोड़ना चाहती है और यह संबंध यहाँ तक बढ़ जाता है कि दोनों में कुछ अन्तर नहीं रह जाता······आत्मा उस दिव्य शक्ति से इस प्रकार मिल जाती है कि आत्मा में परमात्मा के गुणों का प्रदर्शन होने लगता है।"

—डा० रामकुमार वर्मा।

"रहस्यवाद शब्द काव्य की एक धारा विशेष को सूचित करता है। वह प्रधानतः उसमें लक्षित होने वाली उस अभिव्यक्ति की ओर संकेत करता है, जो विश्वात्मक सत्ता की प्रत्यक्ष, गंभीर एवं तीव्र अनुभूति के साथ संबंध रखती है। उस अनुभूति का वास्तविक आधार अन्तर्हृदय हुआ करता है, जो वैयक्तिक चेतना का मूल स्रोत है और इसमें 'अहम्' एवं 'इदम्' की भावना का क्रमशः लोप हो जाता है।" —परशुराम चतुर्वेदी।

"रहस्यवाद उस भावप्रधान मनोदशा की शाब्दिक अभिव्यक्ति को कहते हैं, जो व्यक्ति और विश्व के मूल में स्थित चरमसत्ता से अव्यक्त या व्यक्त रूप से रागात्मक संबंध स्थापित करने की इच्छा से प्राप्त होती है।" —गुलाबराय

"काव्य में आत्मा की संकल्पात्मक मूल अनुभूति की मुख्य धारा रहस्यवाद है। वास्तव में भारतीय दर्शन और साहित्य, दोनों का समन्वय इसमें हुआ था और वह साहित्यिक इस दार्शनिक रहस्यवाद से अनुप्राणित हुआ था। रहस्यवाद सच्चा भी हो सकता है और मिथ्या भी।" —'प्रसाद'

ब्रह्म की अद्वैत भावना की जो प्रत्यक्षानुभूति साधना, अभ्यास एवं भावना के बल पर काव्य के माध्यम से अभिव्यक्त होती है, वही रहस्यवाद है।

बॉगन की यह धारणा और निष्कर्ष सर्वथा समीचीन प्रतीत होता है कि "विश्व को रहस्यवाद की सबसे पहली झाँकी भारत ने दी।" यद्यपि वेदों में रहस्यवादी भावना यत्र-तत्र दिखायी पड़ती है, किन्तु इस परम्परा का स्पष्ट प्रारम्भ उपनिषदों से माना जाता है।

भारतीय साहित्य में रहस्यवाद की तीन धारायें दिखायी पड़ती हैं—

१. औपनिषदिक रहस्यवाद

२. मध्यकालीन रहस्यवाद

३. आधुनिक रहस्यवाद।

उपर्युक्त तीनों धाराओं के रहस्यवाद में किंचित् अन्तर अवश्य दिखायी पड़ेगा। "उपनिषदों का रहस्यवाद उन मनुष्यों का रहस्यवाद था, जो आश्रमों में रहते थे। किन्तु मध्यकालीन रहस्यवाद, वह रहस्यवाद था जिसने अपने को मानवता के उत्थान में व्यावहारिक रूप से लगाया[1]।"

मध्यकालीन रहस्यवाद समस्त भक्ति काल के साहित्य में पाया जाता है। सन्त-साहित्य (कबीर आदि) एवं सूफी साहित्य में तो यह अत्यन्त स्पष्ट और विशद रूप में पाया जाता है। सूर, तुलसी एवं मीरा आदि में भी कहीं-कहीं इसका रूप देखा जा सकता है।

आधुनिक रहस्यवाद पर अनेक प्रभाव दिखलायी पड़ते हैं। किन्तु भारतीय-भावना उसके आन्तरिक प्राणों में पिरोई हुई सर्वत्र मिलेगी।

स्वामी राम सच्चे रहस्यवादी कवि थे। रहस्यवादी कवि के लिये जितने विशिष्ट गुण अपेक्षित होते हैं, वे सब स्वामी राम में शत-प्रतिशत पाये जाते हैं। वे पूर्ण अद्वैतवादी वेदान्ती थे, किन्तु साथ ही पूर्ण विरही भक्त का रूप भी उनके व्यक्तित्त्व में उत्त्कृष्ट रूप में पाया जाता है। वे उपनिषत्त्कालीन ऋषियों की भाँति एकान्त-जीवन व्यतीत करते थे, किन्तु मध्यकालीन रहस्यवादी कवियों की समाज-सुधार भावना की प्रवृत्ति भी उनमें बहुत अधिक पायी जाती थी। कहने का अभिप्राय यह कि स्वामी रामतीर्थ में औपनिषदिक रहस्यवाद, मध्यकालीन रहस्यवाद और आधुनिक रहस्यवाद तीनों उत्कृष्ट रूप में पाये जाते हैं। स्वामी राम की रहस्यवादी कविताओं में उपनिषदों का गम्भीर ज्ञान एवं अद्वैत के प्रति अपूर्व निष्ठा दिखायी देती है। मध्यकालीन भक्तिकाल के सन्त-कवियों के अद्वैत ज्ञान का फक्कड़पन एवं समाज सुधार की भावना भी अपूर्व रूप में परिलक्षित होती है। साथ ही सूफी-कवियों की आन्तरिक पीर से उनकी कुछ कवितायें युक्त हैं। उनकी कविता आधुनिक रहस्यवाद के प्रायः अधिकांश गुणों से सुशोभित हैं। स्वामी राम के रहस्यवाद की अन्तिम विशेषता यह है कि उनके काव्य में भावात्मक एवं साधनात्मक दोनों पक्षों का अपूर्व सामंजस्य भी पाया जाता है। अब प्रत्येक के कुछ उदाहरण प्रस्तुत किये जा रहे हैं—

**औपनिषदिक रहस्यवाद**—इस प्रकार के रहस्यवाद में समस्त प्रकृति के ऊपर आत्म-तत्त्व में ही सारी वस्तुयें स्थित हैं, उससे पृथक् कोई भी वस्तु नहीं है। वह सर्वाधिष्ठाता है, उसका अतिक्रमण कोई भी नहीं कर सकता। स्वामी राम अपनी 'सर्वान्विति' नामक कविता में विद्युत्, प्रकाश, मन के ज्योतिर्मय विचारों को संबोधित कर इस प्रकार कहते हैं—

**ओ विद्युत्! ओ प्रकाश गतिमय!**
**मन के विचार! ओ ज्योतिर्मय!**

---

१. 'मिस्टिसिज्म इन दी महाराष्ट्र'

**आओ, तुम गति में मेरे हो अब प्रतियोगी।**
**पूरी गति से तुम बढ़ो, बढ़ो**
**चाहे तुम जितना तेज उड़ो,**
**पर व्यर्थ तुम्हारी होड़, विजय मेरी ही होगी॥**

स्वामी राम के उपर्युक्त पद से ईशावास्योपनिषद् के इस मंत्र की अकस्मात् स्मृति आ जाती है—

**अनेजदेकं मनसो जवीयो नैनद्देवा आप्नुवन पूर्वमर्षत्।**
**तद्धावतोऽन्यानत्येति तिष्ठत्तस्मिन्नपो मातरिश्वा दधाति॥ (मंत्र ४)**

इस मंत्र का अभिप्राय है, "वह सर्वान्तिर्यामी, सर्वशक्तिमान, आत्म-तत्त्व—ब्रह्म अचल और एक है, तथापि मन से भी अधिक तीव्र वेगयुक्त है। जहाँ तक मन की गति है, वह आत्मतत्त्व उससे भी कहीं आगे पहले से ही विद्यमान है। मन तो वहाँ तक पहुँच ही नहीं पाता। वह सब का आदि और ज्ञान-स्वरूप है अथवा सब का आदि होने के कारण, वह सबको पहले से ही जानता है। जितने भी तीव्र वेगयुक्त बुद्धि, मन, इन्द्रियाँ अथवा वायु आदि देवता हैं, अपनी शक्ति भर ब्रह्मतत्त्व (आत्मतत्त्व) के अनुसन्धान में सदैव दौड़ लगाते रहते हैं; परन्तु आत्मतत्त्व नित्य अचल रहते हुये भी, उन सब का अतिक्रमण करके, पहले से ही आगे निकला हुआ है। उन सब की पहुँच वहाँ तक हो ही नहीं सकती। असीम आत्मत्त्व की सीमा का पता समीप मन बुद्धि, वायु आदि किस प्रकार लगा सकते हैं? बल्कि वायु आदि देवताओं में जो शक्ति है, जिसके द्वारा वे जलवर्षण, प्रकाशन, प्राणि-प्राणधारण आदि कर्म करने में समर्थ होते हैं, वह सब इस अचिन्त्यशक्ति आत्मतत्त्व—ब्रह्मतत्त्व की शक्ति का अंशमात्र ही है। उसका सहयोग लिये बिना वे सब कुछ भी नहीं कर सकते।"

स्वामी राम अपनी वास्तविक आत्मा में स्थिर होकर भौतिक तत्त्वों को आदेश देते हुये प्रतीत होते हैं—

**भौतिक तत्त्वों! ओ तूफानों!**
**ओ वज्र, दिग्गजों, बलवानों!**
**आलिंगन हित फैलाता मैं अपनी बाँहें**
**तुम अश्व जुते मेरे रथ में**
**ले चलो दूर अति तुम पथ में**
**आगे पीछे सब ओर, जहाँ तक हों राहें।**

—('सर्वान्विति' नामक कविता से)

स्वामी राम ने अरण्यों के एकान्त में उपनिषदों का गम्भीर अध्ययन किया था। एक-एक मंत्र के चिन्तन-मनन में न मालूम कितनी रातें और दिन व्यतीत किये थे। इसका परिणाम यह हुआ था कि उन्होंने उन मंत्रों का आत्मसात् कर लिया था। उनके श्वास-प्रश्वास में उन मंत्रों की सुरभि निकलती थी। उनकी शिराओं में उन मंत्रों की महत् ध्वनि झंकृत होती थी। और जब वे कुछ बोलते थे, तो उनकी वाणी में उपनिषदों की ही वाणी

सुनायी पड़ती थी। इसलिये यह निर्विवाद रूप से कहा जा सकता है कि स्वामी राम के काव्य में सर्वाधिक प्रभाव उपनिषदों का है। इसी से उनकी कविताओं में औपनिषदिक रहस्यवाद सबसे अधिक पाया जाता है। यथा—

**प्रत्येक वस्तु में मैं अपनी साँसें पाता,**
**रवि, शशि, पृथ्वी, सब में मैं ही चक्कर खाता।**
**मैं पवन बीच बहता, बढ़ता पौधे बन कर,**
**सरि में बहता, फेंका जाता बन वस्तु निकर।**

—('अतीन्द्रियता' नामक कविता से)

यदि हम कठोपनिषद् की निम्नलिखित श्रुति को देखें, तो दोनों के भाव में असाधारण साम्य दिखलायी पड़ेगा—

**भयादस्याग्निस्तपति भयात् तपति सूर्यः।**
**भयादिन्द्रश्च वायुश्च मृत्युर्धावति पञ्चमः॥**

—कठोपनिषद्, अध्याय २, वल्ली ३, मंत्र ३।

अर्थात् "सब पर शासन करने वाले और सबको नियंत्रण में रखकर नियमानुसार चलाने वाले इस आत्मतत्त्व—ब्रह्मतत्त्व के भय से ही अग्नि तपता है, इसी के भय से सूर्य तप रहा है, इसी के भय से इन्द्र, वायु और पाँचवें मृत्यु देवता—ये सब दौड़-दौड़ कर जल आदि बरसाना, प्राणियों को जीवन-शक्ति प्रदान करना, जीवों के शरीरों का अन्त करना आदि अपना-अपना काम सावधानी पूर्वक कर रहे हैं। ये समस्त कार्य सर्वशक्तिमान, सर्वेश्वर, सबके शासक एवं नियन्ता आत्मतत्त्व—ब्रह्मतत्त्व के अमोघ शासन से ही हो रहे हैं।"

स्वामी राम इस ब्रह्मतत्त्व में स्थित होकर अपनी उपस्थिति का यत्र-तत्र-सर्वत्र भान कर रहे हैं।

ईशावास्योपनिषद् का एक मंत्र इस प्रकार है—

**तदेजति तन्नैजति तद् दूरे तद्वन्तिके।**
**तदन्तरस्य सर्वस्य तदु सर्वस्यास्य बाह्यतः॥**

—ईशावास्योपनिषद्, मंत्र ५

अर्थात्, "वह आत्मतत्त्व—ब्रह्मतत्त्व चलता भी है और नहीं भी चलता; एक ही काल में परस्पर विरोधी भाव, गुण तथा क्रिया जिसमें रह सकती है, वही तो आत्मतत्त्व—ब्रह्मतत्त्व है। यह उसकी अभिनय शक्ति की महिमा है। इसके अतिरिक्त वह आत्मतत्त्व सदा सर्वत्र परिपूर्ण है, इसलिये दूर से दूर भी वही है और समीप से समीप भी वही है, क्योंकि ऐसा कोई स्थान नहीं जहाँ वह आत्मतत्त्व विराजमान न हो। सबका अन्तर्यामी होने के कारण वह अत्यन्त समीप है; पर जो अज्ञानी लोग उसे इस रूप में नहीं पहचानते उनके लिये वह बहुत दूर है। वस्तुतः वही आत्मतत्त्व—ब्रह्मतत्त्व समस्त जगत् का आधार है और परम कारण भी वही है; इसलिये बाहर-भीतर सभी जगह वही परिपूर्ण है।"

स्वामी राम इन्हीं भावों से ओतप्रोत अपनी प्रत्यक्षानुभूति इस भाँति अभिव्यक्त करते हैं—

मैं स्वयं उपस्थित, अनुपस्थित, मैं दूर पास।
मैं भूत भविष्यत् स्वयं, कुसुम तारक सहास॥

—('अतीन्द्रियता' नामक कविता से)

इस प्रकार के मिलते-जुलते भावों के अनेक उदाहरण प्रस्तुत किये जा सकते हैं।

## मध्यकालीन—रहस्यवाद

उपनिषदों के रहस्यवाद में 'माधुर्य भाव' के लिये कोई स्थान नहीं था। हाँ उपमानों में कुछ संकेत अवश्य मिल जाते हैं। किन्तु मध्यकालीन रहस्यवाद में माधुर्य भाव को पर्याप्त मात्रा में अपनाया गया है। भावात्मक रहस्यवाद की परम्परा में माधुर्य भाव का आरोपण अनूठा योग माना जा सकता है। मध्यकालीन रहस्यवाद के साधनात्मक रूप में कहीं-कहीं माधुर्य भाव की उपेक्षा भी दिखलायी पड़ती है। माधुर्य भाव प्रकृति के सभी रूपों में प्रियतम का रंग भर कर उसमें नवीन आकर्षण उत्पन्न कर देता है। आराधक—आराध्य का पृथकत्त्व थोड़े ही काल के लिये दिखायी पड़ता है। बाद में आराधक अपने आराध्यदेव के प्रेम में इतना अधिक तन्मय हो जाता है कि उसका 'अपनापन' प्रियतम में ही समाविष्ट हो जाता है; परिणाम यह हो जाता है कि वे दोनों एक हो जाते हैं और सहज भाव से ही अद्वैत की प्रतिष्ठा हो जाती है।

कहना न होगा कि स्वामी राम, कृष्ण के उत्कट प्रेमी थे। उन्होंने कृष्ण के वियोग में कितनी रातें रो-रो कर, आँसू बहाकर काटी थीं। पूर्ण रूप से अद्वैतभाव में निमग्न हो जाने पर भी उनकी यह प्रेम-भावना यदा-कदा उमड़ पड़ती थी। इस प्रेम भावना के उमड़ने पर भी उनकी अद्वैत-निष्ठा अक्षुण्ण बनी रहती थी। यह तो अनुभूति के प्रकाशन का माध्यम मात्र था। जब वे अपने प्रियतम की छवि अंकित करने की चेष्टा करते हैं, तो मध्यकालीन रहस्यवादियों—कबीर एवं जायसी—की माधुर्य भावना की झाँकी हमारे सामने प्रस्तुत हो जाती है। स्वामी राम की 'प्रियतम की छवि' नामक कविता में मध्यकालीन रहस्यवाद की अत्यन्त सुन्दर अभिव्यक्ति हुई है। पहले तो स्वामी राम अपने प्रियतम की छवि का अंकन करने में अपनी असमर्थता प्रकट करते हैं, किन्तु कविता के अन्तिम पद में प्रकृति के सभी सुन्दर पदार्थों में अपने प्रियतम की छवि का दर्शन कर कृतकृत्य हो जाते हैं। यहाँ इस बात को स्पष्ट कर देना समीचीन प्रतीत होता है कि स्वामी राम का 'प्रियतम' और उनकी आत्मा एक ही है। व्यवहार की भाषा में दोनों का पृथक्-पृथक् स्वरूप प्रतीत हो सकता है, पर परमार्थ अथवा अध्यात्म की भाषा में 'प्रियतम' और 'आत्मतत्त्व' एक ही हैं। स्वामी राम की कविता इस प्रकार है—

### प्रियतम की छवि

(१)

निज प्रियतम की छवि को बाँधू किस उपमा-बन्धन में?
क्या उसका उपमेय कभी भी समा सकेगा मन में?

कौन कैमरा ग्रहण कर सकेगा उस छवि का दर्शन?
चित्रकार की तूली क्या कर सकती उसका अंकन?
रंगों से आकृति में उसका होगा क्या आलेखन?
भौतिकता का यंत्र कैमरा गल कर गया तरल बन—
इतनी थी तीव्रता अलौकिक उस प्रकाश-वर्षण में,
निज प्रियतम की छवि को बाँधू किस उपमा-बन्धन में?

(२)

निज मन को केन्द्रित कर, करना चाहा प्रिय का चित्रण,
नयनों को साधा कि करूँ मैं बिम्ब ग्रहण, छवि-अंकन!
पर मेरा यह हृदय कैमरा बिम्ब-ग्रहण का साधन—
ये सब भौतिक यंत्र बह चले गल कर बस दो क्षण में!
इतनी थी तीव्रतम ज्योति की धारा प्रिय-दर्शन में
निज प्रियतम की छवि को बाँधू किस उपमा बन्धन में?
क्यों न उसे फिर निरुपमेय मैं मानूं अपने मन में?

(३)

जग कहता है, वह रवि ही है उसका चित्र मनोहर!
जग कहता है, मानव भी तो हैं उसकी छाया भर!
जग कहता है, वह चमका करता है तारागण में!
जग कहता है, वही सदा मुस्काता सुरभि-सुमन में!
सुनता हूँ, बुलबुल का गायन ही है उसका मधु स्वर,
सुनता हूँ, है पवन गगन में उसकी साँस निरन्तर।
सुनता, घन से झरना उसके ही नयनों का पानी,
सुनता, जाड़ों की रातें ही उसकी नींद सुहानी!
सुनता, कलकल निर्झर है उसका ही गतिमय धावन!
इन्द्रधनुष के झूले पर वह झूल रहा मन-भावन!

स्वामी राम की उपर्युक्त कविता के अन्तिम चरण के अध्ययन के अनन्तर जायसी की कुछ चौपाइयाँ स्वतः याद आ जाती हैं—

रवि ससि नखत दिपहिं ओहि जोती।
रतन पदारथ मानिक मोती॥
जहँ-तहँ बिहँसि सुभावहि हँसी।
तहँ-तहँ छिटकि जोति परगसी॥

अथवा—

सूरज बूड़ि उठा होइ राता।
औ मजीठ टेसू बन राता॥

भा बसन्त राती बनसपती।
औ राते सब जोगी जती॥

इसी प्रकार कबीर की कुछ पंक्तियाँ भी इससे अद्‌भुत साम्य रखती हैं—

"अविगत अकल अनूपम देख्या, कहता कह्या न जाई।
सैन करै मन ही मन रहसै, गूँगै जांनि मिठाई।"

## आधुनिक रहस्यवाद

आधुनिक भारतीय भाषाओं में रहस्यवादी धारा बराबर बहती जा रही है। वह अद्वैत रहस्यवाद की सौन्दर्यमयी व्यंजना के लिये प्रशस्त है। भारतीय भाषाओं का यह अद्वैत रहस्यवाद अपने स्वाभाविक विकास का सूचक है। 'प्रसाद' जी ने हिन्दी के आधुनिक रहस्यवाद की स्थिति का इस प्रकार मूल्यांकन किया है, "उसमें अपरोक्ष अनुभूति, समरसता तथा प्राकृतिक सौन्दर्य के द्वारा 'अहम्' का 'इदम्' से संबंध करने का सुन्दर प्रयत्न है। हाँ, विरह भी युग की वेदना के अनुकूल मिलन का साधन बन कर इसमें सम्मिलित है। वर्तमान रहस्यवाद की धारा भारत की निजी संपत्ति है, इसमें सन्देह नहीं।"

किन्तु कतिपय आलोचकों की दृष्टि में आधुनिक रहस्यवाद में भाव-पक्ष की अपेक्षा बुद्धितत्व की प्रधानता है। दूसरी बात यह भी है कि इस युग के रहस्यवाद की आस्तिकता के सम्बन्ध में भी कतिपय मनीषी संशय करते हैं। कवियों का व्यक्तिगत जीवन इस संशय का मूल कारण माना जा सकता है। किन्तु स्वामी राम इन दोनों विवादों से ऊपर थे। वे जन्मजात भावुक थे और उनकी भावुकता जीवन पर्यन्त बनी रही। वे बौद्धिक वस्तुओं को भी अपने भाव के अनुराग रंग से रंजित कर देते थे। स्वामी राम आस्तिकता के तो साक्षात् विग्रह थे। उनका भौतिक, मानसिक, आध्यात्मिक स्तर सभी कुछ शुद्ध आस्तिकता से परिवेष्टित था। उनमें नास्तिकता की कल्पना करनी उतनी ही असंगत है, जितनी कि मध्याह्न के प्रचण्ड भास्कर में अन्धकार की कल्पना। इसी भावप्रवणता, अलौकिक प्रेम एवं अपूर्व आस्तिकता के कारण स्वामी राम को आधुनिक रहस्यवादी कवियों का सम्राट् माना जा सकता है। अब हम उनकी कविताओं के कतिपय उदाहरण देकर इस प्रसंग को समाप्त करते हैं।

ओ! फैला कितना सौन्दर्य चमत्कार!
हर एक पहाड़ी पर, घाटी में, उस पार!
आश्चर्यजनक मेरा है मृदुल बिछौना,
यह लाल, हरा, नीला पीले रँग का प्रसार!

—('असीमता' नामक कविता से)

कोमल गुलाब, ये चाँदी के से ओस-विन्दु सुन्दर सुन्दर,
यह मधु-सौरभ, यह प्रात-पवन, अति सुखदायक यह-धूप सुधर।
पंछीगण का यह कल-कूजन, कितना प्रिय यह उनका गायन,
वे वस्तु सकल जिनके कारण आप्यायित होते श्रवण-नयन।

वे सभी वहाँ से आते, जो तेरा स्वर्गिक सुखपूर्ण धाम,
तू है विशुद्ध निष्कलुष परम, तू निर्विकार है 'ओम्' नाम!

सो जा ओ, मेरे शिशु सो जा॥

—('लोरी' नामक कविता से)

कोकिल की तीखी कूक जो कि नभ में होती प्रतिध्वनित प्रखर,
वह है, तेरी ही किलकारी, तीखी सीटी की ध्वनि मनहर!
ये गौरैये, यह पवन और नभ में जगमग करते तारे,
ये सभी खिलौने और खेल की गाड़ी हैं तेरी प्यारे!
यह दुनिया तो है बस, तेरी ही हँसी-खुशी का सपना भर,
वह तो है, तेरे भीतर ही, भ्रम है यह जग जो बाहर!

सो जा, ओ मेरे शिशु सो जा।

—('लोरी' नामक कविता से)

इस प्रकार स्वामी राम की कविताओं में औपनिषदिक, मध्यकालीन एवं आधुनिक रहस्यवाद की सुन्दरतम अभिव्यक्ति हुई है।

□□□

# चतुर्दश अध्याय

# स्वामी राम का धर्म एवं दर्शन

स्वामी राम कुलीन ब्राह्मण (गोसाईं) वंश में उत्पन्न हुये थे। भक्ति-परम्परा उस वंश की विशेषता थी। बाल्यावस्था से लेकर जब तक उन्होंने 'अहं ब्रह्मास्मि' की प्रत्यक्षानुभूति तपोवन में नहीं कर ली थी, तब तक उनके व्यावहारिक जीवन में भक्ति की ही प्रबलता थी। यद्यपि स्वामी राम के प्रारम्भिक गुरु भक्त धन्नाराम अद्वैतनिष्ठ ब्रह्मज्ञानी थे और अद्वैत विषय प्रतिपादक 'योगवासिष्ठ' ग्रंथ धन्नाराम का परम प्रिय ग्रंथ था। भक्त धन्नाराम की प्रेरणा से स्वामी राम उस ग्रंथ का अध्ययन समय मिलने पर किया करते थे। परन्तु वंश-परम्परा की भक्ति-भावना उनके आचार-विचार, व्यवहार, चिन्तन एवं भाव-परम्परा में समाहित थी। श्रीमद्भगवद्गीता के स्वाध्याय एवं निरंतर अभ्यास से उनकी भक्ति निखर कर और अधिक प्रगाढ़ और दैदीप्यमान हो उठी थी। परिणाम यह हुआ कि 'अपरा' भक्ति ने 'परा' भक्ति का रूप धारण करना प्रारंभ कर दिया। उत्तरोत्तर वह परम 'विरहासक्ति' अनन्य भक्ति में परिणत हो गयी। इसमें सन्देह नहीं कि स्वामी राम का द्वारकापीठ के शंकराचार्य एवं स्वामी विवेकानन्द से सम्पर्क स्थापित हो चुका था और अद्वैत वेदान्त की महिमा को वे भली-भाँति समझ चुके थे, किन्तु बिना अनन्य भक्ति में प्रतिष्ठित हुये, वे वेदान्त के अद्वैतमार्ग का किस प्रकार अनुगमन कर सकते थे। बात यह है कि अध्यात्म-पथ का अनुसरण क्रमानुसार होता है। स्वामी राम की आस्था और निष्ठा जहाँ पर होती थी, वे वहाँ दृढ़ विश्वास से आरूढ़ हो जाते थे और अपने कठोर अभ्यास तथा साधना के बल पर उसकी चरम सीमा पर पहुँच जाते थे। उस स्थिति पर पहुँचने पर, उनके विशुद्ध अन्तःकरण में परमात्मा की ओर से जो प्रकाश प्राप्त होता था, उसे वह ईश्वरीय आदेश मान कर दृढ़तापूर्वक मनसा, वाचा कर्मणा पालन करने के लिए कटिबद्ध हो जाते थे। फिर वे उस मार्ग पर हिमालय की भाँति अडिग और अचल हो जाते थे और त्रैलोक्य की बड़ी से बड़ी शक्ति भी उन्हें उनके मार्ग से विचलित नहीं कर सकती थी। स्वामी राम के चरित्र की सबसे बड़ी विशेषता थी उनकी निश्चयात्मक बुद्धि।

भक्ति-भावना की अतिशयता के कारण वे कृष्णमय हो गये। काले-काले बादलों, कृष्ण सर्प आदि में उन्हें अपने आराध्यदेव भगवान् कृष्ण के दर्शन होने लगे। जब उनके मन में त्याग-भावना की प्रबलता जाग्रत हुई, तो उन्होंने जगत् की समस्त सांसारिक विभूतियों पर लात मार दी और स्त्री-पुत्र, पिता, सगे-सम्बन्धियों का तृण के समान त्याग कर दिया। फिर भूल कर भी उनकी ओर उन्होंने दृष्टिपात तक नहीं किया। अपने इसी अभ्यास-बल से जब तपोवन में उन्होंने आत्म-साक्षात्कार किया, तब उनके जीवन का दृष्टिकोण एकदम परिवर्तित हो गया। उन्हें सृष्टि की समस्त वस्तुयें आत्मस्वरूप भासित होने लगीं। आत्मा से पृथक् कोई अन्य वस्तु उनकी दृष्टि में रह ही न गयी। **बृहदारण्यकोपनिषद्** की यह श्रुति उनके जीवन-दर्शन में चरितार्थ हो गयी—

यत्र हि द्वैतमिव भवति तदितर इतरं जिघ्रति तदितर इतरं पश्यति तदितर इतरं शृणोति तदितर इतरमभिवदति तदितर इतरं मनुते तदितर इतरं विजानाति यत्र वा अस्य सर्वमात्मैवाभूत्तत्केन कं जिघ्रेत्तत्केन कं पश्यत्तत्केन कं शृणुयात्तत्केन कमभिवदेत्तत्केन कं मन्वीत तत्केन कं विजानीयात्। येनेदं सर्वं विजानाति तं केन विजानीयात् द्विज्ञातारमरे केन विजानीयादिति!

—बृहदारण्यकोपनिषद्, अध्याय २, ब्राह्मण ४, श्रुति, १४.

अर्थात्, "जहाँ (अविद्यावस्था में) द्वैत-सा होता है, वहाँ अन्य अन्य को सूँघता है, अन्य अन्य को देखता है, अन्य अन्य को सुनता है, अन्य अन्य का अभिवादन करता है, अन्य अन्य का मनन करता है तथा अन्य अन्य को जानता है। किन्तु जहाँ इसके लिये सब कुछ आत्मा ही हो गया है, वहाँ किसके द्वारा किसे सूँघे, किसके द्वारा किसे देखे, किसके द्वारा किसे सुने, किसके द्वारा किसका अभिवादन करे, किसके द्वारा किसका मनन करे और किसके द्वारा किसे जाने? जिसके द्वारा इस सब को जानता है, उसे किसके द्वारा जाने? हे मैत्रेयि, विज्ञाता को किसके द्वारा जाने?"

स्वामी राम ब्रह्म की इसी भूमिका में आरूढ़ हो गये थे। उनकी दृष्टि में द्वैत नामक कोई वस्तु नहीं रह गयी थी। यत्र-तत्र-सर्वत्र उन्हें आत्मा का ही दर्शन होता था। जाग्रत, स्वप्न, सुषुप्ति तीनों अवस्थाओं में उन्हें तुरीयावस्था की ही अनुभूति होती थी। भूत, भविष्य, वर्त्तमान तीनों कालों एवं इन तीनों कालों से परे उन्हें ब्रह्म—आत्मस्वरूप ही दिखायी पड़ता था। उनकी दृष्टि में निम्नलिखित श्रुति की पूर्ण धारणा हो चुकी थी—

यदेतद्धृदयं मनश्चैतत्। संज्ञानमाज्ञानं विज्ञानं प्रज्ञानं मेधा दृष्टिर्धृतिर्मतिर्मनीषा जूतिः स्मृतिः संकल्पः क्रतुरसुः कामो वश इति सर्वाण्येवैतानि प्रज्ञानस्य नामधेयानि भवन्ति।

—ऐतरेयोपनिषद्, तृतीय अध्याय, खण्ड १, मंत्र २

अर्थात् "जो यह हृदय अर्थात् अन्तःकरण है, यही पहले बताया हुआ मन है। इस मन की जो यह सम्यक् प्रकार से जानने की शक्ति देखने में आती है—अर्थात जो दूसरों पर आज्ञा द्वारा शासन करने की शक्ति पदार्थों का पृथक्-पृथक् विवेचन करके जानने की शक्ति, देखे-सुने हुये पदार्थों को तत्काल समझ लेने की शक्ति, अनुभव को धारण करने की शक्ति, धैर्य अर्थात् विचलित न होने की शक्ति, वेग अर्थात् क्षण भर में कहीं से कहीं चले जाने की शक्ति, स्मरण-शक्ति, संकल्प-शक्ति, मनोरथशक्ति, प्राण-शक्ति, कामना-शक्ति और स्त्री-सहवास आदि की अभिलाषा—इस प्रकार जो ये शक्तियाँ हैं, वे सब की सब उस स्वच्छ ज्ञानस्वरूप ब्रह्म—आत्मा के ही नाम हैं, अर्थात् उसकी सत्ता का बोध कराने वाले लक्षण हैं; इन सब को देखकर इन सब के निर्माता, संचालक और रक्षक की सर्वव्यापिनी सत्ता का ज्ञान होता है। और वह सत्ता आत्मा के अतिरिक्त और कोई इतर वस्तु नहीं है।"

साथ ही उन्होंने यह भी प्रत्यक्ष अनुभव कर लिया था कि समस्त सृष्टि, समस्त देवता, पंच महाभूत, छोटे-बड़े बीज रूप समस्त प्राणी, चार प्रकार के जीव, स्थावर—जंगम सभी कुछ ब्रह्म ही हैं। ब्रह्म के अतिरिक्त कोई अन्य वस्तु नहीं है—

एष ब्रह्मैष इन्द्र एष प्रजापतिरेते सर्वे देवा इमानि च पञ्चमहाभूतानि पृथिवी वायुराकाश आपो ज्योतींषीत्येतानीमानि च क्षुद्रमिश्राणीव बीजानीतराणि चेतराणि चाण्डजानि च जारुजानि च स्वेदजानि चोद्भिजानि चाश्वा गावः पुरुषा हस्तिनो यत्किंचेदं प्राणि जङ्गमं च यच्च स्थावरं सर्वं तत्प्रज्ञानेत्रम्। प्रज्ञाने प्रतिष्ठितं प्रज्ञानेत्रो लोकः प्रज्ञा प्रतिष्ठा प्रज्ञानं ब्रह्म ॥

—ऐतरेयोपनिषद्, तृतीय अध्याय, प्रथम खण्ड, मंत्र ३

अर्थात् "सबको उत्पन्न करके सब प्रकार की शक्ति प्रदान करने वाला, उनकी रक्षा करने वाला स्वच्छ ज्ञान स्वरूप ब्रह्म—सर्वात्मा ही उपास्यदेव है। वही आत्मा ब्रह्म है, वही इन्द्र है। वही सब की उत्पत्ति और पालन करने वाला समस्त प्रजाओं का स्वामी प्रजापति है। वही समस्त देवता, पाँचों महाभूत—जो पृथ्वी, वायु, आकाश, जल और तेज के रूप में प्रकट है—तथा ये छोटे-छोटे मिले हुये से बीज रूप में स्थित समस्त प्राणी; तथा उनसे भिन्न दूसरे भी—अर्थात् अंडे से उत्पन्न होने वाले, जेर से उत्पन्न होने वाले पसीने से अर्थात् शरीर के मैल से उत्पन्न होने वाले और जमीन फोड़कर उत्पन्न होने वाले तथा घोड़े, गाय, हाथी, मनुष्य—ये सब मिलकर जो कुछ यह जगत् है; जो भी कोई पंखे वाले तथा चलने-फिरने वाले और नहीं चलने वाले जीवों के समुदाय हैं—ये सब के सब प्राणी प्रज्ञानस्वरूप ब्रह्म—सर्वात्मा में ही स्थित हैं। यह समस्त ब्रह्माण्ड प्रज्ञान स्वरूप ब्रह्म की शक्ति से ही ज्ञान-शक्ति युक्त है। इसकी स्थिति का आधार प्रज्ञान स्वरूप आत्मा ही है।"

स्वामी राम इसी स्थिति में पूर्णतया निमग्न थे। उनका यही धर्म था, यही दर्शन था। इसी उच्चावस्था से उन्होंने समस्त 'प्रेयस्' और 'श्रेयस्' वस्तुओं की व्याख्या, मीमांसा और विश्लेषण किया। स्वामी राम के समस्त व्याख्यानों एवं कविताओं की कुंजी 'आत्मा' ही है।

स्वामी राम ने प्रस्थानत्रयी—ब्रह्मसूत्र अथवा वेदान्तसूत्र, उपनिषदों एवं श्रीमद्भगवद्गीता का मननपूर्वक स्वाध्याय किया था। प्रस्थानत्रयी ही हमारे यहाँ की दर्शन-परम्परा का आधार-स्तम्भ है। इसके अतिरिक्त 'योगवासिष्ठ, अष्टावक्र गीता एवं अवधूत गीता' ऐसे अद्वैत ग्रन्थों के प्रति भी उनकी असाधारण निष्ठा थी। इन ग्रन्थों के निरन्तर स्वाध्याय से उनका वेदान्त अत्यधिक परिपक्व एवं परिपुष्ट हो गया था। उन्होंने इमर्सन, कांट, गेटे, थोरो, हक्सले, टिंडल, मिल, डार्विन एवं स्पेंसर आदि पाश्चात्य दार्शनिकों का गंभीरतापूर्वक अध्ययन किया था। स्वामी राम ने उनके सारतत्त्वों को ग्रहण कर आत्मसात् कर लिया था और अपने काम की वस्तुओं को ग्रहण कर अवसर विशेष पर उसका सदुपयोग करते थे। इसके अतिरिक्त उन्होंने फारसी के उन सूफी कवियों का भी अध्ययन किया था, जिनकी विचारधारा वेदान्त से बहुत मिलती-जुलती है। ऐसे कवियों में हाफिज अत्तार, मौलाना रूमी और शम्स तबरेज के नाम विशेष रूप से उल्लेखनीय हैं।

स्वामी राम के स्वाध्याय में अद्भुत सारग्राहिणी प्रतिभा थी। वे किसी भी वस्तु का अध्ययन करते समय 'सार-सार' को ग्रहण कर लेते थे और 'थोथा' उड़ा देते थे। उनके अध्ययन की इसी विशेषता की हम मधुकर की 'मधुकरी' वृत्ति से तुलना कर सकते हैं। जिस प्रकार मधुकर नाना प्रकार के पुष्पों पर बैठकर उसका रस ग्रहण कर लेता है, उसी प्रकार स्वामी राम ने अनेक दार्शनिकों के अध्ययन से वेदान्त के अद्भुत रस—परम रस

को ग्रहण कर लिया था। उन्होंने उसे वेदान्त के रंग में रँग कर अनुपम रूप प्रदान कर दिया। यहाँ, इस बात को स्पष्ट कर देना परम आवश्यक प्रतीत होता है कि स्वामी राम दर्शन के विविध अध्ययन के उपरान्त भी अपनी आत्मनिष्ठा, स्वानुभूति, वेदान्त, 'अहं ब्रह्मास्मि' की वृत्ति से तनिक भी विचलित नहीं हुये, बल्कि उसके कारण उनकी आत्मस्थ वृत्ति में और भी अधिक प्रगाढ़ता आ गयी। बल्कि यह कहना अधिक समीचीन प्रतीत होता है कि उन्होंने समस्त पाश्चात्य एवं पौर्वात्य अध्ययन पर वेदान्त का अपूर्व मुलम्मा चढ़ा दिया। वे किसी बाह्य अध्ययन से प्रभावित नहीं हुये, बल्कि उस अध्ययन पर अपने वेदान्त-अध्ययन एवं चिन्तन का अप्रतिम पुट चढ़ा दिया। अतः हमारी यह निश्चित धारणा है कि स्वामी राम का धर्म एवं दर्शन उनका अपना है और विशुद्ध भारतीय है। वह भारतीय ऋषियों की प्राचीन चिन्तन प्रणाली पर आधारित है। उनके वेदान्त के ऊपर सर्वाधिक प्रभाव आदि शंकराचार्य का है। हाँ, यह बात दूसरी है कि उसकी अभिव्यक्ति की प्रणाली निजी है, स्वतंत्र है, मौलिक है और वह उनकी प्रत्यक्षानुभूति पर बहुत कुछ आश्रित है। यही स्वामी राम के धर्म और दर्शन की मौलिकता है।

स्वामी राम ने अमेरिका में जो व्याख्यान दिये, धार्मिक और दार्शनिक दृष्टि से उनका सर्वाधिक महत्त्व है, यदि यह कहा जाय कि स्वामी राम की कीर्ति और प्रसिद्धि बहुत कुछ अमेरिका के व्याख्यानों पर ही अवलम्बित है, तो किसी प्रकार की अतिशयोक्ति न होगी। इन व्याख्यानों द्वारा स्वामी राम ने अपने हृदयगत भावों एवं विचारों को ऐसे विदेशी मनुष्यों को हृदयंगम कराना चाहा, जिन्हें भारतीय धर्म एवं दर्शन की बहुत कम जानकारी थी। अतः स्वामी जी को अनेक तर्कों, युक्तियों का सहारा लेना पड़ा। इन तर्कों और युक्तियों में सबसे बढ़कर थी उनकी प्रत्यक्षानुभूति एवं मानव मात्र के लिये उनका विश्वव्यापी प्रेम। अपने इस प्रेम के कारण स्वामी राम ने अनेक नास्तिकों के हृदय में भी अपना स्थान जमा लिया। उन्हें जिस सबसे बड़ी उपाधि से विभूषित किया गया, वह थी 'जीवित ईसामसीह'। अतः अमेरिका के भाषणों में स्वामी राम का समस्त धर्म और दर्शन निहित है। एक अमेरिकन ने स्वामी राम के व्याख्यानों का संक्षिप्त वर्गीकरण निम्नलिखित शीर्षकों में किया है—

(१) तुम क्या हो?

(२) आनन्द की कथा और घर।

(३) पाप का निदान, कारण और उपाय।

(४) प्रकाश या अनुभव।

(५) आत्मविकास।

(६) ज्योतिषां ज्योति।

(७) दृष्टि-सृष्टिवाद और वास्तु स्वातंत्र्यवाद का समन्वय।

(८) प्रेम एवं भक्ति द्वारा ईश्वर-साक्षात्कार।

(९) व्यावहारिक वेदान्त।

(१०) भारत।

स्वयं स्वामी राम ने अमेरिका में दिये हुये अपने व्याख्यानों एवं उपदेशों का सार इस प्रकार निर्धारित किया है—

(१) मनुष्य ब्रह्म है।

(२) संसार उसकी सहकारिता करने को बाध्य है, जो सम्पूर्ण संसार से अपनी एकता अनुभव करता है।

(३) शरीर को उद्योग में और मन को प्रेम तथा शान्ति में रखने का अर्थ है, यहीं, अर्थात् इसी जीवन में पाप और दुःख से मुक्ति।

(४) सबसे एकता के प्रत्यक्ष अनुभव से हमें निश्चल निश्चिन्तता का जीवन प्राप्त होता है।

(५) सम्पूर्ण संसार के धर्मग्रन्थों को हमें उसी भाव से ग्रहण करना चाहिये, जिस भाव से हम रसायनशास्त्र का अध्ययन करते हैं और अपने अनुभव को अन्तिम प्रमाण भी मानते हैं।

भारत में धर्म और दर्शन एक दूसरे के पूरक रहे हैं, दोनों का अन्योन्याश्रित संबंध रहा है। वास्तव में 'धर्म' बड़ा व्यापक शब्द है। महाभारत में धर्म की व्याख्या एक श्लोक में इस प्रकार की गयी है—

**धारणाद् धर्ममित्याहुः धर्मो धारयते प्रजाः।**
**यत्स्याद्धारणसंयुक्तं स धर्म इति निश्चयः॥**

—महाभारत, कर्ण०:, ६९, ५९

अर्थात् "क्योंकि यह सबको धारण करता है, इससे यह धर्म कहलाता है। वास्तव में (व्यापक दृष्टि से) धर्म सभी प्राणियों को धारण करता है। अतः धर्म निश्चय धर्म वही है, जिसके द्वारा सभी प्राणी धारण किये जाते हैं।"

अतः प्रत्येक प्राणी के धर्म पृथक्-पृथक् हैं। इस दृष्टि से मानव-धर्म सर्वोपरि है। परमात्मा की सृष्टि में मनुष्य सबसे अधिक चेतनशील प्राणी है। इसलिये उसका धर्म भी अन्य जीवों से विलक्षण है। जिन आचरणों, व्यवहारों एवं क्रियाकलापों से मनुष्य को सांसारिक अभ्युदय (प्रेयस्) और पारमार्थिक श्रेयस् (मुक्ति) की प्राप्ति हो, वही धर्म है। धर्म का वास्तविक आचरण और उसकी प्रत्यक्षानुभूति दर्शन है। हमारे यहाँ के ऋषियों ने धर्म की प्रत्यक्षानुभूति की थी। रसायनशास्त्र की भाँति उसका, उन्होंने अपने जीवन में प्रत्यक्ष प्रयोग किया तब उसे अनुभवजन्य प्रमाण माना। उस अनुभव-जन्य प्रमाण की एक विशेषता यह भी थी कि वह शास्त्र-प्रमाण की कसौटी पर खरा भी उतरा था। स्वामी राम ने जिसे धर्म समझा, उसका शत-प्रतिशत रसायन शास्त्र की भाँति अपने जीवन के विविध क्षेत्र में प्रयोग किया, उसकी प्रत्यक्षानुभूति की, शास्त्र प्रमाण की कसौटी पर उसे कस कर सुस्थिर किया, तब कहीं, जनसमूह में उसका डिंडिम-घोष किया। अतएव स्वामी राम के धर्म एवं दर्शन में अटूट और अखण्ड सम्बन्ध है।

स्वामी राम ने धर्म के लक्ष्य के सम्बन्ध में अपने विचार इस भाँति अभिव्यक्त किये हैं—

"हिन्दुओं के अनुसार प्रत्येक व्यक्ति ब्रह्म है, बहुमूल्य रत्न है, समस्त धन है, परमानन्द है और समस्त सुखों का स्रोत है। प्रत्येक व्यक्ति स्वयं ब्रह्म और सब कुछ है। प्रश्न होता है, यदि ऐसा है, तो लोग कष्ट क्यों पाते हैं? वे इसलिये कष्ट नहीं पाते हैं कि उनके पास उपाय अथवा इलाज नहीं है और न इसलिये कि उनके भीतर अनन्त आनन्द का भण्डार नहीं हैं और न यही कारण है कि उनके अन्दर अमूल्य रत्न नहीं है; प्रत्युत प्रत्यक्ष कारण यह है कि वे उस गाँठ को खोलना नहीं जानते, जिसके भीतर वह अमूल्य रत्न रखा है, उस पेटी को वे खोलना नहीं जानते, जिसके भीतर यह रत्न युक्तिपूर्वक रखा गया है। दूसरे शब्दों में लोग अपनी आत्माओं में प्रवेश करना और अपनी ही आत्मा का साक्षात्कार करने का उपाय नहीं जानते। सभी धर्म अपना पर्दाफाश और अपने आपको प्रकाशित करने के लिये प्रयत्न मात्र हैं। हमारे भीतर अमूल्य रत्न है, उस पर हमने अपने ही हाथों से, अपने ही उद्योगों से पर्दा डाल रखा है और अपने आपको 'दुखी, दीन, अभागा मान बैठे हैं,' जैसा कि इमर्सन ने कहा है—'प्रत्येक मनुष्य वास्तव में ईश्वर है, पर वह मूर्खों के समान अभिनय कर रहा है।"

"जो पर्दा हमारे नेत्रों पर पड़ा हुआ है, केवल उसे हटाने और उच्छेदन करने के विभिन्न प्रयासों का नाम ही सम्प्रदाय (मत) है। कुछ मत इस पर्दे को बहुत महीन कर देने में अपेक्षाकृत अधिक सफल हुये हैं। सभी मतों में शुद्ध-वृत्ति अथवा सच्ची भावना वाले लोग होते हैं और जहाँ कहीं शुद्ध-वृत्ति एवं सच्ची भावना आती है, वहाँ उतने समय के लिये पर्दा चाहे मोटा हो या महीन, परे हट जाता है और आत्मतत्त्व की एक झलक दिखायी पड़ जाती है। इसका दृष्टान्त इस उदाहरण से दिया जायेगा। यह एक पर्दा या घूँघट है, (इस समय स्वामी जी ने एक रुमाल तह करके अपनी आँखों के सामने रख लिया।) यह आँखों के सामने है। हम पर्दे को हटा कर देख सकते हैं, किन्तु पर्दा फिर आँखों के सामने आ जाता है। दूसरी स्थिति में पर्दा महीन कर लिया जाता है, (इस समय रुमाल की कुछ तहें खोल ली गयीं) और ऐसी स्थिति में भी, अर्थात् जब बहुत बारीक हो, वह अलग खिसकाया जा सकता है; किन्तु वह फिर आँखों के सामने आ जाता है; सदैव के लिये वह आँखों से दूर नहीं हो जाता। लो, हम इसे और भी महीन कर लेंगे। इस दशा में भी वह थोड़ी ही देर के लिये हटाया जा सकता है, पर वह फिर आँखों के सामने आ जाता है। हाँ, पर्दा अत्यन्त महीन कर देने पर भी, वह चाहे हटाया न भी जाय, तो भी हमारी दृष्टि को नहीं रोक पाता। हम उसमें से देख सकते हैं, साथ पहले की तरह अब भी हम उसे समय-समय पर हटा भी सकते हैं, जब पर्दा बिलकुल महीन कर दिया जाता है, तब व्यवहार-दृष्टि से वह पर्दा नहीं रह जाता। उसके होते हुये भी हम परमानन्द का भोग कर सकते हैं। उस दशा में हम ईश्वर (ब्रह्म) के समीप (रूबरू) हो जाते हैं। नहीं-नहीं हम स्वयं परमात्मा हो जाते हैं। ऐसी स्थिति में इस संसार की कोई वस्तु हमारे सुख में विघ्नकारी अथवा विनाशक नहीं हो सकती, कोई भी वस्तु हमारा मार्ग अवरुद्ध नहीं कर सकती। अज्ञान (माया) के पर्दे को अत्यन्त से अत्यन्त महीन कर देने वाले और व्यावहारिक जीवन में भी ज्ञानी को आनन्द-दृष्टि का सुख भोगने की क्षमता देने वाले वेदान्त में दूसरे मतों से यही विशेषता है।"

"सभी धार्मिक मतों के अनुयायी समय-समथ पर परमात्मा (ब्रह्म) से युक्त हो सकते हैं और उतनी देर के लिये अपने नेत्रों के सामने से पर्दा, वह चाहे महीन हो या मोटा,

हटा सकता हैं, जितनी देर तक वे परब्रह्म से युक्त रहते हैं। एक वेदान्ती भी यही कर सकता है; वह आनन्दमय अवस्था में अपने आपको ला सकता है, किन्तु साधारण अवस्था में भी वह उस दिव्य दृष्टि का सुख भोगता है, जिस दिव्य दृष्टि का सुख मोटे पर्दे वाले मतों को नहीं मिल पाता।"

"इस संसार के सभी मत, जिनमें भारत के मत-मतान्तर भी सम्मिलित हैं तीन मुख्य भागों में विभक्त किये जा सकते हैं। संस्कृत में इन्हें हम 'तस्यैवाहम्', 'तवैवाहम्' एवं 'त्वमेवाहम्' कहते हैं। 'तस्यैवाहम्' का अर्थ है—'मैं उसका हूँ।' इस प्रकार के मतों में पर्दे की मोटाई सबसे अधिक होती है। धार्मिक मतों की दूसरी अवस्था है, 'तवैवाहम्' जिसका अर्थ है—'मैं तेरा हूँ।' मतों या सिद्धान्तों की पहली और दूसरी अवस्था का पारस्परिक भेद आपके ध्यान में आ जाना चाहिये। धर्म मार्ग में पहली प्रकार की प्रवृत्ति का भक्त अथवा उपासक, ईश्वर को अपने से दूर अलक्ष्य समझता है और वह परमेश्वर की चर्चा अन्य पुरुष में करता है—'मैं उसका हूँ', मानों ईश्वर अनुपस्थित है। यह धर्म साधना का श्रीगणेश है। यह भाव धर्म के प्रत्येक बालक के लिये माता के दूध के समान है। एक बार इस दूध को बिना पिये मनुष्य धर्म के मार्ग पर आगे बढ़ने में असमर्थ रहता है। 'मैं उसका हूँ।'—मेरा सर्वस्व प्रभु का है—यदि मनुष्य इसे पूरी तरह से अनुभव कर लें, तो क्या यह भाव कम मधुर है? वह सबेरे जल्दी जागता है और यह समझता है कि 'मेरा मालिक मुझे जगाता है!' अपने दफ्तर के कामों पर जाता है और उन कामों को अपने प्रिय, मधुर प्रभु, दयालु परमात्मा के आदेश द्वारा प्राप्त समझता है। वह सारे संसार को ईश्वर का रूप समझता है। वह अपने घर, अपने संबंधियों, अपने मित्रों को ईश्वर समझता है अथवा ईश्वर की कृपा से अपने को मिले हुये खयाल करता है। अरे! क्या इसी भाव से दुनिया सच्चे स्वर्ग के रूप में परिणत नहीं हो सकती? क्या संसार स्वर्ग में नहीं बदल सकता? मनुष्य को सच्चा होना चाहिये, उसे उत्सुकता से और दिलोजान से यह समझना तथा अनुभव करना चाहिये कि मेरे पास की प्रत्येक वस्तु मेरे प्रभु की, मेरे ईश्वर की है और यह देह भी उसी का है यदि यह विचार भी पूरी तरह से अनुभव कर लिया जाय, तो मनुष्य को अपूर्व सुख, अकथनीय हर्ष और परम आनन्द मिल सकता है। यह उत्कृष्ट विचार है। अनुभव किये जाने पर और अमल में लाये जाने पर यह विचार भी यथेष्ट हो सकता है, मधुर हो सकता है; परन्तु यह मत भी सिद्धान्त की दृष्टि से प्रारम्भ मात्र है।"

" 'तवैवाहम्', अर्थात् 'मैं तेरा हूँ' मुझे प्रत्येक क्षण तेरी आवश्यकता है, मैं तेरा हूँ, मैं तेरा हूँ।' भक्ति अथवा धार्मिक स्थिति की तुलना पहली स्थिति से कीजिये। पहली कल्पना मधुर थी, किन्तु यह मधुरतर है। पहली दशा बड़ी प्यारी और रुचिर थी, किन्तु यह और भी अधिक प्यारी और भी अधिक रुचिर है। जरा दोनों के भेद पर ध्यान दीजिये। दृष्टान्त की दृष्टि से अब पर्दा पहले से पतला हो गया है। आप जानते हैं कि 'मैं तेरा हूँ' इस भाव में ईश्वर की चर्चा अन्य पुरुष में नहीं की गयी है। वह अब अनुपस्थित, पर्दे की ओट में नहीं माना गया है, किन्तु हमारे आमने-सामने आ गया है। अब वह हमारे निकट है और हमें प्यारा है, वह हमारे बहुत समीप है। अब वह पहले से हमारे अधिक निकट आ जाता है, हमारी उससे अधिक घनिष्ठता हो जाती है। सिद्धान्त की दृष्टि से यह विचार उच्चतर है। किन्तु प्रायः ऐसा होता है कि लोग इस मत में विश्वास तो जमा लेते

हैं और ईश्वर को अपने अति सुपरिचित, अति समीपस्थ की भाँति संबोधन करते हैं, पर वे सच्ची उत्कट वृत्ति और सजीव विश्वास से रहित रहते हैं।''

''धार्मिक उन्नति की पहली दशा में भी यदि जीता-जागता विश्वास मूर्तिमान हो जाय, तो पर्दा बहुत मोटा होते हुए भी कुछ समय के लिये हट जाता है। जब कोई मनुष्य अपने सच्चे हृदय से, अपने रक्त की प्रत्येक बूँद से, इस विचार को प्रत्यक्ष करने लगता है कि वह ईश्वर का है, अर्थात्, 'उसका सर्वस्व उस परमात्मा का है', उसके शरीर के प्रत्येक रोम से मानों यही विचार बहने लगता है, तब सत्य, उत्कण्ठा, उत्साह और उमंग ये सब क्षण भर के लिये उसकी आँखों के सामने से पर्दा खिसका देते हैं और वह ईश्वर में निमग्न हो जाता है, उस समय वही परमेश्वर हो जाता है। कभी-कभी 'मैं तेरा हूँ' इस ऊँचे सिद्धान्त में श्रद्धा रखने वाले मनुष्य में भी उक्त सच्चे जीते-जागते विश्वास का अभाव होता है और वह ईश्वर की समक्षता के मिठास का पूरा-पूरा मजा नहीं उठा पाता। परन्तु धार्मिक मत की दूसरी अवस्था में भी इस जीते-जागते विश्वास और उत्कट इच्छा का योग किया जा सकता है।''

''मत का तीसरा प्रकार 'त्वमेवाहम्' कहलाता है, जिसका अर्थ है, 'मैं तू ही हूँ।' आप देखते हैं कि यह सिद्धान्त हमें ईश्वर के कितने निकट ले आता है। पहले रूप में 'मैं उसका हूँ' ईश्वर परे अथवा दूर है। दूसरे रूप में 'मैं तेरा हूँ' ईश्वर से हमारा आमना-सामना होता है, वह हमारा अधिक समीपवर्ती होता है। किन्तु धार्मिक उन्नति की अन्तिम अवस्था में हम दोनों एक हो जाते हैं। प्रेमी प्रेम में लीन हो जाते हैं। यही वेदान्त का अनुभव है। पतिंगा प्रकाश की ओर तब तक बढ़ता जाता है, जब तक अपनी देह भस्म करके वह स्वयं प्रकाश स्वरूप नहीं हो जाता। उपनिषद् (वेदान्त) शब्द के शब्दार्थ है, प्रकाशों के प्रकाश के इतने निकट (उप) पहुँचना कि विलग और विभाग करने वाला चेतना-रूपी पतिंगा अत्यन्त निश्चयपूर्वक (नि) नष्ट (षद्) हो जाय। ईश्वर का सच्चा प्रेमी ईश्वर में मिल जाता है और अनजाने, अनायास, बिना इच्छा किये हुये ही बोल उठता है—'मैं वह हूँ', 'मैं वह हूँ', 'मैं वह हूँ', 'मैं तू हूँ', 'तू और मैं एक हूँ', 'मैं ईश्वर हूँ', 'मैं ईश्वर हूँ', 'तुझमें और मुझमें कोई अन्तर नहीं है'। धार्मिक उत्कर्ष की यह अन्तिम अवस्था है। यह उच्चतम भक्ति है। यही वेदान्त कहलाता है, जिसका अर्थ है—ज्ञान की इतिश्री। समस्त ज्ञान की समाप्ति इसी में होती है, यहीं हमें अन्तिम ध्येय की प्राप्ति होती है। इस मत में भी, जिसमें कि पर्दा इतना महीन है कि पर्दे के रहते हुये भी सारी असलियत हम देख सकते हैं। कुछ ऐसे लोग हैं जिनमें उत्कट इच्छा, शुद्धि, एकाग्रता की प्राप्ति की कमी होती है और वे अपरोक्ष साक्षात्कार का आनन्द लूटने के लिये पर्दे को खिसका नहीं सकते। जो भीतर-बाहर सच्चे हैं, वे बुद्धि से इस निश्चय पर पहुँच जाने के बाद, निदिध्यासन द्वारा इस दर्जे तक इस निश्चय का अनुभव करने लग जाते हैं कि वे पर्दा हटा देते हैं और दिव्य आनन्द, स्वर्गीय अमृतत्त्व को भोगते हैं—वे स्वयं ब्रह्मरूप हो जाते हैं। वे इसी जीवन में मुक्त हो जाते हैं और जीवन्मुक्त कहलाते हैं।''

''मत को विशुद्ध या पर्दे को महीन करने की क्रिया मुख्यतः बुद्धि के द्वारा होती है और पर्दा मनन एवं निदिध्यासन द्वारा उठता है। मत अथवा सिद्धान्त के तीन रूपों का वर्णन किया जा चुका है।''

स्वामी राम के विचारानुसार संसार में व्याप्त समस्त धर्मों को तीन शीर्षकों में विभाजित किया जा सकता है—

१. मैं उसका हूँ।

२. मैं तेरा हूँ।

३. मैं वही हूँ।

जहाँ तक रूपों का सम्बन्ध है पहले रूप की अपेक्षा दूसरा रूप अधिक उत्कृष्ट है और तीसरा तथा अन्तिम रूप उत्कृष्टतम एवं सर्वोत्तम है। इन तीनों रूपों में से किसी में भी हम सच्ची धार्मिक भावना भर सकते हैं।

अन्त में स्वामी राम धर्म के सम्बन्ध में अपना निष्कर्ष इस प्रकार अभिव्यक्त करते हैं—

"हिन्दुओं के अनुसार, सिद्धान्त की पहली अवस्था को सच्ची धार्मिक वृत्ति से पालन करने वाले इसी जीवन में अथवा दूसरे जन्म में सिद्धान्त की सर्वोच्च अवस्था को प्राप्त होंगे। पहले वे मत की दूसरी अवस्था को प्राप्त होंगे और फिर सच्ची धार्मिक वृत्ति की संगति करते हुये इसी जन्म या दूसरे आने वाले जन्मों में धीरे-धीरे उत्तरोत्तर उच्चतम धार्मिक मत—'मैं वही हूँ'; 'मैं तू ही हूँ'—पर आरूढ़ होंगे। जब यह अवस्था प्राप्त हो जाती है, तब फिर जन्म नहीं लेना पड़ता। मनुष्य स्वतंत्र है, स्वतंत्र है, स्वतंत्र है! मनुष्य ईश्वर है, ब्रह्म है! वह उच्च शिखर पर पहुँच कर कहता है—'अहं ब्रह्मास्मि'।"

स्वामी राम धर्म को रूढ़ि-जन्य नहीं मानते थे। उन्होंने अपने मथुरा के व्याख्यान में इसे भली-भाँति स्पष्ट कर दिया है—"ऐसी स्थिति में हमें धर्म और कर्मकाण्ड का भेद समझना होगा और उसमें से रूढ़िजन्य प्रथायें पृथक् करनी होंगी। तब हम देखेंगे कि धर्म वास्तव में एक यौगिक विधान है, जिसके अनुसार मन और बुद्धि बाह्य जगत् से पीछे लौटकर उस अज्ञात-अचिन्त्य मूल स्रोत में लय हो जाता है।"

धर्म के संबंध में स्वामी राम के विचार अत्यन्त उदात्त, स्वतंत्र और मौलिक है। वह सभी धर्मों की अन्तरात्मा एक मानते हैं। मथुरा के 'धर्म' नामक व्याख्यान में उन्होंने अपने विचार इस भाँति व्यक्त किये—"धर्म अनेक नहीं, एक है; वही हिन्दुत्व, इस्लाम और ईसाईयत की जान है। यदि ध्यानपूर्वक देखा जाय तो इस धर्म का अर्थ है, उस अज्ञान का, मन-वाणी से अगोचर का साक्षात्कार, जहाँ न जाति-पाँति रहती है और न रँग-रूप, जहाँ न मत-मतान्तर रहते हैं, न सिद्धान्त और उप-सिद्धान्त, न मन-वाणी, न देशकाल और न कार्यकारण, न इहलोक रहता है और न कोई अन्य काल्पनिक परलोक, जहाँ ये सारी बातें और उनके अन्तर्गत जो कुछ सम्भव हो सकता है, वह सब स्पष्ट हो जाता है, सब कुछ लीन हो जाता है, जहाँ शब्द की पहुँच नहीं हो सकती, उसका साक्षात्कार ही धर्म है। क्या इसमें कोई रहस्य है? नहीं बिलकुल नहीं।"

स्वामी राम प्रत्यक्षानुभूति को वास्तविक धर्म समझते हैं। उनका धर्म 'नकद धर्म' है, उधार नहीं। उनकी घोषणा है, यथार्थ साक्षात्कार की अवस्था में 'मैं' और 'तू' का प्रपंच, द्रष्टा और दृश्य का भेद काफूर हो जाता है। उपर्युक्त आदर्श को प्राप्त कराने वाले किसी भी वैधानिक प्रयास को राम धार्मिक समझता है।

स्वामी राम की दृष्टि में ब्रह्म की प्रत्यक्षानुभूति ही सच्चा धर्म है। उनकी धारणा है कि "जिसकी ऐसी अद्वैत दृष्टि हो जाती है, वह स्वयं ही ब्रह्म है, जो मन और बुद्धि से नहीं जाना जा सकता जो मनुष्य इस ब्रह्म का दर्शन मात्र कर लेता है, वह भय और चिन्ता से मुक्त हो जाता है। जिसे ब्रह्म-साक्षात्कार हो जाता है, अथवा जिसे धर्म की प्राप्ति होती है, उसका चरित्र ऐसा निर्मल हो जाना चाहिए, जो किसी प्रकार हिलाया न जा सके।"

स्वामी राम धर्म को मनुष्य मात्र के लिए अनिवार्य मानते हैं।

अब हमें संक्षेप में स्वामी राम के दर्शन पर विचार करना है। यद्यपि स्वामी राम ने 'दर्शन शास्त्र के किसी विशिष्ट शास्त्रीय ग्रंथ की रचना नहीं की तथापि उनके प्रत्येक व्याख्यान में दर्शन की सूक्ष्म बातें मिल जाती हैं। उन्हीं के आधार पर हम उनके दार्शनिक तत्त्वों के विवेचन का प्रयास करेंगे। इसमें सन्देह नहीं कि स्वामी राम अद्वैतनिष्ठ ब्रह्मज्ञानी पुरुष थे। अतः वे प्रत्यक्ष अथवा अप्रत्यक्ष रूप में आदि शंकराचार्य के अद्वैतवाद को मानते थे : उपनिषद् उनके सर्वप्रिय ग्रन्थ थे। उनके जीवन-चरित में यह संकेत किया गया है कि स्वामी राम उपनिषदों का गुटका अपने बगल में दबाये घनघोर जंगलों में निर्भय भाव से विचरण किया करते थे। उपनिषदों के स्वाध्याय, मनन, चिन्तन, निदिध्यासन में दिन-रात एक कर देते थे। निश्चय ही स्वामी राम के दर्शन पर औपनिषदिक विचारधारा का अत्यधिक प्रभाव है।

## ब्रह्म अथवा आत्मा

स्वामी राम 'ब्रह्म' को ही परम सत्य, अनन्त, अनादि, समस्त सृष्टि का निमित्त और उपादान कारण मानते थे। उन्होंने अपने व्याख्यानों, कविताओं, लेखों, प्रश्नोत्तरों में स्थान-स्थान पर उस ब्रह्म-तत्त्व का प्रतिपादन किया। प्रत्येक धर्म में 'परमात्मा' को सर्वोच्च तत्त्व माना गया है। परमात्मा को ही सृष्टि का निर्माता, पालक और संहारक माना गया है। स्वामी राम ने अपनी साधना के प्रारम्भिक काल में उस 'ब्रह्म' को 'कृष्ण' के रूप में माना। किन्तु जब वे अपनी साधना की चरमसीमा पर पहुँचे, तो उनका 'कृष्णतत्त्व', 'ब्रह्मतत्त्व' में विलीन हो गया। उस 'ब्रह्म' को उन्होंने स्थान-स्थान पर 'आत्मा' के नाम से संबोधित किया है। यह 'आत्मा' उपनिषदों में बहुचर्चित है। यह ब्रह्म का पर्यायवाची शब्द है। उपनिषदों में स्थान-स्थान पर 'आत्मा' ब्रह्मरूप में वर्णित है।

यथा---

'नायमात्मा प्रवचनेन लभ्यो'

—(कठोपनिषद् १/२/२३ तथा मुण्डकोपनिषद् ३, २, ३)

'सोऽयमात्मा चतुष्पात्'—माण्डूक्योपनिषद्, मंत्र २

'आत्मैवेदमग्र आसीत्'—बृहदारण्यकोपनिषद्, अध्याय १, ब्राह्मण ४, मंत्र १७

'आत्मा वा इदमेक एवाग्र आसीत्'—ऐतरेयोपनिषद्, प्रथम खण्ड, मंत्र १,

इसी प्रकार उपनिषदों में अनेक स्थलों पर 'आत्मा' को ब्रह्म ही माना गया है। कहना न होगा कि स्वामी राम ने 'आत्मा' का प्रयोग ठीक इसी अर्थ में किया है।

उन्होंने अपने 'आनन्द' नामक व्याख्यान में 'आत्मा' की व्याख्या ठीक उपनिषद् की शैली में की है, "सत्य तो यह है कि पुत्र के मुख को उद्भासित करने वाली ज्योति अपने भीतर के सरोवर से—आत्मा से निकलती थी। आनन्द का वास्तविक उद्गम-स्थान अपनी आत्मा है।"

"अब हम आनन्द के घर आनन्द के मूल स्थान के कुछ निकट पहुँच गये हैं। पुत्र इसलिये प्यारा नहीं है कि वह पुत्र है, पुत्र आत्मा के लिये प्यारा है। स्त्री, स्त्री के लिये प्यारी नहीं है; पति, पति के लिये प्यारा नहीं है; बल्कि स्त्री आत्मा के लिये प्यारी है, पति आत्मा के लिये प्यारा है। यथार्थ बात यही है। लोग कहते हैं कि वे किसी वस्तु को उसी के लिये प्यार करते हैं। किन्तु ऐसा नहीं हो सकता, नहीं हो सकता। सम्पत्ति, सम्पत्ति के लिये प्यारी नहीं है, सम्पत्ति प्यारी है, आत्मा के लिये। जब स्त्री से, जो एक समय प्यारी थी, काम नहीं चलता, तब उसे पति तलाक दे देता है। इस प्रकार पति से जो एक समय प्यारा था, जब काम नहीं चलता, तब स्त्री उसे त्याग देती है। जब दौलत से काम नहीं चलता, तब वह छोड़ दी जाती है।"

कहना न होगा कि स्वामी राम ने इस उदाहरण को बृहदारण्यकोपनिषद् से ग्रहण किया है। बृहदारण्यकोपनिषद् में वह इस प्रकार है—

स होवाच न वा अरे पत्युः कामाय पति प्रियो भवत्यात्मनस्तु कामाय पतिः प्रियो भवति। न वा अरे जायायै कामाय जाया प्रिया भवत्यात्मनस्तु कामाय जाया प्रिया भवति। न वा अरे पुत्राणां कामाय पुत्रा प्रिया भवन्त्यात्मनस्तु कामाय पुत्राः प्रिया भवन्ति। न वा अरे वित्तस्य कामाय वित्तं प्रियं भवत्यात्मनस्तु कामाय वित्तं प्रियं भवति। न वा अरे पशूनां कामाय पशवः प्रिया भवन्त्यात्मनस्तु कामाय पशवः प्रिया भवन्ति। न वा अरे ब्रह्मणः कामाय ब्रह्म प्रियं भवत्यात्मनस्तु कामाय ब्रह्म प्रियं भवति। न वा अरे क्षत्रस्य कामाय क्षत्रं प्रियं भवत्यात्मनस्तु कामाय क्षत्रं प्रियं भवति। न वा अरे लोकानां कामाय लोकाः प्रिया भवन्त्यात्मनस्तु कामाय लोकाः प्रिया भवन्ति।"

—बृहदारण्यकोपनिषद्, अध्याय ४, ब्राह्मण ५, मंत्र ६

अर्थात् "उन्होंने (याज्ञवल्क्य ने) कहा—अरी मैत्रेयि, यह निश्चय है कि पति के प्रयोजन के लिये पति प्रिय नहीं होता, अपने ही प्रयोजन के लिये पति प्रिय होता है; स्त्री के प्रयोजन के लिये स्त्री प्रिया नहीं होती, अपने ही प्रयोजन के लिये स्त्री प्रिया होती है। पुत्रों के प्रयोजन के लिये पुत्र प्रिय नहीं होते, अपने ही प्रयोजन के लिये पुत्र प्रिय होते हैं। धन के निमित्त धन प्रिय नहीं होता, बल्कि अपने निमित्त धन प्रिय होता है। पशुओं के निमित्त पशु प्रिय नहीं होते, अपने निमित्त पशु प्रिय होते हैं। ब्राह्मण के लिये ब्राह्मण प्यारा नहीं होता, बल्कि अपने लिये ब्राह्मण प्यारा होता है। क्षत्रिय के प्रयोजन के लिये क्षत्रिय प्रिय नहीं होता, बल्कि अपने निमित्त क्षत्रिय प्रिय होता है। इसी प्रकार लोकों के निमित्त लोक प्रिय नहीं होते, बल्कि अपने ही निमित्त लोक प्रिय होते हैं।"

स्वामी राम आत्मा को परम सुख अथवा परमानन्द का मूल स्रोत मानते हैं। वे कहते हैं, "सम्पूर्ण स्वर्ग आपके भीतर है। समस्त आनन्द का मूलस्थान आप में है। ऐसी स्थिति में कहीं अन्यत्र आनन्द का ढूँढ़ना कितना असंगत है:"

उन्होंने आत्मा के संबंध में अपनी प्रत्यक्षानुभूति इस भाँति अभिव्यक्त की है, "स्वर्ग, दिव्यलोक, आनन्दधाम सब कुछ आपके भीतर ही है, फिर भी गली-कूचों के पदार्थों में आप आनन्द ढूँढ़ते-फिरते हैं, उस वस्तु की खोज बाहर-बाहर, इन्द्रियों के विषयों में करते रहते हैं। यह कैसा आश्चर्य है!"

इस प्रकार आत्मा ही परमानन्द का अधिष्ठान है। आत्मा अमर और अजन्मा है। स्वामी राम कहते हैं, "मैं मर नहीं सकता। मृत्यु चाहे सदा मेरे ताने-बाने में ऊपर-नीचे भटकती रहे।"

"मैं अजन्मा हूँ, तथापि मेरे श्वास के जन्म उतने ही हैं, जितनी निद्रा-रहित समुद्र पर लहरें।"

स्वामी राम आत्मा को सर्वाधिक प्रिय की अपेक्षा सर्वशक्तिमान् मानते हैं। वे अपने 'वास्तविक आत्मा' नामक व्याख्यान में आत्मा की सर्वशक्तिमत्ता का इस प्रकार प्रतिपादन करते हैं—

"सचमुच तुम वही शक्ति हो, जो मन और बुद्धि से परे है। यदि ऐसा है, तो तुम वही शक्ति हो, जो सम्पूर्ण विश्व की शक्ति पर शासन कर रही है। वही आत्मदेव तुम हो, वही ईश्वर तुम हो, वही अज्ञेय, वही तेज, शक्ति, तत्त्व, जो जो चाहो, कह लो, वही दिव्य-शक्ति, वही सर्वरूप, जो सर्वत्र विद्यमान है, वही तुम हो।"

स्वामी राम शंकराचार्य जी के समान ही आत्मा को नित्य, निर्विकार और एकरस मानते हैं—

"मनुष्य में असली आत्मा है, जो अमर है। वहाँ वास्तविक आत्मा है, जो नित्य, निर्विकार, आज, कल और सदा एकरस है। मनुष्य में कोई ऐसी वस्तु है, जो मृत्यु को नहीं जानती, किसी प्रकार के परिवर्तन को नहीं जानती। मृत्यु में व्यावहारिक अविश्वास का कारण मनुष्य में इस वास्तविक अत्मा की उपस्थिति है, जो अपने अस्तित्व की मृत्यु में लोगों के व्यावहारिक अविश्वास द्वारा सिद्ध करता है।"

स्वामी राम उपनिषदों के समान आत्मा एवं ब्रह्म को अभिन्न मानते हैं। 'सत्यं ज्ञानमनन्तं ब्रह्म' आत्मा का सहज स्वरूप है। स्वामी राम के अनुसार 'अस्ति', 'भाति' एवं 'प्रेय' दूसरे शब्दों में 'सत्', 'चित्' एवं 'आनन्द' है। अपने व्याख्यानों में स्थल-स्थल पर इनका प्रतिपादन किया है।

इसी 'आत्मा' को स्वामी राम ने कहीं-कहीं 'ब्रह्म' की संज्ञा दी है। कहीं-कहीं उसका प्रतीक 'ॐ' को माना है और कहीं वे उसे 'राम' भी संबोधित करते हैं। 'राम' का अभिप्राय मर्यादा पुरुषोत्तम श्री रामचन्द्र से नहीं है, बल्कि स्वामी राम का आशय अपने में स्थित परम चैतन्य, सर्वशक्तिमयी सत्ता की ओर लक्षित है। वह मात्र उनके शरीर भर को नहीं चलाती, बल्कि सृष्टि के कण-कण को वही संचालित कर रही है। वह त्रिभुवनव्यापिनी है, त्रिकाल में स्थित है, त्रिकाल से परे है, वह सार्वभौम है, एक है। उसमें द्वैत की गुंजाइश नहीं। उसी शक्ति से सृष्टि के समस्त विधान संचालित एवं नियमित है। वृहदारण्यकोपनिषद् में इसे भलीभाँति स्पष्ट किया गया है—

एतस्य वा अक्षरस्य प्रशासने गार्गि सूर्याचन्द्रमसौ विधृतौ तिष्ठत एतस्य वा अक्षरस्य प्रशासने गार्गि द्यावापृथिव्यौ विधृते तिष्ठत एतस्य वा अक्षरस्य प्रशासने गार्गि निमेषा मुहूर्त्ता अहोरात्राण्यर्धमासा ऋतवः संवत्सरा इति विधृतास्तिष्ठन्त्येतस्य वा अक्षरस्य प्रशासने गार्गि प्राचोऽन्याः नद्यः स्यन्दते श्वेतेभ्यः पर्वतेभ्यः प्रतीच्योऽन्या यां यां च दिशमन्वेतस्य वा अक्षरस्य प्रशासने गार्गि ददतो मनुष्याः प्रशंसन्ति यजमानं देवा दर्वी पितरोऽन्वायत्ताः।

—(अध्याय ३, ब्राह्मण ८, मंत्र ९)

अर्थात्, "हे गार्गि! इस अक्षर के प्रशासन में सूर्य और चन्द्रमा विशेष रूप से धारण किये हुये स्थित रहते हैं। हे गार्गि! इस अक्षर के ही प्रशासन में मनुष्य दाता की प्रशंसा करते हैं तथा देवगण और पितृगण पूर्व-वाहिनी एवं अन्य नदियाँ श्वेत पर्वतों से बहती हैं तथा अन्य पश्चिम-वाहिनी नदियाँ जिस-जिस दिशा को बहने लगती हैं, उसी का अनुसरण करती रहती हैं। हे गार्गि! इस अक्षर के ही प्रशासन में मनुष्य दाता की प्रशंसा करते हैं तथा देवगण और पितृगण दर्वीहोम का अनुवर्त्तन करते हैं।"

इस प्रकार स्वामी राम 'आत्मा' को ही सर्वशासक, सर्वनियन्ता, सर्वाधार, सर्वान्तर्यामिन्, सर्वशक्तिमान् मानते हैं। यही आत्मा परमेश्वर, परब्रह्म और ॐकार स्वरूप है।

## सृष्टिवाद

सृष्टि के संबंध में स्वामी राम के विचार विशुद्ध वेदान्तियों के समान है। उन्होंने 'दृष्टि-सृष्टिवाद और वस्तु-सत्तावाद का समन्वय' नामक व्याख्यान में इस संबंध में अपने विचार इस भाँति व्यक्त किये हैं—

"वेदान्त भी संसार को अपना संकल्प, अपनी सृष्टि मानता है। परन्तु संसार को अपना संकल्प, अपनी सृष्टि मानते हुये भी आप वेदान्त को कल्पनावाद नहीं कह सकते। राम के मुख से यह बात बहुत ही विलक्षण-सी जान पड़ती है। यूरोप और अमेरिका के लोग समझते हैं कि वेदान्त एक प्रकार का कल्पनावाद है और यूरोपियनों की लिखी हुयी जितनी पुस्तकें राम की दृष्टि में आयी हैं, प्रायः उन सब में वेदान्त को कल्पनावाद कहा गया है। किन्तु राम आपसे कहता है कि उन लोगों ने वेदान्त को समझा नहीं है। वेदान्त वैसा कल्पनावाद नहीं है, जैसे बर्कले या अफलातून का कल्पनावाद है। वेदान्त इससे कहीं ऊँचा है, कहीं श्रेष्ठ है।

"कल्पनावादी संसार को इस क्षुद्रद्रष्टा, तनिक-सी बुद्धि या छोटे-से मन पर आश्रित रहते हैं। किन्तु वेदान्त जब यह कहता है कि संसार मेरा विचार या संकल्प है, तो उसका यह अर्थ नहीं होता कि संसार इस क्षुद्रद्रष्टा, नन्हीं-सी बुद्धि, छोटे-से मन का संकल्प है। यह तो एक परिवर्तनशील वस्तु है, यह तो स्वयं एक रची हुई वस्तु है। यहीं पर बर्कले ने यह भूल की है कि स्वप्न स्वप्नद्रष्टा की रचना होती है। उसने भूल यह की कि स्वप्न-जगत् के द्रष्टा को जाग्रतावस्था के द्रष्टा से एक कर दिया। आप जानते हैं कि स्वप्नावस्था का द्रष्टा जाग्रतावस्था के द्रष्टा से भिन्न होता है। स्वप्नलोक का द्रष्टा तो उसी तरह का एक पदार्थ है, जिस प्रकार कि स्वप्नलोक की अन्य वस्तुयें। जब आप जानते हैं, तब जाग्रतावस्था का द्रष्टा भी उसी श्रेणी का है जैसी कि जाग्रतावस्था की वस्तु। बर्कले ने

जाग्रतावस्था के द्रष्टा और स्वप्नावस्था के द्रष्टा को एक समझा। संसार जाग्रतावस्था के द्रष्टा या स्वप्नावस्था के द्रष्टा की रचना नहीं है। संसार मेरे वास्तविक स्वरूप, वास्तविक ईश्वर, ब्रह्म, शुद्ध आत्मा की रचना है।''

स्वामी राम ने पश्चिमी कल्पनावादियों के सीमित कल्पनावाद का खण्डन किया है। उनका कथन है कि मन अथवा बुद्धि सीमित हैं, अतः सीमित वस्तु की कल्पना भी सीमित होगी, वह असीम नहीं हो सकेगी। अपना वास्तविक स्वरूप—सच्ची अंतरात्मा मन और बुद्धि से परे है। मन और बुद्धि तो आत्मा के प्रकाश से प्रकाशित होते हैं। वे तो जड़ हैं, आत्मा के सान्निध्य से उनमें चेतनता आयी है। अतएव मन और बुद्धि की बड़ी से बड़ी कल्पना भी सीमाबद्ध ही होगी। स्वामी राम कल्पनावादियों से इस प्रकार कहते हैं—

''तुम्हारा इतना कहना ठीक है कि द्रष्टा की क्रिया के बिना इस संसार के नाम और रूप प्रकट नहीं हो सकते, पदार्थों के लक्षण, गुण और धर्म हमारी बुद्धि या मन अथवा द्रष्टा की क्रियाशीलता पर निर्भर हैं। यहाँ तक तुम ठीक हो। किन्तु तुम्हारा यह कहना ठीक नहीं कि तुम्हारे इस छोटे-से द्रष्टा, तुम्हारे इस छोटे-से मन से बाहर कुछ और नहीं है।''

स्वामी जी सृष्टि का निमित्त और उपादान कारण परब्रह्म को मानते हैं। उनका कथन है कि निर्गुण ब्रह्म—शुद्ध आत्मा के जान लेने पर सृष्टि का रहस्य अपने आप समझ में आ जाता है—

''जिन गुणों से दुनिया बनायी गयी है, उनके बाबत क्या सोचते हो? इन्द्रिय-गोचर जगत् गुणों का पुंज है और सभी गुण उस परम तत्त्व पर निर्भर रहते हैं। यह एक बहुत ही सूक्ष्म बात है, जो आप अभी नहीं समझ सकेंगे, किन्तु उसका सुनना अच्छा है। वे सारे गुण उस परम तत्त्व पर निर्भर करते हैं। उसी धुरी पर चक्कर लगाते हैं। अतः इन गुणों के धर्म के अनुसार परम तत्त्वों में भी एक गुण हुआ अर्थात् उनमें भी वह इन गुणों के अवलम्ब, पोषक या आधार होने का गुण है। वह परम तत्त्व सब गुणों को आश्रय देता है। यदि यह सच है, तो वह परम तत्त्व निर्गुण नहीं रहा, क्योंकि उस परम तत्त्व में इन सब गुणों को आश्रय देने का कम से कम एक गुण तो है ही। तो फिर हम कैसे कह सकते हैं कि वह परम तत्त्व निर्गुण है? अनुभव से यह बात हम निजी ढंग से कहते हैं। जिस तरह आप अपने निजी अनुभव के प्रमाण पर इस दुनिया को ठोस या वास्तविक मानते हैं, ठीक उसी तरह हम अपने निजी उच्चतर अनुभव के आधार पर कहते हैं कि जब उस परम तत्त्व का साक्षात् हो जाता है, तब ये सारे गुण, देश और काल गायब हो जाते हैं; क्योंकि उस परम तत्त्व के दृष्टिविन्दु से इन गुणों का अस्तित्त्व कभी नहीं हुआ था। वे तो गुणों के दृष्टिविन्दु से ही उस अधिष्ठान स्वरूप परम तत्त्व पर निर्भर करते हैं। यह एक बहुत बड़ी समस्या है, जिसे हल करना होगा। यह माया की गुत्थी कहलाती है। वास्तव में वह परम तत्त्व निर्गुण है, सब गुणों से परे है। किन्तु ये गुण अपने स्थितविन्दु से उस परम तत्त्व पर निर्भर करते हैं। यह एक प्रमुख समस्या है, जिसके सुलझने पर संसार की अन्य गुत्थियाँ अपने आप सुलझ जाती हैं।''

स्वामी राम इसका समाधान प्रत्यक्षानुभूति में मानते हैं। वास्तव में ये समस्यायें वाद-विवाद, तर्क-वितर्क, शास्त्रार्थ से हल होने की नहीं हैं। इसका वास्तविक समाधान तो

अनुभूति में है। इसीलिये स्वामी जी ने प्रत्यक्षानुभूति पर बहुत अधिक बल दिया है। उनका कथन है—

"इस विषय की दार्शनिक व्याख्या सुनने में अति मीठी लगती है। किन्तु जब एक बार इसका अनुभव किया जाता है, तब तो यह माधुर्य तथा आनन्द और भी अधिक घना हो जाता है। यह सचमुच अनुभव करने योग्य है। यदि आप इस विचार को जीवन में उतार लो—कि तुम वही एक अनन्त, 'त' हो, जो इस विश्व के सभी पदार्थों के पीछे आधार रूप से विद्यमान है, तुम्हीं वह परम तत्त्व हो—तो तुम देह से परे हो जाते हो और मन से परे हो जाते हो। यह शरीर द्रष्टा नहीं है। यह तो केवल एक पदार्थ मात्र है, जो एक ओर की लहर से दूसरी ओर की लहर के साथ प्रकट होता है। आप केवल देह रूपी फेन नहीं हैं। आप तो परम तत्त्व हैं, जिसमें यह सम्पूर्ण संसार विश्व का सम्पूर्ण व्यापार, लहरें या भँवर मात्र हैं। इसे अनुभव करो और परम स्वतंत्र हो जाओ। क्या यह आश्चर्यों का आश्चर्य नहीं है कि आप जो वास्तविक सत्य, वास्तविक परम स्वरूप हो, इसका अनुभव नहीं करते? ओ, मुक्त हो जाओ! कैसा शुभ संवाद है, कैसा मंगलमय संदेश है कि आप ही वह परम तत्त्व हो और आप ही असली 'त' हो। इसे अनुभव करो और स्वतंत्र हो जाओ।"

स्वामी राम के अनुसार सृष्टि द्रष्टा और दृश्य दोनों पर आश्रित है। वास्तव में इन दोनों का अन्योन्याश्रित सम्बन्ध है। एक के अभाव में भी सृष्टि की कल्पना करनी संभव नहीं है। इसीलिये, स्वामी जी सृष्टि के प्रत्यक्षीकरण के लिये 'संकल्पवाद' और 'वस्तुसत्तावाद' दोनों का अस्तित्त्व स्वीकार करते हैं। उनका कथन है—

"हम आत्मनिष्ठ को द्रष्टा और पदार्थनिष्ठ को दृश्य कहेंगे। हम सर्वत्र देखते आये हैं कि इन दोनों का अन्योन्याश्रित संबंध है। ये दोनों जब सम्पर्क में आते हैं, तो नाम-रूपात्मक जगत् की सृष्टि करते हैं जो हमें दृष्टिगोचर होती है। उन दोनों में से कोई अकेला गोचर-जगत् की उत्पत्ति नहीं करता। इस प्रकार यह बात स्पष्ट है कि गोचर-जगत् की व्याख्या के लिये 'संकल्पवाद' और 'वस्तुसत्तावाद' दोनों को एकत्र होना पड़ता है, क्योंकि संभवतः इसे कोई भी अकेला सम्पन्न नहीं कर सकता।"

अन्त में सृष्टि के संबंध में स्वामी राम का अन्तिम निष्कर्ष यह है कि सृष्टि आत्मा से भिन्न पदार्थ नहीं है; वह उसी का अंग मात्र है। वास्तव में सृष्टि तो शब्दों का खिलवाड़ मात्र है—

"वेदान्त कहता है कि यह सब शब्दों का खेल मात्र है। शब्दों पर झगड़ने से क्या लाभ? वास्तव में एक ही आत्मा है जो हम हैं, उसके अतिरिक्त और कुछ नहीं है। और चूँकि आत्मा से इतर कुछ नहीं है, इसलिये तुम युक्तिपूर्वक नहीं कह सकते कि तुम एक अंश हो। इससे यह अनिवार्य निष्कर्ष निकलता है कि तुम पूर्ण आत्मा, सम्पूर्ण आत्मा हो। सत्य के खण्ड नहीं होते। और इसी क्षण तुम वह सत्य हो।' "

## माया

स्वामी राम का कथन है कि जिन विद्वानों एवं दार्शनिकों ने वेदान्त का अध्ययन किया है, उनकी राय में यह वेदान्त दर्शन का सबसे निर्बलतम पहलू है। वे सभी एकमत

से कहते हैं कि यदि इस माया का युक्तिसंगत स्पष्टीकरण हो सके, तो वेदात की और सब बातें मान्य होनी ही चाहिये। वेदान्त की प्रत्येक बात अत्यन्त स्वाभाविक, स्पष्ट, स्वच्छ, हितकर और उपयोगी है। वेदान्त के अध्येताओं के मार्ग में यह 'माया' एक बड़ा अटकाव; एक बड़ा भारी रोड़ा है।

सबसे पहले स्वामी जी माया के अस्तित्त्व के संबंध में स्वयं अनेक प्रश्न उठाते हैं उदाहरणार्थ—

"वेदान्त की भाषा में इस प्रकार कहा जा सकता है, 'विश्व में यह अविद्या (माया) क्यों? आप जानते हैं कि वेदान्त की शिक्षा में यह विश्व 'मिथ्या', केवल देखने मात्र में माना गया है अविद्या नित्य नहीं है। ये सब दृश्य सत्य अथवा नित्य नहीं हैं। यह अविद्या जो इस दृश्य ज़गत् का मूल कारण है, अथवा यह माया, जो इस सम्पूर्ण विश्व में 'मैं और तुम' रूपी भेद, अनैक्य और पार्थक्य की जड़ है? यह अविद्या, यह माया, शुद्ध स्वरूप आत्मा को क्यों वशीभूत कर लेती है? यह माया अथवा अविद्या परमेश्वर से भी अधिक शक्तिशालिनी क्यों हो जाती है? यही मुख्य प्रश्न है।"

स्वामी राम उपर्युक्त प्रश्नों को उठाकर फिर इनका समाधान इस प्रकार करते हैं, "वेदान्त का कथन है कि नहीं भाई तुम्हें ऐसा प्रश्न करने का कोई अधिकार नहीं है। इस प्रश्न का कोई उत्तर नहीं है। वेदान्त स्पष्ट घोषणा करता है कि इस प्रश्न का कोई उत्तर नहीं है। वह कहता है कि प्रयोगात्मक अनुभव से, प्रत्यक्ष साक्षात्कार द्वारा सिद्ध करके हम तुम्हें दिखा सकते हैं कि यह संसार, जो तुम देखते हो, वास्तव में परमेश्वर—ब्रह्म के अतिरिक्त कुछ नहीं है। प्रत्यक्ष अनुभव द्वारा निर्विवाद रूप से हम तुम्हें दिखा सकते हैं कि सत्य की साधना में जब तुम यथेष्ट ऊँचे चढ़ जाते हो, तो यह दुनिया तुम्हारे लिए लोप हो जाती है।"

स्वामी राम की दृष्टि में 'माया का प्रारम्भ कब और कैसे हुआ?'—"यह एक ऐसा प्रश्न है जिसका कोई उत्तर नहीं। देश, काल, वस्तु अथवा कार्य-कारण का इधर या उधर कहीं कोई अन्त नहीं होता। शोपेनहर ने उसे सिद्ध किया है। हर्बर्ट स्पेंसर ने इसे सिद्ध किया है। प्रत्येक विचारवाक् तुम्हें यही बतायेगा कि ऐसे प्रश्नों का कोई अन्त नहीं होता। स्वप्न में भी उस श्रेणी विशेष के देश का जिसे तुम स्वप्न में बोध करते हो, कोई अन्त नहीं होता, चाहे अपने से पहले, चाहे अपने से पश्चात्। स्वप्न में भी उस श्रेणी विशेष के देश की, जिसे तुम स्वप्न में, बोध करते हो, कोई सीमा नहीं होती। स्वप्न में भी उस विशेष श्रेणी की कार्य-कारण-परम्परा का भी कोई अन्त नहीं होता, जिसे तुम स्वप्न में देखते हो।"

स्वप्न सिद्धान्त के आधार पर स्वामी राम इस निष्कर्ष पर पहुँचते हैं कि "जाग्रतावस्था में भी ठीक ऐसा ही है। वे लोग जो प्रत्यक्ष प्रमाण से इस प्रश्न का उत्तर देने का यत्न करते हैं, राह में भटक जाते हैं और एक चक्र में तर्क करते-करते अपने को हैरान, परेशान करते हैं। तात्पर्य यह कि प्रश्न के प्रत्यक्ष प्रमाणों पर आधारित उत्तर असम्भव है। स्वप्नदर्शी द्रष्टा जब जागता है, तब सारी समस्या स्वतः हल हो जाती है। जागने पर स्वप्नदर्शी द्रष्टा कहता है—'अरे, यह तो स्वप्न था, उसमें कहीं भी कोई सच्चाई नहीं थी।' इसी भाँति सत्य के साक्षात्कार में जागने पर, मुक्ति की वह पूर्ण अवस्था प्राप्त

होने पर, वेदान्त जिसके द्वार सबके लिए खोलता है तुम देख सकोगे कि वह दुनिया तमाशा थी, केवल क्रीड़ा-वस्तु थी, भ्रम मात्र थी और कुछ न थी।"

माया के संबंध में इस प्रकार के और भी अनेक प्रश्न किये जा सकते हैं। वेदान्तियों ने स्वप्न-सिद्धान्त के आधार पर ऐसे अनेक प्रश्नों के उत्तर देने का प्रयास किया है। स्वामी राम ने उसी शैली को अपनाकर इसके संबंध में उत्पन्न हुई शंकाओं का निराकरण करने की चेष्टा की है। वे स्वयं शंका उपस्थित करके निराकरण इस भाँति करते हैं—

"माया का वही प्रश्न इस तरह भी किया जाता है—'यदि मनुष्य परमेश्वर ब्रह्म है, तो अपने असली स्वभाव को क्यों भूल जाता है?' वेदान्त का उत्तर है—तुममे जो असली परमेश्वर है, वह अपने वास्तविक स्वरूप को कभी नहीं भूलता। तुममें जो वास्तविक परमेश्वर है, यदि वह अपने सच्चे स्वभाव को भूल गया होता; तो निरन्तर इस विश्व का शासन और नियन्त्रण कैसे करता? फिर भूला ही कौन है? कोई नहीं, कोई नहीं भूला है। ठीक स्वप्न की-सी अवस्था है। स्वप्न में, जब तुम विभिन्न प्रकार के पदार्थ देखते हो, वास्तव में तुम वह नहीं होते, जो उन पदार्थों को देखता है। वह स्वप्न का द्रष्टा है, जिसकी सृष्टि स्वप्न की अन्य वस्तुओं के साथ होती है। वह उन सब पदार्थों का दर्शन करता है, उन सब दृश्यों को देखता है तथा उन कन्दराओं, पहाड़ों और नदियों में रहता है। असली स्वरूप, आत्मा, सच्चा परमेश्वर कदापि कुछ नहीं भूला है। यह मिथ्याहंकार का ख्याल स्वयं माया की रचना है, या उसी प्रकार का भ्रम है जैसे अन्य पदार्थ। शुद्ध स्वरूप कुछ भी नहीं भूला है। जब तुम कहते हो, परमेश्वर आदमी के जामें में क्षुद्र अहंकारी आत्मा होकर, अपने को भूल क्यों गया? तब वेदान्त कहता है—'तुम्हारे इस प्रश्न में वही भूल है, जिसे तर्कशास्त्री एक ही चक्र में तर्क करने की भूल कहते हैं। अच्छा, यह प्रश्न तुम किससे कर रहे हो? यह प्रश्न तुम स्वप्नदर्शी द्रष्टा से कर रहे हो या जाग्रत द्रष्टा से? स्वप्नदर्शी द्रष्टा से तुम्हें यह प्रश्न नहीं करना चाहिये क्योंकि वह कुछ नहीं भूला है। वह तो स्वयं भी वैसी ही रची हुई वस्तु है, जैसी कि दूसरे पदार्थ, जिनको वह देखता है। और जाग्रतावस्था के असली द्रष्टा से तुम प्रश्न कर नहीं सकते। प्रश्न कौन करेगा? तुम जानते हो कि स्वप्न में प्रश्न करने वाले को स्वयं स्वप्न में होना चाहिये और जब स्वप्नदर्शी द्रष्टा हो जाता है, तब कौन, किससे प्रश्न करेगा? प्रश्न करने और उत्तर देने का द्वैत-चक्र केवल तभी तक संभव है, जब तक माया का स्वप्न चलता है। तुम केवल स्वप्नदर्शी द्रष्टा से प्रश्न कर सकते हो और स्वप्नदर्शी द्रष्टा उसके लिये उत्तरदायी नहीं है। स्वप्नदर्शी द्रष्टा को हटा दो और फिर सम्पूर्ण दृश्य-संसार, सम्पूर्ण स्वप्न ही लोप हो जायेगा। प्रश्न करने के लिये ही कोई कहीं न रह जायेगा तब कौन किससे प्रश्न करेगा?"

स्वामी राम ने 'माया' सम्बन्धी इस गूढ़ प्रश्न को एक दूसरी शैली से समझाने की चेष्टा की है। उनका कथन है—

"राम अब माया की समस्या को तुम्हें हिन्दुओं की उस पद्धति से समझावेगा, जिस प्रकार उन्होंने उसे अपने प्राचीन धर्मग्रन्थों में दर्शाया और समझाया है। वे उसे व्यवहारतः, प्रयोगात्मक ढंग से समझाते हैं। वे माया को 'अनिर्वचनीय' कहते हैं। उसका परिमित अर्थ 'भ्रान्ति' मात्र है। परन्तु व्याख्या रूप से माया उसे कहते हैं, जिसका वर्णन नहीं किया जा

सकता; जो न सत्य कही जा सकती है और न असत्य कही जा सकती है तथा जो सत्य और असत्य का मिश्रण भी नहीं है। यह सम्पूर्ण संसार 'माया' या 'भ्रान्ति' है। यह भ्रान्ति दो प्रकार की होती है। एक को हम 'बाह्य' और दूसरी को 'आन्तरिक' भ्रान्ति कह सकते हैं। शीशे में प्रतिबिम्बित चित्र 'बाह्य' भ्रान्ति का उदाहरण है और 'रस्सी में सर्प की भावना' 'आन्तरिक' भ्रान्ति का दृष्टान्त है।''

स्वामी राम ने माया का विश्लेषण करते हुये इस प्रकार कहा है, ''वेदान्त के अनुसार, यह सम्पूर्ण विश्व वास्तव में केवल एक अखण्ड अनिर्वचनीय (सत्ता) के सिवा और कुछ भी नहीं है, जिसे हम सत्य भी नहीं कह सकते, क्योंकि यह वाणी से परे है, देश-काल-वस्तु से परे है, सबसे परे है। वास्तविक सत्ता की इस रस्सी में, इस अन्तःस्थित आधार में, तत्त्व में, अथवा चाहे जो नाम तुम इसे दो, उसमें नाम, रूप और भेदभावों का प्रादुर्भाव होता है। तुम इस प्रादुर्भाव को जीवनशक्ति, क्रियाशीलता, स्फुरण आदि कोई भी नाम दे सकते हो। ये सब नामरूपादिक सर्प के तुल्य है। इससे आगे हम देखते हैं कि इस 'आन्तरिक' भ्रान्ति के पूर्ण होने पर 'बाह्य' भ्रान्ति का प्रादुर्भाव होता है। इस 'बाह्य' भ्रान्ति के कारण हम इन नामों और रूपों, इन व्यक्तियों और प्राणियों में स्वयं एक वास्तविकता का विद्यमान होना मानने लगते हैं, मानों वे सब नाम-रूपादि स्वतःस्थित हों, अपनी स्थिति के लिये परमुखापेक्षी न हों, वरन् स्वयं अपने बल पर ही स्थिर और जीवित हों। यही दूसरी या 'बाह्य' भ्रान्ति का आविर्भाव है।''

स्वामी राम का कथन है कि समस्त भ्रान्तियों का अधिष्ठान परमेश्वर—ब्रह्म अथवा आत्मा है। उसका साक्षात्कार कर लेने पर समस्त भ्रान्तियाँ—सारी माया स्वतः अन्तर्हित हो जाती हैं, उसका नामोनिशान तक नहीं रहता। स्वामी जी इस प्रकार कहते हैं—

''इन सब नाम-रूपों में और इन समस्त प्रतिभाओं में, इन भेदों और प्रभेदों में स्वयं परमेश्वर समाया हुआ है। किन्तु इसके साथ ही यह भी ध्यान रखिये कि ये सब विभिन्न नाम और रूप और प्रतिभायें मिथ्या हैं, जैसे रस्सी में साँप मिथ्या होता है। इस भ्रान्ति से आगे बढ़ो और तुम उस अवस्था को प्राप्त होगे, जो इन सबसे परे है, जो सम्पूर्ण कल्पना से परे है और सम्पूर्ण शब्दों से परे है। वह बाह्य और आन्तरिक दोनों भ्रान्तियों से परे है। बस, इस प्रकार तुम देख सकते हो कि वेदान्त सब धर्मों की पूर्त्ति करता है। वह संसार के किसी धर्म का खण्डन नहीं करता।''

अन्त में स्वामी राम इस निष्कर्ष पर पहुँचते हैं कि आन्तरिक भ्रान्ति के कारण माया की प्रतीति होती है। ब्रह्मज्ञान, अथवा आत्मज्ञान से इस भ्रान्ति की निवृत्ति होती है। उस समय माया का समस्त विस्तार समाप्त हो जाता है और सब कुछ आत्मस्वरूप ही दृष्टिगोचर होने लगता है—

''इस तरह अच्छे और बुरे के भेद का कारण भी माया, नाम और रूप हैं, और कुछ नहीं। ये नाम और रूप सत्य नहीं हैं, क्योंकि अनित्य हैं। वे मिथ्या इसलिये हैं कि वे एक समय तो दिखलायी पड़ते हैं और दूसरे समय नहीं दिखायी पड़ते। यह समस्त दृश्य-जगत् नाम और रूप के अतिरिक्त कुछ भी नहीं है, नामरूप के विभेदों, परिवर्त्तनों और संयोगों के अतिरिक्त कुछ भी नहीं है। अब इन विभिन्न परिवर्तनों तथा संयोगों का कारण क्या है? इनका कारण है आन्तरिक भ्रान्ति से उत्पन्न इन नाम-रूपों में एक ही ब्रह्म अपने को

प्रकट कर रहा है। संसार के नामों और रूपों में, जो माया मात्र है, परमेश्वर स्वयं आविर्भूत होता है। इनका कारण है भीतरी भ्रान्ति। इससे ऊपर उठो और तुम सब कुछ हो वास्तव में देखता वही है, जो सब में एक जैसा देखता है। उसी मनुष्य की आँखें खुली हुयी हैं, जो सब में एक, एक समान, एक परमेश्वर को देखता है।''

## मनुष्य

सभी दार्शनिकों की भाँति स्वामी राम ईश्वर की सृष्टि में मनुष्य एवं उसकी शक्तियों में महान् विश्वास करते हैं। वे मनुष्य को अनन्त शक्तियों का केन्द्र विन्दु मानते हैं। अपने 'आत्मविकास' नामक व्याख्यान में उन्होंने मनुष्य में स्थित अपार शक्तियों की ओर इस प्रकार संकेत किया है—

''जगत् चार मुख्य वर्गों या कोटियों में विभक्त है—खनिज, उद्भिज, पशु और मनुष्य। इस विभाग में हम यह देखते हैं कि मनुष्य पशुओं की अपेक्षा अधिक उद्योग शक्ति, अधिक गति और उच्च कोटि का व्यापार प्रकट करते हैं। पशु केवल चल-फिर सकते हैं, दौड़ सकते हैं या पहाड़ों पर चढ़ सकते हैं। किन्तु मनुष्य इन सब कामों के अतिरिक्त और भी बहुत कुछ करता है वह और भी अनेक बातें करता है। वह उच्चतर कोटि की उद्योग शक्ति अथवा गति प्रकट करता है। दूरबीनों के द्वारा वह नक्षत्रों तक पहुँच सकता है। पशु ऐसा नहीं कर सकते। मनुष्य पशुओं पर शासन कर सकता है। वह वाष्प और विद्युत् के द्वारा देश और काल का उच्छेद करता है। उसे इतनी शक्ति प्राप्त है, जिसका कि पशुओं में पता तक नहीं। वह संसार के किसी भी भाग में तुरन्त सन्देश भेज सकता है। वह हवा में उड़ सकता है। संसार में यह है मनुष्य की गति, मनुष्य के उद्योग एवं शक्ति का प्रादुर्भाव।''

स्वामी राम ने आत्मविकास की दृष्टि से मनुष्यों की चार कोटियाँ निर्धारित की हैं और उनका यह विभाजन सर्वथा मौलिक, स्वतन्त्र और अनुभूतिमय है। वह विभाजन इस प्रकार हैं—

**१. खनिज मनुष्य**—इनका जीवन खनिज पदार्थों का-सा जीवन है। ये ऐसे मनुष्य हैं, जिनके सब काम-काज एक छोटे से बिन्दु वा अनात्मा अर्थात् साढ़े तीन हाथ लम्बे शरीर के छोटे से वृत्त में केन्द्रीभूत है। वे अधम कोटि के स्वार्थी होते हैं। ये वे लोग हैं, जिनके सारे कार्य इन्द्रिय-तृप्ति के निमित्त हुआ करते हैं। इनके सभी प्रयत्नों का उद्देश्य केवल अधोगति करने वाले सुखों की तलाश है। इन्हें स्त्री-बच्चों के भूखों मरने की चिन्ता नहीं होती।''''''उनकी कर्मशीलता या गति निर्जीव गति है। मनुष्य में यही खनिज जीवन है।

**२. उद्भिज मनुष्य**—ये, वे लोग हैं, जो अपनी स्त्री और बच्चों के पारिवारिक वृत्त के इर्द-गिर्द घूमते हैं। स्वार्थी खनिज मनुष्यों की अपेक्षा इनका दर्जा बहुत ऊँचा है, क्योंकि ये केवल अपने ही शरीर का हित नहीं साधते, बल्कि अपनी स्त्री और बच्चों के पक्ष का भी ध्यान रखते हैं। खनिज मनुष्यों की अपेक्षा उद्भिज मनुष्यों की आत्मा का विकास अधिक हुआ होता है। इनमें शुद्धता भी खनिज मनुष्यों की अपेक्षा अधिक होती है।

**३. पशु-मनुष्य**—ऐसे मनुष्यों का केन्द्र खनिज और उद्भिज मनुष्यों की अपेक्षा बड़ा है। इन्होंने अपनी अभेदता ऐसी वस्तु से कर ली है, जो इस तुच्छ शरीर अथवा कौटुम्बिक

वृत्तों से ऊँची या विशाल है। ये लोग अपने वर्ग या सम्प्रदाय अथवा राज्य से अपनी अभेदता कर लेते हैं। ये लोग साम्प्रदायिक हैं और किसी जाति या बिरादरी से अपनी अभेदता कर लेते हैं। इनकी उपयोगिता अनेक कुटुम्बों और व्यक्तियों तक फैलती है। जिन लोगों के प्रति इनका झुकाव है, उनके प्रति ऐसे मनुष्य बहुत उपयोगी सिद्ध होते हैं। परन्तु ऐसे मनुष्य भी सीमित वृत्त में बँधे हैं। उन्हें इस सीमा से आगे बढ़ना ही चाहिये।

४. **वास्तविक-मनुष्य**—यह वह मनुष्य है, जो सम्पूर्ण राष्ट्र या जाति से अपनी अभेदता स्थापित कर लेता है। आप उसे 'देशभक्त' कह सकते हैं। उसका वृत्त बहुत ही बड़ा है।......जात-पाँत, वर्ण, नाम और संज्ञा का ध्यान छोड़कर वह अपने देश के समस्त निवासियों का पक्ष पुष्ट करना ही अपना कर्त्तव्य समझता है। वह अति धन्य है, अथवा हार्दिक स्वागत के योग्य है, वह बड़ा ही भला है। वह मनुष्य तो है, पर इससे अधिक नहीं।

स्वामी राम अन्त में 'देव मनुष्य' की कल्पना करते हैं। ऐसे मनुष्य परिधियों से परे हो चुके होते हैं। यह एक ऐसा वृत्त है, जिसका केन्द्र सर्वत्र है और परिधि कहीं नहीं। यह देव-वृत्त अथवा ईश्वर-वृत्त है। ये मुक्त पुरुष हैं, अर्थात् सारे कष्ट, भय, शारीरिक कामनाओं और स्वार्थपरता से मुक्त हैं। ये स्वाधीन मनुष्य हैं।......विश्व इस मनुष्य की आत्मा है। विशाल जगत्, छोटे से छोटा प्राणी, खनिज-वनस्पति इत्यादि—इन सबकी आत्मा इस प्रकार के मनुष्यों की आत्मा हो जाती है।

कहना न होगा कि स्वामी राम के जीवन का एकमात्र उद्देश्य समस्त प्रयास मनुष्य को 'देव मनुष्य' अथवा 'ईश्वर मनुष्य' बनाना था। उन्होंने जो कुछ कहा, जो कुछ लिखा, उसका मात्र यही उद्देश्य था कि मनुष्य अपने परिच्छिन्न दायरे से निकल कर अपने असीम, अनन्त, अनादि, अचिन्त्य, सर्वशक्तिमान्, सर्वशासक, सर्वनियन्ता आत्मस्वरूप को जानने के लिये प्रयत्नशील हो जाय। इसी निमित्त उन्होंने प्रायः अपने सभी व्याख्यानों, लेखों में अवसर ढूँढ़ कर मनुष्य को उसकी वास्तविक अन्तरात्मा की अनन्त शक्ति में श्रद्धा, विश्वास और निष्ठा जाग्रत करने की चेष्टा की है। हमारी राय में उनका कोई भी व्याख्यान अथवा लेख ऐसा नहीं है, जिसके आदि, मध्य अथवा अन्त में आत्मा की अमरता, नित्यता, सार्वभौमिकता, अनन्तता और परमानन्द का वर्णन न किया गया हो। स्वामी राम जो कुछ भी कहते, लिखते अथवा वार्तालाप करते थे, सब कुछ आत्मस्थ होकर ही करते थे। उन्होंने अपने जीवन का यही उद्देश्य बना लिया था—"मनुष्य के भीतर प्रसुप्त अन्तरात्मा को जाग्रत करना, उसे उद्‌बोधित करना एवं आत्मस्वरूप में स्थित करना।"

स्थल-स्थल पर स्वामी राम की वाणी इसी अखण्ड सत्य का प्रतिपादन करती हुई प्रतीत होती है। वे आत्मा की अमरता की इस प्रकार प्रतिष्ठा करते हैं—

"देह अवश्य मिट्टी में मिल जाती है। किन्तु देह का नाश कहाँ हुआ? उसका केवल रूपान्तर हो गया। देह के स्थूल तत्त्व बदले हुये रूप में, एक दूसरे रूप में वर्तमान हैं, वे नष्ट नहीं हुये हैं। तुम्हारे मित्र देखेंगे कि वही शरीर फिर कब्र पर सुन्दर गुलाब के रूप में प्रकट होगा तथा किसी दिन फिर फलों और वृक्षों के रूप में उसका आविर्भाव होगा। उसका नाश तो नहीं हुआ है।"

"अच्छा, फिर हमें सन्देह किस बात में है? क्या आत्मा, सत्य, वास्तविक परमेश्वर का नाश हो गया है? नहीं, नहीं। वह कदापि नहीं हो सकता; असली व्यक्ति, मनुष्य की आत्मा का कदापि नाश नहीं हो सकता; वह कभी नष्ट नहीं की जा सकती। तो फिर हम संदिग्ध, शंकाकुल, किस सम्बन्ध में हैं? यह सूक्ष्म शरीर हो सकता है, जिसे दूसरे शब्दों में आप मानसिक वासनायें, मानसिक भावनायें, मनोविकार, मनोभिलाषायें, चित्र की लालसायें, अन्तःकरण की आकांक्षायें और संकल्प कह सकते हैं। इन्हीं सबसे 'सूक्ष्म शरीर' का निर्माण होता है। इस सूक्ष्म शरीर का क्या होता है? मनुष्य तो भूमि में गाड़ा गया, क्या उसके साथ ये वस्तुयें भी गड़ गयीं? नहीं, नहीं। ये तोपी नहीं जा सकतीं। तो फिर इनका क्या होता है? सारा प्रश्न इस सूक्ष्म शरीर का है, जो तुम्हारी मानसिक क्रियाशक्ति, आन्तरिक क्रियाशीलता, भीतरी विकारों, भावनाओं और कामनाओं से निर्मित होता है। इस क्रियाशक्ति, इन मनोविकारों, भीतरी इच्छाओं के समुच्चय, इनके संयोग या समूह का परिणाम क्या होता है? यह कहना कि यह आध्यात्मिक जगत् में—यहाँ मेरा अभिप्राय उस जगत् से है, जिसे आप यांत्रिक नियमों से सिद्ध नहीं कर सकते—चला जाता है। तुम्हारे विचार से भले ही बिलकुल ठीक हो, किन्तु विज्ञान इसी स्थूल जगत् की दृष्टि से प्रमाण चाहता है कि इस शक्ति का क्या होता है? विज्ञान ने निर्विवाद रूप से यह सिद्ध कर दिया है कि संसार में किसी वस्तु का नाश, सर्वथा नाश नहीं होता। यह एक अटल, सार्वभौम नियम है। यह शक्ति के आग्रह का नियम है, यह द्रव्य के अविनाशित्व का नियम है। यह शक्ति के संरक्षत्व का नियम है। यह आपको बताता है कि कोई भी वस्तु समूल नष्ट नहीं हो सकती। अच्छा, यदि शरीर का नाश नहीं होता, केवल उसकी दशा बदल जाती है और यदि हृदयस्थ परमेश्वरत्व—ब्रह्मत्व का भी नाश नहीं होता, प्रत्युत वह नित्य, स्थायी, निर्विकार रहता है, तो फिर इन मनोभिलाषाओं, मानसिक क्रियाशक्ति, आन्तरिक जीवन का ही नाश क्यों हो जाना चाहिये? उनका नाश क्यों हो? शक्ति के संरक्षकत्व का अनिवार्य नियम हमें बताता है कि उसका नाश कभी नहीं हो सकता। अतः तुम्हें यह कहने का कोई हक नहीं कि उनका नाश हो गया। उन्हें भी जीवित रहना होगा, वे अवश्य जीवित रहेंगी। वे चाहे अपना स्थान बदल दें, वे चाहे अपनी दशा बदल दें, परन्तु उनका जीना जरूरी है, उनका नाश कदापि नहीं हो सकता।"

स्वामी राम वेदान्त की सिंह-गर्जना करते हुये कहते हैं कि एक ही वातावरण में, एक ही परिस्थिति में पले हुये मनुष्यों की वृत्तियों, इच्छाओं, आकांक्षाओं में जो इतना अन्तर दिखायी पड़ता है, वह मनुष्य के पूर्वकृत कर्मों का परिणाम है। अतः मनुष्य कर्म करने में स्वाधीन है। वह शुभ एवं अशुभ कर्मों के सर्वथा स्वतंत्र है। वह शुभ कर्मों के सम्पादन द्वारा नये भाग्य का निर्माण कर सकता है। वे कर्म सिद्धान्त का इस प्रकार प्रतिपादन करते हैं—

"हिन्दू इसे कर्म का विधान कहते हैं। इसे मान लेने से आप उस विकट कठिनाई से छूट जाते हैं और मृत्यु तथा जन्म का सम्पूर्ण व्यापार बिलकुल स्वाभाविक हो जाता है—ठीक प्रकृति के नियमों के अनुसार, विश्व के सामंजस्यपूर्ण, सर्वसम्मत नियमों के अनुसार चलने लगता है।"

स्वामी राम का कथन है कि मनुष्य की इच्छायें ही उसके कार्यों में रूपान्तरित हो जाती हैं। इच्छायें ही प्रेरक शक्तियाँ हैं। किन्तु जो अनेक इच्छायें पूरी नहीं होतीं, उनकी

क्या गति होती है? वे अपनी सहज ओजमयी भाषा में इस प्रश्न का उत्तर इस प्रकार देते हैं—"वेदान्त कहता है, 'ये मनुष्य, तू ईश्वर द्वारा हँसे जाने के लिये नहीं बनाया गया है। तुम्हारी भी अपूर्ण और अतृप्त इच्छायें अवश्यमेव फलवती होंगी, यदि इस लोक में नहीं, तो दूसरे लोक में।"

स्वामी राम मनुष्य की अनन्त ज्ञान शक्ति में दृढ़ निष्ठा और विश्वास रखते हैं। वे मनुष्यों को इसका आभास कराते हैं और साथ ही चेतावनी भी दे देते हैं कि वे अपनी अनन्त शक्ति को निम्न और हेय बातों में नष्ट न करें। वे इस प्रकार कहते हैं—

"वेदान्त कहता है, तुम्हारे सारे जन्म और पूर्व जीवन तुम्हारी चेतना की आन्तरिक झील में, तुम्हारे ज्ञान की आन्तरिक झील में विद्यमान रहते हैं। वे वहाँ रहते हैं। इस समय वे निम्नतम तह पर अवस्थित हैं। वे ऊपरी तल पर नहीं हैं। यदि तुम अपने पिछले जन्मों की याद करना चाहते हो, तो यह कोई कठिन बात नहीं है। अपने ज्ञान-सरोवर को निम्नतम तह तक खूब खँगाल डालो और आप जो चीज़ चाहें, उसे ऊपरी तल पर ला सकते हैं। यदि आप चाहें, तो आप अपने पिछले जन्मों को भी याद कर सकते हैं। किन्तु, एक बात है, ऐसा प्रयोग लाभदायक नहीं होता; क्योंकि एक दूसरे नियम—विकासवाद के अनुसार तुम्हें आगे बढ़ना है, तुम्हें अग्रसर होते रहना है। इसलिये जो गया, सो गया। तुम्हारा उससे कोई सरोकार नहीं। तुम्हें तो आगे बढ़ना है।"

मनुष्य अपनी ही इच्छाओं के द्वारा नित्य सुख-दुःख भोगता रहता है। अतः उसे बहुत समझ-बूझकर इच्छायें करनी चाहिये। उसे ऐसी इच्छायें कदापि नहीं करनी चाहिये, जो दुःख और बन्धन का कारण बनें। मनुष्य में विवेक की प्रधानता होती है। अतः इच्छाओं के चयन में उसे अपने विवेक का पूर्ण प्रयोग करना चाहिये। विवेकयुक्त इच्छायें कभी दुःख का हेतु नहीं बनतीं। इस संबंध में स्वामी राम सांसारिक मनुष्यों को चेतावनी देते हैं—

"इस दुनिया के लोग जब किसी वस्तु की इच्छा करते हैं, तब वे यह नहीं देखते कि उसका परिणाम क्या होगा। वे यह नहीं देखते कि इसके द्वारा वे कहाँ पहुँचेंगे। और बाद में जब वे अपनी इच्छाओं का फल भोगते हैं, तब वे रोना-धोना, चीखना-चिल्लाना और अपने भाग्य को कोसना शुरू कर देते हैं। वे ग्रहों को दोष देते हैं, कभी रोते और कभी दाँत पीसते और ओंठ काटते हैं। इसलिये जब तुम कोई इच्छा करो, तब तुम भली-भाँति विचार कर लो कि उस इच्छा का परिणाम क्या होगा। तुम स्वयं ही अपने ऊपर दुःख और कष्ट बुलाते हो और दूसरा कोई उसके लिये उत्तरदायी नहीं है।"

स्वामी राम का कथन है कि सदिच्छाओं की विजय होनी अवश्यम्भावी है, क्योंकि उनमें अपार शक्ति होती है और यह शक्ति सत्य से प्राप्त होती है। वे मनुष्य की सदिच्छाओं पर अत्यधिक बल देते हैं। उनकी राय है—

"इस संग्राम में उन इच्छाओं की विजय होती है, जो सब से अधिक शक्तिशालिनी होती हैं। इनमें यह शक्ति कहाँ से आती है? शक्ति सत्य से और केवल सत्य से प्रादुर्भूत होती है। केवल उन्हीं इच्छाओं की जीत होती है जिनमें सत्य, सदाचार, न्यायपरायणता, पुण्यशीलता अथवा शुद्धता की मात्रा अधिक होती है। तुम्हें संगीन की नोंक पर, खाँड़े की धार पर उन्नति और सुधार करना पड़ेगा। तुम सदा विषय-भोग में लिप्त होकर सड़ नहीं

सकते। सदा स्वार्थपूर्ण तृष्णा और लोभ में तृप्त नहीं रह सकते। तुम्हें उठना होगा; धीरे-धीरे, किन्तु निश्चयपूर्वक। तुम्हारे सामने आनन्द का पथ खुला हुआ है। यहाँ कर्म का विधान प्रत्येक व्यक्ति के लिये, सबके लिये आनन्द लिये खड़ा है।"

स्वामी राम ने मानवीय इच्छाओं का दो रूपों में विभाजन किया है—पहली प्रकार की इच्छायें ईश्वरीय स्वभाव की होती हैं और दूसरे प्रकार की इच्छाओं में माया के स्वभाव की प्रबलता होती है। ईश्वरीय-स्वभाव वाली इच्छाओं की पूर्त्ति शीघ्रातिशीघ्र होती है, क्योंकि उनमें सात्विकता की प्रधानता होती है। माया के स्वभाव वाली इच्छाओं की पूर्ति में विलंब होता है, कारण यह कि उनमें तमोगुण और रजस् की प्रधानता और सत्वगुण की न्यूनता होती है। इसका विवेचन स्वामी राम इस प्रकार करते हैं—

"इच्छाओं की पूर्ति क्यों आवश्यक है? वेदान्त कहता है कि तुम्हारी असली प्रकृति, तुम्हारी असली आत्मा अजर-अमर है। राम अविनाशी परमेश्वर है। अतः तुम्हारी इच्छायें, तुम्हारा तन और मन सत्य के महासमुद्र में, नित्यता के महासागर में लहरों और तरंगों जैसा होने के कारण, उसी तत्त्व के स्वभावानुकूल बन जाता है, जिससे वे बनते हैं। सत्य, नारायण, परमात्मा अथवा आत्मा दुनिया को अपनी श्वास के रूप में बनाता है। संसार मेरी साँस है। पलक मारते ही मैं सृष्टि की रचना करता हूँ। पलक मारते ही दुनिया की सृष्टि हो जाती है (मैं तुम्हारी आत्मा हूँ।) हमारी इच्छाओं में परमात्मा का और उसके साथ मैं तुच्छ अहंकार का भाव मिला-जुला रहता है। इच्छाओं का वह पहलू जो आन्तरिक परमेश्वरत्व या अमरत्व पर निर्भर है इच्छाओं की पूर्ति के लिये प्रेरित करता है और इच्छाओं के वे अंश, जो माया पर अवलम्बित हैं, उनकी पूर्ति में विलम्ब लगाते हैं। तुम्हारी इच्छाओं की पूर्ति में जो देर होती है, उसका कारण तुम्हारी इच्छाओं का माया-तत्त्व है और तुम्हारी इच्छाओं की पूर्ति की असंदिग्धता, निश्चय का हेतु तुम्हारी इच्छाओं की आन्तरिक दैवी प्रकृति है। आप यहाँ पूछ सकते हैं कि हमारी इच्छायें दैवी अथवा ईश्वरीय किस प्रकार होती हैं? इच्छा—मात्र प्रेम के अतिरिक्त और कुछ नहीं है और प्रेम ईश्वर के सिवा और कुछ नहीं है। क्या प्रेम ईश्वर नहीं है? इच्छायें उसी प्रकार की होती हैं जैसी कि आकर्षण-शक्ति। आकर्षण-शक्ति क्या है? एक ओर पृथ्वी चन्द्रमा को आकर्षित कर रही है। दूसरी ओर सूर्य पृथ्वी को अपनी ओर खींच रहा है। सभी ग्रह एक दूसरे को अपनी ओर खींच रहे हैं। सार्वभौमिक प्रेम यही प्रीति अथवा साम्य का नियम है।......इसलिये तुम्हारी इच्छाओं का ईश्वरीय स्वभाव उनकी पूर्ति का आग्रह करता है। किन्तु जब तुम स्वार्थपूर्ण, संकीर्ण अथवा व्यक्तिगत हो जाते हो, तब उनका स्वार्थीपन उन्हें माया के स्वभाव का बना देता है और इस कारण उनकी पूर्ति में देर लगती है।"

अन्त में स्वामी राम अपने स्वभावानुसार मनुष्य में ब्रह्म-भावना को आरोपित कर उसके समस्त पाप-ताप, दुःख-दैन्य, दीनता-कृपणता, जन्म-मरण, हर्ष-विषाद, राग-विराग समस्त द्वन्द्वों को समाप्त कर देते हैं। ब्रह्म अथवा आत्मा का साक्षात्कार हो जाने पर मनुष्य समस्त इच्छाओं का स्वामी हो जाता है। उसके अन्तःकरण के किसी भी अंश में इच्छा का नामोनिशान तक नहीं रह जाता है। वह समस्त जगत्, समस्त ब्रह्माण्डों का अधीश्वर हो जाता है? वह द्वन्द्वातीत, त्रिगुणातीत, मायापति, माया से रहित, निर्भय, निरंजन, निराकार, सर्वशक्तिमान्, सर्वनियंता परमात्मा हो जाता है। अब वह समस्त इच्छाओं का

स्वामी हो जाता है, तो वह कौन-सी इच्छा, किस प्रकार करे। वह सर्वाधार सर्वाधिष्ठान हो जाता है। जिस प्रकार अनन्त समुद्र में असंख्य तरंगें एक साथ उत्पन्न होती हैं, कुछ देर स्थित रहती हैं और फिर उसी में लीन हो जाती हैं, उसी प्रकार ब्रह्मज्ञ पुरुष जगत् की समस्त इच्छाओं का अधिष्ठान हो जाता है, जगत् की सारी इच्छायें उसके आनन्द सागर में उठती हैं, स्थित रहती हैं और फिर उसी में विलीन हो जाती हैं। स्वामी राम मनुष्य को उसकी अन्तरात्मा के सच्चे स्वरूप का बोध करा-कराकर, उसे सर्वथा मुक्त बना देना चाहते हैं। उनका कथन है—

"एक बार अनुभव करो कि तुम स्वयं अपने भाग्यविधाता हो, फिर देखो तुम कितने सुखी हो जाते हो। जब तुम ॐ जपते हो और जब तुम यह भान करते हो कि अपने भाग्य के तुम आप ही स्वामी हो, तब रोने-झीकने, दुखी होने की कोई जरूरत नहीं रह जाती। तुमने अपनी अवस्था ऐसी बनायी है। अपनी 'प्रभुता' की उपलब्धि करो। अपने आप को परिस्थिति का गुलाम मत समझो। इस सत्य को पहचानों, इस सत्य का अनुभव करो कि तुम अपने भाग्य के आप विधाता हो। तुम चाहे जिस दशा में हो, वातावरण कुछ भी हो, देह चाहे कारागार में डाल दी जाय अथवा तेज धारा में बहा दी जाय या किसी के पैरों तले कुचली जाय, याद रखो—'मैं ईश्वर हूँ। वह सारी अवस्थाओं का स्वामी है। मैं देह नहीं हूँ, मैं वह हूँ, भाग्य का विधाता।' तुम्हारे मित्र स्वयं तुम्हारे द्वारा प्रकट होते हैं। जिन्हें तुम मित्र कहते हो, उन्हें तुम्हारी इच्छा तुम्हारे निकट ले आती है: जिन्हें तुम शत्रु कहते हो, उन्हें भी तुम्हारी ही इच्छा तुम्हारे सामने खड़ा कर देती है। ये शत्रुओं, मैंने तुम्हारा निर्माण किया है, ये मित्रों, तुम भी मेरी ही कृति हो। इस संकल्प की प्रत्यक्षानुभूति करो और इसे हृदयंगम करो और फिर देखो कि तुम कितने सुखी हो जाते हो।"

## मृत्यु

मृत्यु की विभीषिका से प्रायः अधिकांश लोग आतंकित रहते हैं। इसके सम्बन्ध में विभिन्न लोगों की विभिन्न कल्पनायें हैं। पुण्यात्माओं अथवा शुद्धात्माओं की मृत्यु-सम्बन्धी कल्पना ऊँची और सुखद कल्पना है। उनकी कल्पना इस प्रकार की हुआ करती है कि इष्ट-देव के पार्षद उसकी आत्मा को लेने आते हैं और उसे बड़े आराम और आदर-सत्कार से ले जाकर, उसके इष्टदेव के लोक में पहुँचा देते हैं। पापियों या दुरात्माओं की कल्पना एक अजीब प्रकार की होती है—'यम के दूत अत्यन्त भयंकर देश से आकर उसे अत्यन्त निर्दयतापूर्वक, अनेक प्रकार की ताड़ना और यंत्रणा देते हुये ले जाते हैं और नाना प्रकार के नरकों में उसे उसके पापों का फल भोगने के लिये डाल देते हैं।' इस प्रकार कुछ अन्य लोगों की कल्पनायें इस प्रकार की हैं कि इस शरीर को प्राणशक्ति का समाप्त हो जाना ही मृत्यु है।

स्वामी राम ने मृत्यु-सम्बधी प्रश्न का अत्यन्त मौलिक ढंग से समाधान किया है। वे पूर्ण अद्वैतनिष्ठ वेदान्ती थे। अतः उनके प्रत्येक प्रश्न के समाधान में वेदान्त की अपूर्व मस्ती और फक्कड़पन विद्यमान है। किन्तु उन्होंने बातें इतनी सुन्दर ढंग से निरूपित की हैं कि हमारी मृत्यु सम्बन्धी विभीषिका का त्रास, आतंक समाप्त हो जाता है। उनके विचारों को मननपूर्वक अध्ययन करने से हमारे हृदय से मरण-सम्बन्धी भय सदैव के लिये दूर हो

सकता है। स्वामी राम का अभ्यास और प्रत्यक्षानुभूति इस दृष्टि से अत्यन्त संक्रामक है। स्वामी के विचार हमें निरन्तर आत्मबल से आपूरित करते रहते हैं। उनके विचारों के अध्ययन मात्र से हममें अपार शक्ति, पौरुष, आशा और साहस का संचार होता है। मृत्यु के सम्बन्ध में स्वामी राम के क्रान्तिकारी विचार इस प्रकार हैं—

"वेदान्त के अनुसार, मर जाने के बाद मनुष्य सदा मुर्दा ही नहीं बना रहता, यह आवश्यक नहीं है। मृत्यु के बाद जीवन है और जीवन के बाद मृत्यु। वास्तव में मृत्यु एक नाम मात्र है। मृत्यु का अर्थ है केवल रूपान्तरित हो जाना, इससे अधिक कुछ नहीं। उसे बड़ा सा 'हौवा' अथवा 'जूजू' मानना भयंकर भूल है। उसमें भीषणता अथवा भयंकरता कुछ भी नहीं है। वह तो दशा का एक परिवर्तन मात्र है।"

"इस संसार का जीवन एक दीर्घ, चिरकाल तक चलने वाली जाग्रत अवस्था है। जीवन के बाद वह नाम मात्र की मृत्यु वेदान्त के मत से उतनी ही लम्बी एक सुदीर्घ निद्रा है। वेदान्त के अनुसार मृत्यु एक सुदीर्घ निद्रा मात्र है। जिस तरह दिन के चौबीस घंटों में लगभग तीन या चार घंटे की निद्रा का उपभोग करने के बाद, तुम फिर जाग उठते हो, उसी तरह मृत्यु का विश्राम भोगने के बाद, तुम्हें फिर इस संसार में जन्म लेना पड़ता है, तुम फिर अवतीर्ण होते या जन्म ग्रहण करते हो। पुनर्जन्म या फिर देह धारण करना ठीक ऐसा ही है, जैसे झपकी लेने के बाद हम फिर जाग उठते हैं।"

स्वामी राम के विचारानुसार मृत्यु के पश्चात् मनुष्य को तुरन्त जन्म नहीं धारण करना पड़ता। उसे जीवन और मृत्यु की एक मध्यवर्ती स्थिति से भी गुजरना पड़ता है। उनका इस सम्बन्ध में इस प्रकार कथन है—

"वेदान्त के अनुसार, मर जाने के पश्चात् मनुष्य तुरन्त उसी क्षण पुनर्जन्म नहीं लेता। जब बीज पेड़ से गिरता है, तब उससे तुरन्त नया पेड़ नहीं उग आता। उसके उगने में कुछ देर लगती है। जब मनुष्य एक घर छोड़ता है, तब वह तुरन्त दूसरे घर में प्रवेश नहीं करता, उसमें उसे कुछ समय लगता है। इसी तरह मरने के बाद मनुष्य तुरन्त दूसरी देह नहीं धारण करता। उसे एक मध्यवर्ती स्थिति से गुजरना पड़ता है, जिसे हम मृत्यु की दशा या दीर्घ निद्रा की दशा कहते हैं।"

स्वामी राम जीवन और मृत्यु की इस मध्यवर्ती स्थिति की तुलना निद्रा में देखे हुये स्वप्न से करते हैं। जिस प्रकार मनुष्य दिन में जो कार्य करता है, निद्रा के स्वप्न-जगत् में उन्हीं कार्यों की पुनरावृत्ति करता है, उसी प्रकार इस मध्यवर्ती स्थिति में मनुष्य अपने जीवन में किये गये शुभ अथवा अशुभ कार्यों के अनुसार स्वप्नलोक में अपने पुण्यों अथवा पापों की पुनरावृत्ति देखता है। स्वामी राम कहते हैं—

"मृत्यु और अगले जन्म के बीच का काल, दीर्घ निद्रा का समय किस प्रकार व्यतीत होगा? वेदान्त कहता है—'वह तुम्हारे स्वर्गों और नरकों में बीतेगा। ये बैकुण्ठ, ये स्वर्ग और नरक क्या हैं? ये मृत्यु और भविष्यकालीन जन्म के बीच में पड़ने वाले स्वप्नलोक हैं।"

स्वामी राम का दृढ़ विचार है कि मनुष्य अपने दृढ़ विश्वासों और भावों के अनुसार इस मध्यवर्ती स्थिति में स्वर्ग या नरक का भोग निश्चित रूप से करेगा यह ध्रुव सिद्धान्त है, अटल नियम है, इसका कोई उल्लंघन नहीं कर सकता—

"वेदान्त कहता है कि प्रकृति में ऐसा कोई नियम और शक्ति नहीं है, जो उसे उस प्रकार का बैकुण्ठ का उपभोग करने से रोक सके, जिसका स्वप्न वह अपने जीवन-पर्यन्त देखता रहा है। अवश्य उसको वैसा ही स्वर्ग देखने को मिलेगा। अपने धर्माचार्य के कथनानुसार वह अपने को वैसे ही स्वर्ग में अवश्य पावेगा, अन्यथा नहीं हो सकता।"

स्वामी राम का कथन है कि प्रत्येक धर्मानुयायी अपने धर्म, विश्वास और क्रिया के अनुसार उन स्वर्गों अथवा नरकों का अवश्य उपभोग करेगा, जिसमें उसकी धारणा दृढ़ रूप से आबद्ध है। हालाँकि, ये सब कल्पना मात्र हैं। वेदान्त के अनुसार मनुष्य अपनी ही कल्पनाओं की सृष्टि करता है और वह उसी में रमता, खपता है। उनका कथन है—

"यही बात सब धर्मों के सम्बंध में है। यदि आप अपने धर्म-सिद्धान्तों एवं लक्ष्य के प्रति सच्चे हैं, तो मृत्यु के बाद आपको इसी प्रकार के स्वर्ग की प्राप्ति होगी जिसकी आप आशा करते हैं। वास्तव में मृत्यु के बाद स्वर्ग और नरक आप पर ही निर्भर हैं। मृत्यु के अनन्तर आप ही स्वर्ग अथवा नरक का निर्माण करते हैं। वास्तव में स्वर्ग अथवा नरक अपने स्वप्न मात्र हैं जो उस समय आपको सत्य जान पड़ते हैं, इससे अधिक उनका कुछ मूल्य नहीं। आप यह तो मानते ही हैं कि स्वप्न देखते समय स्वप्न के दृश्य हमें सत्य प्रतीत होते हैं। अतएव मृत्यु के बाद ये नरक और स्वर्ग भी आपको सच्चे प्रतीत होंगे। किन्तु वास्तव में यथार्थतः स्वप्नों से अधिक ये कुछ भी नहीं हैं।"

"वेदान्त कहता है कि मरण-पश्चात् आप अपने को स्वप्नवत् स्वर्ग में अनन्त काल से पायेंगे, स्वप्नदर्शी अधिष्ठान दृष्टिविन्दु से आप अपने को स्वर्ग या नरक में अनन्त काल से रहते पायेंगे, किन्तु जाग्रत अवस्था के अधिष्ठान के दृष्टि-विन्दु से नहीं।"

स्वामी राम आत्मज्ञ, तत्त्वज्ञ, ब्रह्मनिष्ठ अथवा मुक्त पुरुष का आवागमन नहीं मानते। उनकी दृष्टि में मुक्त पुरुष जीवन, मरण, मध्यवर्ती स्थिति, जाग्रति, स्वप्न, सुषुप्ति सबका द्रष्टा, साक्षी हो जाता है। उसके जन्म-मरण—आवागमन का चक्र सदैव के लिये समाप्त हो जाता है—

"अच्छा उन लोगों का क्या होता है कि जो मुक्त पुरुष अथवा मुक्तात्मा कहलाते हैं? उनका आवागमन होता है, या नहीं? वेदान्त कहता है कि मृत्यु के बाद प्रत्येक व्यक्ति को स्वर्ग और नरक के पड़ावों में होकर नहीं गुजरना पड़ता है और न मृत्यु के बाद सबका पुनर्जन्म ही होता है। प्रत्येक व्यक्ति के लिये यह आवश्यक नहीं होता। जिन्हें मुक्त आत्मा कहा जाता है, वे हैं कौन? वे स्वतंत्र हैं। नरकों और स्वर्गों में कैद नहीं होते हैं। स्वर्ग या नरक सभी उनमें हैं। सारे लोक उनमें हैं।"

स्वप्न के दृष्टान्त से स्वामी राम इसे और भी स्पष्ट करते हैं। स्वप्न में द्रष्टा और दृश्य दो होते हैं। 'मैं' पन का अभिमान करने वाला द्रष्टा है और 'मैं' के अतिरिक्त नदियाँ, पहाड़, जंगल, पशु-पक्षी, जो इतर वस्तुयें हैं वह दृश्य हैं। इस प्रकार मनुष्य स्वप्न-जगत् में दृश्य और द्रष्टा दोनों स्वयं हैं। ठीक यही दशा जाग्रत अवस्था की भी होती है। जाग्रत अवस्था स्वप्नवत् है। वह एक ठोस और घनीकृत स्वप्न है—

"वेदान्त कहता है कि तुम्हारी इस सुदृढ़ प्रतीत होने वाली दुनिया में द्रष्टा और दृश्य पदार्थ तुम्हारी सच्ची आत्मा की सृष्टि है। इससे अधिक कुछ नहीं। वह तुम्हारी सच्ची

आत्मा ही है, जो एक ओर नगर, कस्बे, नदियाँ तथा पहाड़ बन जाती है और दूसरी ओर इस दुनिया में एक भूला-भटका, निराश्रय बटोही। जाग्रत अवस्था में भी जो दृश्य पदार्थ के रूप में प्रकट होता है, जो वही दृश्य पदार्थ है और वही द्रष्टा है।''

स्वामी राम इस विवेचन के अनन्तर मृत्यु के संबंध में अपनी धारणा इस प्रकार अभिव्यक्त करते हैं ''द्रष्टा भाव का दब-सा जाना मृत्यु है।''

जो व्यक्ति द्रष्टा और दृश्य को पृथक्-पृथक् देखता है, वह बराबर आवागमन के चक्कर में पड़ता रहेगा। मृत्यु उसे निरन्तर अपना ग्रास बनाती रहेगी। स्वामी राम कहते हैं—

''इस प्रकार जन्म और मृत्यु का यह सिलसिला तब तक जारी रहता है, जब तक द्रष्टा और दृश्य दोनों एक साथ ही न दब जायँ। लुप्त न हो जायँ। जब तक दुनिया आपको अपने से भिन्न मालूम पड़ती है, तब तक आप इस संसार में कैदी हैं। आप सदा आवागमन—जन्म और मृत्यु के चक्र में बँधे रहेंगे। तुम्हारे इर्दगिर्द यह पहिया सदैव विद्यमान रहेगा और वह तुम्हें कुचलता ही रहेगा। तुम्हें कभी ऊपर और कभी नीचे ले जायेगा। तुम्हें कभी विश्राम या शान्ति न मिल सकेगी।''

ठीक इन्हीं भावों के समान कठोपनिषद् में भी यही बात मिलती है—

**यदेवेह तदमुत्र यदमुत्र तदन्विह।**
**मृत्योः स मृत्युमाप्नोति य इह नानेव पश्यति॥**

—कठोपनिषद्, अध्याय २, वल्ली १, मंत्र १०

अर्थात्, ''जो सर्वशक्तिमान्, सर्वान्तर्यामी, सर्वरूप, सबका कारण परब्रह्म—परमात्मा—अन्तरात्मा इस पृथ्वीलोक में है, वही वहाँ परलोक में अर्थात् देव-गन्धर्वादि विभिन्न अनन्त लोकों में भी है; तथा जो परब्रह्म वहाँ है, वही यहाँ भी है। एक ही ब्रह्म अथवा अन्तरात्मा अखिल ब्रह्माण्ड में व्याप्त है। जो उसको विविध नामों और रूपों में प्रकाशित होते हुये देख कर उसमें मोहवश 'नानात्व' की कल्पना करता है, उसे बार-बार मृत्यु के अधीन होना पड़ता है। उसके जन्म-मरण का चक्कर निरन्तर रहता है।''

अन्त में स्वामी राम जन्म-मृत्यु—आवागमन रूपी महान् रोग की रामबाण-औषधि ब्रह्म का अहर्निश-चिन्तन बताते हैं। उनकी घोषणा है कि आत्मस्वरूप के सतत चिन्तन से ब्रह्माकार वृत्ति अखण्ड तैल–धारावात् हो जाती है। इस वृत्ति से जन्म-मरण का चक्र सदैव के लिये समाप्त हो जाता है और मनुष्य सांसारिक वृत्तियों से उठ कर ब्रह्मरूप हो जाता है—

''संसार मेरा शरीर है, सम्पूर्ण विश्व मेरा शरीर है, जो ऐसा अनुभव करता है, वह आवागमन के बन्धन से मुक्त है। वह कहाँ जा सकता है, कहाँ से आ सकता है? कोई ऐसा स्थान नहीं, जो उससे परिपूर्ण न हो; वह तो अनन्त है। वह जायेगा कहाँ? आयेगा कहाँ से? सारा विश्व-ब्रह्माण्ड उसी में है। वह प्रभुओं का प्रभु है। आवागमन के बन्धन से सर्वथा मुक्त।''

"वेदान्त का कथन है—'अविद्या के इस कुत्ते से अपना पिण्ड छुड़ाओ; अपने को सर्वशक्तिमान् परमेश्वर बनाओ, अपने को ब्रह्म बनाओ, ब्रह्मरूप से अनुभव करो और तुम एकदम मुक्त हो।' "

## पाप और उनके निदान

संसार के प्रत्येक धर्म ने बुराइयों और पापों की समस्या पर विचार किया है। प्रत्येक धर्म ने अपने-अपने ढंग से इन समस्याओं से निवृत्ति पाने की चेष्टा की है। पापों एवं बुराइयों का अपने-अपने स्थान पर महत्त्व है। संसार में यदि पाप और बुराइयाँ न हों, तो पुण्य और अच्छाइयों का महत्त्व किस प्रकार स्थापित किया जा सके? यदि स्वार्थी और इन्द्रिय-लोलुप न हों, तो त्यागी और इन्द्रियसंयमी का महत्त्व ही क्या रहेगा?

स्वामी राम ने पापों का मूल कारण अविद्या को माना है। उनकी दृष्टि में—

"इन सब पापों का मूल अविद्या है, जिसके कारण आप वास्तविक आत्मा को स्थूल शरीर तथा चित्त के साथ एक कर देते हैं।" स्वामी राम तो वास्तविक आत्मा का स्वरूप निष्पाप, निष्कलंक, शुद्ध और पवित्र मानते हैं। परिच्छिन्न आत्मा ही में पाप की क्रियायें देखने को आती हैं। स्वामी जी ने इन पापों और उनके निदानों का समाधान अपनी चिरपरिचित वेदान्तिक शैली में बड़ी ही मौलिकता से किया है। उनके विचारानुसार परिच्छिन्न—अविद्याग्रस्त आत्मा अपना अनन्त विस्तार देखना चाहती है, किन्तु उस विस्तार के लिये वह जिन उपायों का अवलम्ब लेती है, वे गलत हैं, भ्रामक हैं। इन्हीं गलत उपायों को उन्होंने 'पाप' की संज्ञा दी है। उन्होंने उनके निदानों को उन्हीं के मध्य ढूँढ़ने की चेष्टा की है। यदि एक बार अन्तःकरण से उन पापों की मूल प्रवृत्ति एवं उनके स्वरूप को मनुष्य समझ लें, तो उन्हीं के बीच उनके शमन की अचूक विधि भी उसे सहज ही प्राप्त हो जायेगी। इस प्रकार पापों एवं उनके निदानों के सम्बन्ध में स्वामी राम का सर्वथा मौलिक दृष्टिकोण है। उन्होंने कतिपय पापों एवं उनके निदानों की इस प्रकार मीमांसा की है—

**१. खुशामद**—इसे घोर पाप तो नहीं समझा जाता, परन्तु है यह सार्वभौमिक।

यह क्या बात है कि तुच्छ से तुच्छ कीड़े से लेकर ईश्वर तक को ख़ुशामद पसन्द है? क्या बात है कि प्रत्येक प्राणी खुशामद का गुलाम है? वह स्तुति, लल्लो-चप्पो और 'हाँ जी, हाँ जी' चाहता है। प्रत्येक चाहता है कि वह बहुत कुछ समझ जाये; आखिर ऐसा क्यों?

कुत्ते भी जब तुम उन्हें पुचकारते और थपथपाते हो, तो बहुत प्रसन्न होते हैं। उन्हें भी खुशामद पसन्द है। घोड़ों को चाटुकारिता प्रिय है। घोड़े का मालिक आकर जब उसे प्यार से पुचकारता तथा थपथपाता है, तो वह अपने कान खड़े करके उत्साह से भर उठता है।

भारत के कुछ राजा शिकार में कुत्तों के स्थानों पर चीतों से काम लेते हैं। शिकार को तीन ही छलाँगों में पकड़ना चीते का स्वभाव है। यदि उसने अपना शिकार (तीन छलाँगों) में पकड़ लिया, तो बहुत अच्छा, नहीं तो चीता हताश होकर बैठ जाता है। ऐसे अवसरों पर राजा-महाराजा आकर चीते को थपथपाते और पुचकारते हैं और तब फिर

उसमें शक्ति भर जाती है। हम देखते हैं कि चीतों को भी खुशामद प्रिय है। ऐसे आदमी को लीजिये, जो किसी काम का नहीं, अर्थात् व्यर्थ है। उसके पास जाइये और उसकी हाँ में हाँ मिलाकर उसका दिल बढ़ाइये, उसकी खुशामद कीजिये। ओः! उसका चेहरा प्रसन्नता से चमचमा उठता है। आपको, तुरन्त ही उसके गालों पर लालिमा दिखायी देगी।

जिस देश में लोग देवताओं की पूजा करते हैं, वहाँ हम देखते हैं कि वे (देवगण) भी चाटुकारिता से प्रसन्न होते हैं। और तो और कुछ एकेश्वरवादियों की प्रार्थनाओं का भी क्या अर्थ है? उनकी स्तुतियाँ एवं उनके आवाहन-मंत्र क्या हैं? उनकी परीक्षा कीजिये। निःस्वार्थ भाव से तथा पक्षपात-बुद्धि को त्याग कर उनकी परीक्षा कीजिये और आपको ज्ञात होगा कि खुशामद के अतिरिक्त वे कुछ नहीं हैं। अतः क्या बात है कि चाटुकारिता सार्वभौमिक है? प्रत्येक प्राणी खुशामद को पसन्द करता है। परन्तु साथ ही एक भी मनुष्य उस तरह की खुशामद का पात्र नहीं होता, जो उसे खुश करती है। एक भी मनुष्य उन अनावश्यक प्रशंसाओं के योग्य नहीं है, जो उसके प्रशंसक उसकी किया करते हैं। वेदान्त यह कहकर उसकी व्याख्या करता है कि प्रत्येक व्यक्ति में, अर्थात् प्रत्येक मनुष्य में वास्तविक स्वरूप अर्थात् सत्य आत्मा है, जो वस्तुतः श्रेष्ठों में सर्वश्रेष्ठ और उच्चों में सर्वोच्च है। सचमुच तुम में कोई ऐसी वस्तु है, जो सबसे उच्च है और जो अपने अस्तित्त्व का बोध कराती है। खुशामदी व्यक्ति जब हमारी प्रशंसा और स्तुतियाँ करने लगता है, तब हम फूल उठते हैं और गद्‌गद् हो जाते हैं। क्यों? इसका कारण यह नहीं है कि ये कथन सच्चे हैं। परन्तु वेदान्त का कथन है कि इनके वास्तविक कारण हमारी सच्ची अन्तरात्मा में है। सभी घटनाओं के पीछे कोई वस्तु, कोई प्रबल शक्ति अथवा कोई ऐसी ठोस वस्तु, अक्षय, सर्वश्रेष्ठ और सर्वोच्च है, जैसी आपकी वास्तविक अन्तरात्मा है और वह सब तरह की खुशामद एवं प्रशंसाओं के योग्य है। और कोई खुशामद, कोई भी स्तुति अथवा कोई भी उत्कर्ष ऐसा नहीं है, जो वास्तविक आत्मा के अनुरूप न हो सके। किन्तु इससे कोई यह परिणाम न निकाले कि राम खुशामद को नीतिसंगत बतला रहा है। नहीं, वास्तविक आत्मा की खुशामद, प्रशंसा और गौरवगान होना ही चाहिये, न कि शरीर का। परिच्छिन्न आत्मा को इसका अधिकारी न समझना चाहिये।

"जो पदार्थ सीजर (राजा) के हैं, वे सीजर को दे दो और जो ईश्वर की वस्तुयें हैं, उन्हें ईश्वर को दो।"

—बाइबिल

खुशामद में पाप इसलिए है कि सीजर की चीजें ईश्वर को और ईश्वर के पदार्थ सीजर को देने की भूल की जाती है। हमारी खुशामद के दास होने की पापात्मकता इसी उलट-पुलट दशा के कारण है। इसी में पापीपना है। नहीं, गाड़ी घोड़े के आगे रखी जाती है। यदि आप अपने स्वरूप का अनुभव कर सर्वश्रेष्ठता और सर्वोच्चता से अपनी एकता का बोध करें और उसे अपनी आत्मा समझें, शरीर से एवं चित्त से ऊपर उठें, तो वास्तव में आप श्रेष्ठों में सर्वश्रेष्ठ हैं, उच्चों में सर्वोच्च हैं, आप ही अपने आदर्श हैं। नहीं, नहीं, अपने ईश्वर आप ही हैं। इसका अनुभव कीजिये और आप स्वतंत्र हैं। किन्तु आत्मा, अर्थात् अपने वास्तविक स्वरूप का गौरव शरीर को देने में और शरीर के लिये उत्कर्ष तथा खुशामद चाहने में भूल की जाती है। यह क्या बात है कि इस संसार में प्रत्येक

मनुष्य और प्रत्येक पशु भी दर्प एवं खुशामद से दूषित है? बात यह है कि अहंकार और अभिमान सर्वव्यापी है।

एक सज्जन ने आकर राम से कहा, 'देखिये, देखिये हमारा धर्म सर्वश्रेष्ठ है, क्योंकि उसके उपासकों की, उसे मानने वाले लोगों की संख्या सबसे बड़ी है। मानव-जाति का अधिकांश भाग हमारे धर्म का है, इसलिये अवश्य ही यह सब धर्मों से अच्छा है।' राम ने कहा, 'भइया, समझ-बूझ कर बात कहो। तुम शैतान में विश्वास करते हो।' उसने पूछा, 'क्यों?' राम ने उत्तर दिया, 'तो कृपया बतलाइये शैतान के धर्म के अनुयायी अधिक हैं या आपके धर्म के? यदि बहु-संख्या पर ही सत्य का निर्णय होना है, तो शैतान को सब पर श्रेष्ठता प्राप्त है।'

**२. अहंकार**—हम कहते हैं कि अभिमान या अहंकार ने—आप इसे शैतान का एक पहलू कह सकते हैं—इस संसार के प्रत्येक प्राणी पर दृढ़ अधिकार जमा लिया है। यह बात क्या है? साथ ही हम यह भी जानते हैं कि शरीर किसी प्रकार के गर्व के योग्य नहीं है। शरीर को अभिमान करने का अथवा श्रेष्ठता का भाव दिखाने का कोई अधिकार नहीं है। प्रत्येक व्यक्ति यह जानता है कि शरीर किसी के अहंकार या अभिमान की पात्रता या योग्यता नहीं रखता परन्तु प्रत्येक में यह विद्यमान है। ऐसा क्यों? यह सार्वभौमिक तथ्य कहाँ से आया? यह सार्वभौम विरोधाभास अर्थात् सार्वभौम विरोध कहाँ से प्रकट हुआ? यह अवश्य तुम्हारे भीतर से आया होगा। कारण ढूँढ़ने दूर नहीं जाना है। तुम्हारे भीतर श्रेष्ठों में जो श्रेष्ठ हैं, वह आपकी सच्ची अन्तरात्मा—वास्तविक आत्मा है। तुम्हें उसे जानना और अनुभव करना पड़ेगा। और जब तुम अपने सच्चे स्वरूप अर्थात् वास्तविक आत्मा को जान लोगे और अनुभव कर लोगे, तब इस तुच्छ शरीर के लिये प्रशंसा पाने को तुम कभी न झुकोगे। तब फिर इस क्षुद्र शरीर के लिये अहंकार या गर्व प्राप्त करने को तुम कभी न झुकोगे। यदि तुम अपनी सच्ची आत्मा का अनुभव कर लो, यदि तुम स्वयं अपने हृदय का उद्धार कर लो; तो तुम्हीं अपने उद्धारक हो जाते हो। यदि तुम अपने अन्तर्गत ईश्वर का अनुभव कर लो, तो इस तुच्छ शरीर के लिये प्रशंसायें सुनना, अपने शरीर की स्तुतियाँ सुनना तुम्हें अपने आपको तुच्छ और नीचे गिराने वाला कार्य प्रतीत होगा। तब तुम शारीरिक अभिमान अथवा स्वार्थमूलक अहंकार से ऊपर उठ जाओगे। शारीरिक अभिमान या स्वार्थमूलक अहंकार से ऊपर उठने का यही उपाय है।

भीतर की सच्ची आत्मा, सच्चा स्वरूप, श्रेष्ठों में श्रेष्ठ, उच्चों में उच्च, देवों में परम देवता होता हुआ अपने स्वभाव को कैसे त्याग सकता है? यह आत्मा अपने को पतित कैसे बना सकती है? अपने को दीन, भाग्यहीन, कीड़ा-मकोड़ा, तुच्छ कैसे मान सकती है? इतनी गहरी अज्ञानता में वह अपने को कैसे गिरा सकती है? आत्मा अपनी सहज प्रकृति नहीं त्याग सकती। अहंकार या अभिमान के सार्वभौमिक होने का यही कारण है। किन्तु इस व्याख्या से अहंकार या अभिमान नीति-संगत नहीं सिद्ध होता। शरीर के निमित्त अभिमान अथवा अहंकार करना अशोभनीय है।

हम जानते हैं कि पृथ्वी चलती है और पृथ्वी की अपेक्षा सूर्य स्थिर है। सब जानते हैं कि सूर्य नहीं चलता और पृथ्वी चक्कर लगाती है। किन्तु हम एक भूल करते हैं अर्थात् भ्रम में पड़ जाते हैं। पृथ्वी की गति हम सूर्य को प्रदान करते हैं और सूर्य की स्थिरता

और अचलता पृथ्वी को। इसी तरह की भूल वे लोग करते हैं, जो अभिमान के भूखे हैं, जो अहंकार के अधीन हैं। यहाँ भी उसी तरह की भूल होती है। यहाँ आत्मा अर्थात् वास्तविक सूर्य प्रकाशों का प्रकाश है, जो अचल है, जो वास्तव में सम्पूर्ण गौरव का मूल है और वहाँ शरीर पृथ्वी के समान है, जो प्रत्येक क्षण परिवर्तनशील है। शरीर किसी तरह की प्रशंसा का पात्र नहीं है, न ही वह किसी प्रकार के गौरव के योग्य है। किन्तु आत्मा का गौरव शरीर को प्रदान करने में और शरीर की निरर्थकता और निस्सारता आत्मा को अर्थात् वास्तविक स्वरूप को प्रदान करने में हम भूल करते हैं। यह भूल अर्थात् अविद्या का यह रूप इस शरीर के लिये उत्कर्ष चाहने का कारण है। अच्छा, यदि यह अज्ञान शैतान कहा जा सके, यदि शैतान का अनुवाद अज्ञान किया जा सके, तो हम कह सकते हैं कि इस रीति से शैतान आकर चीजों को अस्त-व्यस्त कर देता है, आत्मा का गौरव शरीर को और शरीर की असारता आत्मा को प्रदान कर देता है। इस अविद्या को दूर करो और तुम अभिमान अथवा अहंकार को नष्ट कर दोगे।

**३. लोभ**—यह क्या बात है कि लोभ, उत्कर्ष या लालच सार्वभौम है? पशुओं में लोलुपता है, मनुष्यों में है, नारियों में है और प्रत्येक में है। यह क्या बात है कि लोलुपता, लालच अथवा उत्कर्ष सार्वभौम है? प्रत्येक व्यक्ति चाहता है कि उसे सभी भाँति की वस्तुयें प्राप्त हो जायँ। प्रत्येक व्यक्ति अपने शरीर के इर्द-गिर्द पदार्थों का संग्रह करना चाहता है, पर लोलुपता की तृप्ति कभी नहीं होती। जितना ही अधिक तुम प्राप्त करते हो, उतनी अधिक लोभ की लौ भड़कती है, उतनी ही अधिक वह लौ पुष्टि पाती है। तुम सम्राट् बन जाते हो, फिर भी लोभ विद्यमान रहता है, वह सम्राट् तुल्य महान् है। तुम गरीब आदमी हो और तुम्हारा लोभ भी गरीब है। यह सार्वभौमिक क्यों है? गिरजों में; देवालयों में और मस्जिदों में सर्वत्र उपदेशक बड़े-बड़े उपदेश देते हैं और कहते हैं, 'भाइयों लोभ छोड़ो, लोभ छोड़ो; लोभ छोड़ो।' लोभ का गला घोंटने में वे अपनी पूरी शक्ति लगा देते हैं, वे उसे हटाना और निर्मूल कर देना चाहते हैं। परन्तु उनके सम्पूर्ण निवारण-मूलक उपदेश व्यर्थ जाते हैं और वह बना ही रहता है। यह क्यों? वह रोका नहीं जा सकता, उसका गला नहीं घोटा जा सकता, वह मौजूद रहता है। इस समस्या को सुलझाओ। लोभ के रोग को विनष्ट करने की इच्छा के पूर्व, हमें उसका कारण जान लेना चाहिये। 'शैतान तुम्हारे हृदय में लोभ को रखता है'—यह कथन अवैज्ञानिक एवं अतात्विक है। यह कथन तर्कशास्त्र के सब नियमों के विरुद्ध है। इससे काम नहीं चलेगा। यदि तुम तथ्य की कोई वैज्ञानिक व्याख्या नहीं कर सकते, तो यह पौराणिक व्याख्या क्यों? यह सार्वभौम क्यों है? वेदान्त यह कहकर समझाता है कि मनुष्य में सत्यता अर्थात् सत्य स्वरूप आत्मा है, जो अपने आपका स्वयं प्रतिपादन करता है। वह कुचला नहीं जा सकता। कहा जाता है कि कोई भी शक्ति नष्ट नहीं की जा सकती, कोई भी बल नष्ट-भ्रष्ट नहीं किया जा सकता। शक्ति के उत्कर्ष, पदार्थ की अनश्वरता और शक्ति के दृढ़ आग्रह के नियम को हम सुनते हैं। ये सब बातें हमें सुनने को मिलती हैं और यहाँ वेदान्त कहता है—'ये उपदेशकों, ये पुजारियों, ये ईसाइयों, हिन्दुओं और मुसलमानों। तुम इस शक्ति को, इस बल को, जो लोभ के रूप में प्रकट होता है, कुचल नहीं सकते।' तुम इसका दमन नहीं कर सकते। अनादि काल से सब प्रकार के धर्म, लोभ, कृपणता और लालच के विरुद्ध उपदेश देते चले आ रहे हैं, किन्तु तुम्हारे वेद,

बाइबिल और कुरान संसार को कुछ भी नहीं सुधार सके। लोभ विद्यमान रहता है। शक्ति नष्ट नहीं की जा सकती। परन्तु तुम उसका सदुपयोग कर सकते हो।''''''यद्यपि वास्तव में तुम विशुद्धों में विशुद्ध अर्थात् विशुद्ध परमात्मा हो, तथापि भूल से आत्मा का गौरव शरीर पर और शरीर की तुच्छता आत्मा पर आरोपित करने के अज्ञान के कारण अर्थात् इस भूल के कारण तुम लोभ के शिकार बन जाते हो। इस भूल को निर्मूल कर दो और बस तुम अमर परमात्मा हो। अपने में निहित सच्चे स्वरूप का उद्धार करो; सच्चे स्वरूप में दृढ़ता से जमो और अपने को देवों का परम देव, अखिल विश्व का स्वामी तथा प्रभुओं का प्रभु अनुभव करो। फिर इन बाहरी वस्तुओं को ढूँढ़ कर इस शरीर के इर्द-गिर्द जमा करना तुम्हारे लिये असम्भव हो जायेगा।

**४. मोह**—अब हम मोह या शोक के विषय पर आते हैं। मोह का कारण क्या है? इसका अर्थ यह है कि इससे ग्रसित मनुष्य अपने आसपास की वस्तुओं में परिवर्तन नहीं चाहता। किसी अपने प्रिय की मृत्यु से मनुष्य चिन्ता और शोक से परिपूर्ण हो जाता है। उसके शोक और चिन्ता से क्या लक्षित होता है? उससे क्या सिद्ध होता है? जब हम बुद्धि से जानते हैं कि इस संसार में प्रत्येक वस्तु परिवर्तनशील है, बहाव की दशा में है, तो क्यों हम ज्यों की त्यों दशा बनी रहने की आशा कर सकते हैं? और फिर भी हम इच्छा यही करते हैं कि कोई परिवर्तन न हो। यह क्यों? वेदान्त कहता है—'ये मनुष्य, तुममें कोई ऐसी वस्तु है, जो वास्तव में निर्विकार है, जो कल और आज सदा एक सी है। परन्तु भूल (अज्ञान) से सच्चे स्वरूप अथवा आत्मा की नित्यता शरीर की अवस्थाओं को प्रदान की जाती है।' यही इसका कारण है। अज्ञान को दूर करो और सांसारिक अनुरागों से तुम ऊपर उठ जाओगे।

**५. आलस्य**—आलस्य या प्रमाद का कारण क्या है? वेदान्त के अनुसार प्रमाद या आलस्य की सर्वव्यापकता या सार्वभौमिकता का कारण यह है कि प्रत्येक और समस्त प्राणियों के अन्तर्गत सच्ची आत्मा पूर्ण विश्रब्ध तथा शान्त है। अनन्त होने के कारण सच्ची आत्मा चल नहीं सकती; क्योंकि अनन्त चलायमान नहीं होता। केवल परिच्छिन्न अथवा सान्त में ही गति हो सकती है। यहाँ एक वृत्त है और वहाँ दूसरा वृत्त है। जहाँ यह है, वहाँ वह नहीं है और जहाँ वह है, वहाँ यह नहीं है। यदि ये एक-दूसरे के अस्तित्व को सीमाबद्ध करते हैं, तो दोनों सान्त अथवा परिच्छिन्न हैं। यदि हम एक वृत्त को अनन्त बनाना चाहते हैं, तो वह समग्र स्थान को घेर लेगा। छोटे वृत्त के लिये स्थान न रह जायेगा। जब तक वह छोटा वृत्त उस बड़े वृत्त को परिमित किये हुये था, तब तक आप उसे अनन्त नहीं कह सकते थे। पहले को असीम बनाने के लिये एक अकेला होना पड़ेगा, उससे बाहर कुछ न होना चाहिये। और जब उससे बाहर कोई भी दूसरी वस्तु नहीं है, तो फिर ऐसी कोई वस्तु नहीं रह गयी, जो अनन्तता से परिपूर्ण नहीं है। इस तरह स्थान के अभाव के कारण अनंतता चल नहीं सकती। अनन्त में कोई परिवर्तन नहीं हो सकता। अन्तरात्मा अर्थात् सच्चा स्वरूप अनन्त है। वह सम्पूर्णतः शान्त या सम्पूर्ण विश्रब्ध है। उसमें कोई गति नहीं है। ऐसी स्थिति में होते हुये अनन्त स्वरूप अर्थात् अनन्त स्वरूप आत्मा की शान्ति शरीर पर आरोपित की जाती है, जिससे उसमें आलस्य और प्रमाद पाया जाता है। आलस्य और प्रमाद के विश्वव्यापी होने का यही कारण है।

**६. प्रतिद्वन्द्विता**—यह क्या बात है कि इस संसार में कोई भी अपना रकीब (प्रतियोगी अथवा प्रतिद्वन्द्वी) नहीं चाहता? प्रत्येक सर्वश्रेष्ठ शासक बनना चाहता है। हर एक मनुष्य यही भान करना चाहता है कि उसके समान विश्व में कोई अन्य व्यक्ति नहीं है। इसकी विश्वव्यापकता का कारण क्या है? इस तथ्य अर्थात् इस कठिन एवं उग्र सच्चाई को समझाइये, इसे अवश्य समझाइये। वेदान्त कहता है कि इसका मूल कारण यह है कि मनुष्य में सत्य आत्मा है, जो 'एकमेवाद्वितीयम्' है, जो प्रतियोगी अथवा प्रतिद्वन्द्वी-रहित है, बेजोड़ है। भूल अथवा अज्ञानवश आत्मा का गौरव और एकत्त्व शरीर पर आरोपित किया जाता है।

**७. कामुकता**—कामुकता इसके अतिरिक्त और कुछ नहीं है कि इन्द्रियों के द्वारा सुन्दरता का उपभोग किया जाय। यह भी सार्वभौम है और इसे भी दूसरे ही पापों के समान समझना चाहिये। हम पूर्ण सौन्दर्य हैं। आज भी हमारी अपरिवर्तनीय आत्मा पूर्ण सुन्दर है और वह सदैव वैसी ही रहेगी। और तब हमें इसका निश्चित ज्ञान हो जायेगा कि जो वस्तु हम अपने शरीर के लिये प्राप्त करने का प्रयत्न कर रहे हैं, वह या तो परमात्मा से संबंधित है या वह स्वयं परमात्मा है।

**८. क्रोध**—क्या कारण है कि क्रोध या विद्रोह सार्वभौम है? हम किसी प्रकार सीमित होने पर इसलिए सन्तोष नहीं करते कि हमारे अन्तर्गत परमात्मा का ज्ञान उपस्थित है, जो आज भी स्वतन्त्र है और सदैव स्वतन्त्र रहेगा। हम छोटे बच्चों में विद्रोह की भावना देखते हैं और उसे छूट मिलनी ही चाहिये। हम यही विद्रोह प्राणियों में पाते हैं और उसे होना भी चाहिये। यही कारण है कि स्वतंत्रता के लिये राष्ट्रों और देशों में रक्तपात होता है। इसका कारण यही है कि आत्मा का ज्ञान नहीं होता है। परमात्मा स्वतंत्र है, इसके अतिरिक्त वह हो ही क्या सकता है? उसका कभी न जन्म होता है, न मरण। सदैव ज्यों का त्यों—एकरस—बना रहता है। इसे अवश्य स्वतंत्र होना चाहिये। यदि इसमें सत्य होता कि तुम सीमित हो, तो फिर तुम कभी स्वतंत्र न होते! क्योंकि जितना ही इस सत्य का ज्ञान बढ़ता है तुम और सीमित होते जाते हो। परन्तु सत्य यह है कि हम आन्तरिक स्वतंत्रता रखते हैं और इसी सत्य का अनुभव हमारे सामने इस स्वतंत्रता का चित्र वास्तविक रूप में प्रस्तुत करता है।

इस प्रकार स्वामी राम ने प्रत्येक पाप के मूल कारण और उसके निदान की वेदान्तिक व्याख्या की है। उन्होंने अपनी मीमांसा में यह भलीभाँति सिद्ध कर दिया है कि मनुष्य के प्रत्येक पाप में उसका ईश्वरत्व विद्यमान रहता है। उसकी अनुभूति से समस्त संसार स्वर्ग रूप में परिवर्तित हो जाता है। संसार की प्रत्येक वस्तु ब्रह्ममय प्रतीत होने लगती है। ऐसी स्थिति में दृष्टि और सृष्टि दोनों ब्रह्ममयी हो जाती है।

वे आत्मानुभूति को ही समस्त दुःखों, पापों-तापों का अचूक निदान मानते हैं। उनका कथन है—

"अपने अन्तर्गत सच्ची आत्मा की अनुभूति करो। ईसा मसीह की भाँति अनुभव करो कि 'पिता और पुत्र एक हैं।' 'प्रारम्भ में शब्द था; शब्द ईश्वर के साथ था।'—इसे अनुभव करो, ठीक-ठीक अनुभव करो। 'स्वर्गों का स्वर्ग तुम्हारे भीतर है'—यह अनुभूति प्राप्त करो। फिर जहाँ कहीं तुम जाओगे, गँदले से गँदला जल तुम्हारे लिये चमचमाते मद्य

में खिल उठेगा। प्रत्येक कारागार तुम्हारे लिये स्वर्गों के स्वर्ग में बदल जायेगा। तुम्हारे लिये कोई भी कष्ट या कठिनाई न होगी, तुम सबके स्वामी हो जाओगे।''

स्वामी राम ने धर्म और दर्शन की प्रत्येक वस्तु का आत्म-दृष्टि से ही मूल्यांकन किया है। उनकी दृष्टि में मनुष्य, सृष्टिक्रम, माया, पाप-ताप सब कुछ आत्ममय है। आत्मा ही अनेक नामों, रूपों, वर्णों में विकसित हो रही है। उसकी प्रत्यक्षानुभूति परम मुक्ति, आत्मतृप्ति का कारण है। 'आत्मानुभूति' मनुष्यमात्र का जन्मसिद्ध अधिकार है।

❑❑❑

# पंचदश अध्याय

## स्वामी राम की आध्यात्मिक साधना-प्रणाली

इस पुस्तक के प्रायः सभी अध्यायों में स्वामी राम की आध्यात्मिक साधना-प्रणाली से सम्बन्धित अनेक बातें मिलेंगी। इस अध्याय में प्रयास यह होगा कि उनकी आध्यात्मिक साधना का शृंखला-बद्ध अध्ययन और मूल्याङ्कन किया जाय। स्वामी राम ने अपने जीवन के तैंतीस वर्ष हिन्दू धर्म के आदर्शानुसार चारों आश्रमों में व्यतीत किये---ब्रह्मचर्य, गृहस्थ, वानप्रस्थ और संन्यास। वे इतनी अल्पायु में ही छलाँग-मार-मार कर एक आश्रम से दूसरे आश्रम को लाँघते गये और अन्त में अन्तिम आश्रम---संन्यास में पूर्ण रूप से प्रतिष्ठित होकर उन्होंने अपनी देहलीला समाप्त की। स्वामी जी के जीवन में आध्यात्मिक साधना का प्रायः प्रत्येक पहलू अत्यन्त प्रखर रूप में दिखलायी पड़ता है। यदि हम उनके साधन के संबंध में यह कहें तो कोई अतिशयोक्ति नहीं होगी---"स्वामी रामतीर्थ के जीवन में भारतीय साधना-प्रणाली के कर्मयोग, राजयोग, भक्तियोग, ज्ञानयोग अत्यन्त प्रखर रूप में देदीप्यमान हुये हैं। उनकी साधना-प्रणाली सर्वतोमुखी थी। आध्यात्मिक साधक उनकी साधना के किसी भी पक्ष का अनुसरण कर कृतकृत्य हो सकता है।"

स्वामी राम की साधना-प्रणाली प्राचीनता से युक्त होते हुये भी, नवीन दृष्टिकोणों से परिपूर्ण थी। वे संन्यास-धर्म के कट्टर अनुयायी होते हुये भी, आधुनिक युग के सुधारों के प्रति अत्यन्त जागरूक थे। अब हम संक्षेप में उनकी साधन-परम्परा का पृथक्-पृथक् विवेचन करेंगे---

### कर्मयोग

श्रीमद्भगवद्गीता में कर्म की उत्पत्ति इस प्रकार मानी गयी है---

कर्म ब्रह्मोद्भवं विद्धि ब्रह्माक्षर समुद्भवम्।
तस्मात् सर्वगतं ब्रह्म नित्यं यज्ञे प्रतिष्ठितं॥

अध्याय ३, श्लोक १५

अर्थात्, "उस कर्म को तू वेद से उत्पन्न हुआ जान और वेद अविनाशी परमात्मा से उत्पन्न हुआ है। इससे सर्वव्यापी परम अक्षर परमात्मा सदा ही यज्ञ में प्रतिष्ठित है।"

इसी प्रसंग में कर्म करने की अनिवार्यता पर भगवान् श्रीकृष्ण ने अपने विचार इस प्रकार अभिव्यक्त किये हैं---

एवं प्रवर्तितं चक्रं नानुवर्तयतीत यः।
अघायुरिन्द्रियारामो मोघं प्रार्थ स जीवति॥

---श्रीमद्भगवद्गीता, अध्याय ३, श्लोक १६

अर्थात् "हे पार्थ! जो पुरुष इस लोक में इस प्रकार चलाये हुये सृष्टि चक्र के अनुसार नहीं बरतता है अर्थात् शास्त्रानुसार कर्मों को नहीं करता है, वह इन्द्रियों के सुख को भोगने वाला पापायु पुरुष व्यर्थ ही जीता है।"

बिना कर्म किये शरीर-यात्रा भी नहीं चल सकती। इसीलिये लोक-संग्रह के निमित्त वशिष्ठ, व्यास, जनक, श्रीरामचन्द्र, श्रीकृष्ण आदि ने कर्म का विधिवत् सम्पादन किया है।

कहना न होगा कि स्वामी राम का जीवन अत्यन्त कर्मठ था। उन्होंने अपने जीवन के चारों आश्रमों में कर्म का विधिवत् सम्पादन किया। उनके सामने जिस आश्रम के जो-जो कर्म उपस्थित हुये, उन्होंने उन कर्मों को अत्यन्त कुशलतापूर्वक पूरा किया। विद्यार्थी-जीवन में उन्होंने अपने स्वास्थ्य की बाजी लगाकर अठारह-अठारह घंटे तक अध्ययन किया। प्राध्यापक की हैसियत से उन्होंने अपने प्रत्येक 'छात्र की प्रत्येक शंका का अत्यन्त क्षमतापूर्वक समाधान किया। विभिन्न संस्थाओं में उत्तरदायित्वपूर्ण पदों पर प्रतिष्ठित किये जाने पर उन्होंने उस उत्तरदायित्व का अत्यन्त कुशलतापूर्वक निर्वाह किया। सनातन धर्म-सभा के सहायक मंत्री के पद की हैसियत से द्वारकापीठ के शंकराचार्य एवं स्वामी विवेकानन्द के आतिथ्य सत्कार का सारा भार उन्होंने कुशलता से निबाहा। इसके अतिरिक्त वे अपने प्राध्यापन-काल में जहाँ-तहाँ धर्म-प्रचार के हेतु व्याख्यान देने जाया करते थे; इस गम्भीर कार्य की उनकी जन्म-जात प्रवृत्ति थी। उन्होंने सारे व्याख्यानों की विधिवत् पूर्व तैयारी की थी। उनके व्याख्यानों से श्रोतागण मंत्रमुग्ध हो जाते थे। यह उनके कर्मयोग का अपूर्व उदाहरण है। संन्यास ग्रहण करने पर भी उनकी कर्मनिष्ठा पूर्ववत् बनी रही। उन्होंने संसार के कल्याण के निमित्त जापान, अमेरिका और मिस्र का परिभ्रमण किया तथा अपने व्याख्यानों से वहाँ की जनता का ध्यान आकर्षित कर लिया। इससे भारत का प्रसुप्त गौरव जाग पड़ा। भारत की आध्यात्मिक साधना के प्रति अमेरिकावासियों की निष्ठा जाग्रत हुई। देश का सम्मान बहुत ऊँचा हुआ। उन्होंने अमेरिकावासियों से भारत की ओर से जो अपील की थी, उसमें भारत की सामाजिक, राजनीतिक एवं आर्थिक स्थिति का जीता-जागता चित्रण किया था। इसका परिणाम यह हुआ कि भारत वापस लौटने पर वे उन्हें ब्रिटिश सरकार की क्रूर दृष्टि का शिकार होना पड़ा। उनकी गतिविधि पर ब्रिटिश सरकार के गुप्तचर-विभाग की पैनी दृष्टि रहती थी। अमेरिका से लौटने पर उन्होंने भारतवासियों को कर्मनिष्ठा की ओर आकृष्ट किया। भारत के नवयुवकों का आह्वान किया और देश की वर्तमान अवस्था को सुधारने के लिये उन्हें अनुप्रेरित एवं प्रोत्साहित किया। स्वामी जी अपने इन कार्यों के निमित्त ब्रिटिश सरकार की आँखों में किरकिरी बन गये। पर उनके मन में अपने इन कार्यों के प्रति किसी प्रकार की आशंका अथवा भय नहीं उत्पन्न हुआ। वे अपने सिद्धान्तों पर हिमालय की भाँति अडिग बने रहे।

गृहस्थ-जीवन में वे अपने कर्त्तव्यों का विधिवत् पालन करते थे। अपनी आय में से जो कुछ भी सम्भव था अपने गुरु, पिता, विमाता एवं स्त्री-बच्चों के भरण-पोषण पर खर्च करते थे। इसके अतिरिक्त आये दिन वे निर्धन छात्रों की भी सहायता किया करते थे। कभी-कभी अपनी इस उदार वृत्ति से उन्होंने धोखा भी खाया, किन्तु इसके लिए न उन्हें कभी पश्चात्ताप हुआ और न ग्लानि ही हुई।

वानप्रस्थ-आश्रम में वे बहुत ही अल्प समय तक रहे। पर उस आश्रम के कठोर कर्मों का भी उन्होंने विधिवत् सम्पादन किया। हिन्दू धर्म के शास्त्रानुसार वानप्रस्थियों का नियम संन्यासियों के नियम से भी कठोर होता है। स्वामी जी ने उन नियमों का दृढ़तापूर्वक पालन करके वानप्रस्थियों के सम्मुख नवीन आदर्श रखा। उन्होंने अपनी सहधर्मिणी को भी अपने आचारों-विचारों में रंग दिया। उन्हें परम तपस्विनी के रूप में परिणत कर दिया। यह उनके असाधारण कर्मयोग का अप्रतिम चमत्कार था!

संन्यास-जीवन के अन्तिम वर्षों में भी कर्मनिष्ठा के प्रति उनका अपूर्व आग्रह ज्यों का त्यों बना रहा। स्वयं आत्मतृप्त, आत्माराम होते हुये भी जगत् के कल्याण के निमित्त उन्होंने चारों वेदों का नियमपूर्वक अध्ययन किया। यद्यपि इस दुरुह कार्य के लिये उनके कुछ अनन्य प्रेमियों ने उन्हें मना भी किया, पर वेदों के अध्ययन की निष्ठा में उन्होंने रंचमात्र भी शिथिलता अथवा कमी नहीं आने दी। उनका यह कार्य भी उनके कर्मयोग का अपूर्व दृष्टान्त है। वास्तव में स्वामी राम ऐसे ब्रह्मनिष्ठ, अद्वैत परायण और आनन्दी पुरुष को इस प्रकार के अध्ययन की कोई भी आवश्यकता नहीं थी। पर लोक-संग्रह की भावना से उन्होंने यह महत्त्वपूर्ण कार्य किया। यदि स्वामी जी ने कुछ वर्षों तक और शरीर धारण किया होता तो वेदों के सम्बन्ध में उनका भाष्य अत्यन्त महत्त्वपूर्ण होता, इसमें तनिक भी सन्देह नहीं है।

स्वामी राम ने जापान के टोकियो नगर में "सफलता का रहस्य" नामक विषय पर जो व्याख्यान दिया, उसकी गणना संसार के उत्तमोत्तम व्याख्यानों में की जा सकती है। उसमें स्वानुभूति का इतने मौलिक और आकर्षक ढंग से प्रतिपादन किया गया है, कि पाठकों का मन बलात् मोहित हो जाता है। उस व्याख्यान का उल्लेख "स्वामी राम जापान में" शीर्षक अध्याय में किया गया है। स्वामी राम के कर्मयोग की सच्ची अनुभूतिमयी झाँकी उस महत्त्वपूर्ण व्याख्यान में दृष्टिगोचर होती है। काम, आत्मत्याग, आत्मविस्मृति, सार्वभौमिक प्रेम, प्रसन्नता, निर्भीकता एवं आत्मनिर्भरता के संयोग से छोटा से छोटा कार्य भी अत्यन्त आकर्षक हो जाता है। ऐसे विशुद्ध कर्मयोग की ओर सभी की दृष्टि स्वतः आकर्षित हो जाती है। इस प्रकार के कर्मों में संसार को दहला देने और चकाचौंध कर देने की अपूर्व शक्ति आ जाती है। ऐसे कर्म भगवद्-उपासना के जीवन्त स्वरूप होते हैं। कहना न होगा कि स्वामी राम के छोटे से कर्म भी ऐसी ही भावनाओं से ओतप्रोत होते थे। यही कारण है कि उनके कर्मों के प्रति हमारा असीम अनुराग हो जाता है। उन्हें हम ममत्त्व और प्यार की भावना से देखते हैं। उनसे हम अपना व्यक्तिगत सम्बन्ध जोड़ लेते हैं। महान् पुरुषों के कर्मयोग में यही विशेषता होती है कि उनकी कर्म-साधना को सभी सात्विक लोग अपनी व्यक्तिगत साधना समझने लगते हैं।

स्वामी राम के अनेक व्याख्यानों में उनकी कर्मनिष्ठा की अप्रतिम अनुभूति दृष्टिगोचर होती है। यदि स्वामी राम ने कर्मयोग की अनुपम साधना न की होती तो उनके व्याख्यानों में इतनी कर्मनिष्ठा न दिखलायी पड़ती। सच्ची बात तो यह है कि स्वामी राम की कथनी, करनी और रहनी में अपूर्व सामंजस्य था। वे जो कुछ उत्तम समझते थे, उसी का चिन्तन करते थे, उसी को अपने जीवन में व्यवहृत करते और लोगों को उद्‌बोधित करने के लिये वही बात अपने जबान पर लाते थे। उनके अनेक व्याख्यानों—उदाहरणार्थ 'यज्ञ का

भावार्थ', 'घर को आनन्दमय कैसे बना सकते हैं?' एवं 'गृहस्थाश्रम और आत्मानुभव'—आदि में—उनके कर्मयोग का वास्तविक रूप भलीभाँति समझा जा सकता है। कतिपय उदाहरणों से यह बात भलीभाँति सिद्ध की जायेगी। स्वामी राम ने "यज्ञ के भावार्थ" नामक व्याख्यान में राष्ट्रीय कर्म-साधना की कुण्डलिनी जाग्रत करने का प्रयास किया है। उन्होंने इस व्याख्यान में जो संकेत किये हैं, उनसे राष्ट्रीय कर्म-साधना में अपूर्व एकता स्थापित हो सकती है। इस सम्बन्ध में उनके सुझाव इस प्रकार हैं—

"राष्ट्रीय उत्सवों में ऐसा सुधार करना चाहिये, जिससे सभी श्रेणी के लोगों को एक साथ एकत्र होने का अवसर मिले, जिससे वे आध्यात्मिक अथवा मानसिक समानशीलता के अनुसार अपने सहधर्मी ढूँढ़कर उनसे एकता प्राप्त कर सकें और इस रीति से प्राकृतिक नियमों के अनुसार अपने पारस्परिक संबंधों की दूरी स्थापित कर सकें। राष्ट्रीय हेमन्तोत्सव दक्षिण भारत के सुखदायक प्रदेशों में, राष्ट्रीय ग्रीष्मोत्सव उत्तरी पर्वतों के प्राकृतिक दृश्यों में, वसन्तोत्सव बंग देश में और शरद् ऋतु का सम्मेलन पश्चिमी भारत में होना चाहिये। ये उत्सव किसी नाम, विशेष और सम्प्रदाय विशेष की सीमा के ऊपर सर्वथा राष्ट्रीय होने चाहिये, जो सभी श्रेणियों के प्रतिनिधियों द्वारा संचालित हों। वहाँ पर कला-कौशल की प्रदर्शनी, हर प्रकार की दूकानें, पदार्थ-संग्रहालय, पुस्तकालय, प्रयोगशालायें, क्रीड़ा-भवन, व्याख्यानों के लिये मैदान, सामाजिक सभायें, परिषदें, कांग्रेस और अन्त में किन्तु महत्त्वपूर्ण राष्ट्रीय नाट्यशालायें हों, जिनमें भिन्न-भिन्न प्रान्तों के अनेकानेक धर्म और पंथ के लोग एकत्र हों। इस प्रकार जीवन के गम्भीर और विनोदपूर्ण दोनों अंगों की पूर्ति की सामग्री जुटायी जाय।"

"राष्ट्रीय एकता की वृद्धि में एक दूसरा साधन है राष्ट्रीय साहित्य का उत्पादन, उसकी उन्नति और उसकी परिष्कृति और वह कार्य देश की वर्तमान जीवित देशी भाषाओं में एकता उत्पन्न करके ही हो सकता है।"

"इसी उद्देश्य से भिन्न-भिन्न स्थानों पर 'ॐ मन्दिर' भी स्थापित किये जा सकते हैं। वहाँ सभी धर्मों एवं सम्प्रदायों के लोग स्वतंत्रता से आ-जा सकें, पढ़े, ध्यान करें, शान्ति से प्रार्थना करें और एक-दूसरे को सहानुभूति, दया और प्रेम की दृष्टि से देखें; परन्तु आपस में बातचीत के बिना ही।"

"वहाँ देश के युवक इकट्ठे होकर खुले मैदान में व्यायाम करें और राम की रीति से प्रत्येक शारीरिक गति को एक आध्यात्मिक भावनासूचक चिह्न में बदल दें, जिससे वह क्रिया ईश्वर-निमित्त और ईश्वर को स्वीकार्य यज्ञ में आहुति रूप हो जाय।"

"स्नान करते समय हमें उपयोगी और हृदय को पवित्र करने वाले गीत गाना चाहिये। पर वे ऐसी भाषा में न हों, जिसे हम समझ ही न सकें।"

"ऋतु के अनुसार तरुण-मंडली नदियों के किनारे, हरी घास पर अथवा वृक्षों की छाया में, आकाश-मण्डल के नीचे एक साथ बैठकर भोजन करें। और प्रत्येक ग्रास भीतर और बाहर से अर्थात् मन और वचन से 'ॐ ॐ' का उच्चारण करती रहे। राष्ट्रीय गीत ज्वालामय शब्दों एवं सजीव विचारों से भरे हुये सामूहिक गान एकता उत्पन्न करने में जादू का काम करते हैं।"

'घर आनदमय कैसे बना सकते हैं?' नामक व्याख्यान में स्वामी राम ने 'कर्मयोग' के उन पहलुओं पर विचार किया है, जिनका उन्होंने अपने जीवन में स्वयं दृढ़तापूर्वक आचरण किया था।

त्याग के पहलू पर वे इस प्रकार प्रकाश डालते हैं---

"ऐ ईसाइयों, ऐ हिन्दुओं, ऐ मुसलमानों, यदि आप सचमुच यह चाहते हैं कि संसार के सभी दुःख निर्मूल हो जायँ, यदि आप चाहते हैं कि मानव जाति की व्यथा दूर हो जाय, तो आपको इस पर ध्यान देना चाहिये, वैवाहिक संबंधों को सद्भावों पर स्थापित करना चाहिये। प्रत्येक महिला एवं भद्र पुरुष को अपने हृदय में यह बात उतार लेनी चाहिये कि अपने पति अथवा अपनी स्त्री के लिये ईसा मसीह बनना उसका परम पुनीत कर्त्तव्य है, ईसा बनने को हम बाध्य हैं। यह हमारा अनिवार्य कर्त्तव्य है। यह किस प्रकार है संभव? यदि स्त्री अपने पति को दास न बनाना चाहे और पति भी स्त्री को अपने अधीन न करना चाहे, तो यह संभव हो सकता है। पहले सबको मुक्त करो, तो अपने आप स्वाधीन हो जाओगे। यही दैवी विधान है।"

इसी व्याख्यान में स्वामी जी ने गृहस्थों को अनासक्त, निर्विकार एवं साक्षी भाव से परिवार में रहने की शिक्षा दी है। अनासक्त भाव से कर्मों को करता हुआ भी व्यक्ति कर्मों से लिप्त नहीं होता। वे कहते हैं—

"वेदान्त चाहता है कि आप अपने घरों में, अपने परिवारों में ईश्वर की भाँति रहें। अपने मकानों में साक्षी की भाँति निर्विकार ईश्वर की तरह अनासक्त रहें, किसी प्रकार उलझे हुये न रहें। अपने मन को सदैव स्थिर रखें, सदा अनासक्त रहें। अपने चित्त और हृदय को सदा भीतर के परमेश्वर पर जमाये रखें और सारे घरेलू मामलों को उसी तरह देखें, जिस तरह चित्र को देखते हैं। आप जानते हैं कि जब आप इसे साक्षी की भाँति देखते हैं, तब यह सुख का कारण बन जाता है; जब आप इसमें उलझ कर आसक्त होते हैं, तब यह मुसीबत का सामान बन जाता है।"

स्वामी राम ने अपने जीवन-पर्यन्त निरहंकार भाव से सभी कर्मों का सम्पादन किया और लोगों को भी वही विधि बतलायी—

"इस तरह से हम देखते हैं कि काम केवल तभी होता है, ज़ब हम तुच्छ स्वार्थी अहंकार से छुटकारा पा जाते हैं। जिस क्षण आपके स्वार्थी अहंकार ने रंग जमाया, उसी क्षण काम बिगड़ जाता है। सर्वोत्तम कर्म वही कर्म होता है, जो अकर्तृत्त्व भाव से किया जाता है। त्याग का अर्थ है इस छोटे व्यक्तिगत, स्वार्थी अहंकार से छुटकारा पाना, जीव भाव की मिथ्या कल्पना को दूर करना। सूर्य चमकता है, किन्तु सूर्य में यह भाव नहीं है कि मैं काम कर रहा हूँ, क्योंकि सूर्य अहंभाव से शून्य है। इसलिये वह इतना मनोहर और चित्ताकर्षक है। नदियाँ बहती हैं। उनके बहने में कोई तुच्छ व्यक्तिगत अहंभाव नहीं है, किन्तु काम हो रहा है। दीपक जलता है; किन्तु व्यक्तिगत अहंभाव—'मैं महान् हूँ, मैं जल रहा हूँ, मैं प्रकाश कर रहा हूँ।'—प्रकाश का कारण नहीं हो सकता। फूल खिलते हैं और चारों ओर मधुर सुगन्धि फैलाते हैं, किन्तु उनमें इस भाव का लेश भी नहीं है कि वे बड़े मधुर और बड़े सुन्दर हैं।"

स्वामी राम ने अपने व्याख्यान 'गृहस्थाश्रम और आत्मानुभव' में भी कर्मयोग के सम्बन्ध में इसी प्रकार की प्रत्यक्षानुभूतियों द्वारा सामान्य व्यक्तियों की विशुद्ध कर्मयोग में निष्ठा स्थापित करने की चेष्टा की है—

"इस तरह परमात्मा के साथ अभेदता और एकता अनुभव करने के पूर्व आप अपनी स्त्री और पुत्रों के साथ एकता अनुभव करो। जिस मनुष्य ने अपनी अर्द्धाङ्गिनी और पुत्र-कलत्र के साथ एकता अनुभव नहीं की, वह सबके साथ अपनी एकता का अनुभव कैसे कर सकता है?"

"कल्पना करो कि यहाँ एक पत्नी है, जो सदा ऐसे दिव्य विचार करती है कि 'मेरा पति परमेश्वर है।' उसके ये विचार पति को आत्म-साक्षात्कार कराने में अत्यन्त सहायक बनते हैं। इसी प्रकार जब पति परमात्मा के साथ अपनी एकता अनुभव कर लेता है, तो पत्नी को सहायता मिलती है। अहा! कैसा आध्यात्मिक विवाह है! अहा! कैसा उत्तम मिलन है! दोनों परस्पर सहायता करते और सहायता पाते हैं। ऐसे आध्यात्मिक मिलाप पर आधारित विवाह और प्रीति जगत् में अत्यन्त सुखमय होती है।"

स्वामी राम ने अपने समस्त जीवन में कर्मयोग की अनवरत साधना की थी। उससे उन्होंने अपार आध्यात्मिक शक्ति अर्जित की थी। किन्तु यह कर्मयोग स्वामी जी का साधन मात्र था, साध्य या सिद्धि नहीं। इसी प्रसंग में स्वामी जी के कर्मयोग की कतिपय विशेषताओं पर दृष्टिपात कर लेना अप्रासंगिक न होगा।

स्वामी राम के जीवन-वृत्त पर सूक्ष्मता से विचार करने पर हम इस निष्कर्ष पर पहुँचते हैं कि उन्होंने दो प्रकार के कर्म किये—सकाम कर्म और निष्काम कर्म। जब तक उन्हें आत्म-साक्षात्कार नहीं हुआ, तब तक के उनके कर्मों में सकाम भावना पायी जाती है; किन्तु तपोवन में पूर्ण ब्रह्मज्ञान प्राप्त होने पर उनके समस्त कर्मों में निष्काम भावना स्वतः आ गयी। ब्रह्मज्ञान की प्राप्ति के पूर्व उन्होंने जो-जो कर्म किये, उनमें फल प्राप्ति की आकांक्षा उनके मन में निश्चित रूप से विद्यमान थी। उदाहरणार्थ उन्होंने अपने छात्र-जीवन में अत्यधिक श्रम किया, अठारह-अठारह घंटे तक प्रतिदिन अध्ययन किया, क्योंकि वे चाहते थे कि परिणाम अच्छा निकले, ताकि वे सांसारिक दृष्टि से ऊँचे पद पर प्रतिष्ठित हों। यही सकाम भावना है। किन्तु स्वामी जी की इस सकाम-भावना की विशेषता यह थी कि वे इन कर्मों को ईश्वरार्पण बुद्धि से करते थे। पूर्व जन्मों के संस्कारानुसार ईश्वरार्पण बुद्धि उनके स्वभाव का अंग बन गया था। इसीलिये वे मनोनुकूल फल प्राप्ति न होने पर भी, किंचित् समय के लिये विचलित होकर भी, फिर भगवान् की शरण में आ जाते थे, जिससे वे विषम परिस्थितियों में भी अपना मानसिक सन्तुलन नहीं खोते थे। ईश्वरार्पण बुद्धि एवं अनन्य भक्तिभावना के कारण उनके सकाम कर्मों में भी उत्तरोत्तर शुद्धता आती गयी और उनकी व्यक्तिगत-भावना का नाश होता गया। इसका परिणाम यह हुआ कि उनका अन्तःकरण दिन-प्रतिदिन निर्मल होता गया। अन्तःकरण निर्मल होने पर वे भगवद्-उपासना के वास्तविक अधिकारी हो गये। उनके अन्तःकरण में कृष्ण भक्ति की अपूर्व बाढ़ आ गयी। श्रीकृष्ण के अतिशय प्रेम, भक्ति एवं अनुरक्ति से उनका विशुद्ध चित्त ओत प्रोत हो गया। श्रीकृष्ण का वियोग उनके लिये असह्य हो गया। श्रीकृष्ण से मिलने के लिये वे उसी प्रकार छटपटाने लगे, जैसे मछली जल से निकाल देने पर छटपटाती है।

श्रीकृष्ण की अनन्य-भक्ति ने उनके सकाम कर्मों के बीज को सदैव के लिये दग्ध कर दिया। उनका चित्त श्रीकृष्णमय हो गया। इस प्रकार वे सकाम कर्मों की चाहारदीवारी को आनन-फानन में लाँघ कर उच्च भाव-भूमि में प्रतिष्ठित हो गये। इसीलिये उन्होंने अल्पकाल के साधन द्वारा तपोवन में आत्म-साक्षात्कार कर लिया। ब्रह्म की प्रत्यक्षानुभूति के अनन्तर उनके जीवन का समस्त दृष्टिकोण बदल गया। स्वामी राम ससीम से असीम हो गये। उनकी कर्मयोग साधना में भी ससीम भावना विलुप्त हो गयी। उसमें असीमता आ गयी। इस प्रकार ब्रह्मज्ञान की प्राप्ति के अनन्तर, स्वामी जी के समस्त कर्म निष्काम कर्मयोग के अन्तर्गत स्वाभाविक रूप से आ जाते हैं।

स्वामी राम के निष्काम कर्मयोग की कुछ बारीकियों की इस स्थल पर मीमांसा की जा रही है। ब्रह्मानुभूति के अन्तर स्वामी राम जीव भाव के पिंजड़े से निकल कर पूर्ण जीवन मुक्त हो गये। हिन्दू-दर्शन के अनुसार आत्मज्ञानी—ब्रह्मज्ञानी की दो स्थितियाँ होती हैं—एक तो शुकदेव एवं सनकादिक कोटि के होते हैं। उनकी दृष्टि में कर्म का कोई भी मूल्य नहीं रह जाता। वे 'आत्माराम' एवं 'आत्मतृप्त' होकर निरन्तर ब्रह्मभाव में निमग्न रहते हैं। श्रीमद्भगवद्गीता में ऐसे आत्मतृप्त ब्रह्मज्ञानियों की स्थिति का संकेत किया गया है और यह भी बताया गया है कि कर्म-सम्पादन के उत्तरदायित्व से वे परे हो जाते हैं—

**यस्त्वात्मरतिरेव स्यादात्मतृप्तश्च मानवः**

**आत्मन्येव च संतुष्टस्तस्य कार्यं न विद्यते॥**

—अध्याय ३, श्लोक १७

अर्थात् "जो मनुष्य आत्मा में ही प्रीति वाला और आत्मा में तृप्त तथा आत्मा में ही सन्तुष्ट हो, उसके लिये कोई कर्त्तव्य नहीं हैं।"

दूसरी श्रेणी में ऐसे ब्रह्मज्ञानी अथवा आत्मज्ञानी रखे जाते हैं, जिन्हें पूर्ण साक्षात्कार के अनन्तर प्रारब्धानुसार कर्म करना होता है। ऐसे महापुरुषों के कर्म लोक-संग्रह एवं संसार-कल्याण के निमित्त होते हैं। वशिष्ठ, व्यास, जनक आदि की गणना इस कोटि के लोकसंग्रही ब्रह्मज्ञानियों में की जाती है। श्रीमद्भगवद्गीता में इस कोटि के ब्रह्मज्ञानियों के सम्बन्ध में बताया गया है—

**कर्मणैव हि संसिद्धिमास्थिता जनकादयः**

**लोकसंग्रहमेवापि संपश्चयन्कर्तुमर्हसि॥**

—अध्याय ३, श्लोक २०

अर्थात्, "इस प्रकार जनकादि ब्रह्मज्ञानी जन भी आसक्तिरहित कर्म द्वारा ही परम सिद्धि को प्राप्त हुये हैं; इसलिये तथा लोक-संग्रह को देखता हुआ भी तू कर्म करने के ही योग्य है।"

स्वामी राम की गणना दूसरी कोटि के—लोकसंग्रही ब्रह्मज्ञानियों से की जा सकती है। इसलिये उनकी कर्म-सम्पादन-विधि की अपनी निजी मौलिकता है। ब्रह्मज्ञान-प्राप्ति के अनन्तर स्वामी राम का जीव-भाव सर्वथा नष्ट हो गया था। उनके समस्त कर्म व्यष्टिभाव की सीमा से नितान्त परे हो गये थे। उनके कार्यों में समष्टि भाव व्याप्त हो गया था।

अतएव स्वामी राम के समस्त क्रिया-कलाप समष्टि-भाव से ओत प्रोत है। उन्होंने ब्रह्मज्ञान की प्राप्ति के पश्चात् जितने भी कार्य किये, वे सब के सब लोक-संग्रह भाव से अनुप्राणित हैं।

ब्रह्मज्ञान के अनन्तर स्वामी राम के प्रत्येक कर्म में आत्मसमर्पण की अपूर्व भावना पायी जाती है। ऐसे कर्म बन्धन के कारण नहीं होते। श्रीकृष्ण भगवान् ने अर्जुन को इसी भावना से कर्म करने के लिये अनुप्रेरित किया है—

**मयि सर्वाणि कर्माणि संन्यस्याध्यात्म चेतसा।**
**निराशीर्निर्ममो भूत्वा युद्‌यस्व विगतज्वरः॥**

—श्रीमद्‌भगवद्‌गीता, अध्याय ३, श्लोक ३०

अर्थात्, "इसलिये हे अर्जुन, तू ध्याननिष्ठ चित्त से सम्पूर्ण कर्मों को मुझमें समर्पण करके, आशारहित और ममतारहित होकर, संताप रहित हुआ युद्ध कर।"

स्वामी राम के समस्त कर्म ब्रह्मज्ञान की प्रचण्ड अग्नि से दग्ध हो चुके थे। इसलिये वे उनके ऊपर कोई भी प्रभाव नहीं डाल सकते थे। हाँ, उन कर्मों से जगत् का कल्याण अवश्यमेव हुआ। उनके ब्रह्मज्ञान युक्त कर्मों से सोये हुये भारत का परम कल्याण हुआ। भारत के नवयुवकों में आशा एवं नवीन उमंग का संचार हुआ। स्वामी राम के लिये उन कर्मों के सम्पादन का कोई भी मूल्य नहीं था, क्योंकि उनकी दृष्टि पूर्णतया ब्रह्ममयी हो चुकी थी। ब्रह्मज्ञान की प्रचण्ड ज्ञानाग्नि से उनसे समस्त कर्म पूर्णतया भस्मीभूत हो चुके थे—

**यथैधांसि समिद्धोऽग्निर्भस्मात्कुरुतेऽर्जुन।**
**ज्ञानाग्निः सर्वकर्माणि भस्मसात्कुरुते तथा॥**

—श्रीमद्‌भगवद्‌गीता, अध्याय ४, श्लोक ३७

अर्थात्, "हे अर्जुन, जैसे प्रज्वलित अग्नि ईंधन को भस्मीभूत कर देती है, वैसे ही ज्ञानरूपी अग्नि सम्पूर्ण कर्मों को भस्मीभूत कर देती है।"

स्वामी राम ने लोक-संग्रह निमित्त जितने भी कर्म किये, ब्रह्म स्वरूप—आत्मस्वरूप में स्थित होकर किये, इससे उनकी स्थिति 'पद्मपत्रमिवाम्भसा' बनी रही। वे सम्पूर्ण कर्मों को करते हुये भी जगद् के प्रपंचों से उसी प्रकार लिप्त नहीं हुये, जैसे कमल का पत्ता जल में रहते हुये भी उससे अस्पृष्ट रहता है—

**ब्रह्मणाधाय कर्माणि सङ्गं त्यक्त्वा करोति यः।**
**लिप्यते न स पापेन पद्मपत्रमिवाम्भसा॥**

—श्रीमद्‌भगवद्‌गीता, अध्याय ५ श्लोक १०

अर्थात् "हे अर्जुन, देहाभिमानियों द्वारा यह साधन (सांख्य योग) होना कठिन है और निष्काम कर्मयोग का अनुष्ठान सुगम है; क्योंकि जो पुरुष सब कर्मों को परमात्मा में अर्पण करके और आसक्ति को त्याग कर, कर्म करता है, वह पुरुष जल से कमल के पत्ते के समान पाप से लिप्त नहीं होता।"

वास्तव में स्वामी राम इस क्षणभंगुर, नाशवान् एवं अनित्य संसार के संबंधों से एकदम परे हो गये थे। जिस प्रकार स्वप्न से जगे हुये पुरुष का स्वप्न के संसार से कोई भी संबंध नहीं रहता, उसी प्रकार अज्ञान निद्रा से जगे हुये स्वामी राम का माया के कार्यरूप अनित्य संसार से कोई भी संबंध नहीं रह गया था। यद्यपि लोकदृष्टि में स्वामी राम द्वारा प्रारब्धानुसार अनेक शुभ कर्मों का अनुष्ठान हुआ और उन कर्मों द्वारा संसार को बहुत बड़ा लाभ भी हुआ, किन्तु वे उन कर्मों से सर्वथा असंपृक्त रहे। स्वामी राम ने न तो गुणों के कार्यरूप प्रकाश, प्रवृत्ति एवं निद्रा आदि के प्राप्त होने पर उनसे द्वेष किया और न निवृत्त होने पर उनकी आकांक्षा ही की। उनकी अवस्था त्रिगुणातीत हो गयी थी। इसलिये उनके कर्मों में अनासक्ति की भावना पूरी तरह से पायी जाती है। सम्पूर्ण श्रीमद्भगवद्गीता में भगवान् श्रीकृष्ण ने इसी प्रकार के कर्मयोग के अनुष्ठान पर अत्यधिक बल दिया है। कहना न होगा कि स्वामी राम ने गीता में प्रतिपादित निष्काम कर्मयोग वर्तमान युग की परिस्थितियों के अनुरूप अत्यन्त व्यावहारिक रूप प्रदान किया।

## राजयोग

योगविद्या के आचार्यों का कथन है कि धर्म पूर्वकालीन अनुभवों पर केवल स्थापित ही नहीं है, वरन् इन अनुभवों से स्वयं सम्पन्न हुये बिना कोई भी धार्मिक नहीं हो सकता। जिस विद्या के द्वारा ये अनुभव प्राप्त होते हैं, उसका नाम है 'योग'। बाह्य जगत् के व्यापारों के पर्यवेक्षण के लिये हजारों प्रकार के यंत्रों का निर्माण हो चुका है, पर अन्तर्जगत् के व्यापारों को समझने में सबसे बड़ा सहायक मन ही है। मन की शक्तियाँ इधर-उधर बिखरी हुई प्रकाश की किरणों के समान हैं। जब उन्हें केन्द्रीभूत किया जाता है, तब वे सब कुछ आलोकित कर देती हैं। मन को अन्तर्मुखी करना, उसकी बहिर्मुखी गति को रोकना, उसकी समस्त शक्तियों को केन्द्रीभूत कर, उस मन के ही ऊपर उनका प्रयोग करना, ताकि वह अपना स्वभाव ठीक-ठीक समझ सके, अपने आपको विश्लेषण करके देख सके—एक अत्यन्त कठिन कार्य है। पर इस विषय में वैज्ञानिक प्रणाली के अनुसार अग्रसर होने के लिये योग ही एकमात्र उपाय है।

इस ज्ञान की प्राप्ति के लिये एकमात्र उपाय है—एकाग्रता। मन की शक्तियों को एकाग्र करने से इस संसार के समस्त ज्ञान उपलब्ध हुये हैं। यदि प्रकृति के द्वार को ठीक-ठीक आघात करने की क्रिया से हम भली-भाँति विज्ञ हो जायँ, तो वह अपना रहस्य खोल देती है। उस आघात की शक्ति और तीव्रता एकाग्रता से ही आती है। मानव-मन तथा शक्ति अचिन्त्य एवं असीम है। वह जितना एकाग्र हो जाता है, उतनी ही उसकी शक्ति एक लक्ष्य पर केन्द्रित होती जाती है। यही मन का रहस्य है। इस गुह्यतम रहस्य को कोई विरला ही साधक जान पाता है। अतएव राजयोगी को मन की समस्त बहिर्मुखी शक्तियों को अन्तर्मुखी करके, मन ही पर उसका प्रयोग करना होता है। जैसे सूर्य की तीक्ष्ण और ज्योतिर्मयी किरणों के सम्मुख अन्धकारमय स्थान भी अपने गुह्य तथ्य उद्घाटित कर देते हैं, उसी तरह एकाग्र मन के ज्योतिर्मय प्रकाश में प्रकृति के सारे रहस्य स्वतः उद्घाटित हो जाते हैं।

राजयोग की शिक्षा अत्यन्त उदार एवं सहिष्णु है। यह किसी सम्प्रदाय अथवा धर्म विशेष पर आधारित नहीं है। चाहे कोई यहूदी हो, मुसलमान हो, ईसाई हो अथवा हिन्दू—इससे कुछ भी बनने-बिगड़ने का नहीं। श्रद्धालु मनुष्य हो, बस राजयोगी बनने के लिये, इतना ही पर्याप्त है। राजयोग 'प्रत्यक्षानुभूति' की शिक्षा देता है। राजयोग की यही मुख्य शिक्षा है—"जब तक कोई बात स्वयं प्रत्यक्ष न कर सको, तब तक उस पर विश्वास न करो।" राजयोग की साधना में दीर्घकाल, संयम, नियम, दृढ़ संकल्प, सतत अभ्यास एवं असीम धैर्य की आवश्यकता है। इसके अभ्यास का कुछ अंश तो शरीर के संयम से संबंधित है, परन्तु अधिकांश भाग मन के संयम और नियंत्रण से संबंधित है।

"राजयोगी के मतानुसार यह सम्पूर्ण बहिर्जगत् अन्तर्जगत् या सूक्ष्म जगत् का स्थूल विकास मात्र है। सभी स्थलों में सूक्ष्म को कारण और स्थूल को कार्य समझना होगा। इस नियम से अन्तर्जगत् कारण और बहिर्जगत् कार्य है। इस हिसाब से, स्थूल जगत् की परिदृश्यमान शक्तियाँ आभ्यन्तरिक सूक्ष्मतर शक्तियों का स्थूल भाग मात्र हैं। जिन्होंने इन आभ्यन्तरिक शक्तियों का आविष्कार करके उन्हें इच्छानुसार चलाना सीख लिया है, वे सम्पूर्ण प्रकृति को वश में कर सकते हैं।"

राजयोग आठ अंगों में विभक्त है। पहला है यम—अर्थात् अहिंसा, सत्य, अस्तेय (चोरी का अभाव), ब्रह्मचर्य और अपरिग्रह। दूसरा है नियम—अर्थात् शौच, सन्तोष, तपस्या, स्वाध्याय और ईश्वर-प्राणिधान (ईश्वर में आत्म समर्पण) तीसरा है आसन—अर्थात् बैठने की समुचित प्रणाली। चौथा है प्राणायाम—अर्थात् प्राण का संयम। पाँचवाँ है प्रत्याहार—अर्थात् मन की विषयोन्मुखी गति को फेरकर उसे अन्तर्मुखी करना। छठाँ है धारणा—अर्थात् किसी स्थल पर मन का धारण। सातवाँ है ध्यान। और आठवाँ है समाधि-अर्थात् अतिचेतन अवस्था।

सूक्ष्म दृष्टि से देखने पर हमें ज्ञात होता है कि यम और नियम चरित्र-निर्माण के साधन हैं। इन्हीं की नींव पर समस्त राजयोग का भवन निर्मित हो सकता है। इसको नींव बनाये बिना किसी तरह की योग-साधना सिद्ध न होगी। यम और नियम के दृढ़प्रतिष्ठ हो जाने पर योगी अपनी साधना का फल अनुभव करना प्रारम्भ कर देते हैं। यम और नियम के अभाव में यह निश्चय है कि योगी को साधना का कोई फल नहीं प्राप्त हो सकता।

यम और नियम के बाद आसन आता है। जब तक बहुत उच्च अवस्था की प्राप्ति नहीं हो जाती, तब तक रोज नियमानुसार कुछ शारीरिक और मानसिक क्रियायें करनी पड़ती हैं। अतएव जिससे दीर्घ काल तक एक भाव से बैठा जा सके, ऐसे एक आसन का अभ्यास आवश्यक है। जिन्हें जिस आसन से सुभीता मालूम होता हो, उन्हें उसी आसन पर बैठना चाहिए। एक व्यक्ति के लिये एक प्रकार से बैठकर सोचना सहज हो सकता है, परन्तु दूसरे के लिए संभव है, वह बहुत कठिन जान पड़े! आसन के सम्बन्ध में यह बात परमावश्यक है कि मेरुदण्ड सहज भाव से रहे। वक्ष, ग्रीवा और मस्तक सीधे और समुन्नत रहे जिससे देह का सारा भार पसलियों पर पड़े। राजयोग का यह भाग हठयोग से बहुत कुछ मिलता-जुलता है। राजयोग और हठयोग में प्रमुख अन्तर यह है कि हठयोग केवल स्थूल शरीर को लेकर व्यस्त रहता है। इसका उद्देश्य केवल स्थूल देह को सबल बनाना है। शरीर की ऐसी कोई पेशी नहीं, जिसे हठयोगी अपने वश में न ला सके। हृदय-यंत्र

उसकी इच्छा से बन्द किया या चलाया जा सकता है। शरीर के सारे अवयवों को वह अपने इच्छानुसार चला सकता है। मनुष्य किस प्रकार दीर्घजीवी हो, यही हठयोग का एकमात्र उद्देश्य है। किन्तु राजयोगी का लक्ष्य आध्यात्मिक उन्नति है। इसीलिये वह काया-साधन को विशेष महत्त्व नहीं देता।

आसन सिद्ध होने पर प्राणायाम की क्रिया प्रारम्भ होती है। प्राणों का यथोचित संयम प्राणायाम है। इसकी अनेक विधियाँ और प्रणालियाँ हैं। आदि शंकराचार्य नाड़ी-शोधन इसकी प्रथम विधि मानते हैं। उन्होंने श्वेताश्वरोपनिषद् के भाष्य में नाड़ी-शोधन प्रणाली का इस भाँति उल्लेख किया है—

"प्राणायाम के द्वारा जिस मन का मैल धुल गया है, वही मन ब्रह्म में स्थिर होता है। इसलिये शास्त्रों में प्राणायाम के विषय का उल्लेख है। पहले नाड़ीशुद्धि करनी पड़ती है, तभी प्राणायाम करने की शक्ति आती है। अँगूठे से दाहिना नथुना दबाकर बाँये नथुने से यथाशक्ति वायु अन्दर खींचो, फिर बीच में तनिक देर भी विश्राम किये बिना बायाँ नथुना बन्द करके दाहिने नथुने से वायु निकालो फिर दाहिने नथुने से वायु ग्रहण करके वायु को निकालो। दिन भर में चार बार, अर्थात् उषा, मध्याह्न, सायंकाल और निशीथ इन चार समय पूर्वोक्त क्रिया का तीन बार या पाँच बार अभ्यास करने पर, एक पक्ष या महीने भर में नाड़ी शुद्धि हो जाती है। उसके बाद प्राणायाम पर अधिकार होगा।[१]"

नाड़ी-शोधन के पश्चात् वास्तविक प्राणायाम की क्रिया प्रारम्भ होती है। कई प्रकार के प्राणायाम होते हैं। किन्तु उनमें सबसे प्रसिद्ध पूरक, कुंभक और रेचक क्रिया वाला प्राणायाम ही है। एक नथुने को दबाकर दूसरे नथुने से वायु खींचना पूरक है, दोनों नासिक-छिद्रों को दबाकर वायु को यथाशक्ति रोकना कुंभक है, जिस नथुने से वायु भरी गयी है, कुंभक के पश्चात् उसे अँगुलियों से दबाकर दूसरे नथुने से वायु धीरे-धीरे निकालना रेचक है। इसकी पुनरावृत्ति करनी पड़ती है। सूक्ष्म अनुभूति सम्पन्न होने के लिये हमें पहले स्थूल से प्रारंभ करना पड़ेगा। देखना होगा कि सारे शरीर-यंत्र को चलाता कौन है, और उसे अपने वश में लाना होगा। वह प्राण है, इसमें कोई सन्देह नहीं। श्वास-प्रश्वास ही उस प्राण-शक्ति की प्रत्यक्ष अभिव्यक्ति है। इसी से हम देह के भीतर की सूक्ष्म शक्तियों के संबंध में जानकारी प्राप्त कर सकेंगे और समझ सकेंगे कि स्नायविक शक्ति-प्रवाह किस तरह शरीर में सर्वत्र भ्रमण कर रहे हैं। और जब हम मन में उनका अनुभव कर सकेंगे तब उन्हें और उनके साथ देह को अधिकार में लाने के लिए हम प्रारम्भ करेंगे। मन भी इन सब स्नायविक शक्ति-प्रवाहों द्वारा संचालित हो रहा है। इसलिए उन पर विजय पाने से मन और शरीर दोनों ही हमारे अधीन हो जाते हैं, हमारे दास बन जाते हैं। ज्ञान ही परम शक्ति है और इसे ही प्राप्त करना हमारा उद्देश्य है।

योग सम्बन्धी साधन में प्राणायाम का अत्यधिक महत्व है। स्वामी विवेकानन्द के अनुसार "जिन्होंने प्राण को पकड़ा है उन्होंने संसार में जितनी शारीरिक या मानसिक शक्तियाँ हैं, सबको पकड़ लिया है। जिन्होंने प्राण को जीता है, उन्होंने अपने ही मन को नहीं, वरन् सबके मन को भी जीत लिया है। जिन्होंने प्राण को जीत लिया है, उन्होंने

---

१. श्वेताश्वरोपनिषद्, शांकर-भाष्य, ॥२॥८॥

अपनी देह और दूसरी जितनी देह हैं, सबको अपने अधीन कर लिया है, क्योंकि प्राण ही सारी शक्तियों की सामान्यीकृत अभिव्यक्ति है।"[१]

स्वामी विवेकानन्द जी ने प्राणायाम की महती शक्ति का उसी प्रसंग में इस प्रकार वर्णन किया है, "जो प्राण संसार में सर्वत्र व्याप्त है, उसका जो अंश इस शरीर और मन में कार्यशील है, वही अंश हमारे सबसे अधिक निकट है। यह जो क्षुद्र तरंग है—जो हमारी शारीरिक और मानसिक शक्तियों के रूप में परिचित है, वह अनन्त प्राण-समुद्र में हमारे सबसे निकटतम तरंग है। यदि हम उस क्षुद्र तरंग पर विजय प्राप्त कर लें, तभी हम समस्त प्राण-समुद्र को जीतने की आशा कर सकते हैं। जो योगी इस विषय में कृतकार्य होते हैं, वे सिद्धि पा लेते हैं; तब कोई भी शक्ति उन पर प्रभुत्त्व नहीं जमा सकती। वे एक प्रकार से सर्वशक्तिमान और सर्वज्ञ हो जाते हैं।"[२]

प्रत्याहार का अर्थ है—'एक ओर आहरण करना, अर्थात् खींचना'। राजयोगी मन की बहिर्गति को रोककर उसे अन्तर्मुखी करता है। जो इच्छामात्र से अपने मन को केन्द्रों में संलग्न करने अथवा उन्हें हटा लेने में सफल हो गया हो, उसी का प्रत्याहार सिद्ध हुआ है। जो व्यक्ति मन की अधोगामिनी गति को ऊर्ध्वगामिनी बना लेता है, वही मुक्तिपद का वास्तविक अधिकारी होता है, अन्यथा वह इन्द्रियाराम है, मशीन मात्र है। इस प्रकार मन का संयम करना और उसे विभिन्न इन्द्रियों और उनके विषयों के साथ संयुक्त न होने देना ही प्रत्याहार है। इसमें दीर्घकाल के अभ्यास एवं असीम धैर्य की आवश्यकता पड़ती है।

प्रत्याहार की साधना के अनन्तर, धारणा का अभ्यास अपेक्षित है। धारणा का अर्थ है—'मन को देह के भीतर या उसके बाहर किसी स्थान विशेष में धारण या स्थापन करना।' अतः इसका वास्तविक अर्थ है कि मन को शरीर के अन्य सब स्थानों से पृथक् करके किसी एक विशेष अंश के अनुभव में बलपूर्वक लगाये रखना। इस क्रिया के लिये नियमित अभ्यास आवश्यक है। इसमें स्वाध्याय परमावश्यक होता है। स्वाध्याय से हमारा लक्ष्य अत्यन्त स्पष्ट हो जाता है। अनुभूतिमय आप्त ग्रन्थों का मननपूर्वक अध्ययन करना और तदनुसार अपना आचरण बनाना वास्तविक स्वाध्याय है। मन को एकाग्र करने पर एक सामान्य सी पिन का गिरना भी वज्र के गिरने के समान प्रतीत होता है। इससे इन्द्रिययंत्र अत्यन्त सूक्ष्म होते जाते हैं और उसके परिणामस्वरूप अनुभूति में भी उत्तरोत्तर प्रगाढ़ता आती जाती है। सच्चा योगी एक शुद्ध विचार को लेता है, उसका अहर्निश चिन्तन करता है और उसकी पूर्ति के लिए अपने समस्त जीवन के क्रियाकलापों को केन्द्रीभूत कर देता है। राजयोगी इस प्रकार के धैर्य एवं उत्साह से सदैव युक्त रहता है—'मैं चुल्लू में समुद्र पी जाऊँगा। मेरी इच्छामात्र से पर्वत चूर-चूर हो जायेंगे।'

प्रत्याहार एवं धारणा की पूर्णता के अनन्तर ध्यान की सोपान प्राप्त होता है। लक्ष्य-वस्तु में चित्त एवं मन को केन्द्रीभूत कर देना ध्यान है। ध्यान की परिपक्वावस्था का नाम समाधि है। यह 'ज्ञानातीत' अवस्था है। मन-बुद्धि की इस अवस्था में गम नहीं है। इसी को 'द्वन्द्वातीत' अथवा 'त्रिगुणातीत' अवस्था कहा जाता है। कहीं-कहीं इसे 'तुरीयावस्था'

---

१. विवेकानन्द साहित्य, प्रथम खण्ड, पृष्ठ ६०।
२. विवेकानन्द साहित्य, प्रथम खण्ड, पृष्ठ ६०-६१।

की संज्ञा दी गयी है। हिन्दी के मध्यकालीन सन्त कवियों ने इसे 'चतुर्थ पद', 'सहज पद' अथवा 'निर्वाण पद' भी कहा है। इस अवस्था की अनुभूति करने के पश्चात् मनुष्य की समस्त शंकायें समाप्त हो जाती हैं। उसे चारों ओर अपना ही स्वरूप दिखलायी पड़ता है। यही परम पद है और मनुष्य-जीवन का परम पुरुषार्थ है। इसी की प्राप्ति के लिये हम मनुष्य-योनि के अन्तर्गत आये हैं। अन्य प्राणी इन्द्रियों में सुख पाते हैं, मनुष्य बुद्धि में और देव-मानव आध्यात्मिक आनन्द में। जो इस स्थिति को प्राप्त हो चुके हैं उनके पास यह जगत् सचमुच अत्यन्त सुन्दर रूप में प्रतीयमान होता है। जो वासना-रहित है, सभी विषयों से निर्लिप्त हैं, बाह्य-प्रकृति एवं अन्तर्प्रकृति के समस्त पदार्थ उनके अपने हो जाते हैं। वह जगत् के समस्त पदार्थों में आनन्द लेने लगता है। सारा दृश्यमान जगत् उसे अपने से पृथक् और भिन्न नहीं प्रतीत होता। उसकी बुद्धि 'सम' हो जाती है। उसकी दृष्टि में द्वैत रहता ही नहीं। उसकी दृष्टि आत्ममयी अथवा ब्रह्ममयी हो जाती है।

यह तो संक्षेप में राजयोग की चर्चा हुई। अब हमें यह देखना है कि स्वामी राम ने कहाँ तक राजयोग की साधना की थी और उन्हें उस लक्ष्य में कहाँ तक सफलता प्राप्त हुई थी। हम पहले यह बता चुके हैं कि यम और नियम राजयोग के प्रारम्भिक सोपान हैं। यम के पाँच अंग हैं—अहिंसा, सत्य, अस्तेय, ब्रह्मचर्य और अपरिग्रह। इसी प्रकार नियम के भी पाँच अंग हैं—शौच, सन्तोष, तपस्या, स्वाध्याय और ईश्वर प्रणिधान। यदि स्वामी राम के जीवन पर हम विचार करें, तो हमें यह भलीभाँति ज्ञात हो जायेगा कि स्वामी राम अपनी बाल्यावस्था से ही राजयोगी थे। यम और नियम के ऊपर के कहे गये दस गुण स्वामी राम का सहज स्वरूप था। बिना उन गुणों के वे रह ही नहीं सकते थे। 'अहिंसा', 'सत्य' एवं 'अस्तेय' ये तीन गुण तो जिस गोस्वामी वंश में उन्होंने जन्म ग्रहण किया था, उसके सहज आभूषण थे। इन तीनों गुणों के लिये तो गोस्वामी-वंश भारत-विख्यात था। इस प्रकार इन्हें तो स्वामी राम ने अपने पूर्वजों से विरासत रूप में प्राप्त किया था। यद्यपि स्वामी राम का बालविवाह कर दिया गया था, तथापि इससे वे असन्तुष्ट थे और यदा-कदा अपना रोष अपने पिता पर अभिव्यक्त भी करते थे। स्वामी राम को यद्यपि नैष्ठिक ब्रह्मचारी की संज्ञा तो नहीं दी जा सकती, किन्तु इसमें सन्देह नहीं कि नियमित ब्रह्मचारी अवश्य थे। वे साधना-मार्ग में ब्रह्मचारी का अत्यधिक महत्त्व समझते थे और वैवाहिक जीवन में यथाशक्ति ब्रह्मचर्य का पालन करते थे। अपने वानप्रस्थ जीवन में तो उन्होंने ब्रह्मचर्य-पालन पराकाष्ठा तक पहुँचा दिया। यदि उनकी वृत्ति ब्रह्मचर्य-पालन की ओर न होती, तो वे गृहस्थी, पत्नी का परित्याग ही क्यों करते? गृहस्थ-धर्म का पालन करते हुये भी स्वामी राम ब्रह्मचर्य के प्रति अत्यन्त निष्ठावान् थे। ऐसे गृहस्थ-योगियों का हिन्दू धर्म में संन्यासियों से कम प्रतिष्ठा नहीं मानी गयी है। जनक, व्यास, वशिष्ठ एवं गुरु नानक का नाम अत्यन्त श्रद्धा से स्मरण किया जाता है। स्वामी राम जब तक गृहस्थाश्रम में रहे, तब तक उसी दृष्टि से रहे। अतः इसमें रंचमात्र सन्देह नहीं कि वे गृहस्थाश्रम के बीच भी ब्रह्मचर्य-व्रत का शास्त्रानुसार पालन करते थे। स्वामी राम जन्मजात 'अपरिग्रही' थे। उन्होंने जीवन भर किसी सांसारिक वस्तु का परिग्रह नहीं किया। विद्यार्थी जीवन में जब उन्हें ऊँची छात्रवृत्ति मिलती थी, तो उसमें से केवल कुछ भाग ही अपने ऊपर खर्च करते, शेष अपने गुरु भक्त धन्नाराम एवं अपने पिता को समर्पित कर देते थे। प्राध्यापक होने पर भी उनकी अपरिग्रह वृत्ति अक्षुण बनी रही। पर्याप्त रुपये पाने पर भी वह अपनी

आवश्यकताओं पर बहुत कम और समझ-बूझ कर व्यय करते थे। अपनी आवश्यकताओं की कटौती करके वे निर्धन और असहाय छात्रों की सहायता करते थे।

नियम के पाँच अंगों के स्वामी राम साकार विग्रह थे। हमारी तो ऐसी धारणा है कि उन नियमों को केन्द्रीभूत करने के लिये स्वामी राम इस संसार में अवतीर्ण हुए थे। 'शौच' उनका सहज स्वभाव था। वे बाह्य और आन्तरिक दोनों दृष्टियों से परम पवित्र रहते थे। शरीर नितान्त शुद्ध रखते थे। यह तो गोस्वामियों का वंश परंपरागत गुण है। आभ्यन्तरिक दृष्टि से देखें तो स्वामी राम की भाँति किसी अन्य साधक का मिलना दुर्लभ है। वे मनसा, वाचा, कर्मणा तीनों प्रकार अत्यन्त पवित्र रहा करते थे। सन्तोष के तो स्वामी जी मूर्तिमान स्वरूप थे। भगवान् ने उन्हें उनके प्रारब्धानुसार जिस भी स्थिति में रखा, उससे वे पूर्ण तृप्त एवं सन्तुष्ट थे। उनके जीवनवृत्त को पढ़ते समय, हम पग-पग पर उनके इस विशिष्ट गुण का परिचय पाते हैं। स्वामी राम का समस्त जीवन 'तपोमय' था। उनके जीवन के श्वास-प्रश्वास में तपस्यायें स्वामी राम के वर्तमान जीवन में एकाकार हो गयी थीं। स्वामी राम का स्मरण होते ही तपस्या का समग्र रूप हमारे अन्तःकरण में विराजमान हो जाता है। बाल्यावस्था से स्वामी राम स्वाध्याय-परायण थे। रुग्णावस्था में भी वे कुछ न कुछ स्वाध्याय करते रहते थे। आत्म-साक्षात्कार हो जाने पर, जीवन्मुक्त अवस्था प्राप्त करने के पश्चात् भी उन्होंने अपने जीवन के अन्तिम वर्षों में वेदों का विशद अध्ययन किया। स्वामी राम की यह स्वाध्याय-वृत्ति राजयोगियों को चिरकाल तक प्रेरणा देती रहेगी। ईश्वर-प्राणिधान (भगवान् में आत्मसमर्पण) की प्रवृत्ति स्वामी राम के तन, मन, प्राण में भरी थी। उनके पत्रों से यह बात भलीभाँति जानी जा सकती है।

स्वामी राम का विभिन्न आसनों के प्रति सहज अनुराग और निष्ठा थी। पद्मासन उनका अत्यन्त प्रिय आसन था। गंगा जी में उनके शरीर का विसर्जन होने के पश्चात्, जब उनका शव पाया गया, तो वह पद्मासन की मुद्रा में स्थित था। यह बड़े आश्चर्य की बात लगती है कि उनका स्वाभाविक शरीर किस प्रकार पद्मासन की स्थिति में हो गया। इससे सहज अनुमान लगाया जा सकता है कि जब स्वामी राम को यह दृढ़ निश्चय हो गया कि अब शरीर के जाने का समय आ गया है, तब उन्होंने झटपट अपना प्रिय आसन पद्मासन लगा लिया। आसन लगाकर प्राण-विसर्जन करना, पद्मासन के प्रति आन्तरिक निष्ठा का परिणाम है। इसमें सन्देह नहीं कि यह आसन कठिन है, किन्तु ध्यान-धारणा के लिये सिद्धासन और पद्मासन सर्वश्रेष्ठ आसन माने जाते हैं।

प्राणायाम के स्वामी राम नियमित अभ्यासी थे। उन्होंने अपने व्याख्यानों एवं सामान्य वार्ताओं के प्राणायाम के प्रति अगाध निष्ठा व्यक्त की है। उन्होंने अपने एक व्याख्यान—"आत्मानुभव की सहायता नं० १—प्राणायाम" में प्राणायाम की महत्ता एवं उसकी प्रक्रियाओं पर प्रकाश डाला है। उसमें प्राणायाम के प्रति उनकी प्रत्यक्षानुभूति भलीभाँति परिलक्षित होती है। बिना प्रत्यक्षानुभूति के स्वामी राम अपनी जबान पर कोई भी बात नहीं लाते थे। प्राणायाम-संबंधी उनके विचार नीचे दिये जा रहे हैं, इसे प्राणायाम के अभ्यासियों को भी पर्याप्त लाभ होगा—

"राम केवल यह कहता है कि प्राण के नियंत्रण की यह विधि सीखो और इसे अमल में लाओ। आपको अपना अभ्यास ही बता देगा कि यह अत्यन्त उपयोगी है। जब कभी

तुम चकराओ, जब कभी तुम्हें विषाद जान पड़े, जब कभी खिन्न हो जब कभी तुम्हें उदासी जान पड़े, जब कभी तुम्हारा मन मलीन हो, निरुत्साही, तब प्राणायाम करो, जिसे राम तुम्हारे सामने उपस्थित करने लगा है और तुम देखोगे कि तुम्हें तुरन्त शान्ति मिल जाती है। प्राण के नियमन की इस विधि का लाभ आपको तुरन्त ही जान पड़ेगा। पुनः जब कभी किसी विषय पर आप लिखना शुरू कीजिये जब कभी आप किसी विषय पर विचार करना प्रारम्भ करें और आपको जान पड़े कि आप अपने विचारों को काबू में नहीं ला सकते, तब आप यह प्राणायाम कीजिये और इसके करने से आपको तुरन्त जो शक्तियाँ प्राप्त होंगी उनसे आपको स्वयं आश्चर्य होगा।.......प्राणायाम के ये लाभ हैं—इससे आपके बहुत से शारीरिक रोग दूर हो जावेंगे। प्राणायाम से आप पेट के दर्द से; सिर के दर्द से, दिल के दर्द से अच्छे हो सकते हैं। अब हम देखेंगे कि प्राणायाम क्या है?"

"प्राणायाम करने के लिये आपको अत्यन्त सुखकर, सरल स्थिति में बैठना चाहिये। एक पाँव दूसरे पर चढ़ाकर बैठना बड़ा ही सुखकर आसन है। किन्तु, यों पश्चिमी भाइयो यह आसन आपके लिये अत्यन्त कष्टदायी प्रतीत होगा। इसलिये आप आरामकुर्सी पर बैठ सकते हैं। अपनी देह सीधी रखिये, रीढ़ की हड्डी कड़ी रखिये, सिर ऊपर, सीना बहिर्गत और नेत्र सामने रखिये। दाहिने हाथ का अँगूठा दाहिने नथुने पर रखिये और बायें नथुने से धीरे-धीरे भीतर साँस खींचिये। तब तक धीरे-धीरे भीतर साँस खींचते रहिये, जब तक आपको आराम मिले। जब तक आराम से साँस खींच सकें, तब तक साँस भीतर खींचते रहें। साँस भीतर खींचते समय चित्त को शून्य न होने दीजिये। साँस को भीतर खींचते समय चित्त को एकाग्रता से इस विचार पर जमाइये कि सर्वशक्तिमान्, सर्वव्यापी, सर्वज्ञ परमेश्वर भीतर खींचा जा रहा है। मानों आप परमात्मा, नारायण, सम्पूर्ण संसार, सम्पूर्ण विश्व को पी रहे हैं। अस्तु, जब आपको समझ पड़े कि आपने अपनी पूर्ण शक्ति भर वायु भीतर भर ली है, तब अँगुली से उसी बायें नथुने को बन्द कीजिये, जिससे आप भीतर साँस भर रहे थे; और आप जब दोनों नथुने बन्द कर लें, तब मुख से साँस बाहर न निकलने पावे। भीतर खींची हुई साँस (वायु) अपने अन्दर फेफड़ों में, पेट में, पेडू में स्थिति रहने दो। समस्त छिद्र वायु से भरे हों। उस वायु से भरे हों, जो आपने भीतर खींची है। जब साँस से खींची हुई वायु आपके भीतर रहे, तब मन को शून्य न रहने दीजिये। मन इस विचार में, इस सत्य में केंद्रित रहे कि 'मैं परमात्मा हूँ, मैं सर्वशक्तिमान् परमेश्वर हूँ, जो विश्व की प्रत्येक वस्तु में, प्रत्येक अणु-परमाणु में व्याप्त है, परिपूर्ण है।' बस, यही समझो। इस विचार की उपलब्धि में अपनी सारी शक्तियों का प्रयोग कीजिये, अपनी परमेश्वरता की अनुभूति में अपनी सारी शक्ति केन्द्रीभूत कर दें। ज्यों-ज्यों साँस आपकी देह में भरती जाय, त्यों-त्यों अनुभव कीजिये और समझिये कि 'मैं सत्य हूँ, मैं वह दैवी शक्ति हूँ, जो सम्पूर्ण विश्व में परिपूर्ण है।' बस, यही समझिये। आवश्यकता है कि आप अपने मन को इस पर एकाग्र करें। जब आपको प्रतीत होने लगे कि अब आप साँस एक क्षण भी अधिक नहीं रोक सकते, तब बायाँ नथुना बन्द रखकर दाहिना नथुना खोल दीजिये और दाहिने नथुने से धीरे-धीरे क्रमशः साँस बाहर निकालिये। तब भी मन को सुस्त न होने दीजिये, वह निरन्तर काम में लगा रहे। मन को अनुभव करने दीजिये कि ज्यों-ज्यों साँस बाहर निकल रही है, त्यों-त्यों पेट की सारी मलीनता दूर हो रही है, सारी गंदगी सारी दुष्टता, दुर्गन्धता, सम्पूर्ण अविद्या बाहर निकल रही है, दूर की जा रही

है, त्यागी जा रही है। अब सारी दुर्बलता काफूर हो गयी, न कोई दुर्बलता है, न अविद्या है, न भय है, न चिन्ता, न व्यथा, न परेशानी और न क्लेश। सबका अन्त हो गया, सब विदा हो गये, आपको छोड़ गये। जब आप साँस बाहर निकाल दें---आराम से जितनी साँस बाहर निकाल सकते हों, उतनी जब आप निकाल चुकें; तब तक आप साँस बाहर निकालते रहें, जब तक आप आराम से बाहर निकाल सकते हैं। और जब आपको समझ पड़े कि अब और साँस बाहर नहीं निकाली जा सकती, तब दोनों नथुनों को खुले रखते हुये यत्न कीजिये कि तनिक भी वायु भीतर न जाने पावे। हाथ नाक से हटा लें और कुछ देर तक वायु को भीतर न जाने दो, जितनी देर तक आपसे ऐसा हो सके, उतनी देर तक। जब आपके प्रयत्न से वायु नथुनों के द्वारा फेफड़ों में न जाने पाती हो, तब भी मन को फिर काम में लगाइये और उसे यह भान करने दीजिये, अपने पूरे बल और शक्ति से उसे यह अनुभव करने दीजिये कि वह परमेश्वरत्व से परिपूर्ण है। सम्पूर्ण समय (काल) और स्थान (देश) मेरा अपना विचार है, मेरी सत्य आत्मा, निज स्वरूप, समय, स्थान और कारणत्व (देश, काल और वस्तु) से परे है। अनुभव कीजिये कि यह परमेश्वरत्व देश-काल-वस्तु से परे है: इस संसार की किसी भी वस्तु से परिमित नहीं है। वह कल्पनातीत है, विचारातीत है। वह इन सबसे परे है, प्रत्येक वस्तु से परे है, अपरिमित है, प्रत्येक वस्तु इसी में स्थित है, प्रत्येक वस्तु इससे आच्छादित है। आत्मा अथवा आत्म-स्वरूप (निज स्वरूप) सीमाबद्ध नहीं हो सकता। यही अनुभव कीजिये।''

''इस प्रकार आप ध्यान दें कि इस प्राणायाम में, जितना कुछ अब तक आपके सामने रखा गया है चार प्रक्रियायें हैं---दोनों मानसिक और शारीरिक। पहली प्रक्रिया भीतर साँस खींचने की थी। भीतर साँस खींचने का अंश शारीरिक क्रिया थी। और यह विचार या विचार-विधि अथवा अनुभव करना और समझना कि मैं परमेश्वर रूप हूँ, मैं परमेश्वर हूँ तथा उस परमेश्वरत्व का अनुभव करने में मन को लगाना, उसमें शक्ति को प्रयत्नशील करना यह विचार तत्संबंधी मानसिक प्रक्रिया थी। फिर जब तक आपने साँस अपने फेफड़ों के भीतर रोक रखी, तब तक दो क्रियायें होती रहीं, एक तो साँस को फेफड़ों में रखने की शारीरिक क्रिया और अपने आपको सम्पूर्ण विश्व समझने की मानसिक प्रक्रिया। तीसरी प्रक्रिया में आपने दाहिने नथुने से साँस बाहर निकाली और सारी दुर्बलता दूर कर दी; अपने को परमेश्वरत्व में स्थापित रखने, आसीन रखने, जमे रहने की, कभी कोई दुर्बलता पास न फटकने देनी की, या कोई आसुरी-प्रलोभन अपने निकट न आने देने की दृढ़ प्रतिज्ञा की और तदन्तर चौथी प्रक्रिया साँस को बाहर रखने की थी। इस प्रकार प्राणायाम का पूर्वार्द्ध अब तक की इस चौथी प्रक्रिया से हो गया। आधा प्राणायाम समाप्त हो गया। यह चौथी क्रिया कर चुकने के बाद, आप कुछ विश्राम ले सकते हैं। तब साँस को यथेच्छ अपने नथुनों में भरने दीजिये। उसी तरह जल्दी-जल्दी साँस भीतर ले जाइये और बाहर निकालिये, जैसा कि दूर तक चलने के बाद होता है। साँस का यह स्वाभाविक भीतर जाना और बाहर निकलना, जो बहुत शीघ्रता से होता रहता है, स्वतः प्राणायाम है। यह प्राकृतिक प्राणायाम है। इस प्रकार का विश्राम लेने के बाद कुछ, देर तक अपने फेफड़ों को भीतर साँस लेने और बाहर निकाल देने के पश्चात् पुनः प्राणायाम कीजिये। अब प्रारम्भ करे, बायें से नहीं, बल्कि दाहिने नथुने से। मानसिक क्रिया पूर्ववत् होनी चाहिये। केवल नथुने में परिवर्तन हो गया।·····इस प्रकार सब मिलाकर

इसमें आठ क्रियायें हैं। पहली चार क्रियाओं में आधा प्राणायाम होता है और दूसरी चार से प्राणायाम का उत्तरार्द्ध भाग पूरा होता है। इन सब क्रियाओं को यथासाध्य बढ़ाइये और दीर्घकालीन कीजिये। इसमें एकताल गति है। जिस तरह लटकन (पेंडुलम) दोनों ओर समान गति से झूलता है, उसी तरह इस प्राणायाम के अभ्यास में आपको अपनी साँस को लटकन जैसा बनाना होता है। तालबद्ध चाल से चलाना होता है। तब आप अपने ही अनुभव से देखेंगे कि आपको कितने बल की प्राप्ति हो रही है। आपके अधिकांश रोग आपको छोड़ देते हैं। यक्ष्मा, पेट के विकार, रक्त-संबंधी बीमारियाँ और प्रायः प्रत्येक रोग आपको छोड़ देगा; यदि आप प्राणायाम का ठीक-ठीक अभ्यास करेंगे।''

स्वामी राम प्राणायाम-साधना में पूर्ण दक्ष प्रतीत होते हैं। इसी से उन्होंने नवीन प्राणायाम-साधकों को आगाह भी किया है। यदि उन्हें इस संबंध में प्रत्यक्षानुभूति न होती, तो वे इतनी सूक्ष्मता से उनकी त्रुटियों को पकड़ कर उन्हें अनुभव पूर्ण चेतावनी नहीं दे सकते थे—

''राम यह भी देखता है कि जब लोग प्राणायाम का अभ्यास करते हैं, तब उनमें से अधिकांश बीमार पड़ जाते हैं। कारण यह है कि वे स्वाभाविक प्रणाली को नहीं ग्रहण कर पाते। वे इतने सेकण्डों तक साँस भीतर खींचते और बाहर निकालते हैं कि जिससे निश्चित ही बीमार पड़ जायेंगे। श्वासक्रिया की प्रत्येक प्रणाली में आप स्वाभाविक बनिये। प्रत्येक क्रिया को बढ़ाने का प्रयत्न कीजिये। भरसक यत्न कीजिये, किन्तु अपने को थका न डालिये। अधिक काम न कीजिये। यदि केवल पहली दो क्रियायें (अर्थात् साँस भीतर खींचना और उसे फेफड़े में रखना) करने के बाद आपको थकावट प्रतीत हो, तो रुक जाइये। रुक जाइये, क्योंकि आप किसी से बँधे नहीं हैं। दूसरे दिन अधिक विचारपूर्वक काम कीजिये और पहली या दूसरी क्रिया करते समय अपनी शक्ति बचा रखिये, ताकि शेष क्रियाओं को भी आप विधिवत् सम्पन्न कर सकें। इसमें विवेक से काम लीजिये।''

''प्राणायाम के संबंध में एक बात और कही जानी चाहिये। जब आप साँस भीतर खींचना या बाहर निकालना प्रारम्भ करें, तब अपने पेड़ू को (इस शब्द के व्यवहार के लिये राम को क्षमा कीजिये) शरीर के अधोभाग को भीतर की ओर खिंचा रखिये। इससे आपका बड़ा हित होगा। पुनः जब आप साँस भीतर खींचे अथवा बाहर निकालें, तब साँस को अपने सम्पूर्ण उदर में दौड़ने और भरने दीजिये। ऐसा न हो कि साँस केवल हृदय तक जाय और हृदय से नीचे न जाने पाये। साँस को नीचे और गहरा उतरने दीजिये। अपने शरीर का प्रत्येक भीतरी रिक्त स्थान अपने शरीर का समस्त ऊपरी आधा भाग वायु से परिपूर्ण हो जाने दीजिये। अस्तु; प्राणायाम के संबंध में इतना यथेष्ट है।''

स्वामी राम राजयोगियों के भी राजयोगी थे, इसमें कोई सन्देह नहीं। उन्होंने राजयोगियों के एक सहज मंत्र—सोऽहं को अपना इष्ट बना लिया था। सोऽहं का जप 'अजपा जप' कहलाता है। इस मंत्र की विधि श्वास-प्रश्वास की सहज क्रिया पर अवलम्बित है। 'सोऽहं का अर्थ है—'वही (परब्रह्म) मैं हूँ'। इसका मुख्य सिद्धान्त है ब्रह्म और जीव की अभिन्नता एवं एकता। 'सोऽहं' ब्रह्मचिन्तन का दृढ़ आधार और उच्च सोपान है। वेदों एवं उपनिषदों में 'सोऽहं' के सिद्धान्त का भली-भाँति संकेत किया गया है। उदाहरणार्थ—

**हिरण्मयेन पात्रेण सत्यस्यापिहितं मुखम्**

**योसावादित्ये पुरुषः सोसावहम्॥**

शुक्ल यजुर्वेद, ४०। १७

अर्थात् "सत्य स्वरूप परब्रह्म प्रकाशमय सूर्यमण्डल की चमचमाती हुई ज्योतिर्मयी यवनिका से आवृत है। जो प्रकाश स्वरूप में परम कल्याणमय तेज प्रतिष्ठित है, वह मैं ही हूँ।"

बृहदारण्यकोपनिषद् के पाँचवें अध्याय के पन्द्रहवें ब्राह्मण की प्रथम श्रुति का कुछ अंश एवं ईशावास्योपनिषद् के सोलहवें मंत्र बिलकुल समान हैं। उसमें 'सोऽहं' की बड़ी उदात्त भावना पायी जाती है—

पूषन्नेकर्षे यम सूर्य प्राजापत्य व्यूह रश्मीन् समूह। तेजो यत्ते रूपं कल्याणतमं तत्ते पश्यामि। योऽसावसौ पुरुषः सोऽहमस्मि॥

अर्थात्, "हे सबका पोषण करने वाले, हे आकाश में एकाकी गमन करने वाले, हे सब पर शासन करने वाले, हे सबको रश्मि प्रदान करने वाले, हे प्रजापति के पुत्र, अपनी किरणों को हटा ले और तेज को समेट ले। तेरा जो अत्यन्त कल्याणमय रूप है, उसे मैं देखता हूँ। यह जो आदित्यमण्डल पुरुष है, वही मैं अमृतस्वरूप हूँ।"

'सोऽहं' की यह भावना मध्यकालीन हिन्दी के सन्त कवियों में अत्यधिक उपलब्ध होती है। कबीरदास, सुन्दरदास, पलटू साहब, गुलाल साहब, गरीबदास, दयाबाई, बुल्लेशाह, मलूकदास आदि के काव्य में 'सोऽहं' की अनुभूति समान रूप से प्राप्त होती है।

सन्त कवि भीखा 'सोऽहं' को आत्मदर्शन का बहुमूल्य साधन मानते हैं—

**जोग जुगुति अभ्यास करि, सोहं सबद समाय।**

**भीखा गुरु परताप ते, निज आतम दरसाय॥**

—भीखा (सं० वा० स० भाग १, पृष्ठ २१०)

दयाबाई के अनुसार 'सोऽहं' वह अजपा जप है जिसके अभ्यास के द्वारा साधक की गति अगम हो जाती है, जहाँ किसी की गति नहीं हैं, वहाँ की दुर्लभ-गति 'सोऽहं' का उपासक प्राप्त कर लेता है—

**अजपा सोहं जाप है परम गम्य निज सार**

—दयाबाई (सं० वा० सं० भाग १, पृष्ठ १६९)

कबीरदास ने 'सोऽहं' को ब्रह्म तक पहुँचने की डोरी माना है—

लगी सोहंगम की डोरि

सन्त कवि मलूकदास ने बार-बार इस साधना पर बल दिया है कि 'सोऽहं' की साधना से जीव ब्रह्ममय हो जाता है और संसार के त्रय-तापों से उसकी मुक्ति हो जाती है—

**सन्तो सोहं साधन कीजै।**

**सोहं साधन ते ताप मिटत है, जीव ब्रह्म होइ जाये।**

गरीबदास ने 'सोऽहं' को ही साक्षात् ब्रह्म की संज्ञा दी है—

**तुमही सोहं सुरत हौ, तुम ही मन अरु पौन।**

**इसमें दूसर कौन है, आवै जाय सो कौन।**

सन्त कवि सुन्दरदास ने भी 'सोऽहं' जप की अत्यधिक महत्ता बतायी है। श्वास-प्रश्वास पर उसकी आवृत्ति की ओर संकेत किया है और उसे सर्वश्रेष्ठ जप माना है—

**सोहं सोहं सोहं हंसो। सोहं सोहं सोहं अंसो।**

**स्वासो स्वासं सोहं आपं। सोहं सोहं आपै आपं॥**

(सु० ग्र०, भाग १, पृष्ठ ४७,)

**मन सो न माला कोऊ, सोहं सो न जाप और,**

**आतम सो देव नाहिं, देह सों न देहरा॥**

—(स० वा० सं० २, पृष्ठ १२५)

तात्पर्य यह कि 'सोऽहं' साधना को सन्त कवियों ने ब्रह्म-साक्षात्कार का सर्वोत्कृष्ट साधन माना है। श्वास-प्रश्वास के द्वारा 'सोऽहं' का जप राजयोगी की सर्वोच्च साधना मानी जाती है। इस जप से श्वास-प्रश्वास की गति के निरीक्षण में अत्यधिक सहायता मिलती है। इस जप में सहज प्राणायाम प्रत्येक क्षण होता रहता है। इसमें शारीरिक श्रम भी नहीं करना पड़ता। वृत्ति मात्र लगानी पड़ती है। इसके अभ्यास से बहिर्मुखी वृत्तियाँ सहज ही में अन्तर्मुखी हो जाती हैं। साधक में साक्षी-भाव अपने आप आ जाता है। निरन्तर अभ्यास से 'सोऽहं' साधक के ऊपर बलात् सवारी किये रहता है। अभ्यास की दृढ़ता से सोते समय भी यह मंत्र स्वतः होता रहता है। इन्हीं सब विशेषताओं के कारण 'सोऽहं' जप राजयोगियों का अत्यन्त प्रिय मंत्र है।

स्वामी राम की 'सोऽहं' के प्रति अगाध निष्ठा थी। उन्होंने इसके संबंध में अपनी अनुभूतियाँ स्थल-स्थल पर प्रकट की हैं—

यह एक बड़ा ही उपयोगी मंत्र है, जिससे प्रत्येक को परिचित होना चाहिये। वह है 'सोऽहं'। अंग्रेजी भाषा में 'सो' का अर्थ है 'ऐसा', किन्तु संस्कृत भाषा में 'सो' का अर्थ होता है 'वह'। 'वह' का अर्थ सदा परमेश्वर या परमात्मा होता है। इस तरह 'सो' का अर्थ परमेश्वर है। भारत में स्त्री अपने पति का नाम कभी नहीं लेती। उसके लिये संसार में केवल एक पुरुष है और वह एक पुरुष उसका पति है। वहाँ स्त्री अपने पति को सदैव 'वह' कहा करती है, मानों समस्त संसार में उसके लिये पति के अतिरिक्त कोई अन्य व्यक्ति है ही नहीं। फलतः, उसके लिये 'वह' सदा परमेश्वर है, वही परमेश्वर सदा उसके विचारों में है। इसी तरह वेदान्ती के लिये 'सो' शब्द का अर्थ सदैव परमेश्वर अथवा परमात्मा होता है। मेरा स्वरूप केवल एक सत्यमात्र है, यह विचार निरन्तर चित्त में रहना चाहिये।"

इस 'सो' की व्याख्या के अनन्तर स्वामी राम ने 'सोऽहं' जप की विधि को अनुभव पूर्ण व्याख्या की है—

"'सोऽहं' श्वास से निकलने वाली स्वाभाविक ध्वनि है। बस, इस शब्द की पूर्ण महिमा निरन्तर प्रत्येक क्षण हमारे मन में रहनी चाहिये। साँस की गति का निरीक्षण करते रहिये और इस सोऽहं मंत्र के द्वारा उसे सुरीली बनाइये। यह एक शारीरिक, मानसिक एवं आध्यात्मिक व्यायाम है। साँस लेने में दो क्रियायें समाविष्ट रहती हैं—साँस का भीतर, जाना और बाहर आना, अर्थात् साँस निकालना। साँस भीतर लेते समय 'सो' शब्द बनता है (अर्थात् साँस भीतर लेते समय 'सो' शब्द की सहज ध्वनि होती है) और साँस बाहर निकालते समय 'हम्' शब्द प्रतिध्वनित होता है। कभी-कभी अभ्यासी को 'ओम्' की अपेक्षा 'सोऽहं' जप का उच्चारण बहुत स्वाभाविक प्रतीत होता है। यह दोनों का आलिंगन करता है। जब धीमे इसकी ध्वनि सुन रहे हो, तब इस पर विचार करो। भीतर ही भीतर और चित्त से इस पर मनन करो, किन्तु इस बीच में स्वाभाविक रीति से निरन्तर श्वास-प्रश्वास की क्रिया चलती रहे। यह सच्ची आत्म-सूचना है, जो साधक को इन्द्रियों के आकर्षण और सम्मोहन से हटाकर परमेश्वरत्व में लौटा ले जाती है। 'सोऽहं', अर्थात् 'वही हूँ मैं।' विश्व में प्रत्येक क्षण तालबद्ध गति हो रही है। संस्कृत में 'सो' शब्द का अर्थ सूर्य भी होता है। सूर्य हूँ मैं। मैं प्रकाश का देने वाला हूँ, मैं लेता कुछ नहीं, पर देता सब कुछ हूँ। मैं दाता हूँ, लेने वाला नहीं हूँ।"

स्वामी राम ने प्राणायाम की अत्यन्त गुह्य साधना की थी। उन्हें उसकी प्रत्यक्षानुभूति थी। अतः वे उसकी अड़चनों और कठिनाइयों को भी भलीभाँति समझते थे। इसीलिये उन्होंने प्राणायाम के सम्बन्ध में प्रारम्भिक साधकों को उसकी दुरूहताओं से आगाह भी किया है।

अब 'प्रत्याहार' की बात आती है। प्रत्याहार का अभिप्राय होता है, 'मन की विषयोन्मुखी प्रवृत्ति को लौटाकर उसे अन्तर्मुखी करना।' इस साधना से स्वामी राम का समस्त जीव ओतप्रोत है। हम उनके जीवन की सामान्य से सामान्य घटना में उनकी 'प्रत्याहार-प्रवृत्ति' का दृष्टान्त पाते हैं। उन्होंने अपने मन को बाह्य विषयों से मोड़कर इतना अन्तर्मुख बना लिया था कि वे अहर्निश अन्तर्जगत् में ही रमण किया करते थे। यही उनकी स्वाभाविक वृत्ति हो गयी थी। वे इस अन्तर्मुखी वृत्ति से रंचमात्र भी बहिर्मुख नहीं होते थे।

यम, नियम, आसन, प्राणायाम एवं प्रत्याहार का दृढ़तापूर्वक आचरण करने से स्वामी राम की धारणा-शक्ति में असाधारण विकास हो गया था। वे अपनी धारणा-शक्ति के असाधारण धनी थे। अपने विद्यार्थी-जीवन में वे जिस वस्तु की धारणा करना चाहते थे, उस पर उनका अलौकिक अधिकार हो जाता था। कालान्तर में उनकी यह धारणा-शक्ति जब अध्यात्म की ओर उन्मुख हुई, तब उन्होंने इसी के बल पर अध्यात्म विद्या अथवा आत्म-विद्या की गूढ़तम समस्याओं को अल्पकाल में बड़ी आसानी से सुलझा लिया। अपनी प्रबल धारणा-शक्ति के बल पर ही उन्होंने निर्भय स्थिति प्राप्त की।

स्वामी राम 'ध्यान' और 'समाधि' के साकार विग्रह थे। उनका दृढ़ 'ध्यान' सहज 'समाधि' में परिणत हो गया था। वे निरन्तर आत्म सुख, ब्रह्म भावना में डूबे रहते थे।

इसके परिणामस्वरूप वे निरन्तर आत्म-समाधि में निमग्न रहते थे। उनकी इस विचित्र स्थिति को देखकर अमेरिका के कुछ मनोवैज्ञानिकों ने भविष्यवाणी की थी कि "स्वामी राम अन्तर्जगत् में इतने अधिक निमग्न रहते हैं कि उन्हें बहिर्जगत् का ध्यान ही नहीं रहता। ऐसी दशा में उनका शरीर अधिक दिनों तक संसार में नहीं रह सकता।"

हाँ, एक बात और, स्वामी राम राजयोग की साधनाओं के फलस्वरूप स्वाभाविक रीति से 'अनाहत' शब्द का श्रवण करने लगे थे। इसका उल्लेख उन्होंने अपने एकाध पत्र में भी किया है। अनाहत शब्द का बिना किसी प्रकार के प्रयास के स्वतः सुनना राजयोग की महान् उपलब्धि मानी जाती है। योगशास्त्र में स्थान-स्थान पर इस 'अनाहत' शब्द की महिमा का मुक्त कण्ठ से वर्णन किया गया है। हिन्दी के सन्त कवियों ने इसका अनुभूति-युक्त वर्णन किया है।

राजयोग की इन साधनाओं के फलस्वरूप स्वामी राम में कुछ सिद्धियाँ निश्चित रूप में आ गयी थीं, जिनका उल्लेख उनके जीवन के प्रसंग में कई स्थानों पर किया जा चुका है। इस प्रकार स्वामी राम पक्के राजयोगी थे।

## भक्तियोग

भक्तिमार्ग अथवा साधन भारत में बहुत प्राचीन समय से प्रचलित है और इसी को उपासना या भक्ति कहते हैं। शाण्डिल्य सूत्र में भक्ति का लक्षण इस प्रकार निरूपित है—'सा (भक्तिः) परानुरक्तिरीश्वरे", अर्थात्, "ईश्वर के प्रति 'पर' अथवा निरतिशय जो प्रेम है, उसे भक्ति कहते हैं।" भागवत पुराण में उस भगवद्विषयक प्रेम को निर्हेतुक, निष्काम और निरन्तर माना गया है—"अहेतुक्यव्यवहिता या भक्तिः पुरुषोत्तमे" (भागवत पुराण ३; २९; १२)। जब भक्ति इस हेतु से की जाती है कि "हे ईश्वर! मुझे कुछ दे", तब वैदिक यज्ञ-यागादिक कर्मों के समान उसमें भी कुछ न कुछ व्यापार का स्वरूप समाविष्ट हो जाता है। ऐसी भक्ति 'राजस' कहलाती है। और उससे चित्त की शुद्धि तुरन्त नहीं होती, कालान्तर में होती है। जब तक चित्त की पूरी-पूरी शुद्धि नहीं होती, तब तक परमात्मा की प्राप्ति संभव नहीं है। अध्यात्म शास्त्र-प्रतिपादित पूर्ण निष्कामता का तथ्य इस प्रकार भक्ति मार्ग में भी बना रहता है। इसीलिये श्रीमद्भगवद्गीता में भगवान् श्रीकृष्ण ने भक्तों की चार श्रेणियाँ बताकर, उनमें निस्पृसह ज्ञानी भक्त को सर्वश्रेष्ठ भक्त माना है—

**चतुर्विधा भजन्ते मां जनाः सुकृतिनोऽर्जुन।**<br>
**आर्तो जिज्ञासुरर्थार्थी ज्ञानी च भरतर्षभ॥१६॥**<br>
**तेषां ज्ञानी नित्ययुक्त एक भक्तिर्विशिष्यते।**<br>
**प्रियो हि ज्ञानिनोऽत्यर्थमहं स च मम प्रियः॥१७॥**

—श्रीमद्भगवद्गीता, अध्याय ७, श्लोक १६-१७

अर्थात् "हे भरतवंशियों में श्रेष्ठ अर्जुन! उत्तम कर्म वाले अर्थार्थी, आर्त, जिज्ञासु और ज्ञानी अर्थात् निष्कामी ऐसे चार प्रकार के भक्तजन मुझ को भजते हैं। उनमें भी नित्य मुझ में एकीभाव से स्थित हुआ अनन्य प्रेम-भक्ति-वाला ज्ञानी भक्त अति उत्तम है,

क्योंकि मेरे को तत्व से जानने वाले ज्ञानी को मैं अत्यन्त प्रिय हूँ और वह ज्ञानी भी मुझे अति प्रिय है।"

मनुष्य के मन की स्वाभाविक रचना ऐसी है कि सगुण वस्तुओं में से भी जो वस्तु अव्यक्त होती है, अर्थात् जिसका कोई विशेष रूप रंग आदि नहीं और इसीलिये जो नेत्रादि इन्द्रियों को अगोचर है, उस पर प्रेम रखना या हमेशा उसका चिन्तन कर मन को उसी में स्थिर करके वृत्ति को तदाकार करना मनुष्य के लिये बहुत कठिन और दुःसाध्य भी है। क्योंकि मन स्वभाव से ही चंचल है, इसीलिये जब तक मन के सामने आधार के लिये कोई इन्द्रियगोचर स्थिर वस्तु न हो, तब तक यह मन बारबार भूल जाया करता है कि स्थिर कहाँ होना है। चित्त का यह मानसिक कार्य बड़े-बड़े ज्ञानी पुरुषों को भी दुष्कर प्रतीत होता है, तो फिर साधारण पुरुषों के लिये कहना ही क्या?

श्रीमद्भगवद्गीता में इसीलिये भगवान् श्रीकृष्ण ने निर्गुणोपासना को अत्यधिक दुरूह बताया है—

**क्लेशोऽधिकतरस्तेषां अव्यक्तासक्तचेतसाम्।**
**अव्यक्ता हि गतिर्दुःखं देहवद्भिरवाप्यते॥**

श्रीमद्भगवद्गीता, अध्याय १२, श्लोक ५

अर्थात्, "अव्यक्त में चित्त (मन) की एकाग्रता करने वाले को बहुत कष्ट होते हैं, क्योंकि इस अव्यक्त गति को पाना देहेन्द्रियधारी मनुष्य के लिये स्वभावतः कष्टदायक है।"

जो परमेश्वर अचिन्त्य, सर्वसाक्षी, सर्वव्यापी और सर्वशक्तिमान् जगदात्मा होकर भी हमारे समान हमसे बोलेगा, हम पर प्रेम करेगा, हमको सन्मार्ग दिखायेगा और हमें सद्गति देगा, जिसे हम लोग अपना कह सकेंगे, जिसे हमारे सुख-दुखों के साथ सहानुभूति हो सकेगी, जो हमारे अपराधों को क्षमा करेगा, जिसके साथ हम लोगों का यह प्रत्यक्ष सम्बन्ध उत्पन्न हो कि, "हे परमेश्वर! मैं तेरा हूँ और तू मेरा है," जो पिता के समान मेरी रक्षा करेगा और माता के समान प्यार करेगा, अथवा जो "गतिर्भर्ता प्रभुः साक्षी निवासः शरणं सुहृत्" (गीता, अध्याय ९, श्लोक १७ और १८)—अर्थात् जिसके विषय में मैं यह कह सकूँगा कि "तू मेरी गति है, तू मेरा विश्रामस्थल है, तू मेरा अन्तिम आधार है।" ऐसा कहकर बच्चों की भाँति प्रेमपूर्वक तथा लाड़ से जिसके स्वरूप का आकलन मैं कर सकूँगा, वही परमात्मा-विषयक सच्ची निष्ठा और अनन्य भक्ति है। सत्यसंकल्प, समस्त ऐश्वर्य-सम्पन्न, दयासागर, भक्तवत्सल, परमपवित्र, परम उदार, परम कारुणिक, परम पूज्य, सर्वसुन्दर, सकल गुणनिधान अथवा संक्षेप में कहें, तो ऐसे लाड़ले, सगुण, प्रेमगम्य और व्यक्त यानी प्रत्यक्ष रूपधारी सुलभ परमेश्वर ही के स्वरूप का सहारा मनुष्य भक्ति के लिये स्वभावतः किया करता है।

भागवतपुराण (७; ५; २३) के अनुसार इस भक्ति के नौ प्रकार बताये गये हैं—

**श्रवणं कीर्तनं विष्णोः स्मरणं पादसेवनं**
**अर्चनं वन्दनं दास्यं सख्यं आत्मनिवेदनम्॥**

नारद के भक्तिसूत्र में इसी भक्ति के ग्यारह भेद किये गये हैं (ना० सू० ८२)। भक्ति चाहे जिस प्रकार की हो, इतना तो निश्चय है कि परमात्मा में निरतिशय और निर्हेतुक प्रेम करना ही पड़ेगा। भक्त को अपने इष्टदेव परमात्मा में अपनी तादात्म्य भावना करना ही पड़ेगी। इसमें सन्देह नहीं कि अध्यात्म-विचार से या अव्यक्तोपासना से परमेश्वर का जो ज्ञान होता है वही भक्ति से भी हो सकता है—

भक्त्या मामभिजानाति यावान्यश्चास्मि तत्त्वतः
ततो मां तत्त्वतो ज्ञात्वा विशते तदनन्तरम्॥

गीता, अध्याय १८, श्लोक ५५

अर्थात् "उस पराभक्ति के द्वारा, मेरे को तत्त्व से भलीभाँति जानता है कि मैं जो और जिस प्रभाव वाला हूँ तथा उस भक्ति से मेरे को तत्त्व से जानकर, तत्काल ही मेरे में प्रवेश हो जाता है। अर्थात् अनन्य भाव से मेरे को प्राप्त हो जाता है; फिर उसकी दृष्टि में मुझ वासुदेव के सिवाय और कुछ भी नहीं रहता।"

यह तो हुआ भक्ति के सम्बन्ध में कुछ सामान्य विवेचन; अब हमें स्वामी राम की भक्ति-साधना के सम्बन्ध में कुछ बातें करनी हैं। इसमें सन्देह नहीं कि स्वामी राम की आध्यात्मिक साधना भक्ति से ही प्रारम्भ हुई और वह भी सकामोपासना से। जब स्वामी राम को विद्यार्थी-जीवन में छात्रवृत्ति नहीं प्राप्त हुई, तो वे उद्विग्न हुये। किन्तु उस उद्विग्नता में भी उन्होंने परमात्मा में अपनी आस्था अक्षुण रखी। इसी प्रकार जब वे बी०ए० की परीक्षा में अनुत्तीर्ण हुये, तब भी वे अत्यधिक चिन्तित और दुखी हुये, किन्तु उन्होंने तुरन्त ही अपनी मनःस्थिति सँभाल ली। श्रीकृष्ण के प्रति उनकी अपार निष्ठा और आत्म-समर्पण-भाव-प्रबल हो गया। और वे अहर्निश "त्वमेव माता च पिता त्वमेव" का सस्वर पाठ करने लगे एवं श्रीकृष्ण की भक्ति में डूब गये। उन्होंने मनसा, वाचा, कर्मणा अपने को श्रीकृष्ण के चरणों में समर्पित कर दिया। इसका परिणाम यह हुआ कि उनकी सारी अड़चनें, सारी कठिनाइयाँ स्वतः हल होती गयीं। इससे उनकी प्रीति में और भी प्रगाढ़ता और अनन्यता आती गयी। इन घटनाओं से स्वामी राम का परमात्मा में विश्वास उत्तरोत्तर दृढ़ होता गया। अन्त में उन्होंने यह प्रत्यक्षानुभूति की कि परमात्मा की भक्ति निरतिशय और निर्हेतुक होनी चाहिये। वे शीघ्र ही आर्त और अर्थार्थी भक्त की श्रेणी से उत्तीर्ण हो गये और जिज्ञासु भक्त की श्रेणी में आ पहुँचे। आर्त भक्त अपने कष्ट-निवारण के लिये परमात्मा को सर्वशक्तिमान् समझ कर, उससे प्रार्थना करता है। गज ने ग्राह से उद्धार के निमित्त एवं द्रौपदी ने दुःशासन से त्राण पाने के लिये, इसी प्रकार की प्रार्थना की थी। बी०ए० परीक्षा में अनुत्तीर्ण होने पर, स्वामी ने अपने कष्ट-निवारणार्थ, जो भक्ति की थी, वह इसी कोटि के अन्तर्गत आती है। अर्थार्थी भक्त वह है, जो किसी प्रकार के सांसारिक ऐश्वर्य, धन-सम्पत्ति प्राप्ति के हेतु परमात्मा की भक्ति करता है। ध्रुव की प्रारम्भिक भक्ति इसी कोटि के अन्तर्गत आती है। स्वामी राम ने छात्रवृत्ति प्राप्ति के निमित्त अपने गुरु—भक्त धन्नाराम से जो प्रार्थना की, उस भक्ति में इसी श्रेणी की भक्तिभावना पायी जाती है। अर्थार्थी और आर्त्त भक्त की दृष्टि से जब स्वामी ने परमात्मा की कृपालुता, शक्ति, अनुग्रह की प्रत्यक्षानुभूति कर ली, तो उसे विशेष भाव से जानने के लिये जिज्ञासु हुये। अतः वे अब जिज्ञासु श्रेणी के भक्त हो गये। 'जिज्ञासु' का अभिप्राय है, 'जानने की

स्पृहा वाला', अर्थात् जिस साधन के अन्तर्गत परमात्मा के स्वरूप, शक्ति, ऐश्वर्य, अनन्तता, अखण्डता, पूर्णता आदि के जानने की उत्कट अभिलाषा हो, वह 'जिज्ञासु' है। पूर्वजन्म के संस्कारों एवं अभ्यास के फलस्वरूप स्वामी राम को सांसारिक विषयों के प्रति ग्लानि एवं विरक्ति हो गयी, अतः वे परमात्मा की अनन्त महिमा जानने के लिये जिज्ञासु हुये। वैराग्य के कारण उनका अन्तःकरण परम निर्मल एवं विशुद्ध हो गया। अतः निर्हेतुक भक्ति का अपार सागर उनके भीतर हिलोरें मारने लगा। वे श्रीकृष्ण भगवान् के अनन्य प्रेम में दीवाने हो गये। वे श्रीकृष्ण के विरह में उन्मत्त हो गये। काले बादलों में, कृष्ण सर्प में स्वामी राम को अपने इष्टदेव श्रीकृष्ण की ही छवि दिखलायी पड़ने लगी। वे विरह में छटपटाने लगे। किसी कवि ने ऐसे विरही भक्तों की विरहावस्था का इस प्रकार चित्रण किया है—

**नयनों में आना ये जी छिप जाना कैसा?**
**फिर के न आना लुभाना जी तरसाना कैसा?**
**ऐ, रे मनमोहन प्यारे! मेरे नयनों के तारे!**
**बेगी, तू, आरे, मरती हूँ तेरे मारे,**
**दरस दिखा जा मोको, बंसी के बजाने वाले!**

इसी विरहावस्था के दीवानेपन को वे काले साँप को कृष्ण समझ कर पकड़ने के लिये दौड़ने लगे। कभी-कभी उसको पाने के लिये रात-रात भर जगते रहते; दर्शन न पाने पर इतना रोते कि अश्रुधारा से उनका बिस्तर भीग जाता।

स्वामी राम की इस विरहानुभूति में गोपियों का, चैतन्य देव का, रामकृष्ण परमहंस का भगवद्-विषयक प्रेम मूर्तिमान हो गया। कहना न होगा कि स्वामी राम के इस अनन्य प्रेम के कारण, इन्हें अपने इष्टदेव—श्रीकृष्ण का दर्शन हो गया। इसका संकेत उन्होंने अपने अनन्य शिष्य नारायण स्वामी से किया है। परिणाम यह हुआ कि स्वामी राम विरहावस्था को पार करके, मिलन की अवस्था में आ गये। पर यह मिलन स्थायी नहीं हो पाता। प्रयास करने पर स्वामी राम को अपने अन्तःकरण में अपने इष्टदेव का दर्शन होने लगा। फारसी के एक शायर की यह उक्ति, उनकी इस अवस्था पर चरितार्थ होती है—

**दिल के आईने में है तस्वीरे यार।**

**जब ज़रा गर्दन झुकायी देख ली॥**

स्वामी राम ने उपर्युक्त शेर का अनेक बार उद्धरण किया है।

भक्ति के प्राङ्गण में भक्त का प्रवेश उत्तरोत्तर धीरे-धीरे होता है। यदि अत्यन्त विरह, मिलन-विरह इन स्थितियों से भक्त न गुजरे, तो भक्ति का पूरा-पूरा मजा नहीं आता। शास्त्रों में इस बात का स्पष्ट उल्लेख है कि इष्टदेव के विरह की तड़पन में भक्त के समस्त पूर्व पाप-ताप दग्ध हो जाते हैं और उसके मिलन के आह्लाद अथवा सुख में उसके पूर्वजन्मों के समस्त पुण्य भी भस्मीभूत हो जाते हैं। इस प्रकार भगवान् के भक्त अपने पापों एवं पुण्यों को दग्ध करके एकमात्र भगवान् के ही हो जाते हैं। जिस प्रकार गर्भिणी स्त्री, का सारा कार्यभार और कष्ट, बच्चे को जन्म देने पर समाप्त हो जाता है, उसी प्रकार

परमात्मा की प्राप्ति के अनन्तर भक्त के समस्त कार्यभार स्वतः स्वाभाविक रीति से दूर हो जाते हैं। जैसे गर्भिणी स्त्री सन्तान को जन्म देने के अनन्तर, उसी सन्तान को लेकर पड़ी रहती है, उसी प्रकार भक्त भी भगवान् की प्राप्ति के अनन्तर उसी को लेकर निरन्तर आनन्दविभोर रहता है।

तपोवन में इष्टदेव के दर्शन के अनन्तर स्वामी राम के दृष्टिकोण में अद्भुत परिवर्तन हो गया। उनकी दृष्टि सर्वत्र इष्टदेव के दर्शन में तन्मय हो गयी। इन्हें सर्वत्र इष्टदेव दिखलायी पड़ने लगा। उनकी विरह-तड़पन सदैव के लिये समाप्त हो गयी। वे इस स्थिति में पहुँच गये—

**नजर आती है मुझको हर तरफ़ दिलदार की सूरत,**

**कोई जा है नहीं खाली, बिना उस यार की सूरत।**

आत्म-समर्पण-भावना भक्ति का सर्वस्व है। स्वामी राम ने आत्म-समर्पण भाव को आध्यात्मिक प्रगति का आवश्यक अंग माना है। वे कहते हैं—

"लाख यत्न करके देख लो, जब तक तुम्हारा सारथी धुँधली आँखों वाला, काना-सा है, तब तक कीचड़ में डूबोगे, रेत में धँसोगे गड्ढो में गिरोगे, चोटें खाओगे और चिल्लाओगे। बाबा! सांसारिक बुद्धि को सारथी बनाना दुःख ही दुःख पाना है। अब बात सुनो, फ़तह (विजय) इसी में है कि अपनी मनरूपी बागडोरी दे दो, दे दो उस कृष्ण के हाथ, बस फिर कोई खतरा नहीं, वह इस संसार रूपी कुरुक्षेत्र से जय को साथ लेकर ही निकलेगा। रथ हाँकने में तो वह प्रसिद्ध उस्ताद है। आवश्यकता है हरि को रथ, घोड़े और बागें सौंप कर पास बिठाने की, अर्थात् उपासना की—

**सर्वधर्मान्परित्यज्य मामेकं शरणं व्रज।**

**अहं त्वा सर्व पापेभ्यो मोक्षयिष्यामि मा शुच॥**

—श्रीमद्भगवद्गीता, अध्याय १८, श्लोक ६६

अर्थात्, "सभी धर्मों को अर्थात् सम्पूर्ण कर्मों के आश्रय को त्याग कर, केवल एक मुझ सच्चिदानन्द घन वासुदेव परमात्मा को ही अनन्य शरण को प्राप्त हो जा; मैं तुझे पापों से मुक्त कर दूँगा, तू शोक मत कर।"

स्वामी राम ने भगवद् भक्ति अथवा उपासना में आत्मसमर्पण पर बहुत अधिक बल दिया है—

"उपासना की जान समर्पण और आत्मदान है। यदि यह नहीं, तो उपासना निष्फल और प्राण रहित है। भाई, सच पूछो तो हर कोई लेने का यार है। जब तक तुम अपनी खुदी और अहंकार को परमेश्वर के हवाले न करोगे, तब तक तुम्हारे पास बैठना तो दूर, वह तुमसे कोसों भागता फिरेगा, जैसे कृष्ण भगवान् कालयवन से दूर-दूर भागे थे।"

स्वामी राम ने भगवान् के सच्चे भक्त की तुलना उस नन्हें शिशु से की है, जो अपने को माता की गोदी में समर्पित कर निर्द्वन्द्व और निश्चिन्त रहता है। भक्त भी जब अपने को परमात्मा के हवाले कर देता है, तब वह भी परम निश्चिन्त हो जाता है—

"बच्चे ने जब अपना नन्हा-सा तन और भोला-भाला मन माता की गोद में डाल दिया, तो सारे जहान (संसार) में उसके लिये कौन-सा आराम शेष रहा और कौन-सी चिन्ता बाकी रही। आँधी हो, वर्षा हो, भूकम्प हो, कुछ हो, उसका बाल-बाँका नहीं होगा, कैसा निर्भय है, क्या मीठी नींद सोता है और सलोनी जाग्रति उठता है।"

स्वामी राम अपनी स्वानुभूति अभिव्यक्त करते हैं कि भगवद्-भक्ति अथवा उपासना से अत्यधिक आन्तरिक शक्ति प्राप्त होती है। हमारा इष्टदेव अनन्त ज्ञान एवं अनन्त शक्ति का अक्षय भाण्डार है। उसके सान्निध्य में हम अपार शक्ति और ज्ञान अर्जित कर लेते हैं—

"सुषुप्ति द्वारा अज्ञाततः परम तत्त्व में लीन होने पर इस कदर शक्ति-बल आ जाता है, तो उपासना-ध्यान आदि द्वारा ज्ञाततः परम तत्त्व में लीन होने पर, शक्ति, बल और आनन्द क्यों न बढ़ेंगे? जब देखो कि चिन्ता, क्रोध, काम आदि तमोगुण घेरने लगे हैं, तो चुपके से उठकर जल के पास चले जाओ, आचमन करो, हाथ-मुँह धोओ या स्नान ही कर लो, अवश्य शांति आ जायेगी। हरिध्यानरूपी क्षीरसागर में डुबकी लगाओ, क्रोध के धुँयें और भाप को ज्ञानाग्नि में बदल दो।"

स्वामी राम की दृष्टि में सच्ची भक्ति कृष्ण नहीं कर सकता, उदारमना से ही सच्ची भक्ति होनी संभव है—

"भक्ति (उपासना) चित्त की उस दर्जे की उदारता का नाम है, जिसमें अपने आप तक को उछाल कर हरिनाम पर वार कर फेंक दिया जाय। तंग दिल वाला उपासना के आनन्द को कभी नहीं पा सकता। जिसका दिल बादशाह नहीं, वह क्या जाने भक्ति रस को! और बादशाह वह है, जिसका अपने दिल के भीतर से एक लँगोटी (कौपीन) के साथ भी दावा न हो।"

"लोग कहते हैं कि भजन में मन नहीं ठहरता, एकाग्रता नहीं होती। एकाग्रता भला हो कैसे? कृपणता के कारण बन्दर की तरह मुट्ठी से पदार्थों को छोड़ते नहीं और मुट्ठी में लिया चाहते हैं राम को। आखिर ऐसा अनजान (भोला) तो वह भी नहीं कि अपने आप ही हत्थे चढ़ जाय—

जहाँ काम तहँ राम नहिं, जहाँ राम नहिं काम।

राम तो उससे मिलता है, जो हनुमान जी की तरह हीरों, जवाहरों को फोड़ कर फेंक दे, "यदि उनमें राम नहीं है तो इस इनाम को कहाँ धरूँ? क्या करूँ।"

"भजन करते समय निर्लज्ज चित्त में मकान के खानपान के, अपने मान, अपनी जान के ध्यान आ जाते हैं। मूर्ख को इतनी समझ नहीं कि ये चीजें चिन्तन योग्य नहीं, चिन्तन योग्य तो एक राम ही है।"

स्वामी राम ने भक्ति-प्राप्ति में याचना को सबसे बड़ा रोड़ा माना है। बात यह है कि जब तक सांसारिक भोगों के प्रति स्पृहा और आसक्ति बनी हुई है, तब तक परा भक्ति अथवा रागात्मिका भक्ति की प्राप्ति दुर्लभ है। किन्तु परमात्मा से ज्ञान-प्राप्ति तत्त्व-दर्शन की याचना करना याचना नहीं है। यह तो भक्ति के सीधे मार्ग पर ही जाना है—इस सम्बन्ध में स्वामी राम के विचार इस प्रकार हैं—

"माँगना दो प्रकार है, एक तो तुच्छ मैं (अहंता) को मुख्य रखकर अपनी बुद्धि और भोग-कामना के लिये प्रार्थना करना, और दूसरा ज्ञान-प्राप्ति, तत्त्व-दर्शन, हरिसेवा को परम प्रयोजन ठानकर आत्मोन्नति माँगना। प्रथम प्रकार की प्रार्थना तो मानों ईश्वर को तुच्छ नामरूप (जीव) का अनुचर बनाना है। अपनी सेवा के निमित्त ईश्वर को बुलाना है, उलटी गंगा बहाना है। द्वितीय प्रकार की प्रार्थना सीधी बाट पर जाना है।"

स्वामी राम की दृढ़ धारणा है कि अज्ञानपूर्ण संकल्प अधर्मयुक्त, स्वार्थमय एवं संकीर्ण है। इनके परिणाम अहितकर होते हैं, ये संसार में बाँधने वाले होते हैं। इनसे परमात्मा की सच्ची भक्ति नहीं प्राप्त हो सकती। बिना सच्ची भक्ति-प्राप्ति के शान्ति, सन्तोष, तृप्ति और आनन्द की उपलब्धि मृगमरीचिका के समान है। अतः सच्ची भक्ति प्राप्ति के निमित्त इन संकीर्ण कामनाओं का परित्याग अनिवार्य है। सात्विक एवं कल्याणयुक्त विचारों से आत्मोन्नति और जगत्-कल्याण दोनों ही साथ-साथ पूरे होते हैं। स्वामी राम ने इस सम्बन्ध में अपने विचार इस प्रकार अभिव्यक्ति किये हैं—

"आत्मा में चित्त के लीन होते समय जो भी संकल्प होगा, सत्य तो अवश्य ही हो जायेगा! परन्तु यदि वह संकल्प अज्ञान, अधर्म और स्वार्थमय है, तो काँटेदार, विषभरे अंकुर की नाईं लगकर दारुण परिणाम का हेतु होगा। अहंता, ममता और भोग-कामना सम्बन्धी ईश्वर से प्रार्थना करना मैले ताँबे के बर्तन में पवित्र दूध भरना है। दुःख पाकर जब सीखोगे ही, तो पहले ही अपवित्र वासना को क्यों नहीं त्याग देते। अशुभ भावना में औरों का भी बुरा होता है और अपनी भी खराबी। शुभ भावना, पवित्र भाव, ज्ञान-विज्ञान की प्राप्ति में न केवल अपना ही कल्याण होगा, वरन् परोपकार भी। मन में सत्त्वगुण, शान्ति, आनन्द और शुद्धि हो, तो हमारे काम स्वयं ईश्वर के काम होते हैं, उनके पूरा होने में देर लग ही नहीं सकती।"

पराभक्ति अथवा रागात्मिका भक्ति के लिये त्याग परमावश्यक गुण है। बिना त्याग के रागात्मिका भक्ति की प्राप्ति दुर्लभ है—

"पर भाई! सच बात तो यह है कि माँगना सच्ची उपासना का कोई अंग नहीं है। हाँ, देना (उदारता) तो उपासना रूप है। जब अपने मतलब के लिये मैं तुम्हारी सेवा करूँ, तो इसमें तुम्हारी भक्ति काहे की? वह तो दूकानदारी है, या ठगबाजी। मँगते भिखारी को कोई पाँव तक छूने नहीं देता। परमेश्वर तो बादशाह है। भिखमंगे कंगाल बनकर उसके पास जाओगे, तो दूर से ही 'दुर दुर' कहे जाओगे। बादशाह से मिलने चले हो? परे फेंको, मैले-कुचैले, फटे-पुराने इच्छारूपी चीथड़े। 'खानों के खान मिहमान'। जब तक तुम बादशाह न बनोगे, बादशाह के पास नहीं बैठ सकते। इच्छा, कामना की गन्ध तक उड़ा दो, जम कर बैठो त्याग के तख्त पर, धारण करो वैराग्य के मोती, पहन लो ज्ञान का मुकुट और वह तुम्हारे पास से कभी हिल जाय, तो मुझे बाँध लेना।"

स्वामी राम, राम भक्ति के आधार पर ब्रह्मज्ञान की प्राप्ति सम्भव मानते हैं। वास्तव में 'परा' भक्ति, 'प्रेमा' भक्ति, 'अनन्य' भक्ति अथवा 'परम' भक्ति और ब्रह्मज्ञान में कोई अन्तर नहीं है। परा भक्ति ही ब्रह्मज्ञान का रूप धारण कर लेती है। भक्ति का आश्रय ग्रहण करके साधक इष्टदेव के साथ बिलकुल एक हो जाता है। उसकी सारी व्यष्टि भावना इष्टदेव के साथ मिलकर एकदम इष्टदेव रूप ही हो जाती है। सारी त्रिपुटी—ध्याता, ध्येय

एवं ध्यान, ज्ञाता, ज्ञेय और ज्ञान अथवा आराधक, आराधना और आराध्यदेव, अथवा भक्त, भक्ति और भगवान् एक हो जाते हैं। स्वामी राम ने आत्मानुभूति अथवा इष्टदेव प्राप्ति के तीन सोपान बताये हैं। पहला सोपान है 'तस्यैवाहं' अर्थात् 'मैं उसी का हूँ।' दूसरा सोपान है 'तवैवाहं', अर्थात् 'मैं तेरा ही हूँ', तीसरा और अन्तिम सोपान है 'त्वमेवाहं' अर्थात् 'मैं तो तू ही हूँ।' अन्त में यह तीसरा भाव भी मिट जाता है, तो इस प्रकार के शब्द भी नहीं कहे जाते। यह स्थिति कुछ इस प्रकार की है, जिसे किसी अनुभवी ब्रह्मज्ञ पुरुष ने इस प्रकार अभिव्यक्त किया है—

**जहँ आदि, न मध्य, न अन्त बन्यो। जहँ सेवक साहब नाहिं गन्यो॥**
**जहँ कीट विरंचि सदा सम हैं। सुख रूप चिदातम सो हम हैं॥१॥**
**जेहि में मन बुद्धि न व्यापत है। नहिं इन्द्रिन तैं कछु जापत है॥**
**नहिं है बढ़ता न कछू कम है। सुख रूप चिदातम सो हम हैं॥२॥**
**जहँ ज्ञान, विराग, न योग जपं। जहँ तीरथ ना अरु शुद्ध मगं॥**
**श्रुति शास्त्रन की न जहाँ गम हैं। सुखरूप चिदातम सो हम हैं॥३॥**

इस सम्बन्ध में स्वामी राम की अनुभूति इस प्रकार है—"उपासना (भक्ति) साधन है, ज्ञान सिद्धावस्था। उपासना में यत्न के साथ अन्दर, बाहर ब्रह्म देखा जाता है। ज्ञान वह है, जहाँ यत्नरहित स्वाभाविक अन्दर तो, रोम रोम से 'अहं ब्रह्मास्मि' का ढोल अन्य सब वृत्तियों को दबा दे और बाहर हरत्रसरेणु 'तत्वमसि' का दर्पण दिखाता हुआ भेद-भावना को भगा दे।"

वास्तव में परा भक्ति की पूर्णावस्था 'ब्रह्मज्ञान' है। इष्टदेव की 'यत्र-तत्र-सर्वत्र' प्रतीति एवं अनुभूति ही ब्रह्मज्ञान है। परा भक्ति एवं ब्रह्मज्ञान में कोई अन्तर नहीं है। श्रीमद्‌भगवद्‌गीता में भगवान् श्रीकृष्ण ने अर्जुन से इसका स्पष्टीकरण इस प्रकार किया है—

**बहूनां जन्मनामन्ते ज्ञानवान्मां प्रपद्यते।**
**वासुदेवः सर्वमिति स महात्मा सुदुर्लभः॥**

—श्रीमद्‌भगवद्‌गीता, अध्याय ७, श्लोक १९

अर्थात् "जो बहुत जन्मों के अन्त के जन्म में तत्त्वज्ञान को प्राप्त हुआ ज्ञानी सब कुछ वासुदेव ही है, अर्थात् वासुदेव के सिवाय अन्य कुछ नहीं है, इस प्रकार मेरे को भजता है, वह महात्मा अति दुर्लभ है।"

कहना न होगा कि स्वामी राम ने अति, अर्थार्थी और जिज्ञासु भक्त की श्रेणियों का अतिक्रमण करके शीघ्र ही ज्ञानी भक्त की कोटि प्राप्त कर ली। इस स्थिति में पहुँच कर उनका अपने इष्टदेव से तादात्म्य हो गया। उन्होंने अपने को, अपनी व्यष्टिभावना को पूर्णतया अपने इष्टदेव में समाहित कर दी। फलतः स्वामी राम में और उनके इष्टदेव में रंचमात्र अन्तर न रह गया। उनकी यह स्थिति हो गयी—

**तूं तूं करता तूं भया, मुझ में रही न हूँ।**
**वारी तेरे नाम पर, जित देखूँ तित तूं॥**

परा भक्ति की प्रत्यक्षानुभूति स्वामी राम की वाणी में इस प्रकार अभिव्यक्ति हुई है—

"हे प्रभु! अब तो मुझसे दो-दो बातें नहीं निभ सकतीं। खाने-पीने, कपड़े, कुटिया का भी ख्याल रखूँ और दुलारे का भी मुख देखूँ। चूल्हे में कपड़े पहनना, खाना, जीना, मरना। क्या इनसे मेरा निर्वाह होता है? मेरी तो मधुकरी हो तो तुम, कमली हो तो तुम, कुटी हो तो तुम, औषधि हो तो तुम, शरीर हो तो तुम, आत्मा हो तो तुम। शरीरादि को रखना चाहते हो, तो पड़े रहने दो।"

इस प्रकार स्वामी राम भक्ति का आश्रय ग्रहण कर ब्रह्मज्ञान की उच्च भूमिका में आरूढ़ हो गये। प्रत्यक्षानुभूतिं एवं आत्मसाक्षात्कार के अनन्तर भी स्वामी राम की भक्ति ज्यों की त्यों बनी रही। वह अहंभावना, ममता, संकीर्ण भावना से विमुक्त होकर एवं त्याग, प्रेम, लोक-कल्याण भाव से समन्वित होकर निर्मल, पवित्र, शीतल गंगा के समान प्रवाहित होने लगी। स्वामी राम की इस भक्ति-गंगा में कितने साधक अवगाहन कर पवित्र हुये हैं और भविष्य में कितने होंगे, इसका अनुमान भी लगाना कठिन है।

## ज्ञानयोग

'जो पिण्ड में है, वही ब्रह्माण्ड में है'—इस प्रकार की ब्रह्मात्मैक्य अनुभूति को ज्ञान, ब्रह्मज्ञान अथवा आत्मज्ञान कह सकते हैं। ज्ञान प्राप्त करने के उपरान्त यह भेद-भाव नहीं रह जाता कि ज्ञाता अर्थात द्रष्टा भिन्न वस्तु है, ज्ञेय अर्थात् देखने की वस्तु पृथक् है एवं ज्ञान कोई अलग चीज है। ज्ञाता, ज्ञेय, ज्ञान को 'त्रिपुटी' की संज्ञा दी गयी है। ब्रह्मज्ञान-प्राप्ति के अनन्तर त्रिपुटी का सर्वथा लय हो जाता है जब तक ज्ञाता, ज्ञेय एवं ज्ञान के बीच रंचमात्र भी पृथकत्व रहेगा, तब तक यही समझना चाहिये कि पूर्ण ज्ञान की प्राप्त नहीं हुई। दूसरे शब्दों में 'अद्वैत-दर्शन' ही ज्ञान है। इस ज्ञान की प्राप्ति के लिये जिन प्रक्रियाओं का आश्रय लिया जाता है, उसी को ज्ञानयोग कहा जाता है। इन्हीं साधनों के निरन्तर अभ्यास से अविद्या अथवा अज्ञान की निवृत्ति होती है। अविद्या का परदा हटने पर आत्मज्ञान का प्रचण्ड भास्कर प्रत्यक्ष दिखलायी पड़ने लगता है।

विचारसागर इत्यादि वेदान्त ग्रन्थों में ब्रह्मज्ञान-प्राप्ति अथवा आत्मसाक्षात्कार के लिये आठ अन्तरंग साधन माने गये हैं—१ विवेक, २ वैराग्य, ३ षट् सम्पत्ति (शम, दम, श्रद्धा, समाधान उपरति एवं तितिक्षा), ४ मुमुक्षुत्व, ५ श्रवण, ६ मनन, ७ निदिध्यासन, ८ तत्पद और त्वं पद के अर्थ का शोधन।

कहना न होगा कि स्वामी राम ने अपना समस्त जीवन आत्मसाक्षात्कार के लिये समर्पित कर दिया था। उन्होंने अपने जीवन में जो भी कर्म किये, जो भी आन्तरिक साधनायें कीं, उन सब का एकमात्र लक्ष्य था ब्रह्म की, अपने वास्तविक आत्मस्वरूप की प्रत्यक्षानुभूति। उनकी भक्ति-भावना परा कोटि की थी। इस भक्ति का आश्रय ग्रहण करके, वे अपने इष्टदेव से एकाकार हो गये। उस ऐक्य में उन्होंने आत्मा और परमात्मा के बीच एकता स्थापित कर ब्रह्मज्ञान की चरमावस्था पर पहुँच गये। स्वामी राम के अधिकांश व्याख्यानों, लेखों और वार्ताओं में ब्रह्मज्ञान की मस्ती पग-पग पर छलकती-सी है।

इस प्रसंग में ब्रह्मज्ञान के उपर्युक्त आठ अन्तरंग साधनों की कसौटी पर हम उनकी साधन-प्रणाली की मीमांसा करने की चेष्टा करेंगे। अन्तरंग साधनों में विवेक का स्थान

प्रथम है। विवेक का अभिप्राय वह ज्ञान है, जिससे सत्-असत् वस्तुयें परखी जायँ। परमात्मा सत्य स्वरूप है, वह अविनाशी है, तीनों कालों में रहने वाला है; अतः वह सत् है। सांसारिक विषय-सुख अथवा मायिक पदार्थ क्षणभंगुर और नश्वर हैं, वे परिवर्तनशील हैं, अतएव वे असत् माने गये हैं। स्वामी राम बाल्यावस्था से कथा-श्रवण एवं सत्संग के अत्यंत प्रेमी थे। कथा एवं सत्संग द्वारा उन्हें बाल्यावस्था से ही सत्-असत् का ज्ञान हो गया था। उनके इस विवेक की उत्तरोत्तर वृद्धि होती गयी। भक्त धन्नाराम उनके प्रारम्भिक गुरु थे। वे अभ्यासी व्यक्ति थे। उनकी सत् प्रेरणा से स्वामी राम अपने बाल्यकाल से ही विवेक में स्थित हो गये थे। भीषण से भीषण एवं विषम से विषम परिस्थितियों में वे अपने विवेक से तिलमात्र विचलित नहीं होते थे। स्वामी राम अपने बचपन से ही स्वाध्याय के प्रेमी थे। वे भक्त धन्नाराम की प्रेरणा से योगवासिष्ठ का स्वाध्याय किया करते थे। इस ग्रंथ में विवेक पर बहुत अधिक बल दिया गया है। इसके स्वाध्याय से उनका विवेक उत्तरोत्तर बढ़ता गया और यह उनके आध्यात्मिक जीवन-निर्माण का महान् साधन हो गया। स्वामी राम आत्मसाक्षात्कार कर लेने के बाद विवेक पर और अधिक बल देने लगे थे। उनकी दृष्टि में सत्-असत् का स्वरूप एकदम स्पष्ट था। उनके व्याख्यानों, पत्रों, सामान्य वार्ता आदि में 'विवेक' अत्यन्त प्रखर रूप दिखलायी पड़ता है। उदाहरणार्थ—

"जो बाह्य रूपों, आकारों की नींव पर विश्राम करता और घटनाओं तथा अहंकारों के भरोसे रहता है, ऐसा मूढ़मति फेन पर घर बनाता है और स्वयं उसके साथ डूबता है। पर वह व्यक्ति उस अचल शिला, पर्वत पर अपना स्थान बनाता है, जिसके हृदय की तह में जमा पड़ा है—'ब्रह्म सत्यं जगन्मिथ्या' और दैवी विधान एक जीती-जागती शक्ति है।"

दूसरा साधन है 'वैराग्य'। ब्रह्मलोक तक के भोगों को त्यागने की वृत्ति का रहना वैराग्य है। जब तक विषय-सुखों, भोगों में मनुष्य की वृत्ति लगी रहती है, तब तक वह ज्ञानमार्ग का अधिकारी नहीं है। संसार के भोगों नें अनास्था, ग्लानि का होना वैराग्य है। हम स्वामी राम के जीवन-वृत्ति में देख चुके हैं कि वे वैराग्य के साकार विग्रह थे। उनका वैराग्य सर्वोच्च कोटि का था। उन्होंने सांसारिक सुखों, भोगों, मान-मर्यादा, धन-सम्पत्ति, बाल-बच्चों, स्त्री, पिता, कुटुम्बियों-सम्बन्धियों का तृण के समान त्याग कर दिया और फिर उस त्याग का भूल कर स्मरण भी नहीं किया। अतः वैराग्य स्वामी राम का सहज स्वभाव हो गया। स्वामी राम का समस्त ब्रह्मज्ञान वैराग्य की दृढ़ नींव पर अवलंबित है, इसीलिये वह इतना प्रखर और अनुभूतिमय है। उन्होंने अपने समस्त व्याख्यानों में वैराग्य को अत्यधिक महत्त्व दिया है। उनकी यह निश्चित और दृढ़ धारणा थी कि बिना दृढ़ वैराग्य के ब्रह्मज्ञान की प्राप्ति आकाश-कुसुम की कल्पना-मात्र है। स्वामी राम का वैराग्य अपनी विशिष्टता लिये हुये है। उन्होंने जिस वैराग्य का प्रतिपादन किया है, उसमें ईश्वरत्त्व का पुट देकर उसे रसमय, आनन्दमय बना दिया है। अतः स्वामी राम द्वारा प्रतिपादित वैराग्य नीरस अथवा शुष्क नहीं है। इस संबंध में उनके विचार अत्यन्त मौलिक हैं—

"त्याग अथवा वैराग्य का अर्थ है, प्रत्येक वस्तु को पवित्र बनाना ...... वेदान्त आपको पति, पत्नी तथा अन्य संबंधियों को त्यागने को कहता है। वेदान्त कहता है कि पत्नी से पत्नी का नाता तोड़ दो, उससे पत्नी-भाव छोड़ दो, किन्तु उसमें अपनी शुद्ध आत्मा और परमात्मा-स्वरूप देखो। शत्रुओं को शत्रु रूप से त्याग दो, उनमें ईश्वर देखो; मित्रों को मित्र रूप से त्याग दो और उनमें ईश्वरत्त्व या ब्रह्मत्त्व का अनुभव करो।"

"स्वार्थपूर्ण व्यक्तित्व के सभी बन्धनों का त्याग करो। प्रत्येक प्राणी और पदार्थ में ईश्वरत्त्व का अनुभव करो। सबमें विभु का दर्शन करो।"

स्वामी राम की ज्ञानयोग-साधना में वेदान्त द्वारा प्रतिपादित षट् सम्पत्ति का भी विशिष्ट स्थान है। षट्-सम्पत्ति का तात्पर्य छः साधनाओं से है—शम, दम, श्रद्धा, समाधान, उपरति और तितिक्षा। ये छः साधन स्वामी राम के सहज गुण, उनके विद्यार्थी-जीवन से ही बने हुये थे। शम का अभिप्राय है मन की चंचल वृत्तियों का नियंत्रण करना। स्वामी राम अपने मन को कभी चंचल नहीं होने देते थे। उन्होंने अपने वार्तालाप में अपने छात्र-जीवन की एक घटना का इस प्रकार उल्लेख किया है—

"राम का मन एक बार बिगड़ गया। लाहौर में वह अपने कोठे पर चढ़ा था। वहाँ से उसने किसी स्त्री को नग्न देखा, जिससे उसका मन बिगड़ा। मगर मन की इस अवस्था को देखकर, वह तत्काल छाती कूटने और रोने लगा। और उस दिन से वह इस बात का पक्का इरादा कर लिया कि या तो हम मरेंगे या मन को मारेंगे। राम बचपन से ही बड़ा हठी था। जिस बात को करने का हठ करता था, उसे करके ही छोड़ता था।"

इन्द्रियों का 'दमन' दम कहलाता है। स्वामी राम अपने छात्र-जीवन से असाधारण इन्द्रिय-निग्रही थे। उदाहरणार्थ नेत्रेन्द्रिय पर संयम प्राप्त करने के निमित्त छात्र-जीवन में बाहर चलते समय अपनी आँखों को पृथ्वी की ओर नीची किये रखते थे। इसी प्रकार कानों से कभी अश्लील बातें नहीं सुनते थे। जिह्वा से न किसी की बुराई करते थे और न कभी अश्लील बात करते थे और साथ ही स्वाद के लिए ऐसी कोई वस्तु नहीं खाते थे, जो अस्वास्थ्यकर हो। वाणी पर उनका असाधारण संयम था। वे मितभाषी थे। कभी निरर्थक वार्ता न करते थे और न सुनते थे। उनके जीवनवृत्त से यह बात आप जान चुके हैं कि उन्होंने नारायण स्वामी एवं पूर्णसिंह पर यह नियंत्रण लगा दिया था कि किसी व्यक्ति की आलोचना-प्रत्यालोचना न करें, इससे अपना ही मन खराब होता है। इस प्रकार उनकी दम प्रवृत्ति बड़ी उच्च्य कोटि की थी।

श्रद्धा तो उन्होंने अपनी वंश-परम्परा से ही सीखी थी। इस बात का उल्लेख उनके जीवन-वृत्त में बार-बार किया जा चुका है कि वे अपनी शैशवास्था से ही किस प्रकार कथा आदि के प्रति श्रद्धालु थे। अपने शिक्षागुरु मौलवी साहब को श्रद्धावश ही एकमात्र दुधारू गाय अपने पिता से दिलवा चुके थे। विद्यार्थी-जीवन में उन्होंने अपनी समस्त श्रद्धा अपने आध्यात्मिक गुरु भक्त धन्नाराम में केन्द्रीभूत कर दी थी। स्वामी राम भक्त धन्नाराम को ईश्वर का साक्षात् अवतार मानते थे। इस प्रसंग से संबंधित अनेक घटनायें उनके जीवनवृत्त में आ चुकी हैं। यही श्रद्धा विकासोन्मुखी होकर श्रीकृष्ण में केन्द्रीभूत हुई और अन्त में अपनी आत्मा में केन्द्रीभूत हो गयी। अतएव स्वामी राम की ज्ञानयोग-साधना में श्रद्धा का बहुत बड़ा हाथ है।

समाधान का अभिप्राय है, मन अथवा चित्त का सम्यक् रूप से अवस्थित होना। स्वामी राम की यह सहज प्रवृत्ति थी। वे दृढ़निश्चयी थे। इसी दृढ़ निश्चय के बल पर वे अपने मन एवं चित्त को जहाँ भी अवस्थित करना चाहते थे, स्वाभाविक रीति से कर लेते थे। इसमें सन्देह नहीं कि इसके लिये उन्हें महान् अभ्यास करना पड़ा था। इसी अभ्यास

के बल पर उन्होंने अपने मन को भलीभाँति, सम्यक् रूप से समाहित कर लिया था। समाधान के बल पर उन्हें स्वरूपानुसंधान में अत्यधिक सहायता मिली थी।

उपरति का आशय है "त्याग किये हुये भोगों के प्रति फिर कभी आसक्ति या भोग-भावना की वृत्ति का न होना।" संयोगवश यदि भोगों की कभी याद भी आ जाय तो वे उसी प्रकार ग्लानियुक्त प्रतीत हों जैसे वमन (कै) की हुई खाद्य-सामग्री को देखकर मन में वितृष्णा की भावना जाग पड़ती है। कहना न होगा कि स्वामी राम ने संसार की जिन वस्तुओं का त्याग किया, फिर भूल कर भी उनकी ओर नहीं देखा। इसका कारण यह था कि उनका त्याग विवेकपूर्ण त्याग था। उनका त्याग न तमोगुणी था, न रजोगुणी, बल्कि वह विशुद्ध सात्विक था। उनके अंग-अंग में उनके विशुद्ध निर्मल अन्तःकरण की पवित्रता भरी थी। स्वामी राम की अत्यन्त उपराम मनोवृत्ति थी। इसी उपरति वृत्ति से वे जीवनमुक्त अवस्था प्राप्त करने में सफलीभूत हुए।

तितिक्षा का मतलब है 'शारीरिक और मानसिक द्वन्द्वों पर विजय प्राप्त करना।' अर्थात् शरीर संबंधी शीतोष्ण द्वन्द्वों को आगमापायी—क्षणभंगुर और अनित्य समझकर उनमें समबुद्धि रखकर, इनसे परे होना। गीता में तितिक्षा के सम्बन्ध में भगवान् श्रीकृष्ण ने अर्जुन से इस प्रकार संकेत किया है—

**मात्रास्पर्शास्तु कौन्तेय शीतोष्ण सुखदुःखदाः।**
**आगमापायिनोऽनित्या स्तांस्तितिक्षस्व भारत॥**

—श्रीमद्भगवद्गीता, अध्याय २, श्लोक १४

अर्थात्, "हे कुन्तीपुत्र। सर्दी-गर्मी और सुख-दुःख को देने वाले इन्द्रिय और विषयों के संयोग से क्षणभंगुर और अनित्य हैं। इसलिए हे भरतवंशी अर्जुन! उनकी तू तितिक्षा कर, अर्थात् उन्हें सहन कर।"

स्वामी राम जन्मजात तितिक्षु थे। छात्र-जीवन में ही उन्होंने तितिक्षा का अत्यधिक अभ्यास किया था। ग्रीष्म काल की चिलचिलाती धूप से तप्त लाहौर की सड़कों पर वे नंगे पैर भ्रमण करते थे। पर उनकी सहज मुस्कान अक्षुण बनी रहती थी। संन्यासावस्था में तो उनकी यह तितिक्षा चरमसीमा पर पहुँच गयी थी। केवल एक धोती और एक चादर के सहारे उन्होंने घनघोर बर्फानी यात्रायें की थीं, इसका उल्लेख किया जा चुका है। अपने संन्यास जीवन में ऐकान्तिक साधन में उन्होंने केवल उबले हुये आलुओं पर अपना जीवन निर्वाह किया था। इस महान् तितिक्षा का उनके स्वास्थ्य पर बुरा प्रभाव भी पड़ा, किन्तु वे अपनी तितिक्षुवृत्ति से तनिक भी चलायमान नहीं हुये। तितिक्षा संन्यासियों का भूषण माना जाता है। स्वामी राम इस गुण से पूर्ण रूप से परिपूर्ण थे। इस प्रकार उनकी ज्ञानयोग की साधना में षट्-सम्पत्ति का महत्त्वपूर्ण स्थान है।

अब उनकी मुमुक्षुत्व वृत्ति पर विचार करना है। मुमुक्षु का अर्थ है, 'मोक्षप्राप्ति का सच्चा अभिलाषी।' संसार की अनित्यता, नश्वरता एवं दुःखों की प्रत्यक्षानुभूति करके उससे त्राण अथवा मुक्ति पाना वास्तविक मुमुक्षुत्त्व है। मुमुक्षु को संसार से त्राण पाने के लिये ठीक वैसी ही छटपटाहट होती है, जैसे जल में डुबोये हुये व्यक्ति को जल से निकल आने की तड़फड़ाहट होती है। स्वामी ने संसार के विषयों और भोगों को अनित्य,

क्षणभंगुर और बन्धन का हेतु भलीभाँति हृदयङ्गम कर लिया था, इससे उनमें उच्च कोटि की मुमुक्षु-वृत्ति जाग्रत हुई थी। वह इतनी तीव्र थी कि वे परमात्म-प्राप्ति के लिये, आत्म-साक्षात्कार के लिये दिन-रात छटपटाते रहते थे। आत्मस्वरूप की प्राप्ति के लिये वे रात-रात भर रोते रहते थे। सबेरे उनका बिस्तर आँसुओं से तर-बतर पाया जाता था। स्वामी राम सच्चे अर्थ में मुमुक्षु थे।

श्रवण, मनन एवं निदिध्यासन आत्मज्ञान के अन्तरंग साधन माने जाते हैं। इन तीनों का अन्योन्याश्रित संबंध है। तीनों प्रायः एक साथ ही रहते हैं। श्रवण का अभिप्राय होता है ब्रह्मनिष्ठ आचार्य एवं शास्त्रों द्वारा आत्मा के विषय का श्रवण करना। सुने हुये विषय का तर्क द्वारा मनन किया जाता है। श्रवण एवं मनन के अनन्तर, जो निश्चयात्मक बुद्धि से धारण किया जाता है, उसको निदिध्यासन कहा जाता है। बृहदारण्यकोपनिषद् में याज्ञवल्क्य जी ने अपनी सहधर्मिणी मैत्रेयी से इन तीनों को आत्मसाक्षात्कार के लिये परमावश्यक साधन माना है—

आत्मा वा अरे द्रष्टव्यः श्रोतव्यो मन्तव्यो निदिध्यासितव्यो मैत्रेय्यात्मनो वा अरे दर्शनेन श्रवणेन मत्या विज्ञानेदं सर्वं विदितम्।

—बृहदारण्यकोपनिषद्, अध्याय २, ब्राह्मण ४, मंत्र ५

अर्थात्, "अरी मैत्रेयि! यह आत्मा ही दर्शनीय, श्रवणीय, मननीय और निदिध्यासन किये जाने योग्य है। हे मैत्रेयि! इस आत्मा के दर्शन, श्रवण, मनन एवं विज्ञान से इस सब का ज्ञान हो जाता है।"

स्वामी राम के आत्माविषयक साधनों में ये तीनों साधन चरमोत्कर्ष रूप में पाये जाते हैं। उन्होंने अपने गुरु भक्त धन्नाराम एवं वेदान्त-ग्रन्थों के द्वारा आत्मा के संबंध में अत्यधिक श्रवण किया था। उसकी उपादेयता हृदयंगम करके अपने विवेक एवं तर्क बुद्धि द्वारा अहर्निश इसके मनन में व्यतीत किया। पूर्ण रूप से आत्मा को सबका उपादान एवं निमित्त कारण समझ कर, उसकी प्राप्ति के लिये तन-मन से निदिध्यासन में जुट गये। स्वामी राम ने पवित्र, एकान्त स्थल में रहकर अनन्य भाव से आत्मा का निदिध्यासन किया। उनके जीवनप्रसंगों में यह बात हम भलीभाँति देख चुके हैं।

अन्त में स्वामी राम ने 'तत्पद' एवं 'त्वं पद' के अर्थ का भलीभाँति शोधन किया। इस शोधन के फलस्वरूप उन्होंने ब्रह्मज्ञान की श्रेष्ठतम और उच्चतम अवस्था प्राप्त की। उन्होंने अद्वैत स्थिति की दिव्यानुभूति की और उसी स्थिति में सदैव के लिये आरूढ़ हो गये।

अब हम स्वामी राम की ज्ञानयोग-साधना पर एक दूसरे पहलू से विचार करने का प्रयत्न करेंगे। योगवासिष्ठ आदि अद्वैत ग्रन्थों में ब्रह्मज्ञान की सात भूमिकायें मानी गयी हैं। योगवासिष्ठ के निर्वाण प्रकरण के एक सौ ग्यारहवें सर्ग से लेकर एक सौ छब्बीसवें सर्ग में, अर्थात् सोलह सर्गों में इन सात भूमिकाओं का विशद वर्णन किया गया है। वे सात भूमिकायें इस प्रकार हैं—१. शुभेच्छा, २. सुविचारणा, ३. तन्मनसा, ४. सत्वमवाप्ति, ५. असंग भावना, ६. पदार्था-भावनी और ७. तुरीय। सूक्ष्म विचार करने पर हम इस निष्कर्ष पर पहुँचते हैं कि ब्रह्मज्ञान-प्राप्ति की ये सातों भूमिकायें सात सोपान हैं। प्रथम तीन

भूमिकायें, अर्थात् शुभेच्छा, सुविचारणा और तन्मनसा ये तो मन, बुद्धि एवं चित्त की शुद्धि के सोपान हैं। इन तीनों साधनों से मन, चित्त और बुद्धि में सात्विकता आ जाती है। एक प्रकार ये उस उर्वर-भूमि के समान हैं, जिसमें ब्रह्मविद्या रूपी बीज बोया जा सके।

गुरु वाक्य एवं शास्त्रों के श्रवण से पुरुषार्थी साधक मनुष्यों में सात्विक एवं शुभ इच्छायें उद्‌भुत होती हैं। उसे यह प्रतीत होता है कि यह संसार नश्वर है और इसके भोग नश्वर और क्षणभंगुर हैं। इस प्रतीति के बाद साधक सुविचारणा की भूमिका में आकर बार-बार दृढ़तापूर्वक संसार की अनित्यता एवं आत्मा की अमरता पर विचार करने लगता है। उसे तीर्थस्थल और एकान्त प्रिय लगते हैं। पवित्र स्थलों पर बैठकर वह बार-बार संसार और आत्मा के संबंध में विचार करता है। निरन्तर विचार करने से उसका अन्तःकरण उसे तीसरी भूमिका, अर्थात् 'तन्मनसा' की ओर अग्रसर करता है। 'तन्मनसा' भूमिका में स्थित होकर साधक ध्यान और निदिध्यासन में तन्मय हो जाता है। ध्यान और निदिध्यासन के फलस्वरूप साधक के मल और विक्षेप नष्ट हो जाते हैं। अब उसका हृदय ब्रह्मज्ञान की प्राप्ति के लिये तैयार हो जाता है। स्वामी जी छात्र—एवं प्राध्यापक जीवन-काल में इन तीनों भूमिकाओं से गुजर चुके थे। उनके मन में शुभेच्छा और सुविचारणा ये दो भूमिकायें भलीभाँति उतर चुकी थीं। इन दोनों के बाद वे अहर्निश ध्यान और निदिध्यासन करके 'तन्मनसा' की भूमिका में स्थित हो गये थे। इस कारण उनके हृदय में वैराग्य का अपार सागर हिलोरें मारने लगा था।

ब्रह्मज्ञान की चौथी भूमिका है 'सत्वमवाप्ति'। विवेक, वैराग्य, ध्यान, धारणा के अनन्तर जब 'तत् त्वं' का बोध होता है, तब 'अहं ब्रह्मास्मि' का दृढ़ बोध होता है। इस दृढ़ ज्ञान को 'सत्वमवाप्ति' भूमिका माना गया है। तपोवन की ऐकान्तिक साधना से स्वामी राम ने इस चौथी भूमिका की प्राप्ति कर ली थी। इस भूमिका की प्राप्ति के पश्चात् प्रारब्धानुसार ब्रह्मज्ञानी 'प्रवृत्तिमार्गी अथवा निवृत्तिमार्गी' होते हैं। जो गृहस्थ-धर्म में रहते हैं, वे प्रवृत्तिमार्गी कहलाते हैं और जो संन्यास-धर्म में रहते हैं, वे निवृत्तिमार्गी। स्वामी राम 'सत्वमवाप्ति' भूमिका की प्राप्ति के अनन्तर अपने पूर्व जन्मों के संस्कारों एवं प्रारब्ध के अनुसार निवृत्तिमार्ग में आरूढ़ हो गये।

इस चौथी भूमिका के बाद कोई-कोई ऐसे ब्रह्मज्ञानी होते हैं, जिन्हें संसार भासता है, किन्तु उनके अन्तःकरण में यह दृढ़ बोध रहता है कि 'संसार मृगतृष्णा के जल के समान ही है। इसका पृथक् अस्तित्व नहीं है।' चौथी भूमिका में पहुँच कर, मोक्षप्राप्ति में रंचमात्र भी संशय नहीं रहता। हाँ, आगे की तीन भूमिकाएँ न प्राप्त करने पर जीवन्मुक्ति नहीं प्राप्त होती।

चौथी भूमिका प्राप्त करने पर स्वामी राम, उस स्थान पर रुके नहीं, बल्कि अपनी प्रबल साधना पर वे निरन्तर आगे बढ़ते गये। 'सत्वमवाप्ति' भूमिका प्राप्त करने पर वे ब्रह्मज्ञान की पाँचवीं भूमिका—असंग-भावना—में स्थित हुये। हिमालय के एकान्त-सेवन एवं दृढ़ अभ्यास से उन्होंने संसार के सभी व्यक्तियों, पदार्थों से अपने को नितान्त असंग बना लिया। उनकी स्थिति 'पद्मपत्रमिवाम्भसा' हो गयी। इसी स्थिति में उन्होंने जापान एवं अमेरिका देश की यात्रा की। इस भूमिका में स्थित होने के कारण स्वामी राम जो कुछ बोलते थे, वह सब वेदवाक्य के समान हो गया। उनकी दृष्टि, वाणी और मन में

अलौकिक चमत्कार हो गया। सभी लोग ज्ञात अथवा अज्ञात-भाव से उनकी दैवी प्रतिभा और आकर्षण के सम्मुख नतमस्तक होने लगे। निवृत्तिपरायण स्वामी राम की इस लोक-संग्रह भावना से संसार और भारत का बहुत कल्याण हुआ। भारत की नाड़ियों में आध्यात्मिकता का संचार हुआ। 'असंगभावना' भूमिका में स्थित होने पर, स्वामी राम द्वारा जगत् का अत्यधिक आध्यात्मिक कल्याण हुआ, इसे ईश्वरीय चमत्कार ही समझना चाहिये।

अमेरिका से लौटने पर स्वामी राम ने फिर हिमालय में एकान्त की शरण ली, क्योंकि उन्हें एकान्त से परम अनुराग था। जीवनमुक्त पुरुष का एकान्त से अनुराग होना अत्यन्त स्वाभाविक है। अन्त में उन्होंने छठीं भूमिका—'पदार्था-भावनी' प्राप्त कर ली। इस भूमिका में जगत् के समस्त पदार्थों का नितान्त अभाव हो जाता है, मात्र आत्मस्वरूप शेष रहता है। मुण्डकोपनिषद् में इस स्थिति का वर्णन इस प्रकार किया गया है—

**ब्रह्मैवेदममृतं पुरस्ताद्ब्रह्म पश्चाद्ब्रह्म दक्षिणतश्चोत्तरेण।**
**अधश्चोर्ध्वं च प्रसृतं ब्रह्मैवेदं विश्वमिदं वरिष्ठम्॥**

—मुण्डकोपनिषद्, खण्ड २, मुण्डक २, मंत्र ११

अर्थात्, "अमृत स्वरूप ब्रह्म ही आगे-पीछे, दायें-बायें, बाहर-भीतर, ऊपर-नीचे सर्वत्र फैला हुआ है। इस विश्व-ब्रह्माण्ड के रूप में सर्वश्रेष्ठ ब्रह्म ही प्रत्यक्ष दिखायी दे रहा है।"

इस प्रकार उनकी ब्रह्म भावना—आत्म भावना इतनी प्रबल हो गयी थी कि संसार के सारे पदार्थ उसी में मिलकर ब्रह्मरूप हो गये थे। उनकी पृथक् सत्ता रह ही नहीं गयी थी।

ब्रह्मज्ञान की अन्तिम भूमिका—सातवीं भूमिका 'तुरीय' है। कहते हैं इस भूमिका में आरूढ़ होने पर ब्रह्मज्ञानी को अपने शरीर की भी सुध-बुध नहीं रहती, उसे सच्चिदानंद के अनन्त सागर के अतिरिक्त किसी अन्य वस्तु का भान ही नहीं रहता। किसी-किसी के मत में यह भूमिका अत्यन्त दुर्लभ है और इस भूमिका में स्थित रहने पर शरीर तीन दिनों से अधिक नहीं चल सकता और किसी-किसी के मत में शरीर इक्कीस दिन तक चल सकता है। हमारा अनुमान है कि स्वामी राम अन्तिम समय में इस भूमिका में आरूढ़ हो गये थे।

स्वामी राम की आध्यात्मिक साधना-प्रणाली में हमें अनेकरूपता और सर्वांगीणता के दर्शन होते हैं। एक ओर वे हमें निष्काम कर्मयोगी के रूप में दिखलायी पड़ते हैं, तो दूसरी ओर परम अनन्य भक्त के रूप में। तीसरी ओर वे महान् राजयोगी के रूप में भासते हैं, तो चौथी ओर उच्चकोटि के ब्रह्मज्ञानी के रूप में। पर हमारी राय में उनकी समस्त साधनाओं का पर्यवसान ब्रह्मज्ञान में हुआ था। कारण यह है कि स्वामी राम चाहे कर्म, भक्ति अथवा किसी भी विषय का प्रतिपादन करते रहे हों, उनका आत्मा-विषयक भाव सबसे अधिक प्रबल रूप में दृष्टिगोचर होता है।

अन्त में स्वामी राम के ही शब्दों में उनकी सिद्धावस्था की बात कह कर हम इस विषय को समाप्त करते हैं—

"राम आपसे कहता है कि राम भय से, चिन्ता से, रोष से परे है। किन्तु निरन्तर साधन से इसकी प्राप्ति हुई है। निर्बलता और अन्धविश्वास के अत्यन्त गहरे गड्ढे से

अभ्यास ने राम को ऊपर निकाला है। एक समय राम अत्यन्त अन्धविश्वासी था। हवा का हर एक झकोरा राम के चित्र की समता बिगाड़ देता था। पर अब सभी अवस्थाओं में चित्त अचल और सम रहता है। यदि एक आदमी ऐसा कर सकता है, तो आप भी वैसा कर सकते हैं।"

पंचदशीकार के तृप्तिदीप प्रकरण के निम्नलिखित श्लोक स्वामी राम की इस साम्यावस्था के सम्बन्ध में पूर्णरूप से चरितार्थ होते हैं—

**धन्योऽहं धन्योऽहं नित्यं स्वात्मानमञ्जसा बेद्मि।**
**धन्योऽहं धन्योऽहं ब्रह्मानन्दो विभाति मे स्पष्टम्॥२९२॥**
**धन्योऽहं धन्योऽहं दुःखं सांसारिकं न वीक्षेऽद्य।**
**धन्योऽहं धन्योऽहं स्वस्याज्ञानं पलायितं क्वापि॥२९३॥**
**धन्योऽहं धन्योऽहं कर्त्तव्यं मे न विद्यते किञ्चित्।**
**धन्योऽहं धन्योऽहं प्राप्तव्यं सर्वमद्य सम्पन्नम्॥२९४॥**
**धन्योऽहं धन्योऽहं तृप्तिर्मे कोपमा भवेल्लोके।**
**धन्योऽहं धन्योऽहं धन्यो धन्यः पुनः पुनर्धन्यः॥२९५॥**
**अहो पुण्यमहो पुण्यं फलितं फलितं दृढम्।**
**अस्य पुण्यस्य संपत्ते रहो वयमहो वयम्॥२९६॥**
**अहो शास्त्रमहो शास्त्रमहो गुरुरहो गुरुः।**
**अहो ज्ञानमहो ज्ञानमहो सुखमहो सुखम्॥२९७॥**

—पंचदशी, तृप्तिदीपकरणम्, श्लोक २९२-२९७

भावार्थ, "मैं धन्य हूँ, क्योंकि मैं अपने आत्मतत्त्व को साक्षात् जान गया हूँ। आत्मा को समझ लेने से मुझे परम हर्ष है। ब्रह्म नाम का जो आनन्द है, वह अब मुझे स्पष्ट ही प्रतीत होने लगा है। यों आत्मज्ञान के फल मिलने से मैं परम धन्य हो गया हूँ।।२९२।।

"आज तो मुझे कोई भी सांसारिक दुःख नहीं दीखता। इस कारण अनिष्ट की निवृत्ति हो जाने से भी मैं धन्य हो गया हूँ। आज मेरा अज्ञान (अनेक कर्मों की वासनाओं का पुंज) न मालूम कहाँ भाग गया है? (यही कारण है कि अब मुझे कोई दुःख प्रतीत नहीं होता। इसी से मैं कृतार्थ हो चुका हूँ।) ।।२९३।।

"मैं धन्य हूँ, आज तो मुझे कुछ कर्त्तव्य ही नहीं रहा है। मैं धन्य हूँ, क्योंकि जो मुझे प्राप्तव्य था, वह सब आज मिल चुका है।।२९४।।

"मैं धन्य हूँ। आज मेरे समान तृप्ति किसको है? इससे अधिक और क्या कहूँ? कि मैं धन्य हूँ, मैं धन्य हूँ, मैं बार-बार धन्य हूँ। (मुझे अब तृप्ति ही तृप्ति अनुभव हो रही है।) ।।२९५।।

"वे मेरे अनन्त कोटि जन्मों के अनन्त पुण्य आज निश्चय ही फलद्रूप में आ गये। पुण्यों की इस राशि के प्रताप से आज मैं आनन्द-सागर की लहरों में हिलोरें ले रहा हूँ। आज मेरे पुण्यों के प्रताप से यह सारा संसार मुझे संतोष ही सन्तोष रूप में दिखलायी पड़ रहा है।।२९६।।

"उन शास्त्रों और उन गुरुओं को स्मरण करके भी आज मुझे बड़ा हर्ष हो रहा है, जिनके प्रताप से मेरे हृदय की ग्रंथि खुली है। ब्रह्मज्ञान के प्रताप से मैं इस हर्षातिरेक में आया हूँ और आनन्दित हो रहा हूँ; उस ज्ञान और उस सुख की महिमा का मैं क्या वर्णन करूँ?" ।।२९७।।

□□□

# परिशिष्ट

## (क) स्वामी राम की उपदेशामृत-लहरी

निम्नलिखित रत्नकण स्वामी राम के अंग्रेजी निबन्धों, अमेरिकन भाषणों, उर्दू की रचनाओं एवं उनकी वार्ता से संकलित किये गये हैं। ये उनके भाव-प्रवण हृदय एवं उर्वर मस्तिष्क की अमूल्य निधियाँ हैं। इनमें से किसी एक को भी श्रद्धापूर्वक धारण करने से मनुष्य के जीवन में आमूल-चूल परिवर्तन हो सकता है—

सच्चा धर्म ईश्वर-विश्वास मात्र नहीं है, बल्कि मनुष्य की अच्छाइयों में पूर्ण निष्ठा एवं विश्वास है।

*　　　　*　　　　*

जहाँ मनुष्य की जिह्वा बोलने में असमर्थ हो जाती है, वहाँ पत्थर बोलना प्रारम्भ कर देते हैं।

*　　　　*　　　　*

बहिर्जगत् में जाने से नहीं, बल्कि अन्तर्जगत् में प्रविष्ट होने पर तुम सुरक्षित रह सकते हो।

*　　　　*　　　　*

अन्तरात्मा के आदेशानुसार कर्म करना ही परमात्मा का आज्ञा-पालन है।

*　　　　*　　　　*

आपके हृदय में (आनन्दानुभूति की) ऐसी मदिरा होनी चाहिये, जिसमें संसार की कोई वस्तु पड़कर, तद्रूप हो जाय।

*　　　　*　　　　*

तुम्हारे हृदय में संशय रहने की अपेक्षा, गोली का रहना अधिक श्रेयस्कर है।

*　　　　*　　　　*

शरीर के लिये जो रात्रि का समय है, आत्मा के लिये वही दिन का समय है।

*　　　　*　　　　*

विभिन्न सम्प्रदाय धर्म के व्याकरण मात्र हैं।

*　　　　*　　　　*

सब पर विजय पाने के लिये, हमें सब कुछ दे देना पड़ता है।

*　　　　*　　　　*

परमात्मा से भय करना, तत्त्वज्ञान का श्रीगणेश है।

*　　　　*　　　　*

भाग्य उसी का महान् मित्र होता है, जो भाग्य को चुनौती देता है।

* * *

जो समस्त संसार के साथ एकता की अनुभूति करता है, सारा संसार उस व्यक्ति के इर्दगिर्द चक्कर काटता फिरेगा।

* * *

मानसिक एकता दर्शन है।

भावगत तादात्म्य कविता है।

जीवन और व्यवहार की एकरूपता धर्म है।

* * *

परमात्मा से बढ़कर किसी भी वस्तु का मूल्य नहीं होना चाहिये। भगवान् की समानता में कोई भी वस्तु मूल्यवान नहीं है।

* * *

सत्य की संस्थापना में गलतियों का भी महत्त्व होता है।

* * *

तुलना और वैषम्य ही समस्त बुराइयों की जड़ है।

* * *

शक्ति का गलत दिशा में प्रयोग ही पाप है।

* * *

परमात्मा एवं मनुष्य, इन दोनों की इच्छाओं का एकीकरण करना ही प्रार्थना का सार है।

* * *

विजय की अपेक्षा सत्य को अधिक प्रेम करो।

* * *

सभी सत्य विरोधाभासी होते हैं—

समस्त काल = अभी।

समस्त दूरी = यहाँ।

समस्त विचार = ईश्वरीय ज्ञान।

* * *

यदि तुम अकेले रहने के लिये बाध्य किये जाते हो, तो सत्य में जिओ और सत्य में ही प्राण विसर्जन करो।

* * *

अपने को पारदर्शी (पवित्र) बनाओ, तो तुम्हारे अन्तर्गत प्रकाशों का प्रकाश (परमात्म-ज्ञान) उद्भासित होगा।

* * *

जैसा तुम सोचते हो, वैसा ही हो जाते हो।

* * *

पाने की अपेक्षा देने की भावना श्रेयस्कर सौदा है।

* * *

प्रकाश की भाँति अपने स्थान पर अडिग और अचल रहो। पतिंगों को आने दो और भस्मीभूत होकर अपने में मिल जाने दो।

* * *

मनुष्य को उसी सहजता और नैसर्गिकता से मरना सीखना है, जिस सहजता से बच्चा चलना सीखता है।

* * *

अनिर्वचनीय (आनन्द) समुद्र में कूद पड़ो, उसमें सारी वस्तुयें फेंक दो, प्रत्येक व्यक्ति और वस्तु से अपना नाता तोड़ दो, कुछ भी शेष न रखो।

* * *

मनुष्य जहाँ रहता है, वही उसका सबसे उपयुक्त स्थान है।

* * *

यदि कोई कुत्ता भूकता है, तो मनुष्यों को उसकी चिन्ता नहीं करनी चाहिये, क्योंकि भूकना इस बात का प्रमाण है कि वह काटेगा नहीं।

* * *

सभी प्रकार के भयों की तह में स्वार्थपरायणता निहित रहती है।

* * *

ठीक प्रकार के ध्यान से नैतिकता उद्भूत होती है।

* * *

प्रेम ही जीवन है।

* * *

यदि किसी व्यक्ति को तुम पहले प्रेम नहीं करते, तो तुम उसे नहीं जान पाते।

* * *

प्रतिद्वन्द्विता की अपेक्षा सहयोग अधिक अच्छा है।

* * *

परिवर्तन, प्रगति का नियम है।

*　　　　*　　　　*

प्रसन्नता से बढ़कर कोई भी शक्तिदायिनी औषधि नहीं है।

*　　　　*　　　　*

बन्धन में कष्ट की अनुभूति स्वतंत्रता का पूर्वाभास है।

*　　　　*　　　　*

अपनी ही आत्मा में ईश्वर के दर्शन का एक ही उपाय है—समस्त इच्छाओं का परित्याग।

*　　　　*　　　　*

अपनी स्त्री से जितना प्रेम करते हो, यदि उससे आधा ही प्रेम ईश्वर से करते तो तुम्हें इसी क्षण उस परम सत्य के दर्शन हो जाते।

*　　　　*　　　　*

तुम्हें बन्धन में कौन डाले हुये है? किसने तुम्हें गुलाम बना रखा है? तुम्हारी इच्छाओं ने—इसमें किसी और का हाथ नहीं।

*　　　　*　　　　*

सारे धर्मों का तात्पर्य केवल इतना है कि अपने आपको खोलने की चेष्टा करो और स्वयं अपने स्वरूप की व्याख्या करो।

*　　　　*　　　　*

एक बात समझ लो और तुम्हें किसी चीज की आवश्यकता नहीं। तुम इच्छाओं और आवश्यकताओं से ऊपर हो। इस तथ्य का अनुभव करो और सम्पूर्ण विश्व तुम्हारा है।

*　　　　*　　　　*

कृष्ण क्यों वंशी को प्यार करते और चूमते थे? उसे क्यों इतना महत्त्व दिया?

*　　　　*　　　　*

वंशी का सीधा-सादा उत्तर था—"मुझमें एक विशेषता है। मैंने अपने अन्तर से सारा द्रव्य निकाल कर अपने को शून्य बना डाला है।"

*　　　　*　　　　*

स्वर्ग का साम्राज्य तुम्हारे भीतर है।

*　　　　*　　　　*

ओम् में जादू है प्रभाव है, और उसमें ऐसा गुण है कि उसका जप करने वाले साधक का मन तुरन्त एकाग्र और वश में हो जाता है। उसके गायन से हमारी भावनायें, हमारे विचार एक सामंजस्यपूर्ण स्थिति में पहुँच जाते हैं, उसके द्वारा आत्मा की शान्ति और

विश्रान्ति मिलती है। हृदय उस दशा में पहुँच जाता है, ईश्वर के साथ तदात्मीयता होती है।

* * *

वास्तविक आत्मा पूर्ण ज्ञान, पूर्ण शक्ति है। वही एकमात्र अटल तथ्य है। उसके सामने दुनिया की इस कृत्रिम और दिखावटी सच्चाई का कहीं पता नहीं चलता। ओम् इसी सत्य का नाम है।

* * *

ओम का भावार्थ ग्रहण करो और उसे अपनी भावना की भाषा में गाओ, उसे अपनी क्रियाओं में उतारो, अपने शरीर के रोम-रोम से उसे गाओ। वह तुम्हारी धमनियों में दौड़ने लगे। तुम्हारे शरीर के प्रत्येक अंग से, तुम्हारे रक्त के बिन्दु-बिन्दु से सत्य की यह झंकार उठे कि तुम प्रकाशों के प्रकाश, सूर्यों के सूर्य, ब्रह्माण्डों के शासक, स्वामियों के स्वामी स्वयं सत्यस्वरूप हो।

* * *

तुम इधर सांसारिक सुखों का उपभोग करो, छोटे-छोटे सांसारिक सुखों, वासनाओं, विषयानन्द और भोग-विलास के चक्कर में पड़े रहो और इधर अपने ब्रह्मत्व का भी दावा करो—यह हो नहीं सकता, यह हो नहीं सकता।

* * *

अंधकार से लड़कर अँधेरा दूर नहीं होगा। प्रकाश लाओ, अंधकार काफूर हो जायेगा।

* * *

पैगम्बर, कवि, अन्वेषक, आविष्कारक, कला और विज्ञान के आचार्य, दर्शनशास्त्र के विचारक, आत्मज्ञानी महात्मा जिन्हें भी दिव्य प्रेरणा प्राप्त हुई है, वे सब केवल प्रेम के ऋणी हैं। अन्य सभी उदाहरणों से प्रेम का उदाहरण अधिक स्पष्ट है। कृष्ण, चैतन्य, ईसा, तुलसीदास, शेक्सपियर और रामकृष्ण, ये सब के सब प्रेम से अनुप्राणित थे। वे सब प्रेम के पागलपन में मस्त रहते थे।

* * *

प्रेम जिसमें विषयवासना की गन्ध नहीं, आध्यात्मिक प्रकाश का ही दूसरा नाम है।

* * *

जहाँ सारा सौन्दर्य मेरे ही स्वरूप में समा जाता है, वहीं सच्ची पवित्रता रहती है।

* * *

यदि कोई एक शब्द में मेरे दर्शनशास्त्र का मर्म पूछे तो मैं कहूँगा—आत्मविश्वास और आत्मज्ञान।

* * *

मनुष्य को व्यसनों पर विजय प्राप्त करनी होगी या मरना होगा।

*   *   *

पुस्तकों का पढ़ना और सभी प्रकार की विद्या प्राप्त करना एक बात है और सत्य को प्राप्त करना दूसरी बात है। तुम सभी धर्मग्रन्थों का अध्ययन कर डालो फिर भी तुम सत्य से अनभिज्ञ रह सकते हो।

*   *   *

प्रेम यदि आत्मा की स्वतन्त्रता में बाधक है, तो वह रोग के सिवा और कुछ भी नहीं। उसको अपने वश में कर लो और प्रकृति के सारे अद्‌भुत व्यापार तुम्हारी मुट्ठी में आ जायेंगे।

*   *   *

अपने मन और बुद्धि को सुखद स्मृतियों से, विचारों से सुखमय तारतम्य से भर दो, जिससे वह सदा आनन्दपूर्ण विचारों और दिव्य भावनाओं में डूबा रहे। फिर कभी तुम्हारे सामने दुःख भोगने अथवा पछताने का अवसर न आयेगा।

*   *   *

जो आत्मा भीतर है, वही बाहर भी है। कौन आत्मा? सच्ची और वास्तविक आत्मा, न कि इन्द्रियों की दासता करने वाली झूठी आत्मा।

*   *   *

दुखी व्यक्ति को चुपचाप अपना दुख भोग लेना चाहिए। बाहर धुआँ उड़ाने से लाभ? भीतर ही भीतर जब तक धुआँ प्रकाश में परिणत न हो जाय, तब तक किसी से कुछ कहना-सुनना व्यर्थ है। और धुएँ के बाद अग्नि अवश्य जल उठेगी—यह प्रकृति का नियम है।

*   *   *

भारत का पतन वेदान्त के अभाव से हुआ।

*   *   *

वेदान्त हमें शक्ति और बल प्रदान करता है; न कि कमजोरी और शिथिलता।

*   *   *

वेदान्त रसायनशास्त्र के समान प्रयोगात्मक विज्ञान है।

*   *   *

यदि बौद्धिक शिक्षा के साथ-साथ मनुष्य आध्यात्मिक प्रयोग नहीं करता, तो वह वेदान्त के विषय में कुछ नहीं जान सकता।

*   *   *

जंगलों में वेदान्त का ज्ञान प्राप्त करके साधक को संसार में आकर काम करना चाहिये और उसे अपने दैनिक जीवन में उतारना चाहिये।

* * *

वेदान्त निराशावाद नहीं है, वह तो आशावाद का सर्वोच्च शिखर है।

* * *

यदि आप वेदान्त का साक्षात्कार कर लेते हैं, तो नरक भी आपके लिए स्वर्ग बन जायेगा। जीवन सचमुच जीने योग्य होगा, कभी कोई चिन्ता, कोई परेशानी नहीं हो सकती। चित्त सदैव एकाग्र, प्रसन्न, तत्पर और प्रफुल्लित रहेगा।

* * *

तुम परम निर्गुण सत्य हो, जिसमें यह समस्त संसार, समस्त ब्रह्माण्ड केवल लहरों या भँवरों के समान है। उस सत्य का साक्षात्कार करो और स्वतंत्र हो जाओ, सर्वथा मुक्त।

* * *

राम आपको स्वतन्त्रता, विचार-स्वतंत्रता, कार्य-स्वतन्त्रता प्रदान करता है। आपको बन्धन मुक्त करता है।

* * *

अपने विश्वासों के पीछे मरने की अपेक्षा उनके लिये जीवित रहना कठिन है।

* * *

यदि दर्शनशास्त्र का लक्ष्य यह हो कि हम शान्तिपूर्वक मृत्यु का आलिंगन कर सकें, तो उसके लिये वेदान्त दर्शन के अध्ययन से बढ़कर और कोई तैयारी नहीं हो सकती।

❑❑❑

## (ख) नीति-कथायें

संसार के सभी रहस्यवादी, आध्यात्मिक एवं धार्मिक साहित्य नीति-कथाओं से परिपूर्ण हैं। सारी भौतिक अथवा आध्यात्मिक विधायें चार प्रमाणों से जानी जाती हैं। वे चार प्रमाण हैं—१. प्रत्यक्ष प्रमाण, २. अनुमान प्रमाण, ३. उपमान प्रमाण और ४. शब्द प्रमाण।

प्रत्यक्ष प्रमाण अत्यन्त महत्त्वपूर्ण एवं विश्वसनीय है। अग्नि की हमने प्रत्यक्ष अनुभूति की है कि वह उष्ण और प्रकाशमय है। यदि करोड़ों व्यक्ति यह कहें कि आग ठंडी और अंधकारपूर्ण है, तो हमें रंचमात्र भी प्रतीति नहीं होगी, क्योंकि हमने आग की प्रत्यक्षानुभूति की है। अतः यह प्रत्यक्ष प्रमाण है।

अनुमान प्रमाण वह है जहाँ अनुमान के द्वारा सत्य तक पहुँचा जाता है। उदाहरणार्थ वहाँ से धुआँ निकल रहा है, अतः आग होगी, क्योंकि आग से धुआँ निकलता है।

उपमान प्रमाण वह है, जहाँ किसी उपमा द्वारा सत्य तक पहुँचने का प्रयास किया जाता है। उदाहरणार्थ किसी ने आग से धुआँ निकलते हुये नहीं देखा है, किन्तु मरुस्थल से धूल उड़ती हुई देखी है। उस व्यक्ति से आग से धुआँ निकलने की बात ऐसे उपमान प्रमाण से बोध करायी जायेगी "जैसे मरुस्थल से धूल उड़ती है, वैसे आग से धुआँ निकलता है।"—यह उपमान प्रमाण है।

शास्त्रीय ज्ञान शब्द प्रमाण है। किन्तु इसे आँख मूँद कर स्वीकार नहीं किया जा सकता। विवेकपूर्ण एवं न्यायसंगत तर्क इसे स्वीकार करने के लिए आवश्यक हैं।

सामान्य व्यक्ति ज्ञानेन्द्रियों से प्रत्यक्ष ज्ञान प्राप्त करता है। किन्तु अध्यात्म विद्या इन्द्रियातीत है। अतः अधिकांश व्यक्ति उपमान प्रणाली—तुलनात्मक प्रणाली से अध्यात्म ज्ञान ग्रहण करते हैं। इसी उपमान प्रणाली अथवा तुलनात्मक परम्परा को सुदृढ़ करने के लिये नीति-कथाओं का विकास हुआ। इन नीति-कथाओं के माध्यम से अध्यात्म एवं धर्म की गूढ़ातिगूढ़ एवं सूक्षातिसूक्ष्म बातें बतलायी जाती हैं। स्वामी राम नीति-कथाओं के अप्रतिम आचार्य थे। वे तर्क और शास्त्रार्थ की अपेक्षा नीति-कथाओं के द्वारा—तुलनात्मक शैली के माध्यम से दर्शन के गूढ़ रहस्य आसानी से हृदयंगम करा देते थे। अंग्रेजी भाषा के माध्यम से उनकी इन नीति-कथाओं का संकलन किया गया। उसमें ४७२ पृष्ठ हैं। वे नीति-कथायें बड़ी ही उपदेशात्मक और साथ ही मनोरंजक और आकर्षक हैं। उनकी नीति-कथायें, पौराणिक, ऐतिहासिक, लौकिक आख्यानों पर अवलम्बित हैं। उन्होंने अपनी कल्पना द्वारा इस प्रकार की अनेक नीति-कथाओं का निर्माण किया। इस स्थल पर हम उनकी कतिपय नीति-कथाओं से सन्तोष करेंगे और उनकी सहज प्रतिभा का अनुमान करेंगे।

## महत्त्वाकांक्षा का वास्तविक कारण

### (शाहजहाँ कारागार में)

भारत में एक महाराजा की कथा प्रचलित है। महाराजा था 'शाहजहाँ'। वह अपने पुत्र औरंगजेब द्वारा कारागार में डाल दिया गया। औरंगजेब सम्पूर्ण राज्य का अधिकारी बनने का अभिलाषी था। इसीलिये उसने पिता, शाहजहाँ को बन्दीगृह में बन्द कर दिया। पुत्र ने धन की भूख मिटाने के लिये अपने पिता को जेलखाने में डाला था। एक बार पिता ने अपने पुत्र—औरंगजेब को कुछ विद्यार्थी भेज देने को लिखा, ताकि विद्यार्थियों को पढ़ाकर वह अपना मनोरंजन कर सके। इस पर पुत्र ने कहा, "इस मनुष्य, अर्थात् मेरे पिता की बात सुनते हो? वह इतने वर्षों तक साम्राज्य का शासन करता रहा है। अब भी हुकूमत करने की पुरानी आदत उससे नहीं छोड़ी जाती। वह अब भी विद्यार्थियों पर शासन करना चाहता है; कोई न कोई उसे शासन करने के लिये चाहिये ही। वह अपनी पुरानी आदतें नहीं त्याग सकता।"

यही बात है। हम अपनी पुरानी आदतें कैसे त्याग सकते हैं? पुराना अभ्यास हमसे चिपटा रहता है। हम उसे दूर नहीं कर सकते। आपका वास्तविक आत्मा अथवा सम्राट् शाहजहाँ (इस शब्द का अर्थ है, 'सारे संसार का शासक' और इस प्रकार उस सम्राट् शाहजहाँ के नाम का अर्थ है, सम्पूर्ण विश्व का सम्राट्) विश्व अर्थात् ब्रह्माण्ड का सम्राट् है। अब आपने सम्राट् को एक बन्दीखाने में, अपने शरीर की अन्धी कोठरी में अथवा अपने परिच्छिन्न-आत्मा की हदबन्दी में डाल रखा है। वह वास्तविक आत्मा, वह विश्व का सम्राट् अपने पुराने अभ्यासों को भला कैसे भूल सकता है? वह अपने स्वभाव को कैसे त्याग सकता है? किसी में भी अपनी प्रकृति को दूर कर देने की शक्ति नहीं है। इसी प्रकार आत्मा, अर्थात् आपका असली स्वरूप अथवा आपका असली तत्त्व अपने स्वभाव को भला कैसे छोड़ सकता है? आपने उसे कारागार में बन्द कर रखा है, किन्तु कारागार में रहते हुये भी, वह सारे संसार पर अधिकार करना चाहता है, क्योंकि समग्र ब्रह्माण्ड उसका था। वह अपनी पुरानी आदतों को नहीं छोड़ सकता। यदि आप चाहते हैं कि आकांक्षा का यह भाव अथवा यह लोभ दूर हो जाना चाहिये, यदि आपकी इच्छा है कि इस संसार के लोगों का लिप्सा-भाव जाता रहे, तो क्या आप उन्हें ऐसा करने का उपदेश दे सकते हैं? असम्भव।

## सच्ची आस्था

### (नियाग्रा में फँसे दो व्यक्ति)

नियाग्रा की तीव्र धार में दो व्यक्ति बहे चले जा रहे थे। उनमें से एक को एक विशाल लट्ठा मिल गया जिसे उसने अपने को बचाने की इच्छा से पकड़ लिया। दूसरे व्यक्ति को एक छोटी-सी रस्सी मिली, जो तट पर स्थित लोगों ने उन्हें बचाने के निमित्त फेंकी थी। सौभाग्य से दूसरे व्यक्ति ने यह रस्सी पकड़ी, जो लट्ठे की भाँति भरकम नहीं थी और वह रस्सी देखने में अस्थिर और नाजुक थी, तथापि वह व्यक्ति बच गया। किन्तु जिस व्यक्ति ने लकड़ी के विशाल लट्ठे को पकड़ रखा था, वह लट्ठे के साथ प्रचण्ड धार में बहकर गर्जते हुये प्रपात के नीचे उमड़ते हुये जलसमूह की समाधि में समा गया।

ठीक इसी प्रकार तुम इन बाहरी नामों—प्रसिद्धि, धन-सम्पत्ति, मान-मर्यादा, ऐश्वर्य—में विश्वास करते हो। ये सब उस काठ के लट्ठे के समान विशाल तो प्रतीत होते हैं, किन्तु वे वास्तविक रक्षा के साधन नहीं हैं। रक्षा का वास्तविक साधन तो महीन सूत के समान है। यह साधन भौतिक नहीं है। तुम इसे न तो इन्द्रियों से ग्रहण कर सकते हो, न हाथ में ले सकते हो और न इसका स्पर्श ही कर सकते हो। यह सूक्ष्म सिद्धान्त, यह सूक्ष्म सत्य अत्यन्त बारीक है। यह वह रस्सी है, जो तुम्हारी रक्षा करेगी। ये समस्त सांसारिक वस्तुयें, जिन पर तुम इतना भरोसा करते हो, केवल तुम्हारे विनाश का कारण बनेंगी और तुम्हें निराशा, चिन्ता तथा पीड़ा के गहरे गर्त में गिरा देंगी। सावधान! सावधान!

सत्य के दृढ़ दुर्ग में शरण लो। बाह्य वस्तुओं की अपेक्षा, सत्य में अधिक विश्वास रखो। प्रकृति का यह अटल नियम है कि जब कभी मनुष्य व्यवहार में बाह्य पदार्थों एवं धन-सम्पत्ति पर भरोसा करता है, तब वह अवश्य असफल होता है। यह अटल नियम है। ईश्वरत्त्व में दृढ़ विश्वास रखो, फिर तुम सुरक्षित हो।

## आन्तरिक पवित्रता की महत्ता

### (एक चोर की कहानी)

राम अब आपको भारतवर्ष के एक बड़े नामी चोर की उसी के मुख से कही कहानी सुनाता है। राम उस समय निरा बच्चा था और उसने उस नामी चोर को अपने मित्रों में यह कहानी कहते हुए सुना था। राम उस अवसर पर वहाँ स्वयं उपस्थित था। राम उस समय अपने ग्राम के जंगल में था; वह तब बहुत छोटा था। छोटे लड़के को कुछ न समझ कर, नादान जान कर चोर ने इस छोटे बालक की उपस्थिति में अपने मित्रों से कहने में कुछ छिपाया नहीं और खुले दिल से सारी कहानी कह डाली। इस कहानी से आप पर पूर्णतः सारे विषय का रहस्य खुल जायेगा। किस प्रकार एक बार वह एक धनी के घर में घुसा था और वहाँ से जवाहरात चुरा कर भागा था, उसका उस चोर ने वर्णन किया। चोर ने कहा, "जो जवाहरात उस धनी ने हाल ही में लाकर अपने घर में रखे थे, उनका किसी प्रकार मुझे पता लग गया था। उसके घर में मैं घुसने को चला, किन्तु उसका कोई उपाय व तरीका न सूझ पड़ा। किन्तु बार-बार सोच-सोचकर मैंने राह निकाल ली। मैंने देखा कि उस धनी के घर के पास ही एक बड़ा भारी वृक्ष है। और वह घर की तीसरी मंजिल के सामने है। मैंने रात को अँधेरे में उस पेड़ पर एक झूला डालने की युक्ति सोची। उस पेड़ की चोटी पर एक रस्सा डाला और एक प्रकार का झूला बना लिया। बस, उस झूले पर मैं झूलने लगा। इस प्रकार मैं कुछ काल तक निरन्तर झूलता रहा। गरमी की ऋतु थी और यह मुझे भलीभाँति मालूम था कि घर के लोग पाँचवीं मंजिल की छत पर सोये हुये हैं, वे तीसरी मंजिल वाली छत पर नहीं हैं। जब झूला झूलते-झूलते खिड़की के पास पहुँचा, तो मैंने चटाक् से एक लात मारी, फिर दूसरी लात जमायी और तीसरी बार खिड़की के किवाड़ फट से खुल गये। इस प्रकार सातवें-आठवें प्रयत्न के बाद जब खिड़की के किवाड़ खुलकर पीछे गिर गये, तब मैं घर में जा घुसा। मेरे पास कुछ और रस्से थे। मैंने उन रस्सों को नीचे लटकाकर दो या तीन साथियों को ऊपर खींच लिया। तब मैं अपने चित्त में सोचने लगा कि जवाहरात के मिलने की सम्भावना कहाँ हो

सकती है। मैंने मन को एकाग्र किया। उस समय मैंने मन में कहा कि लोग अपने जवाहरात ऐसे स्थानों पर नहीं रखते, जहाँ चोरों को उनके मिल जाने की सम्भावना हो सके। लोग जवाहरात को ऐसे स्थान पर रखते हैं, जहाँ दूसरों को उन्हें पा सकने की किंचित् भी सम्भावना न हो सके। बस, मैं एक जगह खोदने लगा, जहाँ उनके पा लेने की कोई भी सम्भावना न थी। जवाहरात जमीन में गड़े थे। उन दिनों भारतवर्ष में यही तरीका था और कुछ लोग आजकल भी वहाँ ऐसा ही करते हैं। परन्तु अब बहुत से लोग अपने रुपयों को बैंकों में रखने लग गये हैं। लोग अपने धन को भूमि में गाड़ रखते थे। मैंने जब धन पा लिया, तभी मैंने सीढ़ियों पर एक आवाज सुनी।'' उस समय अपने मन की हालत का जिस ढंग से चोर ने वर्णन किया, उसे राम भूल नहीं सकता। चोर ने फिर कहा, ''जब मैंने और मेरे साथियों ने धन प्राप्त करते ही, आवाज सुनी तो उस आवाज ने हमारे शरीरों में कँपकँपी पैदा कर दी। हम लोगों की सारी देह काँपती, थरथराती, भयभीत होकर चूर-चूर हुई जाती थी। हम लोग सिर से लेकर पैर तक थरथरा रहे थे। तब मैंने कहा कि जान पड़ता है कि शायद यह मृत्यु की घड़ी है। हमने अपने आपको मृतवत् पाया। उस समय हम सोच रहे थे कि एक नन्हा-सा चूहा भी आकर हमारा खात्मा कर सकता है।'' वह आवाज वास्तव में केवल चूहों की आवाज थी। चोर ने अपना कहना जारी रखा, ''मैं उस समय बहुत पछताया; ईश्वर की प्रार्थना करनी प्रारम्भ कर दी। और अपने शरीर का ध्यान छोड़कर मैंने आत्मसमर्पण किया। पश्चात्ताप करके ईश्वर से क्षमा-याचना की। उस समय मैं समाधि अवस्था में था, जहाँ मन, मन नहीं था, जहाँ सारे स्वार्थ दूर हो गये थे। उस समय मैंने इस प्रकार प्रार्थना की, 'हे भगवान्, मेरी रक्षा करो। मैं योगी हो जाऊँगा, मैं संन्यास ले लूँगा, मैं साधु बन जाऊँगा, मैं अपना समस्त जीवन आपकी सेवा में अर्पित कर दूँगा। हे प्रभो! मुझे बचाओ, मेरी रक्षा करो।' यह अत्यन्त व्यग्रतापूर्ण, आन्तरिक और मार्मिक प्रार्थना थी। बड़ी ही सच्ची विनय थी। यह मेरे हृदय की तह और अन्तःकरण से निकल रही थी। यह प्रार्थना मेरे सारे तन के भीतर से, रोम-रोम के भीतर से गूँज रही थी। मैं उस समय मनसा, वाचा, कर्मणा ईश्वर के ध्यान में निमग्न था। फल क्या हुआ? सब आवाजें शान्त पड़ गयीं। अर्थात् सारे शब्द बन्द हो गये और मैं और मेरे साथी घर से साफ बाहर निकल आये। सब के सब घर से सकुशल बाहर निकल आये।''

अब ध्यान दीजिये। बाह्य कर्मों से ही किसी के विषय में विचार मत स्थिर कीजिये। मनुष्य वह नहीं है, जो उसके बाह्य कर्म हैं, मनुष्य वह है, जो उसके भीतर के विचार हैं। यह सम्भव है कि वेश्या के घर में रहने वाला मनुष्य भी भीतर से साधु हो। हम जानते हैं कि भगवान् बुद्ध एक वेश्या के घर में रहे थे, किन्तु वे निष्पाप थे हम जानते हैं कि हजरत ईसा मेरी मैग्डलीन के घर रहे थे, जिस स्त्री को लोग पत्थर से मारने जा रहे थे, किन्तु हजरत ईसा ईश्वर थे। हमें मालूम है कि भारत में भी क्राइस्ट के समान बहुत से महापुरुष लोकोद्धारक हुये हैं; वे निन्दित जनों के साथ रहे थे। पर वास्तव में वे ईश्वर के स्वरूप थे। अतः आदमी को केवल उसकी संगति से मत जानने की कोशिश कीजिये। किसी मनुष्य पर केवल उसके कर्मों से ही अपना निर्णय मत दीजिये। जल्दी-जल्दी में किसी के सम्बन्ध में अपनी धारणा मत स्थिर कर लीजिये। मनुष्य वह है जैसे उसके आन्तरिक विचार हैं।

# व्यर्थ का रोदन

## (एक अर्ध-विक्षिप्त की गाथा)

भारत के एक गाँव में एक अर्ध-विक्षिप्त रहता था। जैसे यहाँ, अमेरिका में अप्रैल के महीने में दूसरों को उल्लू बनाने की प्रथा है, वैसे ही भारत में मार्च के महीने में (होली के अवसर पर) लोग अपने यार-दोस्तों के साथ तरह-तरह के हँसी-ठट्ठा किया करते थे। उस ग्राम के कुछ हँसमुख नवयुवकों ने उस अध-पगले से मजाक उड़ाने का यह बहुत उपयुक्त अवसर समझा। बस, उन सबों ने उसे कुछ शराब पिलाकर मस्त बना डाला। तत्पश्चात् उसके परम विश्वस्त, परम हार्दिक मित्र को उसके पास भेज दिया। उस अध-पगले मित्र के समीप आते ही, उसका मित्र गला फाड़-फाड़ कर चिल्लाने लगा, आँखों से कृत्रिम आँसुओं की धारा बहाने लगा, रोने-धोने लगा और कहा, "भाई, मैं तुम्हारे घर से अभी-अभी आ रहा हूँ, वहाँ मैंने देखा कि तुम्हारी स्त्री विधवा हो गयी है, मैंने उसे विधवा देखा।" इस पर वह अध-पागल भी अपनी पत्नी के वैधव्य पर रोने-चिल्लाने और हाय-तोबा मचाने लगा। वह फूट-फूट कर रोने और आँसू बहाने लगा। अन्त में दूसरे लोग आकर पूछने लगे, "अरे भाई, तुम रोते क्यों हो?" पगले ने उत्तर दिया, "मेरी स्त्री विधवा हो गयी है, इसी से मैं रो रहा हूँ।" उन लोगों ने उस पगले को समझाया, "भाई, यह कैसे हो सकता है? तुम तो जीवित हो और कह रहे हो कि मेरी स्त्री विधवा हो गयी है। जब तक, तुम—उसके पति नहीं मरते, तब तक वह विधवा किस प्रकार हो सकती है? तुम मरे नहीं, तुम स्वयं अपनी स्त्री के वैधव्य पर शोक कर रहे हो, यह तो बिलकुल बेतुकी बात है।" पर वह पागल कहने लगा, "अरे जाओ; तुम सब नहीं जानते, तुम नहीं समझते, हमारे उस अत्यन्त विश्वासपात्र मित्र ने कहा है, जो अभी हमारे घर से होकर आ रहा है। उसने मेरी स्त्री को वहाँ विधवा देखा है। वह इस बात का साक्षी है। वह देख आया है कि मेरी स्त्री विधवा हो गयी है।" लोगों ने कहा, "देखो, यह कैसा भारी अनर्थ, बेहूदापन है।" (हँसी)

अभी हम इस मूढ़ की कहानी पर हँस रहे थे कि वह अपनी स्त्री के वैधव्य पर रो रहा था और लोगों की बात नहीं मानता था कि उसके जीवित रहते उसकी स्त्री किसी भी प्रकार विधवा नहीं हो सकती। मानों अपने व्यवहार से वह कह रहा है—

**तुम तो कहते हो सच मेरे भाई!**
**पर घर से आया है मोतबर नाई!!**

किन्तु याद रहे जगत् के मत-पथ, धर्म तथा सभी दम्भी, अभिमानी और फैशनेबुल लोग ऐसी ही विकट असंभव बातें कर रहे हैं। न तो वे अपनी आँखों से देखते हैं और न अपने दिमाग से सोचते हैं। यहाँ ही देखिये, आपकी अपनी आत्मा, आपका सत्यस्वरूप, प्रकाशों का प्रकाश, निरंजन, परम पवित्र, स्वर्गों का स्वर्ग, आपके भीतर विद्यमान है। आपका अपना आप, आपका आत्मस्वरूप सर्वदा जीवित, अजर, अमर, नित्य उपस्थित है, फिर भी आप रो-रोकर आँसू बहाते हुये कहते फिरते हो, "अरे, हमें सुख कब प्राप्त होगा?" और देवताओं का आवाहन करते हो कि वे आकर तुम्हें विपत्ति से उबार दें। आप देवताओं के आगे प्रणिपात करते हो, नीच भिखारी का अवलंबन करते हो और

स्वयं अपने को तुच्छ समझते हो। क्योंकि अमुक लेखक, अमुक उपदेशक या महात्मा अपने को पापी कह गया है, वह हमें कीड़े-मकोड़े कहकर पुकारता है, इसलिये हमें भी वही करना चाहिये, इसलिये अपने को मृतक समझने में हमारी मुक्ति है। इसी तरीके से लोग सभी वस्तुओं पर दृष्टि डालते हैं; पर इससे काम चलने का नहीं। अपने निज जीवन का अनुभव करने लग जाओ; अपने निजात्मा को मान करना प्रारम्भ कर दो। इस नशे की हालत को विदा कर दो, जो आपको अपनी मृत्यु पर व्यर्थ रोदन करा रही है। अपने पैरों पर आप खड़े हो जाओ। चाहे आप छोटे हों या बड़े, चाहे आप उच्च पद पर हों अथवा नीच पद पर, इसकी रंचमात्र परवाह न कीजिये। अपनी प्रभुता का, अपनी दिव्यता का साक्षात्कार कीजिये। चाहे कोई भी हो, उसकी ओर निर्भय और निश्शंक दृष्टि से देखिये, हटिये मत। अपने आपको औरों की दृष्टि से मत देखिये, बल्कि अपने आपमें देखिये। आपका अपना आप आपको बारंबार यह उपदेश देगा कि "सारे संसार में आप सबसे महान् आत्मा हो।"

## आत्म-सम्मान

### (एक सज्जन का दुखड़ा)

एक सज्जन राम के पास आये और कहने लगे कि मेरा बड़ा अफसर मेरे साथ सदैव बुरा बर्ताव करता है। राम ने उनसे कहा, "आपका अफसर आपको इसलिये नीच दृष्टि से देखता है कि आप स्वयं अपने को नीच दृष्टि से देखते हैं। यदि हम अपना सम्मान स्वयं करें, तो प्रत्येक व्यक्ति अवश्य हमारा सम्मान और सत्कार करेगा। यदि इस छोटी-सी पुस्तक पर एक आना मूल्य लिखा हो, तो इसके लिये कोई दो आने नहीं देने जायेगा। पर इस छोटी-सी पुस्तक का मूल्य एक रुपया रखा गया है, तो सभी इसके लिये एक रुपया देने को राजी होंगे।"

इसी तरह अपना मूल्य कम कर दो और देखो, और कोई भी तुम्हारा मूल्य नहीं समझेगा। स्वयं अपना अधिक से अधिक मूल्य निर्धारित करो, आत्म-सम्मान करो, अपने दैवत्व, अपने ईश्वरत्त्व को मान करो, और प्रत्येक व्यक्ति को वह मूल्य चुकाना ही पड़ेगा।

## अपना स्वामी

### (एक राजा और एक अपराधी)

एक बार एशिया के एक राजा ने एक आदमी को अपराधी समझा, उसको अपराधी इसलिये समझा कि उसने राजा को सलाम नहीं किया था। उस बूढ़े राजा को जब कोई सलाम न करता, तो वह बहुत क्रोधित हो जाया करता था। उस अपराधी से राजा ने कहा, "तू नहीं जानता कि मैं कितना प्रतापी और कठोर शासक हूँ? तू इतना धृष्ट है! तुझे मालूम नहीं कि तुझे मार डालूँगा?" उस मनुष्य ने राजा के मुँह पर थूक दिया और इतनी कड़ी दृष्टि से उसकी ओर देखा कि वह राजा घबड़ा गया। फिर वह बोला—"अरे मूर्खता के पुतले! वह तेरी शक्ति, तेरे अधिकार में नहीं कि तू मुझे मार सके। मैं आप अपना स्वामी हूँ। तेरा अपमान करना मेरी शक्ति में है, यह मेरे अधिकार में है कि मैं तेरे

मुँह पर थूक दूँ और यह भी मेरे अधिकार में है कि इस शरीर को सूली पर चढ़ा हुआ देखूँ; अपने शरीर का मैं आप स्वामी हूँ। तेरा अधिकार पीछे है, मेरा अधिकार पहले है।"

इसी प्रकार अनुभव करो, यह महसूस करो कि आप सदा अपने स्वामी हैं। निज आत्मा की दृष्टि से सभी वस्तुओं को देखिये; दूसरों की आँखों से नहीं। अपनी स्वतन्त्रता का अनुभव कीजिये। अनुभव कीजिये कि आप ईश्वरों के ईश्वर, स्वामियों के स्वामी हैं, क्योंकि आप वही हैं, 'तत्त्वमसि'।

लोग क्यों दुःख सहते हैं? वे दुःख भोगते हैं निजात्मा की अज्ञानता के कारण, जिससे उन्हें अपना सत्य स्वरूप भूल जाता है और जो कुछ दूसरे लोग उनसे कहते हैं, वही वे अपने को मान लेते हैं। यह दुःख तब तक बराबर बना रहेगा, जब तक मनुष्य आत्मा का साक्षात्कार नहीं कर लेगा, जब तक यह अज्ञान दूर नहीं हो जायेगा।

## सांसारिक प्रेम ही दुःख का मूल है

### (श्रीकृष्ण और अघासुर की कथा)

हिन्दू धर्म-ग्रंथ में एक कथा है कि भारत के प्रसिद्ध अवतार, भगवान् श्रीकृष्ण को एक बड़ा दैत्य (अघासुर) निगले जा रहा था। उन्होंने अपने हाथ में एक खंजर ले लिया। वे पूरी तरह से निगल लिये गये। अपने को उस भीषण अजगर (अघासुर) के पेट में देखकर उन्होंने (श्रीकृष्ण ने) उसका हृदय बेध दिया। उसका हृदय विदीर्ण हो गया, वह घाव से परिपूर्ण हो गया और मर गया। भगवान् श्रीकृष्ण उसके उदर से बाहर निकल आये।

ठीक यही मामला है। प्रेम क्या है? प्रेम कृष्ण है, अर्थात् प्रेम परमेश्वर है, प्रेम ईश्वर है और वह हृदय में प्रवेश करता है; विषयलोलुप मनुष्य के चित्त में वह पैठ जाता है, वह हृदय में घुस जाता है और जब वह आसन जमा लेता है, जब हृदय के भीतर उसे स्थान मिल जाता है, तब वह वार करता है। और परिणाम क्या होता है? हृदय फट जाता है, हृदय घायल हो जाता है। फलस्वरूप व्यथा और शोक हाथ लगते हैं। सांसारिक प्रेम के प्रत्येक मामले में रोना और दाँतों का किटकिटाना रहता है। यही रीति है। यही दैवी विधान है। यही घटना है। किसी भी सांसारिक पदार्थ से ज्यों ही आपने दिल लगाया, किसी भी लौकिक वस्तु को ज्यों ही आप उसी के लिये प्यार करने लगे, त्यों ही कृष्ण भगवान् आपमें प्रवेश कर जाते हैं और आपको घायल कर देते हैं, हृदय फट जाता है, आप शोक-पीड़ित हो जाते हैं, आप विलाप और रुदन करने लगते हैं; "अरे यह प्रेम तो बड़ा निष्ठुर है, इसने मुझे तबाह कर दिया।"

यह एक दैवी विधान है—"इस संसार में जो कोई व्यक्ति किसी व्यक्ति या लौकिक पदार्थ में अपना चित्त लगायेगा, उसे अवश्य कष्ट उठाना पड़ेगा। या तो वह प्रियजन अथवा प्रिय पदार्थ उससे छीन लिया जायेगा; या उनमें से एक मर जायेगा या उनमें कलह हो जायेगी।"—यह अनिवार्य नियम है।

## प्रतिकूल परिस्थितियों में मानसिक सन्तुलन

### (एक सज्जन मालिक और दुष्ट नौकर की कहानी)

एक बड़ा सज्जन पुरुष था। उसके पास एक बहुत लुच्चा और बदमाश नौकर था। वह प्रत्येक काम को उल्टा ही किया करता था। अपने मालिक की आज्ञाओं के पालन करने का उसका ढंग बड़ा निराला था। वस्तुतः उसके कार्य करने की शैली ऐसी थी कि सहिष्णु एवं गंभीर से गंभीर मनुष्य भी उससे झल्ला उठता। पर वह धर्मात्मा मालिक उस नौकर पर कभी क्रुद्ध न होता, उल्टे वह सज्जन उस दुष्ट नौकर के साथ बड़े प्रेम का बर्ताव करता। एक बार उसके एक अतिथि ने उस नौकर के विरुद्ध बहुत-सी शिकायतें कीं। वह उसके कामों से बहुत ही खिन्न और क्षुब्ध हुआ था। उसने उसके मालिक से उसे निकाल देने को कहा।

पर मालिक ने उत्तर दिया, "आपकी सम्मति अत्युत्तम है और आपने शुभेच्छापूर्वक यह सम्मति दी है। मैं जानता हूँ कि आप मेरे परम हितैषी और शुभचिन्तक हैं और मेरे कार्यों की वृद्धि चाहते हैं, इसीलिये आप मुझे ऐसी सम्मति दे रहे हैं। पर मैं इस बात को अधिक समझता हूँ। मैं जानता हूँ कि इस नौकर के कारण मेरा काम-काज खराब हो रहा है। इससे मेरे व्यापार को हानि पहुँच रही है। किन्तु मैं उसे इसीलिये रखता हूँ कि वह इतना अवज्ञाकारी और अविश्वासी है। यह उसका दुष्ट आचरण और खराब स्वभाव है, जिससे वह मुझे इतना प्रिय हो रहा है। वह पापी, दुष्ट और नमकहराम है, इसी से मैं उसे अधिक प्यार करता हूँ।" उस मालिक का यह कथन सचमुच ही बड़ा आश्चर्यजनक था।

वह मालिक फिर बोला, "संसार में जितने लोगों से मेरा वास्ता पड़ा है, उन सब में से एक यही मनुष्य ऐसा है, जो मेरी आज्ञाओं का उल्लंघन करता है, जो मेरे प्रति अप्रिय, अकीर्तिकर और हानिकर काम करता है और जितने लोगों से मेरा वास्ता पड़ा है, वे सबके सब इतने कोमल स्वभाव वाले, इतने अच्छे और इतने प्रेमी हैं कि वे कभी मुझे रुष्ट करने का साहस नहीं करते। इसलिये मेरा यह नौकर असाधारण है। यह एक तरह का मुगदर है, जो मेरी आध्यात्मिक शिक्षा का साधन बन रहा है। जिस प्रकार बहुत से व्यक्ति अपना शारीरिक बल बढ़ाने के लिये मुगदर आदि घुमाते हैं, उसी प्रकार यह नौकर मेरे आत्मिक बल की वृद्धि के निमित्त मुगदर का काम देता है और इससे मेरा आध्यात्मिक शरीर पुष्टि पाता है। इस नौकर द्वारा मुझे आध्यात्मिक बल प्राप्त होता है। संक्षेप में इस नौकर के साथ मुझे एक प्रकार की कुश्ती लड़नी पड़ती है, जिससे मुझे शक्ति प्राप्त होती है।"

अतः राम इस तथ्य को आपके सामने उपस्थित करता है और इसकी ओर आपका ध्यान इसलिये आकर्षित करता है कि यदि आपको गृहस्थी-बन्धन आपकी उन्नति के मार्ग में विघ्न-रूप अथवा अड़चन-पत्थर मालूम पड़ें, तो भी आपको खिन्न और क्षुब्ध होने की आवश्यकता नहीं। ठीक उसी धर्मात्मा मालिक का अनुकरण करें। मानसिक सन्तुलन ठीक रखें। भेदभावों और कठिनाइयों को शक्ति और बल का नवीन स्रोत बना लें।

## छाया के पीछे मत पड़ो

### (एक बच्चे की सत्य-कथा)

राम एक ऐसे बच्चे की घटना जानता है, जिसने अभी-अभी रेंगना अथवा घुटनों के बल चलना सीखा था। बच्चे ने अपनी छाया देखकर समझा कि यह तो कोई विचित्र वस्तु है। बच्चे ने छाया का सिर पकड़ना चाहा और वह उसकी ओर रेंगने लगा। छाया भी रेंगने लगी। इधर बच्चा खिसका और उधर छाया भी खिसकी। छाया का सिर पकड़ने में असमर्थ होकर वह रोने लगा। बच्चा गिर पड़ता है, छाया भी उसके साथ गिर पड़ती है। बच्चा फिर उठता है और छाया का पीछा करता है। इतने में माता को उस पर दया आ गयी। उसने बच्चे के हाथ से उसी का सिर छुआ दिया। अब देखिये, छाया का सिर भी हाथ में आ गया। अपना ही सिर पकड़िये और छाया भी पकड़ में आ जाती है।

स्वर्ग और नरक आपके ही भीतर हैं। शक्ति आनन्द और जीवन का मूल आपके भीतर है। मनुष्यों! प्रकृति और राष्ट्र का ईश्वर आपके भीतर है। ऐ संसार के मनुष्यों! सुनो, सुनो, यह पाठ मकानों की छतों से, बड़े-बड़े नगरों के चौराहों से, सब राजमार्गों से घोषित होने योग्य है। यह पाठ उच्च स्वर से घोषित होने के योग्य है। यदि तुम किसी वस्तु को प्राप्त करना चाहते हो, किसी पदार्थ की अभिलाषा करते हो, तो छाया के पीछे न पड़ो। अपना ही सिर छुओ। अपने ही भीतर प्रवेश करो। यह अनुभव होते ही आपको जान पड़ेगा कि सारा संसार आप ही का हस्तकौशल है। आप देखेंगे कि प्रेम की सभी वस्तुयें, समस्त मनोहर और लुभाने वाले पदार्थ आपके ही प्रतिबिम्ब या छाया मात्र हैं। यह कितनी अनुचित बात है कि "एक टोपी या घंटियों जैसी छोटी चीजों के लिये हम अपने प्राण दे देते और जी-तोड़ परिश्रम से हम केवल जल-बुद्‌बुद् कमाते हैं।"

## आसक्ति—बंधन का हेतु

### (अटलांटा की सुन्दर कथा)

प्राचीन इतिहास में अटलांटा की एक बड़ी ही सुन्दर कथा है। उसमें ऐसा कहा है कि जो मनुष्य उससे ब्याह करना चाहता था, उसे उसके साथ दौड़ की बाजी लगानी पड़ती थी। कोई भी मनुष्य दौड़ में उससे आगे नहीं निकल पाता था। एक मनुष्य ने अपने देवता जूपिटर की सहायता ली और दौड़ में अटलांटा से आगे निकल जाने के लिये अपने इष्टदेव से प्रार्थना की। देवता ने उसे एक बड़ी ही विलक्षण राय दी। उसने इस मनुष्य से कहा कि दौड़ के रास्ते पर यत्र-तत्र सोने की ईंटें बिछा दो। सच तो यह है कि दौड़ में अटलांटा को जीत लेने के लिये कोई और सहायता जूपिटर अपने इस भक्त को नहीं दे सकते थे। अखिल विश्व में सबसे तेज और बलवान होने का वरदान अटलांटा को जूपिटर से पहले ही मिल चुका था।

बस, जूपिटर के इस भक्त ने दौड़ के पूरे चक्कर पर सोने की ईंटें डाल दीं और अटलांटा को अपने साथ दौड़ने के लिये चुनौती दी। दोनों ने दौड़ना प्रारम्भ किया। यह मनुष्य स्वभावतः अटलांटा से बहुत दुर्बल था। एक क्षण में वह उससे आगे निकल गयी। किन्तु जब यह मनुष्य उसकी नजर से ओझल हो गया, तब उसकी दृष्टि रास्ते पर पड़ी हुई

सोने की ईंटों पर गई और वह उन्हें बटोरने के लिये रुक गयी। इस प्रकार जब वह सोने की ईंटें बटोरने में लगी थी, तब भक्त उससे आगे निकल गया। इसके एक या दो मिनट बाद अटलांटा ने फिर उस व्यक्ति को पकड़ लिया। किन्तु फिर दौड़ के चक्कर की बाईं तरफ उसे दूसरी ईंट दिखायी दी। वह उस ईंट को उठाने गयी और ले आई। इस बीच में जूपिटर का वह भक्त उससे आगे निकल गया। किन्तु कुछ ही देर में अटलांटा ने उस व्यक्ति को फिर पकड़ लिया। फिर उसे कुछ और सोने की ईंटें मिलीं। वह उन्हें उठाने के लिये रुकी। इस बीच में वह आदमी फिर आगे निकल गया। यही होता रहा। दौड़ समाप्त होते-होते अटलांटा के पास सोने का बड़ा भारी बोझ हो गया। इस बोझे को ढोकर दौड़ में आगे निकल जाना उसके लिये बड़ा कठिन हो गया। अन्त में वह आदमी जीत गया और अटलांटा हार गयी। शर्त के अनुसार अटलांटा के साथ उसका विवाह हो गया। अटलांटा उसे मिल गयी। अटलांटा की बटोरी हुई सोने की ईंटें भी उसे मिल गयीं। उसे सब कुछ मिल गया।

धर्म के रास्ते पर और सत्य के मार्ग पर जो लोग चलना चाहते हैं, उनमें से अधिकांश का यही ढंग है। सत्य के मार्ग पर जब तुम चलना शुरू करते हो, तब तुम्हें अपने आसपास अनेक प्रकार के मायिक आकर्षण और लौकिक प्रलोभन मिलते हैं। किन्तु ज्यों ही तुम उन सांसारिक प्रलोभनों तथा सुखों को भोगने के लिये तैयार होंगे, ज्यों ही तुम अपने को पिछड़ा हुआ पाओगे। तुम दौड़ में हारने लगोगे। अपना समय व्यर्थ गँवा दोगे और अपना पथ कंटकाकीर्ण बना लोगे, नहीं, नहीं, अन्त में अपना सर्वस्व खो बैठोगे। अतः सांसारिक आसक्ति और भौतिकता से सतर्क रहो। सांसारिक सुखों को भोगते हुये तुम कदापि सत्य को नहीं पहुँच सकते। कहावत है कि "यदि तुम सत्य को स्वीकार करोगे, तो सांसारिक सुखों को भोगने के योग्य न रह जाओगे। सांसारिक सुखों को तुम भोगो, तो सत्य तुम्हारे हाथ से निकल जायेगा, तुमसे आगे बढ़ जायेगा।"

□□□

## (ग) स्वामी राम की कुछ कवितायें

कवि के रूप में स्वामी राम का मूल्यांकन एक पृथक् अध्याय में किया जा चुका है। उन्होंने लगभग १५० कवितायें उर्दू में लिखी थीं और १०० अंग्रेजी में। ये अंग्रेजी की कवितायें हैं और इनका अनुवाद हिन्दी के प्रसिद्ध कवि शम्भुनाथ सिंह ने किया है—

### दुनिया

मैंने जग को देखा, जाना, अध्ययन किया,
इस बालबोध पुस्तक ने कविता सिखलाया!
थे चित्र-खिलौनों से चित्रित—इसके अक्षर
यों विविध भाँति से इसने सब कुछ बतलाया।
तब थे इतने आश्चर्यजनक जो चित्राक्षर
मैं त्याज्य समझ अब इन्हें फेंक देता भू पर।
पुस्तक के पन्ने फाड़ - फाड़ अब दुनिया की,
हूँ जला रहा अपना हुक्का मैं एकाकी।
कश खींच उड़ाता धुयें का बादल मुख से,
लखता फिर चक्करदार उसे उड़ाता सुख से!

●

### सभ्यता के प्रति

सभ्यता एक उद्देश्यहीन है सपना भर
ऊपर से ऊँचे नाम-रूप, पर क्या भीतर?
तुम उठा रहे रजमय आँधी कृत्रिमता की,
तम से अपना ही ज्ञान नहीं तुम में बाकी।
तुम शैल-शिखर पर बैठ केश-विन्यास निरत,
चिन्ताओं के हित आत्मा की हत्या में रत।
करने को जग को खुश, पाने को व्यर्थ मान,
अपवित्र बनाते हो तुम निज आत्मा महान्।

* * *

तुम नीच गुलामों की - सी लम्पटता में रत,
तुम फैशन के हो दास, धूर्त तुम बाइज्जत!
अनुकरण कर रहे तुम कपि से पर-धर्म रीति,
तुम तो निर्मित करते कृत्रिम आचार नीति।

'होगा तो इससे लाभ'? प्रश्न यह पग-पग पर,
'जाने क्या लोग कहेंगे'? तुमको प्रति पल डर।
तुम कितने कातर, क्षुद्र, वेत्रवत निर्बल तन,
हर एक मोड़ पर जीवन के तुम पीत वदन!

●

## तथाकथित सभ्यों से

ओ सभ्यो! आलस के प्रति इतना आकर्षण!
तुम तो निर्बलता और कपट के सम्मिश्रण!
तुम सूक्ष्मदृष्टि भावुक, होते झट तप्त अरुण,
जैसे हो शोथ युक्त कोई भारी सा व्रण!

* * *

कैसी घबरायी भीड़! मूढ़ लाखों जन-गण!
औरों के मति-अनुसार तुम्हारा है जीवन।
निज आत्मा ही सम्राट, उसे क्यों ठुकराते?
बहुमूल्य वस्तु से क्या सच तुम गौरव पाते?

* * *

तुम घड़ी-पेण्डुलम् सदृश झूलते इधर-उधर,
विस्तार किया करते लघु बातों को नश्वर।

* * *

ले रहे प्रेम की जगह नीच व्यापारिक हित,
आत्मा का हंस बँधा जाता लक्ष्मी से नित।
जन-गण न रहा अब हँसने-रोने को स्वतंत्र,
करने को मुक्त न प्यार, न सोने को स्वतंत्र!

* * *

छद्म ही बना आच्छादन, लज्जा, अवगुंठन,
यश और नाम की चिन्ता सता रही प्रतिक्षण।
अस्वास्थ्य तुम्हारा स्वास्थ्य, बुरा ही तुम्हें भला,
अनुचित धन-संचय तुमको है नित रहा जला।

* * *

है वस्त्र तुम्हारे कफन, कब्र से और भवन,
आत्मा को दफना कर करते प्रलाप-क्रन्दन।
तन की रक्षा हित करते आत्मा को कलुषित
खो रहे समूचा, एक भाग की रक्षा-हित

* * *

तत्त्व अधीनस्थ ही सभी तुम्हारे हैं स्वामी,
निज कटु पीड़क इच्छाओं के तुम अनुगामी!
तब तन है जड़ विस्तार मात्र, जीवन-विहीन,
कुण्ठा, तनाव से भरा और भावनाहीन।

* * *

जागो, जागो, तुम बन जाओ जगकर चेतन,
अब दूर करो तन्द्रा, फेंको निज अवगुंठन।
हो तुम्हीं विश्व के स्वामी, जन-जन के ईश्वर;
फिर क्यों यह नर्तन प्रेतों के सम्मुख झुककर?

* * *

अभिलाषा की छायाओं को तुम दूर करो,
रवि, तारक, अग्नि सभी से बढ़कर ज्योति भरो।
चिन्ता, ममता, सब दूर करो, मृत वस्तु मान,
लो, सुनो, देवदूतों का यह आनन्द-गान।

* * *

मुझमें न रहा अब भौतिक वैभव हित आदर
सब भेदभाव से शून्य बना मेरा अन्तर।
रह गयी न ईर्ष्या, भय, चिन्ता मेरे भीतर,
अब मैं हूँ प्रिय का स्नेह पात्र सबसे बढ़कर।

* * *

सारे रहस्य-गोपन मेरे हित आज प्रकट,
मेरे हित दोनों एक दूर हो या कि निकट।
मैं पहुँच गया हूँ अब असीम की सीमा पर
निस्संग हुआ, मैं उठ सम्बन्धों के ऊपर।
मैं हूँ जीवन, मैं अन्नादिक वैभव महान्,
ओ त्राहि माम्! ओ त्राहि माम्!!
तारों को जैसे मन्द बना देता दिनकर,
ज्यों डूब नगाड़े-स्वर में जाता वीणास्वर।
जैसे सरितायें सागर में होतीं विलीन,
जागरण क्षणों में लुटते त्यों ही स्वप्न दीन।

* * *

है सत्य, प्रेम-अग्नि में सभी भय जाता जल,
धो-धो कर निज को बना रहा मैं भी निर्मल।
मैं मिटा रहा हूँ दुख, ईर्ष्या, निर्बलता अब,
निज मृत्यु, अहंभावना, दीनता सब की सब।
धरती माँ! ओ रवि, चन्द्र देव! तुमको प्रणाम,
ओ त्राहि माम्! ओ त्राहि माम्!!

* * *

ओ पृथ्वी! सातों सागर ओ,
तुम मेरी पुत्र-पुत्रियाँ हो
ओ सभी वनस्पति! पशु-पक्षी!
टूटे सब सीमा-बन्धन लो!
गाओ, अजस्र स्वर में गाओ!
ओ त्राहि माम्! ओ त्राहि माम्!!

●

## सर्वान्विति

मेहराबदार ये नयन द्वार,
इनसे बहता बन अश्रुधार।
या बैठा रहता हृदय-स्वर्ग में मैं सुखकर,
मैं वहाँ बैठकर गौरवमय।
पथ का सबको देता परिचय,
कोई न वहाँ से जाता कभी मुझे तज कर।

* * *

इस जग के सारे नारी-नर,
सोते इन बाँहों में आकर।
मुझमें ही वे श्रम खोते या चलते-फिरते।
छूता उनके उर-तार मृदुल,
वे बह उठते बन ध्वनि छलछल।
मुझमें मेरे ही स्वर से वे बातें करते।

* * *

सुखमय परिणय या मिलन मधुर,
स्वर्ग में या कि इस धरती पर,
ये तो हैं बस धुँधले प्रतीकवत् माया से।
मौलिक मेरा सम्पूर्ण मिलन,
सारे मनुजों से आलिंगन,
इस क्षिप्र और दृढ़ बन्धन की वे छाया से।

* * *

जैसे मैं स्वर्ण किरण बन कर,
निकला रवि की सी दृष्टि प्रखर,

सुमनों के कोमल उर का हूँ करता भेदन।
फिर मैं प्रसन्न ज्यों रजत किरण,
पूरनमासी के शशि का बन,
निज शून्य भवन में सागर का करता कर्षण।

* * *

सुन्दर प्रभात का मैं मनहर,
ज्यों सुरभित मलयानिल बनकर,
चिटकाता चुम्बन से गुलाब को जगा सरल।
देखता स्वप्न उद्दाम प्रखर,
जैसे टेढ़ा-मेढ़ा निर्झर,
ज्यों उदर बीच धारण करना ब्रह्माण्ड सकल।

* * *

ओ विद्युत्! ओ प्रकाश गतिमय!
मन के विचार! ओ ज्योतिर्मय!
आओ, तुम गति में मेरे हो अब प्रतियोगी।
पूरी गति से तुम बढ़ो, बढ़ो,
चाहे तुम कितना तेज उड़ो,
पर व्यर्थ तुम्हारी होड़, विजय मेरी होगी।

* * *

भौतिक तत्त्वों! ओ तूफानों!
ओ वज्र, दिग्गजों, बलवानों!
आलिंगन हित फैलाता मैं अपनी बाँहें।
तुम अश्व जुते मेरे रथ में,
ले चलो दूर, अति तुम पथ में,
आगे-पीछे सब ओर, जहाँ तक हों राहें।

## तब रुक न हँसी मेरी पाती!

(१)

आघात लगा भीषण कटुतर,
बेसुध, भयभीत हुआ जीवन,

जिसने आघात किया निष्ठुर,
वह झिलमिल कम्पित छाया तन,
जब भ्रम की ही छाया से व्याकुल हो जाता तन का स्वामी,
तब रुक न हँसी मेरी पाती!

(२)

छीनने चला जब श्वान मांस,
सर में लख बिम्बित निज छाया,
जो था भी, उसको खो बैठा,
सब सुख को खो, धोखा खाया।
जब जब घटती जग में ऐसी कटु हास भरी अघटन घटना,
तब रुक न हँसी मेरी पाती!

(३)

अब सफर खतम, आयी मंजिल,
पथ के कटु श्रम का हुआ अन्त।
था सृष्टि - लक्ष्य इतना ही, अब
स्वागत-रत रवि-तारक अनन्त।
लखता इनको फैला चरागाहों में ज्यों भेषों का दल,
तब रुक न हँसी मेरी पाती।

(४)

मैं महाशक्ति अब अमर प्रेम,
मुझमें असीम में क्या अन्तर?
मिल सर्वात्मा से हुआ एक,
मुझमें विलीन अब स्वर्गिक स्वर।
हो ऊँच, नीच, समकक्ष, सभी से शान्ति भरी ममता अथोर!
ऊपर-नीचे, मैं सभी ओर!

(५)

यह खुशी, शान्ति आनन्द परम!
रस लेता सकल प्रकृति में रम!
मैं सृष्टि गीत गाता, देता,

तारों के संग नर्तन फेरी।
सिन्धु में कूद करता घनरन
हैं तुमुल युद्ध क्रीड़ा मेरी।
कितना आनन्द, अहा! मेरी गति तीव्र, तीव्रतर है कितनी!
तब रुक न हँसी मेरी पाती!

(६)

उगते रवि क्यों लज्जा, कम्पन
दूँगा न चपत गाल पर अरुण,
आ, प्रकृति, अरी नन्हीं बिटिया!
मम रक्त-मांस से निर्मित तन,
मेरी गोदी में आ चपले, मेरा उर जग में कोमलतम!
तब रुक न हँसी मेरी पाती!

(७)

क्या प्यार करूँ? मैं स्वयं प्यार,
कामना नहीं कुछ जीवन में,
जन-जन कण-कण का उर मैं ही,
इच्छा की जगह खुशी मन में,
निज-सा ही मैं रमता सब में,
जीवन प्रकाश भरता सब में,
जन-जन जीवन-नौका का मैं, अब एकमात्र हूँ कर्णधार!
तब रुक न हँसी मेरी पाती।

## अतीन्द्रियता

बाला के खिलते जब गुलाब से गाल सुघर,
मँडराने लगते आसपास तब रसिक भ्रमर!
लेने को मधुर सुधा - रस बनते वे पागल,
इन सब में हैं मेरे ही आकर्षण का बल!
हिम हीरक बन जाता जगमग मैं ही जमकर,
मेरे संग ही ज्योतित वह ज्वलित हृदय सुन्दर।

कहता मैं तुमसे तनिक न तुम होना चिन्तित,
लखकर यह प्रकृति रहस्यमयी बहुविधि गोपित।
सब प्रकट मुझे तव प्रकृति, पहेली का आशय!
मुझसे करलो परिणय, मुझमें हो जाओ लय।
मत ऐसी बात कहो, प्रभु महामहिम! क्षणभर,
तुम स्वयं सभी स्वामी तुम हो ईश्वर!
प्रत्येक और सब की सब स्थितियों में स्वामी,
हैं सभी सृष्टि शक्तियाँ तुम्हारी अनुगामी!
तुम स्वयं प्रकृति हो, स्वयं सृष्टि हो, स्वयं नियम!
फिर भी हो विश्व, विचार, सभी से परे परम!
ओ! तुम नाना सन्देहों से हो पीड़ित,
ओ! तुम नाना जर्जर रूढ़ि-विधान ग्रसित।
ओ! तुम जो दुःख वेदनाओं से ही ताड़ित,
ओ! तुम जो कल की झूठी आशा से वंचित।
ओ! तुम जो प्रिय परिजन का लेकर मोह विकल,
ओ! तुम जिसकी है अब तक हुई न बुद्धि विमल।
हो रहे दुखी तुम व्यर्थ आज होकर निराश,
ओ मत्स्य! सिन्धु में भी न तुम्हारी बुझी प्यास?
है परम स्वर्ग का धाम तुम्हारे ही भीतर,
है बाह्य जगत् में बुद्धि तुम्हारी भ्रमती, पर।
तुम अन्तर्मुख हो आत्म ब्रह्म को पहचानों,
भ्रम के भय होंगे दूर सभी, तुम सच मानों।
आत्मस्थ राम का बोध करो अपने भीतर,
ओ! है कितना यह सुखद गंध रस लेप सुघर!
भ्रम - प्रेत - भाव को दूर भगाने वाला सब—
कितना विचित्र, रुकती न हँसी है मेरी अब!
कैसी मरीचिका! सिन्धु - फेन को भूमि मान,
दलदल में फँस मानव दे देता व्यर्थ प्राण!
भ्रम सत्य मान आत्मा को अपमानित करता,
वैसे ही दुखभागी मानव भ्रम में मरता!

वेदना, भावना, अभिलाषा, उत्कट साधें,
चाहें घेरें मुझको, निज बन्धन में बाँधे!
चाहे आ काम लिपट जाये लिपटन फल बन,
पर ज्यों ही सत्यात्मा का करता हूँ दर्शन—
भागते दूर मुझसे वे जैसे रवि से तम,
मुझसे वे होते अलग फुहारों के ज्यों कण!
पंछी के चिकने पंखों से गिरते तत्क्षण!
है पहले या कि बाद में कलुषहीन हरदम।
है रुक न हँसी पाती, मेरी यह निस्संभ्रम!
साक्षी स्वरूप होता न प्रभावित जो प्रकाश,
रस भाव न उसमें करते हैं क्षण भर निवास।
उनके सम्मुख ज्यों ही मैं दृष्टिपात करता,
क्षण में विचित्र इन बेचारों का दल मरता।
स्थानिक आत्मायें भिन्न स्वरूपों में जो स्थित,
जो प्राण-नसों में आत्मायें बहु भाँति ग्रथित।
सब भेद, अहं आवर्त हो गया अब विनष्ट,
मेरे ही हैं अब सभी रूप आकार स्पष्ट।
मूर्खता भरी यह चालाकी, दुख भाव भरित,
जो आत्माओं का कर लेती है आच्छादन।
बहु शत्रु - मित्र के रूप - भाव का कर पूजन,
उरझाती, चुभती, दुख देती चालाकी यह।
रह गयी न मुझमें भेद - वृत्ति अब बाकी यह,
करता न राम व्यक्तिगत कभी आक्षेप अतः।
जग में तन जितने हों, आत्मा है एक मगर,
आत्मा महान् वह और कौन मुझको तजकर।
मैं कर्त्ता, साक्षी, और स्वयं मैं निर्णायक,
मैं स्वयं प्रशंसक और स्वयं मैं आलोचक।
स्वाधीन सभी, सब हैं स्वतन्त्र मेरे हित अब,
बन्धन, सीमा, अपराध मिटें मेरे हित सब।

मैं हूँ स्वतन्त्र, जग के स्वतंत्र नारी नर,
मैं हूँ ईश्वर, तुम हो ईश्वर, वह है ईश्वर!
रह गये न ऋण-कर्त्तव्य, मिटे सब धोखा-भय,
मैं ही परमात्मा, दिशाकाल मैं निस्संशय।
मैं अन्तिम स्रोत सभी आवेगों का मैं ही,
उत्थान - पतन भावों का होता मुझसे ही।
मैं हृदय प्यार का, सुन्दरता का मैं हूँ घर,
मैं स्वर्ग विहग की, हंस, मोर की, आत्मा वर।
मैं अन्तःकेन्द्र सभी मन की इच्छाओं का,
मैं हूँ प्रेरक उर - उर के सक्रिय भावों का।
मैं प्रबल शक्ति हूँ, इस पृथ्वी का आकर्षण
मैं सत्य स्रोत उसका, जो हैं सब का कारण।
प्रत्येक वस्तु में मैं अपनी साँसें पाता,
रवि, शशि, पृथ्वी, सब में मैं ही चक्कर खाता।
मैं पवन बीच बहता, बढ़ता पौधे बनकर,
सरि में बहता, फेंका जाता बन वस्तु निकर।
मैं स्वयं उपस्थित, अनुपस्थित, मैं दूर, पास,
मैं भूत, भविष्यत् स्वयं कुसम तारक सहाय।
मोहक आँखें, बेसुध करने वाले गायन,
आवेगपूर्ण, आकर्षक मन के अभिव्यंजन।
अति मधुर रजत के ढले शब्द मधुसिक्त अधर,
रेशमी अलक, आलिंगन प्रेमभरा सुखकर।
ये मुझसे औ मेरे ही अति सुखदायक सब,
आनन्द परम यह, मैं कितना आनन्दित अब।
मम राज्य विचारों की सीमा के भी बाहर,
कितना खुश मैं, रुक रहा न मेरा हास प्रखर!

## ओम्! ओम्!! ओम्!!!

अति प्रसन्न, अति प्रसन्न, अति प्रसन्न राम!
शान्तिमय, अचंचल, स्थिर, नित्य, पूर्णकाम!
मेरा आनन्द अनवरुद्ध अनश्वर!
बाधायें टिक न सकेंगी, इस पथ पर!
मेरे अनुचर हैं सुर - नर, पंछीगन!
महानन्द मेरा है अनिर्वच सघन!
रमता यह राम यहाँ, वहाँ, सभी ओर,
वहाँ, जहाँ, कहाँ, शब्द को न मिला ठौर!
अब, तब, आगे, सदैव मैं हूँ सब काल,
मैं तब, जब, 'कब' का उठता, नहीं सवाल!
'यह', 'वह', 'किसका', 'क्या', ये शब्द जहाँ अन्ध,
मैं हूँ वह, जो 'क्या' के प्रश्न से अबन्ध!
पहला, अन्तिम, मध्यम, उर्ध्वग मैं ही,
'एक' वह जिसे छूता कौन है नहीं।
एक, पाँच, सौ, सब से मैं सदा गृहीत,
एक और सब मैं, फिर भी संख्यातीत!
मैं कर्त्ता, कर्म, दृष्टि, ज्ञान, मैं सभी,
परिभाषा किन्तु यह अपूर्ण है अभी!
था, हूँ, मैं सदा रहूँगा—अविनश्वर,
पर है 'स्थिति' की भी सीमा के बाहर!
'मैं', हूँ प्रियतम आत्मा 'मैं' अहं महान्,
मैं न 'मैं', न तुम 'मैं', वह 'मैं' न, यही ज्ञान!

## असीमता

हम देख रहे जो कुछ, यह, वह, सभी अनन्त!
सम्मुख वह, उससे भी आगे सभी अनन्त!
निकला अनन्त में से ही जा रहा अनन्त!
पर अविकारी सा ज्यों का त्यों बचा अनन्त!

* * *

यह बाह्य हानि से धोखा खा रहा अनन्त!
फिर बाह्य लाभ भी कुछ दिखला रहा अनन्त!
यह आगमन-गमन घटना-बढ़ना उसका,
सब बाह्य रूप, पर अव्यय सत्य वह अनन्त!

* * *

ओ! फैला कितना सौन्दर्य चमत्कार!
हर एक पहाड़ी पर, घाटी में, उस पार!
आश्चर्यजनक मेरा है मृदुल बिछौना,
यह लाल, हरा, नील, पीत रंग का प्रसार!

* * *

है यह अनन्त फैलाता तेजमय,
सब चीर घोर आँधी औ उपल वृष्टि-धार!
सुन्दर, कितना सुन्दर यह विश्व है अनन्त!
सुनता हूँ स्वर्गिक मैं वरदानमय पुकार!

## खुशी का प्याला

भर गया खुशी से मेरे मन का प्याला,
परिपूर्ण हुईं मेरी इच्छायें सारी!
मेरा अनुचर प्रातः समीर मतवाला,
सुमनों के चुम्बन पर मैं हूँ बलिहारी!
मेरे हैं इन्द्रधनुष के रंग वसन वर
सन्देश-दूत विद्युत, प्रकाश, वैश्वानर!
मैं व्याप्त स्वयं सब ओर सर्व प्रियतम मैं,
मै स्वयं कामना, स्वयं भावना क्रम मैं!
मुसकान गुलाबी मोती ओस कणों के,
ये तार नये ताजे स्वर्णिम-किरणों के!
जो रवि-प्रकाश में तिरते मधु भीगे बन,
यह रजत-चन्द्र, स्वच्छता भरे मधु कण-कण!
खेलतीं लहरियाँ और झूमते तरुवर,
लिपटीं लतिकायें, भ्रमरों का गुंजन-स्वर!
ये सब मेरी अभिव्यक्ति, साँस ज्यों तन में,
ये प्राणवायु ज्यों जीवन और मरण में!

जो कुछ है जग में, भला-बुरा, कटु-मधुकण,
मैं व्याप्त सभी में, बन नस-नस की धड़कन!
मैं भला करूँ क्या, और कहाँ, क्यों जाऊँ?
मैं सभी जगह भर रहा, जगह कहाँ पाऊँ?
सन्देह करूँ क्यों? करूँ कामना मन में?
मैं कालपुरुष, मैं ज्वाल-शक्ति कण-कण में!
मैं द्वन्द्वशील हूँ नहीं, न दुख का मारा,
मैं कारण, जग होता मेरे ही द्वारा।
इस क्षण में सारा काल, यही सब दूरी,
सब हुईं समस्यायें हल, बातें पूरी!
सब स्वार्थहीन मैं, रहे न्ना नाता-बन्धन,
मेरे परिचायक जग के जन-जन कण-कण!
मैं हूँ तटस्थ, प्रभु सभी दोस्त दुश्मन का!
मुझको प्रणाम मिलता जग के कण-कण का!

## महत् अहं

बिखरो! बिखरो! बिखरो!
शिलाखण्ड! चरणों पर ओ सागर!
बिखरो! बिखरो! बिखरो!

अरे अनागत जग इन चरणों पर!
ओ सूर्यों - तूफानों! ओ भूकम्पों! युद्धों!
स्वागत अभिनन्दन, तुम करो यत्न,
मुझ पर दो अपनी सब शक्ति लगा।
भड़को, ओ टारपीडो सुन्दर, ओ मधुर खिलौनों फूटो!

टूटते हुए तारों! मेरे तुम तीर, उड़ो!

ओ जलते अग्नि! जला सकते तुम क्या मुझको?
तड़पती बिजलियों, मुझसे ही तुम ज्वलित हुईं।
तुम ओ अंगार-धार, खड्ग, तोप के गोलों!
मेरी यह शक्ति तुम्हें करती भू लुण्ठित!

मेरा यह तन मिलकर बन धूलि पवन में उड़ता,
पर असीम - आवरण मुझे वेष्ठित कर लेता,
फिर सब के श्रवण, श्रवण मेरे ही।

सब की आँखें मेरी ही आँखें!

सबके कर ही मेरे कर, सबका मानस मेरा मानस,
मैंने मृत्यु का किया भक्षण, पी डाली सब भेद-वृत्ति।
कितना बलदायक, सुमधुर है मेरा भोजन,
अब न भय, न वेदना, मुझे न कष्ट है कोई!
अब सब आनन्द यहाँ धूप हो कि हो वर्षा!
सिहरा अजान अन्धकार!

काँपा, दहला, फिर हो गया सदा को विनष्ट,
मेरी तीव्रतम ज्योति ने उसे जला डाला,
मेरा आनन्द अनिर्वच, कितना मैं प्रसन्न!
नाचो ओ सूर्य - तारकों, नाचो,

तीव्रतम प्रकाशों के ओ प्रकाश!

ओ सूर्यों के सूरज, नाचो मेरे भीतर!
ओ खगोल-पिण्डों, तुम मात्र भँवर और लहर!
पर मेरे भीतर लहराते विस्तृत सागर,
घर घर उठते, गिरते लहरें ले, नर्तनिरत।
घूमो तुम लोको!

धुरी-लग्न ओ ग्रहपिण्डों!

नाचो, मेरे जीवन के प्रकाश में आकर,
मुझको सब निज अणु-अणु, अंग-अंग दिखला दो।

## लोरी

(१)

सो जा, ओ मेरे शिशु, सो जा,

सिसकी, क्रन्दन कर बन्द सभी।

नयनों से अश्रु न यों बिखरा!

बाधा-विहीन, विश्राम-निरत, निश्चिन्त सभी विधि तू अब बन!
सब देवदूत नभ में करते हैं, तेरा ही तो गुणगायन!
जो सभी विभव, सौन्दर्य, सुखों का प्रभु, दाता औ निर्णायक!
वह निष्कलंक है तेरी ही आत्मा, जो शासक उन्नायक!

(२)

कोमल गुलाब, ये चाँदी के से ओसविन्दु सुन्दर सुन्दर,
यह मधु-सौरभ, यह प्रांत-पवन, अति सुखदायक यह धूप सुघर!
पंछीगन का यह कल-कूजन, कितना प्रिय यह उनका गायन,

ये वस्तु सकल जिनके कारण आप्यायित होते श्रवण-नयन!
वे सभी वहाँ से आते, जो तेरा स्वर्गिक सुखपूर्ण धाम,
तू है विशुद्ध निष्कलुष परम, तू निर्विकार है 'ओम्' नाम!
सो जा, ओ मेरे शिशु, सो जा!

(३)

तू शत्रु मित्र से परे सदा, तुझसे हैं दूर सदा खतरे,
वे छू न कभी सकते तुझको, तू ही है शाश्वत एक अरे!
रत्नों से जड़ित चँदोवा ज्यों, यह तारों वाला नील व्योम!
तूने ही तो निर्माण किया इसका, ओ मेरे 'प्राण' 'ओम्'!
सो जा, ओ मेरे शिशु, सो जा!

(४)

तेरी क्रीड़ा के कन्दुक से ये दोनों चन्द्र और दिनकर,
तेरे महलों की मेहराबों जैसे ये इन्द्रधनुष मनहर!
तेरे ही आने-जाने को ज्यों नभगंगा का पथ उज्ज्वल,
तेरी यश-चर्चा होती जब, मिलते नभ में उड़ते बादल!
तेरी गुड़िया ग्रह-तारक ये, भ्रमते, गाते, नर्तन करते,
'जय ओम् ओम् तत्सत्' कहकर वे तेरा ही कीर्तन करते!
सो जा, ओ मेरे शिशु, सो जा!

(५)

इन रंग-बिरंगे फूलों में, सर में औ निर्झर में सुन्दर,
तेरी ही निद्रारत निर्मल छवि का दर्शन होता प्रियवर!
लिपटा सोया है, तू प्यारे दिक्काल उष्ण कम्बल लेकर,
दे इन्हें हटा मुख से, सोते ही बाँहों से झटका देकर!
जैसा सोये शिशु करते हैं, तू भी तो देख जरा तिर्यक्,
प्रिय नटखट शिशु, अधखुले किन्तु सोये निज नयनों से अपलक!
सो जा, ओ मेरे शिशु, सो जा!

(६)

कोकिल की तीखी कूक जो कि नभ में होती प्रतिध्वनित प्रखर,
वह है तेरी ही किलकारी तीखी सीटी की ध्वनि मनहर!
ये गौरैये, यह पवन और नभ में जगमग करते तारे,
ये सभी खिलौने और खेल की गाड़ी हैं तेरी प्यारे!
यह दुनिया तो है बस, तेरी ही हँसी-खुशी का सपना भर,
वह तो है तेरे भीतर ही, भ्रम है यह जग जो बाहर!
सो जा, ओ मेरे शिशु, सो जा!

(७)

प्यारे शिशु, ओ विश्राम और मधुनिद्रा के चिर जाग्रत घर,
प्यारे शिशु, ओ गम्भीर बुद्धि के क्रियाशील उद्‌गम सुन्दर!
तू है जीवन और कर्मों का अति शान्तिपूर्ण सुन्दर निर्झर,
संघर्षों और विरोधों का तू ही तो है कारण मनहर!
तू सीमाओं से घिरे हुये घन तम को कर चिर नमस्कार!
अलविदा, अलविदा, राम राम, अंतिम प्रणाम ओ! अंधकार!
सो जा, ओ मेरे शिशु, सो जा!

(८)

इस जग में हैं जितने सुन्दर पदार्थ जितनी वस्तुयें सुघर,
हैं सब तेरी उड़ती पाँखों की ध्वनि प्रीतिकर और मनहर!
ओ देवलोक का पंछीवर, ओ महाभाग सम्राट् विमल,
वे सब तेरी ही पाँखों की भागती हुई छाया चंचल!
जादू से भरा हुआ तेरा सौन्दर्य प्रखर यह अर्द्ध प्रकट,
है जिसको आधा छिपा रहा तेरे मुख का यह घूँघट पट!
इस घूँघट को धारण करने वाला भी तो है मधुर ओम्,
है वही सत्य अपना स्वरूप आत्मा निज तत्सत् ओम् ओम्,
सो जा, ओ मेरे शिशु, सो जा!

## प्रियतम की छवि

(१)

निज प्रियतम की छवि को बाँधूँ किस उपमा-बन्धन में
क्या उसका उपमेय कभी भी समा सकेगा मन में?
कौन कैमरा ग्रहण कर सकेगा उस छवि का दर्शन?
चित्रकार की तूली क्या कर सकती उसका अंकन?
रंगों से आकृति में उसका होगा क्या आलेखन?
भौतिकता का यंत्र कैमरा गल कर गया तरल बन—
इतनी थी तीव्रता अलौकिक उस प्रकाश-वर्षण में,
निज प्रियतम की छवि को बाँधूँ किस उपमा-बंधन में?

(२)

निज मन को केन्द्रित कर, करना चाहा प्रिय का चित्रण,
नयनों को साधा कि करूँ मैं बिम्ब-ग्रहण, छवि अंकन!
पर मेरा यह हृदय कैमरा बिम्ब-ग्रहण का साधन—
ये सब भौतिक यन्त्र बह चले गल कर बस दो क्षण में!
इतनी थी तीव्रतम ज्योति की धारा प्रिय दर्शन में।
निज प्रियतम की छवि को बाँधूँ किस उपमा-बन्धन में?
क्यों न उसे फिर निरुपमेय मैं मानूँ अपने मन में?

(३)

जग कहता है, वह रवि ही है उसका चित्र मनोहर!
जग कहता है, मानव भी तो है उसकी छाया भर!
जग कहता है, वह चमका करता है तारागण में!
जग कहता है, वही सदा मुसकाता सुरभि-सुमन में।
सुनता हूँ, बुलबुल का गायन ही है उसका मधु-स्वर,
सुनता हूँ, है पवन गगन में उसकी साँस निरन्तर।
सुनता, घन से झरता उसके ही नयनों का पानी;
सुनता, जाड़े की रातें ही उसकी नींद सुहानी!
सुनता, कलकल निर्झर है उसका ही गतिमय धावन!
इन्द्रधनुष के झूले पर वह झूल रहा मन-भावन!

## शान्ति

मुझमें आ मिलती शान्ति सरित-धारा बन कर,
मुझमें हिलकोरें लेता शान्ति-महासागर
है शान्ति बह रही मुझमें ज्यों गंगा निर्मल,
प्रति रोम, उँगलियों से झरती है शान्ति धवल।
ओ, लाओ मेरे परिणय के सब चुने वसन,
वे ज्योति-विनिर्मित, स्वर्ण किरण से बुने वसन!
गिर गया सदा को खिसक अरे घूँघट-चंचल,
तुम बहो, बहो, ओ अश्रुमाल निर्भय, निर्मल!
तुम बहो, अरे आनन्द अश्रुधारा खुलकर
कितना गौरवमय ज्योति-ताज, मुद्रिका सुघर!
यह जीवन-सुधा और जादू की यह मदिरा,
इनसे पूरित इस तन-मन के सब छिद्र-शिरा!
मछलियाँ और कुत्ते, जो चाहें सब खायें,
सब प्रकृति-शक्तियाँ, पशु-पक्षी, जिनको भायें
आ पियो रक्त-मधु मेरा, मांस सभी खा लो,
आओ, मेरे विवाह-उत्सव में हँस गा लो!
मैं नाच रहा, मैं नाच रहा, हँस नाच रहा!
तारों में, रवि में, महा सिन्धु मुक्त अहा!
शशि में, घन बीच, प्रभंजन में मैं नर्तन-रत,
कामना-भावना बुद्धि बीच मैं नृत्य-निरत।
मैं गाता हूँ औ मैं ही हूँ संगीत अमर,
सम्पूर्ण समन्वय का असीम मैं हूँ सागर!
कर्त्ता, वह पुरुष कि जो करता है बिम्ब ग्रहण,
औ कर्म, जगत् यह जो बनता अनुभूति गहन!

यों दोनों सिन्धु-तरंगों से मेरे भीतर!
लगता जग मुझको केवल एक बुलबुला भर!

## प्यार

ओ प्यारे नन्हें कुसुम! सुनो!
निज ओस-कणों से भरे नयन से देखो तो—
मुझसे सच-सच यह बतलाओ,
जब कोई और न पास तुम्हारे होता है—
उस समय तुम्हारा सत्य रूप क्या होता है?

उत्तर में भर कर कोमल 'आह' कुसुम बोला—
एकाकी मैं क्या होता हूँ?
यदि मुझको बतलाना ही हो—
दुख में स्वीकार करूँगा मैं—
मैं क्या हूँ, इसे न जान कभी भी तुम सकते!
जब मैं एकाकी होता हूँ,
तब भी सब भाई-बहिन मुझे घेरे रहते,
बन सुरभि पवन में या झड़कर ही भू-लुंठित।

## (घ) स्वामी राम—महान् पुरुषों एवं मनीषियों की दृष्टि में

### महात्मा गाँधी

स्वामी रामतीर्थ की शिक्षाओं का प्रचार परमावश्यक है। वे भारत की नहीं, अपितु समस्त संसार की एक महान् आत्मा थे। मुझे उनके आदर्श अत्यन्त प्रिय हैं।

### महामना मदनमोहन मालवीय

स्वामी रामतीर्थ का नाम ही ऐसा है, जो मेरे हृदय को अलौकिक आनन्द से परिपूर्ण कर देता है। उनसे बढ़कर कोई आत्मनिष्ठ महात्मा मुझे आज तक नहीं मिला। आत्म-सुधार और आत्मज्ञान विषयक उनका संदेश देश की भावी संतान के लिए महान् वरदान सिद्ध होगा।

### स्वामी शिवानन्द सरस्वती

(संस्थापक-अध्यक्ष, दिव्य जीवन समाज)

स्वामी रामतीर्थ एक ऐसे महान् संत हैं, जो भारतीय आकाश में जगमगाते हुए ध्रुवतारा के समान प्रकाशमान हैं! उन्होंने व्यावहारिक दर्शन को अपने जीवन में उतारा और वेदान्त-साधना के उदाहरण के रूप में समस्त विश्व को दिखा दिया कि आत्मानन्द का रसास्वादन मनुष्य इसी जीवन में कर सकता है और प्रत्येक के लिए इस आनन्द की उपलब्धि सम्भव है; आवश्यक शर्त केवल सच्चे प्रयास की है।

### सर तेज बहादुर सप्रू

अपनी युवावस्था में मैंने एक बार स्वामी रामतीर्थ का भाषण सुना था। निस्सन्देह आज से चालीस वर्ष पूर्व वे देश के आध्यात्मिक उत्थान के बड़े शक्तिशाली उन्नायक थे और आज भी उनका प्रभाव ज्यों का त्यों अक्षुण बना हुआ है।

### आचार्य जे०बी० कृपलानी

स्वामी रामतीर्थ का जीवन और उनकी शिक्षायें देशवासियों के लिए सदैव स्थायी प्रेरणा का स्रोत बनी रहेंगी। उनकी ब्रह्मानन्द-विभोर आत्मा ने सर्वत्र एवं समस्त मानव-जाति में ईश्वर की प्रत्यक्षानुभूति की थी। वे जहाँ कहीं भी जाते थे, उनकी दिव्य मुस्कान और उनका देदीप्यमान मुखमण्डल आनन्द की किरणें बिखेर देता था।

## डॉ० अमरनाथ झा

स्वामी रामतीर्थ इस शताब्दी के प्रारम्भिक वर्षों में भारत के एक परम तेजस्वी पुरुष थे। अपनी वाणी और लेखनी द्वारा तथा सबसे अधिक अपने आध्यात्मिक व्यक्तित्व के चुम्बकीय प्रभाव द्वारा उन्होंने अपनी समकालीन पीढ़ी के ऊपर चिरस्थायी प्रभाव डाला।

## डॉ० सर्वपल्ली राधाकृष्णन्

स्वामी रामतीर्थ का जीवन और उनके द्वारा किया हुआ कार्य भविष्य में बहुत दिनों तक हमें प्रेरणा प्रदान करता रहेगा।

## श्री तुषारकान्ति घोष

स्वामी रामतीर्थ उन महान् सन्तों में से एक हैं, जिन्होंने हमारी मातृभूमि को अपनी उपस्थिति से पवित्र बनाया है। उनको यह भौतिक संसार छोड़े हुए बहुत समय हो गया, किन्तु उनका आध्यात्मिक प्रभाव सदैव बना रहेगा। उन जैसे महापुरुषों ने भारत को आन्तरिक महानता प्रदान की है।

## श्री श्रीप्रकाश

महान् स्वामी रामतीर्थ बहुत लोगों के लिए प्रेरणा-स्रोत रहे हैं। मेरी कामना है कि उनका प्रभाव चिरस्थायी हो और मनुष्यों के जीवन में आनन्द और उल्लास की सृष्टि तथा सम्पूर्ण मानव समाज में सच्चे भ्रातृत्व एवं एकत्त्व की भावना का प्रसार करे।

## प्रो० तान युन-शान (शान्ति निकेतन)

स्वामी रामतीर्थ के उदात्त संदेश को जीवित रखना, उसका संवर्द्धन करना और उसका प्रचार-प्रसार करना एक महान् कार्य है। वे सत्, चित्, आनन्द के मूर्तिमान स्वरूप थे।

## डॉ० श्यामाप्रसाद मुखर्जी

स्वामी रामतीर्थ की शिक्षाओं का प्रचार और प्रसार पूरी शक्ति लगा कर करना चाहिये।

## सन्त निहालसिंह

मेरे हृदय में तीर्थराम गोस्वामी (जो बाद में स्वामी रामतीर्थ के नाम से विख्यात हुए) के प्रति अत्यधिक प्रेम एवं आदर का भाव था।

## श्री जयरामदास दौलतराम

हमें स्वामी रामतीर्थ के संदेश को भारत की वर्तमान आवश्यकता की पृष्ठभूमि में समझने का प्रयास करना चाहिये। अभावग्रस्त और निर्बल-वर्ग में आत्मनिर्भरता के भाव उत्पन्न करके उनकी निःस्वार्थ सेवा में ईश्वर और सत्य की अनुभूति करनी चाहिये।

## डॉ० राधाकुमुद मुखर्जी

स्वामी रामतीर्थ का जीवन मानवता के लिए एक महान् आशा का स्रोत है। उनका जीवन पंक में उगे हुए सुन्दर खिले कमल के समान अति साधारण परिस्थितियों में मानव के महामानव में विकसित होने का एक जीवन्त और ज्वलन्त उदाहरण है।

## डॉ० राधाकमल मुखर्जी

स्वामी रामतीर्थ का जीवन स्वतः एक आध्यात्मिक कविता है, गहन, संक्षिप्त एवं गेय, किन्तु उदात्त, विशद एवं व्यापक। संसार पृष्ठ है और उनका जीवन कविता है और दीप्तिमान सुवर्ण जिसमें उस कविता के अक्षर अंकित किये गये हैं, वह सहज एवं सर्जनात्मक आनन्द है, जो विराट् अभिव्यक्ति का सार है। 'आनन्दाद्ध्येव खल्विमानि भूतानि जायन्ते'—काश! हम सभी उस आनन्द के भागी होते!

## दीनबन्धु सी०एफ० एण्ड्रूज

स्वामी रामतीर्थ का आविर्भाव ऐसे समय में हुआ, जब शिक्षित भारतीयों का मस्तिष्क धार्मिक सत्य के संबंध में एक गम्भीर अस्थिरता से उद्वेलित था, जब भौतिक जीवन की बाह्य अपेक्षायें उसे प्रायः अभिभूत कर रही थीं। भारतीय विश्वविद्यालयों में पश्चिमी विज्ञान की शिक्षा धार्मिक संस्कारों और मान्यताओं से विहीन होने के कारण बहुधा व्यक्ति को धर्म से पूर्णरूपेण उदासीन बना देने वाली सिद्ध हुई है।......

धनोपार्जन एवं धन के व्यय में सारी शक्ति के अपव्यय करने के इस वातावरण में स्वामी राम के अलौकिक व्यक्तित्व का उदय हुआ, जिसने अपने वैशिष्ट्य (विपरीत गुणों) के बल पर सबका ध्यान आकर्षित किया। उनकी उपस्थिति में कोई भी व्यक्ति बिना यह अनुभव किये नहीं रह सकता था कि जीवन का सर्वोच्च आनन्द शरीर में नहीं, बल्कि आत्मा में ही प्राप्त हो सकता है।

❑❑❑